Christoph Jensen

Der Konzern in der Krise

Schriften zum deutschen, europäischen und internationalen Insolvenzrecht

---

Herausgegeben von
Professor Dr. Stefan Smid, Kiel
Rechtsanwalt Professor Dr. Mark Zeuner, Hamburg
Rechtsanwalt Michael Schmidt, Berlin

Band 27

Christoph Jensen

Der Konzern in der Krise

Aktuelle Rechtsfrage im Kontext Deutscher und europäisch-deutscher Konzerninsolvenzen

DE GRUYTER

Dr. *Christoph Jensen*, Hamburg

ISBN 978-3-11-057762-4
e-ISBN (PDF) 978-3-11-057877-5
e-ISBN (EPUB) 978-3-11-057884-3

Library of Congress Control Number: 2018934507

Bibliografische Information der Deutschen Nationalbibliothek
Die Deutsche Nationalbibliothek verzeichnet diese Publikation in der Deutschen Nationalbibliografie; detaillierte bibliografische Daten sind im Internet über http://dnb.dnb.de abrufbar.

Druck und Bindung: CPI books GmbH, Leck
♾ Gedruckt auf säurefreiem Papier
Printed in Germany

www.degruyter.com

Meinen Eltern

Vorwort

Die vorliegende Arbeit wurde im Sommersemester 2017 von der Rechtswissenschaftlichen Fakultät der Christian-Albrechts-Universität zu Kiel als Dissertation angenommen. Rechtsprechung und Literatur sind bis Dezember 2017 berücksichtigt.

An vorderster Stelle möchte ich mich bei meinem Doktorvater, Herrn Prof. Dr. Stefan Smid für die Betreuung sowie die zügige Begutachtung dieser Arbeit bedanken. Sein wertvoller fachlicher Rat und seine Bereitschaft zu ausführlichen Gesprächen haben wesentlich zum Gelingen dieser Arbeit beigetragen. Mein Dank gilt darüber hinaus Herrn Prof. Dr. Werner Schubert für die Erstellung eines Zweitgutachtens, den Herausgebern dieser Schriftenreihe für ihre vertrauensvolle Zusammenarbeit sowie der Johanna und Fritz Buch Gedächtnis-Stiftung in Hamburg für die Beteiligung an den Druckkosten.

Darüber hinaus möchte ich mich ganz herzlich bei Herrn Rechtsanwalt Prof. Dr. Wilhelm Haarmann sowie Herrn Rechtsanwalt Dr. Michael Weiß, Linklaters LLP, Frankfurt a. M. bedanken, die mich im Rahmen meiner promotionsbegleitenden Tätigkeit in ihrer stets sympathischen Art gefordert und gefördert haben und mir neben der wissenschaftlichen Arbeit interessante Einblicke in die Praxis ermöglicht haben.

Mein ganz besonderer Dank ist an dieser Stelle an meine Eltern gerichtet, die mir nicht nur eine akademische Ausbildung sowie die Erstellung dieser Dissertation ermöglicht haben, sondern deren liebevolle Unterstützung ich in all meinen Vorhaben erfahre. Ihnen ist diese Arbeit gewidmet.

Hamburg, im Dezember 2017 Christoph Jensen

https://doi.org/10.1515/9783110578775-201

Inhaltsübersicht

Inhalt

Abkürzungsverzeichnis

1. KommBer	Erster Bericht der Kommission für Insolvenzrecht
a. A./A. A.	anderer Ansicht/anderer Auffassung
Abgedr.	Abgedruckt
ABl.	Amtsblatt der Europäischen Union
Abs.	Absatz
AG	Amtsgericht
ähnl.	ähnlich
ÄndVO	Änderungsverordnung
ArbGG	Arbeitsgerichtsgesetz
Art.	Artikel
Aufl.	Auflage
BaFin	Bundesanstalt für Finanzdienstleistungsaufsicht
BayObLG	Bayerisches Oberstes Landesgericht
BB	Betriebsberater
BDSG	Bundesdatenschutzgesetz
Begr.	Begründung
begr.	begründet
Bespr.	Besprechung
BGBl.	Bundesgesetzblatt
BGH	Bundesgerichtshof
BMJ	Bundesministerium der Justiz
BStBl	Bundessteuerblatt
BT-Drucks.	Drucksache des Deutschen Bundestages
CCom	Code de commerce
COMI	Center of Main Interests
D. h./d. h.	Das heißt
DB	Der Betrieb
Disk-E	Diskussionsentwurf eines Gesetzes zu Erleichterung der Bewältigung von Konzerninsolvenzen
DRS	Deutsche Rechnungslegungs Standards
DStR	Deutsches Steuerrecht
DZWiR	Deutsche Zeitschrift für Wirtschafts- und Insolvenzrecht
ebd.	ebenda
ECFR	European Company and Financial Law Review
EGInsO	Einführungsgesetz zur Insolvenzordnung
EInsO	Regierungsentwurf einer Insolvenzordnung (InsO) v. 15. 04. 1992, abgedr. in BT-Drucks. 12/2443
entspr.	entsprechend/e/r
Erg.	Ergebnis
ESUG	Gesetz zur weiteren Erleichterung der Sanierung von Unternehmen
EU	Europäische Union
EU-BilanzRL	Richtlinie 2013/34/EU des Europäischen Parlaments und des Rates vom 26. Juni 2013 über den Jahresabschluss, den konsolidierten Abschluss und

https://doi.org/10.1515/9783110578775-202

	damit verbundene Berichte von Unternehmen bestimmter Rechtsformen und zur Änderung der Richtlinie 2006/43/EG des Europäischen Parlaments und des Rates und zur Aufhebung der Richtlinien 78/660/EWG und 83/349/EWG des Rates (ABl. L 182 vom 29. 6. 2013, S. 19)
EuGH	Europäischer Gerichtshof
EuInsVO	Verordnung (EG) Nr. 1346/2000 des Rates vom 29. Mai 2000 über Insolvenzverfahren
EuInsVO n.F.	Verordnung (EU) 2015/848 des Europäischen Parlaments und des Rates vom 20. Mai 2015 über Insolvenzverfahren
EWS	Europäisches Wirtschafts- und Steuerrecht
f./ff.	(fort-)folgende
FamFG	Gesetz über das Verfahren in Familiensachen und in den Angelegenheiten der freiwilligen Gerichtsbarkeit
Fußn.	Fußnote
GbR	Gesellschaft bürgerlichen Rechts
Gem./gem.	gemäß
GmbHR	GmbH Rundschau
GPR	Zeitschrift für das Privatrecht der europäischen Union
GRCh	Charta der Grundrechte der Europäischen Union
GVG	Gerichtsverfassungsgesetz
HRI	Handbuch Restrukturierung in der Insolvenz – Eigenverwaltung und Insolvenzplan
Hrsg./hrsg.	Herausgeber/herausgegeben
Hs.	Halbsatz
i. R. d.	Im Rahmen der
i. S. d.	Im Sinne der
i. S. v.	Im Sinne von
IFRS 10	International Financial Reporting Standard 10, Konzernabschlüsse, Verkündungsstand 20. 04. 2016, in Kraft ab 24. 11. 2013, übernommen durch VO (EU) Nr. 1254/2012 v. 11. 12. 2012 (ABl. Nr. L 360 S. 1, 4) zuletzt geändert durch ÄndVO (EU) 1174/2013 v. 20. 11. 2013 (ABl. Nr. L 312 S. 1)
InsO	Insolvenzordnung vom 5. Oktober 1994 (BGBl. I S. 2866), zuletzt geändert durch Art. 24 Abs. 3 Zweites FinanzmarktnovellierungsG vom 23. 6. 2017 (BGBl. I S. 1693)
InsO-E	Regierungsentwurf eines Gesetzes zu Erleichterung der Bewältigung von Konzerninsolvenzen v. 30. 01. 2014, abgedr. in BT-Drucks. 18/407
InVO	Insolvenz und Vollstreckung, Zeitschrift
juris-PR-InsR	Juris Praxisreport Insolvenzrecht
JuS	Juristische Schulung
KapCoRiLiG	Entwurf eines Gesetzes zur Durchführung der Richtlinie des Rates der Europäischen Union zur Änderung der Bilanz- und der Konzernrichtlinie hinsichtlich ihres Anwendungsbereichs (90/605/EWG), zur Verbesserung der Offenlegung von Jahresabschlüssen und zur Änderung anderer handelsrechtlicher Bestimmungen (Kapitalgesellschaften- und Co-Richtlinien-Gesetz – KapCoRiLiG)
KIG	Gesetz zur Erleichterung der Bewältigung von Konzerninsolvenzen, BGBl. 2017 Teil 1, Nr. 22, S. 866 ff.

KO	Konkursordnung in der Fassung der Bekanntmachung vom 20.05.1898 (RGBl. S. 612), zuletzt geändert durch Art. 5 Gesetz zur Änderung der Haftungsbeschränkung in der Binnenschifffahrt vom 25.08.1998 (BGBl. I S. 2489), aufgeh. m.W.v. 01.01.1999 durch Art. 2 Nr. 4 G v. 5.10.1994 (BGBl. I S. 2911).
Kommissionsentwurf	Vorschlag für eine Verordnung des Europäischen Parlaments und des Rates zur Änderung der Verordnung (EG) Nr. 1346/2000 des Rates über Insolvenzverfahren, v. 12.12.2012, COM(2012) 742 final.
krit.	Kritisch
KSzW	Kölner Schrift zum Wirtschaftsrecht
KTS	Zeitschrift für Insolvenzrecht Konkurs Treuhand Sanierung
Ls.	Leitsatz
m.Anm.	mit Anmerkung
m.w.N.	mit weiteren Nachweisen
M&A	Mergers and Acquisitons
mgl.	möglich
Mglk.	Möglichkeit
Mitarb.	Mitarbeit
Neubearb.	Neubearbeitung
NJW	Neue Juristische Wochenschrift
NJW-RR	NJW Rechtsprechungsreport
Nr.	Nummer
NVwZ	Neue Zeitschrift für Verwaltungsrecht
NZG	Neue Zeitschrift für Gesellschaftsrecht
NZI	Neue Zeitschrift für das Recht der Insolvenz und Sanierung
RefE	Referentenentwurf
RegE	Regierungsentwurf
RGBl.	Reichsgesetzblatt
Rn.	Randnummer/n
S.	Seite/Satz
s.	siehe
SIC 12	Standing Interpretations Committee 12, Konsolidierung – Zweckgemeinschaften; ersetzt durch IFRS 10 Konzernabschlüsse (vgl. VO 1254/2012 v. 11.12.2012, ABl. Nr. L 360 S. 1
Tex. Int'l L.J.	Texas International Law Journal
u. a.	unter anderem
U.S.C.	U.S. Civil Code
UNCITRAL	UN-Kommission für Handelsrecht *(United Nations Commission on International Trade Law)*
Unterabs.	Unterabsatz
Urt.	Urteil
v.	vom
Vgl./vgl.	Vergleiche
VglO	Vergleichsordnung
WM	Wertpapiermitteilungen – Zeitschrift für Wirtschafts- und Bankrecht
ZEuP	Zeitschrift für Europäisches Privatrecht
ZGR	Zeitschrift für Unternehmens- und Gesellschaftsrecht

ZHR	Zeitschrift für das gesamte Handels- und Wirtschaftsrecht
ZInsO	Zeitschrift für das gesamte Insolvenzrecht
ZIP	Zeitschrift für Wirtschaftsrecht
ZPO	Zivilprozessordnung
ZRP	Zeitschrift für Rechtspolitik
ZZP	Zeitschrift für Zivilprozess

Einleitung

A. Anlass der Untersuchung

Eine stetig zunehmende Globalisierung sowie die Schaffung gemeinsamer Binnenmärkte haben nicht nur in Europa dazu geführt, dass die Zahl multinationaler Unternehmensgruppen in den vergangenen Jahren kontinuierlich gestiegen ist. Private, wie staatliche Unternehmen neigen dazu, Produktions- und Lagerstätten ins Ausland zu verlegen, um von den dortigen Lohn- und Produktionskosten zu profitieren oder um näher an ihre jeweiligen Absatzmärkte zu rücken. Aber auch für institutionelle Investoren ist es, bedingt durch stetig wachsende sowie neu entstehende Märkte unverändert attraktiv geblieben, Kapital in ausländische Unternehmen zu investieren. All dies erhöht zwangsläufig die Zahl nationaler sowie multinationaler Insolvenzen.[1]

In Anbetracht der wirtschaftlichen Entwicklungen der vergangenen Jahre ist die schon zu Zeiten der Konkursordnung geführte Diskussion über den Sinn und Zweck konzerninsolvenzrechtlicher Regelungen im deutschen Insolvenzrecht erneut in den Fokus des kollektiven Interesses gerückt. Nicht zuletzt die Finanzkrisen der letzten Jahre haben gezeigt, dass selbst traditionsreiche multinationale Großkonzerne vor einer wirtschaftlichen Schieflage nicht gänzlich gefeit sind. Dies haben die jüngsten Pleiten von *„Air Berlin“*[2] und ihrer österreichischen Tochter *„NIKI“*,[3] *„Arcandor“*,[4] *„Procon“*[5] oder *„Praktiker“* mit ihrer Tochter *„Max Bahr“*[6] anschaulich unter Beweis gestellt. Eine bestmögliche Sanierung oder Abwicklung geht in diesen Fällen über ein kollektives Interesse der Gläubigergemeinschaft weit hinaus. Sie liegt vielmehr im gesamtgesellschaftlichen Interesse.[7] Umso lauter wurden zuletzt diejenigen Stimmen, die eine Kodifizierung konzerninsolvenzrechtlicher Regelungen einforderten,[8] die nicht nur eine koordinierte Sanierung der einzelnen Unternehmensträger ermöglichen, sondern vielmehr auch die konzerninternen Strukturen für die Dauer des Insolvenzverfahrens bestmöglich erhalten.

Dass die Konzerninsolvenz dem deutschen Recht kein gänzlich neues Phänomen ist, zeigt, dass sich bereits im Jahre 1978 eine eigens eingesetzte Reform-

---

1 *Westphal/Goetker/Wilkens*, Grenzüberschreitende Insolvenzen, Rn. 1001.

2 AG Charlottenburg, 36a IN 4295/17, 36a IN 4299/17, 36a IN 4301/17 und 36 t IN 4474/17.

3 AG Charlottenburg, Beschl. v. 13.12.2017 – 36n IN 6433/17

4 AG Essen, Beschl. v. 01.09.2009 – 166 IN 119/09 (*„Quelle“*) = ZInsO 2009, 2207.

5 AG Itzehoe, Beschl. v. 01.05.2014 – 28 IE 1/14.

6 AG Hamburg, Beschl. v. 01.10.2013 – 67a IN 299/13.

7 *Vallender/Deyda* in: NZI 2009, 825.

8 Statt vieler vgl. exemplarisch *Hirte* in: ZIP 2008, 444 ff.; *K. Schmidt* in: KTS 2010, 1 ff.; *ders.* in: KTS 2011, 161 ff.; *Eidenmüller* in: ZHR 169 (2005), 528.

https://doi.org/10.1515/9783110578775-001

kommission[9] sowie einzelne Stimmen in der Literatur[10] mit dem Problemfeld intensiv auseinandergesetzt haben. Damals hatten unter anderem die Insolvenzen von *„AEG"*, *„Korf"*, *„Pelikan"* und *„IBH"* den Anstoß zur Diskussion gegeben.[11]

Als eine Antwort auf die dringende Notwendigkeit einer Reform[12] und mit dem gemeinsamen Ziel eine sogenannte „Sanierungskultur" für Unternehmen in Deutschland zu schaffen, ist zu Beginn des Jahres 2013 mit dem Diskussionsentwurf eines Gesetzes zur Erleichterung der Bewältigung von Konzerninsolvenzen („**Disk-E**")[13] die dritte Stufe, der im Rahmen der 17. Legislaturperiode vorgesehenen Reformen zum Insolvenzrecht eingeleitet worden.[14] Diesem Diskussionspapier ist zum Anfang des Jahres 2014 der Entwurf eines Gesetzes zur Erleichterung der Bewältigung von Konzerninsolvenzen („**InsO-E**")[15] gefolgt, der schließlich am 13. April 2017 in Gesetzesform gegossen wurde.[16] Das Gesetz zur Erleichterung der Bewältigung von Konzerninsolvenzen („**KIG**") wird am 21. April 2018 in Kraft treten.

Im Fokus der geplanten Gesetzesänderung steht das Ziel, eine Abstimmung der gruppenzugehörigen Einzelverfahren auf der Grundlage geeigneter Koordinationsinstrumentarien herbeizuführen.[17] Im Mittelpunkt der Neuerungen steht die Aufgabe, den Wert konzernförmig organisierter Unternehmen vor den Verlusten einer dezentralisierten Insolvenzabwicklung im Rahmen einer Vielzahl von Einzelverfahren zu bewahren, ohne dabei jedoch die Grundsätze der Haftungstrennung sowie der Gläubigergleichbehandlung in Frage zu stellen.[18]

Diesen Novellierungsversuch zum Anlass genommen, sollen als Gegenstand der folgenden Untersuchung die unter dem derzeit geltenden Recht existierenden Problemfelder im Zusammenhang mit der Sanierung sowie Abwicklung von konzernförmig organisierten Unternehmen verortet und sodann im Lichte der geplanten Gesetzesänderung diskutiert werden. Dabei soll der Blick insbesondere auch auf parallele Lösungsansätze eines US-amerikanischen Insolvenzrechts

---

9 Vgl. 1. KommBer. 1985, 290 ff.

10 Vgl. *K. Schmidt* in: ZGR 1983, 513 f.; *Kübler* in: ZGR 1984, 561 ff.; *Mertens* in: ZGR 1984, 543 f.

11 Hierzu ausführlich *Kübler* in: ZGR 1984, 561 ff.

12 Kein Reformbedürfnis erkennt demgegenüber *Frind* in: ZInsO 2014, 927 f.

13 Siehe in: ZIP 2013, Beilage zu Heft 2, S. 1.

14 Vgl. *Leutheusser-Schnarrenberger* in: ZIP 2013, 97.

15 Entwurf eines Gesetzes zur Erleichterung der Bewältigung von Konzerninsolvenzen v. 30.01.2014, BT-Drucks. 18/407.

16 BGBl. 2017 Teil I, Nr. 22, S. 866 ff.

17 Begr. GesE InsO-E, BT-Drucks. 18/407, S. 17.

18 Begr. GesE InsO-E, BT-Drucks. 18/407, S. 16.

sowie die Vorschläge der *United Nations Commission on International Trade Law* („**UNCITRAL**") und des *American Law Institute* („**ALI**") gelenkt werden.

Dass die Konzerninsolvenz kein bloßes „Erschließungsterrain"[19] auf nationaler Ebene mehr ist, musste sich spätestens seit der Entscheidung des Europäischen Gerichtshofs („**EuGH**") in Sachen „*Eurofood*"[20] auch der Unionsgesetzgeber eingestehen. Dieser hatte das Problem insolventer Unternehmensgruppen bislang bewusst aus dem Regelungskomplex der Europäischen Insolvenzverordnung („**EuInsVO**") ausgeklammert.[21]

Mit dem Ziel, Insolvenzverfahren verschiedener Gesellschaften derselben Unternehmensgruppe zukünftig effizienter zu führen,[22] hat der Europäische Gesetzgeber nun als Reaktion auf die Entwicklungen in der Rechtsprechung des EuGH, mit der seit dem 26. Juni 2017 geltenden Neufassung der Europäischen Insolvenzverordnung („**EuInsVO n. F.**")[23] erstmals umfassende Koordination- und Kooperationspflichten für Insolvenzverwalter und Gerichte sowie die Möglichkeit der Eröffnung eines sogenannten Gruppen-Koordinationsverfahrens in das Regelwerk der Verordnung aufgenommen, und somit einen weiteren Schritt in die Richtung eines modernen europäischen Insolvenzrechts gewagt. In Anlehnung an die bereits bestehenden Kooperationspflichten für Verwalter und Gerichte von Haupt- und Sekundärinsolvenzverfahren werden Verwalter und Gerichte danach gleichermaßen zur Kommunikation und Zusammenarbeit verpflichtet.[24] Der Verordnungsgeber hat sich somit, gleich dem deutschen Gesetzgeber für eine formelle Verfahrenskoordination und gegen den Vorschlag einer Konsolidierung der Verfahrensmassen[25] entschieden.[26]

---

19 So noch *K. Schmidt* in: ZGR 1983, 513 f.; vgl. auch *K. Schmidt* in: KTS 2010, 1, 2.

20 EuGH, Urt. v. 2.5.2006 – Rs C-341/04 („*Eurofood*") = EuZW 2006, 337.

21 *Virgos/Schmit* in: Stoll, S. 32, 61; *Virgos/Schmit*, Erläut.Ber., Rn. 75; vgl. auch *Wimmer* in: DB 2013, 1343 f.

22 Erwägungsgrund 52 EuInsVO n. F.

23 Verordnung (EU) 2015/848 des Europäischen Parlaments und des Rates vom 20. Mai 2015 über Insolvenzverfahren.

24 Erwägungsgrund 52 EuInsVO n. F.

25 So vorgeschlagen von INSOL Europe, Revision of the European Insolvency Regulation, Proposal by INSOL Europe, S. 91.

26 Zu den Konzepten der *Procedural Coordination* und der *Substantial Consolidation* siehe auf S. 41.

B. Stand der Gesetzgebung

Im Rahmen dieser Arbeit findet der Stand der Gesetzgebung bis Dezember 2017 Berücksichtigung. Insbesondere wird auf das Gesetz zur Erleichterung der Bewältigung von Konzerninsolvenzen,[1] den dazugehörigen Gesetzentwurf,[2] die am 26. Juni 2015 in Kraft getretene Neufassung der EuInsVO sowie das Gesetz zur Umsetzung der Europäischen Insolvenzverordnung neuer Fassung[3] Bezug genommen.

I. Nationale Gesetzgebung

Mit dem Ziel eine sogenannte „Sanierungskultur" für Unternehmen in Deutschland zu schaffen, ist zu Beginn des Jahres 2013 mit dem Diskussionsentwurf eines Gesetzes zur Erleichterung der Bewältigung von Konzerninsolvenzen[4] die dritte Stufe der im Rahmen der 17. Legislaturperiode vorgesehenen Reformen zum Insolvenzrecht eingeleitet worden.[5] Dem Diskussionsentwurf ist Anfang des Jahres 2014 der Entwurf eines Gesetzes zur Erleichterung der Bewältigung von Konzerninsolvenzen gefolgt.[6]

Nachdem der Entwurf zunächst durch das Bundeskabinett am 30. August 2013 mit der Bitte zur Stellungnahme gemäß Art. 76 Abs. 2 GG dem Bundesrat zugeleitet wurde,[7] haben die Mitglieder des Bundesrates in einem ersten Durchgang am 11. Oktober 2013 mehrheitlich für eine weitere Prüfung der durch die Ausschüsse eingereichten Änderungsvorschläge gestimmt.[8]

Im Folgenden wurde der Gesetzentwurf durch das Bundeskabinett zur Beschlussfassung dem Deutschen Bundestag zugeleitet,[9] der den Entwurf am 14. Februar 2014 in einer ersten Beratung an den (federführenden) Ausschuss

1 BGBl. 2017 Teil I, Nr. 22, S. 866 ff.

2 BT-Drucks. 18/407.

3 Gesetz zur Durchführung der Verordnung (EU) 2015/848 über Insolvenzverfahren v. 05.06.2017, BGBl. 2017 Teil I Nr. 34, S. 1476 ff.

4 Siehe in: ZIP 2013, Beilage zu Heft 2, S.1.

5 Vgl. *Leutheusser-Schnarrenberger* in: ZIP 2013, 97.

6 Entwurf eines Gesetzes zur Erleichterung der Bewältigung von Konzerninsolvenzen v. 30.01. 2014, BT-Drucks. 18/407.

7 BR-Drucks. 663/13.

8 BR-Plenarprotokoll 915, TOP 8, S. 511B; BR-Drucks. 663/13(B).

9 BT-Drucks. 18/407.

https://doi.org/10.1515/9783110578775-017

für Recht und Verbraucherschutz sowie den Finanzausschuss überwiesen hat.[10] Nachdem am 12. März 2014 eine erste Beratung sowie am 2. April 2014 eine öffentliche Anhörung der Sachverständigen im Ausschuss für Recht und Verbraucherschutz stattfanden,[11] wurde der Entwurf durch den Deutschen Bundestag am 3. April 2014[12] an den Ausschuss für Arbeit und Soziales sowie am 8. Mai 2014[13] an den Ausschuss für Wirtschaft und Energie überwiesen.

In seiner Sitzung vom 9. März 2017 hat der Deutsche Bundestag den Gesetzentwurf in der Fassung des Ausschusses für Recht und Verbraucherschutz[14] angenommen und diesem anschließend im Rahmen der Schlussabstimmung der 3. Lesung mit der hierfür notwendigen Mehrheit zugestimmt.[15] Der Bundesrat hat keinen Antrag auf Einberufung des Vermittlungsausschusses gemäß Art. 77 Abs. 2 GG gestellt.[16] Das Gesetz wurde am 13. April 2017 im Bundesgesetzblatt verkündet[17] und wird gemäß seinem Art. 10 am 21. April 2018 in Kraft treten.[18]

II. Europäische Gesetzgebung

Mit dem Ziel eine effizientere Regelung grenzübergreifender Insolvenzfälle in Europa zu schaffen, um ein reibungsloses Funktionieren des Binnenmarkts und seine Belastbarkeit in Krisenzeiten zu gewährleisten, wurde am 12. Dezember 2012 dem Europäischen Parlament sowie dem Rat ein Vorschlag zur Aktualisierung der in der EuInsVO für grenzüberschreitende Unternehmensinsolvenzen geltenden Bestimmungen durch die Europäische Kommission vorgelegt.[19] Die Vorlage erfolgte somit fast zeitgleich mit dem gemäß Art. 46 EuInsVO zum 1. Juni 2014

---

10 BT-Plenarprotokoll 18/15, S. 1148D; zu den Änderungsvorschlägen siehe BR-Drucks. 663/1/13.

11 Die Stellungnahmen der Sachverständigen sind abrufbar unter: https://www.bundestag.de/bundestag/ausschuesse18/a06/anhoerungen/Archiv/a06_002_Konzerninsolvenzen/04_Stellungnahmen (zuletzt abgerufen am: 3. Januar 2018).

12 BT-Plenarprotokoll 18/26, S. 2002 A.

13 BT-Plenarprotokoll 18/33, S. 2696D – 2697 A.

14 Beschlussempfehlung und Bericht des Ausschusses für Recht und Verbraucherschutz, BT-Drucks. 18/11436.

15 BT-Plenarprotokoll 18/221, S. 22262D.

16 BR-Plenarprotokoll 956, TOP 9, S. 174 A, 203C.

17 BGBl. 2017 Teil I, Nr. 22, S. 866 ff.

18 Informationen zum Gesetzgebungsverfahren abrufbar unter: http://dipbt.bundestag.de/extrakt/ba/WP18/555/55535.html.

19 Vorschlag für eine Verordnung des Europäischen Parlaments und des Rates zur Änderung der Verordnung (EG) Nr. 1346/2000 des Rates über Insolvenzverfahren, v. 12.12.2012, COM (2012) 742 final, abrufbar unter: http://eur-lex.europa.eu/legal-content/DE/TXT/PDF/?uri=CELEX:52012PC0744&from=DE.

fälligen Bericht der Kommission an das Europäische Parlament, den Rat und dem Wirtschafts- und Sozialausschuss über die Anwendung sowie gegebenenfalls notwendige Anpassung der EuInsVO. [20]

Das Europäische Parlament hat hierzu in einer ersten Lesung am 5. Februar 2014 seinen Standpunkt festgelegt und diesen gemäß Art. 294 Abs. 3 AEUV dem Rat übermittelt.[21] Am 22. Mai 2014 ist dem eine Stellungnahme des Europäischen Wirtschafts- und Sozialausschusses gefolgt.[22] Nachdem das Kompromisspaket durch den Vorsitzenden des Rechtsausschusses des Europäischen Parlaments am 2. Dezember 2014 bestätigt und durch den Rat für Justiz und Inneres am 4. Dezember 2014 durch die Annahme einer politischen Einigung gebilligt wurde, hat der Rat in einer ersten Lesung am 12. März 2015 seinen Standpunkt festgelegt und am 15. April 2015 das Europäische Parlament gemäß Art. 249 Abs. 6 AEUV hierüber unterrichtet.[23] Der Standpunkt des Rates wurde durch das Europäische Parlament in einer zweiten Lesung am 21. Mai 2015 ohne Abstimmung gebilligt.[24]

Die Neufassung der EuInsVO wurde am 12. Februar 2015 durch den Rat der Europäischen Union beschlossen und am 20. Mai 2015 durch das Europäische Parlament verabschiedet.[25] Die Verordnung wurde am 5. Juni 2015 im Amtsblatt der Europäischen Union veröffentlich[26] und ist gemäß ihrem Art. 92 Abs. 1 am 26. Juni 2015 in Kraft getreten. Sie ist bis auf wenige Ausnahmen (Art. 92 Abs. 2 EuInsVO n. F.) auf solche Verfahren anzuwenden, die ab dem 26. Juni 2017 in einem Mitgliedstaat der europäischen Union, mit der Ausnahme Dänemarks, eröffnet werden. Durch sie wird die bis dahin geltende Verordnung (EG) Nr. 1346/2000 des Rates vom 29. Mai 2000 über Insolvenzverfahren ersetzt.

---

20 COM(2012) 743 final, abrufbar unter: http://ec.europa.eu/justice/civil/files/insolvency-report_en.pdf.

21 Dok. 5910/14, CODEC 241 JUSTCIV 19 PE 50.

22 ABl. C 271 v. 19.9.2013, S. 55.

23 ABl. C 141 v. 28.4.2015.

24 Die Ergebnisse der Abstimmung sind abrufbar unter: http://www.europarl.europa.eu/sides/getDoc.do?pubRef=-//EP//NONSGML+PV+20150520+RES-VOT+DOC+PDF+V0//DE&language=DE (zuletzt abgerufen am: 3. Januar 2018).

25 Verordnung (EU) 2015/848 des Europäischen Parlaments und des Rates vom 20. Mai 2015 über Insolvenzverfahren.

26 ABl. 2015 L 141/19.

Problemaufriss

Ein Schuldner, ein Vermögen, ein Verfahren

Das deutsche Insolvenzrecht kennt bislang keine Regelungen die auf die Besonderheiten einer Konzerninsolvenz zugeschnitten sind.[1] Gerät ein konzernförmig organisierter Unternehmensverbund in die wirtschaftliche Schieflage, so gilt bekannter Weise die insolvenzrechtliche Maxime

ein Schuldner, ein Vermögen, ein Verfahren.[2]

Dies hat zur Folge, dass für jeden notleidenden Unternehmensträger ein eigenes Insolvenzverfahren an seinem jeweiligen Insolvenzgerichtsstand (§ 3 InsO) zu eröffnen, sowie ein eigener, den Anforderungen des § 56 InsO entsprechender Insolvenzverwalter zu bestellen ist.

Während die Stärken dieses Ansatzes vornehmlich in der Schaffung von Rechtssicherheit und Klarheit liegen, indem es Außenstehenden auf dieser Grundlage zweifelsfrei möglich ist, den Gläubigern einen Schuldner und dem Schuldner sein Vermögen zuzuordnen,[3] zeigen sich dessen Schwächen überall dort, wo sich eine isolierte Betrachtung des schuldnerischen Unternehmens bereits aufgrund seiner wirtschaftlichen und rechtlichen Verflechtung mit anderen Unternehmen als schwierig gestaltet. Der wirtschaftliche Wert der einen Gesellschaft lässt sich in diesen Fällen häufig erst im Zusammenspiel mit den mit ihr verbundenen Unternehmen sowie unter der Führung einer gemeinsamen Konzernleitung realisieren.

Die Abwicklung konzernierter Unternehmen findet vor diesem Hintergrund stets im Spannungsfeld zwischen rechtlicher Selbständigkeit und wirtschaftlicher Abhängigkeit statt. Denn regelmäßig bildet der Konzern neben einer rechtlichen auch eine wirtschaftliche Einheit, die durch abgestimmt agierende Geschäftsleitungen als einheitliches Unternehmen am Markt agiert. Diese rechtliche und wirtschaftliche Verwobenheit wird im Regelfall durch unternehmensvertragliche Vereinbarungen (vgl. § 291 ff. AktG) konkretisiert.[4]

Im Rahmen der Insolvenzverwaltung von Konzerngesellschaften führt dies nicht selten zu einer Reihe von praktischen Problemen, etwa, wenn die für die einzelnen Verfahren bestellten Insolvenzverwalter dem Ziel einer gemeinsamen Fortführung widerstreitende Interessen verfolgen oder die Gläubigerversammlungen der einzelnen Verfahren sich nicht auf eine gemeinsame Abwicklungs- beziehungsweise Sanierungsstrategie einigen können.

---

1 Statt vieler *Frind/Siemon* in: NZI 2013, 1, 2.

2 Vgl. *Hirte* in: FS K. Schmidt, S. 642; Westphal/Goetker/Wilkens, Grenzüberschreitende Insolvenzen, Rn. 1017.

3 *Paulus* in: ZIP 2005, 1948, 1950; vgl. auch *Schack* in: GS Sonnenschein, 705, 717.

4 Zu Unternehmensverträgen in der Insolvenz auf S. 65ff.

https://doi.org/10.1515/9783110578775-002

Probleme können sich in diesen Fällen insbesondere dort ergeben, wo wichtige Funktionen einer einheitlichen unternehmerischen Tätigkeit auf unterschiedliche Gesellschaften verteilt sind.[5] Gelingt es den Beteiligten in diesen Fällen nicht, eine Koordinierung der Verfahren auf anderem Wege zu gewährleisten, führt dies im schlimmsten Fall zu einem totalen Verfall der konzernimmanenten Strukturen, mit der Folge, dass wichtige Schnittstellen ihre Funktionen nicht mehr erfüllen und der wirtschaftliche Mehrwert des Konstrukts vollständig verloren geht.

Folge dessen ist zumeist eine isolierte Abwicklung der notleidenden Unternehmen, ungeachtet ihrer strategischen und funktionellen Stellung innerhalb des Konzerns und somit fernab von jeglicher wirtschaftlichen Realität. Die Aussichten auf eine gemeinschaftliche Gläubigerbefriedigung belaufen sich in diesen Fällen höchstens auf Liquidationsniveau, was dem Grundsatz einer *par conditio creditorum* (§ 1 InsO) in kaum einer Weise gerecht wird.

Kurz gesagt: Ein im Unternehmensverbund enthaltener Mehrwert lässt sich in einer Vielzahl der Fälle nur dann vollständig realisieren, wenn die Unternehmen in ihrem jeweiligen Verbund erhalten bleiben und als solcher auch nach Insolvenzeröffnung weiterhin geschlossen am Markt agieren. Ziel des Insolvenzverfahrens sowie der an ihm beteiligten Akteure sollte es daher sein, die konzerneigenen Strukturen für die Zeit des Verfahrens soweit wie möglich aufrecht zu erhalten. Dies gilt insbesondere dann, wenn für einen Großteil der notleidenden Unternehmen die Sanierung in Aussicht steht.

Gleichermaßen hat die Praxis gezeigt, dass in Fällen, in denen das Kind sprichwörtlich bereits in den Brunnen gefallen ist und eine Sanierung entweder aufgrund von wirtschaftlichen Erwägungen nicht sinnvoll erscheint oder rein tatsächlich nicht mehr zu erreichen ist, eine koordinierte Abwicklung der insolventen Unternehmensträger zu einer Massemehrung beitragen kann.

Vergegenwärtigt man sich hierzu den Fall einer übertragenden Sanierung sämtlicher gruppenangehöriger Unternehmen, so sind es regelmäßig rein wirtschaftliche Aspekte, die für eine zusammenhängende Veräußerung der Konzerngesellschaften streiten.[6] Während die Summe der Liquidationserlöse im Falle dezentralisierter Unternehmensverbände regelmäßig nicht evident von einem potentiellen Gesamtveräußerungserlös des Konzernganzen abweichen wird,[7] lässt sich der wirtschaftliche Mehrwert solcher Gesellschaften, die in zentralisierten Strukturen organisiert sind regelmäßig erst im Rahmen einer gemeinsamen Veräußerung vollständig realisieren. Dies verdeutlicht sich insbesondere

5 Vgl. *Leutheusser-Schnarrenberger* in: ZIP 2013, 97.

6 *Paulus* in: ZIP 2005, 1948, 1951; vgl. auch AG Köln, Beschl. v. 23.01.2004 – 71 IN 01/04 = ZIP 2004, 471, 475 („*Collins & Aikman*").

7 Vgl. *Paulus* in: ZIP 2005, 1948, 1950.

dort, wo mehrere Konzerngesellschaften gemeinschaftlich eine einheitliche wirtschaftliche Tätigkeit ausüben.

In Literatur und Praxis wurden aus diesem Grund verschiedentlich Lösungsansätze entwickelt, denen das Ziel gemein ist, aus den bestehenden Regelungen einen bestmöglichen Nutzen zu Gunsten einer gemeinschaftlichen Abwicklung konzernierter Unternehmen zu ziehen.[8] Diese Lösungsansätze konzentrieren sich in erster Linie auf

- die Frage nach der Zulässigkeit einer materiellen Zusammenfassung der Insolvenzmassen zu einer einheitlichen Konzerninsolvenzmasse („*Substantive Consolidation*"),[9]
- die Frage nach dem Fortbestehen unternehmensvertraglicher beziehungsweise faktischer Herrschaftsmacht,[10]
- die Frage nach der Zulässigkeit einer prozeduralen Verfahrenszusammenfassung („*Procedural Coordination*"),[11]
- die Frage nach der Möglichkeit der Bestellung eines personenidentischen Insolvenzverwalters beziehungsweise Sachwalters,[12]
- die Frage nach den Vorzügen der Anordnung der (vorläufigen) Eigenverwaltung sowie des Schutzschirmverfahrens (§§ 270 ff. InsO),[13]
- die Frage nach den konzerninsolvenzrechtlichen Gestaltungsmöglichkeiten auf Grundlage des Insolvenzplanverfahrens (§§ 217 ff. InsO),[14]
- die Frage nach dem Bestehen von Kooperations- und Koordinationspflichten zwischen den Verfahrensbeteiligten,[15]

---

8 Vgl. insbes. *Mertens* in: ZGR 1984, 542 ff.; *K. Schmidt* in: KTS 2010, 1 ff.; *ders.* in: KTS 2011, 161 ff.; *ders.* in: ZIP 2012, 1053 ff.; *Eidenmüller* in: ZHR 169 (2005), 528 ff.; *Jaffé* in: ZHR 175 (2011), 38 ff.; *Hirte* in: ZIP 2010, 444 ff.; *ders.* in: FS K. Schmidt, 641 ff.; *Kübler* in: ZGR 1984, 560 ff.; *Uhlenbruck* in: NZI 1999, 41 ff.; *Ehricke* in: ZInsO 2002, 393 ff.; *Adam/Poertzgen* in: ZInsO 2008, 281 ff.; *Ehricke* in: EWS 2002, 101 ff.; *Rattunde* in: ZIP 2013, 596 ff.; *Paulus* in: ZIP 2005, 1948 ff.; *Mankowski* in: NZI 2008, 355 ff; *Rostegge*, S. 1 ff.; *ders.* in: ZIP 2008, 955 ff.; *Deyda*, S. 1 ff.; *Jaffé/Friedrich* in: ZIP 2008, 1849 ff.; *Find/Siemon* in: NZI 2013 ff.; *Westphal/Goetker/Wilkens*, Grenzüberschreitende Insolvenzen, Rn. 1007 ff.; *Scheel*, Konzerninsolvenzrecht S. 1 ff.

9 Hierzu ausführlich auf S. 45ff.

10 Hierzu ausführlich auf S. 65ff.

11 Hierzu ausführlich auf S. 118ff.

12 Hierzu ausführlich auf S. 118ff.

13 Hierzu ausführlich auf S. 146ff.

14 Hierzu ausführlich auf S. 130ff.

15 Hierzu ausführlich auf S. 174ff.

- sowie zuletzt die Frage nach der Zulässigkeit einer einheitlichen insolvenzgerichtlichen Zuständigkeit für sämtliche Konzerngesellschaften auf Grundlage von § 3 InsO beziehungsweise Art. 3 EuInsVO.[16]

Diese vorgenannten Lösungsansätze sollen im Rahmen der folgenden Untersuchungen zunächst vorgestellt sowie im Lichte alternativer Vorschläge kritisch auf ihre jeweiligen Vor- und Nachteile untersucht werden. Dabei soll der Blick insbesondere auch auf die Besonderheiten eines US-amerikanischen Insolvenzrechts sowie die Vorschläge des UNCITRAL Modellgesetzgebers sowie des ALI gerichtet werden. Die auf diesem Weg gefundenen Ergebnisse sollen sodann mit den aktuellen Reformplänen des Deutschen sowie des Europäischen Gesetzgebers in Abgleich gestellt sowie ein sich hieraus ergebender künftiger Regelungsbedarf ermittelt werden.

16 Hierzu ausführlich auf S. 254ff.

Begriffsbestimmungen und Definitionsversuche

A. Der Konzernbegriff

Konzerne sind in allerersten Linie rein wirtschaftliche Phänomene, nämlich die wirtschaftliche Zusammenfassung mehrerer unabhängiger Unternehmen zu einem Gesamtunternehmen.[1] Weltweit sind die ersten Unternehmenszusammenschlüsse bereits zwischen Ende des neunzehnten und Anfang des zwanzigsten Jahrhunderts, zunächst als Folge stetigem Wachstums und fortwährender Spezialisierung und später im Zuge der Globalisierung in Erscheinung getreten.[2] Diese Entwicklung wurde insbesondere durch die Einführung von Regularien begünstigt, die Gesellschaften fortan den Erwerb und die Eingliederung von fremden Unternehmensanteilen erlaubten.[3] Während sich Unternehmen zu Beginn dieser Entwicklung vornehmlich auf eine Politik beschränkten, die durch Eingliederung fremder Expertise auf eine nachhaltige Steigerung der eigenen Leistungsfähigkeit gerichtet war, weitete sich diese Praxis alsbald in eine reine Expansionspolitik aus, indem ebendiese Gesellschaften nun damit begannen, sowohl auf gesellschaftsrechtlicher als auch auf wirtschaftlicher Ebene Kontrolle über andere Unternehmen auszuüben.[4]

Mittlerweile haben sich multinationale Unternehmensgruppen zu einem prägenden Bestandteil einer weltweiten Unternehmenslandschaft etabliert. Sie erwirtschaften dabei Umsätze, die regelmäßig einen elementaren Beitrag zum Bruttosozialprodukt leisten,[5] und stellen nicht selten das wirtschaftliche Standbein einer ganzen Region dar, indem sie einen Großteil der verfügbaren Arbeitsplätze bereitstellen und in Form von Abgaben einen wichtigen Beitrag zu den kommunalen Haushalten ihrer jeweiligen Standorte leisten. Hierbei werden durch Unternehmenszusammenschlüsse nicht selten Umsätze Umsätze erzielt, die sowohl die wirtschaftliche Leistungsfähigkeit als auch die Wachstumsrate einiger Volkswirtschaften um ein vielfaches übersteigen.[6]

1 *Beck* in: DZWiR 2014, 381; vgl. auch Grell/Splittgerber in: DB 2017, 1497.

2 UNCITRAL Legislative Guide Pt. 3, S. 5.

3 Eine entsprechende Praxis war ursprünglich in diversen Jurisdiktionen durch geschriebene und gewohnheitsrechtlich anerkannte Rechtssätze verboten, vgl. UNCITRAL Legislative Guide Pt. 3, S. 6.

4 UNCITRAL Legislative Guide Pt. 3, S. 5.

5 UNCITRAL Legislative Guide Pt. 3, S. 6.

6 UNCITRAL Legislative Guide Pt. 3, S. 6.

https://doi.org/10.1515/9783110578775-003

I. Problemaufriss

Um den Konzern im insolvenzrechtlichen Sinne greifbar zu machen, bedarf es einer abgrenzungsfähigen Definition dessen, was die in sonstiger Weise verbundenen Unternehmen von denen, die sich in Konzernstrukturen organisierten haben, rechtlich sowie tatsächlich unterscheidet. Ein solch einheitlich geltender Konzernbegriff ist dem deutschen Recht bislang fremd.[7] Vielmehr orientiert sich jedes Gesetz an seinem ganz eigenen Regelungszweck und stellt dabei individuelle Anforderungen dafür auf, wann verbundene Unternehmen im Einzelfall als Konzern qualifizieren, was zu einer Koexistenz unterschiedlicher Ansätze führt.

In dieser Tendenz steht der deutsche Gesetzgeber nicht gänzlich alleine da. Im internationalen Vergleich hat bislang die Mehrheit der Rechtsordnungen davon abgesehen, den Terminus „Konzern" an universellen Standards zu messen, wobei sich der UNCITRAL zufolge bis heute kaum ein Gesetzgeber dieser Herausforderung vor dem Hintergrund einer insolvenzrechtlich geprägten Regelung gestellt hat.[8] In Folge dieser Entwicklung erscheint es geboten, die bislang existierenden Lösungsansätze zur Definition eines Konzernbegriffs sowie deren Auswirkungen im Hinblick auf ein aktuelles sowie zukünftiges Insolvenzrecht näher zu beleuchten.

II. Der aktienrechtliche Konzernbegriff

Folgt man dem deutschen Aktienrecht, so ist für die Annahme eines Konzernverhältnisses die Ausübung von Leitungsmacht der gruppenangehörigen Gesellschaften entscheidend. Ein Konzern besteht danach immer dann, wenn ein herrschendes und ein oder mehrere abhängige Unternehmen unter der einheitlichen Leitung des herrschenden Unternehmens zusammengefasst sind (§ 18 Abs. 1 AktG), wobei von einem abhängigen Unternehmen stets vermutet wird, dass es mit dem herrschenden Unternehmen einen Konzern bildet (§ 18 Abs. 1 S. 3 AktG).

Abhängig in diesem Sinne ist ein Unternehmen immer dann, wenn ein anderes Unternehmen in der Lage ist, zumindest mittelbar herrschenden Einfluss auf dieses Unternehmen auszuüben (§ 17 Abs. 1 AktG). Dies ist in einem mehrstufigen Konzern bereits dann der Fall, wenn die Muttergesellschaft durch die

7 *K. Schmidt* in: ZIP 2012, 1053; vgl. auch *Pleister/Theusinger* in: HRI, § 50 Rn. 5.
8 UNCITRAL Legislative Guide Pt.3, S.14.

Tochtergesellschaft indirekten Einfluss auf die Enkelgesellschaft ausüben kann.[9] Darüber hinaus wird von einem in Mehrheitsbesitz stehenden Unternehmen vermutet, dass es von dem an ihm mit Mehrheit beteiligten Unternehmen abhängig ist (§ 17 Abs. 2 AktG). Ob eine Mehrheitsbeteiligung in diesem Sinne vorliegt, ist gemäß § 16 Abs. 1 AktG anhand der dem (herrschenden) Unternehmen zustehenden Anteile beziehungsweise Stimmrechte zu beurteilen.

III. Der handelsrechtliche Konzernbegriff

Weniger strenge Anforderungen stellt demgegenüber das deutsche Handelsrecht auf. Ein konsolidierter Konzernabschluss ist gemäß § 290 Abs. 1 HGB bereits dann aufzustellen, wenn eine im Inland ansässige Kapitalgesellschaft als „Mutterunternehmen" einen zumindest mittelbar beherrschenden Einfluss auf ein anderes Unternehmen – das „Tochterunternehmen" – ausüben kann. Anders als das Aktienrecht setzt der handelsrechtliche Konzernbegriff somit lediglich die bloße Möglichkeit einer einheitlichen Leitung voraus.[10] Unerheblich ist demzufolge, ob die Beherrschungsmöglichkeit auf gesellschaftsrechtlichen Beziehungen, schuldrechtlichen Vereinbarungen oder auf faktischen Umständen beruht.[11] Ein Beteiligungsverhältnis zwischen den Gesellschaften i. S. d. § 271 Abs. 1 HGB ist hierfür jedenfalls nicht (mehr) zwingend notwendig.[12]

Beherrschenden Einfluss in diesem Sinne besitzt ein Unternehmen (Mutterunternehmen) jedenfalls dann, wenn ihm die Mehrheit der Stimmrechte der Gesellschafter bei einem anderen Unternehmen zusteht (§ 290 Abs. 2 Nr. 1 HGB). Beherrschenden Einfluss besitzt darüber hinaus auch das Unternehmen, dem bei einem anderen Unternehmen das Recht zusteht, die Mehrheit der Mitglieder des die Finanz- und Geschäftspolitik bestimmenden Verwaltungs-, Leitungs- oder Aufsichtsorgans zu bestellen oder abzuberufen, und das gleichzeitig Gesellschafter dieses anderen Unternehmens ist (§ 290 Abs. 2 Nr. 2 HGB).

Eine Beherrschungsmöglichkeit besteht zudem immer dann, wenn einem Unternehmen das Recht zusteht, die Finanz- und Geschäftspolitik auf Grund eines mit einem anderen Unternehmen geschlossenen Beherrschungsvertrages oder auf Grund einer Bestimmung in der Satzung in einem anderen Unternehmen zu bestimmen (§ 290 Abs. 2 Nr. 3 HGB), oder es bei wirtschaftlicher Betrachtung die Mehrheit der Risiken und Chancen eines Unternehmens trägt, das zur Erreichung

---

9 Vgl. auch MünchKommBilR/*Senger/Hoehne*, 2. Bd. § 290 HGB Rn. 17.

10 Vgl. auch *Ernst/Seidler* in: BB 2009, 766, 768.

11 MünchKommBilR/*Senger/Hoehne*, 2. Bd. § 290 HGB Rn. 27.

12 MünchKommBilR/*Senger/Hoehne*, 2. Bd. § 290 HGB Rn. 27.

eines eng begrenzten und genau definierten Ziels des Mutterunternehmens dient (sog. „Zweckgesellschaft").

In Übereinstimmung mit DRS 19.11[13] kommt es somit entscheidend darauf an, dass ein Unternehmen direkt oder indirekt die nicht nur vorübergehende Möglichkeit besitzt, wesentliche Entscheidungen der Finanz- und Geschäftspolitik eines anderen Unternehmens dauerhaft zu bestimmen, um aus dessen Tätigkeit – zum Beispiel im Rahmen einer Gewinnabführungsvereinbarung – eigenen Nutzen zu ziehen.[14] Dies setzt nicht zuletzt die Fähigkeit voraus, im Einzelfall auch konzerneigene Interessen entgegen den Individualinteressen der Töchter durchsetzen zu können.

IV. Der Konzernbegriff im Sinne der EuInsVO n. F.

Auch der europäische Gesetzgeber hat die zwingende Notwendigkeit einer allgemeingültigen Definition des Konzernbegriffs im insolvenzrechtlichen Sinne erkannt und durch Neufassung der EuInsVO[15] den Begriff der *„Unternehmensgruppe"* in Art. 2 Nr. 13 und Art. 14 EuInsVO n. F. eingefügt.

Unternehmensgruppe ist danach ein Mutterunternehmen und alle seine Tochterunternehmen, wobei Mutterunternehmen jedes Unternehmen ist, das ein oder mehrere Tochterunternehmen entweder unmittelbar oder mittelbar kontrolliert. Als Mutterunternehmen soll zudem ein Unternehmen anzusehen sein, das einen konsolidierten Abschluss gemäß der Bilanz-Richtlinie 2013/34/EU des Europäischen Parlament und des Rates[16] („**EU-BilanzRL**") erstellt.

Der Unionsgesetzgeber knüpft somit in Parallelität zu § 290 Abs. 2 Nr. 1 HGB an die Mehrheit der Stimmrechte an. Diese Tendenz geht mit den Vorgaben

---

13 Abrufbar auf: https://www.drsc.de/verlautbarungen/drs-19-pflicht-zur-konzernrechnungslegung-und-abgrenzung-des-konsolidierungskreise (zuletzt abgerufen am: 3. Januar 2018).

14 Vgl. Begründung zur Beschlussempfehlung des Rechtsausschusses zum Gesetz zur Modernisierung des Bilanzrechts v. 25.05.2009 abgedr. in BGBl. I S. 1102; vgl. auch BT-Drucks. 16/10067 S. 76; vgl. auch MünchKommBilR/*Senger/Hoehne*, 2. Bd. § 290 HGB Rn. 28; vgl. BT-Drs. 16/12407 S. 89.

15 Verordnung (EG) 1346/2000 des Europäischen Parlaments und des Rates vom 29.05.2000 über Insolvenzverfahren in der Fassung der Verordnung (EU) 2015/848 des Rates vom 20.05.2015 (ABl. L 141/19); folgend: EuInsVO.

16 Richtlinie 2013/34/EU des Europäischen Parlaments und des Rates vom 26. Juni 2013 über den Jahresabschluss, den konsolidierten Abschluss und damit verbundene Berichte von Unternehmen bestimmter Rechtsformen und zur Änderung der Richtlinie 2006/43/EG des Europäischen Parlaments und des Rates und zur Aufhebung der Richtlinien 78/660/EWG und 83/349/EWG des Rates (ABl. L 182 vom 29.06.2013, S.19); folgend: EU-BilanzRL.

der EU-BilanzRL konform, auf die der Verordnungsgeber am Ende der Regelung ausdrücklich verweist. Unter einer *„Gruppe“* ist der Bilanz-RL zufolge der Zusammenschluss eines Mutterunternehmens mit allen seinen Tochterunternehmen zu verstehen (Art. 2 Nr. 11 EU-BilanzRL), wobei der Richtliniengeber zusätzlich den Ausdruck *„verbundene Unternehmen“* verwendet, worunter zwei oder mehrere Unternehmen innerhalb einer solchen *„Gruppe“* zu verstehen sind (Art. 2 Nr. 12 EU-BilanzRL).

Im Gegensatz zur präzisen Definition des Terminus *„Mutter“* ist eine Definition der Tochtereigenschaft in der EuInsVO n.F. nicht vorgesehen.[17] Der Verordnungsgeber scheint den Terminus vielmehr als selbstverständlich seinen Ausführungen zu Grunde zu legen. Dies verwundert, führt man sich vor Augen, dass die EU-BilanzRL eine solche Definition explizit vorsieht. Hieraus wird von Seiten der Literatur zum Teil der Schluss gezogen, dass an die Begründung der Tochtereigenschaft im Sinne der EuInsVO n.F. keine allzu hohen Anforderungen zu stellen sind.[18]

In Wirklichkeit ist der Tochterbegriff in Art. 2 Nr. 10 EU-BilanzRL mit dem Verständnis der EuInsVO n.F. jedoch nahezu identisch. *„Tochterunternehmen“* ist danach ein von einem Mutterunternehmen kontrolliertes Unternehmen, einschließlich jedes mittelbar kontrollierten Tochterunternehmens eines Mutterunternehmens (Art. 2 Nr. 10 EU-BilanzRL). Beide Vorschriften stellen somit gleichermaßen auf die unmittelbare oder mittelbare Kontrolle des Tochterunternehmens durch ein anderes Unternehmen (Mutterunternehmen) ab. Wer Tochter im Unternehmensverbund ist, ist im Rahmen der EuInsVO n.F. nur im Gegensatz zur EU-BilanzRL anhand einer Negativabgrenzung zur Mutter zu bestimmen. Wer als Mutterunternehmen anzusehen ist, ist gemäß Art. 2 Nr. 14 S. 2 EuInsVO n.F. insbesondere auch nach Maßgabe der EU-BilanzRL zu bestimmen.

V. UNCITRAL

Auf internationaler Ebene hat sich neben dem Unionsgesetzgeber insbesondere die UNCITRAL mit dem Phänomen der Unternehmensgruppe intensiv auseinan-

17 Anders in Art. 2 Nr. 10 RL 2013/34/EU: Tochterunternehmen ist demnach ein vom Mutterunternehmen kontrolliertes Unternehmen, einschließlich jedes mittelbar kontrollierten Tochterunternehmens eines Mutterunternehmens.

18 Vgl. *Beck* in: DZWiR 2014, 381, 387.

der gesetzt und dieser im Rahmen ihres *Legislative Guide on Insolvency Law*[19] im Jahr 2010 erstmalig einen eigenen Teil gewidmet. Nimmt man sich den Ausführungen der Kommission zum Begriff der Unternehmensgruppe an, so zeigt sich im internationalen Vergleich eine klare gesetzgeberische Tendenz, wonach der Terminus der Unternehmensgruppe bislang mehrheitlich am jeweiligen Gesetzeszweck und nicht, wie zum Teil gefordert anhand universell geltender Standards gemessen wird.[20] Der UNCITRAL zufolge könne dies im Zweifel zur Folge haben, dass sowohl zwischen als auch innerhalb einzelner Jurisdiktionen das Verständnis vom Begriff der Unternehmensgruppe zum Teil stark voneinander abweicht;[21] wie bereits der Vergleich der Regelungen zum deutschen Aktien- und Handelsrechts beweist.[22]

Trotz dieser Entwicklung habe sich in der Vergangenheit ein internationaler Standard konstituiert, demzufolge Umstände wie der Besitz von Anteilen sowie die damit einhergehende Möglichkeit zur Beherrschung eines anderen Unternehmens durch die Ausübung unmittelbarer oder mittelbarer Einflussnahme bei der Frage nach der Konzernzugehörigkeit eine gewichtige Rolle spielen.[23] Innerhalb dieses Standards haben sich in erster Linie zwei Ansätze etabliert:

1. Formeller Ansatz

Zum Teil werde auf eine formelle Betrachtungsweise abgestellt. Beherrschende Einflussnahme werde auf dieser Grundlage immer dann vermutet, wenn das beherrschende Unternehmen einen gesetzlich festgelegten Mindestanteil an dem beherrschten Unternehmen halte, wobei die vorgeschriebenen Anteilsgrößen zwischen 5% und 80% variieren. Für Minderheitsanteile werde überwiegend gefordert, dass neben den Anteilsbesitz als zusätzliches Kriterium noch tatsächliche Umstände treten, die im Einzelfall eine Möglichkeit zur beherrschenden Einflussnahme begründen können.[24]

---

19 UNCITRAL, Legislative Guide on Insolvency Law, Part three: Treatment of enterprise groups in insolvency, 2012, S. 59ff., abrufbar unter: http://www.uncitral.org/pdf/english/texts/insolven/Leg-Guide-Insol-Part3-ebook-E.pdf (zuletzt abgerufen am: 3. Januar 2018).
20 UNCITRAL Legislative Guide Pt. 3, S. 14.
21 UNCITRAL Legislative Guide Pt. 3, S. 14.
22 Siehe hierzu oben auf S. 18ff.
23 UNCITRAL Legislative Guide Pt. 3, S. 15.
24 UNCITRAL Legislative Guide Pt. 3, S. 15.

2. Funktioneller Ansatz

Andere Ansätze ziehen dem eine eher funktionelle Betrachtungsweise vor. Für die Frage der Konzernzugehörigkeit solle demnach primär die Ausübung von Herrschaft oder Leitungsmacht eines Unternehmens in einem anderen Unternehmen maßgeblich sein.[25]

Diese Umstände werden vom Leitfaden zum Teil vereinheitlicht unter dem Terminus *„control"* zusammengefasst, wobei hierunter sowohl die Ausübung direkter Kontrolle als auch die bloße Möglichkeit zur Ausübung von Kontrolle kraft unmittelbarer oder mittelbarer Herrschaftsmacht zu verstehen ist.[26] In diesem Zusammenhang sollen insbesondere Faktoren wie die Möglichkeit der Einflussnahme auf die Be- und Abberufung der Mitglieder des Vorstands oder des Aufsichtsrates einer anderen Gesellschaft sowie die Möglichkeit zur Einflussnahme auf interne Entscheidungsprozesse dieser Organe eine gewichtige Rolle spielen.[27]

VI. Eigener Ansatz und Stellungnahme

Die aufgezeigte Divergenz ist symptomatisch für den gesetzgeberischen Handlungsbedarf im Hinblick auf die Begründung eines vereinheitlichten Konzernbegriffs. Zwar entfaltet der in Art. 2 Nr. 13 und Nr. 14 EuInsVO n. F. gefundene Lösungsansatz gemäß Art. 288 AEUV unmittelbare Wirkung in jedem EU-Mitgliedstaat. Dies jedoch lediglich im Hinblick auf die Frage, wann eine Unternehmensgruppe im grenzüberschreitenden Kontext vorliegt. Die Regelung zeichnet den hiesigen Gesetzgeber indes nicht von der Herausforderung frei, eine möglichst an den Vorgaben des europäischen Gesetzgebers orientierte Regelung für Verfahren im nationalen Kontext einzuführen.

1. Problemaufriss

Am Anfang steht somit die Frage, in welchen Fällen die Verbindung von Gesellschaften ein eigenständiges Konfliktpotenzial begründet, sodass eine isolierte Abwicklung dieser Gesellschaften unweigerlich mit einem Bruch interner Regularien einhergeht. Dies wird regelmäßig dann der Fall sein, wenn die Verbindung

---

25 UNCITRAL Legislative Guide Pt. 3, S. 15.
26 UNCITRAL Legislative Guide Pt. 3, S. 15.
27 UNCITRAL Legislative Guide Pt. 3, S. 15.

der betroffenen Gesellschaften über eine bloße wirtschaftliche Zweckgemeinschaft hinausgeht und die einzelnen Unternehmungen in der Lage sind, als Gesellschafter, auf schuldrechtlicher Ebene oder rein faktisch herrschenden Einfluss auf die Geschäftsleitung der jeweils anderen Gesellschaft auszuüben. In diesen Fällen entfaltet jegliche Rechtshandlung der schuldnerischen Gesellschaft unweigerlich Auswirkungen auf die gruppenangehörigen Unternehmen, sodass fortan eine isolierte Betrachtung der Gesellschaften nicht mehr ohne weiteres möglich ist. Zudem wird in den beschriebenen Fällen der Versuch der Fortführung des operativen Geschäftsbetriebs regelmäßig nur unter Einbeziehung der gruppenangehörigen Unternehmen von Erfolg geprägt sein. Denn nicht selten bilden Unternehmenszusammenschlüsse eine rechtliche sowie wirtschaftliche Einheit, was zur Folge haben kann, dass die einzelnen Unternehmen nur im Falle eines weiteren Zusammenwirkens ihren bestimmungsgemäßen Mehrwert im Sinne einer bestmöglichen gemeinschaftlichen Gläubigerbefriedigung realisieren können.

2. Orientierung an dem Maßstab der Europäischen Bilanzrichtlinie

Wann eine solche konzernbegründende Herrschaftsbeziehung zwischen den beteiligten Unternehmen vorliegt, sollte idealerweise an den Vorgaben der EU-BilanzRL[28] zu messen sein, die bereits jetzt als Maßstab für den handelsrechtlichen Konzernbegriff in § 290 HBG sowie für das konzernrechtliche Verständnis in Art. 2 Nr. 14 EuInsVO n. F.[29] dient. Nur auf diese Weise ist langfristig ein Gleichlauf zwischen nationalem und europäischem Recht, sowie im Verhältnis der einzelnen europäischen Rechtsordnungen zueinander zu gewährleisten.

Hinzu kommt, dass die Vorschriften der EuInsVO nur dann optimal ihre Wirkung entfalten, wenn deren Zielbestimmungen auf nationaler Ebene konsequent fortgeführt werden. Dies kann grundsätzlich nur dann gelingen, wenn dort dieselben Maßstäbe Anwendung finden, die parallel auch im europäischen Kontext gelten. Anderenfalls besteht die Gefahr, dass das europäische Insolvenzrecht, in der Annahme des Vorliegens eines Konzernsachverhalts zu gewissen Privilegierungen beziehungsweise Verfahrensvereinfachungen führt, die auf na-

28 Richtlinie 2013/34/EU des Europäischen Parlaments und des Rates vom 26. Juni 2013 über den Jahresabschluss, den konsolidierten Abschluss und damit verbundene Berichte von Unternehmen bestimmter Rechtsformen und zur Änderung der Richtlinie 2006/43/EG des Europäischen Parlaments und des Rates und zur Aufhebung der Richtlinien 78/660/EWG und 83/349/EWG des Rates (ABl. L 182 vom 29.6.2013, S. 19).

29 Hierzu ausführlich auf S. 20f.

tionaler Ebene nicht konsequent fortgeführt werden, da nach dortigem Maßstab kein Konzernsachverhalt gegeben ist. Als Beispiele lassen sich etwa die Bemühungen um eine verbesserte Kommunikation und Zusammenarbeit der Insolvenzverwalter auf Grundlage eines künftigen Art. 56 EuInsVO n. F.[30] und § 269a KIG[31] anführen. Dem Gedanken einer Koordinierten Verfahrensführung wäre nur in begrenztem Maße Rechnung getragen, wenn eine unterschiedliche Behandlung von Konzernsachverhalten auf europäischer und nationaler Ebene im Ergebnis dazu führen würde, dass eine Kooperationspflicht zwar im Verhältnis zu den im Ausland tätigen Verwaltern, nicht hingegen gegenüber den im Inland bestellten Kollegen existierte.

3. Regelungsvorschlag

Für die Einführung eines insolvenzrechtlich geprägten Konzernbegriffs, empfiehlt sich auf Grundlage des Vorgesagten daher die Einfügung folgender Regelung:

§ 3e InsO
Unternehmensgruppe

(1) Eine „Unternehmensgruppe" besteht aus einem Mutterunternehmen und allen Tochterunternehmen.
(2) „Mutterunternehmen" ist ein Unternehmen, das ein oder mehrere Tochterunternehmen entweder unmittelbar oder mittelbar kontrolliert. Ein Unternehmen, das einen konsolidierten Abschluss gemäß der Richtlinie 2013/34/EU des Europäischen Parlaments und des Rates[32] erstellt, wird als Mutterunternehmen angesehen.
(3) „Tochterunternehmen" ist ein von einem Mutterunternehmen unmittelbar oder mittelbar kontrolliertes Unternehmen.
(4) Ein im Inland ansässiges Unternehmen (Tochterunternehmen) wird von einem anderen Unternehmen (Mutterunternehmen) im Sinne der Absätze 1 bis 3 stets beherrscht oder kontrolliert, wenn
   1. dieses Unternehmen (Mutterunternehmen) die Mehrheit der Stimmrechte der Aktionäre oder Gesellschafter eines anderen Unternehmens (Tochterunternehmens) hält;

---

30 Hierzu ausführlich auf S. 245ff.
31 Hierzu ausführlich auf S. 194ff.
32 Richtlinie 2013/34/EU des Europäischen Parlaments und des Rates vom 26. Juni 2013 über den Jahresabschluss, den konsolidierten Abschluss und damit verbundene Berichte von Unternehmen bestimmter Rechtsformen und zur Änderung der Richtlinie 2006/43/EG des Europäischen Parlaments und des Rates und zur Aufhebung der Richtlinien 78/660/EWG und 83/349/EWG des Rates (ABl. L 182 vom 29.6.2013, S. 19).

2. dieses Unternehmen (Mutterunternehmen) das Recht hat, die Mehrheit der Mitglieder des Verwaltungs-, Leitungs- oder Aufsichtsorgans eines anderen Unternehmens (Tochterunternehmens) zu bestellen oder abzuberufen und gleichzeitig Aktionär oder Gesellschafter dieses Unternehmens ist;
3. dieses Unternehmen (Mutterunternehmen) das Recht hat, auf ein Unternehmen (Tochterunternehmen), dessen Aktionär oder Gesellschafter es ist, einen beherrschenden Einfluss aufgrund eines mit diesem Unternehmen geschlossenen Vertrags oder aufgrund einer Satzungsbestimmung dieses Unternehmens auszuüben;
4. dieses Unternehmen (Mutterunternehmen) einen beherrschenden Einfluss auf oder die Kontrolle über ein anderes Unternehmen (Tochterunternehmen) ausüben kann oder tatsächlich ausübt, oder
5. dieses Unternehmen (Mutterunternehmen) und ein anderes Unternehmen (Tochterunternehmen) unter einheitlicher Leitung des Mutterunternehmens stehen.

Ein solches, über den Regelungsgehalt des § 18 AktG hinausgehendes und an die Art. 22 EU-BilanzRL und Art. 2 Nr. 13, 14 EuInsVO n. F. angeglichenes Verständnis erscheint, aus den oben genannten Gründen sowie vor dem Hintergrund einer Vereinheitlichung der europäischen Rechtsordnungen unerlässlich.[33]

VII. Zwischenergebnis

Der insolvenzrechtliche Begriff der Unternehmensgruppe sollte wie folgt zu bestimmen sein: Sind im Inland ansässige Unternehmen in einer Weise miteinander verbunden, dass ein Unternehmen (Mutterunternehmen) unmittelbar oder mittelbar einen beherrschenden Einfluss auf oder die Kontrolle über ein anderes Unternehmen (Tochterunternehmen) ausübt oder ausüben kann, indem ihm (i) die Mehrheit der Stimmrechte in diesem anderen Unternehmen (Tochterunternehmen) zustehen; (ii) das Recht zusteht, die Mehrheit der Mitglieder des Verwaltungs-, Leitungs- oder Aufsichtsorgans dieses anderen Unternehmens (Tochterunternehmens) zu bestellen oder abzuberufen und es gleichzeitig Aktionär oder Gesellschafter dieses anderen Unternehmens ist; (iii) das Recht hat, auf dieses andere Unternehmen (Tochterunternehmen), dessen Aktionär oder Gesellschafter es ist, einen beherrschenden Einfluss aufgrund eines mit diesem anderen Unternehmen geschlossenen Vertrags oder aufgrund einer Satzungsbestimmung dieses anderen Unternehmens auszuüben, oder (iv) in sonstiger Weise einen beherrschenden Einfluss auf oder die Kontrolle über ein anderes Unternehmen (Tochterunternehmen) ausüben kann oder tatsächlich ausübt, oder (v) dieses Unternehmen und ein anderes Unternehmen (Tochterunternehmen)

33 Vgl. auch *Vallender/Deyda* in: NZI 2009, 825 ff.

unter einheitlicher Leitung des Mutterunternehmens stehen, so bilden diese Unternehmen eine Unternehmensgruppe. Als Mutterunternehmen wird zudem ein Unternehmen angesehen, das einen konsolidierten Abschluss gemäß der Richtlinie 2013/34/EU des Europäischen Parlaments und des Rates[34] erstellt.

VIII. Der Konzernbegriff de lege ferenda

Mit dem Gesetz zu Erleichterung der Bewältigung von Konzerninsolvenzen führt der Gesetzgeber nunmehr erstmalig den Begriff der „Unternehmensgruppe" in die Insolvenzordnung ein und grenzt damit zugleich den Anwendungsbereich derjenigen Bestimmungen ein, die in Folge der Neuerungen an ihn anknüpfen.[35] Neben den Gerichtsstands- und Verweisungsbestimmungen zählen hierzu insbesondere die §§ 13a, 56b, 269a ff., 270d KIG.[36]

Ähnlich wie bereits Art. 3 EuInsVO knüpft auch § 3e KIG an den *„Mittelpunkt der hauptsächlichen Interessen"* als Konkretisierungsmerkmal an.[37] Der Entwurf greift hierzu nicht auf den im allgemeinen Sprachgebrauch vorherrschenden Konzernbegriff zurück, sondern führt wie zuvor auch schon der europäische Gesetzgeber den Begriff der Unternehmensgruppe in den Gesetzestext ein.

Eine Unternehmensgruppe besteht der Regelung zufolge immer dann, wenn ein aus rechtlich selbständigen Unternehmen[38] zusammengesetzter Verbund den Mittelpunkt seiner hauptsächlichen Interessen im Inland hat und unmittelbar oder mittelbar durch die Möglichkeit der Ausübung eines beherrschenden Einflusses (Nr. 1) oder durch eine Zusammenfassung unter einheitlicher Leitung (Nr. 2) miteinander verbunden ist.[39]

Als Unternehmensgruppe im Sinne des Absatzes 1 gilt gilt gemäß § 3e Abs. 1 KIG auch eine Gesellschaft und ihre persönlich haftenden Gesellschafter, wenn zu diesen weder eine natürliche Person noch eine Gesellschaft zählt, an der eine

---

34 Richtlinie 2013/34/EU des Europäischen Parlaments und des Rates vom 26. Juni 2013 über den Jahresabschluss, den konsolidierten Abschluss und damit verbundene Berichte von Unternehmen bestimmter Rechtsformen und zur Änderung der Richtlinie 2006/43/EG des Europäischen Parlaments und des Rates und zur Aufhebung der Richtlinien 78/660/EWG und 83/349/EWG des Rates (ABl. L 182 vom 29.6.2013, S. 19).

35 Begr. GesE InsO-E, BT-Drucks. 18/407, S. 28.

36 Begr. GesE InsO-E, BT-Drucks. 18/407, S. 28.

37 Demgegenüber wollte § 3a Abs. 4 Disk-E noch an den „Mittelpunkt der wirtschaftlichen Interessen" anknüpfen.

38 Zum Begriff des gruppenangehörigen Schuldners vgl. § 3a Abs. 1 S. 1 InsO-E.

39 Begr. GesE InsO-E, BT-Drucks. 18/407, S. 8.

natürliche Person als persönlich haftender Gesellschafter beteiligt ist, oder sich die Verbindung von Gesellschaften in dieser Art fortsetzt.

Durch das Konzernverständnis des neuen § 3e Abs. 1 KIG wird die Unternehmensgruppe somit gewissermaßen in „horizontale“ und „vertikale Gruppen“ aufgespalten.[40] Dies hat zur Folge, dass soweit es um das Verhältnis der Konzernschwestern geht, die Regelung des § 3e Abs. 2 Nr. 2 KIG Anwendung findet, wohingegen sich das Verhältnis ebendieser Schwestern zur Konzernspitze nach § 3e Abs. 1 Nr. 1 KIG bestimmt.[41]

1. Mittelpunkt der hauptsächlichen Interessen

Wann ein schuldnerisches Unternehmen seinen hauptsächlichen Interessenmittelpunkt im Inland hat, ist ausweislich der Begründung zum Gesetzentwurf anhand der zu Art. 3 Abs. 1 EuInsVO entwickelten Grundsätze zur Lokalisierung des COMI zu bestimmen.[42]

Mittelpunkt der hauptsächlichen Interessen ist danach derjenige Ort, an dem der Schuldner gewöhnlich der Verwaltung seiner Interessen nachgeht und der für Dritte feststellbar ist. Bei Gesellschaften oder juristischen Personen wird bis zum Beweis des Gegenteils vermutet, dass sich der Mittelpunkt ihrer hauptsächlichen Interessen am Ort ihres Sitzes befindet, sofern dieser nicht in einem Zeitraum von drei Monaten vor dem Antrag auf Eröffnung des Insolvenzverfahrens verlegt wurde.[43]

2. Möglichkeit beherrschender Einflussnahme (Nr. 1)

Parallel zu den handelsrechtlichen Bestimmungen zum Konzernabschluss (§ 290 Abs. 1 HGB) sowie der Regelung des Art. 22 Abs. 2 lit. a EU-BilanzRL, soll die bloße Möglichkeit zur beherrschenden Einflussnahme für die Frage der Gruppenzugehörigkeit ausreichen.[44] Unerheblich ist demnach, ob das Mutterunternehmen von der Beherrschungsmöglichkeit tatsächlichen Gebrauch macht, indem es die untergeordneten Unternehmen unter seine einheitliche Leitung zusammenfasst.[45]

---

40 *K. Schmidt* in: FS Kübler, 633, 641.
41 *K. Schmidt* in: FS Kübler, 633, 641.
42 Begr. GesE InsO-E, BT-Drucks. 18/407, S. 28; vgl. auch *Pleister/Theusinger* in: HRI, § 50 Rn. 7.
43 Zur Bestimmung des COMI vgl. die Ausführungen auf S. 320ff.
44 Mit ähnlicher Forderung bereits *Hirte* in: ZIP 2008, 444, 445.
45 Begr. GesE InsO-E, BT-Drucks. 18/407, S. 29.

Ausweislich der Begründung zum Regierungsentwurf sind insbesondere auch Personengesellschaften in den zukünftigen Anwendungsbereich der Norm mit einzubeziehen, soweit sie die Stellung des Mutterunternehmens einnehmen.[46]

3. Zusammenfassung unter einheitlicher Leitung (Nr. 2)

Durch die Erweiterung des Gruppenbegriffs um die Möglichkeit, Konzernunternehmen, die unter einheitlicher Leitung zusammengefasst sind in den Anwendungsbereich der Norm einzubeziehen, werden nicht zuletzt auch Gleichordnungskonzerne von den konzerninsolvenzrechtlichen Bestimmungen erfasst.[47] Der in § 18 Abs. 2 AktG gesetzlich definierte Gleichordnungskonzern beschreibt etwa die Situation zweier Schwestergesellschaften, die zwar unter einheitlicher Leitung einer gemeinsamen Muttergesellschaft zusammengefasst sind, jedoch zueinander in keinem direkten Abhängigkeitsverhältnis stehen.[48]

4. GmbH & Co. KG als Unternehmensgruppe

Darüber hinaus soll künftig auch die GmbH & Co. KG vom Begriff der Unternehmensgruppe umfasst sein. Hingegen war bis zur Verkündung des KIG noch unklar, ob und wenn ja, unter welchen Voraussetzungen sich die GmbH & Co. KG unter den Begriff der Unternehmensgruppe im Sinne von § 3e Abs. 1 InsO-E subsummieren lässt.[49]

a) Exkurs: GmbH & Co. KG als Konzern im Sinne des § 290 HGB

Dem deutschen Recht ist diese Frage grundsätzlich nicht neu, sie existierte vielmehr bereits zuvor im Kontext des § 290 HGB. Seit der Einführung des § 264a HGB durch das KapCoRiLiG[50]gilt nämlich, dass Personenhandelsgesell-

---

46 Begr. GesE InsO-E, BT-Drucks. 18/407, S. 29.

47 Begr. GesE InsO-E, BT-Drucks. 18/407, S. 29.

48 Vgl. MünchKommAktG/*Bayer*, Bd. 1, § 18 Rn. 3 f.

49 Vgl. zu der Frage auch *Beck* in: DStR 2013, 2468, 2469; *Pleister/Theusinger* in: HRI, § 50 Rn. 105.

50 Gesetz zur Durchführung der Richtlinie des Rates der Europäischen Union zur Änderung der Bilanz- und der Konzernbilanzrichtlinie hinsichtlich ihres Anwendungsbereichs (90/605/EWG), zur Verbesserung der Offenlegung von Jahresabschlüssen und zur Änderung anderer handelsrechtlicher Bestimmungen (Kapitalgesellschaften-und Co-Richtlinie-Gesetz-KapCoRiLiG) v. 24.02. 2000 abgedr. in BGBl. I S. 154.

schaften, bei denen nicht zumindest eine natürliche Person persönlich haftender Gesellschafter ist, bezüglich der Konzernrechnungslegung der Kapitalgesellschaft gleichzustellen sind.[51] Indem die GmbH & Co. KG in dieser Folge als Kapitalgesellschaft galt, stellte sich die Frage, unter welchen Voraussetzungen die KG (beziehungsweise die Komplementärkapitalgesellschaft) als Muttergesellschaft im Sinne des § 290 HGB einzustufen ist.[52] Nach der Intention des Gesetzgebers soll dies grundsätzlich immer dann der Fall sein, wenn die Kapitalgesellschaft als Mutterunternehmen herrschenden Einfluss i. S. d. § 290 Abs. 1 und 2 HGB ausüben kann.[53]

In der Literatur wird die Frage überwiegend verneint, wobei die Begründungen hierzu voneinander abweichen. Nach teilweiser Auffassung könne die Komplementärgesellschaft schon rein rechtlich kein selbständiges Unternehmen sein, da sie in ihrer Eigenschaft als Vollhafterin als einzigen Zweck die Realisierung einer Haftungsbeschränkung zu Gunsten der KG übernehme, daneben jedoch regelmäßig selbst keinen eigenen Geschäftsbetrieb unterhalte.[54] In dieser Konsequenz könne sie schon nicht Muttergesellschaft sein.[55]

Dem wird zum Teil entgegengehalten, dass es nach dem Wortlaut der Norm unerheblich sei, ob die Kapitalgesellschaft selbst eine eigene Geschäftstätigkeit entfalte.[56] Dies allein schließe einen beherrschenden Einfluss jedenfalls nicht aus.[57] Darüber hinaus müsse berücksichtigt bleiben, dass die Komplementärkapitalgesellschaft als Formkaufmann bereits rein rechtlich ein selbständiges Unternehmen sei.[58]

Andere ziehen wiederum das Verständnis des BilMoG zu Rate, demzufolge ein beherrschender Einfluss in Übereinstimmung mit DRS 19.11[59] immer bereits dann vorliege, wenn ein Unternehmen die Möglichkeit besitze, die Finanz- und Geschäftspolitik eines anderen Unternehmens dauerhaft zu bestimmen, um aus

---

51 MünchKommHGB/*Busse von Colbe*, Bd. 4 § 290 Rn. 11; Ebenroth/Boujong/Joost/Strohn/*Böcking/Gros/Schurbohm-Ebneth*, § 290 Rn. 45; Baumbach/Hopt/*Merkt*, § 290 Rn. 6; BeBiKo/*Grottel/Krehler*, § 290 HGB Rn. 55 f.; *Beck* in: DZWiR 2014, 381, 387.

52 *Adler/Düring/Schmalz*, § 290 HGB Rn. 116; KK-RechnungslegungsR/*Claussen/Scherrer*, § 290 Rn. 15; MünchKommHGB/*Busse von Colbe*, Bd. 4 § 290 Rn. 11; MünchKommBilR/*Senger/Hoehne*, Bd. 2, § 290 HGB, Rn. 20; Spindler/Stilz/*Bachmann*, Bd. 2, § 286 AktG, Rn. 13.

53 Begr. RegE BT-Drucks. 14/1806 S. 22; vgl. auch MünchKommHGB/*Busse von Colbe*, Bd. 4 § 290 Rn. 11

54 KK-RechnungslegungsR/*Claussen/Scherrer*, § 290 Rn. 15.

55 KK-RechnungslegungsR/*Claussen/Scherrer*, § 290 Rn. 15.

56 Spindler/Stilz/*Bachmann*, Bd. 2, § 286 AktG, Rn. 13.

57 MünchKommAktG/*Perlitt*, Bd. 5, Vor § 278 Rn. 113.

58 *Marbler/Oser* in DStR 2014, 2474, 2476

59 DRS = Deutsche Rechnungslegungs Standards.

dessen Tätigkeit (eigenen) Nutzen zu ziehen".[60] Da die Komplementärin aus der Geschäftstätigkeit der KG jedoch regelmäßig keinen eigenen wirtschaftlichen Nutzen ziehe, der nicht auch zugleich der KG selbst zustehe,[61] könne nicht von einem beherrschungstypischen Über-Unterordnungsverhältnis, sondern allenfalls von einem gleichstufigen „Miteinander" die Rede sein.[62] Hinzu komme, dass die Komplementärkapitalgesellschaft in einer Vielzahl der Fälle keine „originären Leitaufgaben" übernehme.[63]

b) Regelung in § 3e Abs. 2 KIG

Der Gesetzgeber schafft in der Frage nunmehr endgültig Klarheit, indem § 3 Abs. 2 KIG für Gesellschaften ohne Rechtspersönlichkeit, an denen auch mittelbar keine natürliche Person als persönlich haftender Gesellschafter beteiligt ist, künftig das Bestehen einer Unternehmensgruppe fingiert.

Die Regelung war in einer ersten Entwurfsfassung[64] noch nicht enthalten und wurde erst nachträglich auf Empfehlung des Ausschusses für Recht und Verbraucherschutz[65] in das Gesetz eingefügt. Grund hierfür war die Annahme, dass die organisatorische und haftungsrechtliche Verzahnung zwischen der Gesellschaft und deren persönlich haftenden Gesellschaftern im Insolvenzfall ähnliche Probleme aufwerfen könne, wie die Insolvenz einer Unternehmensgruppe.[66] Zudem erscheine die rechtliche Aufspaltung der Unternehmensorganisation der GmbH & Co. KG auf zwei Rechtsträger oftmals künstlich und finde in der äußeren Erscheinung des Unternehmens keine Entsprechung.[67] Im Falle einer Doppelinsolvenz von Gesellschaft und Komplementär-GmbH bestehe daher das Bedürfnis, eine koordinierte Abwicklung beider Verfahren am selben Insolvenzgericht sowie unter Bestellung eines einheitlichen Verwalters zu gewährleisten.[68]

---

60 Begr. GesE BilMoG, BT-Drucks. 16/12407, S. 89.
61 *Beck* in: DStR 2013, 2468, 2471 f.
62 *Beck* in: DStR 2013, 2468, 2471 f.
63 MünchKommAktG/*Perlitt*, Bd. 5, § 278 Rn. 114.
64 BT-Drucks. 18/407.
65 Beschlussempfehlung und Bericht des Ausschusses für Recht und Verbraucherschutz, BT-Drucks. 18/11436.
66 Beschlussempfehlung und Bericht des Ausschusses für Recht und Verbraucherschutz, BT-Drucks. 18/11436, S. 24.
67 *K. Schmidt* in: KTS 2011, 161 ff.; Beschlussempfehlung und Bericht des Ausschusses für Recht und Verbraucherschutz, BT-Drucks. 18/11436, S. 24.
68 Beschlussempfehlung und Bericht des Ausschusses für Recht und Verbraucherschutz, BT-Drucks. 18/11436, S. 24.

5. Angleichung an das Verständnis eines europäischen Konzernbegriffs

Fraglich ist, ob die Einführung der *Unternehmensgruppe* im Sinne eines künftigen § 3e KIG dem Ziel einer Harmonisierung eines deutschen und europäischen Konzern-(Insolvenz)rechts gerecht wird. Dies ist in erster Linie davon abhängig, wie der Tatbestand des beherrschenden Einflusses im Sinne eines künftigen Konzerninsolvenzrechts auszulegen ist.

Ähnlich wie Art. 22 Abs. 2 EU-BilanzRL lässt auch § 3e KIG die Möglichkeit zur Ausübung von Herrschaftsmacht durch die Muttergesellschaft sowie die Zusammenfassung rechtlich selbständiger Unternehmen unter einheitlicher Leitung (des Mutterunternehmens) für die Begründung einer Unternehmensgruppe ausreichen. Diesem Verständnis schließt sich auch der europäische Gesetzgeber in der Fassung des Art. 2 Nr. 14 EuInsVO n. F. an, indem der Wortlaut der Vorschrift ausdrücklich auf den Maßstab der EU-BilanzRL verweist. Dieser Kreis scheint sich zu schließen, indem der deutsche Gesetzgeber zur Konkretisierung der in § 3e Nr. 1 KIG geforderten Beherrschungsmöglichkeit im Rahmen der Begründung zum Gesetzentwurf auf das Verständnis des § 290 HGB verweist,[69] der wiederum maßgeblich durch die Vorgaben der EU-BilanzRL fremdbestimmt ist.[70]

a) Auslegung des Tatbestandsmerkmals „beherrschender Einfluss" im Sinne eines Konzerninsolvenzrechts

Die Möglichkeit zur Beherrschung wird durch die Bestimmungen des § 290 HGB konkretisiert, wobei den typisierenden Tatbeständen des § 290 Abs. 2 Nr. 1 bis 4 HGB eine besondere Bedeutung beizumessen ist, durch die das „Mutter-Tochter-Verhältnis" zwar unwiderleglich, jedoch nicht abschließend[71] vermutet wird.[72] Dies führt zu der Besonderheit, dass über den Wortlaut der Norm hinaus, weitere Fälle beherrschender Einflussnahme grundsätzlich nicht ausgeschlossen sind.

Hieraus ergibt sich das Bedürfnis, von einer rein bilanzrechtlichen Betrachtungsweise abzusehen und die Vorschrift vor dem Hintergrund des Regelungszwecks eines künftigen Konzerninsolvenzrechts zu verstehen. Hierzu gilt es zunächst die Regelungszwecke beider Gesetze miteinander zu vergleichen.

---

69 Vgl. Begr. InsO-E, BT-Drucks. 18/407, S. 23 ff. sowie S. 28 f.
70 Vgl. *Beck* in: DZWiR 2014, 381, 387; *ders.* in: DStR 2013, 2468, 2472.
71 Begr. d. Rechtsausschusses z. BilMoG, BT-Drucks. 16/12407 S. 89; MünchKommHGB/*Busse v. Colbe*, Bd. 4, § 290 Rn. 54.
72 Begr. InsO-E, BT-Drucks. 18/407, S. 29.

aa) Sinn und Zweck der Konzernrechnungslegung

Ziel der Konzernrechnungslegung ist es, außenstehende Gesellschafter sowie sonstige am Schicksal eines Konzerns interessierte, über den Status der wirtschaftlichen Einheit von Mutter- und Tochterunternehmen zu informieren, um somit Chancen und Risiken innerhalb der jeweiligen Einzelunternehmen besser abbilden zu können.[73] Mit dem Ziel, im Rahmen einer Angleichung an den Regelungsgehalt von IAS 27 und SIC 12 eine Einbeziehung rein wirtschaftliche Herrschaftsverhältnisse in den Anwendungsbereich des § 290 Abs. 1 HGB zu erreichen, beabsichtigte der Gesetzgeber des BilMoG die Möglichkeit zur Auslagerung von Risiken weiter einzuschränken.[74]

bb) Ziel eines künftigen Insolvenzrechts

Demgegenüber hat sich ein deutsches Insolvenzrecht die gemeinschaftlichen Befriedigung der Gläubiger desselben Insolvenzschuldners zum Ziel gesetzt (§ 1 InsO). Dieser Zielbestimmung soll künftig durch die Einführung von Regelungen zu Gunsten einer koordinierten und effektivierten Abwicklung verbundener Unternehmen zusätzlich Rechnung getragen werden. Dabei geht der Tatbestand des künftigen § 3e InsO über den des § 290 HGB hinaus, indem die Verfasstheit der Muttergesellschaft als Kapitalgesellschaft nicht zwingend eine Rolle spielt.[75] Denn anders als für die Rechnungslegung nach den §§ 290 ff. HGB soll die Frage der rechtlichen Verfasstheit des Mutterunternehmens für die Zwecke einer koordinierten Insolvenzabwicklung nicht von Belang sein.[76] Vielmehr soll das von den konzerninsolvenzrechtlichen Bestimmungen aufgenommene Bedürfnis nach einer verbesserten Koordination der Einzelverfahren auch unabhängig von der Frage bestehen, ob die Tochterunternehmen nach den Bestimmungen des § 296 HGB in den Konzernabschluss aufzunehmen sind oder nicht.[77]

Vor diesem Hintergrund werden auch Gleichordnungskonzerne (§ 18 Abs. 2 AktG) von dem künftigen Anwendungsbereich eines insolvenzrechtlichen Gruppenbegriffs umfasst.[78] Für diese hatte der Gesetzgeber des KapCoRiLiG, unter Verweis auf die damals herrschende Meinung noch angenommen, dass eine nach dem gesetzlichen Normalstatut organisierte Kapitalgesellschaft & Co. KG, deren

---

73 KK-RechnungslegungsR/*Claussen/Scherrer*, Vor § 290 Rn. 1; *Beck* in: DStR 2013, 2468, 2470.

74 Beschlussempfehlung und Bericht des Rechtsausschusses zum GesE d. BilMoG, BT-Drucks. 16/12407, S. 89.

75 Begr. InsO-E, BT-Drucks. 18/407, S. 29.

76 Diskussionsentwurf, ZIP 2013, Beilage zu Heft 2, S. 6.

77 Begr. InsO-E, BT-Drucks. 18/407, S. 29.

78 Begr. InsO-E, BT-Drucks. 18/407, S. 29.

Komplementärkapitalgesellschaft alleinig zur Geschäftsführung sowie Vertretung berechtigt sei, stets Konzern im Sinne des Rechnungslegungsrechts sei.[79]

cc) Schlussfolgerungen

Vergleicht man beide Begründungsansätze miteinander, so fällt auf, dass diesen das Ziel gemein ist, einen möglichst weiten Anwendungsbereich der Norm zu schaffen, wobei die Gründe hierfür verschieden sind. Während das Rechnungslegungsrecht eine ganzheitliche Abbildung der wirtschaftlichen Verhältnisse innerhalb des Konzerns anstrebt, hat sich ein künftiges Insolvenzrecht zum Ziel gesetzt, zum Zwecke einer verbesserten Haftungsverwirklichung eine Abstimmung der Einzelverfahren auf Grundlage geeigneter Koordinationsmechanismen insgesamt zu erleichtern sowie etwaige Synergien bestmöglich nutzbar zu machen.[80] Dies hat zur Folge, dass ein insolvenzrechtliches Verständnis der Norm, über das eines Konzernrechnungslegungsrechts hinausgeht.

dd) Wortlaut des § 3e Nr. 1 InsO-E

Indem der Reformgeber einen Bezug zum Verständnis des § 290 HGB bislang ausschließlich auf Grundlage der Gesetzesmaterialien, nicht jedoch durch den Wortlaut des § 3e InsO-E selbst herstellt, dürfte zudem ein eigenständiges insolvenzrechtliches Verständnis des Terminus der beherrschenden Einflussnahme vom Wortlaut der Norm gedeckt sein.[81]

b) Zwischenergebnis

Vor diesem Hintergrund erscheint es geboten, die Voraussetzungen einer beherrschenden Einflussnahme, gemessen am Insolvenzzweck (§ 1 InsO) sowie dem Wortlaut des § 3e InsO-E, möglichst weit zu fassen und diese über den Wortlaut des § 290 HGB hinaus immer dort anzunehmen, wo im Einzelfall neben konkreten Anzeichen für eine konzernähnliche Leitungsmacht ein Bedürfnis nach Koordination besteht.[82]

---

79 Begr. GesE KapCoRiLiG, BT-Drucks. 14/1806, S. 22.
80 Begr. InsO-E, BT-Drucks. 18/407, S. 17.
81 *Beck* in: DStR 2013, 2468.
82 Vgl. auch *Beck* in: DStR 2013, 2468, 2472.

c) Einbeziehung sonstiger Beherrschungsmöglichkeiten

aa) Beherrschung durch dauernde Präsenzmehrheit

Dies ermöglicht es, auch rein faktische Herrschaftsverhältnisse – jenseits einer reinen wirtschaftlichen Machtausübung i.S.d. § 290 Abs. 2 Nr. 4 HGB – in den künftigen Anwendungsbereich des § 3e Nr. 1 InsO-E mit einzubeziehen. Beherrschenden Einfluss besitzt danach auch ein Gesellschafter mit weniger als der Mehrheit aller Stimmen, wenn er für eine „gewisse Dauer" die Präsenzmehrheit in der Gesellschafterversammlung beziehungsweise der Hauptversammlung einer anderen Gesellschaft ausübt.[83]

bb) Potentielle Stimmrechte

In Anlehnung an IFRS 10 B47 muss darüber hinaus auch die Inhaberschaft bloß potentieller Stimmrechte, etwa aufgrund der Inhaberschaft von Wandel- oder Optionsrechten, die Annahme beherrschenden Einflusses im Sinne des § 3e InsO-E beeinflussen können.[84] In diesem Zusammenhang scheint es jedoch sinnvoll, lediglich solche Rechte in die Beurteilung mit einfließen zu lassen, zu deren Ausübung die Inhaber auch rein praktisch in der Lage sind (substanzielle Rechte).[85]

d) Fazit

Eine Harmonisierung des europäischen Konzernrechts ist auf dieser Grundlage nicht zu erreichen.[86] Wie die vorausgehenden Ausführungen zeigen, bietet § 3e Abs. 1 KIG weiterhin genügend Spielraum für eine autonome Auslegung des Begriffs der *Unternehmensgruppe*, wenn die insolvenzrechtlichen Zielsetzungen – insbesondere das Bedürfnis nach Verfahrenskoordination – dies erforderlich machen.[87] Vor diesem Hintergrund ist ein Abweichen des nationalen Verständnisses von den Vorgaben des europäischen Gesetzgebers im Einzelfall nicht auszuschließen.

---

83 Vgl. MünchKommHGB/*Busse von Colbe*, Bd. 4 § 290 Rn. 56; vgl. auch *Küting* in: DB 2009, 73, 78; *Beck* in: DStR 2013, 2468, 2472.

84 Vgl. MünchKommHGB/*Busse v. Colbe*, Bd. 4, § 290 Rn. 58.

85 Vgl. hierzu IFRS 10 B22–25.

86 So auch *Beck* in: DStR 2013, 2468, 2472

87 Vgl. *Beck* in: DStR 2013, 2468, 2472.

6. Stellungnahme

Die neugeschaffene Regelung des § 3e KIG lässt, ähnlich wie schon § 290 Abs. 1 HGB die Möglichkeit zur Ausübung beherrschender Einflussnahme ausreichen, deckt aber zugleich auch diejenigen Fälle ab, in denen Unternehmen lediglich unter einer einheitlichen Leitung zusammengefügt sind, wie dies bei sogenannten Gleichordnungskonzernen i. S. d. § 18 Abs. 2 AktG der Fall ist.[88] Zudem wird – um auch die Fälle der Doppelinsolvenz von Gesellschaft und Komplementär-GmbH einer koordinierten Abwicklung zugänglich zu machen – für die GmbH & Co. KG das Bestehen einer Unternehmensgruppe fingiert. Diese Entwicklung ist zu begrüßen.

Nicht nur kann der gewählte Terminus die bislang bestehende Regelungslücke schließen, auch wird der in § 3e KIG gewählte Konzernbegriff den Anforderungen der Praxis gerecht, indem er eine unter Umständen rasche sowie einfache Prüfung der Frage nach der Anwendbarkeit der künftigen konzerninsolvenzrechtlichen Regelungen zulässt. Darüber hinaus unterstreicht der deutsche Gesetzgeber seine Bemühungen um eine Anpassung des hiesigen Rechts an die Standards des europäischen Gesetzgebers, indem der Wortlaut der Norm weitestgehend mit den Vorgaben einer EU-BilanzRL konformgeht.

Eine Vereinheitlichung des Konzernbegriffs ist dem Reformgeber deshalb trotzdem nicht geglückt, da auch auf Grundlage eines künftigen § 3e KIG eine autonome Auslegung des Begriffs der Unternehmensgruppe weiterhin möglich bleibt. Eine vollständige Angleichung an das Verständnis von Europäischer Bilanz-RL und EuInsVO n. F. wäre daher als ein Schritt in diese Richtung zu begrüßen.

---

88 *Leutheusser Schnarrenberger* in: ZIP 2013, 100; *Beck* in: DStR 2013, 2468, 2469.

B. Erscheinungsformen

I. Unterordnungskonzern

Der sogenannte Unterordnungskonzern ist dadurch gekennzeichnet, dass mindestens ein abhängiges Unternehmen („**Untergesellschaft**") und ein herrschendes Unternehmen („**Obergesellschaft**") unter der einheitlichen Leitung des herrschenden Unternehmens zusammengefasst sind (§ 18 Abs. 1 AktG)[1]. Die Konzernspitze wird durch das herrschende Unternehmen gebildet, wobei dessen oberstes Leitungsorgan regelmäßig auch die Leitung des Konzernganzen übernimmt.[2] Üben hingegen mehrere herrschende Unternehmen die Konzernleitung gemeinschaftliche aus, spricht man von einen sogenannten Mehrmütterkonzern.

II. Gleichordnungskonzern

Unter einem sogenannten Gleichordnungskonzern sind gemäß § 18 Abs. 2 AktG rechtlich selbständige Unternehmen zu verstehen, die unter einer einheitlichen Leitung zusammengefasst sind, ohne dabei voneinander abhängig zu sein.[3] Zu unterscheiden ist der vertragliche vom faktischen Gleichordnungskonzern.[4]

III. Kombinierter Unterordnungs- und Gleichordnungskonzern

Darüber hinaus besteht die Möglichkeit, beide Erscheinungsformen dergestalt mit einander zu kombinieren, dass die gleichgeordneten Konzerngesellschaften ihrerseits wieder dritte abhängige Gesellschaften beherrschen und einheitlich leiten.[5] Die verschiedenen Unterordnungskonzerne gehen dann im Gleichordnungskonzern auf.[6]

---

1 MünchKommAktG/*Bayer*, § 18 Rn. 2; Hüffer/*Koch*, § 18 Rn. 2; Hölters/*Hirschmann*, § 18 Rn. 8 ff.
2 Hüffer/*Koch*, § 18 Rn. 2.; MünchKommAktG/*Bayer*, § 18 Rn. 3.
3 MünchKommAktG/*Bayer*, § 18 Rn. 3; Hölters/*Hirschmann*, § 18 Rn. 22; Hüffer/*Koch*, § 18 Rn. 2; Spindler/Stilz/*Schall*, § 18 Rn. 29 f.
4 Hölters/*Hirschmann*, § 18 Rn. 22; *Lutter/Drygala* in: ZGR 1995, 557 f.
5 MünchKommAktG/*Bayer*, § 18 Rn. 5.
6 MünchKommAktG/*Bayer*, § 18 Rn. 5.

https://doi.org/10.1515/9783110578775-004

IV. Mehrstufiger Konzern

Von einem mehrstufigen Konzern ist immer dann die Rede, wenn nicht nur die Tochter- sondern zugleich auch die Enkelunternehmen einer einheitlichen Leitung der Konzernspitze untergeordnet sind.[7]

V. Gestaltungsformen

Unterordnungskonzerne bilden wohl den praktischen Hauptfall von Unternehmenszusammenschlüssen.[8] Sie können als Eingliederungskonzerne, Vertragskonzerne aber auch als faktische Konzerne in Erscheinung treten.[9]

1. Eingliederungskonzern

Bei dem sogenannten Eingliederungskonzern handelt es sich um die intensivste Ausgestaltung des Unterordnungskonzerns. Herbeigeführt wird die Eingliederung durch Beschluss der einzugliedernden Gesellschaft, vorausgesetzt, dass die andere Gesellschaft (Hauptgesellschaft) bereits 100 % (§ 319 Abs. 1 AktG) beziehungsweise mindestens 95 % (§ 320 Abs. 1 AktG) der Anteile am Grundkapital der einzugliedernden inländischen Aktiengesellschaft auf sich vereinen kann und die Hauptversammlung der zukünftigen Hauptgesellschaft der Eingliederung zustimmt (§ 319 Abs. 2 AktG).[10]

2. Vertragskonzern

Eine Zusammenfassung mehrerer Gesellschaften unter einer einheitlichen Leitung (§ 308 AktG) kann darüber hinaus auch durch Beherrschungsvertrag (§ 291 Abs. 1 AktG) vollzogen werden.[11]

Der Beherrschungsvertrag unterscheidet sich dabei maßgeblich vom Gleichordnungsvertrag. Während ersterer ein zumeist bereits kraft Mehrheitsbeteili-

---

7 MünchKommAktG/*Bayer*, § 18 Rn. 39; Hölters/*Hirschmann*, § 18 Rn. 17.

8 Hüffer/*Koch*, § 18 Rn. 2.

9 Hüffer/*Koch*, § 18 Rn. 2.

10 MünchKommAktG/*Bayer*, § 18 Rn. 7; Hüffer/*Koch*, § 18 Rn. 3; *Pleister/Theusinger* in: HRI, § 50 Rn. 5.

11 *Pleister/Theusinger* in: HRI, § 50 Rn. 5; MünchKommAktG/*Bayer*, § 18 Rn. 6.

gung bestehendes Abhängigkeitsverhältnis (vgl. § 17 Abs. 2 AktG) durch Begründung eines Weisungsrechts (§ 308 AktG) zu Gunsten des Mutterunternehmens erweitert,[12] hat der zumeist konkludent geschlossene Gleichordnungsvertrag den Zusammenschluss rechtlich selbständiger Unternehmen zum Gegenstand, was im Regelfall die Begründung einer Gesellschaft bürgerlichen Rechts zur Folge hat.[13]

3. Faktischer Konzern

Im Gegensatz zum Eingliederungs- oder Vertragskonzern ist der faktische Konzern nicht gesetzlich geregelt. Er stellt vielmehr ein tatsächliches Phänomen dar,[14] was zur Folge hat, dass er auch als Sammelbegriff verwendet wird.[15] Zu unterscheiden sind der faktische Unterordnungskonzern, der faktische Gleichordnungskonzern und der qualifiziert faktische Unterordnungskonzern.

Der faktische Unterordnungskonzern beschreibt den Fall einer auf Mehrheitsbeteiligung beruhenden Abhängigkeit, in deren Folge sich Vorstand und Aufsichtsrat der Untergesellschaft der Konzernleitung der Obergesellschaft unterordnet haben.[16] Im Ergebnis führt dies zu einer faktischen aber rechtlich nicht durchsetzbaren Konzernleitungsmacht der Obergesellschaft.[17] Ein qualifiziert faktischer Unterordnungskonzern liegt hingegen immer dann vor, wenn die Obergesellschaft ihre Einflussnahme dergestalt ausweitet, dass die abhängige Untergesellschaft wie eine unselbständige Betriebsabteilung des herrschenden Unternehmens geführt wird.[18]

Demgegenüber findet im faktischen Gleichordnungskonzern die Zusammenfassung unter einer einheitlichen Leitung regelmäßig aufgrund einer personellen Verflechtung der Unternehmensleitungen statt, indem diese durch einen gemeinsamen (Mehrheits-)Gesellschafter personenidentisch besetzt werden.[19]

---

12 MünchKommAktG/*Bayer*, § 18 Rn. 6.

13 Hölters/*Hirschmann*, § 18 Rn. 26; MünchKommAktG/*Bayer*, § 18 Rn. 6, 52; Spindler/Stilz/*Schall*, § 18 Rn. 31; Emmerich/Habersack/*Emmerich*, § 18 Rn. 29.

14 MünchKommAktG/*Bayer*, § 18 Rn. 8.

15 Hüffer/*Koch*, § 18 Rn. 3.

16 Hüffer/*Koch*, § 18 Rn. 3.

17 MünchKommAktG/*Bayer*, § 18 Rn. 9.

18 *Lutter/Timm* in: NJW 1982, 409, 412; zum Streit der rechtlichen Anerkennung dieser Rechtsfigur vgl. insbesondere die Ausführungen in MünchKommAktG/*Bayer*, § 18 Rn. 11ff.

19 MünchKommAktG/*Bayer*, § 18 Rn. 15, 54; vgl. auch *Lutter/Drygala* in: ZGR 1995, 557, 558 m.w.N.; *Grüner* in: NZG 2000, 601, 602; Hölters/*Hirschmann*, § 18 Rn. 27; vgl. auch Spindler/Stilz/*Schall*, § 18 Rn. 32.

C. Konzerninsolvenz

Möchte man auf Grundlage des Konzernbegriffs die Terminologie der Konzerninsolvenz näher begreifen, so gelangt man unweigerlich zu der Erkenntnis, dass der Konzern an sich einem Insolvenzverfahren nicht zugänglich ist.[1] Diese Erkenntnis lässt sich bereits der Regelung der §§ 11, 12 InsO entnehmen, wonach der Konzern weder ein rechtsfähiges und somit insolvenzfähiges Rechtssubjekt darstellt, noch die Existenz eines isoliert abwicklungsfähigen Konzern-Sondervermögens gesetzlich anerkannt ist.[2] Auch die bereits aufgezeigten Abgrenzungsversuche können lediglich das Phänomen Konzern näher definieren. Eine Durchbrechung des Rechtsträgerprinzips vermögen hingegen auch sie nicht herbeizuführen. Das Insolvenzrecht orientiert sich in der Sache somit in erster Linie am materiellen Gesellschaftsrecht, das den Konzern als eigene Rechtspersönlichkeit nicht kennt.[3]

Gerät ein konzernförmig organisierter Unternehmensverbund in die wirtschaftliche Schieflage, so gilt bislang der insolvenzrechtliche Grundsatz, dass für die einzelnen Rechtsträger dieses Verbundes ein jeweils eigenständiges Insolvenzverfahren durchzuführen ist.[4] Dabei ist es weder erforderlich, dass sämtliche Mitglieder einer Unternehmensgruppe von der Insolvenz betroffen sind, noch dass der Konzern ausschließlich aus 100 %igen Beteiligungen besteht.[5] Die Konzerninsolvenz ist demnach keinesfalls als Einheitsverfahren zu begreifen, sondern bezeichnet vielmehr den Fall, dass mindestens zwei Gesellschaften derselben Unternehmensgruppe zeitgleich in die Insolvenz gehen.[6]

1 Vgl. *Hirte* in: FS K. Schmidt, S. 642.
2 Vgl. *K. Schmidt* in: KTS 2010, 1, 13.
3 Vgl. Uhlenbruck/*Hirte*, § 11 Rn. 1; Uhlenbruck/*Pape*, § 3 Rn. 13; *Hirte* in: FS K. Schmidt, S. 642.
4 Vgl. auch *Leutheusser-Schnarrenberger* in: ZIP 2013, 97; *Beck* in: DZWiR 2014, 381, 382; *Hirte* in: FS K. Schmidt, S. 642.
5 *Hirte* in: FS K. Schmidt, S. 643.
6 *Vallender/Deyda* in: NZI 2009, 825.

https://doi.org/10.1515/9783110578775-005

D. Formelle Verfahrenskonzentration

Unter dem Begriff der formellen Verfahrenskonzentration („*Procedural Coordination*") wird die Zusammenfassung von Insolvenzverfahren gleich mehrerer Gesellschaften desselben Konzerns, zwecks gemeinsamer beziehungsweise koordinierter Verwaltung unter Aufsicht eines zuständigen Insolvenzgerichts sowie Einsetzung eines personenidentischen Insolvenzverwalters beziehungsweise Sachwalters verstanden.[1]

Eine besondere Ausprägung der formellen Verfahrenskonzentration ist die sogenannte „*Joint Administration*", die der US-amerikanische Gesetzgeber in Bankruptcy Rule 1015(b) regelt.[2] Die Vorschrift ermöglicht es dem zuständigen Gericht, die Verfahren zweier miteinander verbundener Gesellschaften prozedural zu einem Verfahren zu vereinen. Dies hat zur Folge, dass für beide Verfahren nur ein Verwalter zu bestellen ist sowie etwaige Verfahrensgebühren nur einmal anfallen und von beiden Schuldnern gemeinschaftlich zu tragen sind.[3] Im Gegensatz zur *Substantive Consolidation*[4] führt die *Joint Administration* nicht zu einer Konsolidierung der Verfahrensmassen.[5] Die Befriedigungsquote der Gläubiger wird somit auch nach Anordnung einer gemeinsamen Verfahrensführung durch das zuständige Gericht anhand der Vermögensmassen ihrer unmittelbaren Schuldner bemessen.

1 Vgl. *Ehricke* in: ZInsO 2002, 393; UNCITRAL Pt. 3, S. 27; *Westphal/Goetker/Wilkens*, Grenzüberschreitende Insolvenzen, Rn. 1018.

2 Zur *Joint Administration* ausführlich *Scheel*, Konzerninsolvenzrecht, S. 5ff.

3 *Scheel*, Konzerninsolvenzrecht, S. 8.

4 Hierzu ausführlich auf S. 42ff.

5 Vgl. *Scheel*, Konzerninsolvenzrecht, S. 7ff.

https://doi.org/10.1515/9783110578775-006

E. Materielle Verfahrenskonzentration

Im Unterschied zu einer rein formellen Verfahrenskonzentration wird unter dem Konzept der materiellen Verfahrenskonzentration („*Substantive Consolidation*“) die Konsolidierung von Aktiva und Passiva mehrerer insolventer Gesellschaften desselben Konzerns verstanden.[1] Dies ermöglicht es, den Konzern fortan als rechtliche Einheit zu betrachten.[2] Führt man diesen Gedanken konsequent fort, führt das zu einer Konfusion der Intrakonzernforderungen.[3] Die Zusammenlegung erfolgt dabei durch die Bildung einer einheitlichen Konzerninsolvenzmasse, die im Regelfall durch den im Verfahren der Muttergesellschaft bestellten Insolvenzverwalter abgewickelt wird.[4] Kurz: Die Gläubiger der einen Gesellschaft können auf das Vermögen der anderen zugreifen und umgekehrt.

---

1 *Chemical Bank NY Trust Company* vs. *Kheel*, 369 F. 2d 845 (2d Cir. 1966); zur *Substantive Consolidation* ausführlich *Scheel*, Konzerninsolvenzrecht, S. 241 ff.; vgl. auch *Vallender/Deyda* in: NZI 2009, 825, 826; *Hirte* in FS K. Schmidt, 641, 643.

2 *Scheel*, Konzerninsolvenzrecht, S. 242.

3 *Westphal/Goetker/Wilkens*, Grenzüberschreitende Insolvenzen, Rn. 1009.

4 Vgl. INSOL Europe, Revision of the European Insolvency Regulation, Proposal by INSOL Europe, S. 98.

https://doi.org/10.1515/9783110578775-007

Wege zu einer koordinierten Konzerninsolvenz

A. Materielle Verfahrenszusammenfassung (Substantive Consolidation)

Eine seit langem richtungsweisende Diskussion[1] betrifft die Frage, ob es sich als sinnvoll erweist, den Schritt zukünftig in Richtung eines konzerndimensionalen Einheitsverfahrens (*Substantive Consolidation*)[2] zu wagen, oder ob die Antwort auf die Frage einer effektiven aber zugleich interessengerechten Verwaltung nicht vielmehr in der Durchführung abgestimmter Einzelverfahren (*Procedural Coordination*)[3] liegt. Im letzteren Fall hätte dies zur Folge, dass es bei dem Grundsatz ein Schuldner, ein Vermögen, ein Verfahren verbliebe, sodass sich eine Abstimmung der Verfahren ausschließlich auf prozeduraler Ebene vollziehen ließe.

Wird in der Insolvenz der Muttergesellschaft zugleich die Mehrzahl der Konzerntöchter in die finanzielle Schieflage getrieben, so scheint es zunächst naheliegend, die Haftungsmassen der hiervon betroffenen Konzernunternehmen zum Zwecke einer gemeinschaftlichen Verwaltung zu einer Gesamtmasse zu konsolidieren.[4] In Fortschreibung dieses Gedankens wird nach dem Prinzip der *Substantive Consolidation* die rechtliche Selbständigkeit der Gesellschaften zu Gunsten einer gemeinsamen Abwicklung beziehungsweise Sanierung durchbrochen und die wirtschaftliche Einheit des Konzerns in rechtlicher Hinsicht einstweilen fortgeführt.[5] Ziel dieser Zusammenlegung ist es, vermögensträgerübergreifende Rechtsänderungen im Konzern wirksam und effizient zur Durchsetzung zu verhelfen.

Während der UNCITRAL Legislative Guide – in Parallelität zum US-amerikanischen Recht – über fünfzehn Seiten auf die Empfehlung zur *Substantive Coordination* verwendet[6] und sich auch *Paulus*[7] und *Hirte*[8] hierzulande für ein Vollkonsolidierungsmodell aussprechen, muss eine genauere Betrachtung zu

1 Nachw. bei *Paulus*, Einl. Rn. 45.

2 Zum Begriff der „*Substantive Consolidation*" siehe oben auf S. 42.

3 Zum Begriff der „*Procedural Coordination*" siehe oben auf S. 41.

4 Vgl. *Smid/Rattunde*, S. 64 Rn. 2.82; *Ehricke* in: DZWiR 1999, 353, 358.

5 *Westpfahl* in: Flöther, § 8 Rn. 202; *Westphal/Goetker/Wilkens*, Grenzüberschreitende Insolvenzen, Rn. 1008; *Scheel*, Konzerninsolvenzrecht, S. 241; vgl. auch die Ausführungen auf S. 42.

6 UNCITRAL, Legislative Guide on Insolvency Law, Part three: Treatment of enterprise groups in insolvency, 2012, S. 59 ff., abrufbar unter: http://www.uncitral.org/pdf/english/texts/insolven/Leg-Guide-Insol-Part3-ebook-E.pdf (zuletzt abgerufen am: 3. Januar 2018).

7 Vgl. *Paulus* in: ZIP 2005, 1948, 1953 f.; *ders.* in: DB 2008, 2523, 2525.; *ders.* in: ZGR 2010, 270, 291.

8 *Hirte* in: FS K. Schmidt, S. 644 ff.

https://doi.org/10.1515/9783110578775-008

dem zwingenden Ergebnis gelangen, dass das Konzept nicht ohne weiteres auf ein deutsches Insolvenzrecht übertragbar ist.

I. Vereinbarkeit mit den Grundsätzen der Insolvenzordnung

1. Problemaufriss

Bei genauerer Betrachtung ist bereits fraglich, ob das Konzept einer materiellen Zusammenlegung rechtsträgerverschiedener Haftungsmassen zu einer Gesamtmasse mit dem in § 1 InsO statuierten Grundsatz der Gläubigergleichbehandlung sowie dem Prinzip der Haftungstrennung im Einklang stünde.

Nehme man an, die Möglichkeit einer Vollkonsolidierung wäre nach deutschem Insolvenzrecht bereits *de lege lata* ausdrücklich vorgesehen, so käme es am Ende des Verfahrens zu einer einheitlichen quotalen Befriedigung sämtlicher Gläubiger aller gruppenzugehörigen Verfahren aus einer saldierten Konzernmasse. Im Ergebnis würden einige Gläubiger somit schlechter und andere wiederum bessergestellt, als wären die Quoten anhand der Insolvenzmassen ihrer unmittelbaren Schuldner bemessen. Die Gläubiger wären im Ergebnis mit einem „Schuldner" konfrontiert, den sie sich nicht hätten aussuchen können.[9] Dies würde unweigerlich zu einer Benachteiligung derjenigen Gläubiger führen, denen im Rahmen eines Einzelinsolvenzverfahrens eine quotal höhere Befriedigung zugestanden hätte. Dem könnte grundsätzlich nur dadurch entgegengewirkt werden, indem einzelne Gläubiger oder Gläubigergruppen von den Wirkungen einer *Substantive Consolidation* ausgenommen würden.[10]

Vorgesagtes zu Grunde gelegt, kann das Konzept einer Vollkonsolidierung bereits mit den grundlegenden Prinzipien eines geltenden deutschen Insolvenzrechts – insbesondere mit dem in § 1 InsO statuierten Prinzip der Gläubigergleichbehandlung – nicht im Einklang stehen.[11]

---

9 *Ehricke* in: ZInsO 2002, 393; vgl. auch *Westphal/Goetker/Wilkens*, Grenzüberschreitende Insolvenzen, Rn. 1010.

10 Mit Verweis auf die Möglichkeit einer sog. partial Substantive Consolidation im US-amerikanischen Insolvenzrecht: *Westphal/Goetker/Wilkens*, Grenzüberschreitende Insolvenzen, Rn. 1012.

11 Vgl. insbes. *K.Schmidt* in: ZInsO 2012, 1053, 1054 f.

2. Materiell-rechtlicher Durchgriff

Im deutschen Insolvenzrecht besteht zudem die Besonderheit, dass die Frage nach einer materiellen Konsolidierung der Verfahrensmassen neben einem prozeduralen Zusammenschluss zugleich auch einen materiell-rechtlichen Durchgriff erforderlich macht.[12] Dies ist insofern problematisch, da nicht nur das Insolvenzrecht (vgl. § 11 InsO), sondern auch das (Kapital-)Gesellschaftsrecht auf dem Grundsatz der Haftungstrennung basiert.[13] Besonders deutlich wird dies in § 1 Abs. 1 S. 2 AktG sowie § 13 Abs. 2 GmbHG. Für Verbindlichkeiten der Gesellschaft haftet danach ausschließlich das Gesellschaftsvermögen und eben nicht das Vermögen einer oder mehrerer verbundener Gesellschaften.[14] Ein direkter Durchgriff soll danach lediglich in Ausnahmefällen zulässig sein.[15]

Anerkannt ist ein Haftungsdurchgriff etwa im Eingliederungskonzern. Gemäß § 322 Abs. 1 S. 1 AktG haftet die Hauptgesellschaft den Gläubigern der eingegliederten Gesellschaft von dem Zeitpunkt der Eingliederung an für alle vor sowie nach der Eingliederung begründeten Verbindlichkeiten als Gesamtschuldnerin. Dies hat zur Folge, dass die Gläubiger der eingegliederten Gesellschaft auf dem Weg des Haftungsdurchgriffs auch auf das Vermögen der eingegliederten Gesellschaft zugreifen können.[16] Nach Eröffnung des Insolvenzverfahrens besteht diese Haftung mit der Besonderheit fort, dass sie gemäß § 93 InsO nur noch durch den Insolvenzverwalter der eingegliederten Gesellschaft geltend gemacht werden kann.[17]

Da darüber hinaus jedenfalls keine generelle Außenhaftung der Mutter gegenüber den Gläubigern der Tochtergesellschaft besteht, kann das Prinzip einer materiellen Konsolidierung der Verfahrensmassen im Ergebnis nicht überzeugen zu überzeugenden Ergebnissen führen. Hinzu kommt, dass das Insolvenzrecht seinem Grundsatz nach auf der Annahme einer getrennten Abwicklung der insolventen Vermögensträger basiert (vgl. § 11 InsO). Damit geht das Bedürfnis einher, die insolvenzrechtliche Haftungssituation innerhalb des Konzerns, rechtsträgerbezogen anhand der jeweiligen Vermögensmassen zu bewerten.

---

12 *Hirte* in FS K. Schmidt, 641, 645.

13 *K. Schmidt*, Gesellschaftsrecht, § 9 I 2a); vgl. auch Hüffer/*Koch*, § 1 Rn. 15.

14 Vgl. auch MünchKommAktG/*Heider*, Bd. 1, § 1 Rn. 63.

15 Eine umfassende Darstellung findet sich bei MünchKommAktG/*Heider*, Bd. 1, § 1 Rn 63 ff.; vgl. auch Wicke/*Wicke*, § 13 Rn. 4 ff.; Hüffer/*Koch*, § 1 Rn. 16 ff. m.w.N.

16 MünchKommAktG/*Heider*, Bd. 2, § 1 Rn. 68.

17 Spindler/Stilz/*Singhof*, § 322 Rn. 9.

3. Erster Bericht der Kommission für Insolvenzrecht

In Parallelität hierzu hat sich auch die vom Bundesministerium der Justiz eingesetzte Reformkommission im Rahmen ihres „Ersten Berichts" ausdrücklich gegen eine materielle Zusammenfassung mehrerer Insolvenzverfahren ausgesprochen (Ls. 2.4.9.13 Abs. 1). Die Kommission stellt im Rahmen ihrer Berichterstattung ebenfalls die Verbindung zum Grundsatz der Haftungstrennung her, der es erforderlich mache, „die Vermögen sämtlicher von der Insolvenz betroffener Konzernunternehmen im alleinigen Interesse der jeweiligen Verfahrensbeteiligten, insbesondere der Gläubiger" zu verwalten.[18] Anderenfalls sei zu befürchten, dass die Interessen von Gläubigern abhängiger Gesellschaften hintangestellt würden.[19]

4. Vorteile einer materiellen Verfahrenszusammenfassung

Folgt man den Befürwortern des Konzepts einer *Substantive Consolidation*, so liegen die Vorteile einer materiellen Verfahrenszusammenfassung zum einen in der Möglichkeit zur Reduzierung der Verfahrenszahlen, sowie in der Verringerung des Verwaltungs- und Kostenaufwands in Bezug auf die durch sie vereinten Verfahren. [20] Auch würden etwa im Falle des Verkaufs sämtlicher Gruppenmitglieder die Chancen auf einen gesteigerten Fortführungswert,[21] beziehungsweise im Falle der Liquidation, die Aussichten auf einen im Vergleich zum Einzelverkauf der Gesellschaften zunehmenden Liquidationserlös signifikant höher ausfallen, als dies im Rahmen einer getrennten Verwaltung der Fall sei.[22] Nicht zuletzt würde dieser Erfolg einer vereinheitlichten Verwaltung in Form einer Ertragssteigerung auf Seiten der Gläubiger als Folge einer Anreicherung der (konsolidierten) Insolvenzmasse bemerkbar sein.[23]

Im Übrigen wird darauf verwiesen, dass es dem durchschnittlichen Gläubiger ohnehin nicht mehr möglich sei, einen realistischen Eindruck darüber zu erlangen, was dem konzernverbundenen Schuldner an liquiden Mitteln tatsächlich zur Verfügung stehe. Denn insbesondere in großen Konzernen sei es mitt-

---

18 1. KommBer, S. 292.

19 1. KommBer, S. 292.

20 *Hirte* in: FS K. Schmidt, S. 641, 645; *Paulus* in: 42 Tex. Int'l L.J., 819, 826, 829; *Standard Brands Paint Co.*, 154 B.R. 563, 571 (Bankr. C.D. Cal. 1993).

21 *Paulus* in: 42 Tex. Int'l L.J., 819, 826, 829; vgl. auch *Hirte* in: FS K. Schmidt, S. 641, 645.

22 *Hirte* in: FS K. Schmidt, S. 641, 645; *Paulus* in: ZIP 2005, 1948, 1951; a. A. und sich insofern widersprechend: *Paulus* in: 42 Tex. Int'l L.J., 819, 825.

23 *Hirte* in: FS K. Schmidt, S. 641, 645.

lerweile gängige Praxis, Gewinne und Verluste durch interne *Cash-Pooling* oder *Cash-Management* Systeme innerhalb des Verbunds nach strategischen Gesichtspunkten zu verlagern, was im Ergebnis eine konzerninterne Verschiebung des Haftungssubstrats zur Folge habe, die für den Außenstehenden regelmäßig nicht mehr nachvollziehbar sei.[24] Wirtschaftlich hafte in den einzelnen Gesellschaften am Ende zumeist nur noch das ohnehin relativ geringe Grund- beziehungsweise Stammkapital.[25]

Zwar hat die Rechtsordnung auf dieses Phänomen mittlerweile eine Antwort gefunden, indem sie umfassende Instrumentarien zur Verfügung stellt, die einen Teil der verschobenen Vermögensmassen zurückgewähren können. Doch sind auch diese Instrumentarien nutzlos, wenn der Rückgewährschuldner selbst über kein hinreichendes Vermögen (mehr) verfügt, um sämtliche gegen ihn gerichtete Ansprüche erfüllen zu können. Für Gläubiger bedeutet dies zumeist: Ob sich die vorinsolvenzlichen Haftungserwartungen im Insolvenzfall tatsächlich erfüllen, wird in einer Vielzahl der Fälle nicht immer mit der gewünschten Verlässlichkeit vorhersehbar sein.[26]

Hinzu kommt, dass ein Großteil der Gläubiger sein Vertrauen nicht selten auf den Bekanntheitsgrad der schuldnerischen Firmierung[27] sowie den Umstand der Konzernverbundenheit stützen wird, während Aspekte wie die rechtliche Verfasstheit oder Unabhängigkeit der einzelnen Konzerngesellschaften eine eher untergeordnete Rolle spielen.[28] Grund hierfür ist, dass sich diese Faktoren zumeist bereits dazu eignen, dem durchschnittlichen Gläubiger einen gewissen Grad an finanzieller Stabilität zu vermitteln. Denn im Gegensatz zu nichtverbundenen Gesellschaften begründet sich die individuelle Stärke derer, die sich im Verbund organisieren gerade darin, kraft interner Mechanismen – wie der Pflicht zum Verlustausgleich (§ 302 AktG) oder durch die Abgabe von Bürgschafts- oder Patronatserklärungen – die eigene Kreditwürdigkeit auch in Krisenzeiten zu gewährleisten.

---

24 *Andres/Möhlenkamp* in: BB 2013, 579, 581; *Paulus* in: ZIP 2005, 1948, 1953; vgl. auch *Schack* in GS Sonnenschein, 705.

25 *Andres/Möhlenkamp* in: BB 2013, 579, 581.

26 *Hirte* in: FS K. Schmidt, S. 645.

27 In seinem Beispiel: *Parmalat.*

28 *Paulus* in: ZIP 2005, 1948, 1951.

5. Bevorzugte Befriedigung durch die Bildung von Teilmassen

Den bereits an anderer Stelle aufgezeigten Konflikt der Praxis der *Substantive Consolidation* mit dem Grundsatz der *par conditio creditorum* versucht *Hirte* durch die Untergliederung der Gesamtmasse in einzelne Teilmassen zu bewältigen.[29]

Folgt man diesem Konzept, so habe dies laut *Hirte* zur Folge, dass die Gläubiger der konsolidierten Massen gerade keine einheitliche – und somit teilweise benachteiligende – Behandlung erfahren, sondern vielmehr die Stellung eines gesicherten Gläubigers im Rahmen der Tochterinsolvenz einnehmen würden.[30] Hinsichtlich des Tochtervermögens resultiere hieraus ein Recht auf vorzugsweise Befriedigung, was im Ergebnis zu einem Nachrang der Gläubiger der Muttergesellschaft führe.[31] Diese privilegierte Stellung entspreche somit jener, die absonderungsberechtigte Gläubiger gegenüber herkömmlichen Massegläubigern nach Maßgabe des § 49 InsO im Regelinsolvenzverfahren erhielten.[32] Dabei verbliebe es jedoch – einer angemesseneren Vermögenszuordnung Willen – bei der grundsätzlichen Möglichkeit zwischengesellschaftliche Rechtshandlungen anfechten zu können.[33]

Die Vertreter dieser Ansicht versprechen sich auf diesem Wege, durch eine Konfusion der Intra-Konzernforderungen eine „Arbeits- und gegebenenfalls Prozessentlastung" herbeizuführen.[34] Im Übrigen weisen sie darauf hin, dass eine entsprechende Praxis bereits nach geltendem Recht mit dem grundsätzlichen Ansatz eines Konzernbilanzrechts im Einklang stünde.[35] *Hirte* gelangt auf dieser Grundlage zu dem Schluss, dass ein „klassisches Insolvenzrecht" bereits die „zentralen Elemente" für die „Behandlung der Konzerninsolvenz" bereitstellen würde,[36] wobei er einen Verweis auf diese Regelungen bereits *de lege lata* für zulässig hält.[37] Insofern versucht er den Gedanken des § 166 Abs. 1 InsO zur Anwendung zu bringen, wonach es dem Insolvenzverwalter der Mutter – der sich regelmäßig im Besitz des Mitgliedschaftsrechts der Tochter befinde – zustehe, diese Rechtsposition nach Maßgabe des § 168 InsO zu verwerten. Indem die Regelung des § 168 Abs. 2 InsO den Verwalter im Zweifel zum Ausgleich ver-

---

29 *Hirte* in: ECFR 2008, 213, 221 ff.; dem im Grundsatz zustimmend: *Paulus* in ZGR 270, 291.
30 *Hirte* in: ECFR 2008, 213, 224; vgl. auch *Paulus* in: ZGR 2010, 270, 291.
31 Vgl. hierzu die sehr anschauliche Grafik von *Hirte* in: FS K. Schmidt, S. 647.
32 *Hirte* in: ECFR 2008, 213, 224; *ders.* in: FS K. Schmidt, S. 641, 646 f.
33 *Paulus* in: ZGR 2010, 270, 292
34 *Paulus* in: ZGR 2010, 270, 292.
35 *Hirte* in: FS K. Schmidt, S. 641, 648.
36 *Hirte* in: FS K. Schmidt, S. 641, 647.
37 *Hirte* in: FS K. Schmidt, S. 641, 649.

pflichte, stünden die Gläubiger der Tochter nicht schlechter, als dies bei einer isolierten Liquidation der Gesellschaft der Fall sei.[38] Die vorbezeichneten Ausgleichsansprüche würden somit solche einer abhängigen Gesellschaft „im Laufe ihres gesunden Lebens" fortsetzen und somit an die Stelle derer nach § 311 AktG sowie §§ 302, 303 AktG und §§ 304, 305 AktG sowie deren Äquivalenten im GmbH-Konzernrecht treten.[39]

6. Ansatz in Sachen „Collins & Aikman"

In Parallelität zu dem von *Hirte* vertretenen Ansatz verzichteten auch die Gläubiger in der viel diskutierten Insolvenz des Automobilzulieferers *Collins & Aikman*[40] auf eine gesonderte Verwertung der im Inland belegenden Vermögensmassen und sprachen sich stattdessen für eine materielle Zusammenlegung sämtlicher Vermögensmassen aus, nachdem ihnen das Gericht des englischen Hauptinsolvenzverfahrens eine Auszahlung derjenigen Quoten zusicherte, die ihnen im Falle einer isolierten Abwicklung im Rahmen von Sekundärinsolvenzverfahren nach ihrem jeweiligen nationalen Insolvenzrecht zugestanden hätten.[41] Dies ermöglichte es den Verwaltern, den Gesamtveräußerungserlös im Wege einer zusammenhängenden Veräußerung signifikant zu steigern.

7. UNCITRAL

Im dritten Teil ihres *„Legislative Guide on Insolvency Law"* hat sich nunmehr auch die UNCITRAL der Behandlung von Unternehmensgruppen in der Insolvenz – angenommen.[42] Die Kommission spricht sich hierin für eine Anordnung der *Substantive Consolidation* in denjenigen Fällen aus, in denen eine tatsächliche Trennung der Gruppenmitglieder nicht mehr feststellbar und die Konzernstruktur

38 *Hirte* in: FS K. Schmidt, S. 641, 649f.
39 *Hirte* in: FS K. Schmidt, S. 641, 650.
40 High Court of Justice London (Chancery Division Companies Court), Beschl. v. 09.06.2006 – No. 4697, 4698, 4700, 4705, 4711, 4717–19, 4721, 4722/05, [2006] EWHC 1343 (Ch) = ZIP 2006, 2093.
41 High Court of Justice London (Chancery Division Companies Court), Beschl. v. 09.06.2006 – No. 4697, 4698, 4700, 4705, 4711, 4717–19, 4721, 4722/05, [2006] EWHC 1343 (Ch) = ZIP 2006, 2093.; vgl. auch *Hirte* in: FS K. Schmidt, S. 641, 650; *Paulus* in: 42 Tex. Int'l L.J., 819, 826.
42 UNCITRAL, Legislative Guide on Insolvency Law, Part three: Treatment of enterprise groups in insolvency, 2012, S. 59ff., abrufbar unter: http://www.uncitral.org/pdf/english/texts/insolven/Leg-Guide-Insol-Part3-ebook-E.pdf (zuletzt abgerufen am: 3. Januar 2018).

vornehmlich von dem Bestreben der Verfolgung krimineller oder betrügerischer Zwecke geprägt sei.[43] Als weiteren Grund nennt die Kommission Fälle, in denen die materielle Zusammenfassung eine erhöhte quotalen Befriedigung der Gläubiger zur Folge habe.[44] Entsprechendes bestätige sich der Kommission zufolge nicht zuletzt in der Praxis derjenigen Gerichte, die eine *Substantive Consolidation* bereits nach geltendem Recht anwenden würden. Diese neigten dazu, in Fällen, in denen sich eine klare Vermögenszuordnung nur unter erheblichem Zeit- und Kostenaufwand ermöglichen ließe, die Vermögensmassen zu Zwecken einer vereinfachten Abwicklung zusammenzufassen.[45]

Entsprechend den Empfehlungen der UNCITRAL erkennt auch *Karsten Schmidt* in Fällen „totaler und unentwirrbarer Vermögensvermischungen" einen grundsätzlichen Bedarf für die Einführung von Einheitsverfahren. Er betont jedoch zugleich, dass dieser Grund alleine für die Einführung einer entsprechenden Gesetzgebung oder gar die Annahme einer Leitlinie für das Konzerninsolvenzrecht nicht ausreiche.[46] Vielmehr würden die von der UNCITRAL aufgeführten Fälle, in denen eine Konsolidierung der Verfahrensmassen ernstlich in Betracht käme, auf dem Wege des materiell rechtlichen Durchgriffs oder der Existenzvernichtungshaftung zu bewältigen sein.[47]

II. Einbeziehung nicht insolventer Konzerngesellschaften

Möchte man dem von *Hirte* und *Paulus* hierzulande angepriesenen Modell einer materiellen Verfahrenskonsolidierung Folge leisten, so kommt man nicht umhin, sich mit der Frage auseinanderzusetzen, unter welchen Voraussetzungen neben denjenigen Gesellschaften, bei denen die Eröffnungsgründe der §§ 16 ff. InsO vorliegen, auch nichtinsolvente Gesellschaften in den Konsolidierungskreis mit einzubeziehen sind.

---

43 UNCITRAL Pt. 3, S. 61, Ziff. 108.

44 Siehe Fn. 232.

45 UNCITRAL Pt. 3, S. 62, Ziff. 113; vgl. auch *In re Augie/Restivo Baking Co., Ltd.*, 860 F.2d 518; *In re Owens Corning*, 419 F.3d 211; *In re Drexel Lambert Grp., Inc.*, 138 B.R. 723, 764 (Bankr. S.D.N.Y. 1992).

46 *K. Schmidt* in: ZIP 2012, 1053, 1056.

47 Siehe Fn. 235.

1. Einbeziehung in das Konzernabwicklungsverfahren

In diesem Zusammenhang stellt sich zunächst die Frage, unter welchen Voraussetzungen das Vermögen einer nichtinsolventen Tochtergesellschaft durch den im Verfahren der Muttergesellschaft bestellten Insolvenzverwalter zu Gunsten einer konsolidierten Konzernmasse verwertet werden darf.

a) Liquidation der nicht insolventen Tochtergesellschaft

In Betracht kommt zunächst die Liquidation der nichtinsolventen Tochtergesellschaft, unter Einbeziehung eines hierbei erwirtschafteten Überschusses. Hierzu müsste dem Insolvenzverwalter der Muttergesellschaft zunächst ein Recht zur Teilhabe an der Liquidation zustehen.

b) Recht auf Teilhabe an Liquidation der Tochtergesellschaft

Das Recht auf Teilhabe an der Liquidation verkörpert ein unentziehbares Vermögensrecht eines jeden Gesellschafters, welches sich erst nach Auflösung der Gesellschaft – und somit erst nach Befriedigung der unmittelbaren Gesellschaftsgläubiger sowie Entstehung eines etwaigen Liquidationsüberschusses – in ein auf Auszahlung gerichtetes Gläubigerrecht der Gesellschafter umwandelt.[48]

Wird über das Vermögen der Muttergesellschaft das Insolvenzverfahren eröffnet, werden sämtliche von der Mutter gehaltenen Geschäftsanteile zum Bestandteil der Verfahrensmasse. Die Ausübung der hierin verkörperter Mitgliedschafts- und Stimmrechte bleibt in dieser Folge zunächst ausschließlich dem im Verfahren bestellten Insolvenzverwalter vorbehalten (§ 80 Abs. 1 InsO).[49] Hiervon umfasst ist insbesondere das Recht, gemäß § 60 Abs. 1 Nr. 2 GmbHG die Liquidation der (nicht insolventen) Töchter zu beschließen.[50]

c) Einbeziehung des Liquidationserlöses

Gemessen an dem nach deutschem Insolvenzrecht geltenden Grundsatz der Haftungstrennung sind an einem hieraus resultierenden Erlösüberschuss ausschließlich die Gläubigern der Muttergesellschaft zu beteiligen. Dies hat dem

---

48 MünchKommGmbHG/*H. F. Müller*, § 72 GmbHG, Rn. 3.
49 MünchKommInsO/*Ott/Vuia*, § 80 Rn. 111, 115a; vgl. auch *Schack* in: GS Sonnenschein, 705, 712; OLG München, Beschl. v. 24.08.2010 – 31 Wx 154/10 = NZI 2010, 1005 = ZInsO 2010, 1744 = ZIP 2010, 1756; *Treffer* in: GmbHR 2002, 205 ff. mit konkreten Beispielen.
50 *Hirte* in: FS K. Schmidt, S. 641, 653; vgl. auch MünchKommGmbHG/*Berner*, § 60 Rn. 87.

Grundsatz nach zur Folge, dass Dritte – ohne einen entsprechenden Beschluss der Gläubigerversammlung – keine Beteiligung am Liquidationserlös erfahren.

2. Wettbewerbsverzerrung

Nebstdem streiten nicht zuletzt wettbewerbsrechtliche Erwägungen gegen eine Einbeziehung solventer Gruppenmitglieder in das Verfahren einer mit ihnen verbundenen Gesellschaft. Denn gemessen an der Konzeption eines deutschen Insolvenzrechts, welches zum Zwecke der Gewährleistung einer *par conditio creditorum* (§ 1 InsO) die mit der Verfahrenseröffnung einhergehenden Privilegien dem Vorliegen zumindest eines Eröffnungsgrundes unterstellt (vgl. § 16 InsO), würde eine Einbeziehung solventer Gruppenmitglieder in ein konzernumfassendes Abwicklungsverfahren stets mit einem Bruch ebendieser Regularien sowie einer nicht zu rechtfertigenden Privilegierung konzernierter gegenüber alleinstehender Gesellschaften einhergehen. Es wäre zu befürchten, dass sich auf diesem Weg ein Großteil des Konzern in wettbewerbswidriger Weise dem Zugriff seiner Gläubigerschaft entziehen könnte, indem dieser eines seiner Mitglieder in die (strategische) Insolvenz schickt, nur um zu gewährleisten, dass die übrigen Gruppenmitglieder ebenfalls unter dem Deckmantel der Insolvenz Schutz finden können.[51]

3. Fazit

Die vorstehenden Ausführungen verdeutlichen das Spannungsfeld, in dem sich die Frage nach der Zulässigkeit der Einbeziehung intakter Unternehmen in das insolvenzrechtliche Abwicklungsverfahren eines anderen Unternehmens bewegt. Im Ergebnis ist eine entsprechende Praxis entschieden abzulehnen. Auch wenn auf der einen Seite die Vorteile einer zusammenhängenden Sanierung in Form eines im Einzelfall nicht unerheblicher Mehrwertes zu Gunsten der Gläubiger stehen, ist es im Ergebnis nicht zu rechtfertigen, die einschneidenden Schutzregularien des Insolvenzrechts, entgegen deren ursprünglichen Sinn und Zweck sowie in wettbewerbswidriger Weise zur Reorganisation eines zum Teil intakten Konzerns zur Anwendung zu bringen. Die Einbeziehung nichtinsolventer, intakter

51 *Paulus* in: ZGR 2010, 270, 274; zur Wettbewerbsverzerrung i. R. d. Sanierung siehe bereits *Paulus* in: ZGR 2005, 309, 320 f.

Gesellschaften in einen (konsolidierten) Verfahrensverbund ist vor diesem Hintergrund entschieden abzulehnen.

III. Substantive Consolidation nach dem US Bankruptcy Code

Im Gegensatz zum hiesigen Recht ist in der US-amerikanischen Rechtspraxis die Anordnung einer materiellen Konsolidierung der Verfahrensmassen allgemein anerkannt.[52] Während der US-Bankruptcy Code – ähnlich wie die deutsche Insolvenzordnung – die *Substantive Consolidation* als eigenes Rechtsinstitut jedenfalls nicht ausdrücklich erwähnt, wird die Bildung einer Gesamtmasse nach allgemeiner Auffassung auf Grundlage von 11 U.S.C. § 105(a),[53] in Form eines implementierten Entschließungsermessens grundsätzlich als zulässig angesehen.[54] Dort heißt es:

11 U.S. Code § 105 – Power of court

(a) The court may issue any order, process, or judgment that is necessary or appropriate to carry out the provisions of this title. No provision of this title providing for the raising of an issue by a party in interest shall be construed to preclude the court from, sua sponte, taking any action or making any determination necessary or appropriate to enforce or implement court orders or rules, or to prevent an abuse of process. [...]

Die Schaffung eines konzernumfassenden Vermögensverbundes ist danach nicht etwa als zwingendes Recht, sondern vielmehr als eine zusätzliche Form gerichtlicher Verfahrensgestaltung anzusehen.[55] Seit Einführung der Regelung wurde die rechtliche Ausgestaltung sowie die Grenzen dieses Ermessens auf der Grundlage

---

52 Zum Begriff der *Substantive Consolidation* siehe oben auf S. 42; zur *Substantive Consolidation* ausführlich auch *Scheel*, Konzerninsolvenzrecht, S. 241 ff.

53 Einige Gerichte wollen eine entsprechende Rechtsgrundlage auch in 11 U.S.C. § 1123a(a)(5)(C), vgl. *In re Stone & Webster, Inc.*, 286 B.R. 532, 540 (Bankr. D. Del. 20002) bzw. 11 U.S.C. § 542 i.V.m. § 502(j), vgl. *In re Cyberco Holdings, Inc.*, 431 B.R. 404, 424 (Bankr. W.D. Mich. 2010) sehen.

54 Vgl. *In re Auto-Train Corp., Inc.*, 810 F.2d 276; *In re Augie/Restivo Baking Co., Ltd.*, 860 F.2d 518; *In re Owens Corning*, 419 F.3d 210; vgl. auch *In re Drexel Burnham Lambert Grp., Inc.*, 138 B.R. 723, 764 (Bankr. S.D.N.Y. 1992); *Murphy v. Stop & Go Shops, Inc.*, 49 B.R. 743, 746 (Bankr. D. Mass 1985); *Soviero v. Franklin Nat'l Bank of Long Island*, 328 F.2d 446, 448 (2nd Cir. 1964); *In re Richton Int'l Corp.*, 12 B.R. 555, 558 (Bankr. S.D.N.Y. 1981).

55 Vgl. *Hirte* in: FS K. Schmidt, S. 641, 644.

einiger prägnanter Entscheidungen der Rechtsprechung zunehmend konkretisiert.[56]

1. Voraussetzungen

Die Anordnung einer materiellen Konsolidierung setzt danach den Nachweis des Antragstellers voraus, dass
- die betroffenen Schuldner im vorinsolvenzlichen Stadium ihre rechtliche Eigenständigkeit dergestalt außer Acht gelassen haben, dass sich für die Gläubiger die Annahme einer rechtlichen Einheit gerechtfertigt hat[57] und/oder
- die Vermögensverhältnisse der einzelnen Konzerngesellschaften dergestalt verworren sind, dass eine separierte Zuordnung nur unter unverhältnismäßigem finanziellen Aufwand sowie einer damit einhergehenden Gefährdung einer bestmöglichen gemeinschaftlichen Gläubigerbefriedigung möglich erscheint.[58]

Andere Gerichte neigen wiederum dazu, die Vor- und Nachteile einer Konsolidierung in Form einer *Checklist* gegeneinander aufzuwiegen. Dabei sollen Umstände, wie (i) ein gemeinsamer *Overhead*, ein gemeinsames Management sowie eine gemeinsame Buchhaltung, (ii) der Grad der Beteiligung der Mutter an ihren Töchtern, (iii) die finanzielle Abhängigkeit der Töchter zu ihrer Mutter, (iv) eine identische Besetzung von Vorstands- und Aufsichtsratsposten, (v) die Übernahme von Gehältern durch die Mutter, (vi) eine unzureichende Eigenkapitalausstattung der Töchter, (vii) ein gemeinsamer Sitz von Mutter und Töchtern, (viii) der Grad der Vermengung der Vermögensmassen sowie (ix) der Umstand, dass die Tochter, außer zu ihrer Mutter keine eigenen Geschäftsbeziehungen unterhält, eine übergeordnete Rolle spielen.[59]

56 Vgl. *In re Auto-Train Corp., Inc.*, 810 F.2d 276; *In re Augie/Restivo Baking Co., Ltd.*, 860 F.2d 518; *In re Owens Corning*, 419 F.3d 210; vgl. auch *In re Drexel Burnham Lambert Grp., Inc.*, 138 B.R. 723, 764 (Bankr. S.D.N.Y. 1992); *Murphy v. Stop & Go Shops, Inc.*, 49 B.R. 743, 746 (Bankr. D. Mass 1985); *Soviero v. Franklin Nat'l Bank of Long Island*, 328 F.2d 446, 448 (2nd Cir. 1964); *In re Richton Int'l Corp.*, 12 B.R. 555, 558 (Bankr. S.D.N.Y. 1981); zu den Voraussetzungen der *Substantive Consolidation* ausführlich auch *Scheel*, Konzerninsolvenzrecht, S. 248ff.

57 *In re Owens Corning*, 419 F.3d 210; vgl. auch *In re Augie/Restivo Baking Co., Ltd.*, 860 F.2d 518, *Eastgroup Props. v. Southern Motel Assoc. Ltd.*, 935 F.2d 245, 251 (11th Cir. 1991).

58 *In re Augie/Restivo Baking Co., Ltd.*, 860 F.2d 518; vgl. auch *Chemical Bank NY Trust Company* vs. *Kheel*, 369 F. 2d 845 (2d Cir. 1966); vgl. auch *In re Owens Corning*, 419 F.3d 210.

59 *In re Drexel Burnham Lambert Grp., Inc.*, 138 B.R. 723, 764 (Bankr. S.D.N.Y. 1992); Soviero, supra, 328 F.2d at 447–448; Stone, supra, 127 F.2d at 286–88; Vecco, supra, 4 B.R. at 410.

Liegen diese Voraussetzungen vor, soll dem zuständigen Gericht die Anordnung einer *Substantive Consolidation* grundsätzlich möglich sein. Antragsberechtigt sind sowohl die Gläubiger als auch der Schuldner selbst.[60] Gelingt einem der Gläubiger der Nachweis, dass er im Falle einer Zusammenfassung der Massen schlechter stünde, als dies ohne die Konsolidierung der Fall sei und er der rechtlichen Eigenständigkeit der Gesellschaften vertraut habe, soll er die Anordnung nach überwiegender Auffassung jedoch verhindern können.[61]

Darüber hinaus sei die Anordnung einer materiellen Konsolidierung der überwiegenden Auffassung zufolge stets nur im Einzelfall sowie auf Grundlage außergewöhnlicher Umstande zu rechtfertigen und insofern allenfalls eine Art letztes Mittel zu begreifen.[62]

2. Einbeziehung nicht insolventer Unternehmen

Umstritten ist indes auch nach US-amerikanischem Recht, ob und wenn ja in welchem Umfang sich die *Substantive Consolidation* auf den sogenannten *non-debtor* – also Gesellschaften die von der Insolvenz selbst nicht betroffen sind – erstrecken kann. Während einige Gerichte auch nicht insolvente Gesellschaften in den Konsolidierungskreis mit einbeziehen wollen,[63] lehnen andere dies wiederum entschieden ab. Letztlich herrscht jedoch auch zwischen denjenigen Gerichten, die eine Einbeziehung für zulässig halten Uneinigkeit in der Frage, in welchem Umfang die Vorzüge, die unstreitig mit der Eröffnung des Insolvenzverfahrens einhergehen, dem Nichtschuldner zugute kommen dürfen.[64]

IV. Stellungnahme und Fazit

Die hierzulande insbesondere von *Hirte* und *Paulus* vertretenen Konzepte zur materiellen Konsolidierung erlauben einen begrüßenswert differenzierten Blick-

---

60 *Boone/Wozniak* in: International insolvency: Group insolvency and directors' duties Guide 2015/16, Group insolvency, consolidation of debt and directors' duties and liabilities in the United States, Ziff. 18.

61 Siehe Fn. 60.

62 *In re Augie/Restivo Baking Co., Ltd.*, 860 F.2d 515, 518 (2d Cir. 1988).

63 *Morse Operations, Inc. v. Robins Le-Cocq, Inc. (In re Lease-A-Fleet, Inc.)* 141 B.R. 869, 872, 876 (Bankr. E.D. Pa. 1992).

64 So etwa *In re Lease-A-Fleet, Inc.*, 141 B.R. 869 (Bankr. E.D. Pa. 1992) im Hinblick auf die Anwendung des 11 U.S.C. § 362 sowie §§ 542–549

winkel auf eine für gewöhnlich durch triviale Alles-oder-Nichts-Ansätze geprägte Materie. Auch stellen sie anschaulich unter Beweis, dass die Herbeiführung einer *Substantive Consolidation* auf Grundlage eines geltenden Rechts zumindest verfahrenstechnisch bereits möglich erscheint. Dass eine zusammengefasste Verwaltung von Verfahrensmassen im Einzelfall Vorteile mit sich bringen kann, bestätigt nicht zuletzt der Blick auf die US-amerikanische Rechtspraxis, die die Anordnung der *Substantive Consolidation* bereits nach geltendem Recht für zulässig hält.

1. Unvereinbarkeit mit den Grundsätzen eines deutschen Insolvenzrechts

Im Ergebnis stehen dem Konzept der Vollkonsolidierung nach hiesigem Recht jedoch der Grundsatz der *par conditio creditorum* (§ 1 InsO), die Rechtsträgerbezogenheit des Insolvenzverfahrens (§ 11 InsO) sowie Transparenz- und Praktikabilitätserwägungen entgegen. Hinzu kommt, dass nach dem Verständnis eines deutschen Rechts, neben den formellen Voraussetzungen der Verfahrenszusammenlegung zusätzlich die Voraussetzungen eines materiell-rechtlichen Durchgriffs vorliegen müssen.[65] Dem steht bislang der Grundsatz der Haftungstrennung entgegen.

Die Eröffnung des Insolvenzverfahrens darf darüber hinaus nicht zu einer vollständigen Aufweichung der vorinsolvenzlichen Gläubiger-Schuldner-Beziehungen und damit zu einer teilweisen Gläubigerbenachteiligung führen. Dies gilt insbesondere vor dem Hintergrund der Planbarkeit und Vorhersehbarkeit der Folgen der Insolvenz auf Gläubigerseite. Auch wenn eine umfassende Risikoanalyse nicht in jedem Fall möglich erscheint, muss es den Gläubigern doch zumindest grundsätzlich möglich sein, Chancen und Risiken eines späteren Insolvenzverfahrens im Zeitpunkt des Vertragsschlusses gegeneinander abzuwägen, mit dem Ziel, eine Prognose über die Aussichten einer zukünftigen Haftungsverwirklichung aufstellen zu können. Die Möglichkeit zu einer solchen Risikoanalyse wäre spätestens dann nicht mehr gegeben, wenn die Voraussetzungen einer Haftungsverwirklichung im Insolvenzfall zukünftig mit der Unsicherheit belastet wären, dass im Einzelfall auch gesellschaftsfremde Gläubiger aus dem der Insolvenzmasse zugehörigen Teil des Schuldnervermögens Befriedigung verlangen könnten.

Vieles spricht zudem dafür, die Sanierungsfähigkeit der einzelnen Gesellschaften getrennt voneinander zu beurteilen. Hierfür streitet nicht zuletzt der in

65 *Hirte* in: FS K. Schmidt, S. 641, 645.

§ 11 InsO niedergelegte Grundsatz der Rechtsträgerbezogenheit des Insolvenzverfahrens. Anderenfalls bestünde in zunehmenden Maße die Gefahr, dass die Rettung der einen Gesellschaft an der Sanierungsunfähigkeit einer oder gar mehrerer anderen Gesellschaft scheitern könnte, indem diese Gesellschaften die zusätzlichen Lasten der übrigen Konzernunternehmen mittragen müssten.[66]

Im Übrigen würde eine nachträgliche Trennung der Haftungsmassen nach einer einmal vorgenommenen Konsolidierung, in einer Vielzahl der Fälle rein praktisch kaum noch durchführbar sein. Dieser Umstand kann sich nicht zuletzt dann als nachteilig erweisen, wenn im weiteren Verfahrensverlauf die Übertragung einzelner Betriebsteile oder Vermögensgegenstände auf einen dritten Rechtsträger wirtschaftlich sinnvoll sowie vor dem Hintergrund einer bestmöglichen gemeinschaftlichen Gläubigerbefriedigung (§ 1 InsO) verfahrenstechnisch geboten erscheint. Gleiches gilt für den Fall, dass die Gesellschaften im Anschluss an eine erfolgreiche Sanierung getrennt voneinander fortgeführt werden sollen.

Letztlich sind mit der Unterteilung einer konsolidierten Verfahrensmasse eine Reihe administrative sowie verfahrensrechtliche Problemen verbunden. Zwar ist die Bildung von Sondermassen bereits nach geltendem Recht im Rahmen der §§ 92, 93 InsO allgemein anerkannt. Eine gesonderte Verwaltung ist danach etwa dann notwendig, wenn durch dasselbe schädigende Ereignis nur ein Teil der Gläubiger einen Schaden erlitten hat[67] oder neben den Gesamtschaden zusätzlich der Individualschaden eines einzelnen Gläubigers tritt.[68] Das gleiche gilt für Fälle, in denen der Haftungsanspruch nur einen Teil der Gesellschafter trifft,[69] oder aber wie im Falle des Ausscheidens eines Gesellschafters eine persönliche Haftung ausschließlich gegenüber denjenigen Gläubiger besteht, deren Forderungen bereits vor dessen Ausscheiden begründet worden sind.[70]

In sämtlichen dieser Fälle ist die Bildung und Verwaltung zusätzlicher Teilmassen mit einem erheblichen Zuwachs an zeitlichem sowie administrativem Aufwand verbunden, der nicht zuletzt auf den Umstand zurückzuführen ist, dass im Rahmen der Verwaltung ein erhöhtes Maß an Sorgfalt hinsichtlich der Trennung dieser Vermögensmassen erforderlich ist.

---

66 Vgl. hierzu auch *K. Schmidt* in: KTS 2010, 1, 14; a. A. *Ehricke* in ZInsO 2002, 393, 394, der in einer Konsolidierten Sanierung insbes. Synergieeffekte u. Kostenersparnisse sieht.

67 Vgl. BeckOK/*Cymutta*, Stand 15.07.2016, § 92 Rn. 28; Uhlenbruck/*Hirte*, § 92 Rn. 16; *K. Schmidt*, Insolvenzordnung, § 93 Rn. 28.

68 Vgl. Uhlenbruck/*Hirte*, § 92 Rn. 15.

69 So etwa bei der Kommanditgesellschaft, wo nur die Komplementäre nach § 93 InsO persönlich haften, vgl. hierzu *K. Schmidt*, Insolvenzordnung, § 93 Rn. 17.

70 Vgl. Uhlenbruck/*Hirte*, § 93 Rn. 31; *K. Schmidt*, Insolvenzordnung, § 93 Rn. 28; Kübler/Prütting/Bork/*Lüke*, § 93 Rn. 25.

Hinzu kommt, dass je nach Anzahl der zu bildenden Sonder- oder Teilmassen für den Außenstehenden im Zweifel nicht mehr eindeutig erkennbar sein wird, welcher Teil des schuldnerischen Vermögens welcher Gläubigergruppe zuzuordnen ist und welche Auswirkungen diese Zuordnung auf seine eigenen Befriedigungschancen im Rahmen des Insolvenzverfahrens hat. Gleiches gilt für die Notwendigkeit der gerichtlichen Kontrolle des Verfahrens. Es ist zu befürchten, dass sich eine stark verkomplizierte Verwaltungsstruktur in Teilbereichen der insolvenzgerichtlichen Kontrolle entzieht. Dies gilt insbesondere für diejenigen Fälle, in denen die örtliche Zuständigkeit bei einem kleinen, personell schwach besetzten Gericht liegt.

Überträgt man das Vorgesagte auf *Hirtes* Modell einer *Substantive Consolidation* für in Deutschland eröffnete Verfahren,[71] ergibt sich hieraus das Folgende: Aus Gründen administrativer Vereinfachung wäre aus sämtlichen Verfahrensmassen zunächst eine konsolidierte Gesamtmasse zu bilden, wobei diese Gesamtmasse aufgrund von Gläubigerschutzerwägungen wiederum in mehrere Teilmassen zu untergliedern wäre. Neben dieser ersten Untergliederung müsste in einem weiteren Schritt jede dieser Teilmassen in die bereits nach geltendem Recht zu bildenden Sondermassen untergliedert werden, sofern die Besonderheiten des jeweiligen Verfahrens dies erforderlich machen.

Für den Fall einer mehrere Dutzend Gesellschaften umfassenden Konzerninsolvenz scheint es nur schwer nachvollziehbar, wie diese Praxis den allgemeingültigen Zielbestimmungen von Transparenz und Verfahrensvereinfachung gerecht würde. Eine zusätzliche Untergliederung der Verfahrensmasse, die über das bereits nach geltendem Recht zulässige sowie anerkannte Maß hinausgeht, ist vor diesem Hintergrund ausdrücklich abzulehnen.

2. Strukturelle Unterschiede zwischen deutscher und U.S.-amerikanischer Gerichtspraxis

Darüber hinaus existieren weitgehende strukturelle Unterschiede zwischen der deutschen und der U.S.-amerikanischen Gerichtspraxis. Während im U.S.-amerikanischen Recht die ausschließliche Zuständigkeit für Insolvenzverfahren bei den *District Courts* und somit auf Ebene der Bundesgerichte liegt (vgl. 28 U.S.C. § 1334

71 Vgl. hierzu die Ausführungen auf S. 50.

(a)),[72] bestimmt § 2 Abs. 1 InsO die Amtsgerichte, in deren Bezirk ein Landgericht seinen Sitz hat für ausschließlich zuständig.

Dies hat zum einen zur Folge, dass die zuständigen U.S.-Gerichte größere personelle Kapazitäten vorhalten können, als dies auf Seiten der deutschen Insolvenzgerichte der Fall ist. Hinzu kommt, dass die U.S.-amerikanischen Bundesrichter im Regelfall auf eine langjährige Erfahrung als Rechtsanwalt, Insolvenzverwalter, Steuerberater oder Wirtschaftsprüfer zurückblicken können, was zur Folge hat, dass sich an den *Bankruptcy Courts* regelmäßig Kompetenzen ganz unterschiedlicher Fachrichtungen bündeln, die sich für die gerichtliche Aufgabenbewältigung insgesamt nutzbar machen lassen. Fälle, in denen kleine, vornehmlich in ländlichen Regionen angesiedelte Insolvenzgerichte von Großverfahren nahezu lahmgelegt werden, oder aufgrund ihrer individuellen Kompetenzen eine sachgerechte Verfahrensüberwachung nicht gewährleisten können, sind in der US-amerikanischen Insolvenzgerichtspraxis somit weitaus weniger wahrscheinlich, als dies hierzulande der Fall ist.

3. Kreditwirtschaftliche Implikationen

Hinzu kommen Bedenken aus kreditwirtschaftlicher Sicht. Folgt man dem Prinzip der *Substantive Consolidation*, lässt sich die Höhe eines etwaigen Ausfallrisikos und damit auch die Aussicht auf Befriedigung – sei es auf dem Wege der Liquidation oder im Rahmen eines (plangesteuerten) Sanierungsverfahren – nicht mehr an den Haftungserwartungen im Zeitpunkt der Kreditgewährung messen. Dies zieht insbesondere aus regulatorischer Sicht einige Besonderheiten nach sich.

a) Besonderheiten seit Basel II

Mit Blick auf die im Zuge der Finanzmarktreform eingeführten regulatorischen Vorgaben des Baseler Ausschusses für Bankenaufsicht („**Basel II**"),[73] die im Rahmen der jüngsten Beschlussfassungen nochmals verschärft wurden („**Ba-**

---

72 Vgl. die Ausführungen bei *Westphal/Goetker/Wilkens*, Grenzüberschreitende Insolvenzen, Rn. 1542; vgl. ferner: http://www.uscourts.gov/services-forms/bankruptcy (zuletzt abgerufen am: 3. Januar 2018).

73 Baseler Ausschuss für Bankenaufsicht, Internationale Konvergenz der Eigenkapitalmessung und der Eigenkapitalanforderungen, abrufbar unter: http://www.bis.org/publ/bcbs107ger.htm (zuletzt abgerufen am: 3. Januar 2018).

sel III“),[74] kann sich im Falle einer Verschlechterung der schuldnerischen Bonität eine Anpassung der Kreditbedingungen aus bankenaufsichtsrechtlicher Sicht gebieten.

Kreditinstitute sind danach dazu verpflichtet, Kreditforderungen je nach Rating, also Risikoklasse des Kreditnehmers mit 8 % bis künftig 13 % Eigenkapital zu unterlegen, um etwaige Verluste besser auffangen zu können.[75] Diese je nach Bonitätsgrad schwankenden Kreditkosten werden durch die Kreditinstitute im Regelfall in Form von Zinsen an die Kreditnehmer weitergegeben.[76] Dies hat zur Folge, dass Kreditnehmer mit schlechter Bonität von Anfang an mehr für die Gewährung einer gewissen Darlehensvaluta zahlen müssen, da ein Ausfall des Rückzahlungsanspruches für die Bank in diesen Fällen weitaus wahrscheinlicher ist.

b) Notwendigkeit zur nachträglichen Anpassung der Kreditbedingungen

Verändert sich das Kreditrisiko während der Vertragslaufzeit zum Nachteil des Kreditinstituts, kann das Institut zu einer weiteren Absicherung des Engagements verpflichtet sein. Ausweislich eines am 14. Dezember 2012 durch die Bundesanstalt für Finanzdienstleistungsaufsicht („**BaFin**“) veröffentlichten Rundschreibens zu den Mindestanforderungen an das Risikomanagement von Kreditinstituten – „MaRisk“ – sollen Banken dazu verpflichtet sein, die Risiken eines Engagements, abhängig vom Risikogehalt der Kreditgeschäfte sowohl im Rahmen der Kreditentscheidung als auch bei turnusmäßigen oder anlassbezogenen Beurteilungen mit Hilfe eines Risikoklassifizierungsverfahrens zu bewerten.[77]

Banken müssen sich danach nicht nur im Zeitpunkt der Kreditvergabe, sondern vielmehr auch während der Laufzeit eines Engagements über die Veränderung eines etwaigen Ausfallrisikos unterrichten und das Geschäft im Zweifelfall mit zusätzlichem Eigenkapital unterlegen (sog. „risikosensitive Kapitalanforde-

---

74 Baseler Ausschuss für Bankenaufsicht, Basel III: Ein globaler Regulierungsrahmen für widerstandsfähige Banken und Bankensysteme, abrufbar unter: http://www.bis.org/bcbs/basel3_de.htm (zuletzt abgerufen am: 3. Januar 2018).

75 Vgl. zur Vertiefung: *Becker/Böttger/Ergün/Müller* in: DStR 2011, 375; vgl. auch *Wilden* in: RSI, § 2 Rn. 95; *Haug* in: Schimansky/Bunte/Lwowski, § 133a Rn. 39 ff.

76 Vgl. *Wilden* in: RSI, § 2 Rn. 95 f.

77 Rundschreiben 10/2012 (BA) – Mindestanforderungen an das Risikomanagement – MaRisk, BTO 1.2 („Anforderungen an die Prozesse im Kreditgeschäft“) Ziff. 6 sowie BTO 1.4 Ziff. 1 („Risikoklassifizierungsverfahren“), abrufbar unter: https://www.bafin.de/SharedDocs/Veroeffentlichungen/DE/Rundschreiben/rs_1210_marisk_ba.html (zuletzt abgerufen am: 3. Januar 2018).

rungen“).[78] Dies hat zur Folge, dass die Eigenkapitalkosten für die kreditgebende Bank auch nach Vertragsschluss unvorhersehbar steigen können, indem die Bank einen zusätzlichen Kapitalpuffer zur Absicherung des Engagements anlegen muss.

Als Reaktion auf die verschärften Eigenkapitalanforderungen hat in der Kreditvertragspraxis die Verwendung sogenannter „risikoadjustierter Zinsanpassungsklauseln“ Einzug genommen. Kreditinstitute können sich auf dieser Grundlage das Recht vorbehalten, steigende Eigenkapitalkosten während der Vertragslaufzeit an den Darlehensnehmer in Form von Zinserhöhungen weiterzureichen.[79]

c) Folgen für das Insolvenzverfahren

Eine einmal vorgenommene *Substantive Consolidation* hätte eine nachhaltige Störung das Äquivalenzverhältnis zwischen Eigenkapitalhinterlegung auf Seiten des Kreditgebers und risikoabhängiger Kostenbeteiligung des Kreditnehmers zur Folge, indem sich das Ergebnis einer ursprünglichen Risikobewertung nicht mehr ohne weiteres auf die Verhältnisse nach der Eröffnung des Insolvenzverfahrens übertragen ließe. Der Kreditgeber würde im Falle einer Fortsetzung des Kreditengagements regelmäßig dazu verpflichtet sein, den nunmehr gegen die konsolidierte Masse gerichteten Rückzahlungsanspruch mit zusätzlichem Eigenkapital zu unterlegen und die hieraus resultierenden Kosten an den Kreditnehmer in Form einer Anpassung der Zinsbedingungen weiterzuleiten.

Im Ergebnis würde dies eine Risikoverlagerung zu Lasten der kreditgebenden Bank bedeuten. Zum einen, da im Regelfall nicht davon auszugehen sein wird, dass die Befriedigungschancen seitens der Bank denjenigen im Falle einer alternativen Haftungstrennung entsprächen. Zum anderen, da Unsicherheiten in der Frage, ob eine konsolidierte Insolvenzmasse die steigenden Zinskosten einer weiteren Eigenkapitalunterlegung des Kreditengagements überhaupt tragen kann, stets zu Lasten des Kreditinstituts gehen würden. Dies gilt nicht zuletzt deshalb, da eine nachträgliche Besicherung von Gläubigerforderungen immer auch dem Risiko der Anfechtbarkeit unterliegt.

Kreditinvestitionen wären insofern mit der Unsicherheit belastet, dass sich die Situation im Insolvenzfall für den Investor nicht mehr aufgrund von internen Risikoklassifizierungsverfahren vorhersehen ließe, was letztlich die Bereit-

---

78 Vgl. MünchKommBGB/*Berger*, vor § 488 Rn. 40; vgl. auch *Haug* in: Schimansky/Bunte/Lwowski, § 133a Rn. 36 ff.
79 Vgl. MünchKommBGB/*Berger*, vor § 488 Rn. 40.

schaft zur Kreditvergabe an notleidende Unternehmen zusätzlich hemmen könnte. Aus kreditwirtschaftlicher Sicht erscheint eine Konsolidierung rechtsträgerverschiedener Insolvenzmassen somit wenig sinnvoll. Eine Übertragung der Grundsätze der *Substantive Consolidation* auf ein deutsches Insolvenzrecht ist vor diesem Hintergrund nicht zu empfehlen.

4. Fazit

Während die *Substantive Consolidation* im US-amerikanischen Recht nach überwiegender Auffassung für zulässig erachtet wird, haben hierzulande ein gewachsenes Verständnis der Trennung von Haftungsmassen, die Universalität einer *par conditio creditorum* (§ 1 InsO) sowie kreditwirtschaftliche Erwägungen zu der Überzeugung geführt, dass eine Konsolidierung rechtsträgerverschiedener Haftungsmassen zumindest auf der Grundlage eines geltenden Rechts nicht zu überzeugenden Ergebnissen führt.

V. Ergebnis zu Abschnitt H

Das Konzept der *Substantive Consolidation* kann nach dem Verständnis eines geltenden deutschen Insolvenzrechts nicht überzeugen.

B. Fortbestand von Unternehmensverträgen nach Eröffnung des Insolvenzverfahrens

I. Problemaufriss

Über Erfolg oder Misserfolg der Bewältigung der Konzerninsolvenz entscheidet in einer Vielzahl der Fälle, ob es den Beteiligten im Rahmen des Verfahrens gelingt, neben der wirtschaftlichen auch die rechtliche Einheit innerhalb des Konzernverbunds für die Zeit des Insolvenzverfahrens aufrecht zu erhalten. Dies gilt insbesondere dann, wenn für einen Großteil der notleidenden Gesellschaften die Sanierung angestrebt wird.

Denn die Aussicht auf eine erfolgreiche Fortführung des Unternehmens der Konzernmutter steht regelmäßig unter dem Vorbehalt eines permanenten Zugriffsrechts auf die Leistungen ihrer Töchter. Eine Sanierung im Konzern kann grundsätzlich nur dann funktionieren, wenn die Konzernleitung eine Fortführung des Konzepts einer einheitlichen Geschäftspolitik auf Grundlage der ursprünglichen Leistungsstrukturen auch nach Verfahrenseröffnung weiterhin gewährleisten kann. Hierfür ist es regelmäßig entscheidend, dass das vorinsolvenzliche Regime unternehmensvertraglicher oder faktischer Konzernleitungsmacht auch nach Verfahrenseröffnung für die Zwecke des Insolvenzverfahrens fortbestehen bleibt.

Darüber hinaus ist die Frage nach dem insolvenzbedingten Schicksal vorinsolvenzlicher Leitungsmacht aber auch für die Schaffung eines künftigen Konzerninsolvenzrechts von herausragender Bedeutung. Zum einen, da sie die Grenze des gesetzgeberischen Handlungsbedarfs hinsichtlich der Notwendigkeit zukünftiger Koordinations-, Informations- und Kooperationspflichten markiert. Denn ein entsprechender Regelungsbedarf kann grundsätzlich nur dort bestehen, wo das Konzernrecht diesem Gedanken nicht bereits an anderer Stelle zur Geltung verhilft.

Zum anderen, da sie über die Frage entscheidet, ob ein geltendes Insolvenzrecht einem gesamtlösungsorientierten Ansatz – wie ihn im Übrigen auch die *Substantive Consolidation* verfolgt – generell zugänglich ist. Denn ein solcher kann grundsätzlich nur dort zu überzeugenden Ergebnissen führen, wo ein jeweiliges Verfahren sowohl rechtlich als auch tatsächlich einer vereinheitlichenden Betrachtungsweise zugänglich ist. Ob und unter welchen Voraussetzungen diese Annahme auf ein geltendes deutsches Insolvenzrecht zutrifft, lässt sich am besten anhand der vielschichtigen Frage nach dem Schicksal unternehmensvertraglicher Beziehungen im Zeitpunkt der Verfahrenseröffnung beantworten. Nur wenn die dortigen Untersuchungen zu einem einheitlichen Ergebnis gelangen –

https://doi.org/10.1515/9783110578775-009

also die Verträge infolge der Eröffnung des Insolvenzverfahrens entweder einheitlich fortbestehen oder einheitlich beendigt werden – können Konzepte, die ihrem Ansatz nach vereinheitlichende Rechtsfolgen an die Eröffnung des Insolvenzverfahrens knüpfen, überzeugen.

Die folgenden Ausführungen sollen vor diesem Hintergrund dazu dienen, Klarheit im Hinblick auf die Frage zu schaffen, welche Folgen die Eröffnung des Insolvenzverfahrens über das Vermögen konzernierter Gesellschaften als Partei eines Unternehmensvertrages i. S. d. § 291 Abs. 1 AktG, sowie im Falle faktischer Konzernverbindungen hinsichtlich des Schicksals vorinsolvenzlich bestehender Konzernleitungsmacht hat. Diese bereits zu Zeiten der Konkursordnung kontrovers diskutierte Frage[1] hat auch mit Einführung der Insolvenzordnung keineswegs an Brisanz verloren. Aus Vereinfachungsgründen beschränken sich die Ausführungen dabei auf eine Veranschaulichung der Verhältnisse nach dem für die Aktiengesellschaft geltenden Recht. Dessen wichtigste Unternehmensverträge sind der Beherrschungs- und der Gewinnabführungsvertrag (§ 291 Abs. 1 AktG).[2]

II. Beherrschungs- und Gewinnabführungsverträge

Während der Beherrschungsvertrag die Leitung einer Gesellschaft („**abhängige Gesellschaft**" oder „**Untergesellschaft**") einem anderen Unternehmen („**herrschende Gesellschaft**" oder „**Obergesellschaft**") unterstellt (§ 291 Abs. 1 S. 1 Alt. 1 AktG), indem er dieses Unternehmen dazu berechtigt, dem Vorstand der Untergesellschaft hinsichtlich deren Leitung Weisungen zu erteilen (§ 308 Abs. 1 AktG), verpflichtet sich im Rahmen des Gewinnabführungsvertrages ein Unternehmen – im Regelfall die Tochtergesellschaft – dazu, ihren ganzjährlichen Gewinnvortrag vollumfänglich an ein anderes Unternehmen abzuführen (§ 291 Abs. 1 S. 1 Alt. 2 AktG). Als Ausgleich hierzu schreibt § 302 Abs. 1 AktG der Obergesellschaft vor, einen anderenfalls im Vermögen der Untergesellschaft zur Entstehung gelangenden (fiktiven) Fehlbetrag eines laufenden Geschäftsjahres zum Ausgleich zu bringen.

Während die vorbezeichneten Rechte und Pflichten in der Praxis regelmäßig bereits aufgrund von steuerrechtlichen Erwägungen durch eine gewisse Co-

1 Vgl. exemplarisch *Kübler* in: ZGR 1984, 650, 588.
2 Auf die GmbH als abhängige Partei eines Unternehmensvertrags finden die Vorschriften nach herrschender Meinung entsprechende Anwendung (vgl. BGHZ 105, 324, 330 ff.; BGH NJW 1988, 1326; OLG Jena NZG 2005, 716, 717; Emmerich/*Habersack*, § 257 AktG, Rn. 3a; zit. bei *Specovius/Kuske* in: Gottwald; § 95 InsO, Rn. 9; vgl. auch MünchKommAktG/*Altmeppen*, § 308 AktG, Rn. 5.

Existenz geprägt sind,[3] ist die Herrschaftsmacht der Obergesellschaft nicht zwingend von einem Nebeneinander von Beherrschungs- und Gewinnabführungsvertrag abhängig.[4] Da die Verpflichtung zur Gewinnabführung jedenfalls mit einer rechtlichen Beseitigung des Anspruchs auf Dividendenausschüttung einhergeht,[5] ist durch den Gesetzgeber in § 304 AktG[6] die Zahlung eines angemessenen Ausgleichs unter Berücksichtigung der bisherigen sowie zukünftig zu erwartenden Ertragsaussichten vorgesehen, um einer andernfalls drohenden Benachteiligung der Aktionäre entgegen zu wirken.[7] Dies ist insoweit allgemein anerkannt und weitestgehend unumstritten.

III. Automatische Beendigung der Unternehmensverträge im Zeitpunkt der Verfahrenseröffnung

Weitaus vielschichtiger und in dieser Folge undurchsichtiger ist hingegen die rechtliche Bewertung der Frage, nach den Folgen der Eröffnung des Insolvenzverfahrens auf den Fortbestand von Beherrschungs- und Gewinnabführungsverträgen.

1. Rechtslage zum Konkurs- und Vergleichsrecht

Während die wohl herrschende Meinung in Rechtsprechung und Literatur zu Zeiten der Konkursordnung noch davon ausging, dass mit der Eröffnung des Konkursverfahrens ein zwischen dem Schuldner und einer anderen Gesellschaft bestehender Beherrschungs- und Gewinnabführungsvertrag automatisch beendet

3 So sieht etwa das Körperschaftssteuergesetz eine Begünstigung der als Organschaft bezeichneten Typenkombination von Beherrschungs- und Gewinnabführungsvertrag vor, indem es bspw. einen vollumfänglichen Verlustausgleich gem. § 8b Abs. 1 und 5 KStG ermöglicht, wonach u.a. Gewinnanteile (Dividenden) bei körperschaftssteuerpflichtigen Anteilseignern zu 95 % steuerfrei Einnahmen darstellen (MünchKommBilR/*Witt*, § 271, Rn. 54).

4 MünchKommAktG/*Altmeppen*, § 308 AktG, Rn. 7; Emmerich/Habersack/*Emmerich*, § 308 AktG, Rn. 5.

5 MünchKommAktG/*Altmeppen*, § 291 AktG, Rn. 143.

6 Sieht der Gewinnabführungsvertrag eine dahingehende Pflicht zum Ausgleich hingegen nicht vor, so ist er gemäß § 304 Abs. 3 S. 1 AktG nichtig; vgl. Hierzu auch MünchKommAktG/*Altmeppen*, § 291 AktG, Rn. 144

7 Vgl. hierzu auch MünchKommAktG/*Altmeppen*, § 291 AktG, Rn. 143.

würde.[8] Sollte die Eröffnung des Vergleichsverfahrens der überwiegenden Auffassung zufolge keine Auswirkungen auf den Bestand der Verträge zur Folge haben.[9] Dies wurde zum einen darauf zurückgeführt, dass die Eröffnung des Vergleichsverfahrens, anders als die des Konkursverfahrens nicht zu einer Auflösung der Gesellschaft führte.[10] Zum anderen blieb der herrschenden Gesellschaft weiterhin genügend Raum zur Ausübung der vertraglich eingeräumten Leitungsmacht, da dem Vergleichsverwalter – anders als dem Konkursverwalter – lediglich eingeschränkte Mitwirkungs- und Überwachungsrechte im jeweiligen Verfahren übertragen waren.[11] Im Gegenzug sollte den Parteien im Falle des Vergleichs ein beiderseitiges Recht zur außerordentlichen Kündigung zustehen, da mit einer Erfüllung der Pflichten des anderen Vertragsteils nach dessen Auflösung jedenfalls nicht mehr zu rechnen gewesen wäre.[12]

2. Rechtslage nach Inkrafttreten der Insolvenzordnung

Hieraus entwickelte sich eine vornehmlich in der aktienrechtlichen Literatur vorherrschende Praxis,[13] die vorbezeichnete Auffassung seither gleichsam auf die zum 1. Januar 1999 in Kraft getretene Insolvenzordnung zu übertragen versucht.

Die Vertreter dieser Ansicht machen sich die damalige Argumentation des Bundesgerichtshofs zu eigen, wonach „die konkursbedingte Auflösung der herrschenden Gesellschaft (vgl. § 262 Abs. 1 Nr. 3 AktG) stets die Änderung ihres Zwecks“ zur Folge habe, da dieser fortan „nicht mehr auf Gewinnerzielung durch Betrieb eines werbenden Unternehmens, sondern vielmehr auf Verwertung des

---

8 BGH, Urt. v. 14.12.1987 – II ZR 170/87 = NJW 1988, 1326 ff. BayObLG, Beschl. v. 29.09.1998 – 3 Z BR 159/94 = ZIP 1998, 1872, 1873; Jaeger/*Weber*, §§ 207, 208 Rn. 11; *Hengeler/Hoffmann-Becking* in: FS Hefermehl, 283, 296; *Lutter* in: ZfB 1984, 781, 783; *Wellensiek* in: ZIP 1984, 541, 544; *Kuhn/Uhlenbruck*, Vor. K § 207 KO, Rn. 3; Scheel, Konzerninsolvenzrecht S. 43.

9 *Wellensiek* in: ZIP 1984, 541, 543; BGH, Urt. v. 14.12.1987 – II ZR 170/87 = NJW 1988, 1326, 1327; Bley/*Mohrbutter*, § 108 Rn. 8; *Hengeler/Hoffmann-Becking* in: FS Hefermehl, 283, 297.

10 *Hengeler/Hoffmann-Becking* in: FS Hefermehl, 283, 297.

11 Bley/*Mohrbutter*, § 108 Rn. 8.

12 *Wellensiek* in: ZIP 1984, 541, 543; Bley/*Mohrbutter*, § 108 Rn. 8; *Hengeler/Hoffmann-Becking* in: FS Hefermehl, 283, 299 f.

13 MünchKommAktG/*Altmeppen*, § 297 Rn. 103, 116 ff.; Emmerich/Habersack/*Emmerich*, § 297 AktG, Rn. 52b m.w.N.; Hüffer/*Koch*, § 297 AktG, Rn. 22a; Spindler/Stilz/*Veil*, § 297 AktG, Rn. 38; *Mertens* in: ZGR 1984, 542, 550; *Rieble/Kolbe* in: KTS 2009, 281, 287; *Sämisch/Adam* in: ZInsO 2007, 520, 522.

Gesellschaftsvermögens“ gerichtet sein würde.[14] Mit „dem Wegfall des bisherigen Gesellschaftszwecks“ sei zugleich auch „die Rechtsgrundlage der Konzernleitungsmacht“ entfallen, da eine „sich im Stadium der Abwicklung befindende Gesellschaft nicht mehr in der Lage sei, eine auf Gewinnerzielung ausgerichtete Unternehmenspolitik für das Konzernganze zu betreiben“.[15] „Die Ausübung von Leitungsmacht gegenüber den Weisungsempfängern eines abhängigen Unternehmens“ gehe zudem über „die Aufgabe des Konkursverwalters hinaus, der lediglich die Konkursmasse im Interesse der Gläubigerschaft bestmöglich und gleichmäßig zu verwerten, nicht aber einen Konzern zu leiten und Konzerninteressen wahrzunehmen“ habe.[16] Es spreche daher alles für „die Annahme, dass vernünftige Parteien eine Beendigung des Vertragsverhältnisses vereinbart hätten, wenn sie den Konkursfall bei Vertragsabschluss bedacht hätten. Eine sinnvolle Vertragsauslegung (§ 157 BGB) müsse deshalb zu dem Ergebnis führen, dass das Vertragsverhältnis mit dem Termin der Eröffnung des Konkursverfahrens über das Vermögen der herrschenden Gesellschaft ende, ohne dass hierfür eine außerordentliche Kündigung gemäß § 297 AktG (analog) seitens eines Vertragsteils notwendig“ sein würde.[17]

Eine abweichende Betrachtung sei der Auffassung zufolge allenfalls für isolierte Gewinnabführungsverträge geboten, da für die Untergesellschaft die Pflicht zur Gewinnabführung im Falle einer Auflösung der Obergesellschaft jedenfalls nicht rechtlich unmöglich würde.[18] Im Gegenzug solle es der Obergesellschaft nach § 297 Abs. 1 AktG möglich sein, das Vertragsverhältnis durch außerordentliche Kündigung einseitig zu beenden.[19]

---

14 BGH, Urt. v. 14.12.1987 – II ZR 170/87 = NJW 1988, 1326; ähnlich entschied dies auch der BFH mit Urt. v. 18.10.1967 – I 262/63 = WM 1968, 409, 410 der sich zwar gegen eine automatische Beendigung der Unternehmensverträge mit Verfahrenseröffnung aussprach, jedoch hinsichtlich der Gewinnabführungspflicht konstatierte, dass „der EAV in der Regel zu auszulegen (§§ 133, 157 BGB) sei, dass er auf die Abführung des Gewinns einer Erwerbsgesellschaft gerichtet ist“.

15 BGH, Urt. v. 14.12.1987 – II ZR 170/87 = NJW 1988, 1326 ff.; vgl. auch Emmerich/Habersack/*Emmerich*, § 297 AktG, Rn. 52a, 52b; MünchKommAktG/*Altmeppen*, § 297 AktG, Rn. 103; vgl. *K. Schmidt* in: ZGR 1983, 513, 529 m.w.N.

16 BGH, Urt. v. 14.12.1987 – II ZR 170/87 = NJW 1988, 1326, 1327.

17 BGH, Urt. v. 14.12.1987 – II ZR 170/87 = NJW 1988, 1326, 1327.

18 *Kuhn/Uhlenbruck*, Vor. K § 207 KO, Rn. 3a.; *Jaeger/Weber*, §§ 207, 208 KO, Rn. 11; *Wellensiek* in: ZIP 1984, 541, 544.

19 *Hengeler/Hoffmann-Becking*, FS Hefermehl, 1976, 283, 303; *Jaeger/Weber*, §§ 207, 208 KO, Rn. 11; *Wellensiek* in: ZIP 1984, 541, 544.

3. Stellungnahme

Diese Ansicht kann in Anbetracht eines nunmehr geänderten Gesetzeszwecks (vgl. § 1 InsO) nicht mehr überzeugen.[20] Während die Insolvenzordnung – zahlreicher Reformierungsvorhaben seit ihrem Inkrafttreten zum Trotze – bislang keinen Aufschluss über das Schicksal von Unternehmensverträgen im Insolvenzfall gibt, hat die grundlegende Gesetzeskonzeption im Vergleich zur Konkursordnung einige maßgebliche Änderungen erfahren. Während das Konkursrecht die einstweilige Fortführung des schuldnerischen Geschäftsbetriebs stets als Ausnahme zu einem ansonsten auf die Liquidation zugeschnittenen Gesetzeszwecks begriffen hat,[21] kennt § 1 S. 1 InsO nunmehr zusätzlich die Möglichkeit zur Sanierung des insolventen Rechtsträgers, als gleichwertiges Verfahrensziel. Vor diesem Hintergrund erscheint es geboten, die Frage nach einer Änderung des Gesellschaftszwecks mit Blick auf eine geplante Sanierung sowie im Lichte des Gebots zur Unternehmensfortführung (§ 22 Abs. 1 InsO i.V.m. § 158 InsO) für ein geltendes Insolvenzrecht neu zu bewerten.

Während sich die Stärke eines jeden Konzerns in seiner Konzeption als funktionelle Einheit begründet, wird dieser in der Regel auch nach Verfahrenseröffnung nur als solche Einheit optimal am Markt funktionieren. Die insolvenzbedingte Fortführung einzelner Konzerngesellschaften wird vor diesem Hintergrund regelmäßig nur dann Aussicht auf Erfolg haben können, wenn diese Einheit auch nach Verfahrenseröffnung fortbestehen bleibt. Die folgenden Ausführungen haben insofern zum Ziel, dieses Spannungsfeld zwischen insolvenzrechtlich gebotener Haftungsverwirklichung einerseits und konzernrechtlich vorbestimmter Interessenvielfalt andererseits, zu einem bestmöglichen Ausgleich zu bringen.

IV. Bewahrung des Gesellschaftszwecks

1. Abwicklung als Regelfall der Auflösung

Wird über das Vermögen einer (konzernierten) Aktiengesellschaft das Insolvenzverfahren eröffnet, so geht damit *ipso iure* deren Auflösung einher (§ 262

20 Vgl. hierzu bereits *Kübler* in: ZGR 1984, 560, 588.

21 Vgl. BGH, Urt. v. 30.01.1980 – IV ZR 86/78 = ZIP 1980, 851, 855; OLG Koblenz, Urt. v. 16.02. 1956 – 5 U 606/54 = KTS 1956, 60; *Gau* in: KTS 1955, 180, 182.; etwas anderes sollte nach wohl überwiegender Auffassung lediglich für die Abwicklung solcher, zur Zeit der Konkurseröffnung bereits eingegangenen Verpflichtungen gelten.

Abs. 1 Nr. 3 AktG),[22] wobei das Aktienrecht die Abwicklung der Gesellschaft als Regelfall der Auflösung versteht (vgl. §§ 264 ff. AktG).[23] Von diesem Grundsatz macht § 264 Abs. 1 AktG für die insolvenzbedingte Auflösung eine Ausnahme, indem sich das Verfahren in diesem Fall ausschließlich nach den Vorschriften des Insolvenzrechts bestimmt.[24]

2. Auswirkungen des insolvenzrechtlichen Fortführungsgebots

Dies führt zu der Besonderheit, dass über das insolvenzbedingte Schicksal der Gesellschaft nicht mehr die Aktionäre in Gestalt der Hauptversammlung, sondern die Gläubigerversammlung (§ 74 InsO) zu entscheiden hat, die im Berichtstermin entweder die Stilllegung oder die einstweilige Fortführung des schuldnerischen Geschäftsbetriebs beschließen kann (§ 157 S. 1 InsO).[25] Bis zu dieser Entscheidung ist der (vorläufige) Insolvenzverwalter kraft Gesetzes zur Sicherung und zum Erhalt des schuldnerischen Vermögens sowie zur Fortführung des schuldnerischen Unternehmens verpflichtet (§ 22 Abs. 1 Nr. 1, 2 i.V.m. § 158 InsO[26]). Sinn und Zweck dieses Fortführungsgrundsatzes ist es, den Entscheidungsspielraum der Gläubigerschaft bis zu deren ersten Zusammenkunft (i. d. R. im Berichtstermin) aufrecht zu erhalten, ohne diesen etwa durch eine Stilllegung des Geschäftsbetriebs und einer damit zwangsweise einhergehenden Aufspaltung des Konzernverhältnisses zu präjudizieren (vgl. auch § 158 Abs. 1 InsO).[27]

Regelmäßig wird die herrschende Gesellschaft ihre Ertragskraft maßgeblich aus den geschäftlichen Aktivitäten ihrer insoweit abhängigen Töchter ziehen,[28] während diese im Gegenzug darauf angewiesen sind, Betriebsmittel, Rechte und einen häufig zentralisierten *Overhead* der Konzernspitze für ihre jeweilige Tätigkeit in Anspruch zu nehmen.[29] Ausgangspunkt der Problematik ist

---

22 Dies gilt gleichsam auch für andere Gesellschaftsformen: Vgl. für die GmbH § 60 Abs. 1 Nr. 4 GmbHG; für die GbR § 728 Abs. 1 BGB; für die OHG § 131 Abs. 1 Nr. 3 HGB.

23 MünchKommAktG/*Hüffer*, § 264 AktG, Rn. 1.

24 MünchKommAktG/*Hüffer*, § 264 AktG, Rn. 1; zur Insolvenzfähigkeit der aufgelösten Gesellschaft vgl. ferner § 11 Abs. 3 InsO.

25 Vgl. *Ott/Brauckmann* in: ZIP 2004, 2117, 2122.

26 Zur insolvenzrechtlichen Fortführungspflicht: Nerlich/Römermann/*Balthasar*, § 158 InsO, Rn. 4; Nerlich/Römermann/*Mönning*, § 22 InsO, Rn. 57; MünchKommInsO/*Haarmeyer*, § 22 InsO, Rn. 83 ff; MünchKommInsO/*Görg*, § 158, Rn. 1; *Freudenberg* in: ZIP 2009, 2037, 2040.

27 Nerlich/Römermann/*Balthasar*, § 158 InsO, Rn. 4; vgl. hierzu auch *Freudenberg* in: ZIP 2009, 2037, 2038.

28 *Freudenberg* in: ZIP 2009, 2037, 2038.

29 Hierzu sehr anschaulich *Piepenburg* in: NZI 2004, 231, 234.

mithin die der Konzerninsolvenz typischer Weise zu Grunde liegende Konstellation, in der die Fortführung des laufenden Geschäftsbetriebs in wechselseitiger Abhängigkeit zur einer Aufrechterhaltung bereits bestehender Konzernstrukturen steht.

Dies begründet die Notwendigkeit, zumindest bis hin zu einer verbindlichen Entscheidung der Gläubigerversammlung im Berichtstermin (§ 157 InsO), eine dem ursprünglichen Zweck der Gesellschaft entsprechende Fortführung des Geschäftsbetriebs zu forcieren. Eine automatische Änderung des Gesellschaftszwecks wäre mit diesem Gedanken jedenfalls nur schwerlich in Einklang zu bringen.

3. Auswirkungen des Verfahrenszwecks

Mit der Möglichkeit der Gläubigerversammlung im Berichtstermin neben der Abwicklung insbesondere die Fortführung sowie Sanierung des schuldnerischen Unternehmens im Wege des insolvenzrechtlichen Planverfahrens zu beschließen (§ 157 InsO), erscheint es geboten, die Frage nach einer Änderung des Gesellschaftszwecks unter zusätzlicher Berücksichtigung der Zielsetzungen des Verfahrens sowie unter Würdigung des Gläubigerinteresses zu beantworten.

a) Sanierung

Beschließt die Gläubigerversammlung im Berichtstermin (§ 157 InsO), die schuldnerische Gesellschaft im Rahmen des Insolvenzplanverfahrens zu sanieren, wird der Planersteller regelmäßig nicht umhinkommen, den sanierungsbedingten Anstieg des Verfahrens(kosten-)aufwands (vgl. § 54 InsO) sowie die zwingende Notwendigkeit zur Begründung neuer sonstiger Masseverbindlichkeiten (§ 55 InsO) vor dem Hintergrund einer Anreicherung der Verfahrensmasse sowie einer Steigerung der Aussichten auf eine bestmögliche gemeinsame Gläubigerbefriedigung (vgl. § 1 S. 1 InsO) zu rechtfertigen, um auf diesem Wege das notwendige Vertrauen der Beteiligten für eine positive Abstimmung über das Sanierungsvorhaben (vgl. §§ 235 ff. InsO) zu gewinnen.

Dies wird im Regelfall nur dann möglich sein, wenn sich die Verwaltungsstrategie nach Verfahrenseröffnung – gleich einer intakten werbenden Gesellschaft – an dem Ziel der Gewinnerwirtschaftung orientiert.[30] Anderenfalls besteht die Gefahr, dass ein im Zeitpunkt der Verfahrenseröffnung vorhandenes Haftungssubstrat von anfallenden Fortführungs- und Verwaltungskosten aufgezehrt

---

30 Vgl. *Piepenburg* in: NZI 2004, 231, 238.

und somit das Ziel einer bestmöglichen gemeinschaftlichen Gläubigerbefriedigung (§ 1 S. 1 InsO) vereitelt wird. Dies gilt sowohl vor dem Hintergrund einer angestrebten Sanierung als auch im Falle einer bloß einstweiligen Fortführung des schuldnerischen Unternehmens.[31] Insofern erscheint es geboten, bereit das Ziel einer „bestmöglichen Realisierung der Ressourcen des Unternehmens als Gewinnerzielung“ in diesem Sinne anzusehen.[32] Der Zweck der Gesellschaft ist in dieser Folge auch nach Eröffnung des Insolvenzverfahrens einstweilen auf Gewinnerzielung gerichtet.[33] Gleiches muss mit Rücksicht auf die Entscheidungshoheit der Gläubigerversammlung (vgl. § 157 S. 1 und S. 3 InsO) auch für eine Unternehmensfortführung außerhalb des Insolvenzplanverfahrens gelten.

b) Überlagerung durch den Verfahrenszweck

Da die Eröffnung des Insolvenzverfahrens nicht zu einer Änderung des Gesellschaftszwecks führt, besteht dieser, gemessen an seiner ursprünglichen Zielbestimmung auch nach Verfahrenseröffnung weiterhin fort. Daneben tritt der Zweck des Insolvenzverfahrens (§ 1 InsO), der den Gesellschaftszweck für die Dauer des Verfahrens, gemessen an dem jeweiligen Beschluss der Gläubigerversammlung im Berichtstermin (§ 157 InsO) zwar hinsichtlich der Besonderheiten des Insolvenzverfahrens überlagert, diesen im Ergebnis jedoch nicht ändern oder gar verdrängen kann.[34]

c) Liquidation

Beschließt die Gläubigerversammlung im Berichtstermin die Liquidation der schuldnerischen Gesellschaft, etwa durch Veräußerung der Geschäftsanteile („*Share Deal*“) oder der zum Unternehmen gehörenden Bestandteile sowie Zubehör („*Asset Deal*“) im Wege der übertragenden Sanierung,[35] ist der Verfahrenszweck entsprechend der jeweiligen Verwertungsstrategie ausschließlich auf eine gemeinschaftliche Befriedigung der Gläubigerschaft im Wege der Verteilung der Veräußerungserlöse gerichtet, während der ursprünglichen Gesellschafts-

---

31 Vgl. auch *Piepenburg* in: NZI 2004, 231, 238.

32 *Piepenburg* in: NZI 2004, 231, 238

33 *Piepenburg* in: NZI 2004, 231, 238; *K. Schmidt*, S. 100; a. A.: KPB/*Lüke*, § 80 InsO, Rn. 48; MünchKommInsO/*Ott/Vuia*, § 80 InsO, Rn. 111.

34 *K. Schmidt*, S. 100; vgl. auch *Piepenburg* in: NZI 2004, 231, 238.

35 Der Begriff der „übertragenden Sanierung“ lässt sich indes auf *K. Schmidt* zurückführen: vgl. *K. Schmidt* in: ZIP 1980, 336; hierzu ferner: MünchKommInsO/*Ganter/Lohmann*, § 1 InsO, Rn. 90 ff.; Uhlenbruck/*Zipperer*, § 157 InsO, Rn. 7.

zweck durch den insolvenzbedingten Liquidationszweck (§ 1 S. 1 InsO) vollständig überlagert wird.[36] Ist der Unternehmensbetrieb im Zeitpunkt der Verfahrenseröffnung bereits eingestellt, so scheint es hingegen überzeugend, von einer Änderung des Gesellschaftszwecks auszugehen.[37] Denn in diesen Fällen kommt es zwingend zu einer Beendigung der Unternehmensverträge, indem die Gesellschaft die von §§ 15, 17, 291 Abs. 1 AktG vorausgesetzte Unternehmereigenschaft verliert.[38]

4. „Erster Bericht" der Kommission für Insolvenzrecht

Ein gleichgerichtetes Verständnis lässt sich auch dem „Ersten Bericht" der durch das BMJ eingesetzte Kommission für Insolvenzrecht entnehmen. Diese spricht sich ausdrücklich gegen eine Beendigung der Unternehmensverträge im Zeitpunkt der Verfahrenseröffnung aus, da im Zeitpunkt der Verfahrenseröffnung regelmäßig noch nicht feststehe, ob eine Reorganisation Erfolg verspreche oder vielmehr ein Liquidationsverfahren eingeleitet werden müsse (vgl. Ls. 2.4.9.13 Abs. 2 und 3).[39] „Daher dürfe der Eröffnungsbeschluss keine Wirkungen entfalten, die einer späteren Reorganisation abträglich seien." Mit anderen Worten bedeutet dies, dass die Unternehmensverträge jedenfalls solange fortbestehen müssen, wie ein endgültiges Scheitern der Sanierungsbemühungen beziehungsweise eine gegenteilige Entscheidung der Gläubigerversammlung noch nicht feststeht.

Während die Erwägungen der Kommission bis heute keine Berücksichtigung im Gesetzestext finden – was in der Sache sowie vor dem Hintergrund fortdauernder Meinungsverschiedenheit durchaus bedauerlich ist – lassen sich Erkenntnisse hieraus für ein geltendes Recht nur bedingt ableiten. Denn im Gegensatz zum geltenden Recht liegt den Ausführungen der Kommission die Annahme zu Grunde, dass nicht bereits der Eröffnungsbeschluss (vgl. § 262 Abs. 1 Nr. 3 AktG), sondern vielmehr erst die spätere Einleitung des Liquidationsverfahrens zur Auflösung der Gesellschaft führt (Ls. 1.2.10 Abs. 6).[40]

---

36 *K.Schmidt*, S. 100.

37 *Piepenburg* in: NZI 2004, 231, 238.

38 *Freudenberg* in: ZInsO 2009, 2037, 2038; Emmerich/Habersack/*Emmerich*, § 297 AktG, Rn. 53; Spindler/Stilz/*Veil*, § 297 AktG, Rn. 55; MünchKommAktG/*Altmeppen*, § 297 AktG, Rn. 146; Hüffer/*Koch*, § 297 AktG, Rn. 22.

39 1. BerKomm., S. 293 u. S. 121; dazu *Noack*, S. 281.

40 1. BerKomm., S. 121; vgl. auch *Acher*, S. 174; zutreffender Weise hierauf hinweisend: *Freudenberg* in: ZIP 2009, 2037, 2039.

Dennoch verdeutlichen die Ausführungen, dass bereits im Zeitpunkt der Beratungen zur Insolvenzordnung eine gewisse Sensibilisierung für das Problem der konzeptionellen Unvereinbarkeit einer automatischen Beendigung der Unternehmensverträge einerseits und einem sanierungsfreundlichem Insolvenzrecht andererseits (vgl. §§ 1, 217 ff., 254 ff., 270 ff. InsO) vorhanden war.[41]

5. Fazit

Die Ansicht, der zufolge die Verfahrenseröffnung eine Änderung des Gesellschaftszwecks und somit eine automatische Beendigung der Unternehmensverträge bezweckt, kann nach geltendem Recht nicht mehr überzeugen. Richtiger Weise ist die Frage nach einem Fortbestand unternehmensvertraglicher Beziehungen auf Grundlage einer differenzierten Betrachtungsweise sowie anhand der nach dem Insolvenzrecht geltenden Besonderheiten zu beantworten, wobei das insolvenzrechtliche Fortführungsgebot (§§ 22 Abs. 1 Nr. 1, 157 InsO[42]) sowie der jeweilige Verfahrenszweck in die Bewertung mit einfließen.

6. Vereinbarkeit mit Recht zur Kündigung aus § 297 AktG

Darüber hinaus ist die Annahme einer automatischen Beendigung der Unternehmensverträge im Zeitpunkt der Verfahrenseröffnung mit der gesetzlichen Konzeption des Kündigungsrechts nach § 297 Abs. 1 AktG dogmatisch nicht vereinbar.[43]

Den Parteien steht danach das Recht zu, sich auch außerhalb der gesetzlichen Kündigungsfrist von einem Unternehmensvertrag aus wichtigem Grund zu lösen, wenn der andere Vertragsteil voraussichtlich nicht in der Lage sein wird, seine auf Grund des Vertrages bestehenden Verpflichtungen zu erfüllen. Der Wortlaut der Norm entspricht somit grundsätzlich dem Tatbestand des § 18 Abs. 2 InsO, wonach eine tatbestandliche Zahlungsunfähigkeit seitens des Schuldners immer dann einzutreten droht, wenn dieser voraussichtlich nicht in der Lage sein wird, die bestehenden Zahlungspflichten im Zeitpunkt der Fälligkeit zu erfüllen. Dies wird regelmäßig bereits dann der Fall sein, wenn die Obergesellschaft nicht mehr

---

41 Übereinstimmend: *Zeidler* in, NZG 1999, 692, 696.

42 Zur insolvenzrechtlichen Fortführungspflicht: Nerlich/Römermann/*Balthasar*, § 158 InsO, Rn. 4; Nerlich/Römermann/*Mönning*, § 22 InsO, Rn. 57; MünchKommInsO/*Haarmeyer*, § 22 InsO, Rn. 83 ff.

43 So im Ergebnis auch *Freudenberg* in: ZIP 2009, 2037, 2042.

in der Lage ist, ihrer Pflicht zur Beseitigung einer etwaigen Unterdeckung im Vermögen der abhängigen Gesellschaft aus § 302 Abs. 1 AktG vollumfänglich nachzukommen.[44]

Dies hat zur Folge, dass das Kündigungsrecht der abhängigen Gesellschaft aus § 297 Abs. 1 AktG und die mit Insolvenzreife (vgl. § 16 InsO i.V.m. § 18 Abs. 1 InsO) der Obergesellschaft einhergehende Möglichkeit, das Insolvenzverfahren durch Eigenantrag zur Eröffnung zu bringen (vgl. §§ 12 Abs. 1, 15 Abs. 1 InsO) stets in tatbestandlicher Einheit zueinander stehen, da beide Normen an eine voraussichtliche „Nichterfüllbarkeit" des Verlustausgleichanspruchs aus § 302 Abs. 1 AktG im Zeitpunkt seiner Fälligkeit anknüpfen.[45]

Hinzu kommt, dass das Kündigungsrecht regelmäßig durch eine gleichzeitige Antragspflicht des Vertretungsorgans nach § 15a Abs. 1 InsO überlagert wird.[46] Denn seit Novellierung des § 19 Abs. 2 InsO durch das MoMiG[47] gilt, dass der Nachweis der Überschuldung durch Aufstellung eines prognosebasierten Finanzplans zu erbringen ist, wodurch sich ein Zusammenfallen von drohender Zahlungsunfähigkeit und Überschuldung lediglich für den Fall ausschließen lässt, dass ein zu Liquidationswerten bewertetes Vermögen der Obergesellschaft deren Verbindlichkeiten übersteigt.[48]

Möchte man die Annahme vertreten, dass bereits die Eröffnung des Insolvenzverfahrens über das Vermögen einer der Parteien zu einer automatischen Beendigung der Unternehmensverträge führt, bestünde insofern keine Notwendigkeit, seitens des anderen Vertragsteils die außerordentliche Kündigung nach § 297 Abs. 1 AktG zu erklären, da die vertragsbeendigende Wirkung der Kündigungserklärung nach Verfahrenseröffnung bereits eingetreten wäre. Eine Kündigung durch die Untergesellschaft wäre insofern überflüssig.[49]

7. Ergebnis

Die Eröffnung des Insolvenzverfahrens führt nicht *ipso iure* zu einer Änderung des Gesellschaftszwecks und somit nicht zu einer automatischen Beendigung

44 *Bultmann* in: ZInsO 2007, 785, 790.
45 Vgl. MünchKommAktG/*Altmeppen*, § 297 AktG, Rn. 19 ff.; MünchKommInsO/*Drukarczyk*, § 18 InsO, Rn. 44 ff.
46 Vgl. MünchKommInsO/*Drukarczyk*, § 18 InsO, Rn. 86.
47 Gesetz zur Modernisierung des GmbH-Rechts und zur Bekämpfung von Missbräuchen (MoMiG), v. 23.10.2008; BGBl. 2008 Teil I Nr. 48, S. 2026.
48 MünchKommInsO/*Drukarczyk*, § 18 InsO, Rn. 86.
49 *Freudenberg* in: ZIP 2009, 2037, 2042.

der Unternehmensverträge. Der Zweck einer insolventen Gesellschaft ist vorbehaltlich eines abweichenden Beschlusses der Gläubigerversammlung im Berichtstermin (§ 157 InsO) auch nach Eröffnung des Insolvenzverfahrens auf den Betrieb einer werbenden Gesellschaft und somit auf Gewinnerzielung gerichtet. Für die Dauer des Verfahrens wird dieser Zweck lediglich im Hinblick auf die nach dem Insolvenzrecht geltenden Besonderheiten überlagert.[50] Beschließt die Gläubigerversammlung im Berichtstermin hingegen die Liquidation der schuldnerischen Gesellschaft,[51] führt dies unweigerlich zu einem Verlust der Unternehmereigenschaft und damit zu einer Beendigung der Unternehmensverträge, da die §§ 15, 17, 291 Abs. 1 AktG den Betrieb eines Unternehmens zwingend voraussetzen.

V. Verwertung der Unternehmensverträge

Da die Eröffnung des Insolvenzverfahrens jedenfalls nicht *ipso iure* eine Beendigung der für den Schuldner bestehenden Unternehmensverträge zur Folge hat, stellt sich die Frage, ob der Insolvenzverwalter die Verträge im Rahmen seiner Verwaltungs- und Verfügungsbefugnis (§ 80 Abs. 1 InsO) nach Eröffnung des Insolvenzverfahrens verwerten darf.

1. Wahlrecht des Insolvenzverwalters nach § 103 Abs. 1 InsO

Grundsätzlich ist das Schicksal gegenseitiger schwebender – das heißt noch nicht vollständig erfüllter – Verträge in § 103 InsO dem Wahlrecht des Insolvenzverwalters unterstellt.[52] Es steht somit in Frage, ob dieses Wahlrecht auch auf die Verwertung von Unternehmensverträgen nach Verfahrenseröffnung uneingeschränkte Anwendung findet. Dies wäre jedenfalls dann anzunehmen, wenn deren Hauptleistungspflichten im Verhältnis zueinander in einem synallagmatischen Austauschverhältnis stünden,[53] also außerhalb des Insolvenzverfahrens den Parteien bei einseitiger Nichtleistung ein Leistungsverweigerungsrecht nach § 320 f. BGB gewähren würden.[54]

---

50 Übereinstimmend: *K. Schmidt*, S. 100.

51 Die Liquidation ist sowohl durch Stilllegung sowie übertragende Sanierung des Unternehmens möglich.

52 Vgl. Braun/*Kroth*, § 103 Rn. 53.

53 Vgl. KPB/*Tintelnot*, § 103 InsO, Rn. 5 ff.

54 KPB/*Tintelnot*, § 103 InsO, Rn. 13.

Während sich der Fokus des Interesses im Regelfall auf den organisationsrechtlichen Charakter[55] der Unternehmensverträge beschränkt, entfalten diese – und dies wird häufig verkannt – daneben auch schuldrechtliche Wirkungen unter den Parteien.[56] Möchte man mit einem Teil der Literatur die Annahme vertreten, dass der Beherrschungsvertrag der Obergesellschaft ein quasi Nutzungsrecht an der Untergesellschaft gewährt (vgl. § 308 Abs. 1 AktG), während dieser im Gegenzug als eine Art Entgelt hierzu ein Anspruch auf Verlustausgleich zusteht (vgl. § 302 Abs. 1 AktG),[57] lässt sich den Verträgen zu Recht ein gewisses Austauschmoment entnehmen,[58] das die Annahme synallagmatischer Leistungspflichten im Ergebnis rechtfertigen kann. Die Verträge stellen somit nicht nur ein organisationsrechtliches Standbein des Unternehmensverbunds dar, sondern begründen zugleich auch schuldrechtliche Pflichten, über deren Erfüllung der Verwalter im Interesse der Gläubiger grundsätzlich in (entsprechender) Anwendung des § 103 InsO im eröffneten Insolvenzverfahren befinden kann.[59]

2. Verwertungszuständigkeit des Insolvenzverwalters

Der Insolvenzverwalter wird sich regelmäßig für eine Erfüllung der Verträge entscheiden, wenn der andere Teil eine höherwertige Gegenleistung zur Masse schuldet oder sich eine weitere Erfüllung der geschuldeten Leistungen im Hinblick auf den jeweils angestrebten Verfahrenszweck (vgl. § 1 S. 1 InsO) als sinnvoll erweist.[60]

In diesem Zusammenhang ist jedoch fraglich, ob der Verwalter alleine über die Verwertung der Unternehmensverträge und die Frage nach der Geltendmachung des Gewinnabführungsanspruchs (§ 291 Abs. 1 S. 1 Alt. 2 AktG) entscheiden kann, oder ob er hierzu einer zusätzlichen Zustimmung der Gläubigerversammlung bedarf. Stellt man zunächst auf den recht eindeutigen Wortlaut des § 103

55 Zum organisationsrechtlichen Charakter von Unternehmensverträgen vgl.: *Flume* in: DB 1959, 190, 195 f.; *Würdiger* in: DB 1958, 1447, 1451 f.; BGH, Urt. v. 14.12.1987 – II ZR 170/87 = NJW 1988, 1326 ff.; BGH, Urt. v. 11.11.1991 – II ZR 287/90 = NJW 1992, 505 ff.; BGH, Beschl. v. 30.01.1992 – II ZB 15/91 = NJW 1992, 1452 ff.; BFH, Urt. v. 16.02.1979 – III R 37/77; OLG Hamm v. 20.06.1988 – 8 U 329/87; Emmerich/Habersack/*Emmerich*, § 291 AktG, Rn. 25 ff.; Hüffer/*Koch*, § 291 AktG, Rn. 17; zit. in MünchKommAktG/*Altmeppen*, § 291, Rn. 27.
56 Vgl. *Bultmann* in: ZInsO 2007, 785, 787; MünchKommAktG/*Altmeppen*, § 291, Rn. 35 f.
57 *Freudenberg* in: ZIP 2009, 2037, 2044.
58 KPB/*Tintelnot*, § 103 InsO, Rn. 134.
59 KPB/*Tintelnot*, § 103 InsO, Rn. 134; *Bultmann* in: ZInsO 2007, 785, 787; wohl übereinstimmend: Uhlenbruck/*Hirte*, § 11 InsO, Rn. 407.
60 KPB/*Tintelnot*, § 103 InsO, Rn. 7.

InsO ab, so scheinen an der Zuständigkeit des Insolvenzverwalters in der Sache zunächst keine größeren Zweifel zu bestehen.[61] Der Insolvenzverwalter kann danach anstelle des Schuldners den Vertrag erfüllen und die Erfüllung vom anderen Teil verlangen.

Eine derart eng am Wortlaut der Vorschrift orientierte Auslegung ließe allerdings außer Betracht, dass sich die unternehmerische Tätigkeit der Obergesellschaft ihrem Gegenstand nach auch in der Ausübung von Leitungsmacht innerhalb des Konzerns manifestiert.[62] Man wird insofern nicht umhinkommen zu befinden, dass die Frage nach einer Fortführung der Unternehmensverträge – und somit auch die Frage nach dem Fortbestand der konzerninternen Herrschaftsmacht – auch eine solche hinsichtlich der Fortführung des schuldnerischen Unternehmens ist, über die einzig die Gläubigerversammlung im Berichtstermin (§ 157 S. 1 InsO) zu entscheiden hat.[63] Insofern scheint es überzeugend, wenn *Freudenberg* die Frage über die Verwertung des Beherrschungs- und Gewinnabführungsvertrages dem Zustimmungsvorbehalt der Gläubigerversammlung im Berichtstermin (§ 157 S. 1 InsO) unterstellt.[64] Dies führt dazu, dass der Insolvenzverwalter von seiner Verwertungskompetenz nach § 103 InsO, bis zu einer Entscheidung der Gläubigerversammlung im Berichtstermin keinen uneingeschränkten Gebrauch machen darf.[65] Entscheidungen, die er vor diesem Termin trifft, sind bis zu einer Entscheidung der Gläubigerversammlung in dieser Folge schwebend unwirksam.

Die Verwertungskompetenz des Insolvenzverwalters nach § 103 InsO liegt nach alledem, bis zu einer Entscheidung über den Verfahrensfortgang im Berichtstermin (vgl. § 157 InsO), unter dem Zustimmungsvorbehalt der Gläubigerversammlung, während dem Insolvenzverwalter lediglich eine Not- und Eilzuständigkeit in der Sache verbleibt.[66] Beschließt die Gläubigerversammlung im Berichtstermin eine (vorläufige) Fortführung des Unternehmensgegenstandes, liegt die Verwertungskompetenz wieder uneingeschränkt beim Insolvenzverwalter.

---

61 Für eine Zuständigkeit des Insolvenzverwalters vgl. insbes. *Bultmann* in: ZInsO 2007, 785, 787; vgl. auch *Häsemeyer*, Rn. 32.09.

62 *Freudenberg* in: ZIP 2009, 2037, 2045.

63 *Freudenberg* in: ZIP 2009, 2037, 2044 f.

64 *Freudenberg* in: ZIP 2009, 2037, 2045.

65 *Freudenberg* in: ZIP 2009, 2037, 2045; a. A. *Häsemeyer*, Rn. 32.09.

66 Vgl. KPB/*Onusseit*, § 158 InsO, Rn. 3; LSZ/*Smid*, § 158 InsO, Rn. 1; *Freudenberg* in: ZIP 2009, 2037, 2045.

3. Aufschub der Verwertungsentscheidung analog § 107 Abs. 2 S. 1 InsO

Doch selbst wenn man dem Insolvenzverwalter bereits vor dem Berichtstermin eine Verwertungskompetenz nach § 103 InsO zusprechen würde, erschiene es interessengerecht, den Rechtsgedanken des § 107 Abs. 2 S. 1 InsO insoweit zur Anwendung zu bringen, als dem zur Ausübung seines Wahlrechts durch den anderen Teil aufgeforderten Insolvenzverwalter eine endgültige Entscheidung über die Fortführung der Unternehmensverträge erst nach einer verbindlichen Entscheidung der Gläubigerversammlung über den Fortgang des Verfahrens im Berichtstermin (vgl. § 157 S. 1 InsO) abverlangt werden kann.[67]

Hierfür spricht zum einen der Sinn und Zweck der Regelung, der den Erhalt der unternehmerischen Sachgesamtheit und somit eine erleichterte Fortführung des Unternehmens bis hin zu einer Verwertungsentscheidung im Zeitpunkt der ersten Gläubigerversammlung gewährleisten soll.[68] Diesem Ziel korrespondiert das Bedürfnis, den Fortbestand des unternehmensvertraglichen Weisungsrechts des Insolvenzverwalters der schuldnerischen Obergesellschaft zu sichern. Hierfür spricht nicht zuletzt das Gebot zur Unternehmensfortführung (§ 22 Abs. 1 S. 2 Nr. 2 i.V.m. § 158 InsO), demzufolge der (vorläufige) Insolvenzverwalter im Rahmen einer einstweiligen Fortführung des schuldnerischen Geschäftsbetriebs bis zum Berichtstermin lediglich solche Entscheidungen treffen darf, die weder dazu geeignet sind, die Entscheidungsfreiheit der Gläubigerversammlung noch die Chancengleichheit hinsichtlich der einzelnen Verwertungsmöglichkeiten (vgl. § 1 InsO) nachhaltig zu beeinflussen oder diese gar zu präjudizieren.[69]

Würde man also dem Insolvenzverwalter eine umfassende Verwertungskompetenz nach § 103 InsO bereits vor dem Berichtstermin zusprechen wollen, so würden die besseren Argumente für eine sinngemäße Anwendung des § 107 Abs. 2 S. 1 InsO sprechen, sodass dem Insolvenzverwalter eine Entscheidung über die Ausübung seines Wahlrechts in jedem Fall immer erst nach dem Berichtstermin (§ 156 InsO) von dem jeweils anderen Teil des Vertrages abverlangt werden kann.

---

67 Übereinstimmend: KPB/*Tintelnot*, § 103 InsO, Rn. 135; *Freudenberg* in: ZIP 2009, 2037, 2046.
68 KPB/*Tintelnot*, § 107 InsO, Rn. 1, 7; Uhlenbruck/*Wegener*, § 107 InsO, Rn. 11; vgl. auch BT-Drucks. 12/2443, S. 146.
69 *Freudenberg* in: ZIP 2009, 2037, 2040.

4. Zwischenergebnis

Die Kompetenz des Insolvenzverwalters nach § 103 InsO über eine Verwertung der Unternehmensverträge zu befinden, liegt bis zu einer verbindlichen Entscheidung der Gläubigerversammlung über den Fortgang des Verfahrens im Berichtstermin (§ 157 InsO) unter dem Zustimmungsvorbehalt der Gläubigerversammlung, während dem Insolvenzverwalter lediglich eine Not- und Eilzuständigkeit in der Sache verbleibt. Beschließt die Gläubigerversammlung im Berichtstermin die (vorläufige) Fortführung des Unternehmens, liegt die Verwertungskompetenz wieder uneingeschränkt beim Insolvenzverwalter.

VI. Die Insolvenz der Obergesellschaft

Die Eröffnung des Insolvenzverfahrens über das Vermögen der Obergesellschaft bringt gleich mehrere Besonderheiten mit sich. Zum einen bedingt die Insolvenzreife der herrschenden Gesellschaft stets die Illiquidität des Verlustausgleichsanspruchs (§ 302 AktG) der Untergesellschaft, womit deren finanzielles Schicksal regelmäßig ebenso in Frage steht, wie der Fortbestand einer hierdurch korrelierten Gewinnabführungspflicht der Untergesellschaft gegenüber der insolventen Obergesellschaft. Zum anderen ist umstritten, ob die Eröffnung des Insolvenzverfahrens trotz eines Fortbestehens der Unternehmensverträge nicht zwangsweise zu einer Einschränkung der hieraus resultierenden Rechte und Pflichten für die Dauer des Insolvenzverfahrens führen muss, was letztlich die Gefahr einer faktischen Aufgabe der Konzernierung sowie einer hierdurch bedingten Aufspaltung des Konzerns mit sich bringen kann.

1. Fortbestand der Konzernleitungsmacht

Welchen Einfluss die Eröffnung des Insolvenzverfahrens auf den Fortbestand der Konzernleitungsmacht hat, ist umstritten. Möchte man sich mit der hier vertretenen Auffassung gegen eine vertragsbeendigende Wirkung der Verfahrenseröffnung aussprechen, so scheint die Annahme eines Fortbestehens des Weisungsrechts (§ 308 AktG) zunächst einmal naheliegend. Während neben einer Suspension[70] insbesondere auch eine automatische Beendigung[71] des Weisungs-

70 *Noack*, S. 281 f.
71 *K. Schmidt*, S. 226.

rechts diskutiert wird, ist bereits fraglich, ob sich die Ausübung der Konzernleitungsmacht durch den Insolvenzverwalter dogmatisch überhaupt rechtfertigen lässt.

a) Umfang der Verwaltungs- und Verfügungsbefugnis des Insolvenzverwalters

Mit der Eröffnung des Insolvenzverfahrens wird gemäß § 80 Abs. 1 InsO das Verwaltungs- und Verfügungsrecht im Hinblick auf das von der Insolvenzmasse umfasste Vermögen der schuldnerischen Gesellschaft dem Insolvenzverwalter übertragen.[72] Fraglich ist, ob hiervon auch das Recht umfasst ist, dem Vorstand einer anderen Gesellschaft hinsichtlich deren Leitung Weisung erteilen zu dürfen, wie es § 308 Abs. 1 AktG für den Fall vorsieht, dass zwischen beiden Gesellschaften ein Beherrschungsvertrag besteht.

Zu Zeiten der Konkursordnung wurde dies ganz überwiegenden mit der Begründung verneint, dass die „Ausübung von Leitungsmacht [...] über die Aufgabe des Konkursverwalters hinaus ginge, indem dieser lediglich die Konkursmasse im Interesse der Gläubigerschaft bestmöglich und gleichmäßig zu verwerten, nicht aber einen Konzern zu leiten und Konzerninteressen wahrzunehmen habe".[73]

Während es bereits fraglich ist, ob dieser Ansatz nach Inkrafttreten der Insolvenzordnung sowie vor dem Hintergrund einer möglichen Unternehmensfortführung (vgl. § 1 InsO) überhaupt noch Geltung für sich beanspruchen kann, soll das Weisungsrecht der Obergesellschaft anderer Auffassung zur Folge jedenfalls immer dann enden, wenn das abhängige Unternehmen mit einem Ausgleich der ihm gegenüber ergangenen Weisungen (vgl. § 302 AktG) vernünftiger Weise nicht mehr rechnen könne, was spätestens mit Eröffnung des Insolvenzverfahrens über das Vermögen der herrschenden Gesellschaft der Fall sei.[74]

aa) Rückbesinnung auf die Grundsätze des Insolvenzverfahrens

Da die Eröffnung des Insolvenzverfahrens jedenfalls nicht zu einer automatischen Beendigung des Beherrschungsvertrages führt und auch das Gesetz bislang keine Regelungen zur Weisungskompetenz des Insolvenzverwalters vorsieht, erscheint es angemessen, sich in der Beantwortung der Frage auf die allgemeinen Grundsätze und Zielsetzungen des Insolvenzverfahrens zu besinnen.

---

72 Vgl. MünchKommInsO/*Ott/Vuia*, Bd. 2, § 80 Rn. 43; Uhlenbruck/*Mock*, § 80 Rn. 5 ff.

73 BGH, Urt. v. 14.12.1987 – II ZR 170/87 = BGH Z 103, 1, 7; *Mertens* in: ZGR 1984, 542, 552; vgl. auch *K. Schmidt* in: ZGR 1983, 513, 529 m.w.N.; in dieser Konsequenz werde insbesondere ein Beherrschungsvertrag obsolet, vgl. *Mertens* in: ZGR 1984, 542, 552 m.w.N.

74 MünchKommAktG/*Altmeppen*, § 302 Rn. 40.

bb) Reichweite der Legitimation durch Eigen- und Fremdkapital

Einer dieser Grundsätze ist die Übertragung der Verwaltungs- und Verfügungsbefugnis auf den Insolvenzverwalter im Zeitpunkt der Eröffnung des Insolvenzverfahrens (§ 80 Abs. 1 InsO). Fraglich ist, ob hiermit zugleich auch das Recht zur Ausübung der Weisungsbefugnis der Obergesellschaft (§ 308 AktG) auf den Insolvenzverwalter übertragen wird. Als Ausgangspunkt der Überlegungen hierzu soll die Situation im Zeitpunkt der Verfahrenseröffnung dienen.

Während die Organe der Gesellschaft im vorinsolvenzlichen Bereich eine Umfassende Legitimation durch das Eigenkapital über die Gesellschafterversammlung erfahren,[75] werden diese mit der Eröffnung des Insolvenzverfahrens sowie dem Übergang der Verwaltungs- und Verfügungsbefugnis auf den Insolvenzverwalter gemäß § 80 Abs. 1 InsO, für die Dauer des Verfahrens hinsichtlich des massezugehörigen Gesellschaftsvermögen aus ihren Kompetenzen verdrängt.[76] An ihre Stelle tritt der durch das Fremdkapital legitimierte Insolvenzverwalter als Partei kraft Amtes[77] (sog. „**Verdrängungsbereich**"),[78] während die Organbefugnisse im Übrigen weiterhin bei der schuldnerischen Gesellschaft verbleiben (sog. „**Schuldnerbereich**").[79]

Mit anderen Worten kann eine dem Insolvenzverwalter kraft Verwaltungs- und Verfügungsbefugnis übertragene Zuständigkeit im Verfahren immer nur insoweit Geltung für sich beanspruchen, wie dessen Handlungen den durch das Fremdkapital legitimierten Kompetenzbereich nicht verlassen. Dieser wird in erster Linie durch die Gläubigerautonomie bestimmt,[80] die wiederum ihre Grenze im Insolvenzzweck (§ 1 InsO) findet.[81]

---

75 *Ott/Brauckmann* in: ZIP 2004, 2117, 2118 f.

76 *Häsemeyer*, S. 859, Rn. 30.29; *Ott/Brauckmann* in: ZIP 2004, 2117, 2118 f; MünchKommInsO/*Ott/Vuia*, § 80 InsO, Rn. 112.

77 Zur Rechtsstellung des Insolvenzverwalters als Partei kraft Amtes: Uhlenbruck/*Mock*, § 80 InsO, Rn. 57 f.; MünchKommInsO/*Ott/Vuia*, § 80 InsO, Rn. 35; *Häsemeyer*, S. 367 ff., Rn. 15.07 ff.; a. A. *K. Schmidt*, S. 104 f., wonach der Insolvenzverwalter eine der schuldnerischen Gesellschaft aufoktroyierte Fremdorganschaft ausübt (sog. „modifizierte Organtheorie").

78 MünchKommInsO/*Ott/Vuia*, § 80 InsO, Rn. 111; Uhlenbruck/*Hirte*, § 11 InsO, Rn. 118.

79 BGH ZInsO 2006, 260; *Häsemeyer*, S. 876, Rn. 30.52 sowie S. 860, Rn. 30.30; MünchKommInsO/*Ott/Vuia*, § 80 InsO, Rn. 112; *Noack*, S. 281; *K. Schmidt*, S. 103 ff.; *Ott/Brauckmann* in: ZIP 2004, 2117; VG Frankfurt a. M., Urt. v. 29. 01. 2004 – 9 E 4228/03 (V) = ZIP 2004, 469, 471; *Häsemeyer*, S. 859, Rn. 30.29; KPB/*Lüke*, § 80 InsO, Rn. 48.

80 *Ott/Brauckmann* in: ZIP 2004, 2117, 2119.

81 Uhlenbruck/*Uhlenbruck*, § 80 InsO, Rn. 101; KPB/*Lüke*, § 80 InsO, Rn. 28; vgl. auch BGH, Urt. v. 10. 2.1958 – II ZR 292/56 = NJW 1958, 670; BGH, Urt. v. 3. 2.1971 – VIII ZR 94/69.

Primäre Aufgabe des Insolvenzverwalters ist es demnach, eine Haftungsverwirklichung des schuldnerischen Vermögens zu gewährleisten,[82] während die Entscheidung über die Verwertungsart der Gläubigerversammlung im Berichtstermin obliegt (§ 157 InsO). Ergänzt wird der Verfahrenszweck zum einen durch die Pflicht des Insolvenzverwalters das Unternehmen bis hin zu dieser Verwertungsentscheidung fortzuführen (§ 22 Abs. 1 Nr. 2 InsO i.V.m. § 158 InsO), sowie durch das Recht der Gläubigerversammlung im Berichtstermin die Fortführung des Unternehmens zu beschließen (§ 157 InsO).[83]

cc) Schutz der Gläubigerautonomie

Es scheint daher angemessen, dem Insolvenzverwalter das Recht zur Ausübung der Weisungsbefugnis aus § 308 Abs. 1 AktG dort zuzusprechen, wo der Insolvenzzweck eine Ausübung von Konzernleitungsmacht im Hinblick auf eine Interessenverwirklichung des Fremdkapitals – in Gestalt der Gläubigerautonomie[84] – zwingend gebietet. Dies ist jedenfalls dort der Fall, wo das Gesetz dem Schutz der Gläubigerautonomie ausdrücklich Rechnung trägt.

(1) Gebot zur Unternehmensfortführung

Eine solche Vorschrift zum Schutz der Gläubigerautonomie findet sich in dem Gebot zur Unternehmensfortführung in § 22 Abs. 1 Nr. 2 InsO i.V.m. § 158 InsO.[85] Sinn und Zweck dieser Regelungen ist es, die im schuldnerischen Unternehmen gebundenen Ressourcen im Interesse einer bestmöglichen gemeinsamen Gläubigerbefriedigung (vgl. § 1 S. 1 InsO) bis hin zu einer verbindlichen Entscheidung der Gläubigerversammlung (§ 157 InsO) der wirtschaftlich produktivsten Verwendung zuzuführen,[86] um nicht nur die Entscheidungsfreiheit der Gläubiger, sondern vielmehr auch die vom Gesetzgeber intendierte Chancengleichheit unter den einzelnen Verwertungsentscheidungen[87] im Zeitpunkt der Abstimmung zu gewährleisten.

---

82 *Ott/Brauckmann* in: ZIP 2004, 2117, 2119.
83 KPB/*Prütting*, § 1 InsO, Rn. 36.
84 Vgl. *Ott/Brauckmann* in: ZIP 2004, 2117, 2119.
85 Zur insolvenzrechtlichen Fortführungspflicht: Nerlich/Römermann/*Balthasar*, § 158 InsO, Rn. 4; Nerlich/Römermann/*Mönning*, § 22 InsO, Rn. 57; MünchKommInsO/*Haarmeyer*, § 22 InsO, Rn. 83 ff.
86 MünchKommInsO/*Haarmeyer*, § 22 InsO, Rn. 89; Nerlich/Römermann/*Balthasar*, § 158 InsO, Rn. 4.
87 *Freudenberg* in: ZIP 2009, 2037, 2040.

Ausgangspunkt der Überlegungen ist somit die Frage, wie dem Gebot zur Unternehmensfortführung vor dem Hintergrund der konzernrechtlichen Besonderheiten bestmöglich Ausdruck verliehen werden kann.

Da die Ertragskraft der Obergesellschaft in regelmäßiger Abhängigkeit zu den geschäftlichen Aktivitäten ihrer Töchter steht, während diese im in einer Vielzahl der Fälle darauf angewiesen sind, Leistungen wie Betriebsmittel oder Rechte der herrschenden Gesellschaft in Anspruch zu nehmen, ist eine kostendeckende Fortführung des schuldnerischen Geschäftsbetriebs bei realistischer Betrachtungsweise regelmäßig nur unter Aufrechterhaltung bereits bestehender Strukturen sowie unter Nutzung der damit einhergehenden Synergien sicher zu stellen.[88] Der Insolvenzverwalter wird die ihm kraft Gesetzes obliegende Pflicht zur vermögenserhaltenden Fortführung des schuldnerischen Geschäftsbetriebs insofern immer nur dann ordnungsgemäß erfüllen können, wenn ihm durch Ausübung der konzerninternen Leitungsmacht selbst die Möglichkeit zur Durchsetzung einer gemeinsamen Unternehmenspolitik gegenüber den untergeordneten Unternehmen zusteht.[89]

Da die Obergesellschaft begreiflicherweise ein auf den gesamten Konzern angelegtes Unternehmen betreibt, was die Möglichkeit zur Einflussnahme auf die geschäftlichen Tätigkeiten ihrer Tochtergesellschaften umfasst, wird der Insolvenzverwalter seiner gesetzlichen Pflicht zur Fortführung ebendieser Unternehmung der Obergesellschaft immer nur dann in ordnungsgemäßer Weise nachkommen können, wenn ihm dieses Recht als „notwendiges Betriebsmittel“ für den Zeitraum nach Verfahrenseröffnung weiterhin zur Verfügung steht.[90] Die Pflicht zur Unternehmensfortführung nach § 22 Abs. 1 Nr. 2 InsO i.V.m. § 158 InsO wirkt sich in dieser Folge unmittelbar auch auf den Fortbestand der Konzernleitungsmacht aus.

(2) Schlussfolgerung

Da das Gebot zur Unternehmensfortführung in erster Linie dem Schutz der Gläubigerautonomie sowie dem in § 1 InsO statuierten Insolvenzzweck dient, müssen sämtliche Handlungen in Ausübung dieser Pflicht konsequenter Weise von der Legitimationswirkung des Fremdkapitals umfasst sein. Dies hat zur Folge, dass mit dem Übergang des Verwaltungs- und Verfügungsrechts im Zeitpunkt der Verfahrenseröffnung gemäß § 80 Abs. 1 InsO die Kompetenz zur Ausübung des

---

88 *Piepenburg* in: NZI 2004, 231, 235; *Freudenberg* in: ZIP 2009, 2037, 2038.
89 Übereinstimmend: *Freudenberg* in: ZIP 2009, 2037, 2040.
90 *Freudenberg* in: ZIP 2009, 2037, 2040.

Weisungsrechts der Obergesellschaft aus § 308 AktG auf den Insolvenzverwalter mitübertragen wird, während das Recht an sich weiterhin bei der Obergesellschaft verbleibt.

b) Zwischenergebnis

Nach der Eröffnung des Insolvenzverfahrens wird das Weisungsrecht der herrschenden Gesellschaft aus § 308 AktG durch den im Verfahren bestellten Insolvenzverwalter ausgeübt (§ 80 InsO). Im Falle einer positiven Fortführungsentscheidung im Berichtstermin (§ 157 InsO) ergibt sich eine Legitimation zur Ausübung des Weisungsrechts zusätzlich aus der Gläubigerautonomie.

2. Fortbestand der Verlustausgleichspflicht

Den Fortbestand der konzernrechtlichen Leitungsmacht (§ 308 AktG) zu Grunde gelegt, sollen die nachfolgenden Untersuchungen dazu dienen, die Frage nach dem Schicksal der Verlustausgleichspflicht für den Zeitraum nach Verfahrenseröffnung zu klären. Während diese im gesunden Konzern als Korrelat für Eingriffe der Obergesellschaft in die Geschäftsleitung der Untergesellschaft dient,[91] bleibt unklar, ob die Eröffnung des Insolvenzverfahrens eine Suspension oder gar Beendigung der Ausgleichspflicht zur Folge haben kann.[92]

a) Bilanzrechtliche Auswirkungen der Verfahrenseröffnung

Wurde über das Vermögen der herrschenden Gesellschaft das Insolvenzverfahren eröffnet, so begründet dies gemäß § 155 Abs. 2 S. 1 InsO den Beginn eines neuen Geschäftsjahres.[93] Als ausgleichsfähiger Gegenstand kommt somit zunächst nur derjenige Verlustvortrag der abhängigen Gesellschaft in Betracht, der bis zu dem Tag der Verfahrenseröffnung auf Seiten der Untergesellschaft entstanden ist.[94] Der bis dahin angefallene Verlust ist anhand einer Stichtagsbilanz der Untergesell-

---

91 Vgl. *Piepenburg* in: NZI 2004, 231, 235.

92 Vgl. auch *K. Schmidt* in: ZGR 1983, 513, 526

93 Beck'sches Steuer- und Bilanzrechtslexikon/*Hottmann*, Sonderbilanzen, Rn. 43; Uhlenbruck/*Hirte*, § 11 InsO, Rn. 401.

94 BGH, Urt. v. 14.12.1987 – II ZR 170/87 = BGHZ 103, 1, 9 ff.; BGH, Urt. v. 19.09.1988 – II ZR 255/87 = BGHZ 105, 168, 182; Uhlenbruck/*Hirte*, § 11 InsO, Rn. 407; *Sämisch/Adam* in: ZInsO 2007, 520, 522; *K. Schmidt* in: ZGR 1983, 513, 527.

schaft zu ermitteln.[95] Die abhängige Gesellschaft kann insoweit Befriedigung als einfache Insolvenzgläubigerin nach § 38 InsO verlangen.[96] Fällt die Eröffnung des Insolvenzverfahrens in das laufende Geschäftsjahr der Tochtergesellschaft, so ist zur Feststellung der Höhe des Ausgleichsanspruchs gegebenenfalls ein Zwischenabschluss zu erstellen.[97] Im Zweifel ist die Höhe des Anspruchs analog § 287 ZPO durch Schätzung zu ermitteln.[98]

b) Fortbestand der Verlustausgleichspflicht

Die wohl überwiegende Auffassung zieht hieraus den Schluss, dass die Eröffnung des Insolvenzverfahrens über das Vermögen der herrschenden Gesellschaft zwingender Maßen die Beendigung der Pflicht zum Verlustausgleich (§ 302 AktG) zur Folge haben muss.[99]

Dieser Auffassung ist bei genauerer Betrachtung nicht zuzustimmen. Denn die Annahme einer automatischen Beendigung der Verlustausgleichspflicht im Zeitpunkt der Verfahrenseröffnung steht bereits im klaren Widerspruch zum Wortlaut des § 302 Abs. 1 AktG, der ausdrücklich an den Bestand des Beherrschungs- und Gewinnabführungsvertrages anknüpft. Da dieser nach der hier vertretenen Auffassung auch nach Verfahrenseröffnung zunächst fortbestehen bleibt,[100] muss gleiches zunächst auch für die Pflicht zum Verlustausgleich gelten.

c) Wirkung der Verfahrenseröffnung

Möchte man die Verlustausgleichspflicht nicht als rein vertragliche,[101] sondern mit *Karsten Schmidt* als gesetzliches Dauerschuldverhältnis[102] begreifen, so

---

95 BGH, Urt. v. 14.12.1987 – II ZR 170/87 = BGHZ 103, 1, 9 ff.

96 BAG, Urt. v. 31.07.2002 – 10 AZR 420/01 = NZG 2003, 120, 121 f.; Uhlenbruck/*Hirte*, § 11 InsO, Rn. 407.; *Noack*, S. 282; gegen eine entsprechende Pflicht noch: OLG Schleswig, Urt. v. 03.04.1987 – 1 U 71/84 = ZIP 1987, 1448; *Meister* in: WM 1976, 1182, 1184.

97 Uhlenbruck/*Hirte*, § 11 InsO, Rn. 407.

98 BGH, Urt. v. 05.11.2001 – II ZR 119/00; Schmidt/Lutter/*Stephan*, § 302 AktG, Rn. 36; Emmerich/Habersack/*Emmerich*, § 302 AktG, Rn. 38; Spindler/Stilz/*Veil*, § 302 AktG, Rn. 22.

99 Uhlenbruck/*Hirte*, § 11 InsO, Rn. 401; *Specovius/Kuske* in: Gottwald, § 95 Rn. 14; MünchKommAktG/*Altmeppen*, § 302 AktG, Rn. 39

100 Zum Fortbestand von Unternehmensverträgen in der Insolvenz sowie zum Wahlrecht der Gläubigerversammlung bzw. des Insolvenzverwalters siehe ausführlich auf S. 77.

101 BGH, Urt. v. 14.12.1987 – II ZR 170/87 = NJW 1988, 1326 ff.

102 *K. Schmidt* in: ZGR 1983, 513, 518 ff.; vgl. auch *K. Schmidt*, S. 230; „*Während die Verlustausgleichspflicht zwar lediglich an jenen sich aus dem Bilanzrecht ergebenen Abrechnungstagen einen klagebaren Anspruch gewährt, sei diese als Kontinuum zu jeder Sekunde des Geschäftsjahres rein*

drängt sich jedoch die Frage auf, ob nicht die Besonderheiten des Insolvenzverfahrens eine automatische Beendigung dieser Pflicht begründen.

Während § 103 InsO das Schicksal gewisser Schuldverhältnisse – namentlich gegenseitiger Verträge – der Entscheidungshoheit des Insolvenzverwalters unterstellt,[103] macht § 108 InsO hiervon eine Ausnahme, indem die Regelung für ausgewählte gesetzliche Dauerschuldverhältnisse – namentlich Miet-,[104] Pacht-, Darlehens- und Dienstverträge[105] – eine fortbestehende Wirkung für und gegen die Insolvenzmasse normiert, während wiederum andere (§ 115 InsO) mit Verfahrenseröffnung automatisch enden.[106] Sinn und Zweck dieser Differenzierung ist es, bestimmte Schuldverhältnisse zum Schutze des jeweiligen Vertragspartners sowie mit Rücksicht auf die dem Insolvenzverwalter zustehende Verwaltungs- und Verfügungsbefugnis (§ 80 InsO) dem Anwendungsbereich des § 103 InsO zu entziehen; mit der Folge, dass die Regelungen als *lex specialis* zu diesem Grundsatz gelten.[107]

In Frage steht somit, wie sich diese gesetzgeberische Wertung auf das Schicksal der Verlustausgleichspflicht für den Zeitraum nach Verfahrenseröffnung auswirkt. Hierzu gilt es zunächst die Entstehungsgeschichte der jeweiligen Normen näher zu betrachten.

Während der „Erste Bericht" der Kommission für Insolvenzrecht noch einen Fortbestand sämtlicher Dauerschuldverhältnisse nahelegte[108] und auch die amtliche Überschrift des § 108 InsO ursprünglich auf den etwas missverständlichen Wortlaut „Fortbestehen von Dauerschuldverhältnissen" lautete, stellte der Gesetzgeber bereits in seinem Regierungsentwurf zur Insolvenzordnung[109] inhalt-

---

faktisch vorhanden"; „*die sich aus § 302 AktG ergebenen Zahlungsansprüche stellen dabei lediglich einzelne Rechtfolgen der vom Gesetz vorgesehen fortdauernden Verlustdeckungspflicht dar*"; somit sei die Pflicht etwa mit dem dauerschuldrechtlichen Charakter des Versicherungs- oder Garantievertrages vergleichbar, wo den Gegenstand der geschuldeten Leistung „*nicht die Zahlung im Versicherungs- oder Garantiefall, sondern vielmehr die dauerhafte Übernahme des versicherten Risikos bzw. die dauernde Kreditsicherung*" darstellt.

103 Zum Wahlrecht des Insolvenzverwalters ausführlich auf S. 77ff.

104 Erfasst wird hierbei lediglich der Mietvertrag über unbewegliche Gegenstände und Räume, während Mietverträge über bewegliche Gegenstände hingegen dem Anwendungsbereich des § 103 InsO unterfallen.

105 MünchKommInsO/*Huber*, § 103 InsO, Rn. 102; Zum Meinungsstreit hinsichtlich der Einordnung des Pachtvertrages als Dauerschuldverhältnis vgl. *Oetker*, S. 148 f.

106 Zum Meinungsstreit hinsichtlich der Einordnung des Auftrages als Dauerschuldverhältnis vgl. *Oetker*, S. 160 f.

107 Uhlenbruck/*Wegener*, § 108 InsO, Rn. 2; KPB/*Tintelnot*, § 108 InsO, Rn. 1; BGH, Urt. v. 05.07.2007 – IX ZR 185/06 = ZIP 2007, 2087.

108 1. KommBer., S. 221.

109 BT-Drucks. 12/2443, S. 146.

lich klar, dass sich der Anwendungsbereich der Norm lediglich auf den Fortbestand der namentlich in ihr bezeichneten Schuldverhältnisse beschränke.[110] Dieser gesetzgeberischen Entscheidung Rechnung tragend, muss eine (analoge) Anwendung der Norm auf andere, als die durch die Norm bezeichneten Dauerschuldverhältnisse konsequenter Weise ausscheiden.[111] Auch eine (analoge) Anwendung des § 115 InsO kann im Ergebnis nicht überzeugen, da sich der Wortlaut der Norm ausschließlich auf das Erlöschen von Auftragsverhältnissen im Zeitpunkt der Verfahrenseröffnung bezieht und somit seinem Anwendungsbereich nach ebenfalls einer ausdrücklichen Beschränkung unterliegt.

d) Zwischenergebnis

Insofern verbleibt es bei der eingangs aufgestellten These, wonach die Pflicht zum Verlustausgleich zumindest solange fortbestehen bleibt, wie der Unternehmensvertrag einen entsprechenden schuldauslösenden Grund schafft.[112] Darüber hinaus rechtfertigt sich die Existenz der Verlustausgleichspflicht vor dem Hintergrund, dass der Untergesellschaft auf diesem Wege ein angemessenes Regulativ, für solche durch den Insolvenzverwalter der Obergesellschaft in Wahrnehmung seiner Pflicht zur Unternehmensfortführung vorgenommenen Eingriffe in die unternehmerische Handlungsfreiheit erhalten bleibt.

e) Die Verlustausgleichspflicht als Masseverbindlichkeit

Damit Eingriffe des Insolvenzverwalters in die Unternehmensführung der abhängigen Gesellschaft einen angemessenen Ausgleich erfahren, muss der Untergesellschaft ein Anspruch auf vorzugsweise Befriedigung als Massegläubigerin zustehen (§ 55 Abs. 1 InsO). Gemäß dem Wortlaut der Vorschrift sind hierunter Verbindlichkeiten zu verstehen, die durch Handlungen des Insolvenzverwalters oder in anderer Weise durch die Verwaltung, Verwertung und Verteilung der Insolvenzmasse begründet werden, ohne zu den Kosten des Insolvenzverfahrens[113] zu gehören. Massekosten sind demnach auch diejenigen Kosten, die im Rahmen der Fortführung des schuldnerischen Unternehmens entstehen.[114] Gegenstand

110 BT-Drucks. 12/2443, S. 146.
111 Uhlenbruck/*Wegener*, § 108 InsO, Rn. 1.
112 Vgl. *K. Schmidt* in: ZGR 1983, 513, 526.
113 Zu den Kosten des Insolvenzverfahrens vgl. § 54 InsO.
114 MünchKommInsO/*Görg/Jansen*, § 157 InsO, Rn. 10.

des Unternehmens der Konzernobergesellschaft ist unter anderem die Ausübung von Leitungsmacht gegenüber den mit ihr verbundenen Gesellschaften.[115]

Die Fortführung des schuldnerischen Unternehmens wird nach der Eröffnung des Insolvenzverfahrens gemäß § 80 Abs. 1 InsO durch den Insolvenzverwalter betrieben, sofern das zuständige Insolvenzgericht nicht die Eigenverwaltung angeordnet (vgl. §§ 270 ff. InsO) oder die Gläubigerversammlung die Stilllegung des Unternehmens beschlossen hat (vgl. § 157 InsO) oder das Unternehmen bereits vor Verfahrenseröffnung stillgelegt worden ist. Da dem Insolvenzverwalter im Rahmen der Unternehmensfortführung bis auf weiteres die Ausübung des Weisungsrechts der Obergesellschaft nach § 80 InsO i.V.m. § 308 Abs. 1 AktG zugewiesen ist,[116] ist eine auf diesen Zeitraum entfallende Ausgleichspflicht nach § 302 Abs. 1 AktG konsequenter Weise als Masseschuld der Gesellschaft zu qualifizieren (§ 55 Abs. 1 Nr. 1 InsO).[117]

Gleiches muss für solche Ausgleichsansprüche gelten, die im Zeitraum einer „starken“ vorläufigen Insolvenzverwaltung gemäß § 21 Abs. 2 Nr. 2 InsO i.V.m. § 22 Abs. 1 S. 1 InsO im Rahmen der Unternehmensfortführung vor Verfahrenseröffnung entstanden sind (§ 55 Abs. 2 S. 1 InsO).[118] Möchte man die Verlustausgleichspflicht nach § 302 Abs. 1 AktG mit *Karsten Schmidt* als Dauerschuldverhältnis begreifen,[119] so ergibt sich entsprechendes für die vorläufige „starke“ Insolvenzverwaltung bereits aus § 55 Abs. 2 S. 2 InsO.

Ein Anspruch auf Verlustausgleich, der im Zeitraum der Unternehmensfortführung durch einen Insolvenzverwalter beziehungsweise einen vorläufigen „starken“ Insolvenzverwalter entsteht, ist folglich gemäß § 55 Abs. 1 Nr. 1 InsO beziehungsweise § 55 Abs. 2 InsO aus der Insolvenzmasse der herrschenden Gesellschaft als Masseverbindlichkeit zu berichtigen.

f) Keine Gläubigerbenachteiligung durch Fortbestand des Weisungsrechts

Auch die Gläubiger der Untergesellschaft sind im Falle des Fortbestehens der Verlustausgleichspflicht hinreichend gesichert. Zum einen deshalb, weil durch die Einstufung des Verlustausgleichsanspruchs als Masseverbindlichkeit im Sinne von § 55 Abs. 1 InsO das Risiko eines Vermögensverfalls weitesgehend minimiert wird. Dies gilt insbesondere auch dann, wenn die Obergesellschaft ihre

---

115 Siehe hierzu oben auf S. 84f.

116 Hierzu ausführlich auf S. 83ff.

117 Übereinstimmend: *Piepenburg* in: NZI 2004, 231, 235.

118 Vgl. hierzu Uhlenbruck/*Vallender*, § 22 InsO, Rn. 19; MünchKommInsO/*Haarmeyer*, § 22 InsO, Rn. 64 ff.

119 *K. Schmidt* in: ZGR 1983, 513, 518 ff. vgl. hierzu auch oben auf S. 87.

Pflicht aus § 302 Abs. 1 AktG aufgrund von Masseunzulänglichkeit wider Erwarten nicht im hinreichenden Umfang erfüllen kann, da sämtliche Verluste der Untergesellschaft, die auf Weisungen des Insolvenzverwalters nach Verfahrenseröffnung zurückzuführen sind, als privilegierte Masseverbindlichkeiten im Sinne des § 209 Abs. 1 Nr. 2 InsO zu berücksichtigen sind.[120]

Zum anderen, da im Falle einer Nichtabführung eine persönliche Haftung des Insolvenzverwalters gemäß § 60 Abs. 1 i.V.m. § 61 InsO in Betracht zu ziehen ist. Weisungen, die nicht mehr von der insolvenzrechtlich übertragenen Handlungskompetenz des Insolvenzverwalters nach § 80 InsO gedeckt sind, können darüber hinaus analog § 309 Abs. 2 AktG einen persönlichen Haftungsanspruch des Verwalters begründen.

3. Zwischenergebnis

Mit dem Übergang der Verwaltungs- und Verfügungsbefugnis gemäß § 80 InsO wird dem Insolvenzverwalter das Recht zur Ausübung der Konzernleitungsmacht aus Beherrschungsvertrag nach § 308 Abs. 1 AktG für die Dauer des Insolvenzverfahrens übertragen. Weisungen innerhalb dieses Zeitraums, die eine Ausgleichspflicht der Obergesellschaft nach § 302 AktG begründen, sind als Masseverbindlichkeiten im Sinne des § 55 Abs. 1 InsO zu qualifizieren.

4. Fortbestand der Gewinnabführungspflicht

Da die Eröffnung des Insolvenzverfahrens jedenfalls keine automatische Beendigung der unternehmensvertraglichen Beziehungen zwischen Ober- und Untergesellschaft zur Folge hat, besteht die vertragliche Verpflichtung zur Gewinnabführung aus § 291 Abs. 1 S. 1 Alt. 2 AktG auch nach Verfahrenseröffnung zu Gunsten der Obergesellschaft unverändert fort. Die Untergesellschaft ist insbesondere zur Abführung desjenigen Gewinnvortrags verpflichtet, den sie im Rahmen des laufenden Geschäftsjahres bis zum Zeitpunkt der Insolvenzeröffnung erwirtschaftet hat.[121]

---

120 *Zeidler* in: NZG 1999, 692, 697; Uhlenbruck/*Hirte*, § 11 InsO, Rn. 410.
121 *Mertens* in: ZGR 1984, 542, 552.

5. Recht zur Kündigung aus wichtigem Grund der Untergesellschaft in der Insolvenz der Obergesellschaft

Da die Kompetenz zur Verwertung der Unternehmensverträge nach § 103 InsO in erster Linie beim Insolvenzverwalter liegt,[122] kann sich diejenige Partei, über deren Vermögen das Insolvenzverfahren eröffnet wurde, vergleichbar einfach dem herrschenden Einflusses der jeweils anderen Partei entziehen. Vor diesem Hintergrund erscheint es angemessen, der Untergesellschaft als Ausgleich hierzu die Möglichkeit zu gewähren, sich unter genauer definierten Voraussetzungen dem Einfluss der herrschenden Gesellschaft – genauer gesagt ihres Insolvenzverwalters – zu entziehen.

Ein Teil der Literatur will aus diesem Grund der Untergesellschaft in der Insolvenz der Obergesellschaft ein Recht zur außerordentlichen Kündigung aus wichtigem Grund nach § 297 Abs. 1 AktG zusprechen, da diese nach Verfahrenseröffnung mit einer vollständigen Erfüllung der ihr nach § 302 AktG zustehenden Verlustausgleichsansprüche aufgrund der Vermögenslosigkeit der Obergesellschaft nicht mehr rechnen könne.[123] Der Untergesellschaft bliebe im Übrigen freigestellt – etwa im Falle einer Sanierungsfähigkeit der Obergesellschaft – ob sie von dem Kündigungsrecht Gebrauch mache,[124] mit der Folge, dass der Insolvenzverwalter der Obergesellschaft zur Ausübung des Weisungsrechts nach § 308 Abs. 1 InsO berechtigt bliebe.

a) Verhältnis zwischen Kündigungsrecht und Wahlrecht nach § 103 Abs. 1 InsO

Möchte man parallel zur der Annahme eines Kündigungsrechts der Untergesellschaft nach § 297 Abs. 1 AktG, dem Insolvenzverwalter eine Verwertungsbefugnis nach § 103 InsO einräumen, führt dies unweigerlich zu einem Spannungsverhältnis zwischen beiden Rechtspositionen.

Indem § 297 Abs. 1 AktG tatbestandlich bereits im Zeitpunkt des Eröffnungsantrages erfüllt sein wird, besteht die Gefahr, dass der Insolvenzverwalter

---

122 Bis zu einer verbindlichen Entscheidung der Gläubigerversammlung über den Fortgang des Verfahrens im Berichtstermin (§ 157 InsO), steht die Verwertungskompetenz des Insolvenzverwalters unter dem Zustimmungsvorbehalt der Gläubigerversammlung. Entscheidungen, die vor diesem Termin gefasst werden, sind schwebend unwirksam. Vgl. hierzu im Übrigen die Ausführungen auf S. 77ff.

123 *Zeidler* in: NZG 1999, 692, 697; Häsemeyer, S. 950, Rn. 32.09; *Bultmann* in: ZInsO 2007, 785, 788f.; KK-AktG/*Koppensteiner*, § 297 AktG, Rn. 46; OLG Schleswig, Urt. v. 03.04.1987 – 1 U 71/85 = AG 1988, 382f; *K. Schmidt* in: ZGR 1983, 513, 528.

124 *Zeidler* in: NZG 1999, 692, 697.

der Obergesellschaft im Zeitpunkt der Eröffnungsentscheidung vor vollendete Tatsachen gestellt und sein Recht, aus dem Vertragsverhältnis Erfüllung zu verlangen (§ 103 Abs. 1 InsO) leerlaufen könnte, wenn die andere Partei zuvor die Kündigung erklärt. Es droht insofern ein Wettlauf zwischen Kündigung und Verwertungsentscheidung, was dem Sinn und Zweck der § 103 ff. InsO in keiner Weise gerecht wird.[125] Hinzu kommt, dass das Verwertungsrecht des Insolvenzverwalters aus § 103 InsO, im Hinblick auf die Entscheidung aus dem Unternehmensvertrag Erfüllung zu verlangen, bis zu einer Entscheidung der Gläubigerversammlung über den Fortgang des Verfahrens im Berichtstermin (§ 157 InsO) unter dem Zustimmungsvorbehalt der Gläubigerversammlung steht.[126] Im schlimmsten Fall droht somit laut *Zeidler*, dass der Insolvenzverwalter von seinem Recht zur Erfüllung der Verträge regelmäßig erst gar keinen Gebrauch machen wird, indem sich die Untergesellschaft dem Einflussbereich seiner Weisungen ohnehin jeder Zeit durch sofortige Kündigung entziehen kann.[127]

Um die Verwertungsfreiheit des Insolvenzverwalters nicht anderweitig zu unterlaufen, wird durch § 119 InsO der Grundsatz normiert, dass Vereinbarungen, die einer Partei abweichend zu den §§ 103 ff. InsO das Recht einräumen, sich insolvenzbedingt von einem Vertrag zu lösen nichtig sind.[128] Auch wenn sich der § 119 InsO seinem Wortlaut nach ausdrücklich nur auf rechtsgeschäftliche Kündigungsabreden und nicht auf gesetzliche Kündigungsrechte bezieht,[129] drängt sich mit Blick auf den Regelungszweck sowie in Anbetracht des vorbezeichneten Spannungsverhältnisses das Bedürfnis auf, die Möglichkeit zur Kündigung der Verträge durch die Untergesellschaft zumindest teilweise zu beschränken.

b) Kündigungssperre analog § 112 Nr. 2 InsO

Freudenberg spricht sich vor diesem Hintergrund dafür aus, den Gedanken einer Kündigungssperre entsprechend § 112 Nr. 2 InsO auf den vorliegenden Fall anzuwenden.[130] Hierzu führt er aus, dass sich das Weisungsrecht der Obergesellschaft als eine Art Nutzungsrecht an der Untergesellschaft begreifen lasse, wobei die Verlustausgleichspflicht der Obergesellschaft nach § 302 Abs. 1 AktG eine Art Entgelt hierzu darstelle.[131] Dem ist zu folgen. Denn nicht nur liegt im beschrie-

---

125 Vgl. *Freudenberg* in: ZIP 2009, 2037, 2043.
126 Vgl. hierzu die Ausführungen auf S. 77ff.
127 *Zeidler* in: NZG 1999, 692, 697.
128 KPB/*Tintelnot*, § 119 InsO, Rn. 15 f.
129 Vgl. *Bultmann* in: ZInsO 2007, 785, 788.
130 *Freudenberg* in: ZIP 2009, 2037, 2043 f.
131 *Freudenberg* in: ZIP 2009, 2037, 2043 f.

benen Fall eine vergleichbare Interessenlage zu den von § 112 InsO geregelten Dauerschuldverhältnissen vor, die sich ebenfalls dadurch charakterisieren lässt, dass ein Nutzungsrecht gegen Entgelt überlassen wird.[132] Vielmehr entspricht es auch dem Sinn und Zweck von § 112 InsO, Sanierungschancen dadurch zu erhalten, dass ein Auseinanderreißen der wirtschaftlichen Einheit im Besitz des Schuldners verhindert wird,[133] indem diejenigen Gegenstände, die zur „Fortführung, Sanierung oder Gesamtveräußerung" des schuldnerischen Unternehmens von Nöten sind, bis zu einer Entscheidung über die Verwertung des Unternehmens nicht dem Einflussbereich des Insolvenzverwalters durch Gestaltungserklärung entzogen werden können.[134] Eben dieser Gedanke droht leer zu laufen, wenn man der Untergesellschaft im Ergebnis ein unbedingtes Kündigungsrecht zuspricht.

Für eine analoge Anwendung des § 112 Nr. 2 InsO streitet nicht zuletzt der Gedanke des insolvenzrechtlichen Fortführungsgebots gemäß § 22 Abs. 1 S. 2 Nr. 2 i.V.m. § 158 InsO, wonach es Aufgabe des Insolvenzverwalters ist, das schuldnerische Unternehmen bis hin zu einer verbindlichen Entscheidung der Gläubigerversammlung über den Fortgang des Verfahrens zwecks Vermögenserhaltung und damit einhergehender Haftungsverwirklichung[135] (einstweilen) fortzuführen. Denn nur wenn ein Fortbestand von Beherrschungs- und Gewinnabführungsvertrag für den Zeitraum nach Verfahrenseröffnung gewährleistet ist, wird es dem Insolvenzverwalter möglich sein, den Geschäftsbetrieb der Obergesellschaft bis zu einer verbindlichen Verwertungsentscheidung der Gläubigerversammlung im Berichtstermin dergestalt fortzuführen, dass diese Entscheidung weder präjudiziert, noch die Chancengleichheit unter den einzelnen möglichen Verwertungsarten (vgl. § 1 S. 1 InsO) gefährdet wird.[136]

Die Regelungslücke ist zudem planwidrig, da es der Gesetzgeber bislang unterlassen hat, die Beendigung von Unternehmensverträgen in der Insolvenz einen eigenen Regelungskomplex zu widmen.[137] Rechtsfolge ist eine Kündigungssperre analog § 112 Nr. 2 InsO vom Zeitpunkt der Stellung des Antrages auf Eröffnung des Insolvenzverfahrens bis hin zu einer verbindlichen Verwertungsentscheidung hinsichtlich des vom Insolvenzbeschlag erfassten Vermögens durch die Gläubigerversammlung im Berichtstermin (§ 157 S. 1 InsO).[138]

132 *Freudenberg* in: ZIP 2009, 2037, 2044.
133 Vgl. KPB/*Tintelnot*, § 122 InsO, Rn. 1
134 *Freudenberg* in: ZIP 2009, 2037, 2044; MünchKommInsO/*Eckert*, § 112 InsO, Rn. 1.
135 MünchKommInsO/*Haarmeyer*, § 22 InsO, Rn. 89.
136 *Freudenberg* in: ZIP 2009, 2037, 2040, 2044.
137 *Freudenberg* in: ZIP 2009, 2037, 2043.
138 *Freudenberg* in: ZIP 2009, 2037, 2044.

c) Anfechtbarkeit der Vertragsbeendigung

Die Kündigungserklärung der Untergesellschaft nach § 297 Abs. 1 AktG kann im Einzelfall der insolvenzrechtlichen Anfechtung unterliegen,[139] was die tatsächlichen Erfolgsaussichten einer langfristigen Trennung von der insolventen Obergesellschaft im Ergebnis zumindest einschränken kann.

d) Keine Gläubigerbenachteiligung durch Beendigung der Unternehmensverträge durch die Untergesellschaft

Endet der Beherrschungs- und Gewinnabführungsvertrag, können die Gläubiger der Gesellschaft von dem anderen Vertragsteil für die bestehenden Ausgleichsansprüche nach § 303 Abs. 1 AktG Sicherheit verlangen.[140] Dies hat zur Folge, dass die Gläubiger der Untergesellschaft für den Fall einer Beendigung des Vertrages eine hinreichende Sicherung erfahren.

Fraglich ist jedoch, ob dieses Recht im Falle der Eröffnung des Insolvenzverfahrens nicht bereits durch § 303 Abs. 2 AktG wieder ausgeschlossen wird. Durch die Vorschrift soll verhindert werden, dass diejenigen Gläubiger, die bereits auf andere Weise hinreichend gesichert sind, nicht nochmalige Sicherungsleistung verlangen können.[141] Denn jede weitere Gewährung zusätzlicher Sicherheiten wäre als missbräuchliche Rechtshandlung im Sinne von § 242 BGB und somit als unwirksam zu betrachten.[142] Zwar ist die Stellung des Insolvenzgläubigers vom direkten Anwendungsbereich der Vorschrift nicht erfasst, es scheint jedoch angemessen, eine sinngemäße Anwendung für jene Fälle zuzulassen, in denen ein Gläubiger bereits eine hinreichende Sicherung seiner Ansprüche im Rahmen des Insolvenzverfahrens erfahren hat.[143]

e) Zwischenergebnis

Die Untergesellschaft kann in der Insolvenz der Obergesellschaft die zwischen den Gesellschaften bestehenden Unternehmensverträge nach § 297 Abs. 1 S. 1

---

139 *Paulus* in: ZIP 1996, 2141, 2142.

140 Vgl. Uhlenbruck/*Hirte*, § 11 InsO, Rn. 401; vgl. auch *Piepenburg* in: NZI 2004, 231, 235.

141 Vgl. Emmerich/Habersack/*Emmerich*, § 303 AktG, Rn. 26; MünchKommAktG/*Altmeppen*, § 303 AktG, Rn. 58; Hüffer/*Koch*, § 303 AktG, Rn. 8

142 Emmerich/Habersack/*Emmerich*, § 303 AktG, Rn. 27; MünchKommAktG/*Altmeppen*, § 303 AktG, Rn. 58; Spindler/Stilz/*Veil*, § 303 AktG, Rn. 27.

143 Ablehnend: OLG Zweibrücken, Urt. v. 08.01.2004 – 4 U 70/03 = NZG 2004, 670, 671; Hüffer/*Koch*, § 303 AktG, Rn. 8; MünchKommAktG/*Altmeppen*, § 303 AktG, Rn. 58; Emmerich/Habersack/*Emmerich*, § 303 AktG, Rn. 28.

AktG außerordentlich kündigen, sofern ein wichtiger Grund im Sinne der Vorschrift vorliegt. Das Recht zur Kündigung ist analog § 112 Nr. 2 InsO solange suspendiert, bis die Gläubigerversammlung im Berichtstermin eine verbindliche Entscheidung hinsichtlich der Verwertung des vom Insolvenzbeschlag erfassten Vermögens getroffen hat (§ 157 InsO). Die Kündigungserklärung der Untergesellschaft nach § 297 Abs. 1 AktG kann im Einzelfall der insolvenzrechtlichen Anfechtung unterliegen. Im Falle der Beendigung der Unternehmensverträge können die Gläubiger der abhängigen Gesellschaft von der herrschenden Gesellschaft gemäß § 303 Abs. 1 AktG Sicherheit verlangen, wenn die Gläubiger nicht bereits aufgrund ihrer Stellung im Insolvenzverfahren analog § 303 Abs. 2 AktG ein gleichwertiges Recht auf vorzugsweise Befriedigung erlangt haben.

VII. Die Insolvenz der Untergesellschaft

Gleichsam wie in der Insolvenz der Obergesellschaft stellt sich auch im Falle der Eröffnung des Insolvenzverfahrens über das Vermögen der Untergesellschaft die Frage nach dem Fortbestand der unternehmensvertraglichen Beziehungen beider Gesellschaften. Auslöser für die Insolvenz der Untergesellschaft im Vertragskonzern ist zumeist die Illiquidität des Verlustdeckungsanspruchs gegenüber der Obergesellschaft.[144] Dies gilt jedenfalls dann, wenn man in § 302 Abs. 1 AktG eine vollumfängliche Insolvenzabwendungspflicht der Obergesellschaft reinliest. Ob dies der Fall ist, wird in der Literatur unterschiedlich bewertet.

1. Umfang der Verlustausgleichspflicht

Möchte man den § 302 Abs. 1 AktG im Sinne einer vollumfänglichen Insolvenzabwendungspflicht verstehen,[145] so käme eine isolierte Insolvenz der Tochtergesellschaft nur in denjenigen Fälle in Betracht, in denen zugleich Insolvenzreife bei der Obergesellschaft vorliegt. Gegen eine derart weite Auslegung der Norm spricht jedoch der klare Wortlaut von § 302 Abs. 1 AktG. Die Obergesellschaft ist danach lediglich dazu verpflichtet, denjenigen „fiktiven" Jahresfehlbetrages zum Aus-

144 *K. Schmidt* in: ZGR 1983, 513, 526; *Böcker* in: GmbHR 2004, 1357.
145 So MünchKommAktG/*Altmeppen*, § 297 AktG, Rn. 117; Hüffer/*Koch*, § 297 AktG, Rn. 23a; Emmerich/Habersack/*Emmerich*, § 302 AktG, Rn. 41: Demnach soll der Untergesellschaft bereits während des laufenden Geschäftsjahres ein Anspruch auf Abschlagszahlungen auf den mit Ende des Geschäftsjahres fällig werdenden Verlustausgleichsanspruch (§ 302 AktG) ggü. der herrschenden Gesellschaft zustehen.

gleich zu bringen, der anderenfalls unter Nummer 17 beziehungsweise Nummer 16 der Gewinn- und Verlustrechnung nach § 275 Abs. 2 und Abs. 3 HGB zum Jahresende auszuweisen wäre.

Die Obergesellschaft ist auf Grundlage von § 302 AktG somit ausschließlich zur Abwendung einer Überschuldung (§ 19 InsO) im Vermögen der Untergesellschaft nicht jedoch zur Verhinderung einer etwaigen Zahlungsunfähigkeit (§ 17 InsO) verpflichtet,[146] mit der Folge, dass eine isolierte Insolvenz der Untergesellschaft wegen Zahlungsunfähigkeit auch bei einer Vollwertigkeit des Verlustdeckungsanspruchs aus § 302 Abs. 1 AktG weiterhin möglich bleibt.[147]

2. Fehlende Weisungsgebundenheit des Insolvenzverwalters

Ungeachtet der Tatsache, welche rechtlichen Wirkungen man der Eröffnung des Insolvenzverfahrens im Einzelfall zuschreibt, erscheint es jedenfalls fraglich, ob Weisungen der Obergesellschaft gegenüber der Untergesellschaft im Insolvenzfall überhaupt noch rechtliche Wirkungen entfalten.[148]

Dies ist zum einen der verfahrensrechtlichen Stellung des Insolvenzverwalters geschuldet, der in Ausübung seiner Funktion als Partei kraft Amtes gemäß § 56 Abs. 1 InsO grundsätzlich unabhängig zu handeln verpflichtet ist.[149] Zum anderen sind die Gesellschaftsorgane als Adressaten der Weisungen nach § 80 Abs. 1 InsO für die Dauer des Verfahrens von ihrer Verwaltungs- und Verfügungsbefugnis hinsichtlich des vom Insolvenzbeschlag erfassten Vermögens befreit. Etwaige Weisungen der Obergesellschaft gehen in dieser Konsequenz vollständig ins Leere, was im Zweifel zu einer faktischen Isolation der Tochter führt.[150]

3. Suspension des Weisungsrechts der Obergesellschaft

Das rechtliche Schicksal des Weisungsrechts der Obergesellschaft lässt sich insofern am besten in Form einer Suspension für die Zeit des Insolvenzverfahrens

---

146 Vgl. auch *K. Schmidt* in: ZGR 1983, 513, 526.

147 Vgl. hierzu auch: *Böcker* in: GmbHR 2004, 1357; *K. Schmidt* in: ZGR 1983, 513, 526; *Sämisch/Adam* in: ZInsO 2007, 520, 521.

148 Die Weisungsgebundenheit verneinend: *Eidenmüller* in: ZHR 169 (2005), 528, 548; KK-AktG/*Koppensteiner*, § 297 AktG, Rn. 46; Emmerich/Habersack/*Emmerich*, § 297 AktG, Rn. 52af.

149 *Zeidler* in: NZG 1999, 692, 697; KK-AktG/*Koppensteiner*, § 297 AktG, Rn. 47; *K. Schmidt* in ZGR 1983, 513, 527.

150 *Eidenmüller* in: ZHR 169 (2005), 528, 548.

beschreiben,[151] wobei ein Wiederaufleben der Wirkungen des Vertrages frühestens mit dem Übergang der Fremd- in die Eigenverwaltung wieder in Betracht kommen kann.[152] Dies ist regelmäßig im Zeitpunkt der Beendigung des Insolvenzverfahrens oder der nachträglichen Anordnung der Eigenverwaltung (§ 271 InsO) der Fall.

4. Ausrichtung am Verfahrenszweck

Ungeachtet des rechtlichen Schicksals des Beherrschungsvertrages wird der im Verfahren der Untergesellschaft bestellte Insolvenzverwalter regelmäßig nicht umhinkommen, der Obergesellschaft jedenfalls einen Teil der ursprünglich gewährten Leitungsmacht nach Verfahrenseröffnung zurück zu gewähren. Dies gilt insbesondere für die Fälle, in denen der Verwalter in Erfüllung der ihm obliegenden Pflicht zur Vermögenssicherung (vgl. § 22 Abs. 1 InsO i.V.m. § 158 InsO) oder aufgrund einer durch die Gläubigerversammlung beschlossenen Unternehmenssanierung (vgl. § 157 InsO) darauf angewiesen ist, Leistungen der Obergesellschaft zwecks Fortführung des schuldnerischen Geschäftsbetriebs lang- oder mittelfristig in Anspruch zu nehmen.[153]

Zu diesen Leistungen zählen in erster Linie Verwaltungstätigkeiten der Muttergesellschaft. Insbesondere stark integrierte Konzerne verfügen zwecks Kosteneinsparung zumeist nur über einen gemeinsamen *Overhead*, was zur Folge hat, dass sich zentrale Verwaltungsbereiche wie Buchhaltung, Rechnungs- und Personalwesen bei der Mutter konzentrieren.[154] Die Erfolgsaussichten eines geordneten Sanierungsverfahrens werden in diesen Fällen in regelmäßiger Abhängigkeit zu der Kooperationsbereitschaft der Muttergesellschaft stehen. Dies gilt insbesondere für Verfahren, die unter Anordnung der Eigenverwaltung (§§ 270 ff. InsO) geführt werden, da der Sachwalter im Gegensatz zum Insolvenzverwalter gerade keine eigene Verwaltungstätigkeit für die Gläubigerschaft wahrnimmt, sodass der Schuldner in besonderem Maße auf eine Inanspruchnahme konzerneigenen Strukturen angewiesen ist (vgl. § 270 Abs. 1, 274, 275 InsO).

Dieses Kooperationsbedürfnis wird umso deutlicher, führt man sich vor Augen, dass in einer Vielzahl von Fällen die Konzerngesellschaften ihre jeweiligen Leistungen unter einer einheitlichen *Corporate Identity* sowie unter Inanspruch-

---

151 *Noack*, S. 281; *K. Schmidt* in: ZGR 1983, 513, 526 ff.; *K. Schmidt*, Gesellschaftsrecht, S. 961.
152 Vgl. *Noack*, S. 281; zur Frage des Fortbestands der Konzernleitungsmacht in der Eigenverwaltung vgl. die Ausführungen auf S. 154 ff.
153 Zu diesem Problem vgl. auch *Piepenburg* in: NZI 2004, 231, 235 f.
154 *Piepenburg* in: NZI 2004, 231, 235.

nahme eines durch die Muttergesellschaft zur Verfügung gestellten Absatzsystems am Markt anbieten. In diesen Fällen gilt eine an den Strukturen des Unternehmensverbunds ausgerichtete Fortführungsstrategie – schon aus betriebswirtschaftlicher Sicht – als Selbstverständlichkeit.

Ein die wirtschaftliche sowie rechtliche Selbständigkeit der Gesellschaft forcierender Ansatz müsste hingegen die schwierige Frage der Kapitalaufbringung beantworten, da die Untergesellschaft zur Unterhaltung eines eigenen Vertriebskanals sowie zum Erwerb absatzberechtigender Lizenzen im Regelfall insolvenzbedingt nicht mehr in der Lage sein wird. Auch wird regelmäßig in Frage stehen, ob die Muttergesellschaft nach einem insolvenzbedingten Bruch mit den konzerninternen Regularien noch zur Bereitstellung von Sicherheiten zwecks Aufnahme von Fremdkapital gewillt sein wird. Eine avisierte Sanierung wäre bei einem Misslingen dieser Bemühungen bereits in ihren Anfängen zum Scheitern verurteilt und dem Verfahrensziel einer bestmöglichen gemeinschaftlichen Gläubigerbefriedigung (§ 1 InsO) in keinster Weise Genüge getan.

Da der Obergesellschaft eine Pflicht zur Kooperation bislang jedenfalls nicht aufoktroyiert werden kann[155] und die Untergesellschaft regelmäßig nicht über die notwendigen liquiden Mittel verfügen wird, um entsprechende Leistungen am Markt eigenständig zu erwerben, wird der Verwalter der Untergesellschaft nicht umhin kommen, der vormals herrschenden Gesellschaft als Korrelat für den erbrachten Verwaltungsaufwand ein Mitspracherecht im Hinblick auf die Ausgestaltung etwaiger Sanierungsmaßnahmen als Kompensation zukommen zu lassen.[156] Eine entsprechende Vereinbarung kommt etwa auf der Grundlage von Insolvenzverwaltungsverträgen in Betracht.[157] Dem Verwalter ist es auf diese Weise möglich, ungehindert auf die fortführungsrelevanten Informationen sowie Betriebsmittel der Konzernmutter zuzugreifen, die er anderenfalls unter erheblichem Kostenaufwand – und somit zu Lasten der Insolvenzmasse – von dritter Seite beschaffen müsste.[158]

5. Fazit

Die Ausführungen zeigen, dass sich Insolvenzverwaltung und Konzernleitungsmacht nicht kategorisch ausschließen müssen. Vielmehr erweist sich die Möglichkeit, im Falle einer angestrebten Sanierung des Gesamtkonzerns, der Ober-

155 Vgl. *Piepenburg* in: NZI 2004, 231, 235.
156 *Piepenburg* in: NZI 2004, 231, 235.
157 Hierzu ausführlich auf S. 187ff.
158 Hierzu sehr anschaulich: *Piepenburg* in: NZI 2004, 231, 235.

gesellschaft ein Teil ihrer ursprünglichen Leitungsmacht zurück zu gewähren als eine wirkungsvolle Alternative, um den operativen Geschäftsbetrieb im Rahmen der bestehenden Konzernstrukturen auch nach Eröffnung des Insolvenzverfahrens kostendeckend und somit am Verfahrensziel einer bestmöglichen gemeinschaftlichen Gläubigerbefriedigung (§ 1 S. 1 InsO) orientiert, aufrecht zu erhalten.

6. Zwischenergebnis

Für die Dauer des Insolvenzverfahrens der Untergesellschaft wird das Weisungsrecht der Obergesellschaft aus § 308 Abs. 1 S. 1 AktG suspendiert.

Dem Insolvenzverwalter der Untergesellschaft steht es jedoch frei, die Suspensionswirkung zum Zwecke der Fortführung und Sanierung des schuldnerischen Unternehmens teilweise wieder aufzuheben, indem er der Obergesellschaft ein Teil der Leitungsmacht, etwa in Form eines individuell ausgestaltbaren Mitspracherechts als Korrelat für sanierungsnotwendige Verwaltungsleistungen zurückgewährt und ein hierdurch zu erwartender Mehrwert im Einklang mit dem Ziel einer bestmöglichen gemeinschaftlichen Gläubigerbefriedigung (vgl. § 1 S. 1 InsO) steht.[159]

7. Fortbestand der Verlustausgleichspflicht

Ebenfalls umstritten ist die Frage nach den Folgen der Insolvenz der Untergesellschaft im Hinblick auf den Fortbestand des Verlustausgleichsanspruchs nach § 302 AktG. Als Ausgangspunkt der Überlegungen sollen daher zunächst die allgemeinen Wirkungen der Verfahrenseröffnung dienen.

a) Umfang der Verlustausgleichspflicht hinsichtlich vor Verfahrenseröffnung entstandener Fehlbeträge

Wird über das Vermögen der Gesellschaft das Insolvenzverfahren eröffnet, begründet dies gemäß § 155 Abs. 2 S. 1 InsO den Beginn eines neuen Geschäftsjahres, womit die handelsrechtliche Pflicht zur Aufstellung eines stichtagsbezogenen Jahresabschlusses einhergeht (vgl. § 242 Abs. 1 und 2 HGB).[160] Da die Eröffnung

159 So im Ergebnis auch *Piepenburg* in: NZI 2004, 231, 235.

160 Beck'sches Steuer- und Bilanzrechtslexikon/*Hottmann*, Sonderbilanzen, Rn. 43; Uhlenbruck/*Hirte*, § 11 InsO, Rn. 401.

des Insolvenzverfahrens und das Ende des laufenden Geschäftsjahres regelmäßig nicht zeitlich zusammen fallen werden, ist für den vor Verfahrenseröffnung bereits angebrochenen Teil dieses Abrechnungszeitraums ein Rumpfgeschäftsjahr zu bilden.[161]

Vor diesem Hintergrund – und insoweit herrscht Konsens – kommt als ausgleichsfähiger Gegenstand zunächst nur derjenige Verlustvortrag in Betracht, der bis zum Tag der Verfahrenseröffnung im Vermögen der abhängigen Gesellschaft entstanden ist.[162] Dieser ist auf Grundlage einer mit dem Stichtag der Verfahrenseröffnung aufzustellenden Gewinn- und Verlustrechnung (vgl. § 242 Abs. 2 HGB) im Rahmen des Jahresabschlusses zu ermitteln.[163] Beruht die Insolvenz der Tochter auf dem Eröffnungsgrund der Überschuldung (§ 19 InsO), hat die Obergesellschaft den gesamten, die Überschuldung ausmachenden Teil der Verbindlichkeiten im Vermögen der Tochter zum Ausgleich zu bringen.[164] Ist über das Vermögen der Obergesellschaft ebenfalls das Insolvenzverfahren eröffnet worden, hat die Untergesellschaft diesen Betrag als einfache Insolvenzforderung (§ 38 InsO) im Insolvenzverfahren der Obergesellschaft zur Tabelle anzumelden.[165]

b) Suspension der Verlustausgleichspflicht

Im Übrigen muss mit der Eröffnung des Insolvenzverfahrens über das Vermögen der Untergesellschaft die Verlustausgleichspflicht nach § 302 AktG insoweit en-

---

161 Uhlenbruck/*Hirte*, § 11 InsO, Rn. 401; MünchKommAktG/*Altmeppen*, § 302 AktG, Rn. 25; Emmerich/Habersack/*Emmerich*, § 302 AktG, Rn. 38; *Sämisch/Adam* in: ZInsO 2007, 520, 522; vgl. auch BFH, Urt. v. 17.07.1974 – I R 233/71 = GmbHR 1974; *K. Schmidt* in: ZGR 1983, 513, 527; MünchKommInsO/*Füchsl/Weishäupl/Jaffé*, § 155 InsO, Rn. 5; zum Begriff des Rumpfgeschäftsjahres vgl.: Beck'sches Steuer- und Bilanzrechtslexikon/*Weber*, Geschäftsjahr, Rn. 3.

162 BGH, Urt. v. 14.12.1984 – II ZR 170/87 = NJW 1988, 1326; BFH, Urt. v. 17.07.1974 – I R 233/71 = GmbHR 1974, 271; Uhlenbruck/*Hirte*, § 11 InsO, Rn. 401; *Specovius/Kuske* in: Gottwald, § 95 Rn. 14; K.Schmidt, S. 231; Emmerich/Habersack/*Emmerich*, § 302 AktG, Rn. 38; MünchKommAktG/*Altmeppen*, § 302 AktG, Rn. 23 ff; *Noack*, S. 282; KK-AktG/*Koppensteiner*, § 302 AktG, Rn. 35; *Sämisch/Adam* in: ZInsO 2007, 520, 522; gegen eine entsprechende Pflicht noch: OLG Schleswig, Urt. v. 03.04.1987 – 1 U 71/84 = ZIP 1987, 1448; *Meister* in: WM 1976, 1182, 1184; *Werner* in: AG 1967, 122, 124, *Peltzer* in: AG 1975, 309, 311.

163 Uhlenbruck/*Hirte*, § 11 InsO, Rn. 401; MünchKommAktG/*Altmeppen*, § 302 AktG, Rn. 25; Emmerich/Habersack/*Emmerich*, § 302 AktG, Rn. 38; *Sämisch/Adam* in: ZInsO 2007, 520, 522; vgl. auch BFH, Urt. v. 17.07.1974 – I R 233/71 = GmbHR 1974; *K. Schmidt* in: ZGR 1983, 513, 527.

164 Uhlenbruck/*Hirte*, § 11 InsO, Rn. 401.

165 BAG, Urt. v. 31.07.2002 – 10 AZR 420/01 = ZIP 2002, 2137, 2139; Uhlenbruck/*Hirte*, § 11 InsO, Rn. 402; a. A. *Paulus* in: ZIP 1996, 2141, 2143 f.

den, wie die Entstehung des Verlustvortrags auf eine Fortführungshandlung des Insolvenzverwalters zurück zu führen ist.[166]

Dies gilt insbesondere auch bei verständiger Würdigung des insolvenzrechtlichen Fortführungsgebots (§ 22 Abs. 1 S. 2 Nr. 2 i.V.m. § 158 InsO). Denn Sinn und Zweck des § 302 Abs. 1 AktG kann es nur sein, solche Fehlbeträge einer Ausgleichspflicht zu unterstellen, die tatsächlich unter Einfluss der Ausübung von Herrschaftsmacht entstanden sind. Dem liegt der Gedanke zu Grunde, dass die Obergesellschaft nicht zum Ausgleich derjenigen Verluste verpflichtet sein darf, deren Entstehung sie nicht durch Ausübung ihres Weisungsrechts zu verhindern im Stande gewesen ist. Da die Obergesellschaft mit der Eröffnung des Insolvenzverfahrens ihren Einfluss auf die Geschäftsleitung der Untergesellschaft jedoch insoweit verliert, wie diese der Verwaltungs- und Verfügungsbefugt des im Verfahren bestellte Insolvenzverwalters untersteht (vgl. § 80 InsO), ist auch ein Fortbestand der Verlustausgleichspflicht in diesem Umfang nicht mehr zu rechtfertigen. Die Pflicht zum Verlustausgleich gemäß § 302 Abs. 1 AktG ist somit gleich dem Weisungsrecht der Obergesellschaft insoweit suspendiert, wie ein nach Verfahrenseröffnung entstandener Verlustvortrag der Untergesellschaft auf Handlungen des Insolvenzverwalters zurück zu führen ist.

aa) Abkehr vom „Going-Concern Prinzip"

Dies wird teilweise zum Anlass genommen, den voraussichtlich im Rahmen der Abwicklung zu erwartenden Verlustvortrag in die nach handelsrechtlichem Bewertungsmaßstab aufzustellenden Prognoseentscheidung mit einzubeziehen.

Diese Ansicht verkennt jedoch, dass es sich bei § 252 Abs. 1 Nr. 2 HGB um eine Vermutungsregelung handelt, die gerade keinen Aufschluss darüber vermittelt, wie im Falle eines Wegfalls der Fortführungsprämisse zu bilanzieren ist. Eine Abkehr von dem nach § 252 Abs. 1 Nr. 2 HGB gebotenen Anschaffungsprinzip – also zu *Going-Concern Werten* – ist demnach immer nur dann zu rechtfertigen, wenn damit zu rechnen ist, dass die zu bilanzierenden Vermögensgegenstände in dem zu bewertenden Prognosezeitraum nicht mehr planmäßig im Unternehmen eingesetzt werden,[167] die Einstellung des laufenden Geschäftsbetriebs also bereits sicher erscheint.

Eine solche Prognose ist im Eröffnungszeitpunkt des Insolvenzverfahrens im Regelfall nicht möglich. Denn nach § 22 Abs. 1 S. 2 Nr. 2 i.V.m. § 158 InsO ist der

---

166 Uhlenbruck/Hirte, § 11 InsO, Rn. 402; Vgl. auch *Specovius/Kuske* in: Gottwald, § 95 Rn. 14; MünchKommAktG/*Altmeppen*, § 302 AktG, Rn. 39; *Mertens* in: ZGR 1984, 542, 552; KK-AktG/*Koppensteiner*, § 302 AktG, Rn. 36 f.; differenzierend: Uhlenbruck/*Hirte*, § 11 InsO, Rn. 401 f.
167 *Kaiser* in: ZIP 2012, 2478, 2487.

Insolvenzverwalter zunächst verpflichtet, das Unternehmen bis zu einer Entscheidung der Gläubigerversammlung im Berichtstermin einstweilen fortzuführen. Erst dort entscheidet die Gläubigerversammlung darüber, ob das Unternehmen des Schuldners stillgelegt oder vorläufig fortgeführt wird. Denn das Gesetzt versteht die Entscheidung über eine Stilllegung als Ausprägung der Gläubigerautonomie (vgl. § 157 und § 158 InsO). Wie sich die Gläubiger im Berichtstermin entscheiden, lässt sich daher im Zeitpunkt der Eröffnung des Insolvenzverfahrens noch nicht mit an Sicherheit grenzender Wahrscheinlichkeit prognostizieren.[168] Ausgangspunkt der handelsrechtlichen Fortführungsprognose muss daher stets die Annahme einer einstweiligen Fortführung des Unternehmens sein.

bb) Abwicklungsverluste

Im Übrigen herrscht Uneinigkeit in der Frage, ob die Obergesellschaft trotz suspendierter beziehungsweise beendeter Ausgleichspflicht, der Untergesellschaft weiterhin den Ersatz sogenannter Abwicklungsverluste schuldet. Hierunter ist die Unterbilanz zu verstehen, die sich nach Auflösung der Gesellschaft bei deren Abwicklung ergibt.[169] Also derjenige wertmäßigen Differenzbetrag zwischen Insolvenzeröffnungsbilanz auf der einen und Schlussbilanz (Handelsbilanz) auf der anderen Seite.[170] Die Einordnung dieser Verluste ist von der Besonderheit geprägt, dass ihre Entstehungsgründe zwar der Zeit vorinsolvenzlicher Konzernierung zuzurechnen sind, diese sich wertmäßig jedoch erst im Zeitpunkt der Verfahrenseröffnung zu Lasten der Gesellschaft realisieren.

Gegen eine Pflicht der Obergesellschaft zur Übernahme der Abwicklungsverluste wird zum Teil vorgetragen, dass deren Fortbestand mit dem Gewinn- und Verlustbegriff im Sinne des § 302 AktG nicht in Einklang stehe. Während dieser auf dem Verständnis einer werbenden Tätigkeit basiere, sei die Entstehung von Abwicklungsverlusten vielmehr als eine Realisierung des Gesellschaftsvermögens zu verstehen.[171] Zudem spreche gegen eine Ausgleichspflicht bereits das gleichzeitige Ende der Gewinnabführungspflicht auf Seiten der Untergesellschaft.[172]

---

168 Vgl. 1. KommBer, S. 293.

169 Emmerich/Habersack/*Emmerich*, § 302 AktG, Rn. 39.

170 *Noack*, S. 283; *K. Schmidt*, S. 232; *K. Schmidt* in: ZGR 1983, 513, 532f.; Uhlenbruck/*Hirte*, § 11 InsO, Rn. 402.

171 KK-AktG/*Koppensteiner*, § 302 AktG, Rn. 36.

172 KK-AktG/*Koppensteiner*, § 302 Rn. 36; *Mertens* in: ZGR 1984, 542, 552; zum Ende der Gewinnabführungspflicht im Zeitpunkt der Verfahrenseröffnung vgl. BFH, Urt. v. 18.10.1967 – I 262/63 = BFHE 90, 370 = WM 1968, 409.

Demgegenüber macht sich die wohl überwiegende Auffassung für eine Pflicht zum Ausgleich der Abwicklungsverluste stark.[173] Innerhalb dieser Ansicht herrscht jedoch Uneinigkeit, um die Grenzen dieser Pflicht.

(1) Stellungnahme

Richtig ist, dass die Verlustausgleichspflicht bei verständiger Würdigung des § 302 Abs. 1 AktG auch solche Verluste umfasst, die ihrem Ursprung nach auf eine wertmäßige Differenz zwischen Handels- und Insolvenzeröffnungsbilanz zurück zu führen sind („**Abwicklungsverluste**"). Nur auf diese Weise kann dem Ziel eines interessengerechten Ausgleichs, vor Verfahrenseröffnung vorgenommener Beherrschungsakte hinreichend Rechnung getragen werden.[174] Anderenfalls bestünde die Gefahr, dass die Auflösung der Untergesellschaft für das herrschende Unternehmen im Hinblick auf solche Verluste, die ihrem Ursprung nach zwar von dieser mitverursacht wurden, sich jedoch erst nach Verfahrenseröffnung wertmäßig realisieren, weitesgehend folgenlos bliebe. Die Fehlbeträge würden letztlich in Form einer verminderten Verfahrensmasse an die Gläubigergemeinschaft weitergereicht. Dies erscheint im Ergebnis weder interessengerecht noch vor dem Ziel einer bestmöglichen gemeinschaftlichen Gläubigerbefriedigung (§ 1 InsO) zu rechtfertigen.

(2) Unternehmensfortführung durch den Insolvenzverwalter

Der Ausgleich von Abwicklungsverlusten muss jedoch dort seine Grenze finden, wo ein nach Verfahrenseröffnung entstandener Verlustvortrag seinem Ursprung nach auf eine Unternehmensfortführung durch den Insolvenzverwalter zurück zu führen ist,[175] da dieser nicht der Weisungsbefugnis der Obergesellschaft beziehungsweise eines dort bestellten Insolvenzverwalters unterliegt. Möchte man demgegenüber mit *Peltzer* davon ausgehen, dass sich die Ausgleichspflicht auch auf solche Verluste bezieht, die „durch ein unfähiges Insolvenzmanagement [...] verursacht worden sind",[176] läuft man Gefahr, den Sinn und Zweck des § 302 AktG

---

173 Uhlenbruck/*Hirte*, § 11 InsO, Rn. 402; *Werner* in: AG 1972, 137, 143; *Rümker* in: WM 1974, 990, 995; *Peltzer* in: AG 1975, 309, 311; *Meister* in: WM 1976, 1182, 1186 ff.; *Sämisch/Adam* in: ZInsO 2007, 520, 522; *Noack*, S. 283; im Ergebnis wohl offenlassend: *K. Schmidt* in: ZGR 1983, 513, 532 f.

174 *Meister* in: WM 1976, 1182, 1186 f; *Werner* in: AG 1972, 137, 143.

175 Vgl. hierzu oben auf S. 101; übereinstimmend: Uhlenbruck/*Hirte*, § 11 InsO, Rn. 402; a. A. *Peltzer* in: AG 1975, 309, 311, der auch solche Verluste, die *„durch ein unfähiges Insolvenzmanagement [...] verursacht werden"* in die Ausgleichspflicht einbeziehen will.

176 *Peltzer* in: AG 1975, 309, 311.

zu gefährden, der ausschließlich darin besteht, die Möglichkeit zur herrschenden Einflussnahme zu korrelieren.

c) Wiederaufleben der Verlustausgleichpflicht

Parallel zu einem Wiederaufleben des Weisungsrechts der Obergesellschaft gegenüber der Geschäftsleitung der Untergesellschaft im Falle einer Beendigung des Insolvenzverfahrens beziehungsweise dem Übergang der Fremd- in die Eigenverwaltung,[177] muss auch eine zu Gunsten der Untergesellschaft bestehende Verlustausgleichspflicht wieder Geltung erlangen, wenn das Insolvenzverfahren beendet oder durch das Insolvenzgericht die Eigenverwaltung (§ 270 InsO) angeordnet worden ist.

d) Zwischenergebnis

Mit Eröffnung des Insolvenzverfahrens über das Vermögen der Untergesellschaft wird die zwischen der Ober- und der Untergesellschaft nach § 302 AktG bestehende Pflicht zum Verlustausgleich insoweit suspendiert, wie die Obergesellschaft zur Ausübung eines ihr aus Beherrschungsvertrag zustehenden Weisungsrechts nicht mehr im Stande ist.[178] Dies ist immer dann der Fall, wenn die Verwaltungs- und Verfügungsbefugnis über das Vermögen der Untergesellschaft auf den Insolvenzverwalter übergegangen ist (§ 80 InsO). Trotz dieser Suspensionswirkung ist die Obergesellschaft weiterhin zum Ausgleich derjenigen Verluste im Vermögen der Untergesellschaft aus § 302 AktG verpflichtet, die ihrem Ursprung nach auf eine wertmäßige Differenz zwischen Handels- und Insolvenzeröffnungsbilanz zurück zu führen sind (Abwicklungsverluste). Die Verlustausgleichspflicht lebt mit der Beendigung des Insolvenzverfahrens beziehungsweise dem Übergang der Fremd- in die Eigenverwaltung wieder auf.

8. Fortbestand der Gewinnabführungspflicht

Gleichermaßen wie in der Insolvenz der Obergesellschaft stellt sich auch an dieser Stelle die Frage, ob eine vertraglich geschuldete Pflicht der Untergesell-

---

177 Siehe S. 97; zur Frage des Fortbestands der Konzernleitungsmacht in der Eigenverwaltung vgl. die Ausführungen auf S. 154ff.

178 Zur Frage des Fortbestehens der Gewinnabführungspflicht der Untergesellschaft in der Insolvenz der Obergesellschaft siehe oben auf S. 91.

schaft zur Abführung des Gewinnvortrags über die Eröffnung des Insolvenzverfahrens hinaus Bestand haben kann.[179] Dies ist umstritten.

Nach teilweiser Auffassung müsse mit der Insolvenz der abhängigen Gesellschaft gleichzeitig auch deren vertragliche Pflicht zur Gewinnabführung (§ 291 Abs. 1 AktG) enden.[180]Grund hierfür sei die Annahme, dass ein Abschluss von Unternehmensverträgen stets unter Erwerbsgesellschaften stattfinde, wobei die Möglichkeit einer späteren Auflösung dieser Gesellschaften im Zeitpunkt des Vertragsschlusses durch die Parteien regelmäßig nicht in Betracht gezogen werde.[181] Vor diesem Hintergrund müsse eine ergänzende Vertragsauslegung (§§ 133, 157 BGB) zu dem Ergebnis gelangen, dass die Pflicht zur Gewinnabführung mit Auflösung der Organgesellschaft nicht mehr vom Parteiwillen getragen sein könne und somit ende.[182] Nach Auffassung von *Altmeppen* könne die insolvente Gesellschaft zudem nur noch schwerlich Partner eines Fusionstatbestandes im Sinne des § 291 AktG sein, wenn der Zweck der Gesellschaft nunmehr ausschließlich auf deren Liquidation gerichtet sei.[183]

Andere wollen wiederum einen Fortbestand der Gewinnabführungspflicht annehmen, wobei sie der Obergesellschaft ein Kündigungsrecht nach § 297 Abs. 1 S. 2 AktG zusprechen.[184]

a) Stellungnahme

Im Ergebnis vermag keiner der vorgenannten Ansätze vollständig zu überzeugen. Richtig ist, dass derjenige Gewinnvortrag der Untergesellschaft, der auf das Rumpfgeschäftsjahr vor Verfahrenseröffnung entfällt, weiterhin an die Obergesellschaft abzuführen ist. Dies gilt auch dann, wenn man mit einem Teil der Literatur eine automatische Beendigung des Gewinnabführungsvertrages im Zeitpunkt der Verfahrenseröffnung annehmen möchte, da es sich hierbei um Überschüsse handelt, die hinsichtlich ihrer Entstehung bereits in die Zeit vor Auflösung der Gesellschaft fallen.[185] In diesem Zusammenhang ist jedoch zu

---

179 Zum Fortbestand der Gewinnabführungspflicht in der Insolvenz der Obergesellschaft siehe oben auf S. 391.

180 BFH, Urt. v. 18.10.1967 – I 262/63 = BFHE 90, 370; MünchKommAktG/*Altmeppen*, § 297 AktG, Rn. 122; *Sämisch/Adam* in: ZInsO 2007, 520, 524.

181 BFH, Urt. v. 18.10.1967 – I 262/63 = BStBl 1968 II S. 106.

182 BFH, Urt. v. 18.10.1967 – I 262/63 = BStBl 1968 II S. 106.

183 MünchKommAktG/*Altmeppen*, § 297 AktG, Rn. 122.

184 *Bultmann* in: ZInsO 2007, 785, 790; Uhlenbruck/*Hirte*, § 11 InsO, Rn. 398; *Böcker* in: GmbHR 2004, 1257, 1258; KK-AktG/*Koppensteiner*, § 297 AktG, Rn. 46.

185 KK-AktG/*Koppensteiner*, § 302 AktG, Rn. 35; Uhlenbruck/*Hirte*, § 11 InsO, Rn. 401.

beachten, dass ein Abführung dieses Gewinns gegebenenfalls unter den Voraussetzungen der §§ 129 ff. InsO der insolvenzrechtlichen Anfechtung unterliegt.[186]

Richtig ist auch, dass ein fortführungsbedingter Neuerwerb der schuldnerischen Gesellschaft als Teil der Insolvenzmasse (vgl. § 35 Abs. 1 InsO) einer Verteilung an die Gläubiger zur Verfügung stehen muss und insofern keiner vertraglichen Abführungspflicht an die Obergesellschaft unterliegen darf. Hierfür spricht zudem der Sinn und Zweck eines insolvenzrechtlichen Fortführungsgebots nach § 22 Abs. 1 S. 2 Nr. 2 i.V.m. § 158 InsO. Auch wenn das Gesetzt eine Pflicht zur Sicherung und Erhaltung des Schuldnervermögens lediglich für den vorläufigen „starken" Insolvenzverwalter ausdrücklich normiert (vgl. § 22 Abs. 1 S. 2 Nr. 1 InsO), so versteht es sich von selbst, dass der in § 1 InsO normierte Insolvenzzweck das Prinzip der Haftungsverwirklichung auch nach Verfahrenseröffnung garantiert.

Die Begründung, die Gesellschaft betreibe in Folge ihrer Auflösung *per se* kein auf den Erwerb gerichtetes Unternehmen, sodass sich die Notwendigkeit einer Korrektur des geäußerten Parteiwillens im Wege der Auslegung ergebe,[187] kann jedenfalls vor dem Hintergrund nicht überzeugen, dass Zweck des Insolvenzverfahrens auch die Fortführung und Sanierung der schuldnerischen Gesellschaft sein kann (vgl. § 1 S. 1 InsO). Der Betrieb eines auf den Erwerb gerichteten Unternehmens muss demnach auch nach dessen Auflösung grundsätzlich möglich sein. Aus denselben Gründen ist aber auch derjenigen Ansicht eine Absage zu erteilen, die eine automatische Beendigung des Gewinnabführungsvertrages mit dem Argument einer insolvenzbedingten Änderung des Gesellschaftszweck zu begründen versucht.[188]

b) Fazit

Nach alledem kann die Annahme eines Fortbestands der Gewinnabführungspflicht nicht überzeugen. Gewinne die durch den Insolvenzverwalter im Rahmen der Unternehmensfortführung erwirtschaftet wurden, müssen im Vermögen des Insolvenzschuldners verbleiben. Dies muss insbesondere vor dem Hintergrund einer gleichzeitigen Suspension der Verlustausgleichspflicht gelten.[189] Während diese im lebenden Konzern dem Ausgleich von Beherrschungs- und Gewinnabführungsakten dient, ist mit deren Wegfall eine fortdauernde Verpflichtung sei-

186 Uhlenbruck/*Hirte*, § 11 InsO, Rn. 401.
187 BFH, Urt. v. 18.10.1967 – I 262/63 = BStBl 1968 II S. 106.
188 Hierzu ausführlich auf S. 70ff.
189 Siehe hierzu ausführlich auf S. 86ff.

tens der Untergesellschaft zur Abführung eines im eröffneten Verfahren erwirtschafteten Fortführungsergebnisses nicht mehr zu rechtfertigen. Hinzu kommt, dass der Gesetzgeber es bislang unterlassen hat, konkrete Grundsätze zur Fortführung konzernierter Unternehmen in das Regelwerk der Insolvenzordnung zu implementieren.

c) Wiederaufleben der Gewinnabführungspflicht

Die Gewinnabführungspflicht lebt spätestens dann wieder auf, wenn durch das Insolvenzgericht die Eigenverwaltung angeordnet wird (§ 270 Abs. 1 S. 1 InsO) oder das Insolvenzverfahren beendet wird. Dies gilt auch im Falle des Insolvenzplanverfahren, da gemäß § 258 Abs. 1 InsO das Insolvenzgericht die Aufhebung des Insolvenzverfahrens zu beschließen hat, sobald die Bestätigung des Insolvenzplans rechtskräftig ist und der Insolvenzplan nicht ein anderes vorsieht. Da mit der Aufhebung des Verfahrens beziehungsweise dem Übergang von der Fremd- in die Eigenverwaltung zeitgleich auch die Pflicht der Obergesellschaft zum Verlustausgleich wiederauflebt, erscheint eine fortdauernde Suspension der Gewinnabführungspflicht nicht mehr interessengerecht. Anderenfalls stünde zu befürchten, dass die Anteilseigner und Gläubiger der Obergesellschaft zu den Trägern der finanziellen Risiken eines Sanierungsverfahrens der Tochter gemacht werden.

Für den Fall, dass die Obergesellschaft zur Erfüllung ihrer Verpflichtung aus § 302 Abs. 1 AktG nicht im vollen Umfang im Stande ist, können die Gläubigern ein Leistungsverweigerungsrecht auf Grundlage des Unternehmensvertrags geltend machen (§ 321 BGB).[190]

Demgegenüber muss die Liquidation der insolventen Gesellschaft letztlich zu einer endgültigen Beendigung der Gewinnabführungspflicht führen. Eine fortdauernde Schmälerung des Haftungssubstrats kann vor dem Hintergrund eines auf die Verteilung der vorhandenen Vermögensmasse reduzierten Verfahrenszwecks (vgl. § 1 InsO) nicht mehr überzeugen.[191]

d) Recht zur Kündigung

Den Parteien steht es darüber hinaus frei, von ihrem Recht zur außerordentlichen Kündigung aus § 297 AktG Gebrauch zu machen und sich bei Vorliegen der Tat-

190 Vgl. *Freudenberg* in: ZIP 2009, 2037, 2042; MünchKommAktG/*Altmeppen*, § 291 AktG, Rn. 38; Emmerich/Habersack/*Emmerich*, § 291 AktG, Rn. 27a; Spindler/Stilz/*Veil*, Vor § 291 AktG, Rn. 28 ff.
191 *K. Schmidt* in: ZGR 1983, 513, 527.

bestandsvoraussetzungen von den Verpflichtungen des Vertrags zu lösen.[192] Parallel hierzu kann die Gläubigerversammlung, beziehungsweise nach dem Berichtstermin der Insolvenzverwalter analog § 103 InsO gegen eine Erfüllung der Verträge entscheiden.[193]

Endet der Unternehmensvertrag, können die Gläubiger der Gesellschaft vom anderen Vertragsteil nach § 303 AktG Sicherheit verlangen. Dieser Anspruch wandelt sich nach umstrittener Auffassung im Falle der Insolvenz der Gesellschaft in einen direkten Zahlungsanspruch um.[194]

e) Zwischenergebnis

Mit der Eröffnung des Insolvenzverfahrens über das Vermögen der Untergesellschaft wird die unternehmensvertragliche Pflicht zur Gewinnabführung (§ 291 Abs. 1 AktG) bis zur Beendigung des Insolvenzverfahrens suspendiert. Beschließt das Insolvenzgericht die Aufhebung des Insolvenzverfahrens oder ordnet es nachträglich die Eigenverwaltung an (§ 271 InsO), muss mit einem gleichzeitigen Wiederaufleben der Verlustausgleichspflicht (§ 302 AktG) konsequenter Weise auch die Pflicht zur Gewinnabführung einhergehen. Demgegenüber führt die Liquidation der schuldnerischen Gesellschaft zwingend zu einer Beendigung der vertraglich geschuldeten Gewinnabführungspflicht. Die Parteien können die Verträge gemäß § 297 Abs. 1 AktG jederzeit außerordentlich kündigen, sofern ein wichtiger Grund im Sinne der Vorschrift vorliegt. Bis zu einer Entscheidung der Gläubigerversammlung im Berichtstermin über den Fortgang des Verfahrens ist das Recht zur Kündigung analog § 112 Nr. 2 InsO suspendiert.

---

192 *Bultmann* in: ZInsO 2007, 785, 790; Uhlenbruck/*Hirte*, § 11 InsO, Rn. 398; *Böcker* in: GmbHR 2004, 1257, 1258; KK-AktG/*Koppensteiner*, § 297 AktG, Rn. 47 f.

193 Hierzu ausführlich auf S. 77ff.

194 Der BGH hatte dies erstmals im Falle der qualifiziert faktisch abhängigen GmbH angenommen: BGH, Urt. v. 16.09.1985 – II ZR 275/84 = BGHZ 95, 330, 347 = NJW 1986, 188 ff.; BGH, Urt. v. 19.09.1988 – II ZR 255/87 = BGHZ 105, 168, 183 = NJW 1988, 3143; BGH, Urt. v. 23.09.1991 – II ZR 135/90 = NJW 1991, 3142; BGH, Urt. v. 11.11.1991 – II ZR 287/90 = NJW 1992, 505; BGH, Urt. v. 29.03.1993 – II ZR 265/91 = BGHZ 122, 123 = NJW 1993, 1200; vgl. auch MünchKommAktG/Altmeppen, § 303 Rn. 42; Emmerich/Habersack/*Emmerich*, § 303 AktG, Rn. 25; Spindler/Stilz/*Veil*, § 303 AktG, Rn. 22.; *Sämisch/Adam* in: ZInsO 2007, 520, 525.

VIII. Faktische Konzernleitungsmacht

Gleichermaßen wie im Vertragskonzern stellt sich auch im faktischen Konzern die Frage, inwiefern die Eröffnung des Insolvenzverfahrens über das Vermögen der herrschenden beziehungsweise abhängigen Gesellschaft, die konzernbegründenden Herrschaftsbeziehungen beeinflussen kann. Aufgrund der weitreichenden Weisungsbefugnisse der Gesellschafterversammlung sowie der Zulässigkeit der Fremdorganschaft[195] soll im Folgenden die Insolvenz im GmbH-Konzern als Beispiel dienen.

1. Vorbemerkung

Im Gegensatz zum Vertragskonzern (§§ 291 ff. AktG) ist der faktische Konzern nicht gesetzlich definiert. In der Praxis wird in erster Linie zwischen dem einfachen und dem qualifiziert faktischen Konzern unterschieden.[196]

Eine (einfache) faktische Konzernierung liegt nach allgemeiner Auffassung immer dann vor, „wenn mehrere Unternehmen unter der Leitung eines herrschenden Unternehmens zusammengefasst sind, ohne dass eine vertragliche Absprache existiert".[197] Demgegenüber ist die Abhängigkeit im qualifiziert faktischen Konzern derart stark ausgeprägt, dass die abhängige Gesellschaft „wie eine unselbständige Betriebsabteilung des herrschenden Unternehmens geführt wird".[198] Eine einheitliche Leitung im Sinne des § 18 Abs. 1 S. 1 AktG soll in diesem Fall „weder ausreichend noch erforderlich" sein.[199] Für die GmbH hat der BGH die Rechtsfigur des qualifiziert faktischen Konzerns mittlerweile vollständig aufgegeben und durch die der „Existenzvernichtungshaftung" ersetzt.[200] Die Rechtsfolgen der qualifiziert faktischen Konzernierung einer Aktiengesellschaft und die des Vertragskonzerns sind weitestgehend gleichgerichtet.[201]

---

195 Vgl. *K. Schmidt*, S. 228.

196 Vgl. MünchKommAktG/*Bayer*, Bd. 1, § 18 Rn. 8; *Kuhn/Uhlenbruck*, Vor. K § 207 Rn. 5.

197 *Smid/Rattunde/Martini*, S. 141 Rn. 11.17; MünchKommAktG/*Bayer*, Bd. 1, § 18 Rn. 15; *Kuhn/Uhlenbruck*, Vor. K § 207 Rn. 5 m.w.N.

198 *Lutter/Timm* in: NJW 1982, 409, 412; MünchKommAktG/*Bayer*, Bd. 1, § 18 Rn. 11.

199 MünchKommAktG/*Bayer*, Bd. 1, § 18 Rn. 11.

200 BGH, Urt. v. 17.09.2001 – II ZR 178/99 = BGHZ 149, 10, 16; BGH, Urt. v. 16.07.2007 – II ZR 3/04 = BGHZ 173, 246; vgl. auch MünchKommAktG/*Bayer*, Bd. 1, § 18 Rn. 14.

201 Zu den Rechtsfolgen im Detail MünchKommAktG/*Bayer*, Bd. 1, § 18 Rn. 14.

2. Insolvenz der Untergesellschaft

a) Darstellung der Rechtsprechung und Literatur

Nach überwiegender Auffassung wird im qualifiziert faktischen Konzern das Konzernverhältnis im Zeitpunkt der Eröffnung des Insolvenzverfahrens über das Vermögen der abhängigen Gesellschaft beendet,[202] beziehungsweise für die Zeit bis zur Beendigung des Verfahrens suspendiert.[203]

Zu Zeiten der Konkursordnung wurde dies vorwiegend damit begründet, dass die kraft faktischen Konzernverhältnisses vermittelte Leitungsmacht, vor dem Hintergrund der „umfassenden" Verwaltungs- und Verfügungsbefugnis des Konkursverwalters (§ 6 KO), nach Verfahrenseröffnung keinen Bestand mehr für sich in Anspruch nehmen könne.[204]

Mit ähnlicher Begründung wird auch nach geltendem Recht ganz überwiegend ein Fortbestand des Konzerns verneint: Da die Erduldung von Leitungsmacht lediglich den Gesellschaftsorganen zugewiesen sei, komme es infolge der Eröffnung des Insolvenzverfahrens und dem Übergang der Verwaltungs- und Verfügungsbefugnis auf den Insolvenzverwalter (§ 80 InsO) stets zu einer Beendigung der faktischen Konzernbeziehung.[205]

Dieser Auffassung scheint sich neuerdings auch der deutsche Gesetzgeber anschließen zu wollen, indem er für den Fall der Anordnung der Eigenverwaltung eine Beendigung der Möglichkeit zur Einflussnahme der Aufsichtsorgane auf die Geschäftsführung des Schuldners normiert, soweit diese die Verwaltung und Verwertung der Insolvenzmasse betrifft (§ 276a InsO).[206] Ausweislich der Gesetzesbegründung sollen hierdurch die Einflussmöglichkeiten der Überwachungsorgane auf die Geschäftsführung bei Anordnung der Eigenverwaltung im Wesentlichen an den Fall der Bestellung eines Insolvenzverwalters angeglichen werden.[207] Auswirkungen hat dies in erster Linie auf die beherrschte GmbH, indem die Befugnis der Gesellschafterversammlung, der Geschäftsführung gemäß § 37 Abs. 1 GmbHG bindende Weisungen zu erteilen,[208] weitestgehend erlischt.[209]

---

202 *Kort* in: ZIP 1988, 681, 687; *Kuhn/Uhlenbruck*, Vor. K § 207 Rn. 5; Uhlenbruck/*Hirte*, § 11 Rn. 413.

203 *K. Schmidt*, S. 228.

204 *Kort* in: ZIP 1988, 681, 687.

205 Uhlenbruck/*Hirte*, § 11 Rn. 413; *Ehricke* in: ZInsO 2002, 393, 394.

206 BR-Drucks. 127/11, S. 62; vgl. auch Uhlenbruck/*Zipperer*, § 276a Rn. 6.

207 BR-Drucks. 127/11, S. 62.

208 Roth/Altmeppen/*Altmeppen*, § 37 Rn. 3ff.; Henssler/Strohn/*Oetker*, § 37 GmbHG, Rn. 11; vgl. auch BGH, Urt. v. 14.12.1959 – II ZR 187/57 = BGHZ 31, 258, 278; zum Umfang der Weisungsbefugnis der Gesellschafterversammlung ausführlich Roth/Altmeppen/*Altmeppen*, § 37 Rn. 6.

209 Uhlenbruck/*Zipperer*, § 276a Rn. 6; *Hölzle* in: ZIP 2013, 1846, 1847.

Im Gegensatz hierzu wurde für die Eröffnung des Vergleichsverfahren überwiegend angenommen, dass dieses keinen Einfluss auf den Fortbestand des Konzernverhältnisses habe,[210] da dem Vergleichsverwalter – anders als dem Konkursverwalter – lediglich eingeschränkte Prüfungs- und Überwachungsaufgaben zuteil wurden (§§ 39, 40 VglO).[211] Dies hatte zur Folge, dass die Rechte der Gesellschafterversammlung nur im Falle bindender Weisungen des Vergleichsverwalters an die Geschäftsführungsorgane der abhängigen Gesellschaft vollständig verdrängt wurden.[212]

b) Stellungnahme und Fazit

Die Begründung zur Rechtlage nach der Konkursordnung ist auch nach geltender Rechtsauffassung weiterhin aktuell. Dadurch, dass der Insolvenzverwalter zum einen aufgrund seiner verfahrensrechtlichen Stellung als Partei kraft Amtes nach § 56 Abs. 1 InsO grundsätzlich zu unabhängigem Handeln verpflichtet ist,[213] zum anderen aber auch die Gesellschaftsorgane als Adressaten der Weisungen für die Dauer des Verfahrens ihrer Verwaltungs- und Verfügungsbefugnis hinsichtlich des vom Insolvenzbeschlag erfassten Vermögens verlieren (vgl. § 80 Abs. 1 InsO), können Weisungen der Obergesellschaft gegenüber der Untergesellschaft keine Geltung mehr für sich in Anspruch nehmen.

Ähnlich wie im Vertragskonzern ist aufgrund der Eröffnung des Insolvenzverfahrens eine Rumpfgeschäftsjahr zu bilden,[214] wobei für die herrschende Gesellschaft eine Verlustausgleichspflicht (analog) § 302 AktG besteht.[215] Abwicklungsverluste müssen nach zutreffender Auffassung von der abhängigen Gesellschaft selbst getragen werden.[216]

c) Zwischenergebnis

Im qualifiziert faktischen Konzern wird das Konzernverhältnis im Zeitpunkt der Eröffnung des Insolvenzverfahrens über das Vermögen der abhängigen Ge-

---

210 *Lutter* in: ZfB 1984, 781, 782.; *Kort* in: ZIP 1988, 681, 688

211 *Kort* in: ZIP 1988, 681, 688.

212 *Kort* in: ZIP 1988, 681, 688.

213 *Zeidler* in: NZG 1999, 692, 697; KK-AktG/*Koppensteiner*, § 297 AktG, Rn. 47; *K. Schmidt* in ZGR 1983, 513, 527.

214 Zu den bilanzrechtlichen Folgen der Insolvenz im Vertragskonzern siehe oben auf S. 100.

215 *Kort* in: ZIP 1988, 681, 687; *Kuhn/Uhlenbruck*, Vor. K § 207 Rn. 5.

216 *Kort* in: ZIP 1988, 681, 687.

sellschaft für die Zeit bis zur Beendigung des Verfahrens suspendiert. Abwicklungsverluste sind von der abhängigen Gesellschaft selbst zu tragen.

3. Insolvenz der Obergesellschaft

Nach überwiegender Auffassung soll auch die Insolvenz der herrschenden Gesellschaft eine automatische Beendigung der faktischen Konzernbeziehung zur Folge haben.[217]

Unter Geltung der Konkursordnung wurden als Gründe hierfür zum einen die „Beendigung der gesellschaftsrechtlichen Herrschaftsbeziehung" sowie die „Notwendigkeit eines abstrakten Schutzes der Tochtergesellschaft gegen Verletzungen des Konzerninteresses" als auch die „(mögliche) Unfähigkeit der Obergesellschaft zur Fortsetzung des Verlustausgleichs" vorgetragen.[218] Im Übrigen wurde darauf verwiesen, dass sich die Rechte des Konkursverwalters auf Handlungen zur Erreichung des Konkurszwecks (§ 3 KO) beschränken würden, sodass dieser gerade nicht zur Ausübung von Konzernleitungsmacht berechtigt sein könne.[219]

Demgegenüber sollte die Eröffnung des Vergleichsverfahrens keine automatische Beendigung des Konzernverhältnisses zur Folge haben.[220] Da durch den Eröffnungsbeschluss die Befugnisse der Geschäftsführung der herrschenden Gesellschaft nicht negativ berührt waren, sollte diese das Recht zur Ausübung von Konzernleitungsmacht auch nach Eröffnung des Vergleichsverfahrens erhalten.[221]

a) Stellungnahme

Allein der letztgenannte Ansatz kann im Hinblick auf den in § 1 InsO normierten Insolvenzzweck überzeugen. Infolge der Eröffnung des Insolvenzverfahrens wird dem im Verfahren bestellten Insolvenzverwalter mit dem Übergang der Verwaltungs- und Verfügungsbefugnis gemäß § 80 InsO gleichsam das Recht auf Ausübung der konzernrechtlichen Leitungsmacht, als Bestandteil seiner Le-

217 *Lutter* in: ZfB 1984, 781, 783; *K. Schmidt*, S. 229; *Kuhn/Uhlenbruck*, Vor. K § 207 Rn. 5; *Kort* in: ZIP 1988, 681, 687 f.; Uhlenbruck/*Hirte*, § 11 Rn. 413.

218 *K. Schmidt*, S. 229.

219 *Kort* in: ZIP 1988, 681, 688; *K. Schmidt*, S. 229.

220 *Kort* in: ZIP 1988, 681, 688.

221 *Kort* in: ZIP 1988, 681, 688.

gitimation durch das Fremdkapital übertragen.[222] Bis zu einer verbindlichen Entscheidung der Gläubigerversammlung über den Fortgang des Verfahrens im Berichtstermin (§ 157 InsO) ist der Insolvenzverwalter zur Fortführung des schuldnerischen Unternehmens sowie zur Sicherung der Masse nach § 22 Abs. 1 Nr. 2 InsO i.V.m. § 158 InsO verpflichtet. Bis zu diesem Zeitpunkt ist dem Insolvenzverwalter die Ausübung des Weisungsrechts der schuldnerischen Gesellschaft gegenüber etwaig untergeordneten Gesellschaften als „notwendiges Betriebsmittel" sowie zwingender Bestandteil des Unternehmensgegenstands, in Verwirklichung des Verfahrenszwecks (§ 1 InsO) einstweilen übertragen.[223] Entsprechendes muss konsequenter Weise für den Fall gelten, dass sich die Gläubigerversammlung im Berichtstermin (§ 157 InsO) für die Fortführung und Sanierung des schuldnerischen Unternehmens entscheidet.[224]

b) Zwischenergebnis

Die Eröffnung des Insolvenzverfahrens über das Vermögen der herrschenden Gesellschaft hat keinen Einfluss auf den Fortbestand einer faktisch vermittelten Leitungsmacht. Diese wird nach Verfahrenseröffnung durch den Insolvenzverwalter der herrschenden Gesellschaft ausgeübt.

IX. Zusammenfassung der Ergebnisse zu Abschnitt I

Die zu Abschnitt I gefundenen Ergebnisse lassen sich wie folgt zusammenfassen:

1. Die Eröffnung des Insolvenzverfahrens führt nicht *ipso iure* zu einer Änderung des Gesellschaftszwecks. Der Zweck einer insolventen Gesellschaft ist vorbehaltlich eines abweichenden Beschlusses der Gläubigerversammlung im Berichtstermin (§ 157 InsO) auch nach Eröffnung des Insolvenzverfahrens auf den Betrieb einer werbenden Gesellschaft und somit auf Gewinnerzielung gerichtet. Für die Dauer des Verfahrens wird der ursprüngliche Gesellschaftszweck im Hinblick auf die nach dem Insolvenzrecht geltenden Besonderheiten sowie Zielbestimmungen überlagert.
2. Die Eröffnung des Insolvenzverfahrens führt nicht zu einer automatischen Beendigung der zwischen dem Schuldner und einer dritten Gesellschaft bestehenden Unternehmensverträge.

---

222 Hierzu ausführlich auf S. 83.
223 *Freudenberg* in: ZIP 2009, 2037, 2040.
224 Hierzu ausführlich auf S. 81ff.

3. Beschließt die Gläubigerversammlung die Liquidation der schuldnerischen Gesellschaft, führt dies unweigerlich zum Verlust der Unternehmereigenschaft und damit zur Beendigung der Unternehmensverträge, da die §§ 15, 17, 291 Abs. 1 AktG den Betrieb eines Unternehmens zwingend voraussetzen.
4. Das Recht des Insolvenzverwalters, (analog) § 103 InsO über den Fortbestand der Unternehmensverträge zu befinden liegt bis zu einer verbindlichen Entscheidung der Gläubigerversammlung über den Fortgang des Verfahrens im Berichtstermin (§ 157 InsO) unter dem Zustimmungsvorbehalt der Gläubigerversammlung, während dem Insolvenzverwalter lediglich eine Not- und Eilzuständigkeit in der Sache verbleibt. Beschließt die Gläubigerversammlung im Berichtstermin die (vorläufige) Fortführung des Unternehmens, liegt die Verwertungskompetenz wieder uneingeschränkt beim Insolvenzverwalter.
5. Nach Eröffnung des Insolvenzverfahrens steht die Ausübung des Weisungsrechts der herrschenden Gesellschaft aus § 308 AktG dem im Verfahren bestellten Insolvenzverwalter kraft der ihm übertragenen Verwaltungs- und Verfügungsbefugnis (§ 80 InsO) zu.
6. Die Verlustausgleichspflicht der Obergesellschaft aus § 302 AktG bleibt solange bestehen, wie der Unternehmensvertrag einen entsprechenden schuldauslösenden Grund schafft.
7. Ein in Ausübung des Weisungsrechts der Obergesellschaft durch den Insolvenzverwalter nach § 308 AktG begründeter Ausgleichsanspruch aus § 302 AktG ist Masseverbindlichkeit nach § 55 Abs. 1 InsO.
8. In der Insolvenz der Obergesellschaft kann die Untergesellschaft einen zwischen den Parteien bestehenden Unternehmensvertrag nach § 297 Abs. 1 S. 1 AktG außerordentlich kündigen. Das Recht zur Kündigung ist analog § 112 Nr. 2 InsO jedoch solange suspendiert, wie die Gläubigerversammlung im Berichtstermin (§ 157 InsO) noch keine verbindliche Entscheidung hinsichtlich der Verwertung des vom Insolvenzbeschlag erfassten Vermögens getroffen hat.
9. Im Falle einer Beendigung der Unternehmensverträge können die Gläubiger der abhängigen Gesellschaft von der herrschenden Gesellschaft Sicherheit nach § 303 Abs. 1 AktG verlangen, wenn den Gläubigern nicht bereits aufgrund ihrer Stellung im Insolvenzverfahren analog § 303 Abs. 2 AktG ein gleichwertiges Recht auf vorzugsweise Befriedigung zusteht.
10. Mit der Eröffnung des Insolvenzverfahrens über das Vermögen der Untergesellschaft wird das Weisungsrecht der Obergesellschaft aus § 308 Abs. 1 S. 1 AktG für die Zeit des Verfahrens suspendiert.
11. Gleichzeitig wird die zwischen der Ober- und der Untergesellschaft bestehende Pflicht zum Verlustausgleich aus § 302 AktG insoweit suspendiert, wie

die Obergesellschaft zur Ausübung eines ihr aus Beherrschungsvertrag zustehenden Weisungsrechts nicht im Stande ist. Dies ist immer dann der Fall, wenn die Verwaltungs- und Verfügungsbefugnis über das Vermögen der Untergesellschaft gemäß § 80 InsO auf einen Insolvenzverwalter übergegangen ist.

12. Die Pflicht zum Verlustausgleich nach § 302 Abs. 1 AktG ist gleich dem Weisungsrecht der Obergesellschaft insoweit suspendiert, wie ein nach Verfahrenseröffnung entstandener Verlustvortrag der Untergesellschaft auf Handlungen des Insolvenzverwalters zurück zu führen ist.
13. Trotz dieser Suspensionswirkung ist die Obergesellschaft weiterhin zum Ausgleich derjenigen Verluste im Vermögen der insolventen Untergesellschaft aus § 302 AktG verpflichtet, die ihrem Ursprung nach auf eine wertmäßige Differenz zwischen Handels- und Insolvenzeröffnungsbilanz zurückzuführen sind (Abwicklungsverluste).
14. Mit der Eröffnung des Insolvenzverfahrens über das Vermögen der Untergesellschaft wird die unternehmensvertragliche Pflicht zur Gewinnabführung (vgl. § 291 Abs. 1 AktG) bis zur Beendigung des Insolvenzverfahrens suspendiert. Gewinne die durch den Insolvenzverwalter im Rahmen der Unternehmensfortführung erwirtschaftet wurden, stehen ausschließlich der jeweiligen Verfahrensmasse zu.
15. Beschließt das Insolvenzgericht die Aufhebung des Insolvenzverfahrens oder ordnet dieses nachträglich die Eigenverwaltung an, muss mit einem gleichzeitigen Wiederaufleben der Verlustausgleichspflicht aus § 302 AktG konsequenter Weise auch das Gebot zur Gewinnabführung wiederaufleben. Demgegenüber führt die Liquidation der schuldnerischen Gesellschaft zwingend zu einer Beendigung der vertraglich geschuldeten Gewinnabführungspflicht.
16. Die Parteien können die Unternehmensverträge gemäß § 297 Abs. 1 AktG jederzeit außerordentlich kündigen, sofern ein wichtiger Grund im Sinne der Vorschrift vorliegt. Bis zu einer Entscheidung der Gläubigerversammlung im Berichtstermin über den Fortgang des Verfahrens ist das Recht zur Kündigung analog § 112 Nr. 2 InsO suspendiert.
17. Im faktischen Konzern wird das Konzernverhältnis im Zeitpunkt der Eröffnung des Insolvenzverfahrens über das Vermögen der abhängigen Gesellschaft für die Zeit bis zur Beendigung des Verfahrens suspendiert. Abwicklungsverluste sind von der abhängigen Gesellschaft selbst zu tragen.
18. Die Eröffnung des Insolvenzverfahrens über das Vermögen der herrschenden Gesellschaft hat keinen Einfluss auf den Fortbestand einer faktisch vermittelten Leitungsmacht. Diese wird nach Verfahrenseröffnung durch den Insolvenzverwalter der herrschenden Gesellschaft ausgeübt.

X. Fazit

Die Untersuchungen zeigen, dass an die Eröffnung des Insolvenzverfahrens keinesfalls einheitliche Rechtsfolgen anknüpfen. Modellen, die gesamtlösungsorientierte Ansätze zur Bewältigung der Konzerninsolvenz heranziehen, ist somit eine klare Absage zu erteilen.

Für diejenigen Fälle, in denen die Besonderheiten des Insolvenzrechts eine Suspension der konzerninternen Leitungsmacht bewirken – etwa, weil im Verfahren über das Vermögen der Tochter die Verwaltungs- und Verfügungsbefugnis auf einen Insolvenzverwalter übergegangen ist – gilt es diesen Verlust an Herrschaftsmacht durch die Einführung von Kooperationspflichten zu kompensieren.

Dabei ist es entscheidend, dass Kooperationspflichten künftig nicht nur zwischen den geschäftsleitenden Organen und dem Insolvenzverwalter, beziehungsweise den Insolvenzverwaltern untereinander bestehen, sondern auch im Verhältnis zwischen Gesellschafterversammlung und Gläubigerversammlung die Pflicht zur gegenseitigen Unterstützung und Informationsgewährung existiert. Denn wie die Ausführungen auf Seite 83 ff. verdeutlichen, ist die Weisungskompetenz des Insolvenzverwalters aus § 80 Abs. 1 InsO i.V.m. § 308 Abs. 1 AktG auf solche Handlungen beschränkt, die sich auf ein massezugehöriges Gesellschaftsvermögen beziehen. Da die Organbefugnisse im Übrigen bei der schuldnerischen Gesellschaft verbleiben, besteht das zwingende Bedürfnis, dass sowohl diejenigen Beschlüsse, die etwa im Hinblick auf den Fortgang des Verfahrens durch die Gläubigerversammlung getroffen werden – und den Insolvenzverwalter insoweit binden – als auch diejenigen Beschlüsse, die von den Gesellschaftseigentümern auf Ebene der Gesellschafter- beziehungsweise Hauptversammlung getroffen werden, korrelieren müssen. Dies gilt insbesondere für diejenigen Fälle, in denen eine Sanierung des schuldnerischen Unternehmens angestrebt wird.

Ist die Fortführung einer einheitlichen Geschäftspolitik auch auf dieser Grundlage nicht zu gewährleisten, kann es im Einzelfall geboten sein, in Bezug auf einzelne Gesellschaften die Eröffnung des Insolvenzverfahrens vollständig abzuwenden, um die zwischen der Schuldnerin und der Konzernspitze bestehenden unternehmensvertraglichen Strukturen nicht unnötig zu gefährden.[225]

---

225 *Westphal/Goetker/Wilkens*, Grenzüberschreitende Insolvenzen, Rn. 1003.

C. Formelle Verfahrenszusammenfassung („Procedural Coordination“)

Alternativ zu dem Konzept einer materiellen Konsolidierung und als mögliche Neuausrichtung des geltenden Rechtsträgerprinzips (§ 11 InsO) ist eine Zusammenfassung der konzernzugehörigen Verfahren unter formellen Gesichtspunkten in Betracht zu ziehen. Im Ergebnis hätte diese zur Folge, dass es im Grundsatz bei einer Trennung der schuldnerischen Vermögensmassen verbliebe, wobei sich eine Zusammenfassung der schuldnerischen Unternehmungen lediglich zwecks koordinierter Verwaltung auf formeller Ebene vollziehen würde.

I. Der Insolvenzverwalter

Die wohl wirkungsvollste Ausprägung formeller Verfahrenskonzentration liegt in der Ernennung ein und derselben Person zum Insolvenzverwalter, für mehrere oder sämtliche Verfahren ein und derselben Unternehmensgruppe.[1]

1. Vorüberlegungen

Im deutschen Insolvenzrecht gilt der Grundsatz, dass über jedes notleidende Vermögen, einer dem Unternehmensverbund zugehörigen Gesellschaft ein eigenständiges Insolvenzverfahren zu eröffnen und mit diesem, ein jeweils den Anforderungen des § 56 Abs. 1 InsO entsprechender Insolvenzverwalter zu bestellen ist. Die noch in § 79 KO vorgesehene Möglichkeit, für ein und dasselbe Verfahren gleich mehrere Verwalter zu ernennen, vorausgesetzt, dass die Verwaltung in sich abgeschlossene Geschäftszweige umfasste und die Geschäftsführung durch die bestellten Verwalter selbständig erfolgte,[2] wurde im Zuge der Einführung der Insolvenzordnung wieder abgeschafft, um in erster Linie Schwierigkeiten rund um die Abgrenzung der Zuständigkeit mehrerer Verwalter zu vermeiden.[3] Zudem hat es sich in der Praxis bewährt, auch für große Unter-

1 *Flöther* in: Flöther, S. 153 Rn. 173; vgl. hierzu auch *Westphal/Goetker/Wilkens*, Grenzüberschreitende Insolvenzen, Rn. 1019 f.

2 *„Wenn die Verwaltung verschiedene Geschäftszweige umfaßt, so können mehrere Konkursverwalter ernannt werden. Jeder von ihnen ist in seiner Geschäftsführung selbständig.“*, vgl. hierzu die Kommentierung bei Jaeger/*Weber*, § 79 Rn. 1 ff.; Kuhn/*Uhlenbruck*, § 79 Rn. 1 ff.

3 Vgl. Begr. EInsO, BT-Drucks. 12/2443, S. 129; vgl. auch Kuhn/*Uhlenbruck*, § 79 Rn. 5.

https://doi.org/10.1515/9783110578775-010

nehmen nur einen Verwalter zu bestellen, der sich gegebenenfalls der Hilfe geeigneter Mitarbeiter bedienen kann.[4]

Wird über das Vermögen gleich mehrerer Gesellschaften eines konzernförmig organisierten Unternehmensverbunds das Insolvenzverfahren eröffnet, gelangt dieser Grundsatz jedoch an seine Grenzen. Denn im Zeitpunkt der Verfahrenseröffnung endet sowohl im faktischen als auch im Vertragskonzern regelmäßig das Recht der Obergesellschaft, dem Vorstand einer untergeordneten Gesellschaften hinsichtlich der Leitung der Gesellschaft Weisungen zu erteilen.[5] Auch besteht insolvenzrechtlich nicht die Möglichkeit, dem Insolvenzverwalter einer anderen Gesellschaft die Art und Weise der Ausübung seines Amtes vorzuschreiben (vgl. § 56 InsO).

Der wirtschaftliche Erfolg einer avisierten Unternehmenssanierung wird in der Regel jedoch davon abhängig sein, ob es auch zukünftig gelingt, den Konzernverbund in Form einer einheitlichen Konzernleitung zu erhalten.[6] Denn das Wesen des Konzerns definiert sich in erster Linie über seine rechtliche sowie wirtschaftliche Abhängigkeit. Aufgabe des Insolvenzverfahrens ist es, den in der Konzernstruktur enthaltenen Mehrwert zu Gunsten der Verfahrensmasse zu realisieren. Dies wird im Regelfall nur dann möglich sein, wenn die in den jeweiligen Verfahren bestellten Verwalter keine widerstreitenden Interessen verfolgen.

Eine verbreitete Praxis versucht dieser Problematik zu begegnen, indem sie in Fällen, in denen für mehrere konzernangehörige Unternehmen bereits ein und dasselbe Insolvenzgericht zuständig ist, einen einheitlichen Insolvenzverwalter bestellt.[7] Auf diese Weise gelingt es, vorwiegend in zentral organisierten Konzernen Unstimmigkeiten und Reibungsverluste zwischen anderenfalls einzeln einzusetzenden Verwaltern schon im Vorfeld zu vermeiden.[8] Hinzu kommt, dass dem vorinsolvenzlichen Konzept einer einheitlichen Leitung auch nach Verfahrenseröffnung Rechnung getragen wird. Im Übrigen wird aber auch aufgrund der vielzähligen konzerninternen Rechtsbeziehungen sowie des Umstands, dass eine Vielzahl der Konzerngesellschaften zu denselben Gläubigern Geschäftsbeziehungen unterhält, von der Einsetzung eines einheitlichen Insolvenzverwalters ein erheblicher Erkenntnisgewinn sowie eine erhebliche Verfahrensbeschleunigung zu erwarten sein.[9]

---

4 Begr. EInsO, BT-Drucks. 12/2443, S. 129.

5 Siehe hierzu die Ausführungen auf S. 97f. sowie S. 111f.

6 *Graeber* in: NZI 2007, 265, 269.

7 Vgl. *Leutheusser-Schnarrenberger* in: ZIP 2013, 97, 101.

8 *Eidenmüller* in: ZHR 2005, 528, 540 f.; *Flöther* in: Flöther, S. 153 Rn. 175; *Smid/Rattunde/Martini*, Kap. 11.5.

9 *Westphal/Goetker/Wilkens*, Grenzüberschreitende Insolvenzen, Rn. 1019.

So wurde etwa in der Insolvenz der *„PIN Group"* durch das zuständige Amtsgericht Köln derselbe Insolvenzverwalter für nahezu 1.000 Konzerngesellschaften bestellt.[10] Eine ähnliche Entscheidung war auch im Fall der Insolvenz des *„Arcandor"* Konzerns zu beobachten, wo ein Großteil der am AG Essen[11] geführten Konzerngesellschaften unter der Verwaltung eines einzigen Insolvenzverwalters standen.[12]

Diese Praxis stößt jedoch dort an ihre Grenzen, wo Konzerne den Gegenstand einer einheitlichen wirtschaftlichen Tätigkeit auf gleich mehrere hundert Töchter verteilen, die in ganz unterschiedlichen Branchen tätig sind und deren individuelles Bestreben gerade nicht auf die Verfolgung ein und desselben Zwecks gerichtet ist.[13] Ein einzelner Insolvenzverwalter wird in diesen Fällen kaum in der Lage sein, die operativen Geschäftsbetriebe sämtlicher dieser Gesellschaften, im Rahmen der ihm zur Verfügung stehenden Strukturen zeitgleich zu unterhalten.[14]

2. Einführung von Kooperationspflichten

Letztlich ist es Aufgabe der Insolvenzgerichte, diesem Spannungsfeld im Rahmen ihrer Eröffnungsentscheidung in hinreichendem Maße Rechnung zu tragen. Ob sich diese am Ende auf eine einheitliche Personalie einigen, oder vielmehr für einen lokalen Verwalter entscheiden, bleibt letztlich Ausfluss freiem richterlichen Ermessens und ist insofern nicht zu beeinflussen.

Eine Pflicht zur Kooperation zwischen den zuständigen Gerichten existiert nach bislang geltendem Recht jedenfalls nicht. Das Gesetz sollte daher zukünftig verbindliche Kooperations- und Informationspflichten für die zuständigen Insolvenzgerichte enthalten, die sich ihrem Inhalt nach etwa an dem Regelungsgehalt des Art. 57 EuInsVO n. F. orientieren und verbindliche Regelungen über die Koordinierung bei der Bestellung von Verwaltern normieren.

Sollten sich die Gerichte gegen die Einsetzung eines personenidentischen Sachwalters entscheiden, so sind jedenfalls auf prozeduraler Ebene durch die Einführung entsprechender Koordinations- und Kooperationspflichten die not-

10 Vgl. *Pleister/Theusinger* in: HRI, § 50 Rn. 6; Braun/*Kießner*, § 3 Rn. 20.

11 AG Essen, Beschl. v. 01.09.2009 – 166 IN 119/09 („*Quelle*") = ZInsO 2009, 2207.

12 Eine ähnliche Praxis wurde auch in der Insolvenz der *„Babcock Borsig AG"* verfolg, hierzu ausführlich *Piepenburg* in: NZI 2004, 231 ff.

13 Vgl. *Wimmer* in: DB 2013, 1343, 1348; vgl. auch: *Hirte* in: ZIP 2008, 444, 447; Begr. InsO-E, BT-Drucks. 18/407, S. 30.

14 *Jaffé* in: ZHR 175 (2011), 38, 47; *Pleister* in: Flöther, S. 271; vgl. auch *Westphal/Goetker/Wilkens*, Grenzüberschreitende Insolvenzen, Rn. 1017.

wendigen Voraussetzungen für eine effektive Zusammenarbeit der Insolvenzverwalter untereinander, sowie im Verhältnis zu den vertretungsberechtigten Organen der eigenverwalteten Konzerngesellschaften zu schaffen.[15]

3. Eignung des Insolvenzverwalters

Nicht zuletzt muss die zum Insolvenzverwalter bestellte Person in sämtlichen Verfahren gleichgeeignet sein, was insbesondere bei großen Unternehmenszusammenschlüssen eine sorgfältige Prüfung des zuständigen Gerichts erforderlich macht (vgl. § 56 InsO). *Ernst Jaeger* hat „die Auslese des Verwalters" einmal zutreffend als „die Schicksalsfrage des Konkurses" bezeichnet.[16] Diese Feststellung ist nach wie vor aktuell. Denn der Erfolg des Verfahrens ist für Gläubiger und Schuldner gleichermaßen von der individuellen Eignung seiner Person abhängig.[17]

Die Auslese eines für den gesamten Konzern geeigneten Verwalters wird zusätzlich dadurch erschwert, dass für das zuständige Insolvenzgericht im Eröffnungsstadium zum Teil noch nicht ersichtlich ist, ob neben dem Schuldner noch weitere Gesellschaften desselben Konzerns von der Insolvenz betroffen sind. Dies macht es erforderlich, den Umstand der Konzernverbundenheit bereits im Eröffnungsantrag (§ 13 InsO) dem Gericht gegenüber anzuzeigen.

4. Mögliche Interessenkonflikte

Während die Ausführungen zeigen, dass die Bestellung eines personenidentischen Verwalters *de lege lata* bereits prinzipiell möglich ist,[18] bestehen mit Blick auf die Frage der Unabhängigkeit dieses „Einheitsverwalters" zum Teil erhebliche Bedenken.[19] Wie die Praxis zeigt, führt die Bestellung eines einheitlichen Insolvenzverwalters häufig zu Interessenkonflikten bis hin zum Selbstkontrahieren, wodurch insbesondere die in § 56 Abs. 1 S.1 InsO geforderte Unabhängigkeit

15 Vgl. auch *Harder/Lojowsky* in: NZI 2013, 327, 331; *Kübler* in: HRI, § 18 Rn. 33 entsprechend für den Sachwalter.
16 *Jaeger*, 6./7. Aufl., § 78 KO, Anm. 7; zit. bei Uhlenbruck/*Zipperer*, § 56 Rn. 1.
17 MünchKommInsO/*Graeber*, Bd. 1, § 56 Rn. 1; Uhlenbruck/*Pape*, § 56 Rn. 1.
18 *Eidenmüller* in: ZHR 2005, 528, 540.
19 Vgl. *Paulus* in: ZIP 2005, 1948, 1951.

des Insolvenzverwalters gegenüber dem Schuldner und seinen Gläubigern gefährdet wird.[20]

Denn die Gesellschaften eines Konzerns sind zumeist wirtschaftlich derart miteinander verbunden, dass die eine Gesellschaft zugleich Schuldnerin und Gläubigerin der anderen ist. Der zuständige Insolvenzverwalter wäre demnach dazu verpflichtet, Anfechtungs- und Ausgleichsansprüche gegenüber einer Gesellschaft geltend machen, hinsichtlich deren Vermögen ihm selbst die Verwaltungs- und Verfügungsbefugnis (§ 80 InsO) übertragen ist. Zudem stünde er in der Pflicht, Forderungen der Muttergesellschaft gegen die Töchter und umgekehrt anzumelden, was im schlimmsten Fall eine gewissenhafte Prüfung derselben ausschließt.[21] Eine gegenseitige Kontrolle, wie sie bei der Bestellung mehrerer Insolvenzverwalter möglich wäre, ließe sich in diesen Fällen nicht gewährleisten, sodass die Gefahr bestünde, dass potentielle Ansprüche zu Lasten der einzelnen Verfahrensmassen verloren gingen oder deren Existenz gar absichtlich verschleiert würde.

a) Bestellung eines Sonderinsolvenzverwalters

Die Praxis behilft sich daher in diesen Fällen, indem sie im betreffenden Verfahren einen (ständigen) Sonderinsolvenzverwalter bestellt.[22] Praktisch relevant sind neben dem Fall des Insichgeschäfts insbesondere diejenigen Fälle, in denen die Gefahr einer Interessenkollision besteht.[23] Die Aufgabe des Sonderinsolvenzverwalters besteht in diesen Fällen darin, den beschriebenen Konflikt im bestmöglichen Interesse der Gläubigerschaft zu lösen. Hierzu sind ihm als Organ der Insolvenzverwaltung grundsätzlich dieselben Rechte, wie einem „vollwertigen" Insolvenzverwalter zugewiesen.[24]

---

20 LSZ/*Rechel*, § 56 Rn. 47.

21 LSZ/*Rechel*, § 56 Rn. 47; vgl. auch *Paulus* in: ZIP 2005, 1948, 1951; *Smid/Rattunde/Martini*, Kap. 11.5.

22 Vgl. BGH, Beschl. v. 02.03.2006 – IX ZB 225/04 = NZI 2006, 474; OLG Dresden, Beschl. v. 07.03. 2001 – 13 W 2112/00 = ZInsO 2001, 671; *Eidenmüller* in: ZHR 169 (2005) 528, 540 ff.; *Graeber* in: NZI 2007, 265, 269 f.

23 Vgl. KPB/*Lüke*, § 56 InsO, Rn. 75.

24 *Flöther* in: Flöther, S. 161 Rn. 195 f; KPB/*Lüke*, § 56 InsO, Rn. 78; das zuständige Insolvenzgericht kann diese Befugnisse jedoch durch Beschluss ihrem Umfang nach beschränken.

b) Insichgeschäft

Dem Konzept einer einheitlichen Verwalterbestellung sind nach § 181 BGB rechtliche Grenzen gesetzt.[25] Ein Vertreter kann danach nicht im Namen des Vertretenen mit sich im eigenen Namen oder als Vertreter eines Dritten ein Rechtsgeschäft vornehmen, soweit ihm nicht ein anderes gestattet ist oder das Rechtsgeschäft ausschließlich in der Erfüllung einer Verbindlichkeit besteht. Jedenfalls in stark integrierten Konzernen, in denen die einzelnen Gesellschaften zumeist eine gemeinsame Unternehmerische Tätigkeit ausüben und infolgedessen nicht selten umfassende Geschäftsbeziehungen miteinander pflegen ist zu befürchten, dass sich der Insolvenzverwalter aufgrund seiner Doppelstellung unausweichlich Interessenkonflikten aussetzt.

aa) Anwendbarkeit des § 181 BGB auf den Insolvenzverwalter

Voraussetzung hierfür ist, dass § 181 BGB auf den Insolvenzverwalter grundsätzlich Anwendung findet. Die Regelung setzt ihrem Wortlaut nach voraus, dass der Insolvenzverwalter als Vertreter entweder mit sich selbst im eigenen Namen oder mit sich als Vertreter eines Dritten ein Rechtsgeschäft eingeht. Rechtsdogmatisch handelt es sich bei § 181 BGB um eine Beschränkung der Vertretungsmacht, auf die die Rechtsfolgen der §§ 177 ff. BGB entsprechend Anwendung finden.[26]

Da der Insolvenzverwalter nach überwiegender Auffassung sowie ständiger Rechtsprechung weder als Vertreter[27] noch als Organ[28] der Insolvenzmasse, sondern vielmehr als Partei kraft Amtes[29] im eigenen Namen sowie aus eigenem Recht für und gegen die Masse tätig wird,[30] lässt sich § 181 BGB jedenfalls nicht unmittelbar auf den Fall der Insolvenzverwaltung anwenden.

---

25 *Flöther* in: Flöther, S. 156 Rn. 185

26 MünchKommBGB/*Schubert*, Bd. 1, § 181 Rn. 56.

27 Vgl. *Flume*, S. 781.

28 Vgl. *Bötticher* in: ZZP 77 (1964), 55 ff.; *ders.* in: JZ 1963, 582 ff.; *Pawlowski* in: JuS 1990, 378, 380.

29 Uhlenbruck/*Mock*, § 80 Rn. 57 f.; MünchKommInsO/*Ott/Vuia*, Bd. 2, § 80 Rn. 35; Nerlich/Römermann/*Wittkowski/Kruth*, 29. EL Januar 2016, § 80 Rn. 40; einen guten Überblick über den Theorienstreit bieten MünchKommInsO/*Ott/Vuia*, Bd. 2, § 80 Rn. 26 ff. sowie *Kögel/Loose* in: ZInsO 2006, 17, 18.

30 So schon RG, Urt. v. 15.11.1912 – III 188/12 = RGZ 80, 416, 418; BGH, Urt. v. 24.06.1957 – VII ZR 310/56 = BGHZ 24, 393; BGH, Urt. v. 10.03.1960 – II ZR 56/59 = BGHZ 32, 114; BGH, Urt. v. 06.05.1965 – II ZR 217/62 = BGHZ 44, 1; BGH, Urt. v. 05.10.1994 – XII ZR 53/93 = BGHZ 127/156; BVerwG, Beschl. v. 18.01.2006 – 6 C 21/05 = NVwZ 2006, 599; MünchKommBGB/*Schubert*, Bd. 1, § 181 Rn. 53; MünchKommInsO/*Ott/Vuia*, Bd. 2, § 80 Rn. 27; Uhlenbruck/*Mock*, § 80 Rn. 57 f.; Nerlich/Römermann/*Wittkowski/Kruth*, § 80 Rn. 45; Braun/*Kroth*, § 80 Rn. 20.

Es lässt sich jedoch argumentieren, dass zwischen dem Handeln des Vertreters und dem Handeln des Insolvenzverwalters eine vergleichbare Interessenlage besteht, da beide gleichermaßen nicht sich selbst, sondern vielmehr den Inhaber des von ihnen verwalteten Vermögens, also im Falle von Unternehmen, den jeweiligen Rechtsträger rechtswirksam verpflichten.[31] Ein Teil der Rechtsprechung und Literatur spricht sich deshalb dafür aus, die Amtsbefugnis des Insolvenzverwalters analog § 181 BGB zu beschränken.[32] Andere wollen den § 181 BGB wiederum direkt auf den Insolvenzverwalter anwenden.[33]

bb) Rechtsfolgen des § 181 BGB und Genehmigung durch den Sonderinsolvenzverwalter

Bei vertraglichem Handeln ist Rechtsfolge des § 181 BGB stets die schwebende Unwirksamkeit des Rechtsgeschäfts.[34] Dem Vertretenen ist es somit freigestellt, das Geschäft analog § 177 Abs. 1 BGB zu genehmigen und den Vertrag an sich zu ziehen oder die Genehmigung zu verweigern und die Rechtsfolgen von sich zu weisen.[35] Da dem Schuldner eine rechtswirksame Genehmigung aufgrund des Verlustes der Verwaltungs- und Verfügungsbefugnis (§ 80 Abs. 1 InsO) jedenfalls unmöglich ist, hat die Genehmigung nach allgemeiner Auffassung durch einen Sonderverwalter zu erfolgen.[36]

Hirte versucht dieser misslichen Situation vorzubeugen, indem er den Insolvenzverwalter *ex lege* von dem Verbot des Selbstkontrahierens befreit.[37] Dieser Gedanke kann im Ergebnis nicht überzeugen, da ansonsten die Gefahr bestünde, den Sinn und Zweck des § 181 BGB verfahrenszweckwidrig auszuhöhlen und dem Insolvenzverwalter auch in denjenigen Fällen, in denen offensichtlich Interessenkonflikte existieren, durch die Hintertür ein Recht zum Alleingang zu gewähren. Richtiger Weise muss somit auch zukünftig eine zusätzliche Kontrollinstanz in Form der Bestellung eines Sonderinsolvenzverwalters existieren.

---

31 RG, Urt. v. 15.11.1912 – III 188/12 = RGZ 80, 416, 418

32 RG, Urt. v. 15.11.1912 – III 188/12 = RGZ 80, 416, 418; MünchKommInsO/*Ott/Vuia*, Bd. 2, § 80 Rn. 38; MünchKommBGB/*Schubert*, Bd. 1, § 181 Rn. 53; a. A. BGH, Urt. v. 24.01.1991 – IX ZR 250/89 = NJW 1991, 982ff.; Jaeger/*Windel*, § 80 Rn. 251.

33 HK-InsO/*Kuleisa*, § 80 Rn. 25.

34 MünchKommBGB/*Schubert*, Bd. 1, § 181 Rn. 56.

35 RG, Urt. v. 15.11.1912 – III 188/12 = RGZ 80, 416, 418.

36 OLG Frankfurt a. M., Beschl. v. 02.03.1976 – 20 W 799/75 = OLGZ 1976, 486; MünchKommInsO/*Ott/Vuia*, Bd. 2, § 80 Rn. 39 m.w.N.; MünchKommBGB/*Schubert*, Bd. 1, § 181 Rn. 56.

37 *Hirte* in ZIP 2008, 444, 446.

c) Anerkennung

Während die Figur des Sonderinsolvenzverwalters jedenfalls in Deutschland höchstrichterlich anerkannt ist,[38] können sich bei Verfahren mit Auslandsbezug im Einzelfall Anerkennungsprobleme ergeben. Dies gilt insbesondere für grenzüberschreitende Verfahren mit Unionsbezug, da die EuInsVO den Sonderinsolvenzverwalter auch in ihrer novellierten Fassung nicht kennt.[39]

5. Stellungnahme und Fazit

Wie die Ausführungen zeigen, ist die Bestellung eines personenidentischen Insolvenzverwalters für den insolventen Teil eines Konzerns bereits nach geltendem Recht – wenn auch unter Einschränkungen – zulässig. Etwaigen Interessenkonflikten – insbesondere im Hinblick auf die Regelung des § 181 BGB – versucht die Praxis derweil durch die Einsetzung von Sonderinsolvenzverwaltern zu begegnen. Diese Praxis muss jedoch dort ihre Grenze finden, wo Interessenkonflikte derart stark ausgeprägt sind, dass eine Sonderinsolvenzverwaltung eher hinderlich als sinnvoll ist oder der Konzern aus einer Vielzahl eigenständiger Gesellschaften zusammensetzt ist, die in ganz unterschiedlichen Branchen tätig sind und deren individuelles Bestreben gerade nicht auf die Verfolgung ein und desselben Zwecks gerichtet ist.[40] In diesen Fällen muss auch zukünftig die Bestellung eines zusätzlichen „hauptamtlichen" Insolvenzverwalters möglich bleiben. Hierfür lässt sich im Übrigen der Gedanke eines früheren § 79 KO[41] anführen, der für den Fall, dass die Verwaltung der schuldnerischen Gesellschaft gleich mehrere Geschäftszweige umfasste, die Möglichkeit zur Bestellung mehrerer Verwalter vorsah.[42] Schlussendlich ist darauf hinzuweisen, dass durch die Aufteilung der Verwaltungsbefugnis zwischen dem Insolvenzverwalter und einem Sonderverwalter immer auch die Möglichkeit der gegenseitigen Kontrolle und somit nicht zuletzt die Gefahr des Missbrauchs dieser Kontrollmöglichkeit besteht, was in der Praxis gelegentlich dazu führt, dass der Sonderverwalter den Insolvenzverwalter einer aus seiner Sicht mangelhaften Ausübung seiner Verwaltungstätigkeit ge-

---

38 Vgl. BGH, Beschl. v. 02.03.2006 – IX ZB 225/04 = NZI 2006, 474.

39 Vgl. Anhang B zur EuInsVO n. F.; vgl. auch *Graeber* in: NZI 2007, 265, 269 Fußn. 17.

40 Vgl. *Wimmer* in: DB 2013, 1343, 1348; *Hirte* in: ZIP 2008, 444, 447; Begr. InsO-E, BT-Drucks. 18/407, S. 30.

41 *„Wenn die Verwaltung verschiedene Geschäftszweige umfaßt, so können mehrere Konkursverwalter ernannt werden. Jeder von ihnen ist in seiner Geschäftsführung selbständig."*

42 Vgl. Jaeger/*Weber*, § 79 Rn. 1 ff.; Kuhn/*Uhlenbruck*, § 79 Rn. 1 ff.

genüber dem zuständigen Gericht bezichtigt, was in diesen Fällen regelmäßig zu zusätzliche Spannungen führt.

Von einer gesetzlich geregelten Pflicht zur Bestellung eines personenidentischen Insolvenzverwalters ist vor diesem Hintergrund sowie mit Blick auf die durch eine einheitliche Bestellung bedingten Interessenkonflikte im Ergebnis jedenfalls abzusehen.

6. UNCITRAL

Zur Verbesserten Koordination von Insolvenzverfahren über das Vermögen von zwei oder mehr Konzerngesellschaften empfiehlt auch die UNCITRAL in ihrem dritten Teil zum *Legislative Guide on Insolvency Law* die Bestellung ein und derselben Person zum Insolvenzverwalter für sämtliche Konzerngesellschaften.[43] Für den Fall, dass im Rahmen der Verwaltung Interessenkonflikte entstehen, empfiehlt die Kommission die Einführung von Regelungen, die etwa die Möglichkeit zur Einsetzung eines zusätzlichen Verwalters oder eine anderweitige Auflösung des Interessenkonflikts gewährleisten.[44] Für den Fall, dass durch das zuständige Gericht zwei oder mehre Insolvenzverwalter eingesetzt werden, solle das Gesetz vorsehen, dass diese soweit wie möglich miteinander kooperieren.[45] Die UNCITRAL empfiehlt zu diesem Zweck die Einführung umfassender Kooperationspflichten die etwa den Austausch von Informationen, den Abschluss von Insolvenzverwaltungsverträgen sowie die Koordinierung von Insolvenzplänen vorsehen.[46]

7. Einheitliche Verwalterbestellung de lege ferenda

Sind Verfahren mehrerer oder gar aller Gesellschaften eines Konzerns bei ein und demselben Insolvenzgericht konzentriert, entspricht die Bestellung eines personenidentischen Verwalters in sämtlichen Verfahren bereits einer weit verbreiteten Praxis.[47] Dies verdeutlicht, dass eine einheitliche Verwalterbestellung

43 UNCITRAL, Legislative Guide on Insolvency Law, Part three: Treatment of enterprise groups in insolvency, 2012, S. 59 ff., abrufbar unter: http://www.uncitral.org/pdf/english/texts/insolven/Leg-Guide-Insol-Part3-ebook-E.pdf (zuletzt abgerufen am: 3. Januar 2018), Empfehlung Nr. 232.

44 UNCITRAL Pt.3, S. 78, Empfehlung Nr. 233.

45 UNCITRAL Pt.3, S. 78 f., Empfehlung Nr. 234, 235.

46 UNCITRAL Pt.3, S. 79, Empfehlung Nr. 236.

47 Vgl. Begr. InsO-E, BT-Drucks. 18/407, S. 30.

trotz fehlender gesetzlicher Grundlage sowohl rechtlich zulässig als auch praktisch möglich ist.[48] Mit dem nunmehr verabschiedeten Gesetz zur Erleichterung der Bewältigung von Konzerninsolvenzen greift der Reformgesetzgeber das bereits erörterte Für und Wider einer einheitlichen Verwalterbestellung[49] auf und beseitigt somit die bislang bestehende Rechtsunsicherheit.

a) Abstimmung der Insolvenzgerichte

Wird über das Vermögen mehrerer gruppenangehöriger Schuldnern die Eröffnung des Insolvenzverfahren beantragt, haben sich die angegangenen Insolvenzgerichte gemäß § 56b Abs. 1 S. 1 KIG künftig darüber abzustimmen, ob es im Interesse der Gläubiger liegt, lediglich eine Person zum Insolvenzverwalter zu bestellen.

Dies soll unabhängig davon gelten, ob die jeweiligen Insolvenzanträge durch die Schuldner selbst oder durch ihre Gläubiger gestellt worden sind.[50] Seitens der Insolvenzgerichte ist nach § 56b Abs. 1 S. 2 KIG zu berücksichtigen, ob die zum Verwalter bestimmte Person das ihr übertragene Amt mit der notwendigen Unabhängigkeit wahrnehmen kann und ob möglicher Weise auftretende Interessenkonflikte bereits im Vorfeld durch die Bestellung eines Sonderinsolvenzverwalters ausgeräumt werden können. Das Gesetz nimmt insoweit erstmalig ausdrücklich Bezug auf eine verbreitete Praxis, die eine Bestellung von Sonderinsolvenzverwaltern bereits nach geltendem Recht für zulässig hält.[51]

Die Bestellung ein und derselben Person zum Insolvenzverwalter kommt nach dem Willen des Gesetzgebers immer dann in Betracht, wenn diese den Zielen der Insolvenzordnung entspricht.[52] Dies wird regelmäßig dann der Fall sein, wenn die Bestellung eines personenidentischen Verwalters im Einzelfall geeignet erscheint, insolvenzbedingte Verluste seitens der Gläubiger möglichst gering zu halten.[53] Denn Ziel des Insolvenzverfahrens ist gemäß § 1 InsO, die am Verfahren beteiligten Gläubiger bestmöglich gemeinschaftlich zu befriedigen.

Gelangen die Gerichte demgegenüber zu dem Ergebnis, dass die Interessenkonflikte derart stark ausgeprägt sind, dass sich diese unbeschadet der Sonder-

---

48 Vgl. *Eidenmüller* in: ZHR 169 (2005) 528, 540.
49 Vgl. darüber hinaus die Ausführungen auf S. 118ff.
50 Begr. InsO-E, BT-Drucks. 18/407, S. 31.
51 Vgl. BGH, Beschl. v. 18.06.2009 – IX ZB 13/09; KPB/*Lüke*, § 56 Rn. 75ff.; BT-Drucks. 18/407, S. 30; zum Sonderinsolvenzverwalter vgl. die Ausführungen auf S. 122ff.
52 Begr. InsO-E, BT-Drucks. 18/407, S. 30.
53 Begr. InsO-E, BT-Drucks. 18/407, S. 30.

insolvenzverwalterbestellung nicht entschärfen lassen,[54] oder handelt es sich um eine Vielzahl extrem eigenständiger Gesellschaften, so können sich die Gerichte nach dem Willen des Gesetzgebers auch künftig für die Bestellung mehrerer Verwalter entscheiden. Dies gilt insbesondere dann, wenn die einzelnen Konzerngesellschaften in ganz unterschiedlichen Geschäftsfeldern tätig sind und fraglich ist, ob eine einzige Person die für alle Insolvenzverfahren notwendige Sachkunde mit sich bringt.[55]

Unzweckmäßig ist die Bestellung eines personenidentischen Verwalters aus Sicht des Gesetzgebers jedenfalls dann, wenn sich aus ihr das Bedürfnis einer Einbindung von Sonderinsolvenzverwaltern in einem Umfang ergibt, der außer Verhältnis zu den Vorteilen einer einheitlichen Verwalterbestellung steht.[56] Dies ist etwa dann anzunehmen, wenn das Vermögen eines gruppenangehörigen Insolvenzschuldners im Wesentlichen aus nicht feststehenden Ansprüchen gegen andere gruppenangehörige Schuldner besteht.[57]

b) Einbeziehung eines vorläufigen Gläubigerausschusses

Ist in dem Verfahren eines gruppenangehörigen Schuldners ein vorläufiger Gläubigerausschuss bestellt, sind die Gläubiger des bestreffenden Schuldners nach Maßgabe des § 56a InsO in den Entscheidungsprozess zur Person des Verwalters mit einzubeziehen (§ 56b Abs. 2 KIG).[58]

Da es auf dieser Grundlage grundsätzlich nicht auszuschließen ist, dass die vorläufigen Gläubigerausschüsse in den Verfahren jeweils verschiedene Vorschläge zur Wahl des Verwalters unterbreiten, sieht das Gesetz in § 56b Abs. 2 KIG die Möglichkeit zur Einschränkung dieser Beteiligung vor. Das Gericht kann danach von dem Vorschlag oder den Vorgaben eines von ihm eingesetzten vorläufigen Gläubigerausschusses abweichen, wenn der vorläufige Gläubigerausschuss eines anderen gruppenangehörigen Schuldners einstimmig eine andere Person als Verwalter vorschlägt.[59]

In Rechtsprechung und Literatur ist darüber hinaus anerkannt, dass die Vorschriften der §§ 56 ff. InsO – jedenfalls entsprechend – auch auf den Sonderinsolvenzverwalter anzuwenden sind.[60] Dieser Umstand wird durch den Gesetz-

---

54 *Wimmer* in: DB 2013, 1343, 1348.
55 Begr. InsO-E, BT-Drucks. 18/407, S. 30.
56 Begr. InsO-E, BT-Drucks. 18/407, S. 30.
57 Begr. InsO-E, BT-Drucks. 18/407, S. 30.
58 Begr. InsO-E, BT-Drucks. 18/407, S. 31.
59 Begr. InsO-E, BT-Drucks. 18/407, S. 31.
60 Vgl. BGH, Beschl. v. 05.02.2009 – IX ZB 187/08; BT-Drucks. 18/407, S. 31.

geber künftig aufgegriffen, indem § 56b Abs. 2 S. 3 KIG klarstellt, dass § 56a InsO bei der Bestellung eines Sonderinsolvenzverwalters ohne die Einschränkung des § 56b Abs. 2 S. 1 KIG entsprechend Anwendung findet. Dies hat zur Folge, dass dem vorläufigen Gläubigerausschuss bei der Bestellung des Sonderinsolvenzverwalters grundsätzlich dieselben Rechte wie auch im Rahmen der Bestellung eines (vorläufigen) Insolvenzverwalters zustehen.[61] Die uneingeschränkte Geltung des § 56a InsO im Hinblick auf die in § 56b Abs. 2 S. 1 KIG vorgesehenen Einschränkungen der Gläubigerbeteiligung im Rahmen der Verwalterbestellung ist zur Wahrung des Gläubigerinteresses erforderlich.[62]

c) Stellungnahme

Mit der Einführung des § 56b KIG hat sich der Gesetzgeber nunmehr ausdrücklich gegen die Einführung einer von Stimmen der Literatur zum Teil geforderten Einheitslösung[63] entschieden. Es obliegt somit auch künftig den Insolvenzgerichten, mit Blick auf das Insolvenzverwalteramt über die Sinnhaftigkeit einer Personalunion zu entscheiden. Darüber hinaus trägt der Gesetzgeber in § 56b Abs. 2 KIG dem Umstand Rechnung, dass in Verfahren, in denen ein vorläufiger Gläubigerausschuss existiert, die Gläubiger des Schuldners nach Maßgabe des § 56a InsO in den Entscheidungsprozess zur Person des Insolvenzverwalters mit einzubeziehen sind.

Weiterhin unklar bleibt hingegen, wie im Einzelfall zu verfahren ist, wenn ein präferierter Verwalter nicht bei allen in Frage stehenden Insolvenzgerichten gelistet ist oder diese keine Kenntnis von der schuldnerischen Gruppenzugehörigkeit haben, da kein Antrag nach § 3a KIG gestellt ist. Erstere Frage kann bereits deshalb bedeutsam sein, da viele Gerichte dazu neigen, einzig ihnen vertraute sowie örtlich ansässige Personen in das Verwalteramt zu bestellen.[64] Da das Gesetzt bislang keine Möglichkeit vorsieht, Rechtsmittel gegen die nach § 56b KIG zu treffende Entscheidung einzulegen, lässt sich dessen Inhalt, außerhalb der Geltendmachung einer Amtspflichtverletzung den Gerichten gegenüber rechtlich nicht durchsetzen.[65] Insoweit ist auch nach künftiger Rechtslage an die Kooperationsbereitschaft und Vernunft der Gerichte zu appellieren, eine im Interesse sämtlicher Verfahrensbeteiligter liegende Entscheidung zu treffen. Im Übrigen wird die Praxis zeigen, ob die Gerichte aufgrund der neugeschaffenen Regelung

---

61 *Flöther* in: Flöther, § 4 Rn. 188.
62 Begr. InsO-E, BT-Drucks. 18/407, S. 31.
63 So etwa *Hirte* in: ZIP 2008, 444, 447.
64 *Flöther* in: Flöther, S. 155 Rn. 181.
65 *Flöther* in: Flöther, S. 155 Rn. 182.

tatsächlich häufiger von der Möglichkeit der Bestellung personenidentischer Insolvenzverwalter Gebrauch machen werden.

II. Das Insolvenzplanverfahren

Ein weiteres Instrument zur Herbeiführung einer formellen Verfahrenskoordination bietet sich in der Möglichkeit, durch die Aufstellung inhaltlich aufeinander abgestimmter Insolvenzpläne nach Maßgabe der §§ 217 ff. InsO einen strategischen Gleichlauf der jeweiligen Einzelverfahren herbeizuführen. Neben dem Einsatz einer Vielzahl untereinander abgestimmter Pläne wird in Literatur und Praxis das Konzept eines einheitlichen führenden Konzernplans durch den Insolvenzverwalter der Muttergesellschaft diskutiert.

1. Entstehung und Gesetzeszweck

Mit der Einführung der §§ 217 ff. InsO wollte der Gesetzgeber den Beteiligten „einen Rechtsrahmen für die einvernehmliche Bewältigung der Insolvenz im Wege von Verhandlungen und privatautonomen Austauschprozessen",[66] in Anlehnung an das Reorganisationsverfahren des Chapter 11 des U.S Bankruptcy Code verleihen.[67] Der Insolvenzplan tritt insofern an die Stelle von Vergleich und Zwangsvergleich und gestaltet diese grundlegend neu.[68] Für den Fall der Unternehmensinsolvenz kann Inhalt des Plans nicht nur die Sanierung des schuldnerischen Unternehmensträgers, sondern insbesondere auch dessen Liquidation im Wege der übertragenden Sanierung sowie jede andere Art der Masseverwertung sein.[69] Ziel der Novellierung war es, hierdurch ein „universelles Instrument der Masseverwertung" zu schaffen.[70]

Seit Inkrafttreten des ESUG ist es nunmehr möglich, gemäß § 225a Abs. 3 InsO jede nach dem Gesellschaftsrecht zulässige Regelung durch den Insolvenzplan zu treffen. Hierdurch sollte eine vermehrt in Kritik geratene Trennung von Insolvenzrecht und Gesellschaftsrecht[71] erfolgreich überwunden werden.[72] Auf dieser

66 Begr. GesE InsO, BT-Drucks. 12/2443, S. 90.
67 Vgl. auch *Rattunde* in: ZIP 2003, 596.
68 Begr. GesE InsO, BT-Drucks. 12/2443, S. 90.
69 Begr. GesE InsO, BT-Drucks. 12/2443, S. 91.
70 Begr. GesE InsO, BT-Drucks. 12/2443, S. 90.
71 Zur Kritik vgl. statt vieler *Rattunde* in: ZIP 2003, 596, 599 f.
72 Begr. GesE ESUG, BT-Drucks. 17/5712, S. 18.

Grundlage können insbesondere Anteils- und Mitgliedschaftsrechte, solcher am schuldnerischen Unternehmen beteiligter Personen in die gestaltende Wirkung des Insolvenzplans einbezogen werden (§ 225a Abs. 1 a.E. InsO).[73] Daneben sind aber auch Kapitalmaßnahmen, wie die Umwandlung von Forderungen in Gesellschaftsanteile („**Debt-Equity-Swap**") vom Regelungszweck umfasst.[74]

2. Vorlageberechtigung

In Ermangelung eines gesetzlich geregelten rechtsträgerübergreifenden Konzerninsolvenzplanverfahrens ist *de lege lata* für jede insolvente Konzerngesellschaft ein gesondertes Planverfahren durchzuführen.[75] Neben der schuldnerischen Gesellschaft ist gemäß § 218 Abs. 1. S. 1 InsO auch ein im Verfahren bestellter Insolvenzverwalter zur Vorlage des Insolvenzplans berechtigt.[76] Anders als dies der Diskussionsentwurf zur Insolvenzordnung noch vorsah,[77] ist es dem Schuldner freigestellt, die Sanierung der Gesellschaft auf Grundlage eines Insolvenzplanverfahrens oder in sonstiger Weise zu bestreiten.

Daneben kann aber auch die Gläubigerversammlung nach § 157 S. 2 InsO den Verwalter mit der Ausarbeitung eines Plans im Berichtstermin beauftragen. Wurde das Insolvenzverfahren unter Anordnung der Eigenverwaltung eröffnet (§§ 270 ff. InsO), hat die Gläubigerversammlung ihren Auftrag entsprechend an den Sachwalter oder den eigenverwaltenden Schuldner zu richten (§ 284 Abs. 1 S. 1 InsO). Ein originäres Vorlagerecht steht hingegen weder der Gläubigerversammlung noch dem Sachwalter zu.[78] Im Falle der Eigenverwaltung soll letzterer gemäß § 284 Abs. 1 S. 2 InsO jedoch an der Aufstellung des Plans beratend mitwirken können.

In Ergänzung hierzu hatte die Kommission für Insolvenzrecht ein entsprechendes Beratungsrecht auch der Konzernmuttergesellschaft hinsichtlich der Aufstellung eines „Reorganisationsplans" einräumen wollen (Ls. 2.2.3 Abs. 3 1. KommBer). Grund hierfür war die Annahme, dass die Eröffnung des Insolvenz-

---

73 Von § 11 InsO kann nach § 217 *de lege lata* nicht abgewichen werden; Begr. GesE ESUG, BT-Drucks. 17/5712, S. 30; hierzu auch MünchKommInsO/*Eidenmüller*, vor §§ 217 bis 269, Rn. 2.
74 Begr. GesE ESUG, BT-Drucks. 17/5712, S. 18 und 30; vgl. hierzu auch Uhlenbruck/*Hirte*, § 225a Rn. 18.
75 *Smid/Rattunde/Martini*, S.137, Rn. 11.1; MünchKommInsO/*Eidenmüller*, vor §§ 217 bis 269, Rn. 37; *Rattunde* in: ZIP 2003, 596, 597.
76 Vgl. hierzu auch *Lüer/Streit* in: Uhlenbruck, § 218 Rn. 8 ff.
77 Referentenentwurf Gesetz zur Reform des Insolvenzrechts, B 342.
78 *Pleister* in: Flöther, § 5 Rn. 30 m.w.N.

verfahrens über das Vermögen der Tochter die Konzernbeziehungen nicht ohne weiteres beendige.[79] Diese Annahme ist auch nach geltendem Insolvenzrecht aktuell.[80] Hinzu kommt das Bedürfnis, den Konzern durch eine Vielzahl koordinierter Verfahren sanieren zu können. Vor diesem Hintergrund sollte der Vorschlag der Reformkommission auch im Rahmen der aktuellen Bemühungen um eine Reformierung des Insolvenzrechts wieder aufgegriffen werden.

Für den Schuldner besteht gemäß § 218 Abs. 1 S. 2 InsO darüber hinaus die Möglichkeit, die Planvorlage mit dem Antrag auf Eröffnung des Insolvenzverfahrens zu verbinden (sog. *„Prepackaged Plan"*).[81] Im Übrigen soll der Schuldner das Verfahren nach § 270b InsO dazu nutzen können, unter dem Schutz eines sogenannten Schutzschirms, innerhalb der vom Insolvenzgericht bestimmten Frist einen Sanierungsplan zu erarbeiten.[82]

3. Problemaufriss

Aufgrund der wirtschaftlichen Verwobenheit der einzelnen Konzerngesellschaften wirkt sich jede strategische oder gesellschaftsrechtliche Neuausrichtung eines konzernverbundenen Unternehmens zwangsläufig auch auf das Schicksal der mit ihm verbundenen Gruppenmitglieder aus.[83] Beabsichtig etwa Konzerngesellschaft A den Ausbau der eigenen werbenden Tätig unter Aufnahme zusätzlicher Kredite, beschließt die Konzernspitze hingegen den Rückzug aus ebendiesem Geschäftsfeld, indem der gemeinsame Konzernvorstand beziehungsweise ein im Verfahren bestellter Insolvenzverwalter eine gewinnbringende Geschäftsaktivität derzeit sowie zukünftig nicht für möglich hält, geht dies zwangsweise mit einem Bruch der konzerninternen Geschäftspolitik einher. Für die insolvente Tochter kommt in diesem Fall nur noch die Sanierung außerhalb des Unternehmensverbunds in Betracht, für die sie infolge wirtschaftlicher sowie tatsächlicher Abhängigkeit zur Konzernspitze regelmäßig nicht gerüstet sein wird. Zumeist bleibt in diesen Fällen dann nur noch die Möglichkeit einer übertragenden Sanierung.

Vor diesem Hintergrund besteht das zwingende Bedürfnis, für die gesamte Unternehmensgruppe eine einheitliche Sanierungspolitik zu entwickeln, da anderenfalls eine insolvenzbedingte Auflösung der vormaligen Konzernstruktur droht.

---

79 1. KommBer, S. 166.

80 Hierzu ausführlich auf S. 96ff.

81 Vgl. *Lüer/Streit* in: Uhlenbruck, § 218 Rn. 8 ff.; MünchKommInsO/*Eidenmüller*, § 218 Rn. 89 ff.

82 Siehe hierzu ausführlich auf S. 163.

83 Vgl. hierzu auch MünchKommInsO/*Eidenmüller*, vor §§ 217 bis 269, Rn. 38.

4. Konsolidierter Konzerninsolvenzplan

In der Insolvenz der Konzernspitze scheint es zunächst naheliegend, im Insolvenzplan der Muttergesellschaft zugleich die Sanierung beziehungsweise Liquidation der mit ihr verbundenen Gesellschaften mit zu regeln, da auf diesem Wege nicht nur das Bedürfnis nach einer Verfahrenskoordination insgesamt entfiele, sondern vielmehr auch die wirtschaftliche Einheit im Konzern zum Zwecke einer gemeinschaftlichen Sanierung erhalten bliebe.[84]

Vor diesem Hintergrund halten *Uhlenbruck* und *Hirte* die Durchführung eines konsolidierten Planverfahren bereits nach geltendem Recht für zulässig.[85] Während sich *Uhlenbruck* zu diesem Zwecke auf den Fortbestand vertraglicher beziehungsweise faktischer Konzernleitungsmacht beruft, greift *Hirte* auf den Gedanken einer materiellen Konsolidierung zurück.

a) Ansatz Uhlenbrucks

Folgt man dem Ansatz von *Uhlenbruck*, so würden künftig die Gläubiger eines jeden konzerngebundenen Unternehmens über die Annahme eines im Verfahren der Konzernspitze vorgelegten „führenden" Insolvenzplans entscheiden.[86] Auf diesem Weg ließen sich laut *Uhlenbruck* sämtliche ungesicherte Gläubiger nach § 222 InsO in einer gemeinsamen Abstimmungsgruppe zusammenfassen,[87] sowie obstruierende Gläubiger in den einzelnen Konzerngesellschaften zwangsweise an den Planinhalt binden; vorausgesetzt, dass diese hierdurch nicht schlechter stünden, als dies ohne den Plan der Fall sei und sie an den Planerlösen angemessen beteiligt würden (§ 245 InsO).[88]

Eine Konsolidierung der Insolvenzpläne müsse hingegen in denjenigen Fällen ausscheiden, wo diese Praxis unweigerlich eine Beeinträchtigung der Gläubigerrechte zur Folge habe.[89] Dies müsse insbesondere mit Blick auf die Einbeziehung nicht-insolventer Gesellschaften gelten, deren Gläubiger gleichsam ein Recht zur Abstimmung über den Plan erhielten.[90]

---

84 Vgl. *Smid/Rattunde/Martini*, S. 137, Rn. 11.3.

85 *Uhlenbruck* in: NZI 1999, 41, 43; *Hirte* in: FS K. Schmidt, S. 641, 652f. kritisch: *Ehricke* in: ZInsO 2002, 393, 394.

86 *Uhlenbruck* in: NZI 1999, 41, 43.

87 *Uhlenbruck* in: NZI 1999, 41, 43.

88 Vgl. *Madaus* in: Flöther, § 5 Rn. 112.

89 *Uhlenbruck* in: NZI 1999, 41, 43.

90 *Uhlenbruck* in: NZI 1999, 41, 43f.

b) Ansatz Hirtes

Hirte spricht sich in Fortführung des Gedankens zur Bildung einer einheitlichen Konzernmasse sowie in grundsätzlicher Übereinstimmung mit *Uhlenbruck* dafür aus, die Gläubiger der Tochtergesellschaften entweder den absonderungsberechtigten Gläubigern nach § 222 Abs. 1 Nr. 1 InsO gleichzustellen oder diese in einer gleichrangigen eigenen Gruppe zu organisieren.[91] Zugleich solle es nach Maßgabe des § 245 InsO künftig möglich sein, die grundsätzlich erforderliche Zustimmung der Gläubiger zum Insolvenzplan nach §§ 235 ff. InsO unter den Voraussetzungen des Obstruktionsverbots zu ersetzen.[92]

Eine Einbeziehung der Tochtergesellschaften wäre somit laut *Hirte* lediglich insoweit in Betracht zu ziehen, als diese einen Verstoß gegen das Schlechterstellungsverbot geltend machen könnten, was sich durch Zahlung eines entsprechenden finanziellen Ausgleichs aus Mittel, die hierzu nach § 251 Abs. 3 InsO bereitgestellt wurden, überwinden ließe.[93] Ein Widerspruch der Gläubiger gegen den Plan würde in diesem Fall keine Aussicht auf Erfolg haben.[94]

c) Anordnung der „Joint Administration" nach Bankruptcy Rule 1015 (b)

In Parallelität zu den Ansätzen von *Hirte* und *Uhlenbruck* bietet auch das US-amerikanische Insolvenzrecht in Bankruptcy Rule 1015(b) die Möglichkeit, gleich mehrere Verfahren unter der Wirkung eines einzigen Reorganisationsplans zusammenzufassen.[95] Dort heißt es:

Rule 1015. Consolidation or Joint Administration of Cases Pending in Same Court

(a) Cases Involving Same Debtor. If two or more petitions by, regarding, or against the same debtor are pending in the same court, the court may order consolidation of the cases.

(b) Cases Involving Two or More Related Debtors. If a joint petition or two or more petitions are pending in the same court by or against (1) a husband and wife, or (2) a partnership and one or more of its general partners, or (3) two or more general partners, or (4) a debtor and an affiliate, the court may order a joint administration of the estates. Prior to entering an order the court shall give consideration to protecting creditors of different estates against potential conflicts of interest. An order directing joint administration of individual cases of a husband and wife shall, if one spouse has elected the

---

91 *Hirte* in: FS K. Schmidt, S. 641, 652.

92 *Hirte* in: FS K. Schmidt, S. 641, 652.

93 *Hirte* in: FS K. Schmidt, S. 641, 653.

94 *Landfermann* in: WM 2012, 821, 826.

95 Zum Begriff der *Joint Administration* vgl. die Ausführungen auf S. 41; vgl. insbesondere auch die Ausführungen bei *Scheel*, Konzerninsolvenzrecht, S. 5 ff.

exemptions under § 522(b)(2) of the Code and the other has elected the exemptions under § 522(b)(3), fix a reasonable time within which either may amend the election so that both shall have elected the same exemptions. The order shall notify the debtors that unless they elect the same exemptions within the time fixed by the court, they will be deemed to have elected the exemptions provided by § 522(b)(2).

(c) Expediting and Protective Orders. When an order for consolidation or joint administration of a joint case or two or more cases is entered pursuant to this rule, while protecting the rights of the parties under the Code, the court may enter orders as may tend to avoid unnecessary costs and delay.

Im Gegensatz zum deutschen Insolvenzrecht ist nach Bankruptcy Rule 1015(b) die Anordnung der sogenannten *Joint Administration*, also die prozedurale Zusammenlegung zwei oder mehrerer verbundener Gesellschaften zum Zwecke einer gemeinschaftlichen Verwaltung ausdrücklich vorgesehen, vorausgesetzt, dass sämtliche Verfahren an demselben Gerichtsstand geführt werden. Die Durchführung eines einheitlichen Konzernplanverfahrens soll demnach jedenfalls grundsätzlich möglich sein.[96]

d) Verfahrensverbindung gemäß § 4 InsO i.V.m. § 147 ZPO

Die Möglichkeit, mehrere anhängige Verfahren auf formeller Ebene miteinander zu verbinden, besteht hierzulande bislang lediglich unter den Voraussetzungen des § 4 InsO i.V.m. § 147 ZPO.[97] Indem sich das deutsche Insolvenzrecht durch die Verweisung in das Regelwerk des Zivilprozesses jedoch fremde Grundsätze zu eigen macht, ermangelt es der Vorschrift naturgemäß an einer insolvenzrechtlichen Konkretisierung, um diese ohne weiteres auf den Fall einer prozeduralen Zusammenlegung zwei oder mehrerer Insolvenzverfahren anzuwenden.[98] Eine Zusammenlegung mehrerer Insolvenzplanverfahren auf Grundlage des § 4 InsO i.V.m. § 147 ZPO muss daher im Ergebnis ausscheiden.

e) Kritik

Während das Konzept des Einheitsplanverfahrens vornehmlich im US-amerikanischen Rechtskreis an Zuspruch gewinnt, ruft dessen Umsetzung hierzulande

---

96 *Scheel*, Konzerninsolvenzrecht, S. 5ff.; *Madaus* in: Flöther, § 5 Rn. 112; *Westphal/Goetker/Wilkens*, Grenzüberschreitende Insolvenzen, Rn. 1022.

97 Vgl. *Westphal/Goetker/Wilkens*, Grenzüberschreitende Insolvenzen, Rn. 1023.

98 *Eidenmüller* in: ZHR 169 (2005), 528, 533.

zum Teil erhebliche Bedenken hervor.[99] Dies ist in erster Linie auf den Umstand zurückzuführen, dass die Insolvenzordnung ihrer Konzeption nach auf dem Verständnis eines rechtsträgerbezogenen Einzelverfahrens basiert (vgl. § 11 InsO). Aus diesem Grund kann sich die Wirkung des Insolvenzplanverfahrens immer nur auf einen Schuldner sowie dessen Vermögen, nicht jedoch auf mehrere Rechtssubjekte gleichzeitig beziehen.[100] Hierfür spricht zudem der Wortlaut des § 217 InsO, der abweichende Regelungen zu dem allgemeinen Teil lediglich in Bezug auf die Verwertung *der* Insolvenzmasse sowie im Hinblick auf die Haftung *des* Schuldners vorsieht. Der Regelung liegt insofern die Annahme zu Grunde, dass sich ein Insolvenzplanverfahren immer nur auf *eine* Verfahrensmasse, sowie *einen* Schuldner beziehen kann. Eine Abweichung zu dem in § 11 InsO begründeten Rechtsträgerprinzip ist durch die Vorschrift hingegen nicht vorgesehen.[101]

Hinzu kommt, dass das deutsche Recht Vereinbarungen zu Lasten Dritter grundsätzlich nicht vorsieht, da diese im Konflikt mit der Privatautonomie stehen.[102] Dies hat zur Folge, dass Regelungen im gestaltenden Teil des Insolvenzplans ausschließlich für und gegen den eigenen Rechtsträger Wirkung entfalten dürfen. Hierfür spricht nicht zuletzt der Umstand, dass für die (nachteilig) betroffenen Gläubiger dieser Gesellschaften im Planaufstellungsprozess regelmäßig keine Möglichkeit besteht, Einfluss auf den Inhalt dieser Vereinbarung zu nehmen.[103]

Etwas anderes soll nach Auffassung *Ehrickes* jedoch für den Fall gelten, dass die „Drittbetroffenen" aufgrund ihrer gesellschaftsrechtlichen Beziehungen zu dem schuldnerischen Unternehmen, etwa auf Grundlage unternehmensvertraglicher Beziehungen ohnehin „Eingriffe in ihre unternehmerische Handlungsfreiheit" erdulden müssten.[104] *Ehricke* hält auf dieser Grundlage – im übereinstimmenden Verständnis mit *Uhlenbruck*[105] – eine gemeinsame Sanierung im Konzern grundsätzlich für zulässig, vorausgesetzt, dass sich das herrschende Unterneh-

---

99 *Uhlenbruck* in: NZI 1999, 41, 43 f. hält indes die Durchführung eines konzernumfassenden Planverfahrens bereits nach geltendem Recht für möglich; hierzu kritisch: *Ehricke* in: ZInsO 2002, 293, 294 f.

100 *Ehricke* in: ZInsO 2002, 393, 394; *Eidenmüller* in: ZHR 169 (2005), 528, 546; KPB/*Spahlinger*, § 217 InsO, Rn. 66; Nerlich/Römermann/*Braun*, § 217 Rn. 5; Uhlenbruck/*Lüer/Streit*, § 217 Rn. 2.; so zuletzt auch Begr. InsO-E, BT-Drucks. 18/407, S. 38.; a. A. Uhlenbruck in: NZI 1999, 41, 43 ff.

101 MünchKommInsO/*Eidenmüller*, Bd. 3, Vor §§ 217 ff. Rn. 37.

102 *Ehricke* in: ZInsO 2002, 393, 394.

103 *Ehricke* in: ZInsO 2002, 393, 394.

104 *Ehricke* in: ZInsO 2002, 393, 394; hierzu ausführlich auf S. 65ff.

105 Vgl. *Uhlenbruck* in: NZI 1999, 41, 43.

men im Plan dazu verpflichte, seinen Einfluss im Konzern dergestalt auszuüben, dass dieser der Erreichung eines bestimmten Sanierungsziels dient.[106]

f) Zusammenfassung und Stellungnahme

Die Durchführung eines konsolidierten Insolvenzplanverfahrens auf Ebene der Konzernspitze wäre demnach grundsätzlich möglich, solange die Mutter zur Ausübung konzerninterner Leitungsmacht berechtigt wäre und die Ausübung des Weisungsrechts in keinem Konflikt mit den Zielen eines Insolvenzrechts (vgl. §§ 1, 217 ff.) stünde. Dies würde es erforderlich machen, dass sich die Konzernspitze im gestaltenden Teil des Plans dazu verpflichtet, die ihr zugewiesene Leitungsmacht ausschließlich zum Zwecke der Sanierung des Konzernganzen sowie in Entsprechung der in §§ 1, 217 ff. niedergelegten Verfahrensziele einzusetzen. Um eine Torpedierung des Plans durch eine obstruierende Gläubigerminderheit bereits im Vorfeld zu vermeiden, müsste zudem sichergestellt sein, dass die Gläubiger – gemessen an dem alternativ zu erzielenden Liquidationserlös – nicht schlechter stünden, als dies ohne den Plan der Fall wäre.[107]

Bislang steht der Durchführung eines konsolidierten Konzerninsolvenzplanverfahrens jedenfalls der auf dem Prinzip eines rechtsträgerbezogenen Einzelverfahrens basierende Wille des Insolvenzgesetzgebers entgegen (vgl. §§ 11, 217, 221 InsO).[108] § 217 InsO führt diejenigen Regelungen auf, von denen auf Grundlage des Insolvenzplans abgewichen werden darf. Die §§ 11, 12 InsO zählen nicht dazu.[109] Zu einer Abhilfe könnte jedoch die durch das KIG[110] neugeschaffene Möglichkeit zur Aufstellung eines sogenannten Koordinationsplans führen.[111]

g) Zwischenergebnis

Das Konzept eines konsolidierten Konzerninsolvenzplanverfahrens auf Ebene des Insolvenzverfahrens der Muttergesellschaft ist nach alledem mit dem Prinzip eines rechtsträgerbezogenen Einzelverfahrens (vgl. §§ 11, 217, 221 InsO) nicht in Einklang zu bringen.

---

106 *Ehricke* in: ZInsO 2002, 393, 394.
107 Hierzu ausführlich KPB/*Pleister*, § 245 Rn. 10 ff.
108 *Madaus* in: Flöther, § 5 Rn. 113; *Pleister/Theusinger* in: HRI, § 50 Rn. 38; MünchKommInsO/*Eidenmüller*, Bd. 3, Vor §§ 217 ff. Rn. 37 ff.; Uhlenbruck/*Hirte*, § 11 Rn. 414.
109 MünchKommInsO/*Eidenmüller*, Bd. 3, Vor §§ 217 ff. Rn. 37.
110 Vgl. BGBl. 2017, Teil I, Nr. 22, S. 866 ff.; vgl. auch BT-Drucks. 18/407 sowie BT-Drucks. 18/11436.
111 Detaillierte Ausführungen hierzu auf S. 222.

5. Inhaltlich abgestimmte Insolvenzpläne

Da das Modell eines konzernumfassenden Einheitsplanverfahrens jedenfalls auf Grundlage der gelten Konzeption von Insolvenz- und Konzerngesellschaftsrecht nicht überzeugen kann, empfiehlt sich eine Sanierung der notleidenden Konzerngesellschaften derweil – unter Würdigung des Grundsatzes *ein Schuldner, ein Vermögen, ein Verfahren* – auf der Grundlage koordinierter Einzelplanverfahren unter der Leitung eines führenden Insolvenzplans.[112]

a) Master- oder Referenzplan

In dem für die Konzerninsolvenz paradigmatischen Fall, dass über das Vermögen gleich mehrerer Konzerngesellschaften das Insolvenzverfahren eröffnet wurde, kann es sich zwecks inhaltlicher Abstimmung der Insolvenzpläne als sinnvoll erweisen, einen sogenannten Master- oder Referenzplan im Verfahren der Mutter beziehungsweise Holding zu implementieren.[113] Besonders sinnvoll erscheint eine derartige Praxis in stark integrierten Konzernen, in denen die einzelnen Konzerngesellschaften im Regelfall durch ein gemeinsames „Kerngeschäft" geprägt sind.[114]

b) Inhaltliche Ausgestaltung des Plans

Während sich der darstellende Teil des Plans zu den Sanierungsoptionen für den Gesamtkonzern verhält und den Tochtergesellschaften als Leitbild dient,[115] können die für die Sanierung der Einzelunternehmen notwendigen Rechtsänderungen im gestaltenden Teil der Pläne auf Einzelverfahrensebene hinreichende Berücksichtigung finden, ohne dass der Insolvenzplan der Mutter in enteignender Weise in die Rechte der Gläubiger der Töchter eingreift.[116] Der Plan lässt sich insofern als Restrukturierungskonzept für den gesamten Konzern begreifen.[117]

---

112 Vgl. *Smid/Rattunde/Martini*, S. 137, Rn. 11.4; *Braun* in: Braun/Uhlenbruck, S. 522; *Eidenmüller* in: ZHR 169 (2005), 528, 546; MünchKommInsO/*Eidenmüller*, Bd. 3, Vor. §§ 217 ff. Rn. 39; *Rattunde* in: ZIP 2003, 596, 597; *Pleister/Theusinger* in: HRI, § 50 Rn. 38; Uhlenbruck/*Hirte*, § 11 Rn. 415.

113 *Eidenmüller* in: ZHR 169 (2005), 528, 547.

114 *Eidenmüller* in: ZHR 169 (2005), 528, 547.

115 *Uhlenbruck* in: NZI 1999, 41, 43; Pleister in: *Flöther*, § 5 Rn. 43 ff.; *Pleister/Theusinger* in: HRI, § 50 Rn. 38.

116 *Pleister* in: Flöther, § 5 Rn. 47; *Pleister/Theusinger* in: HRI, § 50 Rn. 38; MünchKommInsO/*Eidenmüller*, vor §§ 217 bis 269, Rn. 39; vgl. auch *Eidenmüller* in: ZHR 169 (2005), 528, 546; so zuletzt auch Begr. InsO-E, BT-Drucks. 18/407, S. 38.

117 *Pleister* in: Flöther, § 5 Rn. 61.

Ausführungen im gestaltenden Teil des führenden Plans sind demgegenüber ausschließlich auf Umstrukturierungsmaßnahmen im Unternehmen der Konzernmuttergesellschaft limitiert, für die der Plan zugleich die Aufgabe eines Insolvenzplans übernimmt.[118] Detaillierte Darstellungen sowie Einzelheiten des Konzerns können dem Insolvenzplan als Anlage beigefügt werden.[119] Im Rahmen einer Gegenüberstellung der zu erwartenden Quoten im Falle von Liquidation und Planerfüllung ist auf den Gesamtkonzern Bezug zu nehmen, soweit die Werte der Beteiligungen der Mutter an ihren Tochtergesellschaften Berücksichtigung finden.[120]

Regelungen über Rechtsänderungen in den beteiligten Gesellschaften sowie Eingriffe in die Rechte der Gläubiger dieser Gesellschaften, die im Übrigen eine Enteignung darstellen, sind im Plan hingegen nicht enthalten. Die Tochtergesellschaften sind im gestaltenden Teil des Plans vielmehr als eigene Gläubigergruppen, sowie im darstellenden Teil hinsichtlich ihrer geplanten Rechtsänderungen gesondert aufzuführen.[121] In der Reichweite seiner gestaltenden Wirkung weicht der führende Plan somit nicht von den Einzelplänen der Konzerntochtergesellschaften ab. Er enthält insbesondere keine gestaltenden Regelungen, die in das Vermögen eines anderen Schuldners eingreifen. Ein Konflikt mit den §§ 1, 11, 217 ff. InsO ist im Ergebnis somit nicht zu befürchten.

aa) Regelung von Anteils- und Mitgliedschaftsrechten

Seit dem Inkrafttreten des ESUG wurde die gestalterische Freiheit bei der Planerstellung zusätzlich dahingehend erweitert, dass seitdem gemäß § 225a Abs. 3 InsO sämtliche nach dem Gesellschaftsrecht zulässige Rechtshandlungen im gestaltenden Teil des Plans aufgenommen werden dürfen. In diesem Zuge wurde etwa ein Eingriff in Anteils- und Mitgliedschaftsrechte in Absatz 1 der Regelung ausdrücklich für zulässig erklärt.

Neben der Übertragung von Beteiligungen des Schuldners an anderen Konzerngesellschaften können auf dieser Grundlage insbesondere auch Anteils- und Mitgliedschaftsrechte der am Schuldner beteiligten Personen – also insbesondere anderer Konzerngesellschaften – umgestaltet und den Bedürfnissen des Insolvenzplans angepasst werden.[122] Eine etwaige Zustimmung der Gesellschafter

118 *Pleister/Theusinger* in: HRI, § 50 Rn. 38 ff.; *Pleister* in: Flöther, § 5 Rn. 61.
119 *Rattunde* in: ZIP 2003, 596, 599; *Pleister/Theusinger* in: HRI, § 50 Rn. 39.
120 *Pleister/Theusinger* in: HRI, § 50 Rn. 39.
121 *Pleister* in: Flöther, § 5 Rn. 61.
122 Begr. GesE ESUG, BT-Drucks. 17/5712, S. 32.

hierzu kann durch die Bestätigung des Insolvenzplans ersetzt werden.[123] Gleichzeitig werden die Rechte der am Schuldner beteiligten Gesellschaften gewahrt, indem sie nach § 222 Abs. 1 S. 2 Nr. 4 InsO bei der Abstimmung über den Plan eine eigene Gruppe bilden, sofern ihre Anteils- oder Mitgliedschaftsrechte von dem Plan betroffen sind.[124]

bb) Der „Debt-Equity-Swap und die „umgekehrte Wandelanleihe“ als Finanzierungsinstrument

In dieser Folge kann der Plan etwa die Umwandlung von Fremd- in Eigenkapital zwecks Steigerung der Eigenkapitalquote vorsehen (*Debt-Equity-Swap*). Eine interessante Neuerung hat sich in diesem Zusammenhang mit Inkrafttreten der Aktienrechtsnovelle zum 1. Januar 2016[125] für börsen- sowie nichtbörsennotierte Aktiengesellschaften ergeben. Diesen ist es nunmehr möglich, bedingtes Kapital auch für Wandelanleihen mit Umtauschrecht der Gesellschaft (sog. **„umgekehrte Wandelanleihe“**) zu schaffen (vgl. § 192 Abs. 2 Nr. 1 AktG i.V.m. § 221 Abs. 1 AktG).

Dies hat den Vorteil, dass eine Beteiligung der Gläubiger an der Gesellschaft (*Debt-Equity-Swap*) für eine künftige Notsituation gleichsam „auf Vorrat“ angelegt und bei Eintreten der Notsituation problemlos vollzogen werden kann.[126] Der Schuldner kann somit im Einzelfall flexibler auf den bevorstehenden Eintritt der Zahlungsunfähigkeit reagieren. Neben einem Zuwachs an Zeit bedeutet dies in einer Vielzahl der Fälle insbesondere Planungssicherheit, die der Schuldner etwa dazu nutzen kann, die Voraussetzungen für die Bewilligung eines Schutzschirmverfahrens nach § 270b InsO zu schaffen.

Mit Eröffnung des Insolvenzverfahrens unterfallen Wandelanleihen nach § 192 Absatz 2 Nummer 1 AktG für gewöhnlich der zwingenden Regelung des § 104 InsO mit der Folge, dass ein vertraglich vorgesehenes Umtauschrecht der Gesellschaft entfällt und nur noch ein Barausgleich stattfindet.[127] Das Insolvenzplanverfahren bietet insofern die Möglichkeit, die Ausübung von bestehenden, aber noch nicht ausgeübten Wandlungsrechten eigenständig zu regeln und das Umtauschrecht des Inhabers neben den Gestaltungsmöglichkeiten des § 225a InsO zu erhalten.[128]

---

123 *Pleister* in: Flöther, § 5 Rn. 58.

124 Begr. GesE ESUG, BT-Drucks. 17/5712, S. 32.

125 Gesetz zur Änderung des Aktiengesetzes (Aktienrechtsnovelle 2016) v. 22.12.2015, BGBl. Teil I Nr. 55, S. 2565 ff.

126 Begr. GesE Aktienrechtsnovelle 2014, BT-Drucks. 18/4349, S. 27.

127 Begr. GesE Aktienrechtsnovelle 2014, BT-Drucks. 18/4349, S. 28.

128 Begr. GesE Aktienrechtsnovelle 2014, BT-Drucks. 18/4349, S. 28.

cc) Fortsetzung der aufgelösten Gesellschaft

Neben der Regelung von Anteils- und Mitgliedschaftsrechten kann der Plan zudem Regelungen zur Ersetzung eines förmlichen Fortsetzungsbeschlusses der Gesellschafter, nach Aufhebung des Insolvenzverfahrens (§ 258 Abs. 1 InsO) enthalten.[129] Damit soll eine Fortsetzung der Gesellschaft – vorbehaltlich des Minderheitenschutzes nach § 251 InsO[130] – im Zweifel auch gegen den Willen einzelner Anteilsinhaber möglich sein.[131]

Möchte man, entgegen der hier vertretenen Auffassung die Annahme einer automatischen Beendigung der Unternehmensverträge im Zeitpunkt der Verfahrenseröffnung vertreten,[132] ließe sich auf diese Weise etwa ein konzerninternes Weisungsrecht der Muttergesellschaft, mit rechtskräftiger Bestätigung des Insolvenzplans (§ 258 Abs. 1 InsO) erneut in Kraft setzen. Im Zweifel kann hierfür jedoch ein Neuabschluss der Verträge notwendig sein.

dd) Umwandlung

Daneben lassen sich im gestaltenden Teil des Plans sämtliche Maßnahmen nach dem Umwandlungsgesetz, also insbesondere Verschmelzungen, Spaltungen und Formwechsel für die Restrukturierung im Konzern nutzbar machen.[133] Durch die Möglichkeit, Regelungen zur Fortsetzung der Gesellschaft im Plan zu verankern, soll insbesondere eine Verschmelzung auf den aufgelösten, weil insolventen Rechtsträger als Zielgesellschaft im Sinne des § 3 Abs. 3 UmwG zulässig sein, ohne dass hierzu ein entsprechender Fortsetzungsbeschlusses der Gesellschafter notwendig sei.[134] Im Konzernkontext ergibt sich hieraus die Möglichkeit, einzelne Bereiche der Unternehmensgruppe sowie die in diesen Teile gebundenen Ressourcen kraft Gesamtrechtsnachfolge durch Verschmelzung zu vereinen.

ee) Verfahrenskoordination

Durch die Möglichkeit, die Wirksamkeit der Pläne auf Grundlage des § 249 InsO beziehungsweise § 158 Abs. 1 BGB unter die aufschiebende Bedingung zu stellen,

---

129 Begr. GesE ESUG, BT-Drucks. 17/5712, S. 32.

130 Bei Kapitalgesellschaften berechtigen in erster Linie Nachschuss- und Mitwirkungspflichten zu einem entsprechenden Antrag.

131 MünchKommInsO/*Eidenmüller*, § 225a Rn. 84 und 80.

132 Zur Wirkung der Verfahrenseröffnung im Hinblick auf den Fortbestand von Unternehmensverträgen, siehe auf S. 65ff.

133 MünchKommInsO/*Eidenmüller*, § 225a Rn. 97 ff.

134 Ausführlich hierzu Henssler/Strohn/*Heidinger*, § 3 Rn. 19.

dass bestimmte Leistungen erbracht oder konkrete Maßnahmen verwirklicht werden, eröffnet sich die Möglichkeit, auch Dritte in den Plan mit einzubeziehen, in deren Rechte anderenfalls nicht eingegriffen werden dürfte.[135] Zudem lässt sich auf diesem Wege ein koordiniertes Inkrafttreten der einzelnen Pläne im Konzern gewährleisten.[136]

Zustimmungswürdig erscheint zudem die Auffassung *Eidenmüllers*, der sich für die Möglichkeit der Anberaumung einer Güteverhandlung zwecks „mediativer“ Unterstützung der Verfahrenskoordination durch das zuständige Insolvenzgericht beziehungsweise dem im jeweiligen Verfahren bestellten Insolvenzverwalter auf Grundlage des § 4 InsO i.V.m. § 278 ZPO ausspricht.[137]

c) UNCITRAL

In Übereinstimmung mit dem Vorgesagten empfiehlt auch die UNCITRAL in dem dritten Teil ihres *Legislative Guide on Insolvency* für den Fall der Eröffnung des Insolvenzverfahrens über das Vermögen von zwei oder mehr Konzerngesellschaften die Aufstellung inhaltlich aufeinander abgestimmter Insolvenzpläne.[138] Entsprechend den Empfehlungen der Kommission sollen Insbesondere auch nichtinsolvente Gesellschaften – allerdings nur auf freiwilliger Basis – in die Insolvenzpläne mit einbezogen werden können.[139]

d) Verbindung von Insolvenzplanverfahren und Eigenverwaltung

Mit der Entwicklung eines konzernumfassenden Sanierungskonzepts geht regelmäßig das Bedürfnis einher, die Kenntnisse und Erfahrungen eines amtierenden Managements in den jeweiligen Konzerngesellschaften nutzbar zu machen.[140] Vor diesem Hintergrund wird in der Literatur überwiegend vorgeschlagen, die

---

135 MünchKommInsO/*Sinz*, § 249 InsO, Rn. 2; Braun/*Braun/Frank*, § 249 InsO, Rn. 2; KPB/*Pleister*, § 249 InsO, Rn. 4; BGH, Urt. v. 15.04.2010 – IX ZR 188/09 = ZIP 2010, 1039 Rn. 23.

136 *Eidenmüller* in: ZHR 169 (2005), 528, 547; *Pleister/Theusinger* in: HRI, § 50 Rn. 38; *Pleister* in: Flöther, § 5 Rn. 58; MünchKommInsO/*Eidenmüller*, vor §§ 217 bis 269, Rn. 39.

137 MünchKommInsO/*Eidenmüller*, vor §§ 217 bis 269, Rn. 39 und 53 ff.; zustimmend auch *Smid/Rattunde/Martini*, Rn. 2.49.

138 UNCITRAL, Legislative Guide on Insolvency Law, Part three: Treatment of enterprise groups in insolvency, 2012, S. 59 ff., abrufbar unter: http://www.uncitral.org/pdf/english/texts/insolven/Leg-Guide-Insol-Part3-ebook-E.pdf (zuletzt abgerufen am: 3. Januar 2018), S. 82, Empfehlung Nr. 237.

139 UNCITRAL Pt. 3, S. 82, Empfehlung Nr. 238

140 Hierzu ausführlich *Jaffé* in: ZHR 175 (2011), 38, 47; vgl. auch Begr. InsO-E, BT-Drucks. 12/2443, S. 223

Vorlage koordinierter Insolvenzpläne mit der Anordnung der Eigenverwaltung, unter gleichzeitiger Einsetzung des Insolvenzverwalters der Holding zum gemeinsamen Sachwalter zu verbinden.[141] Ob hierdurch – wie häufig vorgetragen – der „Bock zum Gärtner“[142] gemacht oder vielmehr eine gesteigerte Verfahrenseffizienz erreicht werden kann, ist wie *Rattunde* zutreffender Weise hervorhebt, nicht allgemeingültig zu diskutieren, sondern kann nur bezogen auf den jeweiligen Einzelfall sowie mit Blick auf die beteiligten Personen beantwortet werden.[143] Da in einer Vielzahl von Fällen die Krise im Konzern auf ein Missmanagement der Konzernspitze und nicht auf mangelnde Kompetenzen der Geschäftsleitungen in den ohnehin weisungsgebundenen Tochtergesellschaften zurückgeführt werden kann,[144] sind der Eigenverwaltung im Regelfall keine größeren Bedenken entgegen zu bringen.[145] Sie ist vielmehr als eine Möglichkeit zum Neustart zu begreifen.

e) Regelungsbedarf

Gleichwohl sind dem Ziel einer Verfahrenskoordination auf Grundlage der §§ 217 ff. InsO nach geltendem Recht einige praktische Hindernisse in den Weg gelegt.[146]

aa) Fehlen eines gesetzlichen Konzerngerichtsstands

Für die Umsetzung eines konzernumfassenden Sanierungskonzepts fehlt es derweil noch an einem einheitlichen Konzerngerichtsstand.[147] Dies hat in einer Vielzahl von Fällen zur Folge, dass in den jeweiligen Verfahren personenverschiedene Insolvenzverwalter durch die jeweils zuständigen Insolvenzgerichte eingesetzt werden, was im Zweifelsfall erhebliche Reibungsverluste aufgrund fehlender Koordination sowie mangelnder Kooperationsbereitschaft auf Verfahrensebene mit sich bringen kann.[148] So ist etwa die Wahrscheinlichkeit der Zer-

---

141 *Braun* in: Braun/Uhlenbruck, S. 522; Uhlenbruck/*Hirte*, § 11 Rn. 415; für die Anordnung der Eigenverwaltung auch *Pleister* in: Flöther, § 5 Rn. 65; vgl. auch *Smid/Rattunde/Martini*, S. 143, Rn. 11.25; *Jaffé* in: ZHR 175 (2011), 38, 47; *Eidenmüller* in: ZHR 169 (2005), 528, 544.

142 *Smid* in: DZWiR 2002, 493; vgl. auch *Grub* in: WM 1994, 881.

143 *Rattunde* in: ZIP 2003, 596, 600.

144 Vgl. *Jaffé* in: ZHR 175 (2011), 38, 47.

145 Zur Anordnung der Eigenverwaltung siehe ausführlich auf S. 146ff.

146 Hierzu ausführlich *Smid/Rattunde/Martini*, S. 137, Rn. 11.4 ff.

147 AG Köln, Beschl. v. 01.02.2008 – 73 IN 682/07 = ZInsO 2008, 215; *Smid/Rattunde/Martini*, S. 138 Rn. 11.4; Zur Frage der Zuständigkeit siehe ausführlich auf S. 254ff.

148 *Smid/Rattunde/Martini*, S. 138, Rn. 11.4; *Vallender/Deyda*, NZI 2009, 825, 827.

schlagung des Konzerns aufgrund divergierender Interessen wesentlich größer, als wenn sich die Verwaltung in der Hand nur eines Verwalters konzentrierte, da zu erwarten ist, dass dieser die unterschiedlichen Verfahrensmassen insgesamt koordinierter und somit besser verwalten kann.[149]

Für Abhilfe könnte künftig die in § 3a KIG geschaffene Möglichkeit sorgen, auf Antrag sämtliche Verfahren der gruppenangehörigen Schuldner bei einem und demselben Gericht zu vereinen.[150]

bb) Fehlen eines gesetzlichen Konzerninsolvenzverwalters

Darüber hinaus ist nach geltendem Recht weder die Einsetzung eines personenidentischen Insolvenzverwalters vorgesehen, noch sind die zuständigen Insolvenzgerichte hinsichtlich der Verwalterfrage zur Kooperation verpflichtet. *De lege lata* hat dies zur Folge, dass die Gewährleistung einer Verfahrenskoordination auf personeller Ebene weiterhin die Kooperationsbereitschaft sowie Flexibilität der jeweils zuständigen Insolvenzgerichte voraussetzt, was zugleich die Schwachstelle dieses Konzepts darstellt.[151] Denn diese lässt sich *de lege lata* jedenfalls nicht erzwingen.

Ein Gleichlauf sämtlicher Verfahren lässt sich im Zweifelsfall nur durch verbindliche Kooperations- und Informationspflichten zwischen den Insolvenzgerichten und Insolvenzverwaltern sicherstellen. Anderenfalls droht die Umsetzung wirtschaftlich sinnvoller Sanierungsoptionen und damit die Sanierungsfähigkeit der gesamten Unternehmensgruppe an dem koordinativen Unvermögen seiner jeweiligen Akteure zu scheitern.

Zur einer möglichen Lösung könnte künftig die in § 56b KIG vorgesehene Möglichkeit zur Bestellung eines einheitlichen Insolvenzverwalters sowie die in § 269b KIG enthaltene Pflicht zur Zusammenarbeit und zum Informationsaustausch der Gerichte beitragen.[152]

cc) Umsetzungspflicht

Fraglich ist zudem, unter welchen Voraussetzungen die geschäftsleitenden Organe der eigenverwalteten Konzerngesellschaften, beziehungsweise die in den jeweiligen Insolvenzverfahren bestellten Insolvenzverwalter zur Umsetzung etwaiger Sanierungsvorschläge eines führenden Referenzplans im Verfahren der

---

149 *Vallender/Deyda*, NZI 2009, 825, 827; vgl. auch *Eidenmüller* in: NJW 2004, 3455 ff.
150 Hierzu ausführlich auf S. 295ff.
151 Hierzu ausführlich auf S. 118ff.
152 Hierzu ausführlich auf S. 126ff. sowie S. 198ff.

Muttergesellschaft verpflichtet sind. Eine Antwort auf die Frage lässt sich nicht allgemeingültig finden, sondern ist in Abhängigkeit zu der individuellen gesellschaftsrechtlichen Ausgestaltung des Konzerns sowie im Hinblick auf die Frage nach der Weisungsgebundenheit der Vertretungsorgane nach Verfahrenseröffnung zu suchen.[153] Kooperationspflichten können sich im Einzelfall aus dem allgemeinen Gesellschaftsrecht in Verbindung mit dem insolvenzrechtlichen Verfahrenszweck (§ 1 InsO) ergeben.[154] Für den Insolvenzverwalter dieser Gesellschaft können Kooperationspflichten insbesondere auf Grundlage allgemeiner Regelungen, sowie aufgrund vertraglicher Vereinbarungen (sog. *„Protocols"*)[155] bestehen.[156]

6. Fazit

Das Insolvenzplanverfahren bietet bereits *de lege lata* die Möglichkeit, in sämtlichen Verfahren derselben Unternehmensgruppe eine einheitliche Sanierungsstrategie zu verfolgen, vorausgesetzt, dass im Hinblick auf die Art und Weise der Umsetzung dieses Gesamtplans unter den Verfahrensbeteiligten Konsens herrscht. Ein konsolidierter Konzerninsolvenzplan, der gestaltende Wirkung in gleich mehreren Verfahren derselben Unternehmensgruppe entfaltet ist nach geltendem Recht bislang unzulässig. Eine Lösung liegt derzeit vielmehr in der Aufstellung eines führenden Referenzplans in Verbindung mit einer Vielzahl inhaltlich aufeinander abgestimmter Insolvenzpläne, deren Umsetzung nicht zuletzt die Kooperationsbereitschaft sämtlicher Verfahrensbeteiligter erforderlich macht. Da sich eine Zusammenarbeit nach geltendem Recht jedenfalls nicht erzwingen lässt, besteht für die übrigen Beteiligten ein hohes Maß an Rechtsunsicherheit, welches *de lege ferenda* lediglich durch eine verbindliche Regelungsstruktur beseitigt werden kann.

Der Gesetzgeber ist insofern dazu aufgerufen, durch die Einführung insolvenzspezifischer Kooperations- und Informationspflichten diese Regelungslücke künftig zu schließen. Mit der geplanten Einführung umfassender Kooperationspflichten in den §§ 269a ff. KIG sowie dem Entwurf eines Koordinationsverfahrens scheint der aktuelle Reformgeber diesem Aufruf gefolgt zu sein. Es bleibt insofern

---

153 Zu dem Schicksal der Konzernleitungsmacht im Vertragskonzern siehe ausführlich auf S. 81ff. sowie S. 97.

154 Hierzu ausführlich auf S. 174ff.

155 Hierzu ausführlich auf S. 187ff.

156 *Pleister* in: Flöther, § 5 Rn. 64.

zu hoffen, dass die geplanten Änderungen den vorbezeichneten Anforderungen in der Praxis gerecht werden können.[157]

III. Eigenverwaltung

1. Die Eigenverwaltung im Konzern de lege lata

In einer Vielzahl bedeutsamer Großverfahren der vergangenen Jahre wurde das Institut der Eigenverwaltung wiederholt als erfolgsversprechendes Sanierungsmittel angepriesen.[158] Dies gilt nicht zuletzt wegen der steuerlichen Begünstigung des Eröffnungsverfahrens, auf das § 55 Abs. 4 InsO keine Anwendung findet. Hierdurch ist es anders als im Regelinsolvenzverfahren möglich, die im Eröffnungsverfahren vereinnahmte Umsatzsteuer für eine spätere Unternehmensfortführung nutzbar zu machen.[159] An dieser Stelle kann beispielhaft auf die Verfahren der *„Philipp Holtzmann AG"*, *„Babcock Borsig AG"*,[160] *„KirchMedia GmbH & Co KG"*,[161] *„Herlitz AG"*, *„Grundig AG"*, *„AGFA-Photo"*, *„Ihr Platz"*, *„Sinn Leffers"* oder jüngst *„Air Berlin"*[162] verwiesen werden.[163]

Die folgenden Untersuchungen sollen vor diesem Hintergrund dazu dienen, die §§ 270 ff. InsO hinsichtlich ihres Mehrwerts für eine prozedurale Verfahrenskoordinierung im Kontext grenzüberschreitender sowie nationaler Konzerninsolvenzen näher zu beleuchten, sowie die mit Inkrafttreten des ESUG in das Regelungssystem der Eigenverwaltung eingefügten Neuerungen hinsichtlich ihres Sinngehalts sowie ihrem praktischen Nutzen für die Abwicklung verbundener Unternehmen kritisch zu hinterfragen.

a) Entwicklungsstand der Eigenverwaltung

Durch die Einführung der Eigenverwaltung mit Inkrafttreten der Insolvenzordnung wollte der Gesetzgeber in erster Linie die Kenntnisse und Erfahrungen einer bisherigen Geschäftsleitung zu Gunsten der Sanierung der schuldnerischen Ge-

157 Hierzu ausführlich auf S. 193ff.
158 Statt vieler vgl. *Pleister* in: HRI, § 4 Rn. 201.
159 *Pleister/Sturm* in: ZIP 2017, 2329, 2335.
160 AG Duisburg, Beschl. v. 01.09.2002 – 62 IN 167/02.
161 AG München, Beschl. v. 09.09.2002 – 1502 IN 879/02.
162 AG Charlottenburg, Beschl. v. 16.08.2017 – 36a IN 4301/17; AG Charlottenburg, Beschl. v. 16.08.2017 – 36a IN 4295/17; AG Charlottenburg, Beschl. v. 16.08.2017 – 36a IN 4299/17.
163 Uhlenbruck/*Zipperer*, § 270 InsO, Rn. 10.

sellschaft gewinnbringend einsetzen.[164] Zu diesem Zweck verzichtet das Gesetz darauf, die schuldnerische Handlungsbefugnis in Gestalt des Verwaltungs- und Verfügungsrechts einem externen Verwalter zu übertragen und diese stattdessen, dem amerikanischen Vorbild des *debtor in possession*[165] entsprechend, beim Schuldner zu belassen (§ 270 Abs. 1 InsO). In sachlicher Hinsicht wird das schuldnerische Verwaltungs- und Verfügungsrecht durch die Zielsetzungen des Insolvenzrechts beschränkt (§ 1 InsO), wobei das Gesetzt den Schuldner zusätzlich unter der Aufsicht des Sachwalters (§§ 274, 275 InsO), des Gläubigerausschusses sowie der der Gläubigerversammlung (§§ 276, 160, 161 InsO) stellt.[166]

Trotz dieser im Grundsatz sanierungsfreundlichen Ausrichtung fristete die Eigenverwaltung lange Zeit ein Schattendasein in der deutschen Sanierungspraxis.[167] Viele Gerichte machten nur mit großer Zurückhaltung von der Möglichkeit Gebrauch, den Schuldner selbst mit der eigenen Sanierung zu beauftragen, sodass notleidende Unternehmen auch bei rechtzeitiger Antragstellung keine Sicherheit erhielten, ob die Gerichte am Ende einer Sanierung in Eigenverwaltung zustimmen würden.[168] Insolvenzanträge wurden infolgedessen zumeist erst bei Eintritt der Zahlungsunfähigkeit und somit zu einem Zeitpunkt gestellt, in dem Vermögensreserven und Sanierungschancen bereits restlos aufgezehrt waren.[169]

Dies hatte zur Folge, dass die Nutzungsquote der Eigenverwaltung ab dem Jahre 2003 unterhalb von 1 % je einhundert beantragter sowie eröffneter Insolvenzverfahren sank.[170] So wurden in den Jahren 1999 bis 2010 von insgesamt 240.589 Unternehmensinsolvenzen lediglich 2.170 unter Anordnung der Eigenverwaltung eröffnet.[171]

Mit dem Inkrafttreten des Gesetzes zur weiteren Erleichterung der Sanierung von Unternehmen („**ESUG**")[172] verfolgte der Gesetzgeber das Ziel, das Institut der Eigenverwaltung insgesamt sanierungsfreundlicher zu gestalten, um nicht zuletzt einem in zunehmenden Maße an Attraktivität gewinnenden Insolvenztourismus wirksam Einhalt zu gebieten.[173] Die Schwächen einer bisherigen Regelung sollten zu diesem Zwecke durch eine frühzeitige Einbeziehung der Gläubiger sowie der

---

164 Begr. GesE, BT-Drucks. 12/43, S. 223.

165 Vgl. 11 U.S.C. § 1107.

166 AG Duisburg, Beschl. v. 01.09.2002 – 62 IN 167/02 = NJW 2002, 556, 558.

167 *Paulus* in: ZGR 2005, 309, 318; *Pleister* in: Flöther, S. 268; *Jaffé* in: ZHR 175 (2011), 38, 41.

168 Begr. zum GesE des ESUG, BT-Drucks. 17/5712, S. 1.

169 Begr. zum GesE des ESUG, BT-Drucks. 17/5712, S. 1.

170 *Kranzusch* in: ZInsO 2012, 683, 687.

171 *Kranzusch* in: ZInsO 2012, 683, 687.

172 Gesetz zur weiteren Erleichterung der Sanierung von Unternehmen v. 17.12.2011, BGBl. 2011, Teil 1 Nr. 64, S. 2582.

173 Begr. zum Gesetzentwurf, BT-Drucks. 17/5712, S. 1 u. 38.

Möglichkeit des Schuldners, „unter der Sicherheit eines Schutzschirms“ (vgl. § 270b InsO) einen Sanierungsplan erarbeiten zu können, insgesamt verbessert werden.[174]

Während die Zahl derjenigen Verfahren, die seit der Reformierung durch das ESUG unter Anordnung der Eigenverwaltung erfolgreich eröffnet wurden – gemessen an der Gesamtzahl der eröffneten Verfahren – immer noch verschwindend gering ist, konnte das Rechtsinstitut in den letzten Jahren insgesamt einen Zuwachs an Bedeutung für sich verbuchen.[175] So konnten im Zeitraum vom 1. März 2012 bis zum 21. August 2013 von insgesamt 8.716 Verfahren,[176] rund 238 (2,73%) unter Anordnung der Eigenverwaltung eröffnet werden.[177] Dies stellt eine Steigerung von rund 1,82% im Vergleich zum Jahr 2010 dar.[178]

b) Die Eigenverwaltung im Konzern

Insbesondere bei konzernverbundenen Gesellschaften wird die Sanierung in Eigenverwaltung vielfach als geeignetes Sanierungsmittel angepriesen.[179]

Während sich die Ursache für die wirtschaftliche Schieflage des Unternehmens in einer Vielzahl der Fälle in der Unerfahrenheit des Managements verorten lässt, ist die typische Ausgangssituation der Konzerninsolvenz grundsätzlich eine andere.[180] Die Beziehungen der einzelnen Gesellschaften sind dort regelmäßig von einem intensiven leistungs- sowie finanzwirtschaftlichen Austausch geprägt. Hinzu kommt die Möglichkeit der Konzernmutter, auf die Geschäftsführung ihrer Töchter herrschenden Einfluss auszuüben. Die Schieflage einer oder mehrerer Konzerngesellschaften hat infolgedessen nicht selten eine Art Dominoeffekt zur Folge, wodurch gleich ein Großteil des Unternehmensverbunds mit in die Insolvenz gerissen wird.[181] Dies ist deshalb kritisch, da die Aussicht auf eine erfolg-

---

174 Vgl. Begr. zum Gesetzentwurf, BT-Drucks. 17/5712, S. 19.

175 *Pleister* in: Flöther, S. 268.

176 Statistisches Bundesamt, Fachserie 2, Reihe 4.1, September 2015.

177 ESUG-Studie 2014, abrufbar unter: https://www.rolandberger.com/de/Publications/pub_esug_studie_2014_15.html (zuletzt abgerufen am: 3. Januar 2018).

178 Hierbei sei darauf hingewiesen, dass die Zahlen aus dem Jahre 2013 lediglich den Zeitraum vom 01.03. bis 21.08. betrachten, während sich die Zahlen aus dem Jahre 2010 auf das gesamte Kalenderjahr beziehen.

179 *Pleister* in: Flöther, S. 268; *ders.* in: HRI, § 4 Rn. 201; *Ehricke* in: ZInsO 2002, 393, 395 f.; Jaffé in: ZHR 175 (2011), 28 ff.; *Eidenmüller* in: ZHR 169 (2005), 529, 544 ff.; *Piepenburg* in: NZI 2004, 231 ff.

180 *Jaffé* in: ZHR 175 (2011), 38, 42 f.

181 *Kübler* in: HRI, § 18 Rn. 29; *Jaffé* in: ZHR 175 (2011), 38, 44; zur Überwindung des Dominoeffekts in der (internationalen) Konzerninsolvenz: *Frind/Siemon* in: NZI 2013, 1 ff.

reiche Fortführung im Unternehmen der Mutter regelmäßig unter dem Vorbehalt eines permanenten Zugriffsrechts auf die Leistungen ihrer Töchter steht.[182] Eine Sanierung im Konzern kann vor diesem Hintergrund grundsätzlich nur dann funktionieren, wenn die Konzernleitung den Fortbestand einer einheitlichen Geschäftspolitik auf Grundlage der ursprünglichen Leistungsstrukturen auch nach Verfahrenseröffnung gewährleisten kann.

Im Regelinsolvenzverfahren wird dies zusätzlich dadurch erschwert, dass gerade große Konzerne dazu neigen, den Gegenstand einer einheitlichen wirtschaftlichen Tätigkeit auf gleich mehrere hundert Töchter zu verteilen, sodass ein einzelner Insolvenzverwalter im Rahmen der ihm zur Verfügung stehenden Strukturen regelmäßig nicht in der Lage sein wird, eine Fortführung des operativen Geschäftsbetrieb sämtlicher dieser Gesellschaften zeitgleich zu gewährleisten.[183] Zwar kann diesem Problem durch die Bestellung einer Vielzahl von Verwaltern wirksam Einhalt geboten werden, dies jedoch zu dem Preis, dass sich die Aussichten der Umsetzung einer gemeinsamen Geschäftspolitik in Folge eines Auseinanderbrechens der konzerninternen Herrschaftsstrukturen nicht selten in Luft auflösen.

Um den Sanierungsbestrebungen dennoch zu einer erfolgreich Umsetzung zu verhelfen, wird es regelmäßig notwendig sein, auf die bisherigen Geschäftsleitungen sowie deren Know-how unter Anordnung der Eigenverwaltung zurückzugreifen.[184] Dies gilt insbesondere im Kontext umfangreicher Unternehmensinsolvenzen, da sich hier eine detaillierte Kenntnis der zum Teil hochkomplexen wirtschaftlichen sowie rechtlichen Zusammenhänge als unerlässlich erweist.[185]

aa) Bestellung von Sanierungsexperten

In einer Vielzahl von Verfahren neigt die Praxis bislang dazu, den Mitgliedern der Geschäftsleitung eigenverwalteter (Konzern-) Gesellschaften eine sanierungserfahrene Person an die Seite zu stellen, ohne die eine erfolgreiche Sanierung zumeist nicht möglich ist.[186] Die Mitglieder des geschäftsleitenden Organs können sich auf diese Weise uneingeschränkt auf das jeweilige Kerngeschäft konzentrieren, ohne sich dabei vertieft mit den sanierungsspezifischen Belangen des Insolvenzrechts auseinandersetzen zu müssen.[187]

---

182 *Jaffé* in: ZHR 175 (2011), 38, 47.

183 *Jaffé* in: ZHR 175 (2011), 38, 47; *Pleister* in: Flöther, S. 271.

184 *Jaffé* in: ZHR 175 (2011), 38, 47; *Pleister* in: HRI, § 4 Rn. 202.

185 *Pleister* in: HRI, § 4 Rn. 203.

186 *Schneider/Höpfner* in: BB 2012, 87, 88; *Siemon* in: ZInsO 2014, 172, 174.

187 *Jaffé* in: ZHR 175 (2011), 38, 47; *Piepenburg* in: NZI 2004, 231, 234, *Pleister* in: Flöther, S. 271.

Trifft die bisherige Geschäftsleitung eine überwiegende Mitschuld an der finanziellen Schieflage des Unternehmens oder ist diese aufgrund der Begehung vorinsolvenzlicher Straftaten zur Wahrnehmung ihrer Aufgaben nicht mehr in der Lage,[188] kann im Einzelfall aber auch eine vollständige Neubesetzung des Managements erforderlich sein, um den Beziehungen zu Gläubigern und Banken neu gewonnenes Vertrauen einzuverleiben und die Sanierungsfähigkeit des Unternehmens nachhaltig zu stärken.[189] In diesen Fällen neigt die Praxis bislang zur Einsetzung eines sogenannten Sanierungsgeschäftsführers (*Chief Restructuring Officer* „**CRO**“), der für die Zeit der Eigenverwaltung für den Schuldner die Geschäfte übernimmt. Nicht zuletzt weist dieser zumeist eine höheres Maß an Objektivität auf und findet sich insgesamt seltener in Interessenkonflikten wieder, als dies mit Blick auf das bisherige Management der Fall sein kann.[190]

(1) Kritik

Diese Praxis wird vornehmlich durch die Rechtsprechung kritisiert. So will das AG Duisburg in der Bestellung von Sanierungsexperten gar eine Verletzung des (ungeschriebenen) Grundsatzes personeller Kontinuität erblicken.[191] Zudem werde durch die Bestellung von Sanierungsexperten dem legislativen Ziel, die Fähigkeiten und Kenntnisse des Schuldners im Verfahren nutzbar zu machen nicht mehr hinreichend Rechnung getragen, wenn die Mitglieder seiner Organe mit Eröffnung des Insolvenzverfahrens stets abberufen und ersetzt würden.[192] Schließlich wurde der Praxis zum Vorwurf gemacht, dass hinter der Auswechslung der Managements zumeist nichts anderes stecke, als der Versuch, im Gewand der Eigenverwaltung die Unabhängigkeitsanforderungen des § 56 InsO zu umgehen, indem zumeist erfahrene Insolvenzverwalter an die Stelle der Geschäftsleitung berufen würden.[193]

---

188 *Smid* in: DZWiR 2002, 493, 496.

189 *Pleister* in: Flöther, S. 271; vgl. auch *Siemon* in: ZInsO 2014, 172, 179.

190 *William K. Snyder*, Testimony before the American Bankruptcy Institute Commission to Study the Reform of Chapter 11, Field Hearing v. 01.11.2013, abrufbar unter: http://commission.abi.org/sites/default/files/statements/01nov2013/ABI-BK-Reform-committee-CRO-Governance-testimony-for-Nov-1-2013.pdf; vgl. auch *Siemon* in: ZInsO 2014, 172, 180.

191 AG Duisburg, Beschl. v. 01.09.2002 – 62 IN 167/02 = NZI 2022, 556, 558.

192 AG Duisburg, Beschl. v. 01.09.2002 – 62 IN 167/02 = NZI 2022, 556, 558.

193 AG Duisburg, Beschl. v. 01.09.2002 – 62 IN 167/02 = NZI 2022, 556, 558.

(2) Stellungnahme

Diese Kritik kann im Ergebnis nicht überzeugen. Gegen die vorgebrachten Bedenken spricht bereits der klare Wortlaut von § 270 InsO, der lediglich auf einen Fortbestand der Verfügungsbefugnis der schuldnerischen Gesellschaft selbst, nicht jedoch auf eine personelle Kontinuität unter den Mitgliedern ihrer Organe abstellt. Schuldner im Sinne der Vorschrift ist nicht der Vorstand oder der Geschäftsführer sondern vielmehr die Gesellschaft in ihrer jeweiligen rechtlichen Verfasstheit.[194]

Demnach ist es vollkommen unbeachtlich, ob neue Mitglieder bereits vor oder erst nach Eröffnung des Insolvenzverfahrens sowie Anordnung der Eigenverwaltung in das zuständige Organ berufen werden. Dies gilt insbesondere dann, wenn die Auswechslung des Managements einen konstruktiven Beitrag zur Verwirklichung des Insolvenzzwecks (§ 1 InsO) leistet. Zudem lassen sich dem Gesetz bislang keine Anhaltspunkte entnehmen, wonach die Legislative die Unterstützung oder den Austausch der Geschäftsleitung durch den Einsatz von Insolvenzexperten zu verhindern versucht hätte. Ganz im Gegenteil verspricht diese Praxis, aus den eingangs erörterten Gründen einen erheblichen Zugewinn für die Sanierung des insolventen Unternehmensträgers, sodass die Vorteile die zum Teil vorgebrachten Zweifel überwiegen.

bb) Die Eigenverwaltung als Koordinationsinstrument

Die Eröffnung des Insolvenzverfahrens über das Vermögen einer oder mehrerer Gesellschaften derselben Unternehmensgruppe hat nicht selten eine Art „Dominoeffekt" zur Folge, woraus sich in aller Regel die Notwendigkeit einer geregelten sowie inhaltlich aufeinander abgestimmter Verwaltung dieser Gesellschaften ergibt.[195] Als Koordinationsinstrument im Rahmen der Konzerninsolvenz lässt sich das Institut der Eigenverwaltung vornehmlich in zwei Gestaltungsalternativen unterteilen.[196]

(1) Einheitliche Anordnung der Eigenverwaltung

Zum einen ist es denkbar, die Eigenverwaltung in sämtlichen beziehungsweise einem Großteil der Verfahren innerhalb der Unternehmensgruppe einheitlich

---

194 *Wehdeking/Smid* in: ZInsO 2010, 1713, 1715.

195 *Kübler* in: HRI, § 18 Rn. 29.

196 Vgl. hierzu auch *Eidenmüller* in: ZHR 169 (2005), 528, 544.

zur Anwendung zu bringen.[197] Aus Gründen einer verbesserten Informationsbeschaffung hat es sich dabei als sinnvoll erwiesen, in sämtlichen dieser Verfahren dieselbe Person zum Sachwalter zu bestellen.[198] Zudem können auf diese Weise Gesamtinteressen des Konzerns besser identifiziert sowie anschließend zur Umsetzung verholfen werden.[199] Sind hierdurch vermehrt sinngemäße Anwendungsfälle des § 181 BGB zu befürchten, so ist es möglich, diesem Umstand bereits im Eröffnungsbeschluss durch die zusätzliche Bestellung eines (ständigen) Sondersachwalters Rechnung zu tragen.[200]

Aufgrund der gesetzgeberischen Entscheidung, das Verwaltungs- und Verfügungsrecht beim Schuldner zu belassen (vgl. § 80 InsO), ist es dem Leitungsorgan des herrschenden Unternehmens auch nach Eröffnung des Insolvenzverfahrens grundsätzlich möglich, auf die Geschäftsleitungen der abhängigen Unternehmen auf gesellschaftsrechtlicher Ebene Einfluss zu nehmen.[201] Daneben tritt ein nicht zu unterschätzender psychologischer Effekt, indem die bisherige Geschäftsleitung den übrigen Marktteilnehmern als Ansprechpartner weiterhin zur Verfügung steht.[202] Als Beispiel aus der Praxis kann hierzu auf die vielzitierten Ausführungen des AG Duisburg im Verfahren über das Vermögen der *„Babcock-Borsig AG"*[203] verwiesen werden.

(2) Verbindung von Eigen- und Insolvenzverwaltung

Eine andere Alternative besteht in der Verbindung von Eigen- und Insolvenzverwaltung, wobei das Verfahren der Muttergesellschaft als eine Art Leitverfahren dient.[204] Insofern wird vorgeschlagen, das Verwaltungs- und Verfügungsrecht dort auch künftig einem Insolvenzverwalter zu übertragen, der zeitgleich als Sachwalter in sämtlichen Verfahren der eigenverwalteten Tochtergesellschaften fungiert.[205] Sinn und Zweck dieser Überlegungen ist es, der verhältnismäßig schwachen Rechtsstellung des Sachwalters entgegenzuwirken, der im Gegensatz zum Insolvenzverwalter allenfalls über Mitwirkungs- beziehungsweise Zustim-

---

197 *Ehricke* in: ZInsO 2002, 393, 395; vgl. hierzu auch: *Eidenmüller* in: ZHR 169 (2005), 538, 544; *Pleister* in: Flöther, S. 276.
198 *Piepenburg* in: NZI 2004, 231, 234 f.
199 *Pleister* in: Flöther, S. 276 f.
200 AG Duisburg, Beschl. v. 01.09.2002 – 62 IN 167/02 (Leitsatz Nr. 3) = NJW 2002, 556.
201 *Ehricke* in: ZInsO 2002, 393, 395; zu den Besonderheiten seit Einführung des § 276a InsO mit Inkrafttreten des ESUG siehe unten auf S. 156.
202 *Ehricke* in: ZInsO 2002, 393, 395.
203 AG Duisburg, Beschl. v. 01.09.2002 – 62 IN 167/02 (*„Babcock Borsig AG"*).
204 Hierzu *Hortig*, S. 103; vgl. auch *Kübler* in: HRI, § 18 Rn. 29.
205 *Eidenmüller* in: ZHR 169 (2005), 528, 544.

mungsbefugnisse, nicht jedoch über originäre Verwaltungsrechte (vgl. § 80 InsO) verfügt.[206]

(3) Eignung und Bestellung des Sachwalters

Im Ergebnis setzen beide Ansätze voraus, dass zwischen den zuständigen Insolvenzgerichten hinsichtlich der Person des Sachwalters Einigkeit herrscht. Im Hinblick auf die Frage, ob eine bestimmte Person in diesem Sinne als geeignet erscheint, wird durch das Gesetz in § 274 Abs. 1 InsO auf die Vorschriften über die Bestellung des Insolvenzverwalters verwiesen. Die Person muss danach geschäftskundig und unabhängig sein (§ 56 Abs. 1 S. 1 InsO).[207] Ob diese Voraussetzungen im Einzelfall erfüllt sind, ist ins pflichtgemäße Ermessen des zuständigen Insolvenzgerichts gestellt.[208] Gemäß §§ 274 Abs. 1, 56a Abs. 2 S. 1 InsO kann das Gericht sogar von einem einstimmigen Vorschlag des Gläubigerausschusses abweichen, wenn es die vorgeschlagene Person für die Übernahme des Amtes ungeeignet hält.[209]

Die Wahl des Sachwalters ist vor diesem Hintergrund durch einen gewissen Grad an Unsicherheit belastet, was die Planbarkeit des Sanierungsverfahrens im Einzelfall bedeutend beeinträchtigen kann. Insofern gilt auch an dieser Stelle die Forderung, eine einheitliche Gerichtszuständigkeit für sämtliche Verfahren gruppenzugehöriger Gesellschaften einzuführen, um den Weg für eine einheitliche Personalentscheidung zu ebnen. Dieser Forderung ist der Gesetzgeber durch Einführung des § 3a KIG nunmehr gefolgt.[210]

Entscheiden sich die Gerichte gegen die Einsetzung eines personenidentischen Sachwalters, so sind jedenfalls auf prozeduraler Ebene durch die Einführung umfassender Koordinations- und Kooperationspflichten die notwendigen Voraussetzungen für eine effektive Zusammenarbeit der Sachwalter untereinander, sowie im Verhältnis zu den vertretungsberechtigten Organen der nicht eigenverwalteten Konzerngesellschaften zu schaffen.[211]

---

206 *Eidenmüller* in: ZHR 169 (2005), 528, 544.

207 Uhlenbruck/*Zipperer*, § 274 InsO, Rn. 3.

208 Nerlich/Römermann/*Delhaes*, § 56 InsO, Rn. 4.

209 Uhlenbruck/*Zipperer*, § 274 InsO, Rn. 4.

210 Hierzu ausführlich auf S. 295ff.

211 *Harder/Lojowsky* in: NZI 2013, 327, 331; *Kübler* in: HRI, § 18 Rn. 33.

(4) Stellungnahme

Letztlich müssen sich die Vertreter beider Ansichten entgegenhalten lassen, dass sich im Vergleich zur Einsetzung eines personenidentischen Insolvenzverwalters ein insgesamt nur niedriges Koordinationspotenzial erzielen lässt.[212] Die Aussichten einer gemeinsamen Sanierung hängen somit auch im Rahmen der Eigenverwaltung im entscheidenden Maße von der Kooperationsbereitschaft der vertretungsberechtigten Organe der einzelnen Gesellschaften sowie einem Fortbestand der Konzernleitungsmacht – und somit nicht zuletzt von den Bindungswirkungen des Gesellschaftsrechts ab.

cc) Fortbestand der Konzernleitungsmacht in der Eigenverwaltung

Wie bereits an anderer Stelle hinlänglich erörtert, steht eine erfolgreiche Sanierung im Konzern regelmäßig unter der Bedingung, dass die von der Obergesellschaft ausgehende faktische oder vertraglich eingeräumte Konzernleitungsmacht auch nach Eröffnung des Insolvenzverfahrens weiterhin fortbesteht.[213] Hierzu ist sicher zu stellen, dass Weisungen der eigen- oder insolvenzverwalteten Obergesellschaft auch nach Verfahrenseröffnung verbindlichen Charakter gegenüber der in Eigenverwaltung geführten Untergesellschaft entfalten.

Während vor Inkrafttreten des ESUG vornehmlich die Auffassung vertreten wurde, dass die Anordnung der Eigenverwaltung grundsätzlich keine Auswirkungen auf den Fortbestand der konzernrechtlichen Weisungsbefugnis der Muttergesellschaft entfalte,[214] scheint diese Ansicht nach Einführung des § 276a InsO jedenfalls zum Teil wieder in Frage zu stehen. Die folgenden Untersuchungen haben insofern zum Ziel, die unterschiedlichen Wirkungen von Regelinsolvenz- und Eigenverwaltung im Hinblick auf den Fortbestand der Konzernleitungsmacht nach geltendem Recht erneut zu hinterfragen.

(1) Wirkung der Eröffnung des Regelinsolvenzverfahrens

Mit der Eröffnung des Regelinsolvenzverfahrens wird die Verwaltungs- und Verfügungsbefugnis hinsichtlich des verfahrenszugehörigen Vermögens auf den Insolvenzverwalter der Gesellschaft übertragen (§ 80 Abs. 1 InsO). Indem die Ausübung von Konzernleitungsmacht (§ 308 AktG) dem schuldnerischen Ge-

---

212 So auch *Eidenmüller* in: ZHR 169 (2005), 528, 544.

213 Vgl. die Ausführungen auf S. 81ff.

214 *Böcker* in: GmbHR 2004, 1257, 1258; *Ehricke* in: ZInsO 2002, 393, 395; a.A. AG Duisburg, Beschl. v. 01.09. 2002 – 62 IN 167/02 („*Babcock Borsig AG*“) = NZI 2002, 556ff.

schäftsführungsorgan damit nicht länger zusteht, obliegt es fortan dem Verwalter, diese für die Gesellschaft auszuüben (§ 80 Abs. 1 InsO).[215]

Dieses Weisungsrecht erlischt spätestens mit gleichzeitiger Eröffnung des Insolvenzverfahrens über das Vermögen der Untergesellschaft. Dies ist zum einen der verfahrensrechtlichen Stellung des Insolvenzverwalters geschuldet, der in Ausübung seiner Funktion als Partei kraft Amtes grundsätzlich unabhängig zu handeln verpflichtet ist (§ 56 Abs. 1 InsO).[216] Auf der anderen Seite sind aber auch die Gesellschaftsorgane als Adressaten der Weisungen (vgl. § 308 Abs. 1 AktG) für die Dauer des Verfahrens ihrer Verwaltungs- und Verfügungsbefugnis, hinsichtlich des vom Insolvenzbeschlag erfassten Vermögens suspendiert (§ 80 Abs. 1 InsO). Etwaige Weisungen der Obergesellschaft gehen in dieser Konsequenz ins Leere, was im Ergebnis zu einer faktischen Isolation der Tochter führt.[217]

(2) Wirkungen der Anordnung der Eigenverwaltung

Anders stellt sich die Situation im Falle der Anordnung der Eigenverwaltung dar. Nach überwiegender Auffassung wird dem Schuldner durch insolvenzgerichtlichen Eröffnungsbeschluss das Verwaltungs- und Verfügungsrecht in modifizierter Form neu zugewiesen.[218] Dies hat bislang zur Folge, dass die schuldnerischen Organe für die Dauer des Verfahrens „in die Rechte des Insolvenzverwalters" eintreten.[219] Hieraus zieht die wohl überwiegende Auffassung bislang den Schluss, dass folglich auch das Recht zur Ausübung von Konzernleitungsmacht beim eigenverwaltenden Schuldner verbleibe.[220]

Dies setzt jedenfalls voraus, dass die vertretungsberechtigten Organe auch nach Anordnung der Eigenverwaltung weiterhin den gesellschaftsrechtlichen Bindungen dieser Regelungen unterworfen sind.[221]

---

215 Hierzu ausführlich auf S. 83ff.

216 *Zeidler* in: NZG 1999, 692, 697; KK-AktG/*Koppensteiner*, § 297 AktG, Rn. 47; *K. Schmidt* in ZGR 1983, 513, 527.

217 Vgl. *Eidenmüller* in: ZHR 169 (2005), 528, 548.

218 *Pleister* in: Flöther, § 5 Rn. 5 m.w.N.; a.A. AG Köln, Beschl. v. 23.01.2004 – 71 IN 01/04 = ZIP 2004, 471, 474.

219 Begründung zum Entwurf eines Gesetzes zur Erleichterung der Bewältigung von Konzerninsolvenzen, BT-Drucks. 18/407, S. 41.

220 Vgl. etwa *Ehricke* in: ZInsO 2002, 101.

221 *Brünkmans* in: ZIP 2013, 193, 199.

(3) Vereinbarkeit von Konzernleitungsmacht und Eigenverwaltung

Mit den Bemühungen des Gesetzgebers um eine Novellierung des Instituts der Eigenverwaltung zum Zwecke einer Erleichterung der Sanierung von Unternehmen wäre es zu erwarten gewesen, dass dieser die schuldnerischen Handlungskompetenzen im Konzern weiter ausbaut. Gegenteiliges scheint indes der Fall zu sein.

Mit Inkrafttreten des ESUG wurde die Regelung des § 276a in die Insolvenzordnung aufgenommen. Der Regelung zufolge endet mit der Eröffnung des Insolvenzverfahrens das Recht der schuldnerischen Organe, Einfluss auf die Geschäftsführung der eigenen Gesellschaft auszuüben. So ist es etwa den Gesellschaftern einer GmbH verwehrt, der Geschäftsführung hinsichtlich einzelner Geschäftsführungsmaßnahmen verbindliche Weisungen zu erteilen (vgl. § 37 Abs. 1 GmbHG).

(a) Entstehungsgeschichte und Normzweck des § 276a InsO

Grund für die Einführung der Regelung war die Tatsache, dass bei Anordnung der Eigenverwaltung ein dem Einfluss der Gesellschaftsorganen entzogener „Verdrängungsbereich", wie er nach § 80 Abs. 1 InsO dem Insolvenzverwalter zugewiesen ist, im Rahmen der §§ 270 ff. InsO nicht existierte.[222] Den Eigentümern der Gesellschaft war es trotz Eröffnung des Insolvenzverfahrens somit weiterhin möglich, über die Organe der Schuldnerin auf deren Geschäftsführung Einfluss auszuüben. Die Einführung der Vorschrift sollte vor diesem Hintergrund dazu dienen, das Verhältnis der Eigenverwaltung zu den gesellschaftsrechtlichen Bindungen der Geschäftsleitung endgültig zu klären.[223]

Die Regelung beruht auf dem Gedanken, dass die gesellschaftlichen Überwachungsorgane im Rahmen der Eigenverwaltung keine weitergehenden Einflussmöglichkeiten auf die Geschäftsführung des Schuldners haben sollten, als dies bei Bestellung eines Insolvenzverwalters der Fall sei.[224] Die Geschäftsführung müsse in dieser Situation vielmehr an den Interessen der Gläubiger ausgerichtet sein.[225] Zu diesem Zwecke sei die Geschäftsleitung der Aufsicht des Sachwalters (§§ 274, 275 InsO), des Gläubigerausschusses sowie der der Gläubigerversammlung (§§ 276, 160, 161 InsO) unterstellt.[226] Dies habe zur Folge, dass eine zusätzliche Überwachung seitens der schuldnerischen Organe nicht erforderlich sei.

---

222 Vgl. hierzu Uhlenbruck/*Zipperer*, § 276a InsO, Rn. 1 m.w.N.
223 Begr. GesE ESUG, BT-Drucks. 17/5712, S. 42.
224 Begr. GesE ESUG, BT-Drucks. 17/5712, S. 42.
225 Begr. GesE ESUG, BT-Drucks. 17/5712, S. 42.
226 AG Duisburg, Beschl. v. 01.09.2002 – 62 IN 167/02 = NJW 2002, 556, 558.

Deren Einfluss könne nach Auffassung des Gesetzgebers vielmehr hemmend oder blockierend für den weiteren Verfahrensverlauf sein.[227]

(b) Ansatz des AG Duisburg

Ausschlaggebend für die Notwendigkeit einer gesetzgeberischen Klarstellung war unter anderem der Insolvenzeröffnungsbeschluss des AG Duisburg im Verfahren über das Vermögen der *„Babcock Borsig AG"*.[228] Das Gericht traf in dieser Entscheidung zunächst die Feststellung, dass die Grundsätze des BGH,[229] wonach die Eröffnung des Insolvenzverfahrens ein Ruhen sämtlicher konzernrechtlicher Weisungsbefugnisse zur Folge habe, auch im Rahmen Eigenverwaltung uneingeschränkt Anwendung finden.[230] Eine Ausnahme von diesen Grundsätzen solle dem Gericht zufolge jedoch für solche Weisungs- und Kontrollrechte gelten, die sich bereits auf Grund des allgemeinen Gesellschaftsrechts ergeben.[231] Als Beispiel nimmt das Gericht Bezug auf diejenigen Rechte, die der Gesellschafterversammlung gegenüber den Geschäftsführern der Gesellschaft auf Grund des § 46 Nr. 6 GmbHG zustehen. Diese seien im Rahmen der Ausübung ihrer Befugnisse ohnehin an den Insolvenzzweck gebunden, sodass Weisungen, die dem Interesse einer bestmöglichen gemeinschaftlichen Gläubigerbefriedigung (§§ 270 Abs. 1, 1 InsO) zuwiderliefen, in dieser Folge nichtig seien.[232]

Zwar trägt das AG Duisburg in seiner Entscheidung aus dem Jahr 2002 dem Umstand Rechnung, dass mit der Konzernierung der Gesellschaften gleichsam ein gesteigertes Maß an Kooperations- sowie Koordinationsbedürftigkeit zwischen den eigenverwaltenden Schuldnern einhergeht. Dabei verkennt es jedoch, dass sich im Vertragskonzern ein Fortbestand der konzerninternen Weisungs-

---

227 Begr. GesE ESUG, BT-Drucks. 17/5712, S. 42.

228 Vgl. AG Duisburg, Beschl. v. 01.09.2002 – 62 IN 167/02 = NZI 2002, 556 ff. (*„Babcock Borsig AG"*): Ausschlaggebend für die Anordnung der Eigenverwaltung war die öffentliche Äußerung des damaligen Nordrhein-Westphälischen Ministerpräsidenten *Wolfgang Clement* vom 08. und 10.07. 2002, in der dieser die Durchführung eines „eigenverantwortlichen Insolvenzverfahrens" als die einzig sinnvolle Möglichkeit der Verfahrensgestaltung darstelle, die „nichts anderes als die Sanierung des Unternehmens zum Ziel habe". Hiermit missachtete der damalige Ministerpräsident – nach Auffassung des Gerichts – nicht nur dessen nach Art. 97 Abs. 1 GG, Art. 3 Abs. 3 LVerf NRW garantierte Unabhängigkeit, sondern ließ dem Gericht aufgrund der in der Öffentlichkeit erzeugten Erwartungshaltung im Ergebnis keine andere Wahl, als die Anordnung der Eigenverwaltung zu beschließen.

229 Vgl. BGHZ 103, 1, 4 ff. = NJW 1988, 1326.

230 AG Duisburg, Beschl. v. 01.09.2002 – 62 IN 167/02 = NZI 2002, 556, 559 (*„Babcock Borsig AG"*).

231 AG Duisburg, Beschl. v. 01.09.2002 – 62 IN 167/02 = NZI 2002, 556, 559 (*„Babcock Borsig AG"*).

232 AG Duisburg, Beschl. v. 01.09.2002 – 62 IN 167/02 = NZI 2002, 556, 559 (*„Babcock Borsig AG"*).

rechte bereits zum Entscheidungszeitpunkt aus den Grundsätzen des allgemeinen Insolvenzrechts herleiten ließ.[233] Gleichsam zieht das Gericht die richtigen Schlüsse, indem es sich im Falle der Eigenverwaltung für einen Fortbestand der gesellschaftsrechtlichen Weisungs- und Kontrollrechte im Konzern ausspricht.

(c) Fazit

Die gesetzgeberischen Bemühungen, mit der Einführung des § 276a InsO die Mitglieder des Geschäftsleitungsorgans von ihren gesellschaftsrechtlichen Bindungen für die Dauer der Eigenverwaltung zu befreien,[234] können vor diesem Hintergrund für den Fall der Konzerninsolvenz nicht überzeugen.[235]

Für herrschende Unternehmen im Sinne der §§ 16 Abs. 1, 17 Abs. 1 AktG hat die Regelung bislang zur Folge, dass diese ihr Recht zur herrschenden Einflussnahme auf Ebene der Gesellschafterversammlung (vgl. § 37 Abs. 1 GmbHG) einstweilen verlieren. Im faktischen Konzern führt dies bislang dazu, dass die von der Obergesellschaft ausgehende Konzernleitungsmacht für die Dauer des Verfahrens vollständig suspendiert wird.[236] Eigenverwaltete Konzerngesellschaften können somit außerhalb der Wirkungen unternehmensvertraglicher Strukturen an die Vorgaben einer einheitlichen Geschäftspolitik durch die Konzernleitung nicht mehr gebunden werden, was im Zweifel dazu führen kann, dass wertvolle Synergien für eine gemeinsame Sanierung im Konzern dauerhaft verloren gehen.

Möchte man dem gesetzgeberischem Grundgedanken Rechnung tragen, wonach dem Schuldner mit dem Institut der Eigenverwaltung das Recht vorbehalten bleibt, das Unternehmen unter Beibehaltung des Verwaltung- und Verfügungsrechts in eigener Regie zu sanieren, ist künftig sicherzustellen, dass dem Schuldner die einerseits gewonnene Freiheit nicht in einem weiteren Schritt durch die Einschränkung gesellschaftsrechtlich vermittelter Herrschaftsmacht wieder streitig gemacht wird. Dies gilt insbesondere deshalb, da die im Gesellschaftsrecht statuierten „Formen und Verfahrensweisen organschaftlicher Vertretung" den Schuldner als juristische Person überhaupt erst handlungsfähig machen.[237] Ebendiese Handlungsfähigkeit ist im Rahmen der Eigenverwaltung durch die Möglichkeit hinreichender Einflussnahme im notwendigen Maße zu gewährleisten.

---

233 Ausführlich zum Fortbestand des Weisungsrechts aus Beherrschungsvertrag auf S. 81ff.

234 Begr. GesE ESUG, BT-Drucks. 17/5712, S. 42.

235 Übereinstimmend: *Schneider/Höpfner*, BB 2012, 87, 89.

236 *Pleister* in: Flöther, § 5 Rn. 20; *Brünkmans* in: ZIP 2013, 193, 199 f.; zu den Auswirkungen der Eröffnung des Insolvenzverfahrens im faktischen Konzern siehe ausführlich auf S. 110ff.

237 *Smid* in: DZWiR 2002, 493, 500.

(d) Die Regelung des § 276a InsO de lege ferenda

Vor diesem Hintergrund ist es zwingend notwendig, die Sinnhaftigkeit des § 276a InsO im Hinblick auf die Sanierung konzernierter Gesellschaften erneut auf den rechtlichen Prüfstand zu stellen. Möchte man hierzu auch künftig am Wortlaut der Regelung festhalten, so ist dieser durch die Einführung umfassender Kooperationspflichten zu ergänzen, um sicherzustellen, dass die vertretungsberechtigten Organe der eigenverwaltenden Schuldnergesellschaften auch nach Anordnung der Eigenverwaltung erfolgreich zur Zusammenarbeit verpflichtet werden können.[238]

Bis dahin sind die zuständigen Gesellschaftsorgane gut beraten, die Geschäftsleitungen der eigenverwalteten Konzerngesellschaften im Rahmen der ihnen zugewiesenen Personalkompetenz (vgl. § 276a S. 2 InsO), spätestens nach Anordnung der Eigenverwaltung durch personenidentische Führungskräfte zu besetzen, um auf diese Weise einen strategischen Gleichlauf der einzelnen Verfahren weitesgehend zu gewährleisten.[239]

(4) Zwischenergebnis

Nach alledem sind zumindest für die Anordnung der Eigenverwaltung im Vertragskonzern (§§ 291 ff. AktG) keine negativen Auswirkungen auf den Fortbestand der Konzernleitungsmacht feststellbar. Indem das Verwaltungs- und Verfügungsrecht nach Eröffnung des Insolvenzverfahrens bei den geschäftsführungsberechtigten Organen der eigenverwalteten Konzerngesellschaften verbleibt (vgl. § 270 InsO), sind diese auch nach Anordnung der Eigenverwaltung weiterhin in der Lage, untergeordneten Gesellschaften gegenüber wirksame und verbindliche Weisungen zu erteilen (§ 308 Abs. 1 AktG). Dies gilt jedenfalls solange, wie diese Weisungen nicht im Widerspruch zum Insolvenzzweck (§§ 1, 270 Abs. 1 InsO) stehen.

Da dem Insolvenzverwalter mit Übergang der Verwaltungs- und Verfügungsbefugnis (§ 80 Abs. 1 InsO) gleichsam das Recht zur Ausübung der Konzernleitungsmacht übertragen wird,[240] spielt es insbesondere keine Rolle, ob im Insolvenzverfahren der Muttergesellschaft die Eigen- oder Fremdverwaltung[241] angestrebt ist.

---

238 Vgl. auch *Brünkmans* in: ZIP 2013, 193, 199.
239 *Pleister* in: Flöther, § 5 Rn. 21.
240 Siehe hierzu ausführlich auf S. 81ff.
241 Vgl. hierzu *Eidenmüller* in: ZHR 169 (2005), 528, 544.

Lediglich eine auf faktischer Konzernierung beruhende Leitungsmacht kommt durch die Wirkungen des § 276a InsO zweifelsfrei zum Erliegen.[242] Hieraus ergibt sich die Notwendigkeit, das Verbot des § 276a InsO für Konzernsachverhalte weitesgehend aufzuheben beziehungsweise dessen Wirkungen zukünftig durch die Einführung umfassender Kooperations- sowie Koordinationspflichten für eigenverwaltete Konzerngesellschaften zu entschärfen.

dd) Fazit

Das Institut der Eigenverwaltung vermag nach alledem im Hinblick auf eine prozedurale Verfahrenskoordinierung nicht wirklich als das effektive Mittel, als welches es vielfach angepriesen wird zu überzeugen. Es stellt vielmehr nur einen schwachen Kompromiss gegenüber einer alternativen Einsetzung eines starken Konzerninsolvenzverwalters dar. Auch wenn der Gesetzgeber mit der Einführung des ESUG dem aufgestellten Ziel einer Stärkung der Eigenverwaltung zumindest ein Stück weit näher gerückt ist,[243] so weisen die bestehenden Regelungen weiterhin signifikante Schwächen auf, die aufgrund der damit einhergehenden Rechtsunsicherheit dem Verfahren im Ergebnis nicht zu der gesteigerten Attraktivität verhelfen können,[244] die sich die damaligen legislativen Anstrengungen einst zum Ziel gesetzt haben.[245] Es besteht somit weiterhin akuter Regelungsbedarf.

Versucht man indes über die genannten Schwächen hinweg zu blicken, so kommt eine Anordnung der Eigenverwaltung ohnehin nur dann in Betracht, wenn dem Gericht keine Umstände bekannt sind, die erwarten lassen, dass die Anordnung zu Nachteilen für die Gläubiger führen wird (§ 270 Abs. 2 Nr. 2 InsO).

Im Ergebnis können die §§ 270 ff. InsO somit nur in einigen Ausnahmefällen eine sinnhafte Alternative zur Eröffnung eines (vorläufigen) Insolvenzverfahrens und der damit einhergehenden Einsetzung eines (vorläufigen „starken“) Insolvenzverwalters darstellen. Rückblickend lässt sich somit konstatieren, dass der Gesetzgeber in seinem Vorhaben, durch die Einführung des ESUG der Eigenver-

---

242 *Pleister* in: Flöther, § 5 Rn. 21.

243 So wurde bspw. die nach § 270 Abs. 2 Nr. 2 InsO a.F. bestehende Möglichkeit eines antragstellenden Gläubigers, die Anordnung der Eigenverwaltung durch Ausübung eines Veto-Rechts zu verhindern gestrichen (vgl. hierzu *Brinkmann/Zipperer* in: ZIP 2011, 1337, 1340); auf diese Schwäche zuvor u. a. hinweisend: *Eidenmüller* in: ZHR 169 (2005) 528, 545.

244 Vgl. hierzu insbes. *Kebekus* für den *Gravenbrucher Kreis* in: ZIP 2014, 1262 ff; *Brinkmann/Zipperer* in: ZIP 2011, 1337 ff.

245 Vgl. hierzu Begr. GesE ESUG, BT-Drucks. 17/5712.

waltung zu einer gesteigerten Attraktivität zu verhelfen, sein Ziel bislang nicht vollständig hat erreichen können.

c) Verbindung von Eigenverwaltung und Insolvenzplanverfahren

Als weitaus erfolgsversprechender wird demgegenüber die Kombination von Eigenverwaltung und Planverfahren angepriesen.[246] Die Vorteile einer Sanierung im so geschaffenen Verbund[247] werden dabei vornehmlich in der Möglichkeit gesehen, anders als im Falle einer isolierten Eigenverwaltung, die gesellschafts- und konzernrechtlichen Bindungen für die Dauer des Sanierungsverfahrens vollumfänglich zu erhalten.[248]

aa) Rechtswirkungen der Bestätigung des Insolvenzplans

Mit rechtskräftiger Bestätigung des Insolvenzplans ist das Insolvenzgericht zur Aufhebung des Insolvenzverfahrens verpflichtet, soweit der Plan ein anderes nicht vorsieht (§ 258 Abs. 1 InsO). Dies hat nach einheitlicher Auffassung ein Wiederaufleben der konzerninternen Herrschaftsbeziehungen zur Folge, wodurch es der Konzernspitze möglich ist, von ihren Weisungsbefugnissen innerhalb des Konzerns erneut Gebrauch zu machen (vgl. § 308 Abs. 1 AktG).[249] Zeitgleich endet auch die Anordnung der Eigenverwaltung, sodass die Beschränkungen des § 276a InsO keine Wirkung mehr gegenüber den Aufsichtsorganen der Gesellschaft entfalten.

bb) Verbesserung der Aussichten auf Annahme des Plans

Die Verbindung von Eigenverwaltung und Insolvenzplan ist darüber hinaus noch durch einen weiteren Vorteil gekennzeichnet. Durch die wahlweise Möglichkeit, die Vorlage des Insolvenzplans gemäß § 218 Abs. 1 S. 2 InsO mit dem Antrag auf Eröffnung des Insolvenzverfahrens zu verbinden („*Prepackaged Plan*") kann der Schuldner die Gläubigerschaft bereits frühzeitig an dem eigenen Sanierungs-

246 *Ehricke* in: ZInsO 2002, 393, 395 f.; *Pleister* in: Flöther, S. 278 ff.; vgl. auch *Schneider/Höpfner* in: BB 2012, 87, 89.
247 Vgl. hierzu *Ehricke* in: ZInsO 2002, 393, 395.
248 *Ehricke* in: ZInsO 2002, 393, 395 f.; *Pleister* in: Flöther, S. 278 ff.; vgl. auch *Schneider/Höpfner* in: BB 2012, 87, 89.
249 *Ehricke* in: ZInsO 2002, 393, 395 f.; *Pleister* in: Flöther, S. 278 ff.; vgl. auch *Schneider/Höpfner* in: BB 2012, 87, 89.

prozess beteiligen.[250] Als Folgen dieser gesteigerten Zusammenarbeit werden eine zunehmende Planakzeptanz[251] sowie eine Verbesserung der Aussichten auf ein zustimmendes Gläubigervotum im Erörterungs- und Abstimmungstermin (§ 235 InsO) genannt.[252]

Hinzu kommt, dass das zuständige Insolvenzgericht zumeist erst auf der Grundlage der Vorlage eines Insolvenzplans in der Lage sein wird zu beurteilen, ob die begehrte Masseverwaltung durch die schuldnerische Gesellschaft mit den Zielen des Insolvenzverfahrens (§ 1, InsO) im Einklang steht oder sich die Anordnung der Eigenverwaltung für die Gläubiger zum Nachteil erweisen wird.[253] Insofern sprechen *Wehdeking* und *Smid* zu Recht von einem faktischen Junktim von Eigenverwaltung und Insolvenzplan, welches es sich im Reorganisationsfall zu Nutze zu machen gilt.[254]

cc) Fazit

Die Synthese von Eigenverwaltung und Insolvenzplanverfahren bildet somit ein ideales Mittel für die Umsetzung eines einheitlichen Sanierungskonzepts auf Grundlage eines geltenden Insolvenzrechts.[255] Im Gegensatz zu dem Modell einer isolierten Eigenverwaltung wird ein aufgrund faktischer Konzernierung beruhendes Herrschaftsverhältnis zwischen der Mutter und der in Eigenverwaltung geführten Tochtergesellschaft lediglich für den Zeitraum zwischen der Anordnung der Eigenverwaltung sowie der rechtskräftiger Bestätigung des Insolvenzplans suspendiert. Dies darf jedoch nicht darüber hinwegtäuschen, dass für diesen Zeitraum ein besonderes Bedürfnis nach Kooperationsbereitschaft im Verhältnis der verwaltungs- und verfügungsbefugten Geschäftsführungsorgane der einzelnen Konzerngesellschaften existiert. Es ist somit Aufgabe des Gesetzgebers, auf prozeduraler Ebene durch die Einführung von Koordinations- und Kooperationspflichten die notwendigen Voraussetzungen für eine effektive Zusammenarbeit der geschäftsleitenden Organe untereinander, sowie im Verhältnis zu den Insolvenzverwaltern fremdverwalteter Konzerngesellschaften zu schaffen, um somit für das nötige Maß an Rechtssicherheit zu sorgen.

---

250 Vgl. auch *Pleister* in: Flöther, S. 285, Rn. 56.

251 *Pleister* in: Flöther, S. 285, Rn. 56.

252 Zum Prepackaged Plan im Reorganisationsverfahren nach Chapter 11 des US Bankruptcy Code siehe: Collier International Business Insolvency Guide, Kap. 7.02[5].

253 *Wehdeking/Smid* in: ZInsO 2010, 1713, 1716.

254 *Wehdeking/Smid* in: ZInsO 2010, 1713, 1716; a. A. indes noch *Wehdeking*, Kap. 3 Rn. 9, 11 ff.; *Huhn*, Rn. 167 ff.

255 Vgl. auch *Ehricke* in: ZInsO 2002, 393, 395.

dd) Das Schutzschirmverfahren nach § 270b InsO

Mit Inkrafttreten des ESUG sollte dem Schuldner die Kombination von Eigenverwaltung und Insolvenzplan durch die Möglichkeit zur Vorbereitung eines angestrebten Sanierungsverfahrens insgesamt erleichtert werden. Hierzu wurde dem Schuldner mit § 270b InsO im Zeitraum zwischen Eröffnungsantrag und Verfahrenseröffnung ein eigenständiges Sanierungsverfahren zur Verfügung gestellt, das ihm die Möglichkeit gibt, unter der Wirkung eines Schutzschirms einen eigenen Sanierungsplan zu erstellen.[256] Die Regelung lässt sich vor diesem Hintergrund als besonders „sanierungsorientierte Variante" des vorläufigen Eigenverwaltungsverfahrens nach § 270a InsO beschreiben.[257] Der Gesetzgeber wollte hierdurch das Vertrauen des Schuldners in das Insolvenzverfahren insgesamt stärken und gleichzeitig Anreize für eine frühzeitige Antragstellung im Unternehmen schaffen, um somit bereits vor Eröffnung des Insolvenzverfahrens die Weichen für eine Sanierung des schuldnerischen Unternehmens zu stellen.[258]

(1) Voraussetzungen der Einleitung des Verfahrens

Die Einleitung des Schutzschirmverfahrens setzt gemäß § 270b Abs. 1 S. 1 InsO neben dem Antrag auf Eröffnung des Insolvenzverfahrens sowie dem Antrag auf Anordnung der Eigenverwaltung einen zusätzlichen Antrag auf Schutz zur Vorbereitung einer Sanierung voraus.[259] Dies macht es erforderlich, dass der Schuldner neben den allgemeinen Antragsvoraussetzungen des § 13 InsO insbesondere diejenigen der Eigenverwaltung nach §§ 270, 270a InsO erfüllt.[260] Dem Gericht dürfen demnach insbesondere keine Umstände bekannt sein, die erwarten lassen, dass die Anordnung zu Nachteilen für die Gläubiger führen wird (§ 270 Abs. 2 Nr. 2 InsO).

Liegen die Voraussetzungen zur Anordnung einer Schutzfrist nach Absatz 1 Satz 1 vor, bestimmt das Gericht im Anschluss eine Frist von höchstens drei Monaten zur Vorlage eines Insolvenzplans, wenn dem Schuldner der Nachweis gelingt, dass drohende Zahlungsunfähigkeit oder Überschuldung, hingegen jedoch keine Zahlungsunfähigkeit vorliegt und die angestrebte Sanierung nicht offensichtlich aussichtslos ist (§ 270b Abs. 1 S. 2 InsO).

---

256 Begr. GesE ESUG, BT-Drucks. 17/5712 S. 40; vgl. hierzu auch Smid/Rattunde/Martini, S. 52, Rn. 3.15; Uhlenbruck/*Zipperer*, § 270b InsO, Rn. 7.

257 *Pleister* in: Flöther, S. 169, Rn. 220.

258 Begr. GesE ESUG, BT-Drucks. 17/5712 S. 40.

259 Begr. GesE ESUG, BT-Drucks. 17/5712 S. 40.

260 *Koch/Jung* in: HRI, § 8 Rn. 14; Uhlenbruck/*Zipperer*, § 270b Rn. 7; MünchKommInsO/*Kern*, § 270b Rn. 16 ff.; KPB/*Pape*, § 270b Rn. 37.

(2) Das Schutzschirmverfahren als Koordinationsinstrument

Infolge der erweiterten Verknüpfung von Eigenverwaltung und Insolvenzplanverfahren durch die Möglichkeit zur Ausarbeitung eines umfassenden Sanierungskonzepts, scheint sich dem Schuldner auf den ersten Blick ein idealer Rahmen für die Sanierung seines notleidenden Unternehmens zu bieten, ohne dabei einen Kontrollverlust im eigene Unternehmen durch die Einsetzung eines Fremdverwalters zu erleiden.[261] Diese für die Sanierung einzelschuldnerischer Unternehmen zutreffende Beobachtung kann sich im Kontext der Konzerninsolvenz nur bedingt bestätigen.

Kritik gilt in erster Linie der vom Gericht zu bestimmenden Frist zur Vorlage eines Insolvenzplans. Der von der Regelung vorgesehene Zeitraum von maximal drei Monaten erweist sich in diesem Zusammenhang regelmäßig als zu kurz bemessen.[262] Anders, als bei der Restrukturierung insolventer Unternehmungen mit nur einem Rechtsträger geht die Ausarbeitung eines rechtsträgerübergreifenden Sanierungskonzepts für gewöhnlich mit dem besonderen Bedürfnis einher, sämtliche Pläne inhaltlich aufeinander abzustimmen.[263] Für den Schuldner resultiert dies in der Regel in einem zeitlichen Mehraufwand, dem die Regelung in ihrer geltenden Fassung nicht gerecht werden kann.

Darüber hinaus gilt es für die Konzernspitze sämtliche an dem Sanierungsvorhaben beteiligte Gesellschaften zur Zusammenarbeit zu verpflichten. Gelingt es dieser nicht, die notwendige Einheit im Konzern innerhalb der vom Gericht bestimmten Frist herzustellen, ist das Sanierungsvorhaben im Zweifel bereits in seinen Anfängen zum Scheitern verurteilt.

Vor diesem Hintergrund erscheint es notwendig, für Konzernsachverhalte den Beurteilungsspielraum des Gerichts künftig von drei auf sechs Monate zu verdoppeln. Der Wortlaut der Regelung ist insofern um folgende Änderungen zu ergänzen:

§ 270b Vorbereitung einer Sanierung

[...]so bestimmt das Insolvenzgericht auf Antrag des Schuldners eine Frist zur Vorlage eines Insolvenzplans. Die Frist darf höchstens drei Monate betragen. Ist der Schuldner Mitglied einer Unternehmensgruppe im Sinne des § 3e dieses Gesetzes, so ist ihm eine Frist von maximal sechs Monaten zu gewähren. Diese Frist kann auf Antrag des Schuldners sowie unter dem Vorbehalt der Zustimmung eines vorläufig eingesetzten Gläubigerausschusses, einmalig um maximal zwei weitere Monate verlängert werden. [...]

---

261 Vgl. hierzu auch die Begr. zum GesE des ESUG, BT-Drucks. 17/5712 S. 40.

262 Smid/Rattunde/Martini, S. 52, Rn. 3.15; vgl. auch KPB/*Pape*, § 270b Rn. 60; *Koch/Jung* in: HRI, § 8 Rn. 86.

263 Smid/Rattunde/Martini, S. 52, Rn. 3.15.

Bis dahin ist der Schuldner gut beraten, statt über den Weg des § 270b InsO, mit einem *Prepackaged Plan* das reguläre Verfahren nach §§ 270, 270a InsO zu bestreiten, um nicht etwa wegen einer zwischenzeitlich eingetretenen Zahlungsunfähigkeit die Ablehnung durch das zuständige Insolvenzgericht zu riskieren.[264]

Ohne die Einführung der Möglichkeit, sämtliche Verfahren bei einem Insolvenzgericht zu konzentrieren, droht die Ausarbeitung eines konzernumfassenden Sanierungskonzepts zudem bereits daran zu scheitern, dass nur ein Teil der insolventen Gruppenmitglieder unter dem Schirm tatsächlich Schutz findet.[265] Chancen bietet insofern die gemäß § 3a ff. KIG geplante Einführung einer Zuständigkeitskonzentration.[266] Durch die Möglichkeit, sämtliche Verfahren einer Unternehmensgruppe auf Antrag bei einem Insolvenzrichter zu vereinen (§§ 3a Abs. 1, 3c Abs. 1 KIG) besteht die Chance, die Wahrscheinlichkeit einer Anordnung der Schutzwirkungen des § 270b InsO in sämtlichen Verfahren künftig zu steigern.[267]

2. Eigenverwaltung de lege ferenda

Mit dem Gesetz zur Erleichterung der Bewältigung von Konzerninsolvenzen nimmt nunmehr auch der Insolvenzgesetzgeber erstmalig Stellung zur Eigenverwaltung bei gruppenangehörigen Gesellschaften, während der Diskussionsentwurf die Frage noch offen ließ. Dem Diskussionsentwurf war in dieser Hinsicht erwartungsgemäß eine Welle von Kritik gefolgt. Nicht zuletzt hatte das ESUG eine Stärkung der Eigenverwaltung noch als eines seiner zentralen Ziele manifestiert[268] und die damalige Bundesjustizministerin zeitgleich mit der Veröffentlichung des Diskussionsentwurfs die „dritte Stufe" der Insolvenzrechtsreform eingeläutet,[269]von der jedenfalls zu erwarten gewesen wäre, dass sie an die Errungenschaften der bereits vorausgegangenen Reformbemühungen anknüpfen würde.

---

264 KPB/*Pape*, § 270b Rn. 60.
265 *Schneider/Höpfner* in: BB 2012, 87, 89; *Frege/Nicht* in: HRI, § 4 Rn. 221.
266 Siehe hierzu ausführlich auf S. 295ff.
267 *Frege/Nicht* in: HRI, § 4 Rn. 221.
268 Vgl. Begr. GesE ESUG, BT-Drucks. 17/5712, S. 1ff.
269 *Leutheusser-Schnarrenberger* in: ZIP 2013, 97.

a) Entsprechende Anwendung der Rechte des Schuldners und des Insolvenzverwalters

Wie § 270d KIG nunmehr festlegt, werden die konzerninsolvenzrechtlichen Instrumentarien künftig auch dann zur Anwendung kommen, wenn in Bezug auf einen oder mehrere gruppenangehörige Schuldner durch das zuständige Insolvenzgericht die (vorläufige) Eigenverwaltung angeordnet wurde. Anders als noch in der Fassung des Diskussionsentwurfs sollen die nach § 269a KIG für den Insolvenzverwalter geltenden Kooperationspflichten künftig auch auf den eigenverwaltenden Schuldner Anwendung finden.[270] Der Gesetzgeber ist damit Forderungen aus Literatur und Praxis gefolgt, die Regelung des § 276a InsO im Hinblick auf die Situation der Konzerninsolvenz zu entschärfen.[271]

Zudem soll dem eigenverwaltenden Schuldner das Antragsrecht auf Begründung des Gruppen-Gerichtsstands (§ 3a Abs. 1 und § 3 KIG), auf Verweisung an das Gericht des Gruppen-Gerichtsstands (§ 3d Abs. 2 KIG) sowie auf Einleitung eines Koordinationsverfahren (§ 269d Abs. 2 KIG) zustehen.[272] Ob und unter welchen Voraussetzungen der Schuldner oder der Sachwalter im Fall der Einleitung eines Koordinationsverfahrens zum Verfahrenskoordinator bestellt werden können, soll nach Maßgabe des § 269e KIG zu bestimmen sein.[273]

b) Bestellung eines einheitlichen Sachwalters

Mit der Einführung eines Konzerninsolvenzrechts versucht der Gesetzgeber eine vereinfachte Ausdehnung der Eigenverwaltung auf den gesamten Gruppenverband zu erreichen.[274] In den Fällen, in denen die Eigenverwaltung in gleich mehreren gruppenangehörigen Unternehmen angeordnet worden ist, soll das Gesetz daher künftig die Bestellung eines einheitlichen Sachwalters ermöglichen.[275] Dies gilt insbesondere für den Fall, dass sämtliche Verfahren an einem Gericht anhängig sind, weil dort gemäß § 3a Abs. 1 KIG ein Gruppen-Gerichtsstand begründet worden ist.[276] Die mit den jeweiligen Verfahren befassten Gerichte haben sich zu diesem Zweck gemäß § 274 InsO i. V. m. § 56b KIG über die Bestellung des Sachwalters abzustimmen.[277]

---

270 Begr. InsO-E, BT-Drucks. 18/407, S. 41 f.
271 Hierzu ausführlich auf S. 156ff. und S. 166; vgl. auch *Brünkmans* in ZIP 2013, 193, 199.
272 Begr. InsO-E, BT-Drucks. 18/407, S. 41.
273 Begr. InsO-E, BT-Drucks. 18/407, S. 42.
274 *Verhoeven* in: ZInsO 2014, 217, 220.
275 Begr. InsO-E, BT-Drucks. 18/407, S. 42.
276 Begr. InsO-E, BT-Drucks. 18/407, S. 42.
277 Begr. InsO-E, BT-Drucks. 18/407, S. 42.

c) Kritik und Stellungnahme

Der Reformgeber hat bislang noch nicht auf alle regelungsbedürftigen Fragen der Eigenverwaltung die richtigen Antworten finden können.[278] Eine Abstimmung zwischen erster und dritter Stufe der Insolvenzrechtsreform ist somit vorerst als gescheitert anzusehen.[279]

Zwar weitet § 270d KIG die für den Insolvenzverwalter geltenden Kooperationspflichten künftig auf den eigenverwaltenden Schuldner aus. Jedoch gilt dies ausweislich des Wortlautes der Vorschrift nicht für das Verhältnis zwischen insolvenzverwalteten und eigenverwalteten Gesellschaften. Unklar bleibt zudem, ob von der Regelung das durch § 276a InsO suspendierte Recht umfasst ist, auf Gesellschafterebene der Geschäftsführung der eigenverwalteten Gesellschaft hinsichtlich einzelner Verwaltungsmaßnahmen verbindliche Weisungen zu erteilen. Darüber hinaus ist zu befürchten, dass § 270d KIG nicht die gewünschte Wirkung entfaltet, solange Verstöße gegen die Kooperationspflicht nicht unmittelbar an Sanktionen geknüpft sind und die Regelung des § 269a KIG nicht gleichzeitig auf die in den jeweiligen Verfahren bestellten Sachwalter Anwendung findet.

Vor dem Hintergrund, dass eine Konzernsanierung regelmäßig nur dann den gewünschten Erfolg erzielen wird, wenn diese unter Vorbereitung und Mitwirkung der Konzernleitung erfolgt, erscheint es zudem sinnvoll, den Antrag auf Begründung des Gruppen-Gerichtsstands künftig entweder in Abhängigkeit zur Vorlage eines Sanierungskonzepts zu stellen oder diesen zwingend mit dem Antrag nach § 270b KIG zu verbinden.[280]

Regelungsbedarf besteht zudem in Bezug auf die Kompetenzen der einzelnen Sachwalter gegenüber der Konzernmuttergesellschaft beziehungsweise gegenüber einem dort bestellten Sachwalter. Es spricht vieles dafür, die in § 269a KIG für den Insolvenzverwalter normierten Kooperationspflichten künftig auch auf den Sachwalter in der Eigenverwaltung anzuwenden.[281]

Im Hinblick auf die neugeschaffene Möglichkeit zur Bestellung eines einheitlichen Sachwalters in Fällen, in denen bei gleich mehreren gruppenangehörigen Unternehmen die Eigenverwaltung angeordnet wird, besteht die Notwendigkeit, die in § 274 Abs. 2 und 3 InsO normierten Prüfungs- und Überwachungspflichten künftig auf den gesamten Konzern auszuweiten.[282] Die Bestellung eines einheitlichen Sachwalters sollte vor diesem Hintergrund in Abhängigkeit zu der Frage stehen, ob die Erfüllung dieser Pflichten durch eine

---

278 *v. Wilcken* in: Flöther, S. 123; *Verhoeven* in: ZInsO 2014, 217, 220.

279 So im Erg. auch *Andres/Möhlenkamp* in BB 2013, 579, 587; *Harder/Lojowski* in: NZI 327, 332.

280 *v. Wilcken* in: Flöther, S. 123.

281 *Brünkmans* in: ZIP 2013, 193, 199.

282 *Verhoeven* in: ZInsO 2014, 217, 220.

Person zu leisten ist. Insbesondere in komplexen Unternehmensstrukturen wird diese Frage regelmäßig zu verneinen sein. Hinzu kommen Bedenken, die von Seitens einiger Gerichte bereits gegen die Eigenverwaltung und eine weitere Verkomplizierung des Verfahrens vorgetragen wurden.[283]

3. Die Eigenverwaltung im Kontext europäisch grenzüberschreitender Verfahren

a) Die Eigenverwaltung im Anwendungsbereich der EuInsVO

Vor Inkrafttreten der Neufassung der EuInsVO stand lange Zeit in Frage, inwieweit die zur Eigenverwaltung ermittelten Grundsätze auch auf den Fall der europäisch grenzüberschreitenden Konzerninsolvenz Anwendung fanden.

Zum einen war unklar, ob die EuInsVO gemäß ihrem Anwendungsbereich das Verfahren in Eigenverwaltung überhaupt umfasste. Zum anderen bestand Streit in der Frage, ob die Eigenverwaltung ein Liquidationsverfahren im Sinne von Art. 2 lit. c EuInsVO darstellte, obgleich bei Verfahrenseröffnung im Regelfall völlig unklar war, ob die Gläubigerversammlung im späteren Berichtstermin (§ 157 InsO) die Stilllegung oder die vorläufige Fortführung und Sanierung des schuldnerischen Unternehmens beschließen würde. Gemäß Art. 3 Abs. 3 S. 2 und Art. 27 S. 2 EuInsVO war dies notwendige Voraussetzung dafür, dass die Eigenverwaltung in einem in Deutschland eröffneten Sekundärinsolvenzverfahren angeordnet werden konnte. Waren diese Hürden erst einmal genommen, so herrschte weiterhin Uneinigkeit in der Frage, ob die selbständige Tochtergesellschaft als Niederlassung im Sinne von Art. 2 lit. h und Art. 3 Abs. 2 EuInsVO qualifizierte, was – wenn man diese Frage entgegen der zutreffenden herrschenden Meinung bejahte – zur Folge hatte, dass die für das Verhältnis der Insolvenzverwalter von Haupt- und Sekundärinsolvenzverfahren geltenden Kooperationspflichten (vgl. Art. 31 EuInsVO) auch im Verhältnis von Mutter und Tochter Anwendung fanden.[284]

Ausschlaggebend für die Notwendigkeit eines Rückgriffs auf die Vorschriften zur Sekundärinsolvenz war die Tatsache, dass bis zum Inkrafttreten der EuInsVO n. F. von Seiten des Unionsgesetzgebers die (grenzüberschreitende) Insolvenz konzernverbundener Gesellschaften nicht geregelt war. Eine koordinierte Fortführung gleich mehrerer Verfahren kam daher allenfalls auf freiwilliger Basis – etwa auf Grundlage von Insolvenzverwaltungsverträgen zwischen den Insolvenz-

283 Vgl. *Frind* in: ZInsO 2010, 1525, 1527 ff.
284 Vgl. hierzu die Ausführungen auf S. 229.

verwaltern und/oder Insolvenzgerichten (*Protocols*)[285] in Betracht.[286] Dem Institut der Eigenverwaltung war somit im Hinblick auf eine koordinierte Verfahrensführung im grenzüberschreitenden Kontext ein insgesamt nur beschränkter Nutzen zu entnehmen.

aa) Sachlicher Anwendungsbereich der EuInsVO

In sachlicher Hinsicht war die Verordnung bislang auf „Gesamtverfahren" anwendbar, also Insolvenzverfahren sowie Liquidationsverfahren im Sinne der Art. 2 lit. a S. 2 sowie Art. 2 lit. c EuInsVO,[287] die neben der Insolvenz des Schuldners insbesondere einen vollständigen oder teilweisen Vermögensbeschlag[288] sowie die Bestellung eines „Verwalters" zum Gegenstand hatten (Art. 1 Abs. 1 EuInsVO). Verwalter in diesem Sinne war jede Person oder Stelle zu deren Aufgabe es gehörte, die Masse zu verwalten oder zu verwerten oder die Geschäftstätigkeit des Schuldners zu überwachen (Art. 2 lit. b EuInsVO).[289] Hierzu zählte neben dem Insolvenzverwalter sowie dem Sachwalter[290] insbesondere auch der eigenverwaltende Schuldner, dem gemäß § 270 Abs. 1 S. 1 InsO die Verwaltung der Masse übertragen war, sodass die EuInsVO bereits vor ihrer Neufassung auf den Fall der Eigenverwaltung Anwendung fand.[291]

bb) Erscheinungsformen grenzüberschreitender Konzernsachverhalte

Grundsätzlich lässt sich zwischen insgesamt drei Szenarien der grenzüberschreitenden Konzerninsolvenz unterscheiden. Neben dem Fall eines einheitlichen Insolvenzverfahrens sind die Eröffnung eines Haupt- sowie eines oder mehrerer Sekundärinsolvenzverfahren[292] sowie der Fall der Betriebsfortführung

---

285 Hierzu detailliert auf S. 187 und S. 229ff.

286 Vgl. *Undritz* in: Flöther, S. 363 Rn. 79; *Ehricke* in: EWS 2002, 101, 107; *Westphal/Goetker/Wilkens*, Grenzüberschreitende Insolvenzen, Rn. 1031ff.

287 Diese sind im Einzelnen unter den Anhängen A und B zur EuInsVO aufgeführt.

288 Zum Vermögensbeschlag in der Eigenverwaltung vgl. MünchKommInsO/Bd. 3/*Reinhart*, Art. 1 EuInsVO, Rn. 6.

289 Diese sind im Einzelnen unter Anhang C zur EuInsVO aufgeführt.

290 Vgl. AG Köln, Beschl. v. 23.01.2004 – 71 IN 1/04 („*Automold*") = ZIP 2004, 471, 474.

291 Pannen/*Pannen*, Art. 1 Rn. 17; *Kübler* in: HRI, § 20 Rn. 19; *Kolmann/Keller* in Gottwald, § 131 Rn. 9.

292 Hierbei handelt es sich wohl um den paradigmatischen Fall der grenzüberschreitenden Insolvenz nach der EuInsVO n. F.

und Verwertung in gleich mehreren (parallelen) Hauptinsolvenzverfahren denkbar.[293]

(1) Parallele Insolvenzverfahren

Unterliegt ein Hauptverfahren nach Art. 3 EuInsVO n. F. dem Zuständigkeitsbereich eines deutschen Insolvenzgerichts, sodass nach Art. 7 Abs. 1 EuInsVO n. F. ausschließlich deutsches Insolvenzrecht Anwendung findet (*lex forum concursus*), erweist sich die Anordnung der Eigenverwaltung in diesem Verfahren zunächst als gänzlich unproblematisch. Gleiches gilt für Gesellschaften, deren Sitz sich in einem anderen Mitgliedstaat der Europäischen Union befindet, sofern für diese Gesellschaften ebenfalls ein Insolvenzgericht in Deutschland zuständig ist.[294] In Literatur und Praxis wird in diesen Fällen die Anordnung der Eigenverwaltung in sämtlichen Parallelverfahren, unter der Führung eines sogenannten Leitverfahrens angeregt, mit dem Ziel, eine bestmögliche Koordination der jeweiligen Hauptverfahren zu gewährleisten.[295]

(2) Sekundärinsolvenzverfahren

Etwas anders stellte sich die Situation bis zum Inkrafttreten der EuInsVO n. F. in denjenigen Fällen dar, in denen Eröffnungsstaat des Hauptinsolvenzverfahrens nicht die Bundesrepublik Deutschland, sondern ein Staat im europäischen Ausland war. Anwendbares Recht war dann gemäß Art. 4 Abs. 1 EuInsVO zunächst ein anderes. In diesen Fällen stellte sich die Frage, ob in einem deutschen Sekundärinsolvenzverfahren die Anordnung der Eigenverwaltung zulässig war. Ziel der Überlegungen war es, die im Verhältnis zwischen den Insolvenzverwaltern von Sekundär- und Hauptinsolvenzverfahren geltenden Kooperationsplichten (Art. 31 ff. EuInsVO) auf den Fall der Tochterinsolvenz zu übertragen.

Nach zutreffender Auffassung waren vom Niederlassungsbegriff in der Fassung des Art. 2 lit. h EuInsVO nur unselbständige Teile eines alleinigen Vermögensträgers umfasst.[296] Die Tochtergesellschaft als rechtlich selbständige Einheit des Konzerns, mit eigens zugewiesener Vermögensmasse stellte demzufolge keine

293 *Undritz* in: Flöther, § 8 Rn. 61.

294 Vgl. *Kübler* in: HRI, § 20 Rn. 19; zur Bestimmung der internationalen Zuständigkeit für grenzüberschreitende Insolvenzverfahren innerhalb der EU ausführlich auf S. 317 ff.

295 *Kübler* in: HRI, § 20 Rn. 19.

296 *Ehricke* in: EWS 2002, 101, 105.

Niederlassung im Sinne der Verordnung dar.[297] Dies hatte zur Folge, dass über das Vermögen eines jeden Unternehmensträgers ein eigenständiges Hauptinsolvenzverfahren (Art. 3 Abs. 1 EuInsVO) nach dem Recht des jeweiligen Mitgliedsstaates (Art. 4 Abs. 1 EuInsVO) zu eröffnen war.[298] Eine Pflicht zur Zusammenarbeit oder zum Austausch verfahrensrelevanter Informationen zwischen den Insolvenzverwaltern verschiedener Hauptinsolvenzverfahren entsprechend den Art. 31 ff. EuInsVO bestand daher nicht.[299] Hieran hat sich auch nach geltendem Recht nichts geändert.

b) Die Eigenverwaltung im Anwendungsbereich der EuInsVO n. F.

Mit Inkrafttreten der Neufassung der EuInsVO hat der Unionsgesetzgeber in der Frage nunmehr endgültig Klarheit geschaffen und den Anwendungsbereich der Verordnung auf vorläufige Sanierungsverfahren sowie das Verfahren der Eigenverwaltung erweitert.[300] Gleichzeitig erklärt Art. 76 EuInsVO n. F. die für den Verwalter geltenden Bestimmungen zur Zusammenarbeit und Kommunikation (Art. 56 ff. EuInsVO n. F.)[301] sowie zur Koordination (Art. 61 EuInsVO n. F.),[302] für den Schuldner in Eigenverwaltung entsprechend anwendbar.

aa) Sachlicher Anwendungsbereich der EuInsVO n. F.

Ausweislich ihres Art 1 Abs. 1 S. 1 lit. b EuInsVO n. F. findet die Verordnung nunmehr Anwendung auf öffentliche Gesamtverfahren einschließlich vorläufiger Verfahren, die auf der Grundlage gesetzlicher Regelungen zur Insolvenz stattfinden und in denen zu Zwecken der Rettung, Schuldenanpassung, Reorganisation oder Liquidation das Vermögen und die Geschäfte des Schuldners der Kontrolle oder Aufsicht durch ein Gericht unterstellt werden. Verfahren in diesem Sinne ist ausweislich der Auflistung in Anhang A zur Verordnung das deutsche Insolvenzverfahren einschließlich des Eigenverwaltungsverfahrens. Parallel hierzu

---

297 *Smid*, Deutsches und Europäisches Internationales Insolvenzrecht, § 6 Rn. 45; Hierzu ausführlich auf S. 229ff.

298 Ehricke in: EWS 2002, 101, 107; *Paulus*, Komm. zur EuInsVO, Einl. Rn. 44; *Smid*, Deutsches und Europäisches Internationales Insolvenzrecht, § 6 Rn. 45.

299 Hierzu ausführlich auf S. 229ff.

300 Kommissionsentwurf, S. 6; zur EuInsVO vgl. Pannen/*Pannen*, Art. 1 Rn. 17; *Kübler* in: HRI, § 20 Rn. 19; *Kolmann/Keller* in Gottwald, § 131 Rn. 9.

301 Hierzu ausführlich auf S. 241ff.

302 Hierzu ausführlich auf S. 247

verzichten Art. 3 und Art. 34 EuInsVO n. F. auf die Notwendigkeit der Ausgestaltung des Sekundärverfahrens als Liquidationsverfahren.

Unter dem Terminus „Schuldner in Eigenverwaltung" versteht die Verordnung – in Übereinstimmung mit § 270 InsO – einen Schuldner, über dessen Vermögen ein Insolvenzverfahren eröffnet wurde, das nicht zwingend mit der Bestellung eines Verwalters oder der vollständigen Übertragung der Rechte und Pflichten zur Verwaltung des Vermögens des Schuldners auf einen Verwalter verbunden ist, und bei dem der Schuldner daher ganz oder zumindest teilweise die Kontrolle über sein Vermögen und seine Geschäfte behält (Art. 2 Nr. 3 EuInsVO n. F.).

bb) Kommunikations- und Kooperationspflichten

In Ergänzung hierzu erklärt Art. 76 EuInsVO n. F. die für den Verwalter geltenden Bestimmungen zur Zusammenarbeit und Kommunikation (Art. 56 ff. EuInsVO n. F.)[303] sowie zur Koordination (Art. 61 EuInsVO n. F.),[304] im Falle der Eröffnung des Insolvenzverfahrens über das Vermögen von zwei oder mehr Mitgliedern derselben Unternehmensgruppe, für den Schuldner in Eigenverwaltung entsprechend anwendbar.

Dies hat zur Folge, dass der eigenverwaltende Schuldner – gleichsam wie der Insolvenzverwalter im Regelinsolvenzverfahren – zur Zusammenarbeit und zum Austausch verfahrensrelevanter Informationen im Verhältnis zu anderen eigenverwaltenden Schuldnern und Insolvenzverwaltern (Art. 56 EuInsVO n. F.) sowie Insolvenzgerichten (Art. 58 EuInsVO n. F.) verbundener Gesellschaften verpflichtet ist.

Darüber hinaus stehen ihm dieselben Rechte wie dem Insolvenzverwalter in anderen Verfahren zu. So kann er beispielsweise in jedem über das Vermögen eines anderen Mitglieds derselben Unternehmensgruppe eröffneten Verfahren gehört werden, eine Aussetzung jeder Maßnahme im Zusammenhang mit der Verwertung der Masse in jedem Verfahren über das Vermögen eines anderen Mitglieds derselben Unternehmensgruppe beantragen sowie die Eröffnung eines Gruppen-Koordinationsverfahrens gemäß Art. 61 EuInsVO n. F. beantragen (Art. 60 Abs. 1 EuInsVO n. F.). Im Übrigen ist er gemäß Art. 74 EuInsVO n. F. dazu verpflichtet, mit dem vom Gericht bestellten Koordinator zusammenzuarbeiten.

---

303 Hierzu ausführlich auf S. 241ff.
304 Hierzu ausführlich auf S. 247

IV. UNCITRAL

Auch die UNCITRAL widmet sich in dem dritten Teil zu ihrem *Legislative Guide on Insolvency* der prozeduralen Koordination zweier oder mehrerer Verfahren ein und derselben Unternehmensgruppe, für den Fall, dass sich die Gerichtszuständigkeit nicht auf ein einziges Gericht konzentriert.[305]

Als mögliche Koordinationsmaßnahmen nennt die Kommission unter anderem die Bestellung eines personenidentischen Insolvenzverwalters, die Einsetzung eines einheitlichen Gläubigerausschusses sowie die Einführung von Kooperationspflichten zwischen den Gerichten, Insolvenzverwaltern und Gläubigerversammlungen.[306]

Darüber hinaus regt die Kommission die Weitergabe sowie Offenlegung verfahrensbezogener Informationen zwischen den Gerichten sowie die Koordination von Gläubigerversammlungen an.[307] Dabei soll im Idealfall gewährleistet sein, dass die Beteiligten des einen Verfahrens die Versammlung des jeweils anderen Verfahrens sowohl optisch als auch akustisch mitverfolgen können sowie mit dessen Beteiligten kommunizieren können.[308]

Antragsberechtigt sollen neben den gruppenangehörigen Schuldnern selbst, der (vorläufige) Insolvenzverwalter sowie die Gläubiger sein.[309] Letztere insbesondere auch dann, wenn deren Schuldner selbst nicht von der Zusammenlegung betroffen seien.[310] Darüber hinaus soll das Gericht auch initiativ zur Anordnung berechtigt sein, sofern es davon überzeugt sei, hierdurch die Verwaltung der gruppenangehörigen Schuldner zu erleichtern sowie im besten Interesse der Unternehmensgruppe zu handeln.[311] Für den Fall, dass der Antrag mit dem Antrag auf Verfahrenseröffnung verbunden werde, solle aufgrund der unterschiedlichen Voraussetzungen eine getrennte Prüfung stattfinden.[312] Über die Zusammenlegung der Verfahren entscheide das zuständige Gericht nach pflichtgemäßem Ermessen[313].

---

305 UNCITRAL, Legislative Guide on Insolvency Law, Part three: Treatment of enterprise groups in insolvency, 2012, S. 59 ff., abrufbar unter: http://www.uncitral.org/pdf/english/texts/insolven/Leg-Guide-Insol-Part3-ebook-E.pdf (zuletzt abgerufen am: 3. Januar 2018).

306 UNCITRAL Pt. 3, S. 32 f., Empfehlung 204.

307 UNCITRAL Pt. 3, S. 28.

308 UNCITRAL Pt. 3, S. 28.

309 UNCITRAL Pt. 3, S. 29.

310 UNCITRAL Pt. 3, S. 30.

311 UNCITRAL Pt. 3, S. 29.

312 UNCITRAL Pt. 3, S. 30.

313 UNCITRAL Pt. 3, S. 29.

D. Koordination durch Kooperation

Neben der formellen Zusammenfassung der konzernzugehörigen Einzelverfahren wird die Einführung wechselseitiger Koordinations-, Informations- sowie Kooperationspflichten zwischen Verwaltern, Gerichten und Gesellschaftern aber auch einzelnen Gläubigern sowie Gläubigergruppen diskutiert.[1] Als Gegenstand dieser Regelungen kommen neben dem Austausch verfahrensrelevanter Informationen insbesondere die Zuweisung wechselseitiger Aufgabenbereiche sowie die Etablierung hierarchischer Strukturen innerhalb der Verwalterzuständigkeit in Betracht.[2] Für eine entsprechende Lösung hat sich jüngst auch der europäische Gesetzgeber in einem neuen Kapitel V zur EuInsVO ausgesprochen, das nunmehr neben die bereits bestehenden Kommunikations- und Kooperationspflichten für Sekundärinsolvenzverfahren[3] tritt und entsprechende Regularien nunmehr auch für die Verwaltung konzernierter Unternehmen einführt.[4]

I. Kooperationsrechte- und pflichten nach der InsO de lege lata

Kooperationspflichten sind überall dort sinnvoll, wo sie gemessen an dem in § 1 InsO statuierten Verfahrenszweck eine Anreicherung der Masse und somit eine bestmögliche gemeinschaftliche Gläubigerbefriedigung bezwecken.[5] Gleichwohl lässt sich nicht in jedem Fall gewährleisten, dass sich die Vorteile der Zusammenarbeit zugunsten sämtlicher Verfahrensbeteiligter und in jedem Verfahren gleich stark auswirken. Damit Koordinationsmaßnahmen trotzdem vom Insolvenzzweck getragen werden, ist es daher notwendig sowie ausreichend, dass nicht jeder einzelne Verfahrensbeteiligte oder jedes Verfahren durch sie eine verbesserte Rechtsstellung erfährt, solange sich zumindest in einem Verfahren eine Besserstellung nachweisen lässt und den Beteiligten der übrigen Verfahren hieraus keine unmittelbaren Nachteile erwachsen (sog. „*Pareto-Effizienz*“).[6]

1 Exemplarisch *Eidenmüller* in: ZHR 169 (2005), 529, 549ff.; *Kübler* in: HRI, § 18 Rn. 41.
2 *Paulus* in: ZGR 2010, 270, 278.
3 Vgl. hierzu Art. 41ff. EuInsVO n.F.
4 Vgl. Art. 56ff. EuInsVO n.F.; hierzu ausführlich auf S. 241ff.
5 *Eidenmüller* in: ZHR 169 (2005), 529, 550.
6 Vgl. Begr. InsO-E, BT-Drucks. 18/407, S. 37; a.A. *Eidenmüller* in: ZHR 169 (2005), 529, 551 der in jedem Fall eine nachweisbare Besserstellung für notwendig hält.

https://doi.org/10.1515/9783110578775-011

In jedem Fall muss für die geplanten Koordinationsmaßnahmen eine greifbare Rechtsgrundlage bestehen.[7] Je nach Adressatenkreis wird die Kooperationspflicht mal mehr, mal weniger stark durch den in § 1 InsO normierten Insolvenzzweck, die in § 93 Abs. 1 S. 1 AktG geregelten Geschäftsleiterpflichten[8] sowie etwaige gesellschaftsrechtliche Treuepflichten geprägt.[9] Im Falle eines Fortbestehens der Konzernleitungsmacht tritt diese gesteigerte Wertschöpfung in Form eines Rechts auf Teilhabe an einem etwaigen Kooperationsgewinns neben die Verlustausgleichspflicht des § 302 AktG.[10]

1. Kooperation der Insolvenzgerichte

Da ein geltendes deutsches Insolvenzrecht eine Zuständigkeitskonzentration bislang nicht vorsieht, besteht im Verhältnis der Insolvenzgerichte zueinander ein besonderes Bedürfnis zur Zusammenarbeit. Für den Fall, dass sich die insolvenzgerichtliche Zuständigkeit innerhalb des Konzerns auf unterschiedliche Gerichte verteilt, können die jeweils örtlich zuständigen Gerichte daher aus dem Verfahrenszweck (§ 1 InsO) zur Zusammenarbeit verpflichtet sein.

Gemäß Art. 97 GG sind die Richter sowohl in der Sache als auch persönlich unabhängig und in ihrer Entscheidungsfindung ausschließlich dem Gesetz unterworfen. Anknüpfungspunkte für die Annahme einer Kooperationspflicht auf gerichtlicher Ebene müssen vor diesem Hintergrund zwingend dem Gesetz zu entnehmen sein.

Als insolvenzrechtliche Funktionsträger sind die Insolvenzgerichte – ähnlich wie auch die Insolvenzverwalter – an den in § 1 InsO statuierten Verfahrenszweck gebunden.[11] Ziel des Insolvenzverfahrens ist es danach, eine bestmögliche gemeinschaftliche Befriedigung der Gläubiger zu erreichen. Für die Insolvenzgerichte kann aus diesem Zweck im Einzelfall die „Pflicht“ erwachsen, für sämtliche Konzerngesellschaften denselben Insolvenzverwalter zu bestellen, wenn sich die Verwaltung in Personalunion dazu eignet, die Aussichten auf eine bestmögliche Haftungsverwirklichung nachhaltig zu steigern.[12]

---

7 *Eidenmüller* in: ZHR 169 (2005), 529, 550.

8 In diesem Sinne Richtungsweisend ist insbesondere das in Sachen *„ARAG/Garmenbeck“* ergangene Urt. des BGH v. 21.04.1997 – II ZR 175/95 = ZIP 1997, 883.

9 *Eidenmüller* in: ZHR 169 (2005), 529, 550.

10 Vgl. auch *Eidenmüller* in: ZHR 169 (2005), 529, 551.

11 *Eidenmüller* in: ZHR 169 (2005), 529, 550; *Kübler* in: HRI, § 18 Rn. 37.

12 *Eidenmüller* in: ZHR 169 (2005), 529, 553; *ders.* in ZZP 114 (2001), 3, 9.

Diese Pflicht wird überlagert durch das Auswahlkriterium der Eignung. Gemäß § 56 Abs. 1 InsO ist zum Insolvenzverwalter eine für den jeweiligen Einzelfall geeignete, insbesondere geschäftskundige und von den Gläubigern und dem Schuldner unabhängige natürliche Person zu bestellen. Eine Pflicht zur Einsetzung eines personenidentischen Verwalters kommt vor diesem Hintergrund grundsätzlich immer nur dann in Betracht, wenn die zur Auswahl stehende Person in sämtlichen Verfahren gleichgeeignet ist[13] und etwaige Interessenkonflikte durch die Bestellung eines Sonderinsolvenzverwalters entschärft werden können.[14] Eine generelle Pflicht zur Bestellung personenidentischer Insolvenzverwalter besteht nach allgemeiner Auffassung jedenfalls nicht.[15]

2. Kooperation der Gläubiger

Aufgrund ihrer weitreichenden Einfluss- und Blockademöglichkeiten[16] besteht ein Bedürfnis zur Zusammenarbeit und Treue insbesondere auch im Verhältnis der Gläubigern untereinander.

Ihnen obliegt es etwa, im Berichtstermin über die Stilllegung oder Fortführung des schuldnerischen Unternehmens zu entscheiden (§ 157 S. 1 InsO), den Insolvenzverwalter mit der Ausarbeitung eines Insolvenzplans zu beauftragen (§ 157 S. 2 InsO) sowie über dessen Annahme zu entscheiden (§ 244 InsO). Darüber hinaus können die Gläubiger einen vom Gericht bestellten Insolvenzverwalter abwählen (§ 57 InsO) sowie das Gericht durch Mehrheitsbeschluss zur Aufhebung der Anordnung der Eigenverwaltung bewegen (§ 272 InsO). Nicht zuletzt wird das Verfahren in ihrem Interesse geführt (§ 1 InsO). Für besonders bedeutsame Rechtshandlunge des Insolvenzverwalters ist vor diesem Hintergrund eine Zustimmung des Gläubigerausschusses notwendig (vgl. § 160 InsO).[17] Die Gläubiger übernehmen aus diesem Grund gewisser Maßen eine Schlüsselstellung im Insolvenzverfahren.[18] Ob sich hieraus im Einzelfall Treuepflichten herleiten lassen, ist indes umstritten.[19]

---

13 *Eidenmüller* in: ZHR 169 (2005), 529, 553 f.

14 Vgl. auch *Wimmer* in: DB 2013, 1343, 1348.

15 *Eidenmüller* in ZZP 114 (2001), 3, 9.

16 Kübler in: HRI, § 18 Rn. 41.

17 In der Eigenverwaltung gilt § 276 InsO.

18 Kübler in: HRI, § 18 Rn. 41; *Eidenmüller* in: ZHR 169 (2005), 529, 556.

19 Für die Annahme von Treuepflichten: *Eidenmüller* in: ZHR 169 (2005), 529, 555 ff.; dagegen: *Ehricke* in: NZI 2000, 57, 59; vgl. insbes. auch die sehr umfangreichen Gedankengänge v. *Häsemeyer* in: ZHR 160 (1996), 109, 125 ff.

a) Gesellschaftsrechtliche Treuepflichten

In Fortführung dieses Gedankens wollen einige Stimmen eine gesellschaftsähnliche Verbindung zwischen den Mitgliedern der Gläubigerversammlung annehmen und insofern das im Gesellschaftsrecht entwickelte Institut der Treuepflichten zur Anwendung bringen.[20] Eine entsprechende Praxis wurde durch den BGH[21] bislang lediglich für die außergerichtliche Sanierungspraxis ausdrücklich abgelehnt, woraus sich für die insolvenzgerichtliche Praxis zunächst ein gewisser Spielraum ergibt.[22]

Die vorrangig im GmbH-Recht entwickelten Treuepflichten dienen in erster Linie als Regulativ zu der Möglichkeit, nachteilige Mehrheitsentscheidungen in der Gläubigerversammlung herbeizuführen.[23] Im Insolvenzverfahren besteht eine vergleichbare Interessenlage, da für Beschlüsse der Gläubigerversammlung im Grundsatz Summenmehrheit gilt (vgl. § 76 Abs. 2 InsO). Großgläubiger sind in dieser Folge in der Lage, ihre Interessen grundsätzlich auch gegen den Willen der übrigen Gläubiger durchzusetzen.[24]

b) Treuepflichten im Verhältnis der Mitglieder der Gläubigerversammlung desselben Verfahrens

Eine Übertragung der für das Gesellschaftsrecht geltenden Treuepflichten auf die Mitglieder der Gläubigerversammlung muss im Ergebnis jedoch ausscheiden. Grund hierfür ist die mangelnde Vergleichbarkeit der Organisationsstruktur von Gläubiger- und Gesellschafterversammlung. Während die Gläubiger im Insolvenzverfahren aufgrund des Prinzips des *par conditio creditorum* eine Zwangsgemeinschaft bilden,[25] haben sich die Gesellschafter auf der Grundlage ihres Gründungsvertrags freiwillig dem Prinzip der Mehrheitsentscheidung unterworfen.[26] Der Charakter der Gläubigerversammlung ist insofern nicht privat sondern hoheitlich.[27] Für einen privatrechtlichen Ausgleich etwaiger Nachteile aufgrund des Mehrheitsprinzips besteht aus diesem Grund kein Platz. Das mit dem Ge-

---

20 So etwa *Eidenmüller* in: ZHR 169 (2005), 529, 556.

21 BGH, Urt. v. 02.12.1991 – IX ZR 178/91 („*co-op*") = BGHZ 116, 319, 324 = ZIP 1992, 191.

22 *Eidenmüller* in: ZHR 169 (2005), 529, 556.

23 Vgl. BGH, Urt. v. 05.06.1975 – II ZR 23/74 = BGHZ 65, 15 = NJW 1976, 191; vgl. auch MünchKommInsO/*Ehricke*, Bd. 1, § 74 Rn. 9; *Ehricke* in: NZI 2000, 57, 59.

24 Diese Gefahr wurde etwa in § 57 S. 2 InsO sowie § 272 Abs. 1 Nr. 1 InsO durch die zusätzliche Notwendigkeit der Kopfmehrheit gebannt.

25 MünchKommInsO/*Ehricke*, Bd. 1, § 74 Rn. 7.

26 *Ehricke* in: NZI 2000, 57, 59.

27 MünchKommInsO/*Ehricke*, Bd. 1, § 74 Rn. 9; *ders.* in: NZI 2000, 57, 59.

sellschaftsvertrag verknüpfte Korrektiv der Treuepflicht wird im Insolvenzverfahren vielmehr, wie von *Ehricke* zutreffend formuliert, durch das hoheitliche Instrument des Interessenausgleichs ersetzt (vgl. § 78 InsO).[28] Darüber hinaus wird man wohl nur schwerlich davon ausgehen können, dass die Gläubiger, über das Interesse einer Minimierung ihres individuellen Ausfalls hinaus, ein gemeinsames Interesse verfolgen, mit der Folge, dass sich eine entsprechende Anwendung der für das Verhältnis von Gesellschaftern geltenden Treuepflichten rechtfertigen ließe.[29]

c) Treuepflichten im Verhältnis der Gläubiger unterschiedlicher Konzerngesellschaften

Fraglich ist indes, ob für das Verhältnis der Gläubiger unterschiedlicher Gesellschaften derselben Unternehmensgruppe etwas anderes gilt. Denn im Gegensatz zu den Mitgliedern der Gläubigerversammlung unterliegen diese aufgrund der Rechtsträgerbezogenheit des Insolvenzverfahrens (vgl. § 11 InsO) keinem Zwangszusammenschluss, sondern agieren vielmehr unabhängig voneinander. Auf der anderen Seite besteht in der Regel aber auch keine anderweitige Verbindung, die als Grundlage für die Annahme kooperationsvertraglicher Pflichten dienen könnte. Insbesondere wird ein einheitlicher – etwa auf Fortführung gerichteter – Wille der Gläubiger nur in Ausnahmefällen anzufinden sein, da jedenfalls diejenigen Gläubiger, die selbst über nur wenig Liquidität verfügen, eine zügige Liquidation der notleidenden Gesellschaft einer zumeist langwierigen und möglicherweise ergebnisoffenen Sanierung vorziehen werden.

Vor diesem Hintergrund will sich *Eidenmüller* hilfsweise auf den hypothetischen Gläubigerwillen berufen: Die Gläubiger hätten demnach einen Kooperationsvertrag geschlossen, hätten sie „die Folgen unkooperativen Verhaltens" bedacht und nicht „hohe Transaktionskosten, asymmetrisch verteilte Informationen und strategisches Verhalten eine(m) Vertragsschluss" im Wege stünden.[30] Darüber könne den Gläubigern „ein gemeinsames Interesse an der Entwicklung und Implementierung einer Abwicklungsstrategie" zum Zwecke einer konzernübergreifenden Maximierung der Haftungsmasse unterstellt werden.[31] Sperre sich eine abstimmende Gläubigermehrheit auf dieser Grundlage gegen eine evident vor-

28 *Ehricke* in: NZI 2000, 57, 59.
29 MünchKommInsO/*Ehricke*, Bd. 1, § 74 Rn. 7; *ders.* in: NZI 2000, 57, 59.
30 *Eidenmüller* in: ZHR 169 (2005), 529, 556.
31 *Eidenmüller*, S. 799–804; *ders.* in: ZHR 169 (2005), 529, 556.

teilhafte Verfahrenskoordination, sei die Stimmabgabe rechtsmissbräuchlich und führe in dieser Folge zur Nichtigkeit.[32]

3. Kooperation der Geschäftsleiter

Kooperationspflichten können darüber hinaus auch für die Geschäftsleiter beziehungsweise die organschaftlichen Vertreter insolventer sowie nicht insolventer Gesellschaften existieren. Eine Pflicht zur Zusammenarbeit kommt dabei sowohl im Falle der Anordnung der Eigenverwaltung (§ 270 InsO) als auch für den Fall der Einsetzung eines Fremdverwalters (§ 56 InsO) in Betracht.

a) Fremdverwaltung

Wurde durch das zuständige Insolvenzgericht ein Insolvenzverwalter bestellt, ist die Geschäftsleitung der schuldnerischen Gesellschaft dazu verpflichtet, den Verwalter bei der Erfüllung seiner Aufgaben zu unterstützen (§§ 97 Abs. 2, 101 Abs. 1 S. 1 InsO). Soweit den Insolvenzverwalter Kooperationspflichten treffen, kann für den Geschäftsleiter hieraus die Pflicht erwachsen, seinerseits einen erforderlich Beitrag zur Erfüllung dieser Pflicht zu leisten.[33] Über §§ 20 Abs. 1 S. 2, 22 Abs. 3 S. 3 Hs. 2 InsO ist die Vorschrift im Eröffnungsverfahren entsprechend anzuwenden.[34]

Wird ein konzernumfassendes Sanierungsvorhaben angestrebt, kann die Geschäftsleitung sowohl ihren Gläubigern (vgl. § 1 InsO) als auch der Gesellschaft gegenüber (vgl. § 93 Abs. 1 S. 1 AktG) verpflichtet sein, durch Vorlage eines am Sanierungsziel ausgerichteten Insolvenzplans, einen Beitrag zur Umsetzung dieses Konzepts zu leisten.[35] Eine Vorlageberechtigung lässt sich in diesem Fall aus § 218 Abs. 1 InsO herleiten.

b) Eigenverwaltung

Werden ein oder gleich mehrere Verfahren unter Anordnung der Eigenverwaltung geführt, hat dies zur Folge, dass in diesen Verfahren die Verwaltungs- und Verfügungsbefugnis bei der schuldnerischen Gesellschaften verbleibt (§ 270 Abs. 1

---

32 *Eidenmüller* in: ZHR 169 (2005), 529, 557 f.
33 *Eidenmüller* in: ZHR 169 (2005) 528, 554.
34 Uhlenbruck/*Zipperer*, § 97 Rn. 16.
35 *Eidenmüller* in: ZHR 169 (2005), 528, 554.

S. 1 InsO). Für die organschaftlichen Vertreter dieser Gesellschaften bestehen dann grundsätzlich dieselben Kooperationspflichten, die im Falle der Fremdverwaltung den Insolvenzverwalter treffen.[36] Ein entsprechendes Bedürfnis besteht insbesondere deshalb, da dem Aufsichtsrat und der Gesellschafterversammlung eine Einflussnahme auf die Geschäftsführung des Schuldners auf Grundlage von § 276a InsO verwehrt bleibt. Die Pflicht zur Vorlage eines Insolvenzplans kann sich in diesem Fall aus § 1 InsO i.V.m. § 93 Abs. 1 S. 1 AktG ergeben. Planvorlageberechtigt ist ohne entsprechenden Auftrag der Gläubigerversammlung zunächst nur die Geschäftsleitung des Schuldners selbst (§§ 218, 284 Abs. 1 InsO).[37]

c) Nicht insolvente Gesellschaften

Kooperationspflichten können darüber hinaus auch die geschäftsleitenden Organe von nicht insolventen Gesellschaften treffen. Gemäß § 93 Abs. 1 S. 1 AktG haben diese bei ihrer Geschäftsführung die Sorgfalt eines ordentlichen und gewissenhaften Geschäftsleiters anzuwenden.[38] Hieraus kann im Verhältnis zur Gesellschaft die Pflicht erwachsen, im Rahmen eines konzernumfassenden Sanierungskonzepts durch die Vorlage eines eigenen Sanierungsplan mitzuwirken, etwa wenn dies zur Sicherung der eigenen Rentabilität sowie zum Erhalt des Unternehmens (§ 76 AktG)[39] erforderlich ist.

4. Kooperation der Gesellschafter

Kooperationspflichten können daneben insbesondere aber auch im Verhältnis der Gesellschafter untereinander bestehen. Dabei ist zwischen dem Verhältnis derjenigen Anteilseigentümer, die am Vermögen derselben Gesellschaft beteiligt sind und jenen, die unterschiedlichen Rechtsträgern zugehörig sind zu differenzieren.

a) Verhältnis der Gesellschafter untereinander

Für die Anteilsinhaber derselben Gesellschaft ist eine Pflicht zur gegenseitigen Rücksichtnahme und Zusammenarbeit bereits auf Grundlage gesellschaftsrecht-

---

36 *Eidenmüller* in: ZHR 169 (2005), 528, 555.

37 Uhlenbruck/*Lüer/Streit*, § 218 Rn. 14.

38 Für den GmbH-Geschäftsführer normiert § 43 Abs. 1 GmbHG eine inhaltsgleiche Pflicht.

39 Zur Pflicht des Vorstands für den Bestand des Unternehmens sowie für dauerhafte Rentabilität zu sorgen, Hüffer/*Koch*, § 76 Rn. 34.

licher Treuepflichten in Betracht zu ziehen.[40] Die Gesellschafter sind auf dieser Grundlage dazu verpflichtet, die Interessen der Gesellschaft – im Sinne einer „Förderungs- und Loyalitätspflicht" – zu wahren und dieser insbesondere keinen Schaden zuzufügen.[41] Die Treuepflicht wird als Korrelat zu der Möglichkeit der Mehrheitsgesellschafter begriffen, durch Einflussnahme auf die Geschäftsführung die gesellschaftsbezogenen Interessen der Mitgesellschafter zu beeinträchtigen, wobei die Intensität der Verpflichtung mit dem Grad der Beteiligung zunimmt.[42]

In der Insolvenz kann hieraus für die Gesellschafter die Pflicht erwachsen, einzelnen Sanierungsmaßnahmen auf Ebene der Gesellschafterversammlung zuzustimmen, beziehungsweise deren Umsetzung nicht zu torpedieren.

Für den Umfang der Treupflicht kann es entscheidend sein, in welchem Ausmaß die Gesellschafter für die Krise des Unternehmens selbst mitverantwortlich sind.[43] Ist die Gesellschafterversammlung in einen sanierungswilligen und einen sanierungsunwilligen Teil gespalten, kann sich für den zahlungsunwilligen Teil die Pflicht ergeben, Kapitalmaßnahmen, die ein Ausscheiden aus der Gesellschaft zur Folge haben auf Ebene der Gesellschafterversammlung zuzustimmen, wenn sie hierdurch im Ergebnis finanziell nicht schlechter gestellt werden, als sie im Falle der sofortigen Liquidation stünden.[44] Denn nach Auffassung des BGH soll dem sanierungswilligen Teil der Gesellschafter eine Fortführung der Gesellschaft mit dem zahlungsunwilligen Teil der Gesellschafter nicht zumutbar sein.[45]

b) Verhältnis der Gesellschafter zu Dritten

Schwieriger scheint es indes, eine entsprechende Verpflichtung im Verhältnis der Gesellschafter unterschiedlicher Konzerngesellschaften zu begründen, da es im Regelfall an einer gesellschaftsvertraglichen Verbindung fehlen wird.[46]

Teile der insolvenzrechtlichen Literatur wollen vor diesem Hintergrund für das Verhältnis der Gesellschafter unterschiedlicher Konzerngesellschaften ein

---

40 BGH, Urt. v. 20.03.1995 – II ZR 205/94 („*Girmes*") = DStR 1995, 1232, 1234; *Eidenmüller* in: ZHR 169 (2005), 528, 558; *Kübler* in: HRI, § 18 Rn. 45.
41 Spindler/Stilz/*Würthwein*, Bd. 2, § 243 Rn. 159.
42 Grundlegend: BGH, Urt. v. 01.02.1988 – II ZR 75/87 („*Linotype*") = NJW 1988, 1579 ff.; BGH, Urt. v. 20.03.1995 – II ZR 205/94 („*Girmes*") = DStR 1995, 1232 ff.; *Kübler* in: HRI, § 18 Rn. 45.
43 *Eidenmüller* in: ZHR 169 (2005), 528, 558; *Kübler* in: HRI, § 18 Rn. 45.
44 BGH, Urt. v. 19.10.2009 – II ZR 240/08 = DNotZ 2009, 2010, 378.
45 BGH, Urt. v. 19.10.2009 – II ZR 240/08 = DNotZ 2009, 2010, 378.
46 Vgl. *Eidenmüller* in: ZHR 169 (2005), 528, 559.

rechtsträgerübergreifendes, gesellschaftsähnliches Verhältnis annehmen. Demnach bestehe zwischen diesen Gesellschaftern ein „gemeinsames Interesse an der Entwicklung und Implementierung einer gemeinsamen Abwicklungsstrategie" sowie einer Maximierung der Haftungsmasse,[47] sodass etwa die Gesellschafter einer in Eigenverwaltung geführten Gesellschaft dazu verpflichtet sein können, jedweden störenden Einfluss im Hinblick auf die Umsetzung von Koordinationsmaßnahmen der Geschäftsleitung zu unterlassen.[48]

c) Verhältnis zur Gläubigerversammlung

Wie bereits an anderer Stelle dargelegt,[49] besteht ein besonderes Kooperationsbedürfnis auch im Verhältnis zwischen Gesellschafterversammlung und Gläubigerversammlung. Denn wie die Ausführungen auf S. 83 ff. verdeutlichen, ist die Weisungskompetenz des Insolvenzverwalters aus § 80 Abs. 1 InsO i.V.m. § 308 Abs. 1 AktG auf solche Handlungen beschränkt, die sich auf ein massezugehöriges Gesellschaftsvermögen beziehen. Da die Organbefugnisse im Übrigen bei der schuldnerischen Gesellschaft verbleiben, besteht das zwingende Bedürfnis, dass sowohl diejenigen Beschlüsse, die etwa im Hinblick auf den Fortgang des Verfahrens durch die Gläubigerversammlung getroffen werden – und den Insolvenzverwalter insoweit binden – als auch diejenigen Beschlüsse, die von den Gesellschaftseigentümern auf Ebene der Gesellschafter- beziehungsweise Hauptversammlung getroffen werden, korrelieren müssen. Dies gilt insbesondere für diejenigen Fälle, in denen eine Sanierung des schuldnerischen Unternehmens geplant ist.

d) Verhältnis der Gesellschafter zu anderen Konzerngesellschaften

Fraglich ist, ob hiervon auch das Recht umfasst ist, Auskunft über die Angelegenheiten einer anderen Gesellschaft sowie Einsicht deren Bücher und Schriften zu erlangen. Dies erscheint bereits deshalb zweifelhaft, da die Auskunfts- und Einsichtsrechte in der Regel streng akzessorisch zur Mitgliedschaft sind.[50]

---

47 *Eidenmüller* in: ZHR 169 (2005), 528, 559.

48 *Eidenmüller* in: ZHR 169 (2005), 528, 559.

49 Vgl. hierzu die Ausführungen auf S. 117.

50 Vgl. MünchKommGmbHG/*Hillmann*, Bd. 2, § 51a Rn. 14.

aa) Gesellschaft mit beschränkter Haftung

Für das Recht der Gesellschaft mit beschränkter Haftung wird dies grundsätzlich unter Verweis auf das Geheimhaltungsinteresse der anderen Gesellschaften verneint.[51]

Eine Ausnahme solle lediglich für den Fall gelten, dass ein gegenüber den Interessen der Gesellschaft vorrangiges Informationsbedürfnis von Seiten der Gesellschafter besteht.[52] Ein solches Informationsbedürfnis kann sich aber auch im Fall der Konzerninsolvenz grundsätzlich nur dort ergeben, wo der Geschäftsanteil des einen Gesellschafters von der wirtschaftlichen Krise einer anderen Gesellschaft unmittelbar betroffen ist. In diesem Fall handelt es sich jedoch zugleich auch um eine Angelegenheit der Gesellschaft, sodass der Gesellschafter zunächst auf die Verfolgung des Auskunfts- und Einsichtsrechts gegenüber der eigenen Gesellschaft zu verweisen ist (§ 51a GmbHG).[53] Diese wird in der Regel als Gesellschafterin einen eigenen Auskunftsanspruch gegenüber der verbundenen Gesellschaft gelten machen können, sodass auf diesem Wege jedenfalls ein mittelbares Auskunfts- und Informationsrecht des einzelnen Gesellschafters besteht.

bb) Aktiengesellschaft

Das Aktienrecht erweitert dieses Auskunftsrecht der Eigentümer. Aktionäre können danach neben den rechtlichen und geschäftlichen Beziehungen der Aktiengesellschaft zu einem verbundenen Unternehmen (§ 131 Abs. 1 S. 2 AktG) auch Auskünfte über die Angelegenheiten der eingegliederten Gesellschaft selbst erlangen (§ 326 AktG). Eine direkte Auskunftspflicht des Vorstands der eingegliederten Gesellschaft besteht hingegen auch in diesem Fall nicht. Anspruchsverpflichteter ist weiterhin der Vorstand der Hauptgesellschaft (vgl. § 131 Abs. 1 S. 1 AktG).

cc) Konzern als (Innen-)GbR

Eine weitergehende Kooperationspflicht ließe sich allenfalls dann annehmen, wenn zwischen den einzelnen Konzerngesellschaften eine Gesellschaft bürgerlichen Rechts bestünde.

Für den vertraglichen Gleichordnungskonzern wird ganz überwiegend angenommen, dass die gleichgeordneten Konzernunternehmen als Parteien eines

---

51 Michalski/*Römermann*, Bd. 2, § 51a Rn. 81.
52 Michalski/*Römermann*, Bd. 2, § 51a Rn. 81.
53 Michalski/*Römermann*, Bd. 2, § 51a Rn. 81.

(häufig konkludenten)[54] „Gleichordnungsvertrags" eine (Innen-) Gesellschaft bürgerlichen Rechts begründen.[55] Die Folge hieraus sei eine gesteigerte Treuepflicht der Beteiligten untereinander.[56] Diese Treuepflicht darf konsequenter Weise jedoch nicht nur die Konzerngesellschaften als Rechtssubjekte sowie ihre organschaftlichen Vertreter treffen, sondern muss insbesondere auch für die dahinterstehenden Gesellschafter als Eigentümer dieser Gesellschaften gelten.

Demgegenüber wird für den Unterordnungskonzern die Annahme eines Gesellschaftszusammenschlusses regelmäßig abgelehnt.[57] Neben dem erforderlichen rechtsgeschäftlichen Willen zum Zusammenschluss fehle es den Partnern nach überwiegender Auffassung an dem notwendigen Willen, als „eigenständige Organisationseinheit" im Rechtsverkehr nach außen hin aufzutreten, sodass sich im Ergebnis weder die Annahme einer Außen- noch einer Innen-GbR rechtfertige.[58] Darüber hinaus wird angeführt, dass anderenfalls die haftungsabschottende Funktion des Konzerns nicht nur im Sanktions-, sondern auch im Vertragsrecht" in Gefahr stünde.[59]

5. Kooperation der Insolvenzverwalter

Konnten sich die zuständigen Insolvenzgerichte nicht auf die Ernennung eines personenidentischen Insolvenzverwalters einigen, stellt sich die Frage, unter welchen Voraussetzungen zwischen den Verwaltern Kooperationspflichten im Hinblick auf eine möglichst effiziente Masseverwaltung bestehen können. Eine gesetzlich geregelte Pflicht zur Zusammenarbeit oder das Recht zur Einflussnahme oder Mitwirkung in einem anderen Verfahren – wie es nach den Art. 31, 33 EuInsVO besteht – existiert nach bislang geltendem deutschem Insolvenzrecht jedenfalls nicht.[60]

---

54 Emmerich/Habersack/*Emmerich*, § 18 Rn. 29.
55 MünchKommAktG/*Bayer*, Bd. 1, § 18 Rn. 52; Spindler/Stilz/*Schall*, Bd. 1, § 18 Rn. 31; Hüffer/*Koch*, § 18 Rn. 20.
56 Emmerich/Habersack/*Emmerich*, § 18 Rn. 29.
57 Hüffer/*Koch*, § 76 Rn. 22.
58 Hüffer/*Koch*, § 76 Rn. 22 sowie § 18 Rn. 7.
59 Hüffer/*Koch*, § 76 Rn. 22.
60 Vgl. *Rostegge*, S. 214.

a) Insolvenzspezifische Pflichten nach § 60 InsO

Eine Pflicht zu Zusammenarbeit könnte sich für den Insolvenzverwalter aber aus dem insolvenzspezifischen Pflichtenmaßstab des § 60 InsO ergeben.[61] Der Insolvenzverwalter hat danach für die Sorgfalt eines ordentlichen und gewissenhaften Insolvenzverwalters einzustehen.

Gegenüber dem Schuldner sowie den Gläubigern bedeutet dies in erster Linie, eine bestmögliche Verwaltung und Verwertung der Masse zu erzielen.[62] Für den nsolvenzverwalter wird diese Pflicht durch § 159 InsO konkretisiert.[63] Dem Verwalter obliegt es danach, ein zur Insolvenzmasse gehörendes Vermögen im Interesse der Gläubiger bestmöglich zu verwerten, soweit die Beschlüsse der Gläubigerversammlung dem nicht entgegenstehen. Ist ein kooperatives Zusammenwirken des Insolvenzverwalters im Einzelfall dazu geeignet, die Befriedigungschancen der eigenen Gläubiger nachhaltig zu steigern, kann hieraus eine Pflicht zur Zusammenarbeit und gegenseitigen Unterstützung erwachsen.[64]

Widersetzt sich der Insolvenzverwalter dieser Pflicht, mit der Folge einer Verminderung des zur Insolvenzmasse gehörenden Vermögens, sind gegebenenfalls Gesamtschadensansprüche der Gläubiger gegen den Verwalter in Betracht zu ziehen, die im Einzelfall durch einen zu bestellenden Sonderinsolvenzverwalter geltend zu machen sind (§ 92 S. 2 InsO).

Die Pflicht zur Zusammenarbeit kann im Einzelfall etwa in der Teilnahme an einem gemeinschaftlichen Sanierungskonzept sowie der Vorlage inhaltlich aufeinander abgestimmter Insolvenzpläne oder aber auch in dem Zurverfügungstellen konzerninterner Dienstleistungen gegen angemessene Entschädigung bestehen.[65] Die Zusammenarbeit kann dabei sowohl *ad hoc* als auch auf der Grundlage sogenannter Insolvenzverwaltungsverträge erfolgen.[66]

Fraglich ist, ob eine gleichgerichtete Kooperationspflicht darüber hinaus auch dann besteht, wenn die zu erwartenden Vorteile im Sinne einer bestmöglichen Gesamtverwertungsstrategie ausschließlich den Gläubigern eines anderen Verfahrens zu Gute kommen.

Dies ist im Ergebnis zumindest auf Grundlage des Pflichtenmaßstabes des § 60 InsO abzulehnen. Die Pflichten des Insolvenzverwalters bestehen danach lediglich im Verhältnis zu den *Beteiligten* des Verfahrens, für das der Verwalter

---

61 Hierzu ausführlich auch *Rostegge*, S. 214.

62 MünchKommInsO/*Brandes/Schoppmeyer*, Bd. 1, § 60 Rn. 30 ff.; Uhlenbruck/*Sinz*, § 60 Rn. 47; *Rostegge*, S. 215; vgl. auch BGH, Urt. v. 22.01.1985 – VI ZR 131/83.

63 *Eidenmüller* in: ZHR 169 (2005), 528, 552.

64 A. A. wohl *Rostegge*, S. 215 f.

65 *Eidenmüller* in: ZHR 169 (2005), 529, 551.

66 *Eidenmüller* in: ZHR 169 (2005), 529, 551.

bestellt ist. *Beteiligte* in diesem Sinne sind ausschließlich diejenigen, denen gegenüber dem Insolvenzverwalter nach der Insolvenzordnung insolvenzspezifische Pflichten obliegen.[67] Hierzu sind jedenfalls nicht die Gläubiger eines anderen Verfahrens zu zählen.

Dies gilt insbesondere auch dann, wenn der Insolvenzverwalter kraft der ihm Übertragenen Verwaltungs- und Verfügungsbefugnis (§ 80 InsO) Teilnahmerechte in dem Verfahren einer anderen Konzerngesellschaft wahrnimmt.[68] Zwar tritt der Insolvenzverwalter in diesem Fall für die schuldnerische Gesellschaft in ihrer Eigenschaft als Gläubigerin – und somit als *Beteiligter* – in dem jeweils anderen Verfahren auf. Als Gläubiger ist er jedoch zugleich darauf beschränkt, eigene Interessen an dem Interesse der Insolvenzgläubiger zu messen (§ 78 InsO). Er kann vor diesem Hintergrund insbesondere keine Individualabreden mit dem Insolvenzverwalter des anderen Verfahrens treffen.

b) Regelungen im Insolvenzplan

Darüber hinaus ist eine entsprechende Pflichtenbindung – im beschränkten Maße – auch durch Festsetzung der Gläubiger im Insolvenzplan denkbar.[69] Aufgrund der rechtsträgerbezogenen Wirkung des Verfahrens (vgl. §§ 11, 217 S. 1, 221 S. 1 InsO) ist der Inhalt dieser Verpflichtung jedoch auf dasjenige Verfahren beschränkt, für das der Plan beschlossen wurde.[70] Eine wechselseitige Kooperationspflicht lässt sich insofern nur auf Grundlage inhaltlich gleichlautender Verpflichtungen in sämtlichen gruppenzugehörigen Verfahren erzielen, was jedenfalls eine vorausgehende Kooperation bei der Planerstellung erforderlich macht.

Zusätzlich unterliegt die Kooperationspflicht noch einer zeitlichen Grenze. Indem das Insolvenzgericht mit rechtskräftiger Bestätigung des Insolvenzplans die Aufhebung des Verfahrens zu beschließen hat (§ 258 Abs. 1 InsO), was zu einem Erlöschen des Amts des Insolvenzverwalters führt (§ 259 Abs. 1 InsO), ist der materielle Gehalt einer solchen Regelung in zeitlicher Hinsicht auf den Abschnitt zwischen Planbeschluss und Planbestätigung beschränkt.[71]

---

67 OLG Karlsruhe, Urt. v. 14.1.13 – 9 U 129/11 = ZIP 2013, 1237; Uhlenbruck/*Sinz*, § 60 Rn. 11.
68 *Rostegge*, S. 224.
69 *Rostegge*, S. 222.
70 Hierzu ausführlich auf S. 130ff.
71 *Rostegge*, S. 222.

c) Ausübung von Mitgliedschaftsrechten

Mit Eröffnung des Insolvenzverfahrens werden sämtliche durch die Gesellschaft gehaltenen Mitgliedschaften zum Bestandteil der Insolvenzmasse.[72] Ist die schuldnerische Gesellschaft anteilsmäßig an einer oder gleich mehreren Konzerngesellschaften beteiligt, kann der Insolvenzverwalter im Parallelverfahren kraft der ihm übertragenen Verwaltungs- und Verfügungsbefugnis (§ 80 InsO) Einfluss im Rahmen der Mitgliedschaft auf Gesellschafterebene ausüben.

Darüber hinaus kann aus der Verbundenheit der Rechtsträger die Verpflichtung erwachsen, den jeweils anderen Teil über geplante Verwertungsstrategien sowie bevorstehende Verfahrensschritte, im Sinne einer bestmöglichen Gesamtverwertung in Kenntnis zu setzen.[73]

d) Insolvenzverwaltungsverträge („Protocols")

Koordinations- und Kooperationspflichten können zwischen den einzelnen Verwaltern auch auf freiwilliger Basis, etwa durch den Abschluss sogenannter Insolvenzverwaltungsverträge bestehen.[74] Diese, im anglo-amerikanischen Rechtskreis auch als *Protocols* bekannten Verträge, stellen eine nach geltendem Recht bereits zulässige sowie international verbreitete Praxis dar.[75] Bei grenzüberschreitenden Verfahren im Geltungsbereich der EuInsVO dienen sie der Umsetzung, der in Art. 41 ff. und Art. 56 ff. EuInsVO n. F. normierten Kooperationspflicht beziehungsweise führen diese teilweise fort.[76] Gemessen am jeweiligen Einzelfall kann sich für die Verfahrensbeteiligten eine Verpflichtung zum Abschluss von Kooperationsvereinbarungen ergeben.[77]

Neben Regelungen zum Informationsaustausch sowie bestimmten Zustimmungserfordernissen können die Verträge Fragen über die Vorlage von Insolvenzplänen, Bestimmungen zur Geltendmachung von Anfechtungsansprüchen, der Ausübung des Wahlrechts bei gegenseitigen Verträgen, der Vornahme von Verwertungshandlungen, der Prüfung von Forderungsanmeldungen aber auch

---

72 Vgl. MünchKommInsO/*Peters*, Bd. 1, § 35 Rn. 251; *Haas/Mock* in: Gottwald, § 94 Rn. 101.

73 *Eidenmüller* in: ZHR 169 (2005), 529, 551.

74 Vgl. etwa Begr. InsO-E, BT-Drucks. 18/407, S. 18; *Westphal/Goetker/Wilkens*, Grenzüberschreitende Insolvenzen, Rn. 1031 f.; *Eidenmüller* in: ZZP 114 (2001), 3 ff.

75 *Pleister* in: Flöther, S. 282, Rn. 45 m. w. N.; *Westphal/Goetker/Wilkens*, Grenzüberschreitende Insolvenzen, Rn. 1031.

76 Vgl. MünchKommInsO/*Reinhart*, Art. 31 EuInsVO, Rn. 40.

77 Für internationale Insolvenzverwaltungsverträge vgl. etwa *Eidenmüller* in: ZZP 114 (2001), 3, 33.

strategische Entscheidungen, wie die Frage über die Aufnahme neuer Kredite enthalten.[78]

aa) Vertragsparteien

Insolvenzverwaltungsverträge können grundsätzlich sowohl zwischen den einzelnen Verwaltern, als auch mit dem zuständigen Insolvenzgericht abgeschlossen werden, wobei die gerichtliche Abschlusskompetenz auf den Zeitraum vor Verfahrenseröffnung beschränkt ist. Regelungsgegenstände können im letztgenannten Fall insbesondere Terminbestimmungen sowie andere verfahrenseinleitende Maßnahmen sein.[79]

Die Abschlusskompetenz ergibt sich für das Insolvenzgericht aus der Massesicherungspflicht des § 21 Abs. 1 InsO sowie für den vorläufigen „starken" Insolvenzverwalter aus § 22 Abs. 1 S. 2 Nr. 1 InsO.[80] Nach dem Beschluss der Gläubigerversammlung im Berichtstermin wird diese Pflicht für den Insolvenzverwalter gemäß § 159 InsO fortgesetzt.[81]

bb) Rechtsnatur

Teilweise umstritten ist die Frage nach der Rechtsnatur insolvenzverwaltungsvertraglicher Vereinbarungen. Dabei steht in erster Linie in Frage, ob diese (i) dem Privat- oder dem öffentlichen Recht zuzuordnen sind sowie (ii) prozess- oder vielmehr materiell-rechtliche Vereinbarungen darstellen.[82]

Gegenstand der Verträge sind vornehmlich Rechte und Pflichten die sich aus dem Regelwerk der Insolvenzordnung und somit aus dem Verfahrensrecht ergeben. Rechte und Pflichten können aufgrund der Verträge sowohl für hoheitlich bestellte Private (Insolvenzverwalter)[83] aber auch für Hoheitsträger (Richter) bestehen.[84] Da die Verträge ihrem Inhalt nach somit Träger hoheitlicher Rechte, in

---

78 Ausführlich hierzu: *Eidenmüller* in: ZZP 114 (2001), 3, 11; *Westphal/Goetker/Wilkens*, Grenzüberschreitende Insolvenzen, Rn. 1031 ff.; vgl. auch *Frege/Nicht* in: Flöther, S. 200, Rn. 344; *Gruber* in: Flöther, S. 383, Rn. 180.

79 *Eidenmüller* in: ZZP 114 (2001), 3, 11.

80 *Eidenmüller* in: ZZP 114 (2001), 3, 17; *Westphal/Goetker/Wilkens*, Grenzüberschreitende Insolvenzen, Rn. 1045.

81 *Eidenmüller* in: ZZP 114 (2001), 3, 18; *Westphal/Goetker/Wilkens*, Grenzüberschreitende Insolvenzen, Rn. 1045.

82 *Eidenmüller* in: ZZP 114 (2001), 3, 12.

83 Einen Überblick über den Theorienstreit zur Rechtsstellung des Insolvenzverwalters bietet u. a. *Keller*, Rn. 271 ff.

84 *Eidenmüller* in: ZZP 114 (2001), 3, 13.

ihrer Funktion einseitig berechtigen oder verpflichten (*Modifizierte Subjektstheorie*[85]), erscheint es naheliegend, sie „als Sonderrecht von Hoheitsträgern beziehungsweise als Sonderrecht, durch Hoheitsakt bestellter Privater" zu betrachten.[86]

Werden im Rahmen der Vereinbarungen hingegen vornehmlich materiell rechtliche Inhalte zur Disposition gestellt, kommt auch die Insolvenzschuldnerin als Adressatin der Regelungen in Betracht.[87] Hieraus kann sich im Einzelfall eine abweichende Beurteilung der bisherigen Ausführungen ergeben. Neben den Maßstäben der *Modifizierten Subjekts-* beziehungsweise *Sonderrechtstheorie* ist dann zusätzlich auch der Schwerpunkt der vertraglichen Regelungen als Bemessungsgrundlage in die Bewertung der Rechtsnatur mit einzubeziehen.

Da die Verträge in der Regel nicht nur verfahrensrechtliche, sondern insbesondere auch materiell rechtliche Absprachen – wie zum Beispiel über die Ausübung des Rechts zur Erfüllungswahl nach § 103 ff. InsO – enthalten, erscheint es naheliegend, sie als typengemischte Verträge einzuordnen.[88]

cc) Wirksamkeitsvoraussetzungen

Die inhaltliche Wirksamkeit der Vereinbarungen ist an den „Maßstäben der insolvenzrechtlichen Kompetenzordnung" sowie an den in § 1 InsO statuierten Verfahrenszwecken zu messen.[89]

Vertragliche Vereinbarung die darauf abzielen, eine gleichmäßige Befriedigung der Insolvenzgläubiger zu erreichen, sind vor diesem Hintergrund grundsätzlich ein effektives sowie legitimes Mittel zur Erreichung des Koordinationsziels. Für Vereinbarungen, die der Entscheidungskompetenz der Gläubigerversammlung oder des Insolvenzgerichts obliegen, ist ein entsprechender Zustimmungsvorbehalt zu vereinbaren.[90] Die Vereinbarungen dürfen jedoch nicht eine umfassende Delegation der Entscheidungsbefugnisse im weiteren Verfahren zum Gegenstand haben.

Um die inhaltliche Wirksamkeit der Vereinbarungen nicht an dem abweichenden Verständnis eines jeweiligen nationalen Gesetzgebers scheitern zu lassen, entspricht es mittlerweile der international gängigen Praxis, die Regelungen

---

85 Zu den einzelnen Theorien: *Maurer*, § 3 Rn. 16 ff.

86 *Eidenmüller* in: ZZP 114 (2001), 3, 13; *Westphal/Goetker/Wilkens*, Grenzüberschreitende Insolvenzen, Rn. 1050.

87 *Frege/Nicht* in: Flöther, S. 200, Rn. 346.

88 *Westphal/Goetker/Wilkens*, Grenzüberschreitende Insolvenzen, Rn. 1049.

89 Eidenmüller in: ZZP 114 (2001), 3, 12; *Frege/Nicht* in: Flöther, S. 200, Rn. 345; Begr. InsO-E, BT-Drucks. 18/407, S. 18.

90 Begr. InsO-E, BT-Drucks. 18/407, S. 18.

unter den Vorbehalt abweichender Bestimmungen der jeweils einschlägigen Insolvenzstatute zu stellen.[91]

Befürchtungen von Seiten der Literatur, ein in Deutschland bestellter Insolvenzverwalter könnte sich Bindungen unterwerfen, die mit den, ihm nach deutschem Insolvenzrecht obliegenden Rechten und Pflichten nicht in Einklang stehen,[92] werden hierdurch weitestgehend entkräftet.

dd) Anwendbares Recht

Teilweise umstritten ist, nach welchen Vorschriften sich die rechtliche Wirksamkeit von Insolvenzverwaltungsverträgen bestimmt. *Eidenmüller* macht sich in diesem Zusammenhang dafür stark, die Frage nach der Zulässigkeit sowie den Wirkungen der Verträge in Abhängigkeit zum *lex fori* zu beantworten – also dem Recht desjenigen Staates, der im Einzelfall mit der der rechtlichen Bewertung der Verträge befasst ist. Hierfür führt er in erster Linie das öffentliche Interesse an einem effektiven Einsatz von Justizressourcen an.[93]

Im Ergebnis kann diese Ansicht jedoch nicht überzeugen. Eine konsequente Anwendung der vorbezeichneten Grundsätze würde im Einzelfall dazu führen, dass ein im Ausland ansässiges Gericht in der Lage wäre, Verpflichtungen die ein in Deutschland bestellter Insolvenzverwalter gegenüber einem ausländischen Kollegen eingegangen ist, entgegen den Grundsätzen einer deutschen Insolvenzordnung für zulässig zu erklären. Zudem stünde die Frage nach einem anwendbaren Recht solange in der Schwebe, bis ein zuständiges Gericht sich erstmalig mit der Wirksamkeit des Vertrages befasst.[94]

Die materiell-rechtliche Wirksamkeit des Inhalts der Verträge ist vor diesem Hintergrund vielmehr anhand des Rechts des Staates der Verfahrenseröffnung zu beurteilen.[95] Für grenzüberschreitende Sachverhalte im Geltungsbereich der EuInsVO sowie bei Drittstaateninsolvenzen sind Zulässigkeit und Wirkungen der Vereinbarungen somit Anhand des *lex fori concursus* des Art. 7 EuInsVO n.F. beziehungsweise des § 335 InsO zu beurteilen.[96]

---

91 Begr. InsO-E, BT-Drucks. 18/407, S. 18.
92 *Ehricke* in: WM 2005, 397, 402ff.
93 *Eidenmüller* in: ZZP 114 (2001), 3, 30.
94 *Gruber* in: Flöther, S. 385, Rn. 184.
95 *Undritz* in: Flöther, S. 364, Rn. 80 m.w.N.; *Gruber* in: Flöther, S. 384, Rn. 182.
96 *Undritz* in: Flöther, S. 364, Rn. 80 m.w.N.

ee) Zustimmungspflicht der Gläubigerversammlung

Geht die inhaltliche Ausgestaltung des Kooperationsübereinkommens über die Absprache „verfahrenstechnischer Abwicklungsfragen“ hinaus, setzt diese in Anlehnung an die beispielhafte Aufzählung in § 160 Abs. 2 InsO die Zustimmung der Gläubigerversammlung voraus.[97]

ff) Insolvenzzweckwidrigkeit

Die gestalterische Freiheit beim Abschluss der Insolvenzverwaltungsverträge ist jedoch nicht grenzenlos gewährleistet. Zwar steht dem Insolvenzverwalter bei der Ausübung seiner Tätigkeit grundsätzlich ein weiter Ermessensspielraum zur Verfügung.[98] Rechtshandlungen des Insolvenzverwalters sind grundsätzlich auch dann wirksam, wenn dieser gegen die ihm nach der Insolvenzordnung obliegenden Pflichten verstößt.[99] Jedoch wird die Rechtsmacht des Verwalters nach gefestigter Rechtsprechung des BGH durch den Insolvenzzweck (§ 1 InsO) beschränkt.[100] Zweck des Insolvenzverfahrens ist die gemeinschaftliche Befriedigung der Gläubiger des Schuldners, indem dessen Vermögen verwertet und der hieraus erzielte Erlös verteilt oder in einem Insolvenzplan eine abweichende Regelung getroffen wird.

Insolvenzzweckwidrig sind demzufolge Rechtshandlungen des Verwalters, die entweder eine ungerechtfertigte Verkürzung der Masse oder eine Ungleichbehandlung der Gläubiger bezwecken.[101] Zu einer Unwirksamkeit der jeweiligen Rechtshandlung führt dies nach allgemeiner Auffassung jedoch nur dann, wenn diese dem Insolvenzzweck klar und eindeutig, also offensichtlich zuwiderläuft.[102] Dies soll unter entsprechender Anwendung der zum Missbrauch der Vertretungsmacht entwickelten Grundsätze der Fall sein, wenn sich dem Geschäftspartner auf Grund der Umstände des Einzelfalls ohne weiteres begründete Zweifel an der Vereinbarkeit der Handlung mit dem Insolvenzzweck aufdrängen muss-

---

97 MünchKommInsO/*Reinhart*, Art. 31 EuInsVO, Rn. 41; *Westphal/Goetker/Wilkens*, Grenzüberschreitende Insolvenzen, Rn. 1047.

98 BGH, Urteil v. 25.04.2002 – IX ZR 313/99 = NZI 2002, 375, 376; MünchKommInsO/*Ott/Vuia*, Bd. 2, § 80 Rn. 60.

99 MünchKommInsO/*Ott/Vuia*, Bd. 2, § 80 Rn. 60.

100 Vgl. BGH, Urteil v. 25.04.2002 – IX ZR 313/99 = NZI 2002, 375, 376 m.w.N.

101 Vgl. *Smid* in: FS Pannen, S. 691, 702ff.; vgl. auch Mankowski/Müller/J. Schmidt/*Mankowski*, Art. 41 Zusammenarbeit und Kommunikation der Verwalter, Rn. 64.

102 BGH, Urteil v. 25.04.2002 – IX ZR 313/99 = NZI 2002, 375, 376; BGH, Beschl. v. 20.03.2008 – IX ZR 68/06 = NJW-RR 2008, 1074; BGH, Urt. v. 20.03.2014 – IX ZR 80/13 = NJW-RR 2014, 935; MünchKommInsO/*Görg/Janssen*, Bd. 2, § 164 Rn. 6.

ten.[103] Werden diese Grenzen durch den im Verfahren bestellten Verwalter überschritten, hat dies unweigerlich die Unwirksamkeit der vertraglichen Vereinbarung zur Folge.[104]

gg) Haftungsfragen

Nicht insolvenzzweckwidrig und somit im Außenverhältnis wirksam sind dagegen Rechtshandlungen des Insolvenzverwalters, die nur unzweckmäßig oder gar unrichtig sind.[105] Das Risiko solcher Pflichtverletzungen durch den Insolvenzverwalter haben grundsätzlich die Gläubiger zu tragen.[106]

Dies ist vernünftig und sollte auch zukünftig so bleiben. Denn Kernaufgabe des Verwalters ist es, die Masse auf die wirtschaftlich sinnvolle Weise den Gläubigern zu erhalten und diese – wenn das schuldnerische Unternehmen einer Sanierung nicht zugänglich ist – an die Gläubiger zu verteilen. Dieser Aufgabe kann der Verwalter nur dann im vollen Umfang gerecht werden, wenn ihm die Rechtsordnung erlaubt, im Rahmen der Masseverwaltung ein gewisses kaufmännisches Risiko einzugehen, ohne dass seinem Handeln hierdurch permanent die Unwirksamkeit droht. [107]

Entgehen den Gläubigern durch unzweckmäßiges oder unrichtiges Handeln Befriedigungschancen, kann dies für den Insolvenzverwalter im jeweiligen Verfahren haftungsrechtliche Folgen auslösen. Gemäß § 60 InsO ist der Verwalter allen Beteiligten zum Schadenersatz verpflichtet, wenn er schuldhaft diejenigen Pflichten verletzt, die ihm nach der Insolvenzordnung obliegen. Hierzu zählen etwa die Pflicht zur Erhaltung und sorgfältige Verwertung der Insolvenzmasse[108] oder die Pflicht zur optimalen Verfahrensabwicklung, die beinhaltet, dass der Verwalter das Verfahren nicht überstürzt zu Liquidationswerten abwickeln oder

---

103 BGH, Urteil v. 25.04.2002 – IX ZR 313/99 = NZI 2002, 375, 377; vgl. auch BGH, Urt. v. 29.06. 1999 – XI ZR 277–98 = NJW 1999, 2883; *Spickhoff* in: KTS 2000, 15 ff.; MünchKommInsO/*Ott/Vuia*, Bd. 2, § 80 Rn. 61; *Smid* in: FS Pannen, S. 691, 694; MünchKommInsO/*Görg/Janssen*, Bd. 2, § 164 Rn. 6 m.w.N.; hingegen fordern Uhlenbruck/*Mock*, § 80 Rn. 81 und Spickhoff in: KTS 2000, 15, 36 mindestens grobe Fahrlässigkeit des Geschäftsgegners im Hinblick auf die Pflichtverletzung des Verwalters.

104 Vgl. BGH, Urteil v. 25.04.2002 – IX ZR 313/99 = NZI 2002, 375, 376.

105 BGH, Urteil v. 25.04.2002 – IX ZR 313/99 = NZI 2002, 375, 376; BGH, Beschl. v. 20.03.2008 – IX ZR 68/06 = NJW-RR 2008, 1074; BGH, Urt. v. 20.03.2014 – IX ZR 80/13 = NJW-RR 2014, 935; MünchKommInsO/*Ott/Vuia*, Bd. 2, § 80 Rn. 60; Uhlenbruck/*Mock*, § 80 Rn. 81 m.w.N.

106 MünchKommInsO/*Ott/Vuia*, Bd. 2, § 80 Rn. 60.

107 Vgl. *Smid* in FS Pannen, S. 691, 712.

108 Vgl. BGH, Urt. v. 12.11.1987 – IX ZR 259/86 = NJW 1988, 209; Uhlenbruck/Sinz, § 60 Rn. 14.

eine überstürzte Veräußerung des schuldnerischen Unternehmens herbeiführen darf.[109]

6. Fazit

Die Ausführungen zeigen, dass bereits nach geltendem Recht diverse Möglichkeiten bestehen, um eine Zusammenarbeit der Verfahrensbeteiligten zu erreichen. Ein echtes Gebot zur Zusammenarbeit im Sinne gegenseitiger Kooperationspflichten besteht in den meisten Fällen trotzdem nicht. Eine Pflichtenbindung ergibt sich aufgrund der Rechtsträgerbezogenheit des Insolvenzverfahrens beziehungsweise der Besonderheiten des Gesellschaftsrechts zumeist nur im Verhältnis zur *eigenen* Gesellschaft und nicht zu den Organen beziehungsweise Beteiligten eines jeweils anderen Verfahrens. Eine effektive Zusammenarbeit lässt sich vor diesem Hintergrund regelmäßig nur unter der Voraussetzung inhaltsgleicher sowie korrespondierender Pflichten in sämtlichen Verfahren erreichen. Dies macht in jedem Fall ein gewisses Maß an Kooperationsbereitschaft der Beteiligten im Vorfeld des Verfahrens erforderlich. Es bleibt insofern zu hoffen, dass sich die Möglichkeiten zur Zusammenarbeit auf Grundlage der Novellierungen von InsO und EuInsVO nachhaltig bessern und zu einem erhöhten Maß an Rechtssicherheit beitragen.

II. Kooperationsrechte- und Pflichten nach der InsO de lege ferenda

Wurde für die einzelnen gruppenangehörigen Verfahren weder ein einheitlicher Gerichtsstand begründet noch ein personenidentischer Insolvenzverwalter oder personenidentischer Gläubigerausschuss bestellt, so bedarf es konkreter Regelungen, die trotz dessen eine optimale Abstimmung der Verfahrensbeteiligten auf allen Ebenen gewährleisten. Diesem Bedürfnis versucht der Gesetzgeber durch die Einführung umfassender Kooperationsrechte- und Pflichten für Insolvenzverwalter, Gerichte aber auch Gläubigerausschüsse, im Rahmen der dafür neugeschaffenen §§ 269a bis 269c KIG zu entsprechen.

---

109 Vgl. BGH, Urt. v. 22.01.1985 – VI ZR 131/83 = ZIP 1985, 423; Uhlenbruck/Sinz, § 60 Rn. 16.

1. Zusammenarbeit der Insolvenzverwalter

Kooperationsrechte und Pflichten der Verwalter, die sich im Einzelfall bereits aus dem geltendem Recht ableiten lassen,[110] werden mit Inkrafttreten von § 269a KIG nunmehr in Gesetzesform gegossen. Wie schon Art. 31 Abs. 1 und Abs. 2 EuInsVO normiert die Regelung generalklauselartig, dass die Insolvenzverwalter gruppenangehöriger Schuldner untereinander zur Unterrichtung und Zusammenarbeit verpflichtet sind, soweit hierdurch nicht die Interessen der Beteiligten des Verfahrens beeinträchtigt werden, für das sie bestellt sind. Zweck der Kooperation ist es, den wirtschaftlichen Mehrwert der im Einzelfall in einer konzernrechtlichen Verflechtung angelegt sein kann zu erhalten.[111]

Der Gesetzgeber greift insofern die Stellung des Insolvenzverwalters als zentrale Figur des Insolvenzverfahrens auf. Im Mittelpunkt steht dabei die Pflicht, möglichst in zeitlicher Nähe zur eigenen Bestellung über die gesamte Unternehmensgruppe verfahrensnotwendige Informationen zu erhalten und Lösungen zu erarbeiten, aus denen sich für die Beteiligten des Verfahrens ein bestmöglicher Nutzen herleiten lässt.[112] Hierzu zählt in erster Line die Realisierung des konzerninternen Mehrwerts.[113] Der konzernrechtliche Verbund soll für den jeweiligen Verwalter somit ausschließlich insoweit von Bedeutung sein, als sich hieraus positive Auswirkungen für die eigene Insolvenzmasse ableiten lassen.[114]

Eine Verpflichtung zum Tätigwerden kann vor diesem Hintergrund grundsätzlich nur dort bestehen, wo der Verwalter eines anderen Verfahrens eine solche Unterstützung explizit erbittet.[115] Soll das Informationsbegehren dem Zwecke der Unternehmensfortführung dienen, so *ist* diesem immer dann zu entsprechen, wenn der Aufwand überschaubar ist, die eigene Masse nicht geschmälert beziehungsweise entstandene Nachteile kompensiert werden und die Leistung marktgerecht vergütet wird.[116] In allen übrigen Fällen *soll* dem Kooperationswunsch in der Regel Folge zu leisten sein.[117] Die Unterrichtung oder Mitteilung

---

110 Hierzu ist insbesondere die Pflicht zur bestmöglichen Masseverwertung und Gläubigerbefriedigung aus § 1 InsO zu zählen.
111 Begr. InsO-E, BT-Drucks. 18/407, S. 32.
112 Begr. InsO-E, BT-Drucks. 18/407, S. 32.
113 Begr. InsO-E, BT-Drucks. 18/407, S. 32.
114 Begr. InsO-E, BT-Drucks. 18/407, S. 32.
115 Begr. InsO-E, BT-Drucks. 18/407, S. 33.
116 Begr. InsO-E, BT-Drucks. 18/407, S. 32.
117 Begr. InsO-E, BT-Drucks. 18/407, S. 32.

von Informationen stellt dabei lediglich einen besonders wichtiger Fall der Zusammenarbeit dar, soll jedoch nicht auf diese Fälle beschränkt sein.[118]

Zu den Grundlegenden Informationen auf die sämtliche Verwalter der Gruppe angewiesen sind, zählt die Frage nach der Fortführungsfähigkeit der jeweils anderen Unternehmen.[119] Deren Sanierungsfähigkeit wird in erster Linie davon abhängig sein, ob diesen auch nach Eröffnung des Insolvenzverfahrens weiterhin Leistungen der anderen Unternehmen zur Verfügung stehen.[120] In der Regel wird der zuständige Insolvenzverwalter über diese Frage jedoch nicht eigenständig befinden können, sondern vielmehr eine Entscheidung der Gläubigerversammlung im Berichtstermin abwarten müssen (§ 157 S. 1 InsO).

Die Grenze der Kooperationspflicht ist ausweislich der Begründung zum Gesetzentwurf anhand ihrer unmittelbaren Folgen für die Gläubigerschaft im eigenen Verfahren zu bemessen. Die Weitergabe von Informationen darf danach insbesondere keine benachteiligende Wirkung für die eigenen Gläubiger zur Folge haben.[121] Dies ist beispielsweise dann der Fall, wenn dem Insolvenzverwalter eines anderen Verfahrens erst auf Grundlage dieser Informationen die Möglichkeit zur Insolvenzanfechtung eröffnet wird.[122] Die Verwalter sollen insbesondere nicht dazu verpflichtet sein, ein übergeordnetes Konzerninteresse im Auge zu behalten, ohne dass dieses sich auf die Belange der Gläubiger ihres Verfahrens auswirkt.[123] Gehören Unternehmen einer Unternehmensgruppe im Sinne von § 3e KIG auch einer Unternehmensgruppe im Sinne von Art. 2 Nr. 13 EuInsVO n. F. an, findet § 269a KIG keine Anwendung, soweit Art. 56 EuInsVO n. F. anzuwenden ist (Art. 102c § 22 Abs. 1 Nr. 1 EGInsO).

a) Zusammenfassung

Eine Pflicht zur Kooperation und zum Informationsaustausch besteht danach grundsätzlich immer dann, wenn (i) der Verwalter eines Parallelverfahrens eine Unterstützungshandlung erbittet, (ii) der hierdurch begründete Aufwand überschaubar ist, (iii) die eigene Masse infolge der Unterstützung nicht geschmälert wird, (iv) die Leistung marktgerecht vergütet wird und (v) die Interessen der Gläubiger des eigenen Verfahrens hierdurch keine Beeinträchtigung erfahren.

---

118 Begr. InsO-E, BT-Drucks. 18/407, S. 32.
119 Begr. InsO-E, BT-Drucks. 18/407, S. 32.
120 Begr. InsO-E, BT-Drucks. 18/407, S. 32.
121 Begr. InsO-E, BT-Drucks. 18/407, S. 32.
122 Begr. InsO-E, BT-Drucks. 18/407, S. 32.
123 Begr. InsO-E, BT-Drucks. 18/407, S. 32.

b) Durchsetzbarkeit Rechts auf Informationsgewährung

Vorgesagtes zu Grunde gelegt, stellt sich die Frage, ob die in § 269a KIG normierte Pflicht zum Informationsaustausch einen im Einzelfall einklagbaren Anspruch auf Informationsgewährung gegenüber dem Insolvenzverwalter eines anderen Verfahrens vermitteln kann. Dies setzt voraus, dass sich aus § 269a KIG ein materiell rechtlicher Informationsanspruch herleiten lässt. Die gesetzgeberische Begründung zu § 269a KIG gibt hierzu keinen Aufschluss. Im Hinblick auf die in Art. 31 EuInsVO normierten Kooperations- und Unterrichtungspflichten im Verhältnis zwischen Haupt- und Sekundärinsolvenzverfahren wird ein solcher Anspruch jedoch überwiegend bejaht.[124]

Für die Annahme eines materiell rechtlichen Informationsanspruchs im Rahmen von § 269a KIG spricht zum einen der Wortlaut der Norm, dem zufolge die Insolvenzverwalter zum Informationsaustausch *verpflichtet* sind. Darüber hinaus entspricht es dem Sinn und Zweck der Regelung, dem Insolvenzverwalter eine Verfahrensgestaltung zu ermöglichen, die dem in § 1 InsO normierten Zweck einer bestmöglichen Gläubigerbefriedigung hinreichend Rechnung trägt.[125] Um die Erreichung dieses Zwecks zu gewährleisten, muss der Insolvenzverwalter sein Informationsbegehren im Zweifel auch gegen den Willen eines anderen Insolvenzverwalters durchsetzen können. Vor diesem Hintergrund sprechen die besseren Gründe für einen materiell rechtlichen Anspruchscharakter der Informationspflicht in § 269a KIG.

Vor diesem Hintergrund kann der Verwalter des einen Verfahrens gegen den Verwalter eines anderen gruppenzugehörigen Verfahrens gemäß § 269a KIG Klage auf Auskunft erheben. Das auf Auskunftserteilung ergehende Urteil kann im Anschluss gemäß § 888 ZPO gegen den Insolvenzverwalter vollstreckt werden.

c) Durchsetzbarkeit des Rechts auf Zusammenarbeit

Darüber hinaus ist fraglich, ob sich das zum Auskunftsrecht gefundene Ergebnis ohne weiteres auf die in § 269a KIG normierte Kooperationspflicht übertragen lässt. Voraussetzung hierfür ist, dass der Regelung ein materiell rechtlicher Anspruch des Insolvenzverwalters auf Unterstützung bei der Ausübung seiner Tätigkeit zu entnehmen ist. Im Ergebnis ist dies abzulehnen.

Denn im Gegensatz zu der in § 269a KIG normierten Auskunftspflicht, die in erster Linie das Verfahren selbst betrifft, ist die Kooperationspflicht unmittelbar auf die insolvenzverwalterliche Tätigkeit gerichtet. Gemäß § 58 InsO ist die ord-

---

124 Vgl. Pannen/*Pannen/Riedemann*, Art. 31Rn. 27; L/S/Z/*Smid*, Komm EuInsVO, Art. 31 Rn. 16.
125 Begr. InsO-E, BT-Drucks. 18/407, S. 32.

nungsgemäße Erfüllung dieser Tätigkeit der Aufsicht des Insolvenzgerichts unterstellt, soweit diese nach Art und Umfang die Wahrung der Interessen der Beteiligten betrifft.[126] Zum Kreis der Beteiligten im Sinne der Vorschrift sind nach allgemeiner Auffassung diejenigen zu zählen, denen gegenüber dem Verwalter die Wahrnehmung insolvenzspezifischer – also solcher, durch die Insolvenzordnung ausdrücklich normierter – Pflichten obliegt (materiell-rechtlicher Beteiligungsbegriff).[127] Hierzu sind in erster Linie die Gläubiger sowie der Schuldner im eigenen Verfahren zu zählen.[128] Beteiligter ist darüber hinaus aber auch der Insolvenzverwalter eines gruppenangehörigen Verfahrens, demgegenüber nach Maßgabe von § 269a KIG die Pflicht zur Zusammenarbeit besteht. Hieraus folgt, dass die Vorschriften über die Aufsicht des Insolvenzgerichts auf die in § 269a KIG normierte Kooperationspflicht Anwendung finden.[129]

Leistet der Verwalter dieser Pflicht nicht Folge, obwohl die Voraussetzungen hierfür vorliegen, kann das Gericht gemäß § 58 Abs. 2 InsO – nach vorheriger Androhung – Zwangsgeld gegen ihn festsetzen.

Ähnlich wie schon Art. 31 EuInsVO, enthalten die §§ 269a ff. KIG darüber hinaus keine Sanktionsmöglichkeiten für den Fall eines Pflichtenverstoßes. Der Insolvenzverwalter kann das Insolvenzgericht weder zu einem aufsichtsrechtlichen Einschreiten verpflichten, noch kann er gegen einen ablehnenden Beschluss des Gerichts auf dem Beschwerdeweg vorgehen.[130] Dies erlaubt den Schluss, dass der Gesetzgeber das Recht zur Durchsetzung der in § 269a KIG normierten Kooperationspflicht abschließend dem Insolvenzgericht vorbehalten will.

Würde man dem Insolvenzverwalter demgegenüber das Recht zur Erhebung einer auf Kooperation gerichteten Leistungsklage zusprechen, würde hierdurch das in § 58 InsO normierte Aufsichts- und Sanktionsrecht des Insolvenzgerichts unterlaufen und in dieser Folge unweigerlich ein Systembruch begangen. Dies kann im Ergebnis nicht gewollt sein. Eine Verfolgung der Nichtbeachtung der in § 269a KIG normierten Pflicht zur Zusammenarbeit kann demzufolge allenfalls über die Anregung gerichtlicher Aufsichtsmaßnahmen erfolgen.[131]

---

126 Vgl. Uhlenbruck/*Vallender*, § 58 Rn. 1.
127 BGH, Urt. v. 09.03.2006 – IX ZR 55/04 = NZI 2006, 350; Uhlenbruck/*Sinz*, § 60 Rn. 9.
128 Vgl. Uhlenbruck/*Vallender*, § 58 Rn. 1.
129 Vgl. L/S/Z/*Smid*, Komm EuInsVO, Art. 31 Rn. 13.
130 BGH, Beschl. v. 13.06.2006 – IX ZB 136/05 = NZI 2006, 593; LG Göttingen, Beschl. v. 15.05.2000 – 10 T 42/00 = NZI 2000, 491; Uhlenbruck/*Vallender*, § 58 Rn. 37 m.w.N.
131 Vgl. L/S/Z/*Smid*, Komm EuInsVO, Art. 31 Rn. 13.

d) Zwischenergebnis

Die Insolvenzverwalter gruppenangehöriger Schuldner können die in § 269a KIG normierte Pflicht zur gegenseitigen Unterrichtung und zum Informationsaustausch durch Klage auf Auskunft auf dem ordentlichen Rechtsweg gegen den jeweils anderen Verwalter verfolgen. Die Auskunftserteilung kann anschließend gemäß § 888 ZPO gegen den Insolvenzverwalter vollstreckt werden.

Die ebenfalls in § 269a InsO geregelten Pflicht zur Zusammenarbeit kann demgegenüber ausschließlich durch Anregung gerichtlicher Aufsichtsmaßnahmen nach § 58 Abs. 2 InsO gegenüber dem Insolvenzverwalter eines gruppenangehörigen Verfahrens durchgesetzt werden. Eine Verfolgung des Begehrens auf dem Weg der Leistungsklage ist demgegenüber ausgeschlossen.

e) Anwendbarkeit auf den Fall der Eigenverwaltung

Gemäß § 270d KIG findet die Regelung des § 269a KIG auf den Fall der (vorläufigen) Eigenverwaltung entsprechende Anwendung. Anders als noch in der Fassung des Diskussionsentwurfs sollen die für den Insolvenzverwalter geltenden Kooperationspflichten somit künftig nicht nur auf den Insolvenzverwalter, sondern auch auf den eigenverwaltenden Schuldner Anwendung finden. Der Gesetzgeber ist damit Forderungen aus Literatur und Praxis gefolgt, die Regelung des § 276a InsO im Hinblick auf die Situation der Konzerninsolvenz zu entschärfen.[132]

2. Zusammenarbeit der Insolvenzgerichte

Mit dem Ziel, eine Grundlage für eine organisatorische Abstimmung der Insolvenzgerichte zu schaffen, wurde neben der in § 56b KIG normierten Pflicht zur abgestimmten Verwalterbestellung mit § 269b KIG erstmalig auch eine gerichtliche Pflicht zum Austausch von Informationen, die für den Verlauf des Verfahrens von besonderer Bedeutung sein können in den Gesetzestext aufgenommen.[133] Die Zusammenarbeit soll dabei unabhängig von der funktionellen Zuständigkeit für die jeweiligen Verfahren stattfinden.[134]

Ausweislich der Begründung zum Gesetzentwurf ist von der in § 269a KIG normierten Pflicht die Mitteilung besonders wichtiger gerichtlicher Entschei-

---

132 Hierzu ausführlich auf S. 156ff. und S. 167; vgl. auch *Brünkmans* in ZIP 2013, 193, 199.
133 Begr. InsO-E, BT-Drucks. 18/407, S. 33.
134 Begr. InsO-E, BT-Drucks. 18/407, S. 33.

dungen, wie etwa die Anordnung von Sicherungsmaßnahmen, die Verfahrenseröffnung, die Verwalterbestellung sowie wesentliche verfahrensleitende Entscheidungen umfasst.[135] Daneben ist ein Informationsaustausch zum Umfang der Insolvenzmasse, zum Vorliegen eines Insolvenzplans sowie über verfahrensbeendigende Maßnahmen vorgesehen.[136] Die Informationsweitergabe hat dabei durch die jeweiligen Gerichte initiativ zu erfolgen.[137] Für die Beurteilung der Frage, ob beziehungsweis inwieweit die Koordination den Zielen der einzelnen Verfahren dienlich ist, soll dem Umfang der Insolvenzmassen in den einzelnen Verfahren eine besondere Bedeutung beizumessen sein.[138] Die in § 269b S. 2 KIG genannten Beispiele stellen dabei keinesfalls eine abschließende Aufzählung dar, sondern wurden vielmehr zum Zwecke der Konkretisierung in den Gesetzeswortlaut aufgenommen.[139]

Gleich der Kooperationspflicht der Verwalter normiert der Gesetzgeber auch für die Zusammenarbeit der Insolvenzgerichte die Grenze dort, wo diese den Zielen des jeweiligen Insolvenzverfahrens zuwiderläuft.[140] Die Informationsweitergabe oder Abstimmung darf vor diesem Hintergrund nicht offenkundig dazu führen, dass die Gläubiger eines jeweiligen Verfahrens eine Benachteiligung erfahren.[141] Gehören Unternehmen einer Unternehmensgruppe im Sinne von § 3e KIG auch einer Unternehmensgruppe im Sinne von Art. 2 Nr. 13 EuInsVO n. F. an, finden § 56b Abs. 1 und § 269b KIG keine Anwendung, soweit Art. 57 EuInsVO n. F. anzuwenden ist (Art. 102c § 21 Abs. 1 Nr. 2 EGInsO).

3. Zusammenarbeit der Gläubigerausschüsse

Das für die Gruppen-Folgeverfahren zuständige Gericht kann zukünftig auf Antrag eines (vorläufigen) Gläubigerausschusses, der in einem Verfahren über das Vermögen eines Gruppenangehörigen Schuldners bestellt ist, einen sogenannten *Gruppen-Gläubigerausschuss* einsetzen, in dem die einzelnen Gläubigerausschüsse durch jeweils eine Person vertreten sind (§ 269c Abs. 1 KIG).[142] Eine Zusammenarbeit der (vorläufigen) Gläubigerausschüsse soll gemäß § 269c KIG

135 Begr. InsO-E, BT-Drucks. 18/407, S. 33.
136 Begr. InsO-E, BT-Drucks. 18/407, S. 33.
137 Begr. InsO-E, BT-Drucks. 18/407, S. 33.
138 Begr. InsO-E, BT-Drucks. 18/407, S. 33.
139 Begr. InsO-E, BT-Drucks. 18/407, S. 33.
140 Begr. InsO-E, BT-Drucks. 18/407, S. 33.
141 Begr. InsO-E, BT-Drucks. 18/407, S. 33.
142 Begr. InsO-E, BT-Drucks. 18/407, S. 34.

jedoch nicht verbindlich sein.[143] Von der Einsetzung eines Pflichtausschusses in Anlehnung an § 22a InsO hat der Gesetzgeber ausdrücklich abgesehen.

a) Aufgaben

Der neugeschaffenen Gruppen-Gläubigerausschuss wird künftig sowohl die Insolvenzverwalter als auch die (vorläufigen) Gläubigerausschüsse in den einzelnen Verfahren bei ihrer Arbeit unterstützen, um so eine abgestimmte Abwicklung dieser Verfahren zu erleichtern. Die Insolvenzverwalter sollen auf diesem Wege dazu angehalten werden, sinnvoll abgestimmte Strategien zu verfolgen und unproduktive Prozesse gegen Verwalter anderer gruppenzugehöriger Verfahren zu vermeiden.[144]

Daneben wird der Gruppen-Gläubigerausschuss aber auch zur Unterstützung des Verfahrenskoordinator verpflichtet sein, zu dessen Person er sich gemäß § 269e Abs. 2 KIG vor dessen Bestellung äußern darf.[145]

aa) Bestimmung des Verfahrenskoordinators

Der Gruppen-Gläubigerausschuss ist nach § 269e Abs. 2 KIG in das Verfahren zur Entscheidung über die Person des Verfahrenskoordinators mit einzubeziehen.[146] Ihm steht künftig das Recht zu, sich zu der Person des Verfahrenskoordinators und den an ihn zu stellenden Anforderungen äußern zu dürfen.

Unklar bleibt hingegen, ob das Insolvenzgericht im Einzelfall auch an die Entscheidung des Gruppen-Gläubigerausschusses gebunden ist, wenn dieser die zum Verfahrenskoordinator zu bestellende Person einstimmig beschließt. Ausgangspunkt der Problematik ist der Verweis in § 269f Abs. 3 KIG, wonach die Regelung des § 56a InsO im Hinblick auf die Bestellung des Verfahrenskoordinators entsprechende Anwendung findet. Das Gericht soll danach an einen einstimmigen Vorschlag des Gläubigerausschusses hinsichtlich der Person des Insolvenzverwalters grundsätzlich gebunden sein. Gemäß dem Wortlaut des § 269f Abs. 3 KIG soll eine entsprechende Anwendung der Regelung jedoch immer nur dann in Betracht kommen, „soweit in diesem Abschnitt – also in den §§ 269a ff. KIG – nicht ein anderes geregelt ist".

143 Begr. InsO-E, BT-Drucks. 18/407, S. 35.
144 Begr. InsO-E, BT-Drucks. 18/407, S. 34.
145 Begr. InsO-E, BT-Drucks. 18/407, S. 34.
146 Begr. InsO-E, BT-Drucks. 18/407, S. 34.

In der Literatur wird zum Teil die Auffassung vertreten, der Reformgesetzgeber habe bereits dadurch eine einschränkende Bestimmung in das Gesetz aufnehmen wollen, indem er dem Gruppen-Gläubigerausschuss in § 269e Abs. 2 KIG lediglich das Recht einräume, sich zu der Person des Verfahrenskoordinators zu äußern, nicht jedoch – wie in § 56a Abs. 2 InsO – dem Gericht einen bindenden Vorschlag zu unterbreiten.[147]

Anderer Auffassung zufolge solle bei einstimmigen Beschlüssen des Gruppengläubigerausschusses stets eine Bindungswirkung anzunehmen sein.[148] Die Vertreter dieser Auffassung berufen sich insoweit auf die Entwurfsbegründung, wonach „durch die Verweisung in § 269f Abs. 3 KIG auf § 56a Abs. 2 InsO sichergestellt (sei), dass die Anhörung des Gruppen-Gläubigerausschusses nicht im Unverbindlichen (bleibe), sondern die wesentlichen Vorgaben des Koordinationsgerichts (festlege)".[149]

Dieser Auffassung ist im Ergebnis zu folgen, da sie nicht nur dem Willen des Gesetzgebers hinreichend wiederspiegelt, sondern vielmehr auch der besonderen Stellung des Gremiums bei der Abstimmung der einzelnen Verfahren[150] im entscheidenden Maße Rechnung trägt.[151] Wie *Brünkmans* und *Pleister* jedoch zu Recht anmerken, sollte dies mit der Einschränkung gelten, dass im Gegensatz zu der in § 56a Abs. 2 InsO enthaltenden Regelung bereits die einfache Mehrheit für eine Bindung des Gerichts ausreicht.[152]

bb) Zustimmung zum Koordinationsplan

Der Gruppen-Gläubigerausschuss soll nach der Intention des Gesetzgebers das Gesamtgläubigerinteresse im Konzernkontext wahrnehmen. Die Wirksamkeit eines vom Verfahrenskoordinator beziehungsweise den Insolvenzverwaltern der gruppenangehörigen Schuldner vorgelegten Koordinationsplans[153] ist deshalb von der zuvor erteilten Zustimmung des Gruppen-Gläubigerausschuss abhängig, sofern ein solcher bestellt worden ist (§ 269 h Abs. 1 S. 2 KIG). Der Gruppen-Gläubigerausschuss hat insofern darüber zu entscheiden, ob die vom Verfah-

---

147 *Harder/Lojowsky* in: NZI 2013327, 330.

148 *Hoffmann* in: Flöther, § 4 Rn. 79 und Rn. 111.

149 Begr. InsO-E, BT-Drucks. 18/407, S. 36.

150 Vgl. Begr. InsO-E, BT-Drucks. 18/407, S. 36.

151 So auch *Hoffmann* in: Flöther, § 4 Rn. 79 und Rn. 111; MünchKommInsO/*Brünkmans*, Konzerninsolvenzrecht, Rn. 100.

152 MünchKommInsO/*Brünkmans*, Konzerninsolvenzrecht, Rn. 100; *Pleister* in: ZIP 2013, 1013, 1016.

153 Hierzu ausführlich auf S. 222ff.

renskoordinator vorgeschlagenen Maßnahmen zur Neuausrichtung des Konzerns, dem gemeinsamen Ziel einer bestmöglichen Gläubigerbefriedigung (§ 1 InsO) dienlich sind.[154]

Das Gericht hat den Plan gemäß § 269 h Abs. 1 S. 3 KIG von Amts wegen zurückzuweisen, wenn eine Zustimmung durch den Gruppen-Gläubigerausschuss unterblieben ist. Wird demgegenüber kein Gruppen-Gläubigerausschuss bestellt, ist die Vorlage eines Koordinationsplans auch ohne dessen Beteiligung möglich.

b) Einsetzung

Die Einsetzung des Gruppen-Gläubigerausschusses setzt den Antrag eines (vorläufigen) Gläubigerausschusses eines gruppenangehörigen Schuldners voraus (§ 269c Abs. 1 S. 1 und Abs. 3 KIG). Dem Wortlaut nach finden in diesem Zusammenhang auch Anträge von Gläubigerausschüssen Berücksichtigung, deren Schuldner von offensichtlich untergeordneter Bedeutung für die Unternehmensgruppe sind.

Fehlt es an einem Antrag zur Einsetzung, so scheidet die Bestellung eines Gruppen-Gläubigerausschusses aus. Dies gilt insbesondere auch dann, wenn die Voraussetzungen des § 22a InsO für die Bestellung eines vorläufigen Gläubigerausschusses bei der Unternehmensgruppe oder einem ihr angehörenden Unternehmen erfüllt sind.[155]

Über die Bestellung entscheidet das Gericht – anders als dies noch nach dem Diskussionsentwurf der Fall war[156] – nach pflichtgemäßem Ermessen. Zuvor hat es die anderen Gläubigerausschüsse hierzu anzuhören. Dabei hat es Aufwand und Nutzen der Einsetzung gegeneinander abzuwägen, wobei es von maßgebender Bedeutung sein kann, wie sich die Gläubigerausschüsse im Rahmen der Anhörung zu der Einsetzung eines Gruppen-Gläubigerausschusses geäußert haben.[157] Eine Entscheidung gegen den Willen derjenigen Gläubigerausschüsse, die nicht von offensichtlich untergeordneter Bedeutung für die gesamte Unternehmensgruppe sind, wird dem Gericht jedenfalls nicht möglich sein, da mindestens zwei dieser Ausschüsse im Gruppen-Gläubigerausschuss vertreten sein müssen.[158]

---

154 Begr. InsO-E, BT-Drucks. 18/407, S. 39.
155 Begr. InsO-E, BT-Drucks. 18/407, S. 34.
156 Demnach bestand eine Pflicht zur Einsetzung, vgl. § 269c Disk-E.
157 Begr. InsO-E, BT-Drucks. 18/407, S. 34.
158 *Hoffmann* in: Flöther, § 4 Rn. 79 und Rn. 90.

c) Besetzung

Das Insolvenzgericht hat bei der Beschlussfassung über die Bestellung des Gruppen-Gläubigerausschusses zugleich über dessen Besetzung zu entscheiden, wobei es hierzu Vorschläge der einzelnen Gläubigerausschüsse annehmen kann.[159] Diese Vorschläge sind für das Gericht jedoch nicht bindend.[160] Der Gruppen-Gläubigerausschuss muss durch mindestens zwei Mitglieder vertreten sein.[161]

aa) Mitglieder der (vorläufigen) Gläubigerausschüsse

Jeder Gläubigerausschuss oder vorläufige Gläubigerausschuss eines gruppenangehörigen Schuldners, der nicht von offensichtlich untergeordneter Bedeutung für die gesamte Unternehmensgruppe ist, stellt ein Mitglied des Gruppen-Gläubigerausschusses. Der Gesetzgeber ist insofern der Kritik gegenüber der noch auf „eine Person" lautenden Entwurfsfassung des § 269c Abs. 1 a.E. KIG gefolgt. Danach war unklar, ob aufgrund der Regelung auch eine Vertretung durch Dritte möglich sei.[162]

Eine „nicht offensichtlich untergeordnete Bedeutung" in diesem Sinne soll entsprechend der beispielhaften Auflistung in § 3 Abs. 1 S. 2 KIG in der Regel anzunehmen sein, wenn im vorherigen abgeschlossenen Geschäftsjahr (i) die Zahl der vom Schuldner im Jahresdurchschnitt beschäftigten Arbeitnehmer mehr als 15 Prozent der in der Unternehmensgruppe im Jahresdurchschnitt beschäftigten Arbeitnehmer ausmachte und *entweder* (ii) die Bilanzsumme des Schuldners mehr als 15 Prozent der zusammengefassten Bilanzsumme der Unternehmensgruppe betrug *oder* (iii) die Umsatzerlöse des Schuldners mehr als 15 Prozent der zusammengefassten Umsatzerlöse der Unternehmensgruppe betrugen. Ob dies der Fall ist, soll anhand der Umstände des Einzelfalls zu beurteilen sein.[163]

Ausweislich der Begründung des Gesetzentwurfs differenziert die Regelung bewusst nicht nach der wirtschaftlichen oder rechtlichen Bedeutung der gruppenverbundenen Schuldner, deren Gläubigerausschüsse im Gruppen-Gläubigerausschuss vertreten sind.[164] Dem liegt die Erwägung zu Grunde, dass die Kompetenz des Gruppen-Gläubigerausschusses auf die Unterstützung der Insolvenzverwalter und Gläubigerausschüsse, mit dem Ziel einer abgestimmten Ver-

---

159 Begr. InsO-E, BT-Drucks. 18/407, S. 34.
160 *Hoffmann* in: Flöther, § 4 Rn. 83.
161 *Hoffmann* in: Flöther, § 4 Rn. 90, 101 m.w.N.
162 Vgl. *Hoffmann* in: Flöther, § 4 Rn. 93.
163 Begr. InsO-E, BT-Drucks. 18/407, S. 26.
164 Begr. InsO-E, BT-Drucks. 18/407, S. 34.

fahrensabwicklung sowie die Zustimmung zu einem Koordinationsplan beschränkt sei.[165]

bb) Arbeitnehmer

§ 269c Abs. 1 S. 3 KIG stellt zudem sicher, dass neben den Mitgliedern der (vorläufigen) Gläubigerausschüsse auch Arbeitnehmer im Gruppen-Gläubigerausschuss vertreten sind. Aus diesem Grund ist neben den vom (vorläufigen) Gläubigerausschüssen entsandten Mitgliedern, zu denen auch Arbeitnehmervertreter zählen können, ein weiteres Mitglied aus dem Kreis der Arbeitnehmer zu bestimmen.[166]

d) Verhältnis zu den Gläubigerausschüssen

Durch die Neufassung des Gesetzes bislang nicht geregelt ist hingegen das „vertikale Machtverhältnis" zwischen dem Gruppen-Gläubigerausschuss und den Gläubigerausschüssen auf Einzelverfahrensebene.[167] Demnach bleibt unklar, ob der Gruppen-Gläubigerausschuss den Gläubigerausschüssen verbindliche Weisungen erteilen kann beziehungsweise Beschlüsse fassen darf, die in den eigentlichen Kompetenzbereich der Gläubigerausschüsse eingreifen.

Im Ergebnis ist dies abzulehnen. Richtiger Weise sollte die Befugnis zu grundlegenden Entscheidungen auch zukünftig bei den Gläubigerausschüssen auf Einzelverfahrensebene liegen.[168] Eine entsprechendes Verständnis ist auch dem Gesetz selbst zu entnehmen. So hat sich der Gesetzgeber bewusst gegen eine Übertragung der Entscheidungsbefugnis nach § 269i Abs. 2 KIG auf den Gruppen-Gläubigerausschuss entschieden.[169] Diese Wertung geht mit dem Verzicht auf eine verfahrensmäßige oder gar materielle Verfahrenskonsolidierung[170] sowie dem Ziel, die Einzelverfahren auf Grundlage einer geeigneter Koordinationsinstrumentarien aufeinander abzustimmen[171] konform.[172]

---

165 Begr. InsO-E, BT-Drucks. 18/407, S. 34.

166 Beschlussempfehlung und Bericht des Ausschusses für Recht und Verbraucherschutz, BT-Drucks. 18/11436, S. 25.

167 *Hoffmann* in: Flöther, § 4 Rn. 115.

168 *Hoffmann* in: Flöther, § 4 Rn. 116.

169 *Hoffmann* in: Flöther, § 4 Rn. 116

170 Vgl. Begr. InsO-E, BT-Drucks. 18/407, S. 2.

171 Vgl. Begr. InsO-E, BT-Drucks. 18/407, S. 2.

172 *Hoffmann* in: Flöther, § 4 Rn. 116.

e) Kooperationspflichten der Gläubiger

Mit Einführung der Möglichkeit, auf Antrag eines (vorläufigen) Gläubigerausschusses einen Gruppen-Gläubigerausschuss zu bilden, wurden durch den Reformgeber die Voraussetzungen für eine Zusammenarbeit und Abstimmung der Gläubigerorgane auf Konzernebene geschaffen.[173]

Weiterhin unbeantwortet bleibt hingegen die Frage, ob eine Pflicht zur Zusammenarbeit im Einzelfall auch zwischen den einzelnen Gläubigern oder Gläubigerorganen bestehen kann.[174] Der Gesetzgeber hat sich einer Stellungnahme hierzu bislang bewusst enthalten und die Klärung der Frage der Rechtsprechung und Wissenschaft überlassen.[175] Die Art und Weise der Zusammenarbeit wird danach auch zukünftig ungeregelt bleiben.[176]

aa) Kritik

Die Abstinenz einer gesetzgeberischen Lösung ist in der Literatur zum Teil auf heftige Kritik gestoßen.[177] So sieht *Brünkmans* im Hinblick auf die Entscheidungsbefugnis über die Verwertung der Masse nach §§ 157 ff. InsO die Gefahr, dass ohne entsprechende Koordinationsmechanismen „wirtschaftlich optimale Lösungen aufgrund taktischer Störpositionen im Verhandlungs- und Entscheidungsprozess" nicht erreicht werden könnten.[178] Vor diesem Hintergrund schlägt er vor, in Anlehnung an § 245 InsO die Zustimmung einer obstruierenden Gläubigerversammlung oder eines obstruierenden Gläubigerausschusses im Einzelfall durch das Insolvenzgericht zu ersetzen, wenn ein hierdurch zu erwartenden Mehrwert im Ergebnis für eine Gesamtverwertungsstrategie streite und diese von einer Mehrheit der Gläubigerversammlungen oder Gläubigerausschüsse der gruppenangehörigen Schuldner getragen sei.[179]

bb) Stellungnahme

Die gesetzliche Normierung starrer Kooperationspflichten zwischen Gläubigern und Gläubigerorganen kann bereits vor dem Hintergrund des Grundsatzes der

173 Begr. InsO-E, BT-Drucks. 18/407, S. 22.
174 Vgl. auch *Hoffmann* in: Flöther, § 4 Rn. 113; *Brünkmans* in: Der Konzern 2013, 157, 161.
175 Begr. InsO-E, BT-Drucks. 18/407, S. 22.
176 *Harder/Lojowsky* in: NZI 2013, 327, 329.
177 *Harder/Lojowsky* in: NZI 2013, 327, 329; *Brünkmans* in: ZIP 2013, 193, 200; MünchKommInsO/*Brünkmans*, Konzerninsolvenzrecht, Rn. 88.
178 *Brünkmans* in: ZIP 2013, 193, 200.
179 *Brünkmans* in: ZIP 2013, 193, 200.

Gläubigerautonomie nicht überzeugen.[180] Ob die Frage demgegenüber – wie vom Gesetzgeber angeregt – künftig von der Rechtsprechung zu beantwortet ist, erscheint mit Blick auf die Grenzen der richterlichen Rechtsfortbildung eher zweifelhaft.[181]

Der Bundesgerichtshof hat die Frage in einer früheren Entscheidung unter Verweis auf die „Vielfalt der Gestaltungsmöglichkeiten", die es bei der Niederlegung entsprechender Grundsätze zu beachten gelte, entschieden abgelehnt und in diesem Zusammenhang ausdrücklich auf die damaligen Reformbemühungen verwiesen.[182] Der Spielball wurde somit von der Rechtsprechung an den Gesetzgeber zurückgegeben. Dieser hat durch Vorschriften wie den § 245 InsO klar konkretisiert, in welchen Fällen er eine – notfalls auch zwanghafte – Schicksalsgemeinschaft der Gläubiger für angemessen hält und die Chancen und Risiken insofern klar gegeneinander abgewogen.

Eine solch weitreichende Entscheidung nunmehr der einzelfallgetriebenen höchstrichterlichen Rechtsprechung übertragen zu wollen, erschiene daher auch innerhalb der Grenzen vorbezeichnetem Rechtsinstituts eher zweifelhaft zu sein.

Sinnvoll erschiene jedenfalls der von *Brünkmans* eingebrachte Vorschlag, durch die Normierung eines an § 245 InsO angelehnten Obstruktionsverbots zukünftig eine koordinierte Verwertungsentscheidung auf Ebene sämtlicher Gläubigerversammlungen zu erreichen.[183]

Wie bereits an anderer Stelle erörtert,[184] besteht ein besonderes Kooperationsbedürfnis auch im Verhältnis zwischen Gesellschafterversammlung und Gläubigerversammlung. Denn wie die Ausführungen zum Vertragskonzern auf S. 83 ff. verdeutlichen, ist die Weisungskompetenz des Insolvenzverwalters aus § 80 Abs. 1 InsO i.V.m. § 308 Abs. 1 AktG auf solche Handlungen beschränkt, die sich auf ein massezugehöriges Gesellschaftsvermögen beziehen. Da die Organbefugnisse im Übrigen bei der schuldnerischen Gesellschaft verbleiben, besteht das zwingende Bedürfnis, dass sowohl diejenigen Beschlüsse, die etwa im Hinblick auf den Fortgang des Verfahrens durch die Gläubigerversammlung getroffen werden – und den Insolvenzverwalter insoweit binden – als auch diejenigen

180 Stellungnahme zum Disk-E des BDI, S. 3, abrufbar unter: http://www.bundesgerichtshof.de/SharedDocs/Downloads/DE/Bibliothek/Gesetzesmaterialien/18_wp/Konzerninsolvenzen/stellung_bdi_diske.pdf?__blob=publicationFile (zuletzt abgerufen am: 3. Januar 2018); Hoffmann in: Flöther, § 4 Rn. 114; vgl. auch MünchKommInsO/*Brünkmans*, Konzerninsolvenzrecht, Rn. 88.

181 Zu den Grenzen der richterlichen Rechtsfortbildung vgl. Munz/Düring/*Jachmann*, Art. 95 GG, Rn. 16.

182 BGH, Urt. v. 12.12.1991 – IX ZR 178/91 („*co-op*") = ZIP 1992, 191, 193.

183 Vgl. *Brünkmans* in: ZIP 2013, 193, 200.

184 S. 117 und S. 182.

Beschlüsse, die von den Gesellschaftseigentümern auf Ebene der Gesellschafter- beziehungsweise Hauptversammlung getroffen werden, korrelieren. Dies gilt insbesondere für diejenigen Fälle, in denen eine Sanierung des schuldnerischen Unternehmens angestrebt wird.

f) Vergütung der Mitglieder des Gruppen-Gläubigerausschusses

Auf die Vergütung der Mitglieder des Gruppen-Gläubigerausschusses findet die Regelung des § 73 InsO entsprechende Anwendung (§ 269c Abs. 2 S. 2 KIG). Die Tätigkeit als Mitglied im Gruppen-Gläubigerausschuss ist danach Bestandteil der Tätigkeit im Gläubigerausschuss auf Einzelverfahrensebene. Den Mitgliedern des Gruppen-Gläubigerausschusses steht insoweit nur ein einziger Anspruch auf Vergütung für ihre Tätigkeit und auf Erstattung angemessener Auslagen zu. Die Regelung des § 63 Abs. 2 InsO sowie die §§ 64 und 65 InsO gelten entsprechend.

Das Insolvenzgericht hat danach die Vergütung und die zu erstattenden Auslagen des Insolvenzverwalters durch Beschluss festzusetzen. Gegen den Beschluss steht dem Verwalter, dem Schuldner und jedem Insolvenzgläubiger die sofortige Beschwerde zu, wenn der Wert des Beschwerdegegenstands 200 Euro übersteigt (§ 64 Abs. 3 S. 2 InsO i.V.m. § 567 Abs. 2 ZPO).

g) Haftung der Mitglieder des Gruppen-Gläubigerausschusses

Gemäß § 269c Abs. 2 S. 2 KIG sind die Mitglieder der Gruppen-Gläubigerausschüsse entsprechend den Mitgliedern der Gläubigerausschüsse auf Einzelverfahrensebene nach § 71 InsO haftbar. Letztere sind den absonderungsberechtigten Gläubigern und den Insolvenzgläubigern zum Schadenersatz verpflichtet, wenn sie schuldhaft die ihnen nach der Insolvenzordnung obliegen Pflichten verletzen und die Pflichtverletzung für den entstandenen Schaden kausal war. Wurde die schadensverursachende Handlung durch den Ausschuss vorgenommen, haftet dieser als Kollegialorgan.[185] Anderenfalls trifft dessen Mitglieder eine individuelle Haftung.

4. Stellungnahme

Kooperationsrechte und -pflichten zwischen Insolvenzverwaltern, Insolvenzgerichten sowie Gläubiger- und Schuldnerorganen sind wesentlicher Bestandteil

---

185 Braun/*Hirte*, § 71 InsO, Rn. 6.

eines funktionierenden und transparenten Konzerninsolvenzrechts. Über die Reichweite und Existenz dieser Pflichten herrscht in Rechtsprechung und Literatur, bis auf wenige grundlegende Entscheidungen weitestgehend Unklarheit. Umso größer ist das Bedürfnis nach einer verbindlichen gesetzgeberischen Lösung, die neben Rechtklarheit insbesondere für Rechtssicherheit sorgt.

Diesem Ruf ist der Gesetzgeber auch in der endgültigen Gesetzesfassung nicht gefolgt. Anstelle der Einführung eines umfassenden Systems von Kooperation- und Informationspflichten, beschränken sich die §§ 269 a ff. KIG in erster Linie auf die Zusammenarbeit von Insolvenzverwaltern und Insolvenzgerichten. Dabei hat sich der Reformgesetzgeber maßgeblich an den „weichen" Formulierungen eines europäischen Insolvenzrechts in Art. 31 ff. EuInsVO orientiert. Ähnlich wie auf europäischer Ebene, besteht auch nach dem KIG keine „echte" Pflicht zur Zusammenarbeit. Allenfalls die Pflicht zur gegenseitigen Unterrichtung und Informationsgewährung lässt sich auf dem Wege eines einklagbaren Auskunftsanspruchs zur Durchsetzung verhelfen. Im Übrigen ist der Unterstützung begehrende Insolvenzverwalter auf die allgemeinen Sanktionsmechanismen der Insolvenzordnung verwiesen. Es stellt sich insofern zu Recht die Frage nach dem Mehrwert dieser Regelungen.

Bis auf die optionale Bildung eines Gruppen-Gläubigerausschusses sind darüber hinaus weder Kooperations- noch Abstimmungspflichten zwischen den Gläubigerorganen untereinander sowie im Verhältnis zur Gesellschafter- beziehungsweise Hauptversammlung vorgesehen. Der Reformgeber versucht dies mit der Begründung zu rechtfertigen, dass die Klärung der Frage im Aufgabenbereich von Rechtsprechung und Wissenschaft liege,[186] übersieht dabei aber scheinbar, dass eine dahingehende höchstrichterliche Entscheidung die Grenzen richterlicher Rechtsfortbildung überschreiten würde.[187]

Insbesondere im Hinblick auf die der Gläubigerversammlung obliegenden Verwertungsentscheidung (§ 157 InsO) besteht weiterhin Regelungsbedarf mit Blick auf die Frage, inwieweit Kooperationspflichten auch für die Gläubigerorgane existieren. Anderenfalls ist künftig jedenfalls nicht auszuschließen, dass – und insoweit ist *Brünkmans* erneut zu zitieren – wirtschaftlich sinnvolle Lösungen am Ende aufgrund taktischer Störpositionen von vornherein zum Scheitern verurteilt sind.[188]

---

186 Begr. InsO-E, BT-Drucks. 18/407, S. 22.

187 Dahingehend bereits schon BGHZ 116, 319.

188 Vgl. bereits *Brünkmans*, S. 34 ff., 119 ff.

Leider wird auch der Situation der Eigenverwaltung durch den Gesetzentwurf nur unzureichend Rechnung getragen.[189] Unklar bleibt auch künftig, ob die für die Zusammenarbeit der Insolvenzverwalter geltenden Regelungen gleichermaßen auf den Sachwalter Anwendung finden. Vieles spricht dafür, die in § 269a KIG normierten Kooperationspflichten nicht nur auf den Schuldner anzuwenden.[190] Darüber hinaus macht es die Regelung des § 276a InsO erforderlich, dass Kooperationspflichten künftig nicht nur im Verhältnis der eigenverwaltenden Schuldner untereinander sondern insbesondere auch im Verhältnis zwischen Gesellschafterversammlung und Geschäftsleitung des eigenverwaltenden Schuldners gelten.

5. Das Koordinationsverfahren

Kann nicht, wie im Idealfall sowohl auf örtlicher als auch auf personeller Ebene eine Verfahrenskonzentration herbeigeführt werden, so kann im Einzelfall das Bedürfnis nach einer zusätzlichen Koordinationsinstanz bestehen, um neben den vorstehend formulierten Kooperationspflichten eine optimale Abwicklung der Verfahren zu gewährleisten.

Diesem Bedürfnis wird durch den Reformgesetzgeber mit der Einführung eines umfassenden Koordinationsverfahrens in den §§ 269d-269i KIG Rechnung getragen. Wird danach die Eröffnung eines Insolvenzverfahrens über die Vermögen gruppenangehöriger Schuldner beantragt, oder ist es bereits zu einer Verfahrenseröffnung gekommen, wird das für die Eröffnung von Gruppen-Folgeverfahren zuständige Gericht („**Koordinationsgericht**“) zukünftig auf Antrag eines gruppenangehörigen Schuldners, Insolvenzverwalters oder des Gläubigerausschusses ein Koordinationsverfahren einleiten können (§ 269 d KIG).

Durch die Einsetzung eines Koordinationsgerichts (§ 269d KIG), eines Verfahrenskoordinators (§ 269e KIG) sowie der Einführung eines Koordinationsplans (§ 269 h KIG) verspricht sich der Gesetzgeber hieraus resultierende Synergieeffekte im Hinblick auf eine Minimierung möglicher Reibungsverluste zwischen den parallel anhängigen Verfahren nutzbar zu machen.[191]

---

189 Zur Eigenverwaltung ausführlich auf S. 165ff.

190 Vgl. hierzu auch *Brünkmans* in: ZIP 2013, 193, 199.

191 *Harder/Lojowsky* in: NZI 2013, 327, 329.

a) Antragsvoraussetzungen und Antragsberechtigung

Die Einleitung des Koordinationsverfahrens setzt zunächst voraus, dass über das Vermögen von mindestens zwei Unternehmen derselben Unternehmensgruppe das Insolvenzverfahren eröffnet worden ist und ein entsprechender Antrag dem Koordinationsgericht vorliegt.[192] Antragsberechtigt sind ausschließlich gruppenangehörige Schuldner, deren Vermögen noch nicht Gegenstand eines Insolvenzverfahrens ist und die noch nicht den Beschränkungen eines „starken" vorläufigen Insolvenzverwalters (§ 22 Abs. 1 InsO) unterliegen.[193] Mit Anordnung der vorläufigen „starken" Insolvenzverwaltung beziehungsweise mit der Eröffnung des Insolvenzverfahrens wird das Antragsrecht kraft Gesetzes dem (vorläufigen) Insolvenzverwalter übertragen.[194] Daneben wird auch ein (vorläufiger) Gläubigerausschuss aufgrund einstimmigen Beschlusses zur Antragstellung berechtigt sein (§ 269d Abs. 2 S. 2 KIG).[195]

b) Das Koordinationsgericht

Für die Einleitung des Koordinationsverfahrens wird gemäß § 269d Abs. 1 KIG das Koordinationsgericht zuständig sein, welches mit dem nach § 3a KIG für Gruppenfolgeverfahren zuständigen Gericht identisch ist.[196] Liegen die Voraussetzungen des § 269d Abs. 1 KIG vor, entscheidet das Gericht über die Einleitung des Koordinationsverfahrens aufgrund pflichtgemäßem Ermessen. Entsprechend dem Willen des Gesetzgebers kann die Einleitung eines Koordinationsverfahrens jedoch unterbleiben, wenn hieraus nach den Umständen des Einzelfalls keine Vorteile zu erwarten sind, die in einem angemessenen Verhältnis zu den zusätzlichen Kosten stehen.[197] Gehören Unternehmen einer Unternehmensgruppe im Sinne von § 3e KIG auch einer Unternehmensgruppe im Sinne von Art. 2 Nr. 13 EuInsVO n. F. an und würde die Durchführung des Koordinationsverfahrens die Wirksamkeit eines Gruppen-Koordinationsverfahrens nach den Art. 61 bis 77 EuInsVO n. F. beeinträchtigen, ist die Einleitung eines Koordinationsverfahrens nach den §§ 269d bis 269i KIG hingegen ausgeschlossen (Art. 102c § 22 Abs. 2 EGInsO).

---

192 Begr. InsO-E, BT-Drucks. 18/407, S. 22; *Pleister* in: Flöther, § 4 Rn. 371; *Pleister/Theusinger* in: HRI, § 50 Rn. 42.
193 Begr. InsO-E, BT-Drucks. 18/407, S. 22.
194 Begr. InsO-E, BT-Drucks. 18/407, S. 22.
195 Begr. InsO-E, BT-Drucks. 18/407, S. 22.
196 Begr. InsO-E, BT-Drucks. 18/407, S. 35.
197 Begr. InsO-E, BT-Drucks. 18/407, S. 35.

c) Der Verfahrenskoordinator

Zentrale Figur der koordinierten Konzerninsolvenz wird der sogenannte Verfahrenskoordinator sein.[198] Seine Rechte und Pflichten sind in § 269f KIG beschrieben. Primäre Aufgabe des Verfahrenskoordinators wird es sein, zum Vorteil aller Insolvenzmassen auf eine abgestimmte Abwicklung der einzelnen Verfahren hinzuwirken, soweit dies dem Interesse der Gläubiger entspricht.[199] Hierzu wird er insbesondere zur Vorlage eines sogenannten Koordinationsplans berechtigt sein.[200] Ein Recht zur unmittelbaren Einwirkung auf die Einzelverfahren wird ihm hingegen nicht zustehen.

Die in der Entwurfsfassung der Bundesregierung[201] noch als „Koordinationsverwalter" bezeichnete Person wurde durch den Gesetzgeber erst aufgrund der Beschlussempfehlung des Ausschusses für Recht und Verbraucherschutz[202] in „Verfahrenskoordinator" umbenannt. Durch die Bezeichnung verspricht sich der Gesetzgeber besser zum Ausdruck zu bringen, dass sich die Aufgaben des Verfahrenskoordinators von denen des Insolvenzverwalters grundlegend unterscheiden.[203]

aa) Bestellung des Verfahrenskoordinators

Ausweislich der Entwurfsbegründung wird „Kernelement" des neuen Koordinationsverfahrens die Bestellung des Verfahrenskoordinators sein.[204] Entsprechend den allgemeinen Grundsätzen zur Verwalterbestellung (vgl. § 56 Abs. 1 S. 1 InsO) ist als Verfahrenskoordinator eine von den gruppenangehörigen Schuldnern sowie deren Gläubigern unabhängige Person zu bestellen, wobei Absatz 1 Satz 2 der Regelung das Unabhängigkeitserfordernis auf das Verhältnis zwischen Verfahrenskoordinator und Insolvenzverwalter beziehungsweise Sachwalter erweitert (§ 269e Abs. 1 KIG).[205] Dahinter steht die Erwägung, dass Interessenkonflikte zwischen den Verwaltern der einzelnen Verfahren den Aufbau der erforderlichen

---

198 *Thole* in: Der Konzern 2013, 182, 183.

199 Beschlussempfehlung und Bericht des Ausschusses für Recht und Verbraucherschutz, BT-Drucks. 18/11436.

200 Begr. InsO-E, BT-Drucks. 18/407, S. 23.

201 BT-Drucks. 18/407.

202 Beschlussempfehlung und Bericht des Ausschusses für Recht und Verbraucherschutz, BT-Drucks. 18/11436.

203 Beschlussempfehlung und Bericht des Ausschusses für Recht und Verbraucherschutz, BT-Drucks. 18/11436, S. 25.

204 Begr. InsO-E, BT-Drucks. 18/407, S. 23.

205 Begr. InsO-E, BT-Drucks. 18/407, S. 35.

Basis für ein wechselseitiges Vertrauen im Einzelfall erheblich erschweren können.[206]

Vor der Bestellung des Verfahrenskoordinators ist im Interesse einer Stärkung der Gläubigerautonomie in Anlehnung an § 56a Abs. 1 InsO der Gruppen-Gläubigerausschuss zu hören (§ 269e Abs. 2 KIG).[207] Die Stellungnahme des Gruppen-Gläubigerausschusses ist für das Gericht bindend (§ 269f Abs. 3 KIG i.V.m. § 56a Abs. 2 InsO).[208] Jedoch kann es von dessen Stellungnahme abweichen, wenn es davon überzeugt ist, dass sich die vorgeschlagene Person für die Übernahme des Amtes nicht eignet.[209]

bb) Anforderungen an den Verfahrenskoordinator

Der Verfahrenskoordinator soll in der Regel ein neutraler Dritter sein, der ohne durch Eigeninteressen aus einem bestimmten Verfahren belastet zu sein, als Mediator zwischen den Verwaltern der Einzelverfahren vermitteln kann (§ 269e KIG).[210] Die zu bestellende Person muss insofern in der Lage sein, konfligierende Interessen bestmöglich zu entschärfen und die Verwalter auf ein gemeinsames Ziel zu vereinen.[211]

(1) Eignung des Insolvenzverwalters oder Sachwalters

Die Bestellung des Insolvenzverwalters oder Sachwalters zum Verfahrenskoordinator muss aus den vorgenannten Gründen grundsätzlich ausscheiden. Anderenfalls wäre zu befürchten, dass dieser einem auf § 269f Abs. 2 KIG gestützten Auskunftsersuchen des Koordinationsverwalters die aus § 269a KIG resultierenden Grenzen der Kooperationspflichten auf Verwalterebene entgegensetzt, was zur Folge hätte, dass die Regelung des § 269f KIG insgesamt ins Leere liefe.[212]

Da die Einbeziehung Dritter im Einzelfall mit einem unverhältnismäßigen Maß an Einarbeitungs- und Kostenauswand verbunden sein kann, soll die Bestellung eines Insolvenzverwalters jedoch ausnahmsweise möglich sein, wenn die vorgenannten Nachteile von vornherein nicht einschlägig sind oder durch andere

---

206 Begr. InsO-E, BT-Drucks. 18/407, S. 35.
207 Begr. InsO-E, BT-Drucks. 18/407, S. 36.
208 Begr. InsO-E, BT-Drucks. 18/407, S. 36.
209 *Pleister* in: Flöther, § 4 Rn. 374; Uhlenbruck/*Zipperer*, § 56a InsO-E Rn. 8; MünchKommInsO/*Graeber*, Bd. 1, § 56a Rn. 40.
210 Begr. InsO-E, BT-Drucks. 18/407, S. 23.
211 Begr. InsO-E, BT-Drucks. 18/407, S. 36.
212 Begr. InsO-E, BT-Drucks. 18/407, S. 35f.

Vorteile, insbesondere die Expertise und Erfahrung des zu bestellenden Verwalters aufgewogen werden können.[213]

(2) Eignung des Schuldners

Demgegenüber ist der gruppenangehörige Schuldner bereits von gesetztes wegen von der Bestellung zum Verfahrenskoordinator ausgeschlossen (§ 269e Abs. 1 S. 3 KIG). Im Unterschied zu den Regelungen über die Verwalterbestellung soll dies insbesondere auch im Rahmen der Eigenverwaltung der Fall sein.[214] Dahinter steht die Erwägung, dass anderenfalls die Bestellung eines „Koordinationssachwalters", zwecks Überwachung der Aufgabenerfüllung durch den „eigenverwaltenden Verfahrenskoordinator" erforderlich sei.[215] Es sei insofern zu befürchten, dass das Erfordernis einer Abstimmung zwischen dem „eigenverwaltenden Verfahrenskoordinator" und dem „Koordinationssachwalter" nicht nur den zeitlichen und sachlichen Erfordernissen der Koordinationsaufgabe nicht gerecht würde, sondern im Ergebnis auch die Flexibilität der Koordinationsverwaltung erheblich einschränken würde.[216]

cc) Aufgaben und Rechtsstellung des Verfahrenskoordinators

Aufgabe des Verfahrenskoordinators wird es sein, für eine abgestimmte Abwicklung der Verfahren Sorge zu tragen, vorausgesetzt, dass dies im Interesse der Gläubiger liegt (§ 269f Abs. 1 KIG).[217] Zu seinen Aufgaben gehört es, sämtliche Maßnahmen zu ergreifen, die einer abgestimmten Abwicklung des Verfahrens dienlich sind.[218] Zu diesem Zweck soll er insbesondere einen Koordinationsplan als Referenzplan für die Maßnahmen der Insolvenzverwalter auf Einzelverfahrensebene vorlegen können (§ 269 h KIG). Um dem Plan eine gesteigerte Wirkung zu verhelfen, soll er im Rahmen seiner Möglichkeiten an den Gläubigerversammlungen der Einzelverfahren teilnehmen können, um bei den anderen Insolvenzverwaltern für die Umsetzung des Koordinationsplans zu werben (§ 269f Abs. 1 S. 3 KIG).[219] Im Übrigen sind auf die Rechtsstellung des Verfahrenskoor-

213 Begr. InsO-E, BT-Drucks. 18/407, S. 36.
214 Begr. InsO-E, BT-Drucks. 18/407, S. 35.
215 Begr. InsO-E, BT-Drucks. 18/407, S. 35.
216 Begr. InsO-E, BT-Drucks. 18/407, S. 35.
217 Begr. InsO-E, BT-Drucks. 18/407, S. 23.
218 Begr. InsO-E, BT-Drucks. 18/407, S. 23.
219 Begr. InsO-E, BT-Drucks. 18/407, S. 36.

dinators die Vorschriften über den Insolvenzverwalter entsprechend anzuwenden (§ 269f Abs. 3 KIG).

(1) Auslegung des Gläubigerinteresses nach § 269f Abs. 1 S. 1 KIG

Gemäß § 269f Abs. 1 S. 1 KIG ist die Grenze jeder Koordinationsmaßnahme das Gläubigerinteresse. Für die Ermittlung des Gläubigerinteresses wird jedoch nicht wie in § 78 Abs. 1 InsO auf das „gemeinsame Interesse der Gläubiger", sondern vielmehr auf die Zielbestimmung einer maximalen Verlustminimierung abzustellen sein.[220] Nicht zwangsläufig erforderlich ist daher, dass jeder einzelne Gläubiger oder jedes einzelne Verfahren durch die Koordinationsmaßnahme eine bessere Rechtsstellung erfährt.[221] Eine Koordinationsmaßnahme kann vor diesem Hintergrund auch dann vom Gläubigerinteresse getragen sein, wenn durch sie wenigstens in einem Verfahren eine höhere Befriedigungsquote erreicht werden kann, ohne dass dies in den anderen Verfahren zu Einbußen führt (*Pareto-Effizienz*).[222]

(2) Pflicht zur Zusammenarbeit

Der Verfahrenskoordinator soll regelmäßig nur dann zur ordnungsgemäßen Erfüllung seiner Aufgabe in der Lage sein, wenn er auf die Unterstützung der Verwalter in den einzelnen Verfahren zurückgreifen kann.[223] Vor diesem Hintergrund werden die Insolvenzverwalter und vorläufigen Insolvenzverwalter der gruppenangehörigen Schuldner gemäß § 269f Abs. 2 KIG mit dem Verfahrenskoordinator zur Zusammenarbeit verpflichtet sein.

(a) Regelungsgehalt

Der Verfahrenskoordinator wird auf dieser Grundlage insbesondere die für den Koordinationsplan notwendigen Informationen von den Verwaltern in den jeweiligen Verfahren einfordern können.[224] Darüber hinaus wird er an Gläubigerversammlungen oder Sitzungen der vorläufigen Gläubigerausschüsse teilnehmen

---

220 Begr. InsO-E, BT-Drucks. 18/407, S. 36.
221 Begr. InsO-E, BT-Drucks. 18/407, S. 37.
222 Begr. InsO-E, BT-Drucks. 18/407, S. 37.
223 Begr. InsO-E, BT-Drucks. 18/407, S. 37.
224 Begr. InsO-E, BT-Drucks. 18/407, S. 37.

können, sowie durch Einsichtnahme der Geschäftsunterlagen sich ein eigenes Bild von der Situation im Unternehmen verschaffen können.[225]

(b) Verhältnis zu § 269a KIG

Die in § 269f Abs. 2 KIG beschriebene Kooperationspflicht stößt jedoch dort an ihre Grenzen, wo der Verfahrenskoordinator zugleich das Amt des Insolvenzverwalters in einem der gruppenangehörigen Verfahren bekleidet. Denn in diesem Fall wird er sich regelmäßig im Besitz von Informationen befinden, die ihm anderenfalls nicht zur Verfügung stünden. Der Gesetzgeber begegnet diesem Konflikt, indem er die Verpflichtung zur Unterstützungsleistung der einzelnen Verwalter in § 269a KIG dahingehend eingeschränkt, dass diese im Rahmen der Zusammenarbeit nicht dazu verpflichtet sind, die Interessen der Beteiligten ihres eigenen Verfahrens zu beeinträchtigen.[226]

Dieses Verständnis des Reformgesetzgebers von der Reichweite der Norm wird durch den Wortlaut des § 269a KIG bislang nicht hinreichend wiedergegeben.[227] Die Norm sieht bislang lediglich eine Begrenzung der Zusammenarbeit der Insolvenzverwalter untereinander, nicht jedoch im Verhältnis zum Verfahrenskoordinator vor. Es empfiehlt sich vor diesem Hintergrund, den Verfahrenskoordinator künftig in den Regelungsgehalt des § 269a KIG mit aufzunehmen.

dd) Vergütung des Verfahrenskoordinators

Der Verfahrenskoordinator kann für seine Tätigkeit eine Vergütung sowie die Erstattung angemessener Auslagen verlangen. Die §§ 64 und 65 InsO finden insoweit entsprechend Anwendung. Dies ist dem Grundsatz nach bereits der Verweisung des § 269f Abs. 3 KIG auf § 63ff. InsO zu entnehmen und wird durch § 269g KIG nochmals konkretisiert.[228]

Der Regelsatz der Vergütung ist gemäß § 269g Abs. 1 S. 2 KIG auf Grundlage der nach dem um die Intragruppenforderungen bereinigten Wert der zusammengefassten Massen, der in das Koordinationsverfahren einbezogenen Unternehmen zu bemessen.[229] Umfang und Schwierigkeiten der Koordinationsaufgabe werden durch Abweichung vom Regelsatz Rechnung getragen. Der Regelsatz sowie Einzelheiten

---

225 Begr. InsO-E, BT-Drucks. 18/407, S. 37.
226 Begr. InsO-E, BT-Drucks. 18/407, S. 37.
227 *Thole* in: Der Konzern 2013, 182, 186.
228 Begr. InsO-E, BT-Drucks. 18/407, S. 37.
229 Begr. InsO-E, BT-Drucks. 18/407, S. 38.

zur Bemessung der Vergütung sollen durch Rechtsverordnung geregelt werden (§ 65 InsO).

Die Vergütung des Verfahrenskoordinators ist gemäß § 269 g Abs. 2 KIG aus den Insolvenzmassen der gruppenangehörigen Schuldner anteilig zu berichtigen. Haben einige Massen nicht an dem erzielten Kooperationsmehrwert partizipieren können, oder ist offensichtlich, dass dieser von bestimmten Massen vollständig vereinnahmt wurde, soll der Vergütung ein abweichender Verteilungsschlüssel zu Grunde gelegt werden, nach dem sich die Zuteilung des Kooperationsmehrwerts besser abbilden lässt.[230]

Forderungen der Literatur, die Vergütung eines künftigen Verfahrenskoordinators anhand der geleisteten Arbeitsstunden zu bemessen,[231] ist der Gesetzgeber insofern nicht gefolgt.

Da die Tätigkeit des Verfahrenskoordinators im Regelfall zu einer Entlastung der einzelnen Insolvenzverwaltungen führen wird, hält der Gesetzgeber einen Abschlag von der Regelvergütung des Insolvenzverwalters für angemessen.[232] Der Abschlag hat in der Höhe der Vergütung des Verfahrenskoordinators zu erfolgen und soll somit sicherstellen, dass das Koordinationsverfahren zu keinen weiteren Mehrkosten führt.[233]

Der Regelung in § 3 Abs. 2 InsVV wird zu diesem Zweck ein neuer Buchstabe „f" angefügt. Ein Zurückbleiben hinter dem Regelsatz der Vergütung für den Insolvenzverwalter soll danach insbesondere dann gerechtfertigt sein, wenn der Schuldner in ein Koordinationsverfahren einbezogen ist, in dem ein Verfahrenskoordinator nach § 269e KIG bestellt worden ist.

Ein Abschlag von der Regelvergütung des Insolvenzverwalters soll hingegen dann nicht gerechtfertigt sein, wenn sich im Einzelfall erweist, dass die Verfahrenskoordinierung auch für den Verwalter mit einem zusätzlichen Aufwand verbunden war, der weder durch die entlastenden Wirkungen der Koordinierungsleistungen des Koordinators kompensiert noch durch die vergütungsrechtlichen Effekte der auf die Masse entfallenden Anteile am Koordinationsmehrwert abgegolten werden kann.[234]

---

230 Begr. InsO-E, BT-Drucks. 18/407, S. 38.

231 *Holzer* in: NZI 2013, 1049, 1055.

232 Beschlussempfehlung und Bericht des Ausschusses für Recht und Verbraucherschutz, BT-Drucks. 18/11436, S. 25.

233 Beschlussempfehlung und Bericht des Ausschusses für Recht und Verbraucherschutz, BT-Drucks. 18/11436, S. 25.

234 Beschlussempfehlung und Bericht des Ausschusses für Recht und Verbraucherschutz, BT-Drucks. 18/11436, S. 25.

ee) Haftung des Verfahrenskoordinators

Durch das Gesetz nicht ausdrücklich geregelt ist die Frage nach der Haftung des Verfahrenskoordinators. § 269f Abs. 3 KIG erklärt lediglich die allgemeinen Vorschriften über die Haftung des Insolvenzverwalters, als für den Verfahrenskoordinator entsprechend anwendbar, ohne dabei auf die nähere Ausgestaltung dieser Haftung einzugehen. Ausgangspunkt der Überlegungen müssen insofern die §§ 60 und 62 der Insolvenzordnung sein.

(1) Maßstab der Pflichtwidrigkeit nach § 60 InsO

Der Insolvenzverwalter ist danach zum Ersatz desjenigen Schadens verpflichtet, der aufgrund einer schuldhaften sowie adäquat kausalen[235] Verletzung der ihm nach der Insolvenzordnung obliegenden Pflichten entstanden ist (§ 60 Abs. 1 S. 1 InsO). Die Haftung ist somit dem Grundsatz nach auf die Verletzung insolvenzspezifischer Pflichten beschränkt.[236] Im Mittelpunkt steht dabei die Pflicht, die Masse bestmöglich und zügig zu verwerten.[237] Daneben trifft den Insolvenzverwalter jedoch auch eine Haftung für die Verletzung nichtinsolvenzspezifischer Pflichten nach den allgemeinen zivilrechtlichen Vorschriften beziehungsweise nach Maßgabe spezialgesetzlicher Haftungsnormen.[238]

(2) Modifizierter Pflichtenmaßstab nach § 269 KIG

Durch die Regelungen im KIG wird dieser Pflichtenmaßstab nach Maßgabe der §§ 269a ff. KIG für den Verfahrenskoordinator modifiziert, sodass die allgemeinen Haftungsregeln des § 60 InsO jedenfalls nicht unvermindert Anwendung finden.

Aufgabe des Verfahrenskoordinators ist es danach, für eine abgestimmte Abwicklung der gruppenzugehörigen Sorge zu tragen. Im Gegensatz zum Insolvenzverwalter sind ihm hierzu jedoch keine materiell-rechtlichen Gestaltungsbefugnisse, etwa in Form der Verwaltungs- und Verfügungsbefugnis in den jeweiligen Einzelverfahren zugewiesen.[239] Insbesondere wird er nicht zur Begründung von Masseverbindlichkeiten berechtigt sein. Anders als der Insolvenzverwalter nimmt der Verfahrenskoordinator somit allenfalls eine beratende Funktion ein. Der Ge-

235 Uhlenbruck/*Sinz*, § 60 Rn. 88.

236 Vgl. etwa BGH, Urt. v. 25.01.2007 – IX ZR 216/05; BGH, Beschl. v. 25.09.2008 – IX ZR 235/07.

237 BGH, Urt. v. 7.12.1977 – VIII ZR 165/76 = NWJ 1978, 538; BGH, Urt. v. 12.11.1987 – IX ZR 259/86 = NJW 1988, 209; *Thole* in: K. Schmidt, Insolvenzordnung, § 60 Rn. 11.

238 Uhlenbruck/*Sinz*, § 60 Rn. 12.

239 *Thole* in: Der Konzern 2013, 182, 183.

setzgeber trägt diesem Umstand Rechnung, indem er die Anwendung von § 61 InsO in die Verweisung des § 269f Abs. 3 KIG nicht mit einbezieht.

Maßnahmen des Verfahrenskoordinators müssen gemäß § 269f Abs. 1 S. 1 KIG vom Interesse der Gläubiger gedeckt sein. Dies soll jedenfalls dann der Fall sein, wenn aufgrund der Maßnahme zumindest in einem Verfahren eine höhere Befriedigungsquote erreicht werden kann, ohne dass hierdurch in den anderen Verfahren Einbußen hinzunehmen sind (*Pareto-Effizienz*).[240] Vor diesem Hintergrund kann, wie Thole zu Recht erkennt, auf den Verfahrenskoordinator nur ein im Verhältnis zum Insolvenzverwalter abgeschwächter Pflichtenmaßstab Anwendung finden, der sich in erster Line an einem Gesamtinteresse der Gruppengläubigerschaft orientiert.[241]

(3) Haftungsrisiken

Haftungsrisiken können sich für den Verfahrenskoordinator insbesondere im Zusammenhang mit der Erläuterung des Koordinationsplans gegenüber den Gläubigerversammlungen sowie durch die Weitergabe unzutreffender Informationen aus den jeweiligen Einzelverfahren ergeben (§ 269f Abs. 1 S. 3 KIG).[242]

(a) Prüfungspflicht

In seiner Funktion als Schnittstelle zwischen den gruppenangehörigen Schuldnern wird der Verfahrenskoordinator in der Regel nicht umhinkommen, Informationen aus dem einen Verfahren an die Beteiligten eines anderen Verfahrens weiterzuleiten, ohne diese im Einzelfall einer detaillierten Prüfung zu unterziehen. Der Reformgeber hat aus diesem Grund von der Normierung einer entsprechenden Prüfungspflicht bislang abgesehen. Es wäre überdies schon fraglich, ob eine dahingehende Verpflichtung überhaupt rechtlich durchsetzbar wäre, da dem Verfahrenskoordinator bislang jedenfalls keine eigenständigen Befugnisse in den jeweiligen Verfahren zustehen.

Der Verfahrenskoordinator wird regelmäßig jedoch dazu im Stande sein, die aus den Einzelverfahren übermittelte Auskünfte, mit solchen ihm bereits bekannten Informationen in Relation zu setzen sowie diese im Hinblick auf ihre Plausibilität zu überprüfen.[243] Insofern überzeugt die Forderung von *Thole*, für

---

240 Begr. InsO-E, BT-Drucks. 18/407, S. 37.
241 *Thole* in: Der Konzern 2013, 182, 183.
242 Vgl. auch die Ausführungen bei *Thole* in: Der Konzern 2013, 182ff.
243 *Thole* in: Der Konzern 2013, 182, 185.

den Verfahrenskoordinator jedenfalls dort eine Haftung anzunehmen, wo dieser augenscheinlich zweifelhafte Informationen nicht hinreichend hinterfragt und diese weiterleitet, beziehungsweise aus vorhandenen Informationen die falschen Schlüsse zieht.[244]

(b) Erläuterung des Koordinationsplans

Macht der Verfahrenskoordinator von der in § 269f Abs. 1 S. 3 KIG bezeichneten Möglichkeit zur Teilnahme an den Gläubigerversammlungen Gebrauch, erscheint es zudem angemessen ihn an der Richtigkeit derjenigen Aussagen, die er in diesem Rahmen tätigt auch haftungsrechtlich festzuhalten.

In der Literatur wird vor diesem Hintergrund vorgeschlagen, den Pflichtenmaßstab des § 79 InsO entsprechend anzuwenden, wonach der Insolvenzverwalter der Gläubigerversammlung die erwünschten Auskünfte stets *richtig* erteilen muss.[245] Dies erscheint bereits deshalb sinnvoll, da der Verfahrenskoordinator zu einer Erläuterung des Plans, dem Gesetzeswortlaut entsprechend („*kann*") nicht verpflichtet sein soll und Auskünfte daher allenfalls zum Zwecke einer Bewerbung des Plans freiwillig tätigen wird.[246]

(4) Unterbrechung des Zurechnungszusammenhangs

Da Maßnahmen des Verfahrenskoordinators auf Ebene der Einzelverfahren keine Bindungswirkung entfalten, sind diese ihrem Charakter nach lediglich bloße Empfehlungen des Koordinators. Dies hat zur Folge, dass eine rechtsverbindliche Umsetzung des Koordinationsplan stets erst auf Ebene der Einzelverfahren sowie unter dem Vorbehalt der Zustimmung eines Gruppen-Gläubigerausschusses (§ 269 h Abs. 1 S. 2 KIG) erfolgen wird. Es scheint insofern gerechtfertigt, mit Thole die Frage aufzuwerfen, ob sich dieser Umstand allein nicht bereits zur Unterbrechung des haftungsrechtlichen Zurechnungszusammenhangs eignet.[247]

(a) Mittelbare Kausalität

Eine Ersatzpflicht des Schädigers besteht nach allgemeinen haftungsrechtlichen Grundsätzen unabhängig davon, ob der Eintritt des Schadens unmittelbar durch das schädigende Verhalten oder vielmehr erst mittelbar unter Hinzutreten wei-

244 *Thole* in: Der Konzern 2013, 182, 185.
245 *Thole* in: Der Konzern 2013, 182, 184.
246 Vgl. *Thole* in: Der Konzern 2013, 182, 185.
247 Vgl. *Thole* in: Der Konzern 2013, 182, 184.

tere Umstände erfolgt, solange die Ursächlichkeit des ersten Ereignisses für das nachfolgende Verhalten nicht vollständig unerheblich bleibt.[248] Der Schädiger muss sich demzufolge auch solches Verhalten zurechnen lassen, das unmittelbar aus der Sphäre des Geschädigten herrührt. Hierzu zählen insbesondere auch Willensentscheidungen, die dieser erst infolge der Pflichtwidrigkeit des Schädigers getroffen hat.[249]

Danach kann es grundsätzlich nicht von Bedeutung sein, ob bereits die Vorlage des Koordinationsplans durch den Verfahrenskoordinator oder vielmehr erst dessen Umsetzung im Verfahren des Schuldners zu einer Schädigung der Verfahrensmasse geführt hat, da die im Plan enthaltenden Vorschläge und Empfehlungen für dessen nachfolgende Umsetzung zumindest mitursächlich waren. Dies gilt insbesondere deshalb, da sich der Schuldner beziehungsweise die zuständigen Verfahrensorgane zur Umsetzung des Plans auf dieser Grundlage regelmäßig „herausgefordert“[250] fühlen dürfen.[251]

(b) Zwischenergebnis

Der Verfahrenskoordinator kann sich in dieser Folge nicht darauf berufen, dass eine Inanspruchnahme auf Grundlage von § 269f Abs. 3 KIG i.V.m. § 60 InsO bereits deshalb keinen Erfolg habe, da infolge einer eigenverantwortlichen Umsetzung des Koordinationsplans beziehungsweise einer vorausgehenden Zustimmung des Gruppen-Gläubigerausschusses der erforderliche Zurechnungszusammenhang nicht bestehe.[252] Hat der Geschädigte eine eigene Prüfung unterlassen, wird er sich diesen Umstand jedoch als Mitverschulden schadensmindernd im Rahmen des § 254 BGB anrechnen lassen müssen.

ff) Kritik

In der Literatur und Praxis wird die Einführung des Koordinationsverfahren überwiegend mit Skepsis betrachtet. Hauptkritikpunkt ist die schwache Rechts-

---

248 MünchKommBGB/*Oetker*, Bd. 2, § 249 Rn. 141; BGH, Urt. v. 16.02.1972 – VI ZR 128/70 = NJW 1972, 904; BGH, Urt. v. 11.11.1999 – III ZR 98/99 = NJW 2000, 947, 948; BGH, Urt. v. 10.02.2004 – VI ZR 218/03 = NJW 2004, 1375; BGH, Urt. v. 26.02.2013 – VI ZR 116/12 = NJW 2013, 1679; BGH, Urt. v. 17.12.2013 – VI ZR 211/12 = NJW 2014, 2029.

249 MünchKommBGB/*Oetker*, Bd. 2, § 249 Rn. 168.

250 Zur Kasuistik der „Verfolgungs- bzw. Herausforderungsfälle“ ausführlich: MünchKommBGB/*Oetker*, Bd. 2, § 249 Rn. 170.

251 *Thole* in: Der Konzern 2013, 182, 184.

252 *Thole* in: Der Konzern 2013, 182, 184.

stellung des Verfahrenskoordinators,[253] der von Teilen der Literatur nicht zu Unrecht als „zahnloser Papiertiger"[254] bezeichnet wird. Es wäre insofern zu erwarten gewesen, dass der Ausschuss für Recht und Verbraucherschutz diesen Aspekt im Rahmen seiner Beschlussempfehlung[255] berücksichtigt und insofern eine Überarbeitung des Gesetzentwurfs anregt hätte.

Zwar sind die (vorläufigen) Insolvenzverwalter der gruppenangehörigen Schuldner grundsätzlich zur Zusammenarbeit mit dem Verfahrenskoordinator verpflichtet, doch fehlt letzterem bislang die Möglichkeit, notwendige Unterstützungshandlungen verbindlich einzufordern. Obstruierende Verwalter können durch den Verfahrenskoordinator weder zur Zusammenarbeit verpflichtet, noch durch diesen sanktioniert werden.[256] Darüber hinaus fehlt es den Vorgaben im Koordinationsplan an einem verbindlichen Charakter. Es wird somit auch künftig nicht ausgeschlossen sein, dass die Umsetzung eines an sich erfolgsversprechenden Sanierungskonzepts am Widerstand eines einzelnen Insolvenzverwalters scheitert.[257]

Hinzu kommt, dass mit der Einsetzung des Verfahrenskoordinators im Zweifel eine zusätzliche Mehrbelastung für die Verfahrensmassen einhergehen wird.[258] Nicht ersichtlich ist, wieso sich die Regelvergütung des Verfahrenskoordinators nach dem Wert der Einzelverfahrensmassen berechnen soll, während der Gesetzgeber anderenorts eine entsprechende Anknüpfung unter – dem zutreffenden – Verweis auf den rein administrativen Charakter des Koordinationsverfahrens entschieden ablehnt.[259] In der Literatur wird insofern gefordert, die Vergütung eines Verfahrenskoordinators künftig anhand der geleisteten Arbeitsstunden zu bemessen.[260] Hierfür spricht jedenfalls, dass der administrative Aufwand regelmäßig in keinem direkten Abhängigkeitsverhältnis zur Werthaltigkeit der Masse stehen wird.

---

253 Vgl. insbes. *Harder/Lojowsky* in: NZI 2013, 327, 329; *Verhoeven* in: ZInsO 2014, 217, 221; *Frind* in: ZInsO 2014, 927, 936; Stellungnahme des DAV v. März 2014, S. 8.

254 *Verhoeven* in: ZInsO 2014, 217, 221; *Frind* in: ZInsO 2014, 927, 936.

255 Beschlussempfehlung und Bericht des Ausschusses für Recht und Verbraucherschutz, BT-Drucks. 18/11436.

256 *Verhoeven* in: ZInsO 2014, 217, 221.

257 So ausdrücklich *Pleister/Theusinger* in: HRI § 50 Rn. 49.

258 Vgl. hierzu die Ausführungen auf S. 215; vgl. auch *Frind* in: ZInsO 2014, 927, 937.

259 Vgl. Begr. InsO-E, BT-Drucks. 18/407, S. 42.

260 *Holzer* in: NZI 2013, 1049, 1055.

d) Der Koordinationsplan

Zur abgestimmten Abwicklung der Verfahren über die Vermögen der gruppenangehörigen Schuldner wird der Verfahrenskoordinator in der Lage sein, einen Koordinationsplan zur Bestätigung vorzulegen (§ 269 h KIG). In dem Plan sollen sämtliche Maßnahmen beschrieben werden, die für eine abgestimmte Abwicklung der Verfahren sachdienlich sind.[261] Vorrangiges Ziel des Planes soll die Wiederherstellung der wirtschaftlichen Leistungsfähigkeit des Konzerns sowie die Ausrichtung der Einzelverfahren auf eine gemeinsames Sanierungsziel sein.[262] Als Referenzplan soll er eine vorläufige Arbeitsgrundlage für die Verwalter auf Einzelverfahrensebene bilden.[263] Gegenüber aufeinander abgestimmten Einzelplänen soll der Koordinationsplan den Vorteil bieten, die Chancen und Risiken einer einheitlichen Konzernsanierung in einem einzigen Dokument abbilden zu können.[264]

aa) Rechtsnatur

Ausweislich der Begründung zum Gesetzentwurf ist der Koordinationsplan ein „kupierter" Insolvenzplan im Sinne des § 217 InsO, der lediglich einen darstellenden Teil jedoch keinen gestaltenden Teil enthält.[265] Dies hat zur Folge, dass vom Koordinationsplan selbst keine gestaltende Wirkung ausgeht. Eine Umsetzung der auf Einzelverfahrensebene erforderlichen Rechtsänderungen hat somit auch *de lege ferenda* über den gestaltenden Teil der Insolvenzpläne der jeweiligen gruppenangehörigen Schuldner zu erfolgen.[266]

Gegenüber den Beteiligten auf Einzelverfahrenseben entfaltet der Koordinationsplan auch nach dessen Bestätigung durch das Insolvenzgericht keine verbindliche Wirkung.[267] Will der Insolvenzverwalter von den Vorschlägen des Plans inhaltlich abweichen, hat er die Gründe hierfür der Gläubigerversammlung darzulegen (§ 269i Abs. 1 S. 2 KIG). Gelingt es dem Insolvenzverwalter nicht, die Gläubigerversammlung von den geplanten Abweichungen zu überzeugen, kann die Gläubigerversammlung selbst durch entsprechenden Beschluss eine relative Bindungswirkung des Koordinationsplans herbeiführen (§ 269i Abs. 2 KIG).

---

261 Begr. InsO-E, BT-Drucks. 18/407, S. 23.
262 Begr. InsO-E, BT-Drucks. 18/407, S. 38.
263 Begr. InsO-E, BT-Drucks. 18/407, S. 23.
264 *Pleister* in: Flöther, § 3 Rn 393; *ders.* in: ZIP 2013, 1013, 1017.
265 Begr. InsO-E, BT-Drucks. 18/407, S. 39; vgl. auch MünchKommInsO/*Brünkmans*, Bd. 3, Konzerninsolvenzrecht, Rn. 116.
266 Zur derzeitigen Rechtslage ausführlich auf S. 138ff.; Begr. InsO-E, BT-Drucks. 18/407, S. 39.
267 *Brünkmans* in: ZIP 2013, 193, 202; *Smid/Rattunde/Martini*, S. 146 Rn. 11.37.

Hinzu kommt, dass sich der Insolvenzverwalter im Regelfall schadensersatzpflichtig macht, wenn er seine Pflicht zur bestmöglichen Erhaltung und Verwertung der Masse verletzt, indem er er eine abgestimmte Sanierung des Konzerns vereitelt (vgl. § 60 InsO).[268] Vor diesem Hintergrund ist davon auszugehen, dass der Koordinationsplan auch ohne entsprechenden Beschluss durch die Gläubigerversammlung eine gewisse Bindungswirkung entfalten wird.[269]

bb) Verfahren

(1) Vorlageberechtigung

Das Planinitiativrecht wird in erster Linie beim Verfahrenskoordinator liegen (§ 269 h KIG). Ist ein solcher noch nicht bestellt, sollen alternativ auch die (vorläufigen) Insolvenzverwalter der gruppenangehörigen Schuldner gemeinschaftlich dem Koordinationsgericht einen Koordinationsplan zur Bestätigung vorlegen können.

(2) Prüfungsrecht des Insolvenzgerichts

Der Koordinationsplan bedarf zu seiner Wirksamkeit der Bestätigung durch das Insolvenzgericht (§ 269 h Abs. 1 S. 1 KIG). Im Vergleich zum Insolvenzplanverfahren ist auf den Koordinationsplan ein nur eingeschränkter Prüfungsmaßstab anzuwenden, da mangels gestaltender Wirkung des Plans ein unmittelbarer Eingriff in die Rechte der Verfahrensbeteiligten ausbleibt.[270] Das Gericht weist den Plan gemäß § 269 h Abs. 1 S. 3 KIG von Amts wegen zurück, wenn die Vorschriften über das Recht zur Vorlage, den Inhalt des Plans oder über die verfahrensmäßige Behandlung nicht beachtet worden sind und die Vorlegenden den Mangel nicht beheben können oder innerhalb einer angemessenen vom Gericht gesetzten Frist nicht beheben.

Die Kompetenz des Gerichts dürfte sich somit im Regelfall auf (i) die Prüfung des Planinitiativrechts, (ii) der Beteiligung des Gruppen-Gläubigerausschusses sowie (iii) der inhaltlichen Beschränkung auf einen ausschließlich darstellenden Teil beschränken.[271] Eine Überprüfung des Koordinationsplans findet nach alledem lediglich in formeller Hinsicht statt. Darstellungen des Planerstellers – etwa im Hinblick auf die wirtschaftliche Situation innerhalb der einzelnen Unterneh-

---

268 Begr. InsO-E, BT-Drucks. 18/407, S. 39.

269 Vgl. Begr. InsO-E, BT-Drucks. 18/407, S. 39.

270 *Wimmer* in: juris-PR-InsR 20/2013 Anm. 1.

271 *Wimmer* in: juris-PR-InsR 20/2013 Anm. 1; *Brünkmans* in: ZIP 2013, 193, 202; *Pleister* in: Flöther, § 4 Rn. 389.

mungen – werden durch das Gericht nicht auf ihre objektive Richtigkeit überprüft. Dies hat zur Folge, dass der die formelle Wirksamkeit des Plans feststellende Beschluss, im Hinblick auf die inhaltlichen Darstellungen des Plans keine Tatbestandswirkung entfaltet. Gleiches gilt hinsichtlich eines die Wirksamkeit des Insolvenzplans versagenden Beschlusses.

Wirksam im Sinne von § 269 h Abs. 1 KIG ist der Koordinationsplan nach alledem bereits dann, wenn ihm das Insolvenzgericht ein formell ordnungsgemäßes Zustandekommen attestiert hat.

Gegen die Versagung der Bestätigung des Koordinationsplans steht jedem Vorlegenden das Recht zur sofortigen Beschwerde zu (§ 269 h Abs. 3 S. 1 KIG). Wegen der notwendigen Einheitlichkeit der Beschwerdeentscheidung ergibt sich in Parallelität zu den Fällen notwendiger Streitgenossenschaft im Zivilprozess das Bedürfnis, Vorlegende, die vom Recht der sofortigen Beschwerde keinen Gebrauch gemacht haben, dem Beschwerdeverfahren zuzuziehen (§ 269 h Abs. 3 S. 2 KIG).[272]

(3) Zustimmung durch den Gruppen-Gläubigerausschuss

Besteht ein Gruppen-Gläubigerausschuss, bedarf der Plan zu seiner Bestätigung durch das Koordinationsgericht der vorherigen Zustimmung durch den Ausschuss (§ 269 h Abs. 1 S. 2 KIG).[273] Auf diesem Weg will der Gesetzgeber sicherstellen, dass abweichende Vorstellungen einzelner Gläubiger im Hinblick auf ein angestrebtes Sanierungsverfahren frühzeitig Berücksichtigung finden.[274]

cc) Inhaltliche Ausgestaltung des Plans

Im Gegensatz zum Insolvenzplan (§ 221 InsO) wird der Koordinationsplan lediglich einen darstellenden und keinen gestaltenden Teil enthalten. An seinen Inhalt sind aus diesem Grund keine allzu strengen Vorgaben zu stellen.[275] In dem Plan können grundsätzlich sämtliche Maßnahmen beschrieben werden, die für eine abgestimmte Abwicklung der Verfahren sachdienlich sind (§ 269 h Abs. 2 S. 1 KIG).

Insbesondere kann der Plan Vorschläge zur Wiederherstellung der wirtschaftlichen Leistungsfähigkeit der gruppenangehörigen Schuldner und der Unternehmensgruppe (§ 269 h Abs. 2 S. 2 Nr. 1 KIG),[276] zur Beilegung gruppeninterner

272 Begr. InsO-E, BT-Drucks. 18/407, S. 41.
273 Begr. InsO-E, BT-Drucks. 18/407, S. 23.
274 Begr. InsO-E, BT-Drucks. 18/407, S. 23.
275 Begr. InsO-E, BT-Drucks. 18/407, S. 39.
276 Siehe *Pleister* in: Flöther, § 4 Rn. 397 mit detaillierten Vorschlägen zur Ausgestaltung eines „Sanierungs-Koordinationsplans".

Streitigkeiten (§ 269 h Abs. 2 S. 2 Nr. 2 KIG) sowie zu vertraglichen Vereinbarungen zwischen den Insolvenzverwaltern (§ 269 h Abs. 2 S. 2 Nr. 3 KI) enthalten.[277] Im Idealfall soll der Koordinationsplan die Wirkung eines „Masterplans" auf Einzelverfahrensebene entfalten und insofern als Grundlage für die Entwicklung abgestimmter Einzelinsolvenzpläne dienen.[278]

Darüber hinaus erkennt der Gesetzgeber erstmals die Zulässigkeit sogenannter *Protocols*[279] ausdrücklich an (vgl. § 269 h Abs. 2 S. 2 Nr. 3 KIG).[280] Anstelle der Einführung detaillierter Regelungen hat sich der Gesetzgeber jedoch bewusst dafür entschieden, die inhaltliche Ausgestaltung der Verträge den Insolvenzverwaltern zu überlassen.[281] Die Regelung knüpft somit an eine bestehende Praxis an, wonach es den Insolvenzverwaltern grundsätzlich freisteht, sich im Rahmen des Insolvenzzwecks (§ 1 InsO) sowie der insolvenzverfahrensrechtlichen Kompetenzordnung zum Zwecke einer bestmöglichen Verwertung der Insolvenzmasse auch vertraglicher Mittel zu bedienen.[282]

Gegenstand der Verträge können etwa die Modalitäten einer Umsetzung des Koordinationsplans auf Einzelverfahrensebene aber auch Regelung über die Ausübung des Wahlrechts nach § 103 InsO bei gruppeninternen Geschäften sein.[283] Denkbar ist zudem, Fragen der Kreditaufnahme und Sicherheitenbestellung in den Verträgen zu regeln. Ist der Regelungsgehalt des Vertrages von erheblicher Bedeutung für das betroffene Verfahren, so wird dessen Wirksamkeit regelmäßig von der Zustimmung eines jeweiligen Gläubigerausschusses abhängig sein (§ 160 InsO).[284]

Daneben soll eine vertragliche Koordination auch außerhalb des Plans weiterhin möglich sein.[285] Dies gilt bereits deshalb, da § 269a KIG die Insolvenzverwalter ohnehin zur wechselseitigen Unterrichtung und Zusammenarbeit verpflichtet.[286]

Bei der Ausgestaltung der Zusammenarbeit zwischen den Insolvenzverwaltern der gruppenangehörigen Schuldner ist jedoch zu berücksichtigen, dass die insolvenzspezifischen Pflichten des Verwalters vorrangig gegenüber den Gläubi-

---

277 Begr. InsO-E, BT-Drucks. 18/407, S. 40.
278 *Pleister* in: Flöther, § 4 Rn. 390.
279 Hierzu ausführlich auf S. 187ff.
280 Begr. InsO-E, BT-Drucks. 18/407, S. 18; vgl. auch *Pleister* in: Flöther, § 4 Rn. 398f.
281 Begr. InsO-E, BT-Drucks. 18/407, S. 18.
282 Begr. InsO-E, BT-Drucks. 18/407, S. 18.
283 Begr. InsO-E, BT-Drucks. 18/407, S. 40.
284 Begr. InsO-E, BT-Drucks. 18/407, S. 40f.
285 Begr. InsO-E, BT-Drucks. 18/407, S. 18.
286 Begr. InsO-E, BT-Drucks. 18/407, S. 18.

gern des eigenen Verfahrens bestehen.[287] Die Pflicht zur Zusammenarbeit wird durch § 269a KIG von vornherein dadurch eingeschränkt, dass der Verwalter nicht die Interessen der Gläubiger des eigenen Verfahrens beeinträchtigen darf,[288] was im Einzelfall eine Pflichtenkollision zwischen den Verwaltern der Einzelverfahren hervorrufen kann. Denkbare Konflikte sind nach dem Willen des Gesetzgebers auf Grundlage des Koordinationsplans sowie ergänzend hierzu, auf vertraglicher Ebene zwischen den betroffenen Insolvenzverwaltern zu entschärfen.[289] Die Vorschrift soll insofern in Ergänzung zu § 269 h Abs. 2 S. 2 Nr. 2 KIG zu lesen sein.

dd) Erleichterung der Durchsetzung des Koordinationsplans

Das Gesetz sieht zahlreiche Maßnahmen vor, die darauf abzielen, eine erleichterte Durchsetzung des Koordinationsplans zu ermöglichen. Um für die Umsetzung des Plans zu werben soll der Verfahrenskoordinator etwa nach § 269f Abs. 1 S. 3 KIG in der Lage sein, an den Gläubigerversammlungen der gruppenangehörigen Schuldner teilzunehmen oder sich durch eine von ihm bevollmächtigte Person dort vertreten lassen können.[290] Macht der Verfahrenskoordinator von diesem Recht keinen Gebrauch, sollen die Insolvenzverwalter der gruppenangehörigen Schuldner gemäß § 269i Abs. 1 S. 1 KIG im Berichtstermin dazu verpflichtet sein, die Gläubiger auf den Koordinationsplan hinzuweisen und diesen hinreichend zu erläutern.[291]

Sollte im Zeitpunkt des Berichtstermins[292] ein Koordinationsplan noch nicht vorliegen – was regelmäßig der Fall sein wird – so tritt im Hinblick auf die in Absatz 1 Satz 1 bezeichneten Pflichten anstelle des Berichtstermin diejenige Gläubigerversammlung, für die das Gericht alsbald einen Termin bestimmt (§ 269i Abs. 1 S. 3 KIG).[293] Darüber hinaus kann die Gläubigerversammlung für den Fall, dass ihr ein Koordinationsplan vorliegt gemäß § 269i Abs. 2 KIG beschließen, dass dieser zwingend dem vom Insolvenzverwalter nach § 157 S. 2 InsO auszuarbeitenden Insolvenzplan zu Grunde liegt.[294]

---

287 Begr. InsO-E, BT-Drucks. 18/407, S. 32.
288 Begr. InsO-E, BT-Drucks. 18/407, S. 32.
289 Begr. InsO-E, BT-Drucks. 18/407, S. 32; vgl. auch *Pleister* in: Flöther, § 4 Rn. 401.
290 Begr. InsO-E, BT-Drucks. 18/407, S. 41.
291 Begr. InsO-E, BT-Drucks. 18/407, S. 41.
292 Der Berichtstermin ist gemäß § 29 Abs. 1 Nr. 1 Hs. 2 InsO spätestens sechs Wochen, jedoch nicht später als drei Monate nach Verfahrenseröffnung durchzuführen.
293 Begr. InsO-E, BT-Drucks. 18/407, S. 41.
294 Begr. InsO-E, BT-Drucks. 18/407, S. 41.

ee) Kritik

Hauptkritikpunkt des Koordinationsplans ist dessen mangelnde Verbindlichkeit.[295] Im Vergleich zu einer bisherigen Sanierungspraxis auf der Grundlage inhaltlich aufeinander abgestimmter Einzelinsolvenzpläne, ist dem Plan in seiner aktuellen Fassung kein wesentlicher Mehrwert für eine koordinierte Insolvenzbewältigung zu entnehmen.[296] Dies verdeutlicht sich insbesondere mit Blick auf zentralisierte Konzerne, wo entsprechende Maßnahmen bereits nach geltendem Recht im darstellenden Teil des Insolvenzplans der Holding beschrieben werden können, ohne dass der Plan hierdurch in die Rechtsstellung der übrigen Gesellschaften eingreift.[297]

e) Kosten des Koordinationsverfahrens

Die Kosten des Koordinationsverfahrens sind nach dem neu eingefügten Absatz 3 zu § 23 GKG von dem antragstellenden Schuldner selbst zu tragen.[298] Dies soll insbesondere auch dann der Fall sein, wenn der Antrag von seinem Insolvenzverwalter oder seinem (vorläufigen) Gläubigerausschuss gestellt wird.[299] Der Gesetzgeber hat sich damit bewusst gegen eine anteilige Beteiligung der Massen entschieden. Die Gebühr für das Verfahren ist als Festgebühr konzipiert und wird EUR 500 betragen.[300]

Einer Anknüpfung an die Summe der einzelnen Insolvenzmassen hat der Gesetzgeber demgegenüber eine klare Absage erteilt. Es müsse Berücksichtigung finden, dass das Koordinationsverfahrens im Gegensatz zum Insolvenzverfahren gerade nicht die Verwaltung der Massen zum Gegenstand habe und eine an die Summe der Massen anknüpfende Wertgebühr gerade für kleine und mittelständische Unternehmenszusammenschlüsse im Einzelfall „prohibitiv" hoch ausfallen könne.[301]

---

295 Vgl. MünchKommInsO/*Brünkmans*, Bd. 3, Konzerninsolvenzrecht, Rn. 118; Stellungnahme des DAV v. März 2014, S. 8.
296 MünchKommInsO/*Brünkmans*, Bd. 3, Konzerninsolvenzrecht, Rn. 118.
297 Vgl. hierzu die Ausführungen auf S. 138ff.
298 Begr. InsO-E, BT-Drucks. 18/407, S. 42.
299 Begr. InsO-E, BT-Drucks. 18/407, S. 42.
300 Begr. InsO-E, BT-Drucks. 18/407, S. 42.
301 Begr. InsO-E, BT-Drucks. 18/407, S. 42.

f) Stellungnahme

Der Gesetzgeber ist seinem selbstgesetzten Ziel, Synergieeffekte im Hinblick auf eine Minimierung möglicher Reibungsverluste zwischen den parallel anhängigen Verfahren nutzbar zu machen, durch die §§ 269d ff. nur bedingt gerecht geworden. Zwar ist die Einführung des Koordinationsverfahrens grundsätzlich ein Schritt in die richtige Richtung. Jedoch lassen eine relativ schwache Rechtsstellung des Verfahrenskoordinators sowie eine fehlende Bindungswirkung des Koordinationsplans im Ergebnis nur wenig Hoffnung aufkommen, dass sich mit den geschaffenen Instrumentarien der erwünschte Erfolg in der Praxis tatsächlich erzielen lässt. Ein Mehrwert zu der bisher gängigen Praxis lässt sich dem Verfahren jedenfalls nicht entnehmen.

Kooperationswilligen Verfahrensbeteiligten ist es bereits nach geltendem Recht möglich, sich auf einen gemeinsamen Koordinationsplan zu einigen, sodass in Frage steht, welchen zusätzlichen Nutzen die §§ 269d ff. KIG für Gläubiger und Schuldner am Ende tatsächlich mit sich bringen werden.[302] Eben dieser Nutzen sollte sich im Idealfall in den zusätzlichen Kosten, die ein formales Koordinationsverfahren im Zweifel mit sich bringt wiederspiegeln, damit sich das Verfahren für die Beteiligten am Ende auch rechnet.[303] Sollte der Gesetzgeber an dieser Konzeption künftig nichts ändern, droht den §§ 269d ff. KIG bereits vor ihrem Inkrafttreten das Schicksal der Bedeutungslosigkeit zu ereilen.

III. Kooperationsrechte und -pflichten im Kontext europäisch grenzüberschreitender Verfahren

Die Notwendigkeit einer abgestimmten Verfahrensführung besteht parallel zur nationalen auch auf europäisch internationaler Ebene. Dort insbesondere deshalb, da das Nebeneinander unterschiedlicher Rechtsordnungen und Rechtsauffassungen, die in den jeweiligen Verfahren bestellten Insolvenzverwalter sowie zuständigen Gerichte, aber auch die an den Verfahren beteiligten Gläubiger und Gläubigerorgane und nicht zuletzt den Schuldner selbst vor besondere Herausforderungen stellen, die es vor dem Hintergrund des jeweiligen Verfahrenszwecks, sowie der rechtlichen und wirtschaftlichen Zusammenfassung der insolventen Rechtsträger zu einem Gesamtunternehmen zu bewältigen gilt.

302 Vgl. *Verhoeven* in: ZInsO 2014, 217, 221.
303 Vgl. *Madaus* in: ZRP 2014, 192, 195.

1. Kooperationsrechte und –pflichten nach der EuInsVO

Bis zum Inkrafttreten der Neufassung der EuInsVO hatte der Europäische Gesetzgeber Kooperations- und Informationspflichten nur für die Insolvenzverwalter von Haupt- und Sekundärinsolvenzverfahren vorgesehen (vgl. Art. 31 ff. EuInsVO). Das Verhältnis zwischen Insolvenzverwaltern, Gläubigern und Gerichten unterschiedlicher Hauptinsolvenzverfahren wurde vom Verordnungsgeber demgegenüber bewusst offengelassen. Dies war insofern problematisch, da die für das Sekundärinsolvenzverfahren geltenden Kooperationspflichten auf den Fall der Konzerninsolvenz keine Anwendung fanden.[304] Hieran hat sich auch unter der nunmehr geltenden Neufassung der EuInsVO nichts geändert.[305]

a) Das Sekundärinsolvenzverfahren als Instrument konzerninterner Verfahrenskoordination

Ist ein deutscher Ableger der Gesellschaft des Hauptinsolvenzverfahrens Niederlassung im Sinne des Art. 2 lit. h EuInsVO, so kann grundsätzlich unter den Voraussetzungen der Art. 27 ff. EuInsVO. über ein im Inland belegendes Vermögen ein Sekundärinsolvenzverfahren eröffnet werden.[306] Hierbei handelt es sich zugleich um den paradigmatischen Fall der grenzüberschreitenden Insolvenz nach der Europäischen Insolvenzverordnung.[307] Gemäß Art. 28 EuInsVO hat dies zur Folge, dass insoweit das Verfahrensrecht des Eröffnungsstaates (Art. 4 Abs. 1 EuInsVO) zur Anwendung gelangt. Dem System der Art. 27 ff. EuInsVO liegt die Erwägung zu Grunde, dass die ausnahmslose Anwendung des *lex concursus* aufgrund der großen Unterschiede im materiellen Recht im Regelfall eine Reihe unausweichlicher Komplikationen zur Folge hat[308] und dass Haupt- und Sekundärinsolvenzverfahren nur dann zu einer effizienten Verwertung der Insolvenzmasse beitragen, wenn die parallel anhängigen Verfahren eine hinreichende Koordination erfahren.[309]

---

304 Hierzu auf S. 229ff.

305 Hierzu auf S. 241ff.

306 Dem steht es nach umstrittener Auffassung des AG Köln insbesondere nicht entgegen, dass die Verwaltungs- und Verfügungsbefugnis bereits auf den im Hauptinsolvenzverfahren bestellten (ausländischen)Insolvenzverwalter übergegangen ist, vgl. AG Köln, Beschl. v. 23.01.2004 – 71 IN 01/04 („*Automold*“) = ZIP 2004, 471, 474.

307 *Undritz* in: Flöther, § 8 Rn. 61 u. 63.

308 Vgl. Erwägungsgrund Nr. 22 zur EuInsVO n. F.

309 Erwägungsgrund Nr. 20 zur EuInsVO.

Vor diesem Hintergrund hat der Unionsgesetzgeber in Art. 31 bis 33 EuInsVO umfassende Kooperations- und Informationspflichten in die Verordnung implementiert, die den in Haupt- und Sekundärverfahren bestellten Verwaltern gegenüber bindende Wirkung entfalteten. Dieses System wechselseitiger Informationsbeschaffung und Zusammenarbeit machen die Vorschriften über das Sekundärinsolvenzverfahren zu einem geeigneten Koordinationsinstrument, auch und insbesondere in der internationalen Konzerninsolvenz. Um den Vorzügen der Art. 31ff. EuInsVO jedoch effektiv zur Geltung zu verhelfen, ist es Voraussetzung, dass die Tochtergesellschaft eine Niederlassung im Sinne von Art. 2 lit. h EuInsVO darstellt. Dies war bislang umstritten.

aa) Die Tochtergesellschaft als Niederlassung im Sinne des Art. 2 lit. h EuInsVO

Der Niederlassungsbegriff wurde vom Verordnungsgeber bislang in Art. 2 lit. h EuInsVO legaldefiniert und ist vor diesem Hintergrund autonom auszulegen.[310] „Niederlassung" ist danach jeder Tätigkeitsort, an dem der Schuldner einer wirtschaftlichen Aktivität von nicht (nur) vorübergehender Art nachgeht, die den Einsatz von Personal und Vermögenswerten voraussetzt. Nach Auslegung des EuGH macht dies die „Existenz einer auf die Ausübung einer wirtschaftlichen Tätigkeit ausgerichteten Struktur, mit einem Mindestmaß an Organisation und einer gewissen Stabilität" erforderlich.[311] Eine Weisungsgebundenheit der Tätigkeit soll nach allgemeiner Auffassung hingegen nicht erforderlich sein.[312]

(1) Übertragung des Niederlassungsbegriffs auf Konzernsachverhalte

Unbeschadet ihrer etwaigen Abhängigkeit zur Konzernmutter wird die Tochter als selbständige juristische Person, unter Einsatz eigener Vermögenswerte am Ort des Mittelpunkts ihrer hauptsächlichen Interessen tätig.[313] Damit qualifiziert sie freilich selbst als Schuldnerin eines Hauptinsolvenzverfahrens. Besitzt sie daneben noch Vermögenswerte im europäischen Ausland, die sich unter den Begriff der Niederlassung subsummieren lassen, so kommt nicht zuletzt die Eröffnung eines Sekundärinsolvenzverfahrens in Betracht.[314] Wie *Paulus* zu Recht konsta-

---

310 Zur Auslegung der EuInsVO vgl. *Virgos/Schmit*, Erläut.Ber., Ziff. 43; vgl. ferner: *Paulus*, Komm. zur EuInsVO, Einl. Rn. 16; *Fehrenbach*, S. 62ff.; detailliert hierzu auch oben auf S. 318.
311 EuGH, Urt. v. 20.10.2011 – Rs. C-396/09 („*Interedil*") = NZI 2011, 990 m. Anm. *Mankowski*.
312 *Paulus*, Komm. zur EuInsVO, Art. 2 Rn. 29; *ders.* in: NZI 2002, 505, 510
313 *Paulus* in: NZI 2001, 505, 510; *Ehricke* in: EWS 2002, 101, 105.
314 *Paulus*, Komm. zur EuInsVO, Art. 2 Rn. 36.

tiert, lässt sich vor diesem Hintergrund insgesamt nur schwerlich die Annahme rechtfertigen, „die Tochter würde am Ort ihrer vermeintlichen Niederlassung als unselbständiger Teil des schuldnerischen Vermögensträgers (des Hauptinsolvenzverfahrens), deren wirtschaftliche Tätigkeit ausüben“.[315]

(2) Abgleich mit der Realität

Zwar ist die wirtschaftliche Realität in einer Vielzahl der Fälle eine andere. Denn nicht selten tritt die Tochter, sei es durch ihr werbendes Handeln, sei es aufgrund ihrer finanziellen Abhängigkeit zur Mutter, lediglich als verlängerter Arm einer ausländischen Konzernspitze in Erscheinung, was für den inländischen Rechtsverkehr zumeist zur Folge hat, dass – trotz rechtlicher Selbständigkeit – der Eindruck einer „faktischen Niederlassung“ entsteht.[316] Ist die Tochter zugleich dem Regime eines konzerninternen *Cash-Managements* unterworfen, so wird für den objektiven Dritten im Regelfall nicht mehr erkennbar sein, wessen Vermögenswerte am Ort der werbenden Tätigkeit am Ende tatsächlich zum Einsatz gelangen.

(3) Niederlassung kraft Rechtsscheins

Vor diesem Hintergrund wurde in der Literatur die Zulässigkeit der Annahme einer Niederlassung kraft Rechtsscheins diskutiert, diese im Ergebnis jedoch ganz überwiegend unter dem Verweis auf das Fehlen eines Vertrauenstatbestands wieder abgelehnt.[317] Denn tritt der Schuldner im Rechtsverkehr wie gewöhnlich unter Aufführung seiner Gesellschaftsbezeichnung – und somit offenkundig als juristische Person – in Erscheinung, so ist für die am Insolvenzverfahren beteiligten Gläubiger hinreichend erkennbar, dass es sich bei dem Unternehmen um einen „juristisch eigenständigen Akteur“[318] und somit eben nicht um den Schuldner des Hauptinsolvenzverfahrens handelt. Dies gilt konsequenter Weise auch dann, wenn sämtliche Gesellschaften unter einer einheitlichen *Corporate Identity* beziehungsweise unter Nutzung der Marke der Mutter am Rechtsverkehr teilnehmen. Damit ist die Grundlage für die Annahme eines Rechtsscheintatbestands im Ergebnis zerstört.

---

315 *Paulus* in: NZI 2001, 505, 510; *Ehricke* in: NZI 2002, 101, 105.
316 *Ehricke* in: EWS 2002, 101, 105.
317 Vgl. *Paulus* in: NZI 2001, 509 f.; *Ehricke* in: EWS 2002, 101, 105; *Deyda*, S. 39.
318 *Ehricke* in: EWS 2002, 101, 106; *Deyda*, S. 40.

(4) Auffassung von Paulus

Dennoch machte sich hierzulande insbesondere *Paulus* für die Anwendung des Niederlassungsbegriffs im Falle der Tochterinsolvenz stark.[319] *Paulus* zufolge rechtfertige bereits die Inhaberschaft von Eigentumsrechten am gesellschaftlichen Vermögen der Tochter die Annahme, dass diese eine Niederlassung im europäischen Ausland unterhalte.[320] Insofern sei die vom Tatbestand geforderte „Kombination von Eigentumsrecht und Einsatz von Personal zur wirtschaftlichen Zwecken" im Regelfall gegeben.[321] Neben einem ohnehin sehr weiten Verständnis vom Niederlassungsbegriff, spreche hierfür zudem die Tatsache, dass die Europäische Kommission in anderen Themenbereichen, etwa im Falle von Beihilferückforderungen die juristisch gebotene Trennung einzelner Konzernmitglieder (ebenfalls) konsequent ignoriere.[322] Vor diesem Hintergrund seien neben einer rein formaljuristischen Betrachtungsweise vermehrt Faktoren rein wirtschaftlicher Natur in den Bewertungsmaßstab des Niederlassungsbegriffs einzubeziehen. Dies gelte insbesondere in Fällen, in denen die abhängige Gesellschaft wie eine Betriebsabteilung geführt werde.[323] Hierfür spreche nicht zuletzt die Tatsache, dass die Gläubiger ihr Vertrauen in die wirtschaftliche Leistungsfähigkeit der schuldnerischen Konzerngesellschaft ohnehin zumeist auf deren Gruppenzugehörigkeit stützen würden.[324] Hinzu komme, dass eine Vielzahl von Konzerngesellschaften zusätzlich unter einer einheitlichen *Corporate Identity* firmieren würden.[325]

(5) Stellungnahme

Nach ganz überwiegender Auffassung ist die selbständige Tochtergesellschaft vom Begriff der Niederlassung i. S. d. Art. 2 lit. h EuInsVO nicht umfasst.[326] Hierfür spricht zum einen der Wortlaut der Regelung, der ausdrücklich auf den Tätigkeitsort des Schuldners (des Hauptinsolvenzverfahrens) abstellt. Das Sekundärinsolvenzverfahren kann sich danach lediglich auf ein im Ausland belegendes

319 *Paulus*, Komm. zur EuInsVO Art. 2 Rn. 36; *ders.* in: EWS 2002, 497, 500 f.; vgl. auch *Paulus* in: NZI 2001, 501, 509 f.

320 *Paulus* in: EWS 2002, 497, 500 f.

321 *Paulus* in: EWS 2002, 497, 500.

322 *Paulus*, Komm. zur EuInsVO, Einl., Rn. 46; *ders.* in: EWS 2002, 497, 500.

323 *Paulus* in: EWS 2002, 497, 501.

324 *Paulus*, Komm. zur EuInsVO, Einl., Rn. 48.

325 *Paulus*, Komm. zur EuInsVO, Einl., Rn. 48.

326 *Smid*, Deutsches und Europäisches Internationales Insolvenzrecht, § 6 Rn. 43 ff.; KPB/*Kemper*, Art. 2 EuInsVO, Rn. 24.; Pannen/*Riedemann*, Art. 2 Rn. 66; *Deyda*, S. 37.

Vermögen des *Schuldners*, nicht jedoch auf das Vermögen eines mit ihm *verbundenen Rechtsträgers* beziehen.[327]

Darüber hinaus streitet der Regelungsgehalt des Art. 27 S. 1 EuInsVO gegen die Annahme einer Niederlassung. Das zuständige Insolvenzgericht ist danach dazu befugt, bei vorausgehender Eröffnung eines Hauptinsolvenzverfahrens, unbeschadet einer erneuten Prüfung der Eröffnungsgründe, über das sich im Inland befindliche Vermögen des Schuldners das Sekundärinsolvenzverfahren zu eröffnen.[328] Der Sinngehalt der Regelung lässt sich bei verständiger Würdigung lediglich unter der Prämisse erschließen, dass es sich bei dem Schuldner um denselben handelt, dessen Verfahren nach Art. 16 Abs. 1 EuInsVO in den übrigen Mitgliedstaaten bereits wirksam anerkannt wurde.[329] Nur in diesem Fall ist eine erneute Prüfung der Eröffnungsgründe in der Tat obsolet.

Nicht zuletzt ist ein gleichgerichtetes Verständnis dem Art. 32 Abs. 1 EuInsVO zu entnehmen. Der Vorschrift zufolge ist es den Gläubigern grundsätzlich freigestellt, ihre Forderungen sowohl im Haupt- als auch im Sekundärinsolvenzverfahren bei dem jeweils örtlich zuständigen Insolvenzgericht anzumelden. Würde die Regelung gleichsam auf Schuldner unterschiedlicher Rechtspersönlichkeiten Anwendung finden, so würde dies unweigerlich eine automatische Mithaftung dieser Schuldner begründen, was gewissermaßen einer Konsolidierung der Massen und damit einer direkten Verletzung des Gläubigergleichbehandlungsgrundsatzes gleichkäme.[330] Wie *Smid* zu Recht hervorhebt, entspricht es jedoch gerade nicht dem Sinn und Zweck der Sekundärinsolvenz, einen „verfahrensrechtlichen Durchgriff" vom insolventen Vermögensträger auf andere (mit ihm verbundene) juristische Personen zu begründen,[331] sodass im Ergebnis die besseren Argumente gegen eine Anwendung der Art. 27 ff. EuInsVO auf den Fall der Konzerninsolvenz sprechen.

bb) Zwischenergebnis

Vom Niederlassungsbegriff in der Fassung des Art. 2 lit. h EuInsVO sind nach alledem nur unselbständige Teile eines alleinigen Vermögensträgers umfasst.[332] Die Tochtergesellschaft als rechtlich selbständige Einheit des Konzerns, mit ei-

327 *Deyda*, S. 37.

328 *Deyda*, S. 38; *Ehricke* in: EWS 2002, 101, 105.

329 Ausführlich zur automatischen europäischen Anerkennung von Hauptinsolvenzverfahren: *Smid*, Deutsches und Europäisches Internationales Insolvenzrecht, S. 55 ff.

330 *Ehricke* in: EWS 2002, 101, 107.

331 *Smid*, Deutsches und Europäisches Internationales Insolvenzrecht, § 6 Rn. 44.

332 *Ehricke* in: EWS 2002, 101, 105.

gens zugewiesener Vermögensmasse kann demzufolge keine Niederlassung im Sinne der Verordnung darstellen.[333] Dies hat zur Folge, dass über das Vermögen eines jeden Unternehmensträgers ein eigenständiges Hauptinsolvenzverfahren (Art. 3 Abs. 1 EuInsVO) nach dem Recht des jeweiligen Mitgliedsstaates (Art. 4 Abs. 1 EuInsVO) zu eröffnen ist.[334] Eine Pflicht zur Zusammenarbeit oder zum Austausch verfahrensrelevanter Informationen zwischen den Insolvenzverwaltern verschiedener Hauptinsolvenzverfahren entsprechend den Art. 31 ff. EuInsVO ist demzufolge abzulehnen.

cc) Synthetische Sekundärverfahren

Eine andere Betrachtung gebietet sich auch nicht im Lichte der Neufassung der Europäischen Insolvenzverordnung.

Dem Verwalter des Hauptinsolvenzverfahrens wird danach unter den Voraussetzungen des Art. 36 EuInsVO n. F. das Recht zugesprochen, den lokalen Gläubigern die Zusicherung zu erteilen, sie so zu behandeln, als wenn ein Sekundärinsolvenzverfahren nach ihrem heimischen Insolvenzrecht eröffnet worden wäre.[335] Man spricht insofern auch von „synthetischen" oder „virtuellen" Sekundärinsolvenzverfahren, da von einer tatsächlichen Durchführung des Verfahrens im Mitgliedstaat der Niederlassung abgesehen wird. Die Regelung soll, ausweislich der Erwägungsgründe einen Beitrag zu einer effizienteren Verwaltung der Insolvenzmasse des Hauptinsolvenzverfahrens leisten sowie etwaige Behinderungen durch die Eröffnung eines Sekundärinsolvenzverfahrens am Belegenheitsort ausländischem Vermögens vermeiden.[336]

Ausschlaggebend für die Einführung des Art. 36 EuInsVO n. F. war eine sich im Vordringen befindliche Praxis englischer Insolvenzgerichte, die es dem im Hauptinsolvenzverfahren bestellten Insolvenzverwalter ermöglichte, mit den „lokalen" Gläubigern Vereinbarungen zu schließen, die den Gläubiger denselben Schutz und dieselben Konditionen wie im Falle der Eröffnung eines Sekundärinsolvenzverfahrens gewähren sollten.[337] In diesem Zusammenhang lässt sich beispielhaft auf die Verfahren *Collins & Aikman,*[338] *MG Rover*[339] sowie *Nortel*[340]

---

333 *Smid*, Deutsches und Europäisches Internationales Insolvenzrecht, § 6 Rn. 45.

334 Ehricke in: EWS 2002, 101, 107; *Paulus*, Komm. zur EuInsVO, Einl. Rn. 44; *Smid*, Deutsches und Europäisches Internationales Insolvenzrecht, § 6 Rn. 45.

335 Erwägungsgrund 42 EuInsVO n. F.; hierzu ausführlich *Fehrenbach*, S. 368 ff.

336 Erwägungsgründe 41 und 42 EuInsVO n. F., vgl. auch *Mankowski* in: NZI 2015, 961.

337 Vgl. *Mankowski* in: NZI 2015, 961.

338 High Court of Justice London (Chancery Division Companies Court), Beschl. v. 09.06.2006 – No. 4697, 4698, 4700, 4705, 4711, 4717–19, 4721, 4722/05, [2006] EWHC 1343 (Ch) = ZIP 2006, 2093.

verweisen.[341] Im Fall von *Collins & Aikman* soll es dem im Verfahren bestellten Verwalter auf diese Weise möglich gewesen sein, einen Mehrerlös in Höhe von ca. 45 Millionen US-Dollar, im Vergleich zu den anderenfalls zu erwartenden Einzelerlösen zu erzielen.[342]

(1) Kritik

Im Schrifttum ist die gesetzgeberische Umsetzung dieser Praxis zum Teil auf erhebliche Kritik gestoßen, da die Vorzüge einer künftigen Zusicherung nach Art. 36 EuInsVO n. F. ausschließlich „lokalen Gläubigern" zu Gute kommen.[343]

Zu den „lokalen Gläubigern" sind gemäß Legaldefinition in Art. 2 Nr. 11 EuInsVO n. F. diejenigen Gläubiger zu zählen, deren Forderungen gegen den Schuldner aus oder in Zusammenhang mit dem Betrieb einer Niederlassung in einem anderen Mitgliedstaat als dem Mitgliedstaat entstanden sind, in dem sich der Mittelpunkt der hauptsächlichen Interessen des Schuldners befindet. Der gewählte Begriff unterscheidet sich damit grundlegend von dem des „ausländischen Gläubigers" in Art. 2 Nr. 12 EuInsVO n. F., für den in erster Linie Umstände wie der gewöhnliche Aufenthalt, Wohnsitz oder Sitz des Gläubigers maßgeblich sind. Dies hat zur Folge, dass nicht jeder „ausländische Gläubiger" automatisch auch „lokaler Gläubiger" in einem ausländischem Sekundärinsolvenzverfahren sein kann, sofern ihm nicht eine Forderung gegen den Schuldner aus oder in Zusammenhang mit dem Betrieb dieser sich im Ausland befindlichen Niederlassung zusteht. Wann dies der Fall ist, wird durch den Verordnungsgeber nicht weiter definiert und kann an dieser Stelle dahingestellt bleiben.[344]

Ob die vorbezeichnete Praxis, wie von Teilen des Schrifttums vertreten, zugleich mit einer ungerechtfertigten Schlechterstellung derjenigen Gläubiger einhergeht, die nicht „lokale Gläubiger" im Sinne von Art. 2 Nr. 1 EuInsVO n. F. sind,

---

339 High Court of Justice Birmingham, Beschl. v. 11.05.2005 – 2375 bis 2382/05 = NZI 2005, 515 (m. Anm. *Penzlin/Riedemann*), S. 517 ff.; High Court of Justice Birmingham, Beschl. v. 30.03.2006 – No. 2377/2006 = NZI 2006, 416 (m. Anm. *Mankowski*), S. 418 ff.

340 High Court of Justice London, Beschl. v. 11.02.2009 – (2009) EWHC 206 (Ch) = NZI 2009, 450 ff. (m. Anm. *Mankowski*).

341 Eine sehr anschauliche Zusammenfassung der Verfahren *„Collins & Aikman"* sowie *„MG Rover"* ist den Ausführungen bei *Pannen* auf S. 139 f. und 152 f. zu entnehmen.

342 *Meyer-Löwy/Plank* in: NZI 2006, 622, 623.

343 Vgl. Verordnung (EU) 2015/848 des Europäischen Parlaments und des Rates vom 20. Mai 2015 über Insolvenzverfahren, L 141/19, vgl. auch den Vorschlag der Kommission zu Änderung der EuInsVO v. 12.12.2012, COM(2012) 744 final (DE), 8; krit. hierzu: *Fehrenbach*, S. 369 f.; *Thole* in: ZEuP 2014, 39, 64 ff.

344 Vgl. hierzu die Ausführungen bei *Fehrenbach*, S. 368 ff. und *Thole* in: ZEuP 2014, 39, 64 ff.

und denen im Rahmen der Durchführung eines „realen“ Sekundärinsolvenzverfahren gemäß Art. 45 EuInsVO n. F. Teilnahmerechte zustehen würden,[345] erscheint jedenfalls zweifelhaft.

Denn ausweislich Erwägungsgrund 42 EuInsVO n. F. stellt das synthetische Sekundärinsolvenzverfahren gerade keine gleichwertige Alternative zur Durchführung eines realen Sekundärinsolvenzverfahrens dar, sondern verkörpert vielmehr eine von zwei Situationen, in denen das mit einem Antrag auf Eröffnung eines Sekundärinsolvenzverfahrens befasste Gericht auf Antrag des Verwalters des Hauptinsolvenzverfahrens die Eröffnung eines Sekundärinsolvenzverfahrens aufschieben oder ablehnen kann, indem die Durchführung eines Sekundärinsolvenzverfahren die effiziente Verwaltung der Insolvenzmasse behindern würde. Wird wie im Falle des Art. 36 EuInsVO n. F. aus verfahrensökonomischen Überlegungen auf die Durchführung eines Sekundärinsolvenzverfahrens verzichtet, bleibt im Ergebnis kein Raum mehr für die Annahme, die gegenüber den lokalen Gläubigern erteilte Zusicherung stelle eine sachlich nicht gerechtfertigte Benachteiligung derjenigen Gläubiger dar, denen im Falle der Eröffnung eines Sekundärinsolvenzverfahrens Teilnahmerechte zustehen würden.

Hat der Insolvenzverwalter des Hauptinsolvenzverfahrens eine Zusicherung der vorbezeichneten Art erteilt, so gilt gemäß Art. 36 Abs. 2 EuInsVO n. F. für die Verteilung des Erlöses aus der Verwertung von Gegenständen der Masse nach Art. 36 Abs. 1 EuInsVO n. F., für den Rang der Forderungen und für die Rechte der Gläubiger in Bezug auf Gegenstände der Masse nach Absatz 1 das Recht des Mitgliedstaates, in dem das Sekundärinsolvenzverfahren hätte eröffnet werden können.

(2) Anwendung auf den Fall der Konzerninsolvenz

Dies vorausgeschickt stellt sich die Frage, inwiefern der in Art. 36 EuInsVO n. F. enthaltene Gedanke für die Erleichterung der Bewältigung von Konzerninsolvenzen fruchtbar gemacht werden kann. Überträgt man die in der Regelung enthaltene Möglichkeit zur zusammengefassten Verwaltung von inländischem und ausländischem Vermögen im Rahmen *eines* (Haupt-)Insolvenzverfahrens auf den typischen Anwendungsfall der Konzerninsolvenz, so ergeben sich hieraus grundsätzlich Chancen für eine potentielle Zusammenführung der Verfahrensmassen unterschiedlicher Konzerngesellschaften. Denkbar wäre demnach, auf die Durchführung eines gesonderten Verfahrens am Sitz der Tochtergesellschaften zu verzichten und stattdessen ein konzernumfassendes Einheitsverfahren am

345 *Fehrenbach*, S. 369.

COMI der Konzernspitze durchzuführen. Auf diese Weise könnten nicht nur die Vermögen der Tochtergesellschaften zugunsten der Fortführung eines einheitlichen Konzernunternehmensgegenstandes nutzbar gemacht werden, auch ließen sich widerstreitende Interessen zwischen dem Insolvenzverwalter des Hauptinsolvenzverfahrens sowie einem anderenfalls zu bestellenden Verwalter in den Verfahren der Tochtergesellschaften vermeiden. Die Gläubiger der Tochtergesellschaft würden insofern so gestellt, als wenn am Insolvenzgerichtsstand der Tochter ein ordnungsgemäßes Hauptinsolvenzverfahren nach dem jeweils geltenden Insolvenzrecht durchgeführt worden wäre.

(3) Stellungnahme

Gegen die Anwendung der Art. 34ff. EuInsVO n.F. auf den Fall der Konzerninsolvenz streitet jedoch deren eindeutiger Regelungszweck. Anstelle einer Erweiterung der Art. 27ff. EuInsVO hat sich der Verordnungsgeber dafür entschieden, der Insolvenz von Mitgliedern einer Unternehmensgruppe in Art. 56ff. EuInsVO n.F. einen eigenen Regelungsabschnitt zu widmen. Die Möglichkeit zur Eröffnung von Sekundärinsolvenzverfahren soll danach auch unter Geltung eines novellierten europäischen Insolvenzrechts für den Fall vorbehalten bleiben, dass der Schuldner eine Niederlassung[346] in einem anderen Mitgliedstaat unterhält und nicht etwa auf den Fall der Tochterinsolvenz übertragen werden (Art. 3 Abs. 2 EuInsVO n.F.). Dies hat zur Folge, dass die Vorschriften über die Eröffnung sowie die Vermeidung der Eröffnung von Sekundärinsolvenzverfahren (Art. 34ff. EuInsVO n.F.) auch unter der geltenden Neufassung der Europäischen Insolvenzverordnung nicht zum Zwecke der Koordination von Mutter- und Tochterinsolvenz herangezogen werden dürfen.

b) Insolvenzverwaltungsverträge („Protocols")

Eine Kooperation zwischen den Verfahrensbeteiligten mehrerer Hauptinsolvenzverfahren muss vor diesem Hintergrund auf anderem Wege erfolgen. Eine zentrale Rolle bei der Koordinierung mehrerer Hauptinsolvenzverfahren spielt dabei die Praxis sogenannter Insolvenzverwaltungsverträge (*Protocols*).[347] Ziel dieser Vereinbarungen ist es, die Interessen und Bestrebungen innerhalb der jeweiligen Hauptinsolvenzverfahren im Hinblick auf ein gemeinsames Verfahrensziel zu

346 Der Begriff der „Niederlassung" wird künftig durch Art. 2 Nr. 10 EuInsVO n.F. definiert.

347 Vgl. *Undritz* in: Flöther, S. 363 Rn. 79; *Ehricke* in: EWS 2002, 101, 107; *Westphal/Goetker/Wilkens*, Grenzüberschreitende Insolvenzen, Rn. 1031ff.; zur Praxis von Insolvenzverwaltungsverträgen vgl. die Ausführungen auf S. 187ff. und S. 229ff.

vereinen und wechselseitige Blockaden der Verfahrensbeteiligten zu Lasten der Verfahrensmassen zu vermeiden.[348] Die Insolvenzverwalter können sich zu diesem Zweck etwa auf eine gemeinsame Verwertungs- beziehungsweise Sanierungsstrategie sowie hinsichtlich der Besetzung der Geschäftsleitungen der in Eigenverwaltung geführten Gesellschaften einigen.[349] Obliegt die Entscheidung über den Fortgang des Verfahrens, wie im deutschen Recht nicht dem Insolvenzverwalter, sondern der Gläubigerversammlung (vgl. § 157 InsO), ist es Aufgabe des Verwalters diese von der jeweils angestrebten Verwaltungsstrategie zu überzeugen.

c) UNCITRAL

Seit dem Jahr 1997 widmet sich darüber hinaus auch die UNCITRAL in ihrem *Model Law on Cross-Border Insolvency* („**Modellgesetz**") der Frage nach einer bestmöglichen Abwicklung grenzüberschreitender Insolvenzen.[350] Entsprechend den Bestrebungen auf nationaler sowie europäischer Ebene sind in den Art. 25 bis 27 Modellgesetz die Voraussetzungen der Zusammenarbeit zwischen ausländischen Gerichten und ausländischen Verwaltern geregelt.

Gemäß Art. 25 Modellgesetz hat das Gericht so eng wie möglich mit ausländischen Gerichten oder ausländischen Verwaltern zusammenzuarbeiten. Hierzu soll es dazu befugt sein, entweder unmittelbar mit diesen in Kontakt zu treten oder Informationen oder Unterstützung von diesen anzufordern. Darüber hinaus ist durch Art. 26 Modellgesetz die Möglichkeit einer direkten Kommunikation zwischen in- und ausländischen Verwaltern vorgesehen.

In Art. 27 regelt der Modellgesetzgeber sodann unterschiedliche Formen der Zusammenarbeit. Hierzu zählen (i) die Bestellung einer Person oder Stelle, die auf Anweisung des Gerichts hin tätig werden soll, (ii) die Übermittlung von Informationen auf jedem von Gericht für zweckmäßig gehaltenem Weg, (iii) die Koordination der Verwaltung und der Überwachung des schuldnerischen Vermögens sowie seiner Geschäfte, (iv) die gerichtliche Zustimmung zu Vereinbarungen über die Koordination von Verfahren (v) die Koordination gleichzeitig anhängiger Verfahren über das Vermögen desselben Schuldners.

---

348 *Westphal/Goetker/Wilkens*, Grenzüberschreitende Insolvenzen, Rn. 1035.

349 So etwa geschehen im Fall *Federal Mogul*, vgl. hierzu die Ausführungen bei *Westphal/Goetker/Wilkens*, Grenzüberschreitende Insolvenzen, Rn. 1036.

350 Vgl. insbesondere auch die Kommentierung bei Pannen/*Hollander/Graham*, UNCITRAL, S. 704 ff.; sowie die Ausführungen von *Westphal* in: Flöther, S. 385 ff.

d) ALI

In Parallelität zu dem UNCITRAL Modellgesetzt hat auch das American Law Institute („**ALI**") mit den im Jahre 2001 vom *International Insolvency Institute* angenommenen *Guidelines Applicable to Court-to-Court Communications in Cross-Border-Cases* („**Guideline/s**") ein umfassendes Richtlinienwerk betreffend die Kommunikation zwischen Gerichten und Verwaltern veröffentlicht.[351] Ähnlich wie schon Art. 25 ff. UNCITRAL Modellgesetz sehen die Richtlinien nicht nur eine Kommunikation im Verhältnis der Gerichte und Verwalter untereinander, sondern insbesondere auch zwischen Gerichten und Verwaltern vor.

Zum Zwecke der Koordinierung und Harmonisierung grenzüberschreitender Verfahren ermöglicht es Guideline 2 dem Gericht eines inländischen Verfahrens, im Zusammenhang mit Angelegenheiten des bei ihm geführten Verfahrens mit einem anderen Gericht zu kommunizieren. In diesem Zusammenhang soll es dem Gericht möglich sein, mit dem im jeweils anderen Verfahren bestellten Insolvenzverwalter oder einem bevollmächtigten Vertreter des anderen Gerichts zu kommunizieren (Guideline 3).

Neben dem zuständigen Gericht soll aber auch der im Verfahren bestellte Insolvenzverwalter mit dem ausländischen Gericht beziehungsweise dem im ausländischen Verfahren bestellten Verwalter kommunizieren können, sofern das ausländische Gericht dies genehmigt (Guideline 4). Zu diesem Zweck soll das inländische Gericht befugt sein, Mitteilungen des ausländischen Gerichts oder Verwalters entgegenzunehmen (Guideline 5).

Um eine verbesserten Koordination beider Verfahren zu gewährleisten, soll das Gericht des inländischen Verfahrens mit dem Gericht des ausländischen Verfahrens eine gemeinsame Anhörung durchführen können (Guideline 9). Hierzu soll das Gericht zur gleichen Zeit die Verhandlung des jeweils anderen Gerichts hören können. Vor der Durchführung der Beweisaufnahme sollen dem anderen Gericht zunächst Beweismittel und sonstiges schriftliches Material in Bezug das jeweilige Verfahren übermittelt beziehungsweise zugänglich gemacht werden. Im Anschluss an die Anhörung sollen sich die Gerichte sodann darüber abstimmen können, ob in den Verfahren koordinierte Anordnungen ergehen sollen.

Darüber hinaus soll das Gericht auch die Parteien des ausländischen Verfahrens über das bei ihm geführte Verfahren informieren können, sofern diesen ein Auskunftsanspruch gegenüber dem ausländischen Gericht zusteht (Guideline 12).

---

351 Abrufbar im englischen Original unter: https://www.iiiglobal.org/sites/default/files/7-_ali.pdf (zuletzt abgerufen am: 3. Januar 2018); abgedruckt in deutscher Sprache in: KTS 2005, 121 ff.

Eine Kommunikation zwischen den Gerichten soll gemäß Guideline 15 unabhängig von der jeweiligen Art des Verfahrens überall dort stattfinden, wo rechtliche Übereinstimmungen hinsichtlich des Streitgegenstands und/oder der Verfahrensbeteiligten bestehen.

e) INSOL Europe CoCo-Guidelines

Darüber hinaus sehen auch die im Jahre 2007 vom *Academic Wing* von INSOL Europe herausgegebenen *European Communication and Cooperation Guidelines For Cross-border Insolvency* („**CoCo-Guidelines**") umfassende Kooperations- Koordinations- und Informationspflichten zwischen Verwaltern aber auch Gerichten vor.

f) Stellungnahme

Wie die Ausführungen verdeutlichen, bestand für die in grenzüberschreitenden Verfahren zuständigen Insolvenzverwalter und Insolvenzgerichte bereits vor Inkrafttreten der Neufassung der EuInsVO die Möglichkeit, sich über verfahrensrelevante Informationen auszutauschen sowie Unterstützungshandlungen betreffend das jeweils eigene Verfahren von der anderen Seite einfordern zu können.

Eine echte Pflicht zur Zusammenarbeit können jedoch weder das UNCITRAL Modellgesetz noch die ALI Principles oder die CoCo-Guidelines gewährleisten. Denn sämtlichen Regelwerken ist es gemein, dass sie als sogenanntes *Soft Law* lediglich unverbindliche Richtlinien und Empfehlungen enthalten. Ob sich die Verwalter und Gerichte im Einzelfall an deren Vorgaben halten, ist letztlich einzig und allein von ihrer jeweiligen Kooperationsbereitschaft abhängig und bleibt somit bis zuletzt im Ungewissen. Es besteht daher die dringende Notwendigkeit, Kooperationsrechte und -pflichten für Gerichte und Verwalter aber auch sonstige Verfahrensbeteiligte künftig verpflichtend auszugestalten. Ein Schritt in die richtige Richtung stellt insofern die jüngst in Kraft getretene Neufassung der EuInsVO sowie die in diesem Zusammenhang in Art. 56ff. EuInsVO n.F. eingeführten Kooperationspflichten zwischen Gerichten und Verwaltern dar.[352]

---

352 Hierzu ausführlich auf S. 240ff.

2. Kooperationsrechte und –pflichten nach der EuInsVO n. F.

Mit dem Ziel, Insolvenzverfahren über die Vermögen verschiedener Gesellschaften ein und derselben Unternehmensgruppe effizienter zu gestalten,[353] hat nunmehr auch der europäische Gesetzgeber, in Kapitel 5 der seit dem 26. Juni 2017 geltenden Neufassung der EuInsVO, Kooperationspflichten zwischen Verwaltern und Gerichten einen eigenen Abschnitt gewidmet. In Anlehnung an die bereits bestehenden Kooperationspflichten für Verwalter und Gerichte von Haupt- und Sekundärinsolvenzverfahren (vgl. Art. 31 EuInsVO), sollen diese nunmehr gleichermaßen zur Kommunikation und Zusammenarbeit verpflichtet sein.[354] Der Verordnungsgeber hat sich somit ausdrücklich für das Konzept einer formellen Verfahrenskoordination und gegen den Vorschlag einer Konsolidierung der Verfahrensmassen[355] entschieden. Den Vorschriften ist das Ziel gemein, die Effizienz der Koordinierung unter gleichzeitiger Achtung der Rechtspersönlichkeit jedes einzelnen Gruppenmitglieds sowie durch Ausschöpfung von Synergien innerhalb der Unternehmensgruppe zu gewährleisten.[356]

a) Sachlicher Anwendungsbereich

Die Vorschriften über die Kommunikation und Kooperation nach Kapitel 5 finden ausweislich der 62. Begründungserwägung insoweit Anwendung, als Verfahren über das Vermögen von zwei oder mehr Mitgliedern derselben Unternehmensgruppe in mehr als einem Mitgliedstaat eröffnet worden sind.[357] Entscheidend ist danach, ob der Schuldner Teil einer Unternehmensgruppe im Sinne der Verordnung ist.

Der Begriff der *Unternehmensgruppe* wird vom Verordnungsgeber in Art. 2 Nr. 13 EuInsVO n. F. legaldefiniert.[358] Unter einer Unternehmensgruppe ist danach ein Zusammenschluss von mindestens zwei Unternehmen, bestehend aus einem Mutterunternehmen sowie allen seinen Tochterunternehmen zu verstehen. Mutterunternehmen im Sinne der Verordnung ist ein Unternehmen, das ein oder mehrere Tochterunternehmen entweder unmittelbar oder mittelbar kontrolliert. Ein Unternehmen, das einen konsolidierten Abschluss gemäß der Richtlinie 2013/

---

353 Erwägungsgrund 52 EuInsVO n. F.

354 Erwägungsgrund 52 EuInsVO n. F.

355 So vorgeschlagen von INSOL Europe, Revision of the European Insolvency Regulation, Proposal by INSOL Europe, S. 91.

356 Erwägungsgrund 52 EuInsVO n. F.

357 Erwägungsgrund 62 EuInsVO n. F.

358 *Brünkmans* in: ZInsO 2013, 797, 799.

34/EU des Europäischen Parlaments und des Rates[359] erstellt, ist als Mutterunternehmen in diesem Sinne anzusehen.[360] Die Möglichkeit zur beherrschenden Einflussnahme ist demnach bereits ausreichend.[361]

b) Zusammenarbeit und Kommunikation der Verwalter

Gemäß Art. 56 Abs. 1 S. 1 EuInsVO n.F. sind die Insolvenzverwalter von zwei oder mehr Mitgliedern derselben Unternehmensgruppe zur Zusammenarbeit verpflichtet, soweit dies zur Erleichterung einer wirksamen Abwicklung der Verfahren führt, die Zusammenarbeit mit den für die einzelnen Verfahren geltenden Vorschriften vereinbar ist und keine Interessenkonflikte nach sich zieht. Letzterem Aspekt wird wohl in erster Linie im Hinblick auf die Weitergabe von Informationen Bedeutung beizumessen sein.[362]

Eine entsprechende Regelung bestand bereits nach früher geltendem Recht in Art. 31 EuInsVO[363] für das Verhältnis von Haupt- und Sekundärinsolvenzverfahren. Durch Neufassung der EuInsVO wird diese Pflicht durch den Unionsgesetzgeber nunmehr auf die grenzüberschreitende Insolvenz mehrerer Gesellschaften derselben Unternehmensgruppe übertragen.[364]

Gemäß Art. 56 Abs. 1 S. 1 EuInsVO kann die Zusammenarbeit in beliebiger Form, einschließlich durch den Abschluss von Vereinbarungen oder Verständigungen erfolgen, soweit sie nicht den Interessen der Gläubiger in den jeweiligen Verfahren widerstreitet.[365]

Vom Unionsgesetzgeber nicht in die Neufassung des Verordnungstextes übernommen wurde die noch in Art. 42a Nr. 1 S. 2 Kommissionsvorschlag[366] ent-

359 Richtlinie 2013/34/EU des Europäischen Parlaments und des Rates vom 26. Juni 2013 über den Jahresabschluss, den konsolidierten Abschluss und damit verbundene Berichte von Unternehmen bestimmter Rechtsformen und zur Änderung der Richtlinie 2006/43/EG des Europäischen Parlaments und des Rates und zur Aufhebung der Richtlinien 78/660/EWG und 83/349/EWG des Rates (ABl. L 182 vom 29.6.2013, S. 19).

360 Detailliert zum Begriff der Unternehmensgruppe siehe oben auf S. 20ff.

361 *Brünkmans* in: ZInsO 2013, 797, 799.

362 *Brünkmans* in: ZInsO 2013, 797, 800.

363 Nunmehr Art. 41 EuInsVO n.F.

364 *Undritz* in: Flöther, § 8 Rn. 92.

365 Erwägungsgrund 52 EuInsVO n.F.

366 Vorschlag für eine Verordnung des Europäischen Parlaments und des Rates zur Änderung der Verordnung (EG) Nr. 1346/2000 des Rates über Insolvenzverfahren, v. 12.12.2012, abrufbar unter: http://www.europarl.europa.eu/meetdocs/2009_2014/documents/com/com_com(2012)0744_/com_com(2012)0744_de.pdf (zuletzt abgerufen am: 3. Januar 2018).

haltene Verweisung auf die Praxis sogenannter *Protocols.*[367] Es ist jedoch anzunehmen, dass der Verordnungsgeber weiterhin an der allgemein anerkannten Zulässigkeit vertraglicher Absprachen, unter dem Verweis auf die Möglichkeit zum „Abschluss von Vereinbarungen" festhalten will.

Im Rahmen der Zusammenarbeit obliegt es den Verwaltern, einander so bald wie möglich alle Informationen, die für das jeweilige andere Verfahren von Bedeutung sein können mitzuteilen sowie zu prüfen, ob Möglichkeiten einer Koordinierung der Verwaltung und Überwachung der Geschäfte der insolventen Gruppenmitglieder bestehen. Sollte dies der Fall sein, haben sie die Verwaltung und Überwachung dieser Geschäfte zu koordinieren. Letztlich haben sie zu prüfen, ob Möglichkeiten einer Sanierung von Gruppenmitgliedern, über deren Vermögen ein Insolvenzverfahren eröffnet wurde bestehen, und gegebenenfalls eine Abstimmung über den Vorschlag für einen koordinierten Sanierungsplan sowie dessen Aushandlung herbeizuführen (Art. 56 Abs. 2 S. 1 EuInsVO n. F.).

aa) Übertragung von Verwaltungsbefugnissen

Für die beiden letztgenannten Zwecke können alle oder einige der in Art. 56 Abs. 1 EuInsVO n. F. genannten Verwalter einem Verwalter aus ihrer Mitte zusätzliche Befugnisse übertragen, wenn eine solche Vereinbarung nach den für die jeweiligen Verfahren geltenden Vorschriften zulässig ist. Auf dieser Grundlage ist es grundsätzlich denkbar, Teilbefugnisse des Insolvenzverwalters sowohl originär – also durch richterlichen Beschluss – auf einen Sonderinsolvenzverwalter, als auch derivativ – durch Vollmacht – auf einen ausländischen Insolvenzverwalter zu übertragen.[368]

So ist es beispielsweise denkbar die Befugnis zur Verwertung der Insolvenzmasse (§ 159 InsO) auf einen einzigen Insolvenzverwalter zu übertragen, um auf diese Weise etwa den Verkauf des Gesamtunternehmens aus einer Hand zu ermöglichen,[369] oder einer Person die Prüfung eines die gesamte Unternehmensgruppe betreffenden Restrukturierungskonzepts sowie die Erstellung eines Entwurfs für einen koordinierten Restrukturierungsplan zu übertragen.[370]

Demgegenüber wird die Vertretung des Insolvenzverwalters bei der Ausübung höchstpersönlicher Amtspflichten, wie etwa der Geltendmachung von Anfechtungsansprüchen (§§ 129 ff. InsO) der Ausübung des Wahlrecht nach §§ 103 ff.

---

367 Hierzu ausführlich oben auf S. 187.
368 *Brünkmans* in: ZInsO 2013, 797, 801.
369 *Brünkmans* in: ZInsO 2013, 797, 801.
370 *Undritz* in: Flöther, § 8 Rn. 95.

InsO sowie der Aufnahme unterbrochener Prozesse (§§ 85, 86 InsO) von der Vorschrift nicht getragen sein.[371]

bb) Aufteilung von Aufgaben

Ferner können die Verwalter verschiedenstaatlicher Verfahren nach Art. 56 Abs. 2 S. 2 und S. 3 EuInsVO n. F. bestimmte Aufgaben untereinander aufteilen, wenn eine solche Aufteilung nach den für die jeweiligen Verfahren geltenden Vorschriften zulässig ist.

c) Zusammenarbeit und Kommunikation der Gerichte

Neben den Verwaltern sind gemäß Art 57 Abs. 1 S. 1 EuInsVO n. F. auch die Gerichte zur Zusammenarbeit verpflichtet, soweit die Zusammenarbeit (i) eine wirksame Verfahrensführung erleichtern kann, (ii) mit den für die einzelnen Verfahren geltenden Vorschriften im Einklang steht und (iii) keine Interessenkonflikte nach sich zieht.

Den Gerichten soll es auf dieser Grundlage möglich sein, direkt miteinander zu kommunizieren oder einander direkt um Informationen oder Unterstützung zu ersuchen. Bei Bedarf können die Gerichte eine unabhängige Person oder Stelle bestellen beziehungsweise bestimmen, die auf ihre Weisungen hin tätig wird, sofern dies mit den für sie geltenden Vorschriften vereinbar ist (Art. 57 Abs. 1 S. 1 und 2 EuInsVO n. F.).

Unklar bleibt, ob die Vorschrift auch auf die Bestellung einer gerichtsexternen Person Anwendung findet. Während ein Teil der Literatur dies bejahen will[372] wendet *Wimmer* hiergegen ein, dass auf diese Weise eine direkte Kommunikation zwischen den Gerichten vollständig „verwässert" werden würde.[373]

Für die deutschen Insolvenzgerichte dürfte die in Art. 57 EuInsVO n. F. normierte Delegationsbefugnis weitestgehend bedeutungslos bleiben, da bereits die in § 58 InsO normierte Rechtsaufsicht einer Übertragung nicht zugänglich ist.[374] Auch darf über eine Entlassung des Insolvenzverwalters nur das zuständige Insolvenzgericht durch Beschluss entscheiden (vgl. §§ 59 Abs. 2 S. 1, 4 i.V.m. § 567

---

371 *Hofmann* in: ZIP 2006, 1080, 1083; *Eickmann* in: KTS 1986, 197, 202; *Brünkmans* in: ZInsO 2013, 797, 801; *Graeber* in: NZI 2003, 569, 572; vgl. auch bereits LG München, Beschl. v. 29.09.1964 – 13 T 314/64 = KTS 1965, 243.

372 *Paulus*, Art. 31 EuInsVO, Rn. 6a; *Undritz* in: Flöther, § 8 Rn. 96.

373 *Wimmer* in DB 2013, 1343, 1346.

374 *Brünkmans* in: ZInsO 2013, 797, 802.

Abs. 1 Nr. 1 ZPO), sodass eine Übertragung dieser Kompetenz auf einen gerichtsexternen Dritten ebenfalls ausscheidet.

Wie Art. 57 Abs. 3 S. 1 EuInsVO n. F. klarstellt, kann die Zusammenarbeit auf jedem geeigneten Wege erfolgen. Insbesondere kann sie (i) die Koordinierung bei der Bestellung von Verwaltern, (ii) die Mitteilung von Informationen auf jedem von dem betreffenden Gericht als geeignet erachteten Weg, (iii) die Koordinierung der Verwaltung und Überwachung der Insolvenzmasse und Geschäfte der Mitglieder der Unternehmensgruppe, (iv) die Koordinierung der Verhandlungen, sowie soweit erforderlich, (v) die Koordinierung der Zustimmung zu einer Verständigung der Verwalter betreffen.

d) Zusammenarbeit und Kommunikation zwischen Verwaltern und Gerichten

In Parallelität zu Art. 26 UNCITRAL Modellgesetz sind durch Art. 58 EuInsVO n. F. zusätzlich weitere Kooperationspflichten zwischen den Verwaltern und den zuständigen Gerichten vorgesehen. Die für die Mitglieder einer Unternehmensgruppe bestellten Verwalter können danach die Gerichte um Informationen zum Verfahren eines anderen Mitgliedes der Unternehmensgruppe oder um Unterstützung in dem Verfahren für das sie bestellt worden sind ersuchen, vorausgesetzt, dass (i) die Zusammenarbeit und Kommunikation die wirkungsvolle Verfahrensführung erleichtern, (ii) diese keine Interessenkonflikte nach sich ziehen und (iii) mit den für die Verfahren geltenden Vorschriften im Einklang stehen.[375]

e) Rechte des Verwalters in einem anderen Verfahren

Über Art. 60 EuInsVO n. F. stehen den Insolvenzverwaltern gruppenangehöriger Schuldner darüber hinaus weitreichende Eingriffs- sowie Mitwirkungsrechte in den Verfahren konzernverbundener Gesellschaften zur Verfügung.

aa) Anhörungsrecht

Gemäß Art. 60 Abs. 1 lit. a EuInsVO n. F. steht jedem Verwalter einer gruppenzugehörigen Gesellschaft das Recht zu, in jedem anderen Verfahren eines Mitglieds derselben Unternehmensgruppe gehört zu werden. Die noch im Kommissionsvorschlag vorgesehene Möglichkeit, an anderen Verfahren, insbesondere durch die Teilnahme an deren Gläubigerversammlung mitwirken zu können, wurde durch den Verordnungsgeber wieder gestrichen. Es ist jedoch anzuneh-

---

375 Vgl. auch *Undritz* in: Flöther, § 8 Rn. 99.

men, dass der Verwalter eines gruppenangehörigen Verfahrens auch auf Grundlage von Art. 60 EuInsVO n. F. an der Gläubigerversammlung eines anderen Verfahrens im Sinne der Vorschrift teilnehmen und sich dieser gegenüber Gehört verschaffen darf.

bb) Antrag auf Eröffnung eines Gruppen-Koordinationsverfahrens

Daneben können die Verwalter gemäß Art. 60 Abs. 1 lit. c EuInsVO n. F. die Eröffnung eines Gruppen-Koordinationsverfahrens nach Art. 61 EuInsVO n. F. beantragen.[376]

cc) Antrag auf Aussetzung von Verwertungsmaßnahen in einem anderen Verfahren

Alternativ zur Durchführung eines Koordinationsverfahrens kann nach Art. 60 Abs. 1 lit. b EuInsVO n. F. jeder Verwalter die Aussetzung von Maßnahmen im Zusammenhang mit der Verwertung der Masse in jedem Verfahren über das Vermögen eines anderen Mitglieds derselben Unternehmensgruppe beantragen.

Im Gegensatz zu Art. 42d Abs. 1 lit. b Kommissionsentwurf,[377] der ursprünglich noch das Recht zur vollständigen Aussetzung eines anderes Verfahren vorsah, hat sich der Verordnungsgeber in der nunmehr verabschiedeten Fassung für einen Wortlaut entschieden, der sich weitestgehend am Regelungsgehalt von Art. 33 EuInsVO[378] orientiert.

Sinn und Zweck der Regelung ist es, Mitgliedern einer Unternehmensgruppe, die nicht in ein Gruppen-Koordinationsverfahren[379] einbezogen sind, einen alternativen Mechanismus zur Verfügung zu stellen, um eine koordinierte Sanierung der Gruppe zu erreichen.[380] Dingliche Rechte von Gläubigern oder Dritten sollen von der Aussetzung unberührt bleiben.[381] Dies hat zur Folge, dass etwa eine Durchsetzung von Aussonderungsrechten auch nach Aussetzung der Verwertung weiterhin möglich bleibt.[382]

---

376 Hierzu ausführlich auf S. 247.

377 Vorschlag für eine Verordnung des Europäischen Parlaments und des Rates zur Änderung der Verordnung (EG) Nr. 1346/2000 des Rates über Insolvenzverfahren, v. 12.12.2012, COM(2012) 742 final.

378 Art. 46 EuInsVO n. F.

379 Hierzu ausführlich auf S. 247.

380 Erwägungsgrund 60 EuInsVO n. F.

381 Erwägungsgrund 69 EuInsVO n. F.

382 Vgl. Uhlenbruck/*Lüer*, Art. 33 EuInsVO, Rn. 3.

(1) Materielle Voraussetzungen der Aussetzung

Die Beantragung der Aussetzung soll immer nur alternativ zu der Durchführung eines Gruppen-Koordinationsverfahrens sowie unter der Voraussetzung der Vorlage eines Sanierungsplan für die betroffenen Mitglieder der Gruppe möglich sein. Die Aussetzung setzt ferner voraus, dass (i) der Sanierungsplan hinreichende Aussicht auf Erfolg verspricht, (ii) den Gläubigern des Verfahrens, für das die Aussetzung beantragt wird zugutekommt und (iii) die Aussetzung notwendig ist, um die ordnungsgemäße Durchführung des Plans sicherzustellen (Art. 60 Abs. 1 lit. b EuInsVO n. F.).[383]

(2) Schutzmaßnahmen

Ähnlich wie bereits im Rahmen von Art. 33 EuInsVO,[384] kann das Gericht, das die Aussetzung angeordnet hat nach Art. 60 Abs. 2 Unterabs. 3 EuInsVO n. F. verlangen, dass der Verwalter alle geeigneten Maßnahmen nach nationalem Recht zum Schutz der Interessen der Gläubiger des Verfahrens ergreift. Ein entsprechendes Bedürfnis besteht etwa mit Blick auf die Rechtsstellung der absonderungsberechtigten Gläubiger, deren Befriedigung sich aufgrund des Verwertungsstopps vorübergehend verzögern wird.[385] Durch den deutschen Gesetzgeber wird diesem Umstand in Art. 102c § 24 Nr. 1 i.V.m. § 16 EGInsO durch die Verpflichtung zu laufenden Zinszahlungen Rechnung getragen.[386]

f) Das Gruppen-Koordinationsverfahren

In Parallelität zu §§ 269d ff. KIG sowie mit dem Ziel, die Verwaltung in den Insolvenzverfahren über das Vermögen der Gruppenmitglieder zu erleichtern,[387] hat auch der europäische Gesetzgeber in Art. 61 ff. EuInsVO n. F. erstmalig ein sogenanntes *Gruppen-Koordinationsverfahren* in die Verordnung eingefügt. Das Verfahren wurde dem im KIG vorgeschlagenen Koordinationsverfahren nachgebildet.[388] Wie Art. 76 EuInsVO n. F. klarstellt, sollen die für Insolvenzverwalter geltenden Vorschriften dabei gleichermaßen auf den Schuldner in Eigenverwaltung Anwendung finden.

---

383 Erwägungsgrund 60 EuInsVO n. F.

384 Art. 46 EuInsVO n. F.

385 Uhlenbruck/*Lüer*, Art. 33 EuInsVO, Rn. 3.

386 *Brünkmans* in: ZInsO 2013, 797, 805; Uhlenbruck/*Lüer*, Art. 33 EuInsVO, Rn. 3 m.w.N.

387 Vgl. Erwägungsgrund 57 EuInsVO n. F.

388 Entwurf eines Gesetzes zur Durchführung der Verordnung (EU) 2015/848 über Insolvenzverfahren, S. 18.

aa) Antrag auf Eröffnung sowie Wahl des zuständigen Gerichts

Antragsberechtigt ist gemäß Art. 61 Abs. 1 EuInsVO n.F. jeder Verwalter, der in einem Insolvenzverfahren über das Vermögen eines Mitglieds der Gruppe bestellt wurde. Der Antrag kann bei jedem Gericht, das für das Insolvenzverfahren eines Mitglieds der Gruppe zuständig ist, gestellt werden, und sollte Angaben zu den wesentlichen Elementen der Koordinierung, insbesondere eine Darlegung des Koordinationsplans, ein Vorschlag für die als Koordinator zu bestellende Person und eine Übersicht der geschätzten Koordinierungskosten enthalten.[389] Ist die Durchführung des Gruppen-Koordinationsverfahrens von besonderer Bedeutung für das Insolvenzverfahren, hat der Insolvenzverwalter die Zustimmung nach den §§ 160, 161 InsO einzuholen. Dem Gläubigerausschuss sind die in Art. 61 Abs. 3 EuInsVO n.F. genannten Unterlagen vorzulegen.

Werden gleich mehrere Anträge (durch unterschiedliche Verwalter) bei verschiedenstaatlichen Gerichten gestellt, so findet nach Art. 66 EuInsVO n.F. das Prioritätsprinzip (Art. 62 EuInsVO n.F.) Anwendung. Allerdings können die Verwalter auch gemäß Art. 66 EuInsVO n.F. durch Zweidrittelmehrheit das Gericht eines anderen Mitgliedstaates als für die Eröffnung eines Gruppen-Koordinationsverfahrens ausschließlich zuständig erklären.[390]

Gemäß Art. 63 EuInsVO n.F. ist das mit dem Antrag befasste Gericht dazu verpflichtet, die für die Mitglieder der Gruppe bestellten Verwalter so bald wie möglich über den Antrag sowie den vorgeschlagenen Koordinator zu unterrichten.

bb) Einwände von Verwaltern

Gegen die Einbeziehung des eigenen Verfahrens in ein Gruppen-Koordinationsverfahren oder gegen die als Koordinator vorgeschlagene Person können die Verwalter gemäß Art. 64 EuInsVO n.F. Einwände erheben. Macht ein Verwalter von diesem Recht Gebrauch, so wird das betreffende Verfahren nach Art. 65 Abs. 1 und Abs. 2 EuInsVO n.F. von einer Einbeziehung in das Gruppen-Koordinationsverfahren ausgeschlossen. Ist die Durchführung des Gruppen-Koordinationsverfahrens von besonderer Bedeutung für das Insolvenzverfahren, hat der Insolvenzverwalter die Zustimmung nach den §§ 160, 161 InsO einzuholen. Dem Gläubigerausschuss sind die in Art. 61 Abs. 3 EuInsVO n.F. genannten Unterlagen vorzulegen.

Werden gegen die als Koordinator vorgeschlagene Person Einwände von einem Verwalter vorgebracht, der nicht gleichzeitig Einwände gegen die Einbezie-

389 Erwägungsgrund 55 EuInsVO n.F.

390 Vgl. *Vallender* in: ZIP 2015, 1513, 1520; *Undritz* in: Flöther, § 8 Rn. 122.

hung des eigenen Verfahrens in das Gruppen-Koordinationsverfahren erhebt, so kann das Gericht von einer Bestellung dieser Person absehen und den Verwalter gemäß Art 67 EuInsVO n. F. dazu auffordern, einen den Anforderungen des Art 61 Abs. 3 EuInsVO n. F. entsprechenden neuen Antrag zu stellen.

cc) Entscheidung über die Eröffnung des Gruppen-Koordinationsverfahrens

Gemäß Art. 68 Abs. 1 EuInsVO n. F. muss das für die Eröffnung des Gruppen-Koordinationsverfahrens zuständige Gericht davon überzeugt sein, dass die Voraussetzungen des Art. 63 Abs. 1 EuInsVO n. F. erfüllt sind. Ist dies der Fall, hat das Gericht (i) einen Koordinator zu bestellen, (ii) über den Entwurf der Koordination zu entscheiden sowie (iii) über die Kostenschätzung und den Anteil, der von den Mitgliedern der Gruppe zu tragen ist zu entscheiden. Im Hinblick auf die Eröffnungsentscheidung ist das Gericht sodann gegenüber den beteiligten Verwaltern sowie dem Koordinator zur Mitteilung verpflichtet.

dd) Nachträgliches Opt-in durch Verwalter

Darüber hinaus können die Verwalter auch nachträglich zu der nach Art. 67 EuInsVO n. F. ergangenen Entscheidung die Einbeziehung des eigenen Verfahrens für den Fall zu beantragen, dass (i) ein Einwand gegen die Einbeziehung des Insolvenzverfahrens in das Gruppen-Koordinationsverfahren erhoben wurde oder (ii) ein Insolvenzverfahren über das Vermögen eines Mitglieds der Gruppe eröffnet wurde, nachdem das Gericht ein Gruppen-Koordinationsverfahren eröffnet hat (Art. 69 EuInsVO n. F.). Ist die Durchführung des Gruppen-Koordinationsverfahrens von besonderer Bedeutung für das Insolvenzverfahren, hat der Insolvenzverwalter die Zustimmung nach den §§ 160, 161 InsO einzuholen. Dem Gläubigerausschuss sind die in Art. 61 Abs. 3 EuInsVO n. F. genannten Unterlagen vorzulegen (Art. 102c § 23 Abs. 2 Nr. 2 EGInsO).

Negative Entscheidungen können die Verwalter gemäß dem Verfahren, das nach dem Recht des Mitgliedstaates in dem das Gruppen-Koordinationsverfahren eröffnet wurde bestimmt ist, anfechten (Art. 69 Abs. 4 EuInsVO n. F.).

Unbeschadet des Rechts zur Anfechtung, kann der Koordinator dem Antrag nach Anhörung der beteiligten Verwalter gemäß Art. 69 Abs. 2 EuInsVO n. F. entsprechen, wenn er (i) davon überzeugt ist, dass unter Berücksichtigung des Stands, den das Gruppen-Koordinationsverfahren zum Zeitpunkt des Antrags erreicht hat, die Voraussetzungen gemäß Art. 63 Abs. 1 lit. a und lit. b EuInsVO n. F. erfüllt sind, oder (ii) alle beteiligten Verwalter gemäß den Bestimmungen ihres nationalen Rechts zustimmen. Ist die Durchführung des Gruppen-Koordinationsverfahrens von besonderer Bedeutung für das Insolvenzverfahren, hat der

Insolvenzverwalter die Erteilung seiner Zustimmung nach den §§ 160, 161 InsO von der Zustimmung der Gläubigerversammlung abhängig zu machen. Dem Gläubigerausschuss sind die in Art. 61 Abs. 3 EuInsVO n. F. genannten Unterlagen vorzulegen (Art. 102c § 23 Abs. 2 Nr. 3 EGInsO).

Gegen die Entscheidung des Koordinators nach Art. 69 Abs. 2 EuInsVO n. F. ist gemäß Art. 102c § 25 EGInsO die Erinnerung statthaft. § 573 ZPO gilt entsprechend.

ee) Der Koordinator

Der Koordinator wird gemäß Art. 68 Abs. 1 lit. a EuInsVO n. F. durch das für die Eröffnung des Gruppen-Koordinationsverfahren zuständige Gericht bestimmt. Für die Bestellung ist es nach Art. 71 Abs. 1 EuInsVO n. F. ausreichend, dass die Person nach dem Recht eines Mitgliedstaates für die Tätigkeit als Verwalter geeignet ist.

Die Voraussetzungen für die Verwaltereigenschaft werden nach deutschem Recht in § 56 InsO geregelt. Die in Frage stehende Person muss danach für den jeweiligen Einzelfall geeignet, insbesondere geschäftskundig und von den Gläubigern und dem Schuldner unabhängig sein.[391]

In Parallelität zu § 269e Abs. 1 S. 1 KIG[392] darf der Koordinator nicht gleichzeitig für ein Mitglied der Gruppe als Insolvenzverwalter bestellt sein und muss auch im Übrigen frei von Interessenkonflikten sein (Art. 71 Abs. 2 S. 1 EuInsVO n. F.). Durch den Verordnungsgeber wird insofern der auch nach deutschem Recht für die Person des Verwalters gebotenen Neutralität (vgl. § 56 Abs. 1 S. 1 InsO) hinreichend Rechnung getragen.

Rechte und Pflichten des Koordinators sind durch die Verordnung in den Art. 71 ff. EuInsVO n. F. geregelt. Der Koordinator kann danach Empfehlungen für eine koordinierte Verwaltung festlegen sowie einen Gruppen-Koordinationsplan vorschlagen, der einen umfassenden Katalog geeigneter Maßnahmen zur Bewältigung der Insolvenz der Gruppenmitglieder enthält. Er hat insbesondere das Recht, eine Aussetzung von Verfahren über das Vermögen jedes Mitglieds der Gruppe für bis zu sechs Monate zu beantragen, sofern die Aussetzung notwendig ist, um die ordnungsgemäße Durchführung des Plans sicherzustellen, und den Gläubigern des Verfahrens, für das die Aussetzung beantragt wird, zugute käme, oder die Aufhebung jeder bestehenden Aussetzung zu beantragen. Ein derartiger Antrag ist bei dem Gericht zu stellen, das das Verfahren eröffnet hat, für das die

391 Zu den Voraussetzungen für die Bestellung des Insolvenzverwalters gem. § 56 InsO vgl. exemplarisch Uhlenbruck/*Zipperer*, § 56 Rn. 1 ff.
392 Siehe hierzu oben auf S. 211ff.

Aussetzung beantragt wird (Art. 72 Abs. 2 lit. e EuInsVO n. F.). Wird hierdurch die Verwertung eines Gegenstandes ausgesetzt, an dem ein Absonderungsrecht besteht, so sind dem Gläubiger nach Art. 102c § 24 Nr. 2 i.V.m. § 16 EGInsO laufend die geschuldeten Zinsen aus der Insolvenzmasse zu zahlen.

ff) Empfehlungen und Gruppen-Koordinationsplan

Ähnlich wie die §§ 269e ff. KIG entfalten die Koordinationsmechanismen der EuInsVO den Verfahrensbeteiligten gegenüber keine verbindliche Wirkung. Art. 71 EuInsVO n. F. verpflichtet die Verwalter lediglich dazu, die Empfehlungen des Koordinators sowie den Inhalt des in Art. 72 Abs. 1 EuInsVO n. F. genannten Gruppen-Koordinationsplans bei der Durchführung ihrer Insolvenzverfahren zu berücksichtigen, nicht jedoch diesen ganz oder teilweise auch Folge zu leisten.

Beabsichtigt ein Verwalter von den Empfehlungen des Koordinators oder des Koordinationsplans abzuweichen, besteht für ihn nach Art. 71 Abs. 2 Unterabs. 2 EuInsVO n. F. jedoch die Pflicht, nach dem Prinzip *Comply or Explain* der Gläubigerversammlung die Gründe hierfür darzulegen.[393] Die Verwalter haben insofern zu prüfen, ob die Gläubiger ihres Verfahrens, durch die im Koordinationsverfahren vorgeschlagenen Maßnahmen voraussichtlich besser oder schlechter gestellt werden, als dies im Falle einer alternativen Verwertung der Fall wäre.[394]

gg) Zusammenarbeit zwischen den Verwaltern und dem Koordinator

Die in den einzelnen Mitgliedstaaten bestellten Verwalter und der Koordinator sind gemäß Art. 74 EuInsVO n. F. zur Zusammenarbeit verpflichtet. Hiervon umfasst ist insbesondere die Pflicht des Verwalters, jede Information, die für den Koordinator zur Wahrnehmung seiner Aufgaben von Belang ist an diesen weiterzuleiten. In Ermangelung hinreichender Sanktionen lässt sich diese Pflicht jedoch nicht gerichtlich durchsetzen. Der Erfolg des Koordinationsverfahren hängt somit in entscheidendem Maße von der Kooperationsbereitschaft der Verfahrensbeteiligten ab. Diese Rechtsunsicherheit sollte zukünftig durch die Einführung eines umfassenden Sanktionenkatalogs behoben werden.

---

393 *Undritz* in: Flöther, § 8 Rn. 103; *Vallender* in: ZIP 2015, 1513, 1521.
394 *Vallender* in: ZInsO 2015, 57, 62.

hh) Haftung des Insolvenzverwalters

Nicht durch den Verordnungsgeber geregelt ist die Frage der Haftung des Insolvenzverwalters für den Fall, dass dieser den in den Art. 61 ff. EuInsVO n. F. vorgeschlagenen Koordinationsmaßnahmen beziehungsweise Vorschlägen des Koordinators nicht Folge leistet oder eine Zusammenarbeit mit diesem Verweigert. Eine entsprechende Haftungsregelung war durch den Vorschlag des Europäischen Parlaments vom 5. Februar 2014[395] noch ausdrücklich vorgesehen.

Dies hat zur Folge, dass sich die Bewertung etwaiger Pflichtverletzungen nach dem Recht des Eröffnungsstaates (Art. 7 EuInsVO n. F.) richtet.[396] Auf in Deutschland eröffnete Hauptinsolvenzverfahren ist somit der Haftungsmaßstab des § 60 InsO anzuwenden.[397] Ergänzend hierzu will *Vallender* die durch das Europäische Parlament formulierten Grundsätze als Auslegungshilfe hinzuziehen.[398] Der Koordinationsverwalter hat danach seine Pflichten mit der gebotenen Sorgfalt auszuüben und für Schäden, die in zurechenbarer Weise auf die Verletzung dieser Pflichten zurückzuführen sind persönlich einzustehen.[399]

Ein Haftungsrisiko kann sich demnach für den im einzelstaatlichen Verfahren bestellten Verwalter insbesondere dann ergeben, wenn dieser in Abweichung zu den im Koordinationsverfahren vorgeschlagenen Maßnahmen eine massemehrende Verwertungsstrategie ausschlägt oder maßgeblich zu deren Verhinderung beiträgt.

g) Stellungnahme

Die Einführung konzernspezifischer Koordinations- und Kooperationspflichten durch den Unionsgesetzgeber ist bereits seit langer Zeit überfällig und daher als ein Schritt in die richtige Richtung zu begrüßen.[400] Durch die Regelung von Kooperationspflichten für international zuständige Insolvenzgerichte hat sich der europäische Gesetzgeber nunmehr ausdrücklich den Empfehlungen in Art. 25 UNCITRAL Model Law sowie einer bereits nach geltendem Recht bestehenden

---

395 Legislative Entschließung zu dem Vorschlag für eine Verordnung des Europäischen Parlaments und des Rates zur Änderung der Verordnung (EG) Nr. 1346/2000 des Rates über Insolvenzverfahren (COM(2012)0744 – C7-0413/2012 – 2012/0360(COD)).

396 *Vallender* in: ZInsO 2015, 57, 63; *ders.* in: ZIP 2015, 1513, 1520.

397 Vgl. auch *Undritz* in: Flöther, § 8 Rn. 117.

398 *Vallender* in: ZInsO 2015, 57, 63.

399 Legislative Entschließung zu dem Vorschlag für eine Verordnung des Europäischen Parlaments und des Rates zur Änderung der Verordnung (EG) Nr. 1346/2000 des Rates über Insolvenzverfahren (COM(2012)0744 – C7-0413/2012 – 2012/0360(COD)), Vorschlag 64.

400 Vgl. auch *Vallender* in: ZInsO 2015, 57, 60; *ders.* in: ZIP 2015, 1513 ff.; *Undritz* in: Flöther, § 8 Rn. 87; *Brinkmann* in: KTS 2014, 381 ff.; *Wimmer* in: DB 2013, 1343 ff.

Möglichkeit zur gerichtlichen Zusammenarbeit nach § 348 Abs. 2 InsO angeschlossen. Eine entsprechende Regelung war bislang weder im Verhältnis zwischen Haupt- und Sekundärinsolvenzverfahren durch den Verordnungsgeber vorgesehen,[401] noch ließ sich diese aufgrund analoger Anwendung des Art. 31 EuInsVO herbeiführen.[402] In diesem Zusammenhang ist insbesondere auch die Einführung des Art. 76 EuInsVO n. F. zu begrüßen, der eine Anwendung der für den Verwalter geltenden Bestimmungen, soweit einschlägig auch auf den Schuldner in Eigenverwaltung ebnet.

Ähnlich wie die §§ 269e ff. KIG entfalten die Koordinationsmechanismen der EuInsVO n. F. den Verfahrensbeteiligten gegenüber keine verbindliche Wirkung, sodass auch zukünftig der gute Wille der Verfahrensbeteiligten sowie deren tatsächliche Möglichkeiten über Erfolg oder Misserfolg einer koordinierten Verfahrensführung entscheiden.[403] Diese Möglichkeiten können im Einzelfall im erheblichen Maße dadurch eingeschränkt sein, dass – wie es *Vallender* in zutreffender Weise formuliert – den Beteiligten die zur Kommunikation notwendigen Sprachkenntnissen fehlen, oder der zuständige Richter aus seinem Dienstzimmer keine Auslandsgespräche führen kann.[404] Insofern erscheint es richtig, wenn von Seiten der Literatur, in Ergänzung zu den in Art. 71 EuInsVO n. F. genannten Voraussetzungen besondere Sprachkenntnisse des Koordinators gefordert werden.[405] Darüber hinaus gilt es die Art. 56 ff. EuInsVO n. F. durch die Einführung eines umfassenden Sanktionenkatalogs künftig verpflichtend auszugestalten. Im Übrigen bleibt zu hoffen, dass sich die Kooperationsbereitschaft der Beteiligten durch die Haftungsandrohung im nationalen Recht zumindest mittelbar steigert.

---

401 Vgl. *Brünkmans* in: ZInsO 2013, 797, 802.

402 Vgl. MünchKommBGB/*Kindler*, Bd. 11, Art. 31 EuInsVO, Rn. 8; *Undritz* in: Flöther, § 8 Rn 75.

403 *Brinkmann* in: KTS 2014, 381, 394.

404 *Brinkmann* in: KTS 2014, 381, 394; *Vallender* in: ZInsO 2015, 57, 63.

405 *Vallender* in: ZInsO 2015, 57, 63.

E. Konzentration kraft Zuständigkeit

Für die koordinierte Abwicklung konzernierter Unternehmen kann es von Vorteil sein, wenn für sämtliche Verfahren ein einheitlicher Gerichtsstand existiert.[1]

Eine gemeinsame Zuständigkeit für verbundene Rechtsträger im Sinne einer Konzernzuständigkeit kennt das deutsche Insolvenzrecht bislang nicht. Mit dem Ziel einer Verfahrenskonzentration kraft Zuständigkeit werden vor diesem Hintergrund in Literatur und Praxis bereits seit längerem verschiedene Ansätze diskutiert, die darauf gerichtet sind, ein Auseinanderfallen der insolvenzgerichtlichen Zuständigkeit zu verhindern.[2] Diesen Ansätzen ist das Ziel gemein, eine Vereinheitlichung der insolvenzgerichtlichen Entscheidung über die Wahl des Insolvenzverwalters sowie im Hinblick auf die Frage nach der Anordnung von Eigen- oder Fremdverwaltung zu erreichen. Weitere Vorteile werden in der Einsparung von Transaktionskosten gesehen. Um die Konzerninsolvenz für alle Beteiligten möglichst planbar zu gestalten, sollte die gerichtliche Zuständigkeit insbesondere klar und vorhersehbar ausgestaltet sein.[3]

Uneinigkeit herrscht in der Frage, unter welchen Voraussetzungen eine Zuständigkeitskonzentration bereits nach geltendem Recht möglich erscheint und an welcher Stelle eine kodifizierte Konzernzuständigkeit zukünftig ansetzen sollte. Hierzu soll der Blick zunächst auf die Regelungen des § 3 InsO gerichtet sein.

I. Gerichtszuständigkeit in Deutschland de lege lata

1. Problemaufriss

Örtlich zuständig ist gemäß § 3 Abs. 1 InsO ausschließlich dasjenige Insolvenzgericht, in dessen Bezirk der Schuldner seinen allgemeinen Gerichtsstand hat. Liegt der Mittelpunkt einer selbständigen wirtschaftlichen Tätigkeit des Schuldners an einem anderen Ort, so ist ausschließlich das Insolvenzgericht zuständig, in dessen Bezirk sich dieser Ort befindet. Für Handelsgesellschaften wird aus § 3 InsO mittlerweile überwiegend gefolgert, es komme niemals auf ihren allgemei-

1 *Eidenmüller/Frobenius* in: ZIP 2013, Beilage zu Heft 22 S. 4; Grell/Splittgerber in: DB 2017, 1497.
2 Vgl. Grell/Splittgerber in: DB 2017, 1497 ff.; *Vallender/Deyda* in: NZI 2009, 825 ff.; *Jaffé/Friedrich* in: ZIP 2008, 1849 ff.; *K. Schmidt* in: KTS 2011, 161, 176 f.; *ders.* in: ZIP 2012, 1053 ff.; *ders.* in: KTS 2010, 1, 22; *ders.* in: FS Ganter, 351, 357 ff; *Ehricke* in: KTS 1996, 218; *Eidenmüller* in: ZHR 169 (2005), 528, 537 ff.; *Hirte* in: ZIP 2008, 444 ff.; hierzu ausführlich auf S. 273 ff.
3 *Eidenmüller/Frobenius* in: ZIP 2013, Beilage zu Heft 22 S. 5.

https://doi.org/10.1515/9783110578775-012

nen Gerichtsstand, also den Unternehmenssitz, sondern vielmehr auf ihren Tätigkeitsmittelpunkt an,[4] sodass § 3 Abs. 1 S. 2 InsO stets vorrangig zu prüfen sei. Der Ort des satzungsmäßigen, beziehungsweise zum jeweiligen Register angemeldeten Sitzes entfaltet in diesen Fällen lediglich noch Indizwirkung, im Rahmen der Bestimmung des tatsächlichen Geschäftszentrums.[5] Werden mehrere Anträge gestellt, schließt das zuerst angerufene Insolvenzgericht die übrigen Gerichte nach § 3 Abs. 2 InsO aus. Es gilt das sogenannte Prioritätsprinzip.

Ein eigener Konzerngerichtsstand existiert nach geltendem Recht bislang nicht. Die Bestimmung der insolvenzgerichtlichen Zuständigkeit ist insofern für jedes Konzernunternehmen gesondert vorzunehmen.[6] Bislang reagiert die Praxis auf diese Problematik, indem sie sich ihren eigenen Konzerngerichtsstand schafft.[7] Sei es durch die Verlagerung des Mittelpunkts der selbständigen wirtschaftlichen Tätigkeit vor Insolvenzantragstellung[8] oder durch eine besonders konzernfreundliche Auslegung des § 3 Abs. 1 S. 2 InsO.[9]

Dieser Praxis blicken einige Stimmen derweil mit gebotener Skepsis entgegen, da ein zuständiges Insolvenzgericht das Insolvenzverfahren nach dessen Eröffnung *de lege lata* nicht an ein anderes verweisen kann und eine Korrektur einer einmal begründeten Gerichtszuständigkeit *ex post* nicht mehr möglich ist.[10]

Die folgenden Ausführungen sollen vor diesem Hintergrund dazu dienen, Klarheit im Hinblick auf die Frage zu schaffen, innerhalb welcher Grenzen sich eine einheitliche Konzerngerichtszuständigkeit bereits nach geltendem Recht auf § 3 InsO begründen lässt sowie mögliche Lösungsansätze für ein künftiges Insolvenzrecht identifizieren.

---

4 OLG München ZInsO 2009, 383; *K. Schmidt* in: KTS 2011, 161, 176; Jaeger/*Gerhardt*, § 3 Rn. 10; vgl. auch Münch/Komm/*Ganter/Lohmann*, § 3 Rn. 13; *K. Schmidt* in: FS Ganter, 351, 357.

5 Münch/Komm/*Ganter/Lohmann*, § 3 Rn. 10.

6 AG Essen, Beschl. v. 01.09.2009 – 166 IN 119/09 („*Arcandor*") = ZInsO 2009, 2207; vgl. auch Grell/Splittgerber in: DB 2017, 1497, 1498.

7 Eingehend hierzu *K. Schmidt* in: KTS 2010, 1, 22 ff.; *ders.* in: KTS 2011, 161, 176; *ders.* in: ZIP 2012, 1053, 1057.

8 So im Fall der PIN-Gruppe, vgl. AG Köln ZIP 2008, 423; ZIP 2008, 982.

9 So im Fall Arcandor: Hier hängten sich die konzernverbundenen Gesellschaften, einschließlich der Quelle GmbH einfach der Muttergesellschaft in Essen an; vgl. hierzu auch AG Essen ZIP 2009, 1826.

10 *K. Schmidt* in: KTS 2011, 161, 176; ders. in: ZIP 2012, 1053, 1057.

2. Bestimmung des Mittelpunkts der selbständigen wirtschaftlichen Tätigkeit i. S. d. § 3 Abs. 1 S. 2 InsO

Liegt der Mittelpunkt einer selbständigen wirtschaftlichen Tätigkeit des Schuldners an einem anderen Ort, als dem seines allgemeinen Gerichtsstands, so ist gemäß § 3 Abs. 1 S. 2 InsO ausschließlich dasjenige Insolvenzgericht zuständig, in dessen Bezirk dieser Ort liegt. Eine gesetzliche Definition des „Mittelpunkts der selbständigen wirtschaftlichen Tätigkeit" existiert bislang nicht.[11] Wie der Terminus im Sinne der Vorschrift auszulegen ist, wird vor diesem Hintergrund zum Teil unterschiedlich bewertet.

a) Meinungsstand

Teilweise wird auf eine externe Betrachtung des schuldnerischen Auftretens im Geschäftsverkehr abgestellt.[12] Demnach sei der schuldnerische Tätigkeitsmittelpunkt dort zu verorten, wo dieser einen Großteil seiner Geschäfte nach außen hin, das heißt für den Rechtsverkehr erkennbar tätige.[13]

Die wohl überwiegende Auffassung hält demgegenüber den Ort beziehungsweise die Einrichtung für maßgeblich, von wo aus die tatsächliche Willensbildung innerhalb des schuldnerischen Unternehmens ausgehe, also denjenigen Ort, an dem die wesentlichen unternehmensleitenden Entscheidungsbefugnisse wahrgenommen und in laufende Geschäftsführungsentscheidungen umgesetzt würden.[14] Im Einzelfall sei demnach darauf abzustellen, wo die Geschäftsentscheidungen in Form von Geschäftsunterlagen ihren Niederschlag finden.[15] Dies sei bei Gesellschaften regelmäßig der Ort, an dem sich der satzungsmäßige Sitz befinde.[16] Auch könne die Eintragung im Handelsregister eine entsprechende Indizwirkung ent-

11 Vgl. *Stephan* in: K. Schmidt, Insolvenzordnung, § 3 Rn. 7

12 OLG Brandenburg, NZI 2002, 438, 439; *Rostegge* in ZIP 2008, 955, 956; *Ehricke* in: ZInsO 2002, 393, 396.

13 LSZ/*Rechel*, § 3 Rn. 6.

14 Jaeger/*Gerhardt*, Bd. 1, § 3 Rn. 16, 22; Uhlenbruck/*Pape*, § 3 Rn. 4; *Stephan* in: K. Schmidt, Insolvenzordnung, § 3 Rn. 7; LG Dessau v. 30.03.1998 – 7 T 123/98 = ZIP 1998, 1006; KPB/*Prütting*, § 3 InsO Rn. 14; AG Essen, Beschl. v. 01.09.2009 – 166 IN 119/09 („*Quelle*") = ZInsO 2009, 2207; Grell/Splittgerber in: DB 2017, 1497, 1498.

15 LG Dessau v. 30.03.1998 – 7 T 123/98 = ZIP 1998, 1006; MünchKommInsO/*Ganter/Lohmann*, Bd. 1, § 3 Rn. 10; Uhlenbruck/*Pape*, § 3 Rn. 4; Grell/Splittgerber in: DB 2017, 1497, 1498.

16 Jaeger/*Gerhardt*, Bd. 1, § 3 Rn. 22.

falten.[17] Nicht erforderlich sei hingegen, dass die Entscheidungen an diesem Ort – etwa durch Vertragsschluss – auch Außenwirkung erlangten.[18] Andererseits könne aber auch nicht auf denjenigen Ort abgestellt werden, an dem die Unternehmensentscheidungen intern beschlossen werden, wenn sie dort nicht dokumentiert beziehungsweise „organisatorisch verfestigt" seien.[19] Letzterer Auffassung ist Folge zu leisten.

In Anlehnung an die Rechtsprechung des EuGH zur Bestimmung des „Mittelpunkts der hauptsächlichen Interessen" im Sinne von Art. 3 EuInsVO,[20] soll für die Bestimmung des „Mittelpunkts der selbständigen wirtschaftlichen Tätigkeit" gemäß § 3 Abs. 1 S. 2 InsO nach überwiegender Auffassung zudem entscheidend sein, ob die der Zuständigkeitsbegründung zu Grunde liegenden Umstände im Zeitpunkt der Antragstellung für die Gläubiger objektiv erkennbar waren.[21]

b) Verfahrenskonzentration am Sitz der Konzernleitung

Eine Verfahrenskonzentration am Satzungssitz der Muttergesellschaft kommt auf dieser Grundlage grundsätzlich nur dann in Betracht, wenn die einzelnen Tochtergesellschaften ihren jeweiligen Verwaltungssitz oder aber ihren wirtschaftlichen Tätigkeitsmittelpunkt am Ort der Muttergesellschaft haben.[22] Ein Teil in Rechtsprechung und Literatur spricht sich daher zum Zwecke der Zuständigkeitskonzentration dafür aus, den wirtschaftlichen Tätigkeitsmittelpunkt für Konzerngesellschaften zusätzlich an demjenigen Ort anzunehmen, von dem aus die Konzernmutter ihre Tochter- oder Enkelgesellschaften zentral leitet.[23]

Wann dies der Fall sein kann, soll anhand zweier prominenter Entscheidungen aus der jüngeren Rechtsprechung näher beleuchtet werden. Dabei versteht es sich von selbst, dass etwaige strategische Anweisungen der Mutter an die

---

17 MünchKommInsO/*Ganter/Lohmann*, Bd.1, § 3 Rn. 10a; hingegen will Uhlenbruck/*Pape*, § 3 Rn. 4 den Mittelpunkt der wirtschaftlichen Tätigkeit am Ort der Eintragung ins Handelsregister widerleglich vermuten.

18 Jaeger/*Gerhardt*, Bd. 1, § 3 Rn. 16, 22.

19 MünchKommInsO/*Ganter/Lohmann*, Bd. 1, § 3 Rn. 10.

20 EuGH, Urt. v. 2.5.2006 – Rs C-341/04 („*Eurofood*") = EuZW 2006, 337; vgl. hierzu die Ausführungen auf S. 326ff.

21 *Stephan* in: K. Schmidt, Insolvenzordnung, § 3 Rn. 8; HK-InsO/*Kirchhof*, § 3 Rn. 9; Grell/Splittgerber in: DB 2017, 1497, 1498.

22 Vgl. *Rostegge* in: ZIP 2008, 955, 956; MünchKommInsO/*Ganter/Lohmann*, Bd. 1, § 3 Rn. 14; *Eidenmüller* in: ZHR 169 (2005), 528, 538f.

23 LG Dessau v. 30.03.1998 – 7 T 123/98 = ZIP 1998, 1006; OLG Brandenburg v. 19.06.2002 – 1 AR 27/02 = NZI 2002, 438; MünchKommInsO/*Ganter/Lohmann*, § 3 Rn. 14; KPB/Prütting, § 3 InsO Rn. 15; Grell/Splittgerber in: DB 2017, 1497, 1498.

mit ihr verbundenen Unternehmen, wie sie regelmäßig in jedem konzernartigem Konstrukt stattfinden, nicht bereits für die Annahme einer Leitung in diesem Sinne ausreichen können.[24]

aa) Entscheidung des AG Essen in Sachen „Quelle GmbH"

Auf Grundlage eines umfassenden Gutachtens[25] hat sich mit Beschluss vom 1. September 2009 das Insolvenzgericht am Amtsgericht Essen, im Hinblick auf seine Zuständigkeit für die insolvente *„Quelle GmbH"* als Teil des *Arcandor*-Konzerns, der wohl herrschenden Meinung[26] angeschlossen.[27] Das Gericht betonte in seiner Entscheidung, dass für die Bestimmung des Mittelpunkts der selbständigen wirtschaftlichen Tätigkeit im Sinne von § 3 Abs. 1 S. 2 InsO auf den Ort abzustellen sei, an dem die tatsächliche Willensbildung stattfinde und die Entscheidungen der Unternehmensleitung getroffen, dokumentiert und umgesetzt würden, wofür letztlich eine gewisse organisatorische Verfestigung zu verlangen sei.[28]

Dem Gutachten des zuständigen vorläufigen Insolvenzverwalters ist zu entnehmen, dass die Entscheidung auf Grundlage einer Abwägung sämtlicher Kriterien erfolgte, die sowohl für als auch gegen eine Zuständigkeitsbegründung am Sitz der Mutter sprachen.[29] Dabei fand insbesondere Berücksichtigung, dass § 3 Abs. 1 S. 2 InsO seinen Sinn und Zweck nach eine „ortsnahe" Abwicklung des vom insolvenzbeschlag umfassten Vermögens beabsichtige.[30]

bb) Entscheidung des AG Köln in Sachen „PIN AG"

Kurz zuvor hatte das Insolvenzgericht am AG Köln in seiner heftig umstrittenen Entscheidung in Sachen *„PIN AG"* die Auffassung vertreten, dass die Existenz eines am Sitz der Mutter tagenden „zentralen Lenkungsausschusses" sowie „Verwaltungsrates", als auch der Umstand, dass Personalpolitik, Pressearbeit, sowie die Sicherstellung der wechselseitigen Zahlungsströme am Sitz der Konzernleitung stattfanden, die Annahme des Mittelpunkts der selbständigen wirt-

24 MünchKommInsO/*Ganter/Lohmann*, Bd. 1, § 3 Rn. 14.
25 „Quelle"-Gutachten, ZInsO 2009, 2188.
26 Siehe oben unter: M.I.2.a).
27 AG Essen, Beschl. v. 01.09.2009 – 166 IN 119/09 (*„Quelle"*) = ZInsO 2009, 2207.
28 AG Essen, Beschl. v. 01.09.2009 – 166 IN 119/09 (*„Quelle"*) = ZInsO 2009, 2207.
29 Eine Auflistung dieser Kriterien ist dem „Quelle"-Gutachten in: ZInsO 2008, 2188, 2190 zu entnehmen und soll an dieser Stelle nicht detailliert wiedergegeben werden.
30 „Quelle"-Gutachten, ZInsO 2008, 2188, 2190.

schaftlichen Tätigkeit der in Bremen ansässigen Tochter, bei der Muttergesellschaft in Köln rechtfertigen würden.[31] Wohingegen Preisgestaltung, Mitarbeiter, Vermögensgegenstände, Akten, Konten sowie die Lohn- und Finanzbuchhaltung weiterhin in Bremen angesiedelt waren.[32]

Dem Gericht wurde in der Folgezeit zum Vorwurf gemacht, es habe im Rahmen seiner Beschlussfassung verkannt, dass die entscheidungserheblichen Umstände gerade erst im Hinblick auf die unmittelbar bevorstehende Insolvenzantragsstellung geschaffen worden waren, sodass diese nicht mit der für Gläubiger erkennbaren wirtschaftlichen Realität der Schuldnerin übereinstimmen würden.[33] Zudem wurde bemängelt, dass die bloß arbeitsteilige Verfolgung eines Unternehmensgegenstandes für die Annahme einer einheitlichen Zuständigkeit im Ergebnis nicht ausreichen würde.[34]

Andere wiederum begrüßten die Entscheidung und betonten, dass die Bestimmung der örtlichen Zuständigkeit im Sinne des § 3 Abs. 1 S. 2 InsO keinesfalls aufgrund starrer Auslegung von Tatbestandsmerkmalen, sondern vielmehr aufgrund einer umfassenden Interessenabwägung zu erfolgen habe.[35] Dabei seien der Grad der Selbständigkeit aufgrund von Absprache, Weisungen und Zustimmungsvorbehalten oder aufgrund der Verteilung interner Verwaltungsaufgaben wie Lohnbuchhaltung, Rechnungswesen, Controlling, Marketing und Öffentlichkeitsarbeit für die Bestimmung des Mittelpunkts der selbständigen Wirtschaftlichen Tätigkeit entscheidend.[36] Darüber hinaus spiele die Frage, wem die Entscheidungsbefugnis über strategische sowie alltägliche Entscheidungen im operativen Geschäft übertragen sei, eine entscheidende Rolle.[37]

Letztlich wird gefordert, dass sich diese Punkte auch in den äußeren tatsächlichen Verhältnissen, wie etwa der Lage der Geschäftsräume, dem Ort des Geschäftskontos sowie der Geschäftsunterlagen, aber auch dem Auftreten der schuldnerischen Unternehmung als „geschlossene Einheit am Markt" widerspiegeln müssten.[38]

---

31 AG Köln, Beschl. v. 01.02.2008 – 73 IN 682/07 = ZInsO 2008, 215.
32 AG Köln, Beschl. v. 01.02.2008 – 73 IN 682/07 = ZInsO 2008, 215.
33 *Frind* in: ZInsO, 2008, 261 ff.
34 *Frind* in: ZInsO, 2008, 614.
35 *Knopf/Mock* in: ZInsO 2008, 253, 258.
36 *Knopf/Mock* in: ZInsO 2008, 253, 259.
37 *Knopf/Mock* in: ZInsO 2008, 253, 259.
38 *Knopf/Mock* in: ZInsO 2008, 253, 259.

cc) Stellungnahme

Sowohl das AG Köln als auch das AG Essen haben ihren Entscheidungen zur Bestimmung der örtlichen Zuständigkeit eine im jeweiligen Einzelfall umfassende Interessenabwägung zu Grunde gelegt. Beide Gerichte gelangten auf dieser Grundlage zu dem übereinstimmenden Ergebnis, dass der Mittelpunkt der selbständigen wirtschaftlichen Tätigkeit der schuldnerischen Gesellschaft auch dann an dem satzungsmäßigen Sitz der Muttergesellschaft (und somit abweichend vom statutarischen Sitz der Schuldnergesellschaft) liegen könne, wenn ein Teil der zu Grunde gelegten Kriterien durch die Tochtergesellschaft selbst oder gar durch beide Gesellschaften erfüllt würden. Im Rahmen der Interessenabwägung haben die Gerichte insbesondere dem Gedanken einer ortsnahen Abwicklung des schuldnerischen Vermögens[39] Rechnung getragen.[40] Für diesen Gedanken spricht nicht zuletzt, dass sich an diesem Ort regelmäßig nicht nur ein Großteil der Masse sowie der Gläubiger der schuldnerischen Gesellschaft befinden, sondern vielmehr auch die für die jeweiligen Transaktionen beweiserheblichen Unterlagen ohne erhöhten Verwaltungsaufwand zugänglich sind.[41]

Würde ein Unternehmen beispielsweise seine werbende Tätigkeit ausschließlich darauf beschränken, sich durch bevollmächtigte, durch die Bundesrepublik reisende Vertreter, jeweils am Wohn- beziehungsweise Satzungssitz der späteren Gläubiger vertraglich zu verpflichten und die geschuldeten Leistungshandlungen vornehmen zu lassen, so läge höchstwahrscheinlich der nach außen hin in Erscheinung tretende Mittelpunkt der schuldnerischen Geschäftstätigkeit, je nachdem, welchen Gläubiger man hierzu befragte, an einem jeweils anderen Ort. Eine endgültige Bestimmung des nach § 3 Abs. 1 S. 2 InsO vorrangigen Mittelpunktes der selbständigen wirtschaftlichen Tätigkeit würde nach erstgenannter Ansicht offensichtlich schwerfallen, sodass in der Regel wohl mit der nachrangigen Bestimmung des § 3 Abs. 1 S. 1 InsO auf den allgemeinen Gerichtsstand zurückgegriffen werden müsste. Ob dies im konkreten Einzelfall auch der wirtschaftlichen Realität entspricht, erscheint nach dem Vorgesagten jedenfalls eher fraglich zu sein.

Auf der anderen Seite stellt sich die strukturelle Realität einer Vielzahl überregional tätiger Gesellschaften im In- und Ausland dergestalt dar, dass sich der operative Geschäftsbetrieb und somit auch ein Großteil des schuldnerischen Vermögens, wie Grundstücke und Betriebsausstattung samt Gläubigerschaft an einem anderen Ort als dem des schuldnerischen Verwaltungssitzes befinden. In

---

39 Vgl. hierzu Nerlich/Römermann/*Becker*, § 3 Rn. 23f.; MünchKommInsO/*Ganter/Lohmann*, Bd. 1, § 3 Rn. 2.

40 „Quelle"-Gutachten, ZInsO 2008, 2188, 2190.

41 MünchKommInsO/*Ganter/Lohmann*, Bd. 1, § 3 Rn. 2.

diesen Fällen scheint es in der Tat naheliegend, auch diesen Ort in die Überlegungen zur Bestimmung der örtlichen Zuständigkeit mit einzubeziehen. Hierfür sprechen neben der Nähe und der Sachkunde des zuständigen Insolvenzgerichts sowie des bestellten Verwalters auch rein pragmatische Erwägungen, wie die Ersparnis von Reisekosten und die Vermeidung von Unannehmlichkeiten für die Verfahrensbeteiligten.[42]

c) Zwischenergebnis

Der Mittelpunkt der selbständigen wirtschaftlichen Tätigkeit lässt sich weder einheitlich noch schematisch bestimmen. Vielmehr ist eine einzelfallbezogenen Abwägung der gegebenen Umstände auf Grundlage der durch die herrschende Meinung entwickelten Kriterien vorzunehmen,[43] wobei nicht auszuschließen ist, dass die Mehrzahl dieser Indizien möglicherweise ausgewogen auf zwei Orte verteilt ist. Insbesondere kann der Umstand, dass die Muttergesellschaft die Geschäfte ihrer Töchter vom eigenen Unternehmenssitz aus zentral leitet, für die Annahme einer gemeinsamen Zuständigkeit sprechen, wenn neben diesen Umstand noch weitere gewichtige Indizien treten.

Schlussendlich muss sich das angerufene Gericht jedoch auf einen dieser Orte festlegen, sodass Kompromissentscheidungen unausweichlich sind. In diesen Fällen sollte die vom Gericht zu treffende Entscheidung nicht zuletzt dem in § 3 Abs. 1 S. 2 InsO enthaltenen Grundsatz, Schulden an demjenigen Ort abzuwickeln, an dem sie auch entstanden sind, sowie dem Sanierungsgedanken des § 1 InsO im hinreichenden Maße Rechnung tragen.

d) Missbräuchliche Zuständigkeitserschleichung oder legitimes forum shopping?

Im Zusammenhang mit der zuvor behandelten Entscheidung des AG Köln in Sachen „*PIN AG*“[44] drängt sich die Frage auf, in welchem Umfang die Schaffung zuständigkeitsbegründender Tatsachen vor Antragstellung in die Bestimmung des Mittelpunkts der selbständigen wirtschaftlichen Tätigkeit im Sinne des § 3 Abs. 1 S. 2 InsO einfließen darf.

---

42 Vgl. *Jaffé/Friedrich* in: ZIP 2008, 1849, 1851.

43 Siehe hierzu oben auf S 256.

44 AG Köln, Beschl. v. 01.02.2008 – 73 IN 682/07 = ZInsO 2008, 215.

aa) Maßgeblicher Zeitpunkt für das Vorliegen zuständigkeitsbegründender Tatsachen

Für die Bewertung der insolvenzgerichtlichen Zuständigkeit gemäß § 3 InsO sind nach allgemeiner Auffassung allein die tatsächlichen Verhältnisse im Zeitpunkt der Antragstellung entscheidend.[45] Unbeachtlich ist hingegen, ob diese Verhältnisse bereits für einen längeren Zeitraum an diesem Ort bestanden und inwieweit der objektive Rechtsverkehr von ihnen Kenntnis genommen hat beziehungsweise Kenntnis nehmen konnte. Das Gesetz macht hierzu keine Angaben.

bb) Maßstab der Risikobewertung durch den objektiven Rechtsverkehr

Die Gläubigerschaft wird demgegenüber im Rahmen der von ihr vorzunehmenden Risikoabschätzung denjenigen Umständen vertrauen, die zum Zeitpunkt des Vertragsschlusses für sie objektiv erkennbar waren. Hinzu kommt, dass stark integrierte Konzerne, aufgrund einer zumeist einheitlichen *Corporate Identity* beim juristischen Laien nicht selten den Eindruck einer wirtschaftlich sowie juristischen Einheit erwecken, was die Bewertung für den Außenstehenden im Zweifel zusätzlich erschweren kann. Realität und gesetzlicher Maßstab weichen insofern voneinander ab.

cc) Zeitliche Grenzen der Sitzverlegung

Es drängt sich daher die Frage auf, ob die Zulässigkeit zuständigkeitsbegründender Tatsachen auf Seiten der schuldnerischen Gesellschaft zukünftig einer gewissen zeitlichen Grenze unterliegen sollte. Sollte dies der Fall sein, muss es Ziel dieser Bemühungen sein, das Spannungsverhältnis zwischen der Verwirklichung einer insolvenzrechtlichen Verfahrenskonzentration auf der einen Seite und der Wahrung eines effektiven Gläubigerschutzes auf der anderen Seite, im Rahmen eines verhältnismäßigen Interessenausgleichs weitestgehend aufzulösen.

(1) Rechtsprechung

Teile der Rechtsprechung haben sich dieser Zielsetzung bereits angenommen, indem sie etwa Sitzverlegungen nach vollständiger Einstellung des Geschäftsbe-

---

45 MünchKommInsO/*Ganter/Lohmann*, Bd. 1, § 3 Rn. 5.

triebs[46] oder aber auch während des Insolvenzeröffnungsverfahrens[47] für nichtig erklären.[48] Eine entsprechende Auslegung scheint auch der BGH heranzuziehen, indem er im Falle der Sitzverlegung im Anschluss an einen gewerbsmäßigen Firmenkauf immer dann einen Missbrauchstatbestand vermuten will, wenn der Käufer innerhalb von drei Wochen nach Beurkundung des Beschlusses über die Sitzverlegung ein Antrag auf Eröffnung eines Insolvenzverfahrens stellt.[49] Das Gericht am ursprünglichen Sitz des Schuldners hat vor diesem Hintergrund zunächst von Amts wegen zu klären, ob Anzeichen für eine rechtmissbräuchliche Zuständigkeitserschleichung bestehen, bevor es einen Verweisungsbeschluss ausspricht.[50]

Ziel dieser Rechtsprechung ist es in erster Linie, eine Eindämmung gewerbsmäßiger Firmenbestattungen zu erreichen, die sich in der Praxis vermehrt zu einem alltäglichen Problem entwickeln.[51] In der Regel werden die Geschäftsanteile einer Gesellschaft zu diesem Zweck auf einen Strohmann übertragen, der nach Abberufung und Entlastung des bisherigen Geschäftsführers zum neuen Geschäftsführer bestellt wird. Zugleich wird der Sitz der Gesellschaft an einen anderen weit entfernten Ort – etwa den Wohnsitz des Firmenbestatters und neuen Geschäftsführers – verlegt und die Geschäftsunterlagen – sofern diese noch vorhanden sind – an diesen Ort verbracht, um den Gläubigern die Wahrnehmung und Verfolgung ihrer Rechte zu erschweren und dem ursprünglichen Geschäftsführer die Möglichkeit zu geben, etwaigen Haftungsansprüchen der Gläubiger zu entgehen.[52] Auskünfte durch den neuen, zumeist ahnungslosen Geschäftsführer können in diesen Fällen in der Regel nicht erlangt werden.[53]

---

46 Vgl. BayObLG, Beschl. v. 08.09.2003 – 1Z AR 86/03 = ZInsO 2003, 1045; OLG Schleswig, Beschl. v. 04.02.2004 – 2 W 14/04 = NZI 2004, 264; OLG Celle, Beschl. v. 16.12.2003 – 2 W 117/03 = NZI 2004, 260; OLG Celle, Beschl. v. 09.10.2003 – 2 W 108/03 = NZI 2004, 258; OLG Celle, Beschl. v. 11.01.2010 – 4 AR 3/10 = ZIP 2010, 489; AG München, Beschl. v. 01.04.2005 – 1506 IN 356/04 = ZIP 2005, 1052; KG, Beschl. v. 25.07.2011 – 25 W 33/11 = ZIP 2011, 1566.

47 OLG Naumburg, Beschl. v. 28.03.2001 – 5 AR 1/01 = ZIP 2001, 753.

48 *Frind/Pannen* in: ZIP 2016, 398, 401.

49 BGH, Beschl. v. 20.03.1996 – X ARZ 90/96, BGHZ 132, 195 = ZIP 1996, 847; vgl. auch KPB/*Prütting*, § 3 InsO Rn. 22; Uhlenbruck/*Pape*, § 3 Rn. 12.

50 BGH, Beschl. v. 13.12.2005 – X ARZ 223/05 = NZI 2006, 164.

51 Vgl. hierzu die Ausführungen bei Uhlenbruck/*Pape*, § 3 Rn. 12.

52 OLG Celle, Beschl. v. 16.12.2003 – 2 W 117/03 = NZI 2004, 260, 261; MünchKommInsO/*Ganter/Lohmann*, Bd. 1, § 3 Rn. 40, 42; Uhlenbruck/*Pape*, § 3 Rn. 12.

53 Uhlenbruck/*Pape*, § 3 Rn. 12.

(2) Rechtsvergleichung

In Parallelität hierzu hat sich auch der europäische Gesetzgeber im Rahmen der Reformierung der EuInsVO zum Ziel gesetzt, betrügerisches oder missbräuchliches *forum shopping* künftig zu verhindern.[54] Zu diesem Zweck gilt die Vermutung, dass sich der Mittelpunkt der hauptsächlichen Interessen der schuldnerischen Gesellschaft am Ort ihres satzungsmäßigen Sitzes befindet fortan dann nicht mehr, wenn die Schuldnerin ihren satzungsmäßigen Sitz in einem Zeitraum von *drei Monaten* vor dem Antrag auf Eröffnung des Insolvenzverfahrens in einen anderen Mitgliedstaat verlegt hat (Art. 3 Abs. 1 Unterabs. 2 EuInsVO n. F.).[55]

Eine ähnliche Regelung kennt auch das französische Recht. Gemäß Art. R 600 – 1 Abs. 1 CCom bleibt im Falle einer Verlegung des satzungsmäßigen Sitzes dasjenige Insolvenzgericht örtlich zuständig, in dessen Bezirk sich der Sitz *sechs Monate* vor Antragstellung befunden hat.[56]

Parallel hierzu sieht auch das US-amerikanische Insolvenzrecht vor, dass sich der Hauptsitz der (schuldnerischen) Gesellschaft beziehungsweise der überwiegende Teil des Vermögens bereits *einhundertachtzig Tage* vor Antragstellung oder zumindest den überwiegenden Teil dieser Zeit im jeweiligen Gerichtsbezirk befunden haben muss, 28 U.S.C. § 1408(1).[57]

(3) Literatur

Mit dem Ziel der Vereinheitlichung der europäischen Rechtsordnungen sowie eines europafreundlichen Handelns sprechen sich Teile der Literatur dafür aus, die Regelungen in Art. 3 Abs. 1 Unterabs. 2 EuInsVO n. F. im Zuge der Einführung eines deutschen Konzerninsolvenzrechts zu übernehmen.[58]

Alternativ hierzu existiert der Vorschlag, auf die Gläubigerschutzvorschriften der §§ 130, 131 InsO zurückzugreifen, wonach Rechtshandlungen des Schuldners

---

54 Erwägungsgrund 29 EuInsVO n. F.

55 Siehe hierzu im Detail auf S. 359ff.; vgl. zudem Erwägungsgrund 31 EuInsVO n. F.

56 Pannen/*Dammann*, LB Frankreich, Rn. 49.

57 Jedoch kann es für eine insolvenzgerichtliche Zuständigkeit nach dieser Vorschrift bereits ausreichen, dass für die jeweilige Gesellschaft diese Voraussetzungen nicht bereits für einen längeren Zeitraum in einem anderen Bezirk vorgelegen haben – was bei Neugründung regelmäßig der Fall sein wird {vgl. hierzu: Transcript of April 12, 2005, Hearing at 171, *In re Winn-Dixie Stores Inc.*, Chapter 11 Case No. 05 – 11063 (RDD) (Bankr. S.D.N.Y. 2005)}.

58 *Frind/Pannen* in: ZIP 2016, 398, 407; vgl. auch *Frind* in: ZInsO 2014, 927, 936; *Eidenmüller* in: ZHR 169 (2005), 528, 539; *Jaffé/Friedrich* in: ZIP 2008, 1849, 1852; *Vallender/Deyda* in: NZI 2009, 825, 828.

innerhalb der insolvenzrechtlichen Krisenvermutung den Rechtsfolgen der Anfechtung unterliegen.[59]

Eine konsequente Übertragung des Rechtsgedankens dieser Vorschriften würde im Ergebnis dazu führen, dass jegliche strukturelle Praktiken der schuldnerischen Gesellschaft innerhalb des Zeitraums der Krisenvermutung, die eine nachträgliche Beeinflussung der örtlichen Zuständigkeit des Gerichts bewirken, bei dessen Bestimmung zukünftig außer Betracht blieben.[60]

Andere wollen wiederum noch einen Schritt weitergehen und fordern, die Regelung des § 3 Abs. 1 S. 2 InsO gänzlich abzuschaffen und auf den Insolvenzgerichtsstand der schuldnerischen Gesellschaft ein Jahr vor Antragstellung als maßgeblichen Anknüpfungspunkt für die Bestimmung der örtlichen Zuständigkeit abzustellen.[61]

(4) Stellungnahme

Letztlich scheint es überzeugend, Maßnahmen die auf ein schuldnerisches *forum shopping* abzielen – in Parallelität zu Art. 3 Abs. 1 Unterabs. 2 EuInsVO n. F. – dann keine Berücksichtigung im Rahmen der Zuständigkeitsbestimmung zu schenken, wenn diese innerhalb der letzten *drei Monate* vor dem Antrag auf Eröffnung des Insolvenzverfahrens ihren Ursprung finden.

Die Ansicht, die für die Beantwortung der Zuständigkeitsfrage auf den allgemeinen Gerichtsstand ein Jahr vor Antragstellung abstellen will, erscheint demgegenüber zu starr, um im Einzelfall den Anforderungen an den Insolvenzzweck (§ 1 InsO) gerecht zu werden. Hinzu kommt, dass im Gegensatz zu einem europäischen Insolvenzrecht die Frage der Gerichtszuständigkeit im deutschen Recht nicht über ein anwendbares Verfahrensrecht entscheidet und somit eine weitaus geringere Tragweite aufweist.[62]

dd) Gefahren und Chancen des forum shopping

Gefahren und Chancen eines schuldnerischen *forum shopping* sollten idealer Weise im Rahmen der Gerichtszuständigkeit einen interessengerechten Ausgleich mit den Zielsetzungen des Insolvenzverfahrens (§ 1 InsO) erfahren.[63]

---

59 *Frind* in: ZInsO 2008, 363, 365.

60 *Frind* in: ZInsO 2008, 363, 365.

61 *Eidenmüller* in: ZHR 169 (2005), 528, 539; *Jaffé/Friedrich* in: ZIP 2008, 1849, 1852; *Vallender/Deyda* in: NZI 2009, 825, 828; so wohl zuletzt auch *Frind* in: ZInsO 2014, 927, 936.

62 Vgl. *K. Schmidt* in: FS Ganter, 351, 359.

63 Vgl. bereits oben auf S 261f.

Als Gefahren einer (manipulativen) Sitzverlegung vor Antragstellung werden genannt:

- Die Auswahl der Insolvenzgerichte erfolge nach sachfremden Kriterien und sei zumeist von Beraterseite getrieben,[64]
- Folge dessen sei in der Regel die Begründung eines für die Gläubigerschaft nicht erkennbaren und somit überraschenden Gerichtsstands,[65]
- Bewerbungen für eine Position im (vorläufigen) Gläubigerausschuss seien zumeist verspätet, da ab der zweiten Woche nach Bekanntmachung des Eröffnungsbeschlusses eine Informationsabfrage nach § 2 Abs. 1 Nr. 3 InsOBekVO nur noch unter Angabe des Sitzes des Insolvenzgerichts sowie mindestens einer weiteren Angaben möglich sei,[66]
- eine Teilnahme an den Sitzungen des (vorläufigen) Gläubigerausschusses oder der Gläubigerversammlung seien aufgrund weiter Anfahrtswege nur unter erschwerten Bedingungen sowie unter zusätzlichem finanziellen Aufwand möglich, mit der Folge, dass eine Absprache mit dem Insolvenzgericht gerade kleineren und finanzschwachen Gläubigern nur eingeschränkt möglich sei,[67]
- Entstehung einer Art Wettbewerbsdruck zwischen den einzelnen Insolvenzgerichten sowie die Gefahr eines hieraus resultierenden Wettkampfes um große sowie bedeutende Verfahren,[68]
- Benachteiligung kleiner Stakeholder durch schuldnerfreundliche Verfahrensweisen wie etwa der kritiklosen Genehmigung von *pre-packaged Plans*,[69]
- Anstieg der Eröffnungsquote für Folgeinsolvenzverfahren aufgrund einer zunehmenden Verschlechterung der Sanierungskultur.[70]

Wie die Entscheidung des Kölner Insolvenzgerichts in Sachen „PIN AG“[71] zeigt, muss eine strategisch motivierte Sitzverlegung im Zeitraum unmittelbar vor Antragstellung jedoch nicht nur Gefahren mit sich bringen. Aus ihr können sich vielmehr auch Chancen für die am jeweiligen Verfahren beteiligten Gläubiger ergeben; etwa dann, wenn diese der Umsetzung eines einheitlichen konzern-

64 *Frind* in: ZInsO 2014, 927, 932.
65 *Frind/Pannen* in: ZIP 2016, 398, 404.
66 *Frind/Pannen* in: ZIP 2016, 398, 404.
67 *Frind/Pannen* in: ZIP 2016, 398, 404.
68 *LoPucki* in: ZInsO 2013, 420, 423 f.
69 *LoPucki* in: ZInsO 2013, 420, 424.
70 *LoPucki* in: ZInsO 2013, 420, 423.
71 AG Köln, Beschl. v. 01.02.2008 – 73 IN 682/07 = ZInsO 2008, 215.

weiten Sanierungskonzept dient.[72] Insofern erscheint es sinnvoll, das Ergebnis von Umstrukturierungsmaßnahmen, die eine Änderung des Insolvenzgerichtsstands zum Gegenstand haben, im Einzelfall einer zusätzlichen Abwägung mit dem Gläubigerinteresse zu unterziehen.

e) Zwischenergebnis

Eine Verfahrenskonzentration am Satzungssitz der Muttergesellschaft scheidet immer bereits dann aus, wenn die Geschäftsleitungen der einzelnen Tochtergesellschaften ihren jeweiligen Verwaltungssitz oder aber ihren wirtschaftlichen Tätigkeitsmittelpunkt an einem anderen Ort als dem der Muttergesellschaft haben. Eine insolvenzrechtliche Verfahrenskonzentration am Gerichtsstand der Konzernmutter gemäß § 3 Abs. 1 S. 2 InsO kommt demgegenüber nur dann in Betracht, wenn diese die ausschließliche Leitungsmacht über die Tochtergesellschaften innehat. Ob dies der Fall ist, orientiert sich maßgeblich an denen von der herrschenden Meinung entwickelten Kriterien[73] sowie dem für die Gläubigerschaft nach außen hin erkennbaren Auftreten des Unternehmensverbundes am Markt.

Die Regelung in § 3 InsO sollte künftig durch eine Regelung ergänzt werden die vorsieht, dass Maßnahmen, die auf ein schuldnerisches forum shopping abzielen, im Rahmen der Zuständigkeitsbestimmung keine Berücksichtigung finden, wenn diese innerhalb der letzten *drei* Monate vor dem Antrag auf Eröffnung des Insolvenzverfahrens stattfinden und das Gläubigerinteresse eine Verlegung der örtlichen Zuständigkeit innerhalb dieses Zeitraums nicht ausnahmsweise rechtfertigt.

f) Zuständigkeitskonzentration kraft geschäftsverteilungsplanrechtlicher Regelungen

Bedenken bestehen darüber hinaus im Hinblick auf die Wirksamkeit geschäftsverteilungsplanrechtlicher Regelungen, die für den Fall eines konzernrechtlich geprägten Sachverhalts auf eine einheitliche funktionelle Zuständigkeit innerhalb ein und desselben Insolvenzgerichts abzielen.[74] Zur Verdeutlichung dieser Problematik soll den folgenden Ausführungen beispielhaft die Regelung zur insolvenzrichterlichen Zuständigkeit in Ziffer Y des Geschäftsverteilungsplans des AG X-Stadt zu Grunde liegen. Dort heißt es:

---

72 Vgl. *Paulus* in: DB 2008, 2523, 2524.
73 Vgl. hierzu die Ausführungen auf S. 256f.
74 Vgl. hierzu insbes. *Smid* in: ZInsO 2016, 1277ff.

> [...] Neu eingehende Insolvenzsachen werden in der Reihenfolge des Eingangs nach dem folgenden Turnus verteilt. Bei gleichzeitigem Eingang mehrerer Sachen erfolgt die Verteilung innerhalb eines Turnus in der Reihenfolge des Alphabets nach dem unter Berücksichtigung der vorstehenden Regelung zu bestimmenden Namen des Schuldners. Betreffen mehrere gleichzeitig eingegangene Sachen denselben Schuldner, werden sie der im Durchlauf zuständigen Abteilung unter Anrechnung auf den Turnus zugeteilt. Entscheidend für die Verteilung ist der Zeitpunkt des Eingangs in der Eingangsgeschäftsstelle des Insolvenzgerichtes für Regelinsolvenzverfahren. [...] Stehen mehrere Insolvenz- oder Restschuldbefreiungsverfahren in wirtschaftlichem oder persönlichem Zusammenhang, so ist einheitlich der Richter zuständig, in dessen Zuständigkeit der erste Antrag fällt. [...][75]

aa) Überprüfung am Maßstab von Art. 101 Abs. 1 S. 2 GG

Entscheidend für die Wirksamkeit der Regelung ist, ob der Terminus „wirtschaftlicher oder persönlicher Zusammenhang“ den Anforderungen an das Gebot des gesetzlichen Richters in Art. 101 Abs. 1 S. 2 GG gerecht wird.

(1) Gesetzesvorbehalt

Gemäß Art. 101 Abs. 1 S. 2 GG unterliegt die Bestimmung der richterlichen Zuständigkeit dem Vorbehalt des Gesetzes. Hierunter sind in erster Linie formelle, also im parlamentarischen Verfahren beschlossene Gesetze sowie Gesetze im materiellen Sinne zu verstehen.[76] Da es bereits aus tatsächlichen Gründen nicht möglich ist, sämtliche Zuständigkeiten bis hin zur Verteilung der den Richtern innerhalb einer Gerichtsbehörde übertragenen Aufgaben im Gesetz niederzulegen, müssen nach allgemeiner Auffassung ergänzend zu den gesetzlichen Bestimmungen die Geschäftsverteilungspläne der Gerichte treten.[77]

Gemäß § 21e Abs. 1 GVG wird die Verteilung der Geschäfte durch das Präsidium im Rahmen des Geschäftsverteilungsplans geregelt. Auf die Zuständigkeitsverteilung unter den Richterinnen und Richtern des Insolvenzgerichts findet § 21e GVG unmittelbar Anwendung, da es sich bei dem Insolvenzgericht um eine Abteilung des Amtsgerichts handelt (vgl. § 2 Abs. 1 InsO).[78]

---

75 Eine Regelung mit gleichlautendem Wortlaut findet sich u. a. im Geschäftsverteilungsplan des AG Hamburg i.d. Fassung vom 01.01.2017, abrufbar unter: http://justiz.hamburg.de/amtsgericht/zustaendigkeiten/1287430/geschaeftsverteilungsplaene/.

76 *Schilken*, § 16 Rn. 303.

77 BVerfG, Beschl. v. 08.04.1997 – 1 PBvU 1/95 = NJW 1997, 1497, 1498; vgl. auch *Schilken*, § 16 Rn. 304.

78 Vgl. *Smid* in: ZInsO 2016, 1277, 1278.

(2) Funktion der Garantie des gesetzlichen Richters

Gesetzlicher Richter im Sinne von Art. 101 Abs. 1 Satz 2 GG ist nicht nur das Gericht als organisatorische Einheit oder das erkennende Gericht als Spruchkörper, sondern sind auch die zur Entscheidung im Einzelfall berufenen Richter.[79] Die Vorschrift soll der Gefahr vorbeugen, „dass die Justiz durch eine Manipulation der rechtsprechenden Organe sachfremden Einflüssen ausgesetzt" ist und durch eine „gezielte Auswahl von Richtern das Ergebnis der Entscheidung beeinflusst wird".[80] Aus diesem Zweck folgt, dass der Geschäftsverteilungsplan anhand „abstrakt-genereller" und „hinreichend klarer Regelungen von vornherein so eindeutig wie möglich bestimmen muss, welcher Spruchkörper und welche Richter zur Entscheidung des Einzelfalls berufen sind" (sog. Bestimmtheitsgrundsatz des Geschäftsverteilungsplans).[81]

Dies hat zur Folge, dass überall dort, wo nach abstrakt-generellen Kriterien eine Auswahl des zuständigen Richters „ohne Beeinträchtigung der Effektivität der Rechtsprechungstätigkeit möglich ist, die Bestimmung des gesetzlichen Richters anhand von Kriterien zu erfolgen hat, die subjektive Wertungen weitgehend ausschließen".[82]

(3) Verwendung unbestimmter Rechtsbegriffe

Zwar werden der Bestimmung der richterlichen Zuständigkeit im vorliegenden Fall durch ein Abstellen auf die Begriffe des „wirtschaftlichen" oder „persönlichen Zusammenhangs" zweifelsfrei generell-abstrakte Merkmale zu Grunde gelegt. Problematisch erscheint jedoch, dass der betreffende Geschäftsverteilungsplan darüber hinaus keine konkreten und eindeutigen Kriterien zur Auslegung der verwendeten Begriffe enthält. Denn wie der Terminus des „wirtschaftlichen" oder „persönlichen Zusammenhangs" im Einzelfall zu verstehen ist, bleibt letztendlich eine Wertungsfrage und somit dem Ergebnis der Auslegung vorbehalten.

---

79 Vgl. BVerfG, Beschl. v. 03.02.1965 – 2 BvR 166/64 = NJW 1965, 1219 (m. Anm. *Arndt, Dinslage*); *Schilken*, § 16 Rn. 301; Maunz/Düring/*Maunz*, Art. 101 Rn. 58.

80 BVerfG, Beschl. v. 08.04.1997 – 1 PBvU 1/95 = NJW 1997, 1497, 1498; BVerfG (3. Kammer des Zweiten Senats), Beschl. v. 28.03.1998 – 2 BvR 2037–97 = NJW, 1998, 2962, 2963.

81 BVerfG, Urt. v. 19.03.1959 – 1 BvR 295/58 = NJW 1959, 871; BVerfG, Beschl. v. 24.03.1964 – 2 BvR 42, 83, 89/63 = NJW 1964, 1020; BVerfG, Beschl. v. 14.05.1968 – 2 BvR 544/63; BVerfG, Beschl. v. 08.04.1997 – 1 PBvU 1/95 = NJW 1997, 1497, 1498 f.; BVerfG (3. Kammer des Zweiten Senats), Beschl. v. 28.03.1998 – 2 BvR 2037–97 = NJW, 1998, 2962, 2963; zum Bestimmtheitsgrundsatz des Geschäftsverteilungsplans vgl. ferner MünchKommZPO/*Zimmermann*, Bd. 3, § 21e GVG, Rn. 15; Sachs/*Degenhart*, Art. 101 Rn. 14 ff.; *Schilken*, § 16 Rn. 306 ff.

82 BVerfG, Beschl. v. 08.04.1997 – 1 PBvU 1/95 = NJW 1997, 1497, 1498.

Das BVerfG hat in Übereinstimmung mit der wohl herrschenden Meinung im Schrifttum entschieden, dass ein Verstoß gegen Art. 101 Abs. 1 S. 2 GG nicht bereits dann vorliegt, wenn zur Bestimmung des gesetzlichen Richters auslegungsbedürftige oder unbestimmte Begriffe verwendet werden.[83] Allerdings dürfe der Geschäftsverteilungsplan mit Rücksicht auf das Gebot des Art. 101 Abs. 1 S. 2 GG „keine vermeidbare Freiheit in der Heranziehung der einzelnen Richter zur Entscheidung in der Sache und damit keine unnötige Unbestimmtheit hinsichtlich des gesetzlichen Richters lassen".[84]

Unschädlich sei demzufolge eine Regelung, die eine Zuweisung rechtlich oder tatsächlich zusammenhängender Sachen, durch den Vorsitzenden an eine von mehreren an sich zuständigen Sitzgruppen zulasse (sog. Zuweisung kraft Sachzusammenhang).[85] Die Auslegung und Konkretisierung unbestimmter Begriffe, wie der des „Sachzusammenhangs", sei nach Auffassung des BVerfG eine herkömmliche richterliche Tätigkeit, die in jedem Rechtsbereich und somit auch bei der Anwendung richterlicher Zuständigkeitsregelungen unvermeidbar sei."[86]

Den Anforderungen des Art. 101 Abs. 1 S. 2 GG sei in diesen Fällen bereits genüge getan, wenn sich „Auslegungsprobleme, die sich bei der Handhabung der Begriffe im Einzelfall stellen können, mit den herkömmlichen juristischen Methoden" bewältigen ließen.[87] Etwaige Unsicherheiten, die sich hieraus ergeben würden, seien mit der Begründung hinzunehmen, dass die verwendeten Begriffe der uneingeschränkten gerichtlichen Überprüfung unterliegen.[88]

Mängel, die auf einer fehlerhaften Auslegung der Begriffe beruhen, führten demzufolge lediglich zu einer Verfassungswidrigkeit der Umsetzung des Geschäftsverteilungsplans, während die Wirksamkeit der jeweiligen Regelung hiervon unberührt bleibe.[89] Die Verwendung unbestimmter Rechtsbegriffe in Geschäftsverteilungsplänen stelle demzufolge grundsätzlich keinen Verstoß gegen Art. 101 Abs. 1 S. 2 GG dar, da die Begrifflichkeiten einer Auslegung mit Hilfe herkömmlicher juristischer Methoden grundsätzlich zugänglich seien.

---

83 BVerfG, Beschl. v. 08.04.1997 – 1 PBvU 1/95 = NJW 1997, 1497, 1498; BVerfG (3. Kammer des Zweiten Senats), Beschl. v. 28.03.1998 – 2 BvR 2037–97 = NJW, 1998, 2962, 2963; vgl. auch Dreier/*Schulze-Fielitz*, Art. 101 Rn. 51; Sachs/*Degenhart*, Art. 101 Rn. 14 u. 16; *Schilken*, § 16 Rn. 306.

84 BVerfG, Beschl. v. 24.03.1964 – 2 BvR 42, 83, 89/63 = NJW1664, 1020.

85 BVerfG, Beschl. v. 08.04.1997 – 1 PBvU 1/95 = NJW 1997, 1497, 1499; vgl. auch Dreier/*Schulze-Fielitz*, Art. 101 Rn. 51; a. A. *Sangmeister* in: NJW 1998, 721, 725; *Smid* in: ZInsO 2016, 1277, 1278 f.

86 BVerfG, Beschl. v. 08.04.1997 – 1 PBvU 1/95 = NJW 1997, 1497, 1499.

87 BVerfG, Beschl. v. 12.02.1992 – 1 BvL 1/89 = NJW 1992, 1673; BVerfG, Beschl. v. 08.04.1997 – 1 PBvU 1/95 = NJW 1997, 1497, 1499.

88 *Schilken*, § 16 Rn. 306.

89 BVerfG, Beschl. v. 03.02.1965 – 2 BvR 166/64= NJW 1965, 1222; BVerfG, Beschl. v. 08.04.1997 – 1 PBvU 1/95 = NJW 1997, 1497, 1499.

(4) Kritik und Stellungnahme

Bringt man die vorbezeichneten Grundsätze im hier diskutierten Fall konsequent zur Anwendung, sind auf die Auslegung von Regelungen in Geschäftsverteilungsplänen stets die allgemeinen Grundsätze der Auslegung von Rechtsnormen anzuwenden.[90] Dies kann sich insbesondere dann als problematisch erweisen, wenn in Fällen wie dem vorliegenden die Auslegung keine lückenlose und widerspruchsfreie Erkenntnis über Reichweite und Bedeutung des (noch) unbestimmten Rechtsbegriffs vermitteln kann, sodass grundsätzlich mehrere Auslegungsergebnisse vertretbar bleiben.[91]

Ob die Voraussetzungen eines „wirtschaftlichen" oder „persönlichen Zusammenhangs" im Sinne von Ziffer Y des Geschäftsverteilungsplans erfüllt sind, lässt sich je nach Gewichtung der dem Sachverhalt zugrundeliegenden Tatsachen unterschiedlich bewerten, ohne dass eines der gefundenen Ergebnisse richtig oder falsch wäre.

So besteht ein wirtschaftlicher Zusammenhang nicht nur in dem – vom Präsidium wohl intendierten – Fall einer konzernmäßigen Verbindung mehrerer insolvenzschuldnerischer Unternehmensträger, sondern etwa auch zwischen Warenlieferanten und ihren Abnehmern *et cetera*.[92] Im Falle des persönlichen Zusammenhangs ist ein denkbarer Auslegungsspielraum noch viel weiter.

Im Ergebnis obliegt es dem angerufenen Gericht, im Sinne einer Letztentscheidungskompetenz darüber zu befinden, welchem Auslegungsergebnis es, gemessen an den jeweiligen Umständen des Einzelfalls den Vorzug gewährt. Letztlich wird damit jedoch die gerichtsverfassungsrechtliche Bestimmung der Zuständigkeit vom Gerichtspräsidium (vgl. § 21e GVG) auf den einzelnen Richter verlagert,[93] was im Hinblick auf die Garantie des gesetzlichen Richters gemäß Art. 101 Abs. 1 S. 2 GG sowie den Grundsatz der Bestimmtheit geschäftsverteilungsplanrechtlicher Regelungen nicht überzeugen kann.

Bedenken ergeben sich insbesondere vor dem Hintergrund, dass die Gerichte ihrer Zuständigkeitsentscheidung im Regelfall die Darstellungen in Berichten und Gutachten des vorläufigen sowie zum Sachverständigen bestellten Verwalters (vgl. § 22 Abs. 1 S. 2 Nr. 3 InsO) über die rechtlichen sowie wirtschaftlichen Verhältnisse zwischen den Unternehmensträgern zu Grunde legen werden, wo-

---

90 Vgl. MünchKommZPO/*Zimmermann*, Bd. 3, § 21e GVG, Rn. 44; Sachs/*Degenhart*, Art. 101 Rn. 16.

91 Vgl. *Smid* in: ZInsO 2016, 1277, 1280.

92 Vgl. *Smid* in: ZInsO 2016, 1277, 1281.

93 *Smid* in: ZInsO 2016, 1277, 1280.

durch letztlich die Möglichkeit zur manipulativen Einwirkung auf die gerichtliche Zuständigkeitsentscheidung eröffnet wird.[94]

Zwar mag man sich auf den Standpunkt stellen, dass ein vorläufiger Insolvenzverwalter, der zugleich durch das Gericht zum Sachverständigen bestellt wird einem besonderen Maße an Objektivität verpflichtet ist. Doch lassen sich dadurch allein manipulative Bestrebungen nicht im Keim ersticken, solange etwa Kriterien wie Art und Umfang der gerichtlichen Kontrolle, betreffend die Prüfung von Absonderungsrechten oder Anfechtungsansprüchen Anreize zur Einflussnahme auf die richterliche Zuständigkeit auf Verwalter- beziehungsweise Sachverständigenseite bieten.[95] Aufgabe des Geschäftsverteilungsplans ist jedoch gerade der Ausschluss ebendieser Möglichkeit manipulativer Einflussnahme. Somit gilt: Je mehr wertende Betrachtung durch den Geschäftsverteilungsplan in die Bestimmung der insolvenzgerichtlichen Zuständigkeit fließt, desto mehr führt dies zu einem Aufweichen des gesetzlichen Richters gemäß Art. 101 Abs. 1 S. 2 GG.

Vor diesem Hintergrund erscheint es geboten, Kompetenznormen, die der Abgrenzung und Einrichtung von Verantwortungsbereichen von Trägern hoheitlicher Gewalt zu dienen – zu denen zweifelsfrei auch Geschäftsverteilungspläne zählen – mit *Pawlowski* gesetzespositivistisch auszulegen.[96] Für unbestimmte Rechtsbegriffe hat dies zur Folge, dass sich Anhaltspunkte dafür, wann etwa ein „wirtschaftlicher" oder „persönlicher Zusammenhang" im Sinne der Vorschrift vorliegt, stets aus dem Wortlaut der jeweiligen Kompetenznorm ergeben müssen.[97] Im Übrigen ist die Verwendung unbestimmter Rechtsbegriffe zu vermeiden, soweit hierdurch nicht die Grundsätze der Gerechtigkeit und Zweckmäßigkeit in unzuträglichem Maße beeinträchtigt werden.[98]

Diese Voraussetzungen sind, in Ermangelung von Hinweisen im Wortlaut des Geschäftsverteilungsplans des AG X-Stadt auf solche Kriterien, die zur Auslegung der in Ziffer Y des Geschäftsverteilungsplans verwendeten Begriffe heranzuziehen sind, nicht erfüllt. Dies hat zur Folge, dass die Regelung in Ziffer Y des Geschäftsverteilungsplans einer Überprüfung am Maßstab des Gebots des gesetzlichen Richters gemäß Art. 101 Abs. 1 S. 2 GG nicht standhält.

---

94 Vgl. *Smid* in: ZInsO 2016, 1277, 1281.

95 Vgl. *Frind* in: ZInsO 2014, 927, 934.

96 So ausdrücklich *Pawlowski*, § 16 Rn. 676; *Smid* in: ZInsO 2016, 1277, 1280.

97 *Smid* in: ZInsO 2016, 1277, 1280.

98 *Henkel*, S.18; Maunz/Düring/*Maunz*, Art. 101 GG Rn. 27.

bb) Zwischenergebnis

Die Verwendung unbestimmter beziehungsweise auslegungsbedürftiger Rechtsbegriffe, wie die des „Sachzusammenhangs" oder des „wirtschaftlichen" oder „persönlichen Zusammenhangs" zur Bestimmung der richterlichen Zuständigkeit im Rahmen von Geschäftsverteilungsplänen, stellt einen Verstoß gegen das in Art. 101 Abs. 1 S. 2 GG normierte Gebot des gesetzlichen Richters dar, soweit nicht der Geschäftsverteilungsplan selbst Kriterien zur Auslegung der verwendeten Begriffe enthält.

3. Vorschläge zu einer einheitlichen Konzerngerichtszuständigkeit

Wie die bisherigen Ausführungen zeigen, ist die Frage nach der insolvenzgerichtlichen Zuständigkeit *de lege lata* mit einem erheblichen Maß an Rechtsunsicherheit belastet. Am Anfang der Diskussion steht also die Frage, ob nicht die Einführung einer gesetzlich geregelten Konzernzuständigkeit einen Beitrag zur Lösung der beschriebenen Problematik leisten kann. In diesem Fall wäre für sämtliche insolvente Gesellschaften einer Unternehmensgruppe dasselbe Insolvenzgericht zuständig, während es im Übrigen bei dem eingangs erwähnten Prinzip ein Schuldner, ein Vermögen, ein Verfahren verbliebe.

Ein Bedürfnis für eine Vereinheitlichung der insolvenzgerichtlichen Zuständigkeit besteht überall dort, wo mehrere Konzerngesellschaften eine wirtschaftliche Einheit bilden. In diesen Fällen erscheint es naheliegend, in sämtlichen Verfahren denselben Insolvenzverwalter zu bestellen und die insolvenzgerichtliche Überwachungs- und Beschlusskompetenz in allen verfahrensrelevanten Punkten auf ein zuständiges Gericht zu vereinen.

Zwar sind die Insolvenzgerichte in diesen Fällen ohnehin aufgrund des Insolvenzzwecks dazu verpflichtet, sich auf eine einheitliche Verwalterpersonalie zu einigen.[99] Jedoch wird auch ein einheitlicher Insolvenzverwalter nur dann in der Lage sein, situationsgerecht auf aktuelle wirtschaftliche Entwicklungen im schuldnerischen Unternehmen zu reagieren, wenn er nicht darauf angewiesen ist, zunächst an unterschiedlichen Gerichten inhaltlich sowie zeitlich aufeinander abgestimmte Beschlüsse zu erwirken. Darüber hinaus bedürfen große Unternehmensinsolvenzen nicht selten eine Vielzahl von Gläubigerversammlungen, die es erforderlich machen, sowohl den Gläubigern als auch für Arbeitnehmer der

99 Vgl. hierzu die Ausführungen auf S. 175f.

schuldnerischen Gesellschaft eine Teilnahme an diesen Terminen unter überschaubarem Reise(kosten)aufwand zu ermöglichen.[100]

Ausgehend von dem Konzept einer Vereinheitlichung der insolvenzgerichtlichen Zuständigkeit stehen sich in der Sache grundsätzlich zwei potenzielle Lösungsansätze gegenüber: Während die in § 3 InsO normierte Zuständigkeitsregelung für eine am Prioritätsprinzip gemessene Verfahrenskoordination „von unten“ spricht, scheint der Versuch des Gesetzgebers, durch die Einführung des ESUG Anreize für die Kombination von Eigenverwaltung und Insolvenzplan zu schaffen, in Richtung einer vom Gerichtsstand der Mutter aus eingeleiteten Verfahrenskoordination „von oben“ zu streiten.[101] Daneben sind eine Zuständigkeitskonzentration kraft Verweisung, die Einführung einer örtlichen Wahlzuständigkeit in Anlehnung an § 35 ZPO sowie eine echte Prorogation in Anlehnung an § 38 ZPO in Betracht zu ziehen.

a) Ausschließlicher Gerichtsstand am Sitz der Konzernmutter

Wird der insolvente Konzern dergestalt von der Mutter aus geleitet, dass die übrigen Gesellschaften entweder auf vertraglicher Grundlage oder rein faktisch, infolge gesellschaftsrechtlicher Mehrheitsbeteiligung dieser untergeordnet sind, so scheint es naheliegend, sämtliche Verfahren am Gerichtsstand der Konzernmuttergesellschaft zu vereinigen.[102]

Nicht nur werden am Gerichtsstand der Konzernspitze die für eine Betriebsfortführung notwendigen Verwaltungsfunktionen sowie ein im Management verkörpertes *Knowhow* ansässig sein, auch wird dies regelmäßig derjenige Ort sein, an dem sich alle wichtigen Informationen für die erfolgreiche Umsetzung einer konzernweite Sanierungs- beziehungsweise Verwertungsstrategie vereinen.[103] *Ehricke* hat insofern die Mutter einmal zutreffend als „Herrin aller wesentlicher Informationen“ bezeichnete.[104] Für stark zentralisierte Konzernen hat dies regelmäßig zur Folge, dass die Frage über die Erfolgsaussichten einer Fort-

---

100 *Jaffé/Friedrich* in: ZIP 2008, 1849, 1851.

101 *K. Schmidt* in: KTS 2011, 161, 176 f.; *ders.* in: ZIP 2012, 1053, 1057.

102 Vgl. hierzu *Ehricke* in: Kölner Schrift zur Insolvenzordnung, Kap. 32 Rn. 26; *Vallender* in: FS Runkel, S. 373; *Jaffé/Friedrich* in: ZIP 2008, 1849, 1852; *Frind* in: ZInsO 2014, 927, 933; LG Dessau v. 30.03.1998 – 7 T 123/98 = ZIP 1998, 1006; OLG Brandenburg v. 19.06.2002 – 1 AR 27/02 = NZI 2002, 438; MünchKommInsO/*Ganter/Lohmann*, Bd. 1, § 3 Rn. 14; *Rostegge* in: ZIP 2008, 955 ff.; *Westphal/Goetker/Wilkens*, Grenzüberschreitende Insolvenzen, Rn. 1022.

103 *Verhoeven* in: ZInsO 2014, 217, 219; *Brünkmans* in: ZIP 2013, 193, 197; vgl. auch insoweit die Ausführungen auf S. 260ff.

104 *Ehricke* in: KTS 1996, 218.

führung oder Abwicklung des Konzernganzen nur von hier aus in realistischer Weise beantwortet werden kann.[105]

Strebt das Mutterunternehmen beispielsweise eine Sanierung der notleidenden gruppenangehörigen Gesellschaften in Eigenverwaltung, mittels eines eigens aufgestellten „führenden“ Insolvenzplans an, so stellt sich die Koordinierung mehrerer zuständiger Insolvenzgerichte bei realistischer Betrachtung als ziemlich umständlich und praxisfremd dar.[106]

Nicht nur käme es in diesem Fall zwangsläufig zu einer Zuständigkeit unterschiedlicher Richter, auch hingen die individuellen Möglichkeiten der einzelnen Richter, einen Überblick über sämtliche gruppenangehörige Verfahren zu erlangen, ganz maßgeblich von der Kooperationsfreudigkeit der jeweils anderen Gerichte ab, was letztlich auch das Verfahren rund um die Planaufstellung unnötig verkomplizieren würde.

Hinzu bestünde die Gefahr, dass Anstrengungen rund um eine interne Koordinierung der anhängigen Verfahren, wie beispielsweise eine (terminliche) Abstimmung von Gläubigerversammlungen ins Leere liefen oder an Meinungsverschiedenheiten der einzelnen Gerichte – etwa hinsichtlich der Erfolgsaussichten der Eigenverwaltung gemäß § 270a Abs. 1 InsO – zu scheitern drohten.

Im Ergebnis kann das Konzept einer starren Zuständigkeitszuweisung an den Muttergerichtsstand nicht überzeugen. Zwar verspricht die Einführung einer einheitlichen Konzernzuständigkeit vielversprechende Synergieeffekte. Jedoch erscheint die bedingungslose Konzentration sämtlicher Verfahren nicht in jedem Fall vorteilhaft zu sein.

Während die koordinatorischen Vorteile eines Muttergerichtsstands zunächst auf der Hand zu liegen scheinen, besteht die Befürchtung, die Konzernspitze könnte sich durch vorinsolvenzliche Sitzverlegungspraktiken die gewünschte Zuständigkeit erschleichen.[107]

Zwar lässt sich diese Gefahr durch die Einführung von Sperrfristen, entsprechend dem Beispiel des Art. 3 Abs. 1 Unterabs. 2 EuInsVO n. F.[108] bannen.[109] Jedoch bestünde auch in diesem Fall weiterhin die Gefahr, die Verfahren einer oder mehrerer Töchter an einem Gerichtsstand zu vereinen, an dem sich zur Zeit der Verfahrenseröffnung überhaupt kein insolventes Unternehmen befindet.[110] Zu

105 *Verhoeven* in: ZInsO 2014, 217, 219.

106 *Ehricke* in: ZInsO 2002, 393, 396 f.; *Vallender/Deyda* in: NZI 2009, 825, 828; vgl. auch Braun/*Kießner*, § 3 Rn. 21.

107 *Eidenmüller* in: ZHR 169 (2005), 528, 540; vgl. auch *Hirte* in: ZIP 2008, 444, 445.

108 Vgl. hierzu ausführlich auf S. 359ff.

109 Vgl. hierzu die Ausführungen auf S. 267; vgl. insbes. auch *Frind* in: ZInsO 2008, 363, 365.

110 *Hirte* in: ZIP 2008, 444, 445; vgl. auch Begr. InsO-E, BT-Drucks. 18/407, S. 19.

denken sei in diesem Zusammenhang beispielsweise an den Spartenkonzern oder weniger stark integrierte Gruppenmodelle sowie den Fall, dass lediglich eine gänzlich unbedeutende Tochtergesellschaft in die Insolvenz fällt. Ein Teil der Gläubigerschaft wäre in diesem Fall mit einem Gerichtsstand konfrontiert, der für ihn im Voraus nicht ersichtlich war.[111]

Für den Fall, dass sich die Muttergesellschaft im Ausland befindet, bestünde im Übrigen die Gefahr, dass die deutschen Insolvenzgerichte ihre internationale sowie örtliche Zuständigkeit verlieren könnten. Auf dem Papier lässt sich diese Gefahr zwar durch die Gründung einer deutschen Zwischenholding erfolgreich umschiffen, jedoch muss sich diese Ansicht die Frage gefallen lassen, ob sie die wirtschaftlichen Verhältnisse innerhalb des Konzerns überhaupt noch in realistischer Weise abbilden kann.[112]

Die Rund um das Phänomen Konzerninsolvenz gelagerten Sachverhalte werden vor diesem Hintergrund in der Regel zu komplex sein, um sie bedingungslos an einem Gerichtsstand zu vereinen.[113] Die Einführung einer einheitlichen Zuständigkeit am Sitz der Mutter kann daher allenfalls innerhalb stark integrierter Unternehmensgruppierungen überzeugen, in denen ein Großteil der gruppenangehörigen Unternehmen selbst von der Insolvenz betroffen ist oder aber die notleidenden Töchter Aufgaben von strategischer Bedeutung innerhalb der Gruppe übernehmen, sodass die Vorteile einer zentralgesteuerten Abwicklung insgesamt überwiegen.

b) Prioritätsprinzip

Möchte man hingegen die insolvenzgerichtliche Zuständigkeit am Maßstab des Prioritätsprinzips messen, so würde dies zu einer Zuständigkeits- und Verfahrenskonzentration bei demjenigen Insolvenzgericht führen, das auf Antrag eines konzernangehörigen Unternehmens zuerst die Eröffnung des Insolvenzverfahrens beschließen würde, beziehungsweise bei dem der zeitlich erste Eröffnungsantrag einginge.[114]

Eine entsprechende Regelung, nach der das zuerst angerufene Gericht Verfahren über andere Konzerngesellschaften, die später anderweitig anhängig ge-

---

111 Hiergegen: *Frind* in: ZInsO 2014, 927, 933: Demnach würde der *„normale Gläubiger erwarten, dass ein Insolvenzverfahren am Sitz des Mutterunternehmens für alle Tochterunternehmens durchgeführt wird"*.

112 *Vallender/Deyda* in: NZI 2009, 825, 828; *Jaffé/Friedrich* in: ZIP 2008, 1849, 1852.

113 So ausdrücklich *K. Schmidt* in: KTS 2010, 1, 20.

114 *Hirte* in: ZIP 2008, 444 ff.

macht werden an sich ziehen kann, kennt beispielsweise auch das US-amerikanische Insolvenzrecht in Bankruptcy Rule 1014 (b) (4).

Diese Praxis birgt jedoch die Gefahr in sich, dass ein über das Vermögen einer unbedeutenden Tochtergesellschaft eröffnetes Insolvenzverfahren den Gesamtkonzern zu einem in der Sache möglicherweise völlig überforderten Insolvenzgericht ziehen könnte.[115] Denn nicht selten tendieren Großunternehmen aufgrund wirtschaftlicher Erwägungen dazu, einzelne Standorte in ländlichen Regionen anstatt in urbanen Ballungszentren anzusiedeln. Da die dort ansässigen Insolvenzgerichte zumeist schon nicht über die notwendige Personalstärke sowie zum Teil über die erforderliche praktische Erfahrung bei der Durchführung von Großinsolvenzverfahren verfügen, geben einige Stimmen zu bedenken, dass sich die Konzernführung eines in der Krise befindlichen Unternehmens „massiv" erpressbar machen würde, wenn eine einzige Tochtergesellschaft künftig über die Frage der Zuständigkeit für den gesamten Konzern entscheiden dürfte.[116] Diese Besorgnis wird umso virulenter, betrachtet man gleichsam auch den Antrag eines Gläubigers als gerichtsstandsbegründend.

Von denjenigen, die sich für die Einführung einer am Prioritätsprinzip gemessenen Zuständigkeitsbestimmung aussprechen, werden zudem bislang keine Ansätze verfolgt, die die Möglichkeiten eines (missbräuchlichen) *forum shopping* des antragenden Schuldners einschränken oder gar verhindern können.[117] Diesem ist vielmehr weiterhin Tür und Tor geöffnet.[118]

Abzulehnen ist jedenfalls diejenige Auffassung, die die Gerichtszuständigkeit an die zeitlich erste Verfahrenseröffnung anknüpfen will. Denn in diesem Fall scheint die Einsetzung personenverschiedener vorläufiger Insolvenzverwalter unausweichlich zu sein, sofern die Anträge nicht bei einem und demselben Gericht gestellt werden.[119]

c) Zuständigkeitskonzentration kraft Verweisung

Entgegen der vom Gesetzgeber ausgehenden Tendenz einer Verfahrenskoordination „von oben", spricht sich *Karsten Schmidt* ausdrücklich gegen die Schaffung eines gesetzlichen Konzerngerichtsstands aus.[120] Die Antwort auf die Zu-

---

115 *Vallender/Deyda* in: NZI 2009, 825, 828; *Jaffé/Friedrich* in: ZIP 2008, 1849, 1852; *K. Schmidt* in: KTS 2010, 1, 21.

116 *Jaffé/Friedrich* in: ZIP 2008, 1849, 1852.

117 *Eidenmüller* in: ZHR 169 (2005), 528, 539; *K. Schmidt* in: KTS 2010, 1, 20 f.

118 Zu den Chancen und Gefahren des *forum shopping* ausführlich auf S. 265.

119 *Vallender/Deyda* in: NZI 2009, 825, 828.

120 *K. Schmidt* in: KTS 2010, 1, 22 f.; *ders.* in: ZIP 2012, 1053, 1057; *ders.* in: FS Ganter, 351, 357 ff.

ständigkeitsfrage sei Schmidt zufolge vielmehr in einer fakultativen Zuständigkeit der Konzernspitze zu suchen. Diese sei durch Regelungen herbeizuführen, die es erlaubten, Insolvenzverfahren einzelner oder aller Mitglieder einer Unternehmensgruppe auf Antrag der Schuldnerin oder des Verwalters bei einem Gericht zu vereinen.[121] Auch solle ein bereits zuständiges Insolvenzgericht das Verfahren an ein anderes Gericht verweisen können,[122] wenn sich herausstelle „dass sich der Mittelpunkt der Tätigkeit an einem anderen als dem Registerort befinde".[123]

Ausschließlich zuständiges Gericht für die Insolvenzantragstellung solle das Gericht am Sitz der jeweiligen Gesellschaft, beziehungsweise bei ausländischen Gesellschaften das Gericht am Ort der inländischen Zweiniederlassung sein.[124] Die vertretungsberechtigten Organe sollen so in der Lage sein, ihre Antragspflichten (§ 15a InsO) zunächst an ihrem eigenen Gerichtsstand zu erfüllen.

Hinzu bestünde auch hier die Möglichkeit, dem Prioritätsgrundsatz dergestalt Geltung zur Anwendung zu bringen, indem man die Entscheidungskompetenz über die Frage einer etwaigen Verweisung dem in der Sache zeitlich zuerst angerufenen Insolvenzgericht übertrage. Eine entsprechende Regelung würde sich insbesondere bei Simultaninsolvenzen als sinnvoll erweisen, bei denen die initiative Antragstellung in der Regel von der Mutter ausginge.

d) Wahlzuständigkeit

Darüber hinaus wird in Anlehnung an § 35 ZPO die Einführung einer örtlichen Wahlzuständigkeit diskutiert.[125] Dieses Modell impliziert, dass im Gegensatz zu einer derzeitigen Lösung gleich mehrere mögliche Gerichtsstände miteinander konkurrieren.[126] Einem Wahlberechtigten aus dem Kreis der Verfahrensbeteiligten würde sodann die Aufgabe zu Teil, die Zuständigkeit eines dieser Gerichte für den gesamten Konzern zu konkretisieren.[127]

Denkbar wäre beispielsweise, in Anlehnung an § 3 InsO einen „allgemeinen Konzerngerichtsstand" am Sitz der Mutter einzuführen, neben den die jeweiligen Gerichtsstände der Töchterunternehmen als „besondere Konzerngerichtsstände" treten. Alternativ hierzu wäre es aber auch denkbar, zwischen (i) dem Satzungs-

---

121 *K. Schmidt* in: KTS 2010, 1, 22f.; *ders.* in: KTS 2011, 161, 177; *ders.* in: FS Ganter, 351, 357ff.
122 *K. Schmidt* in: KTS 2010, 1, 23; *ders.* in: KTS 2011, 161, 177; *ders.* in: FS Ganter, 351, 357ff.
123 *K. Schmidt* in: KTS 2010, 1, 23.
124 *Eidenmüller* in: ZHR 169 (2005), 528, 539; *K. Schmidt* in: KTS 2010, 1, 22; *ders.* in: FS Ganter, 351, 357ff.
125 Vgl. hierzu (ablehnend) *K. Schmidt* in: KTS 2010, 1, 19.
126 Vgl. *K. Schmidt* in: KTS 2010, 1, 19.
127 *K. Schmidt* in: FS Ganter, 351, 355.

sitz, (ii) dem Mittelpunkt der selbständigen wirtschaftlichen Tätigkeit sowie (iii) dem Sitz des Mutterunternehmens, als mögliche Wahlgerichtsstände zu unterscheiden.[128]

Die Befugnis zur Ausübung des Wahlrechts sollte aus Zweckmäßigkeitserwägungen sowie zur Einschränkung von Missbrauchsmöglichkeiten ausschließlich beim antragstellenden Schuldner liegen.[129] Der Konzernspitze bliebe es in diesem Fall nachgelassen, durch Ausübung ihres Weisungsrechts Einfluss auf die Wahl eines zukünftigen Konzerninsolvenz-Gerichtsstands auszuüben.

Die Vorteile einer Verfahrenskonzentration kraft Wahlzuständigkeit liegen in erster Linie in der Möglichkeit, die Konzerninsolvenz nach strategischen Gesichtspunkten zu planen.[130] Ohne die zeitgleiche Einführung einer Verweisungsmöglichkeit besteht jedoch auch in diesem Fall die Gefahr, die Verfahren sämtlicher Gruppenmitglieder durch die Ausübung des Wahlrechts einer (unbedeutenden) Tochter an einem nicht geeigneten Insolvenzgericht zu konzentrieren.[131]

e) Echte Prorogation

Letztlich, sowie der Vollständigkeit halber ist eine echte Prorogation in Anlehnung an § 38 ZPO in Betracht zu ziehen. Eine entsprechende Praxis wirft jedoch sogleich die Frage auf, wem im Einzelfall die Gerichtsstandsbestimmung obliegen soll.[132] Die Vorstellung, dass etwa zwischen einem Großgläubiger und dem Schuldner eine Vereinbarung über die Zuständigkeit getroffen würde schiene im Ergebnis nicht nur recht praxisfremd, auch würde eine entsprechende Praxis mit dem Prinzip der Gläubigergleichbehandlung nicht im Einklang stehen.[133] Ein dahingehender Ansatz ist in dieser Konsequenz entschieden abzulehnen.

f) „Erster Bericht" der Kommission für Insolvenzrecht

Entgegen einer wohl überwiegenden Auffassung in Literatur und Praxis hat sich die durch das Bundesministerium der Justiz eingesetzte Kommission für In-

---

128 So *K. Schmidt* in: KTS 2010, 1, 19.

129 Vgl. auch *K. Schmidt* in: KTS 2010, 1, 19.

130 Zu den Möglichkeiten eines sog. *„Insolvency Planning"* sowie zu den Chancen eines *„forum shopping" Mankowski* in: NZI, 2008, 355; *Paulus* in: DB 2008, 2523, 2524, zit. bei *K. Schmidt* in: KTS 2010, 1, 19.

131 *K. Schmidt* in: KTS 2010, 1, 19.

132 Vgl. *K. Schmidt* in: FS Ganter, 351, 354.

133 *K.Schmidt* in: KTS 2010, 1, 18.

solvenzrecht in ihrem „Ersten Bericht“ ausdrücklich gegen die Einführung einer Zuständigkeitskonzentration ausgesprochen. Dem Bericht zufolge sei ein einheitlicher Konzerngerichtsstand bereits „mit dem Zweck des Konzernrechts, den Schutz abhängiger Gesellschaften, ihrer Gesellschafter und Gläubiger zu gewährleisten, nicht vereinbar“.[134]

4. Stellungnahme und Fazit

Im Ergebnis streiten die Aussichten auf eine flexible Handhabung der Zuständigkeitsfrage für das Konzept einer Verfahrenskonzentration kraft Zuständigkeitsverweisung, wobei es dem Grundsatz nach bei einer Zuständigkeit des zuerst angerufenen Gerichts verbleibt.

Wie *Karsten Schmidt* zu Recht betont, ist der „richtige“ Konzerngerichtsstand *ex ante* in der Regel nur schwer zu bestimmen.[135] Der Grund hierfür liegt in der Vielfältigkeit der möglichen Fallgestaltungen sowie in dem Umstand, dass Größe und Ausmaß der Krise innerhalb des Konzerns im Zeitpunkt der Antragstellung zumeist nicht vorhersehbar sind.[136] Hinzu kommt, dass Umstände, wie der Ort an dem Geschäftsentscheidungen in Form von Geschäftsunterlagen ihren Niederschlag finden sowie die Konzentration der Gläubigerschaft oder des Betriebsvermögens an einem oder mehreren Standorten einen Einfluss auf die Bestimmung des Konzerngerichtsstands spielen können.[137]

Indem Angaben zur wirtschaftlichen Lage der übrigen Konzerngesellschaften *de lege lata* keinesfalls zwingend in den Insolvenzeröffnungsantrag mit aufzunehmen sind (vgl. § 13 InsO), ist zumeist nicht oder nur schwer vorhersehbar, ob es sich bei der Insolvenz der antragstellenden Schuldnerin lediglich um einen lokalen Einzelfall handelt, oder ob sich die Krise bereits auf den gesamten Konzern ausgeweitet hat.[138] Dies macht die Bestimmung der Konzernzuständigkeit zu einer Einzelfallentscheidung, derer gerecht zu werden es im Falle einer Ausbreitung der Krise eines Korrektivs in Gestalt einer verbindlichen Verweisungsmöglichkeit bedarf. Zudem bleibt in diesem Fall die Möglichkeit einer Zuständigkeitskonzentration am Sitz des Mutterunternehmens bestehen, da dem angerufenen Gericht die Möglichkeit verbleibt, an den Gerichtsstand der Mutter zu verweisen.

---

134 1. KommBer, Ziff. 2.4.9.13, S. 292.
135 *K. Schmidt* in: KTS 2011, 161, 174.
136 *K. Schmidt* in: KTS 2011, 161, 174 f.
137 Vgl. hierzu die Ausführungen auf S. 256ff.
138 So ausdrücklich *K. Schmidt* in: KTS 2010, 1, 21; *ders.* in: FS Ganter, 351, 354.

Mit Blick auf die strafbewährte Versäumnis der Insolvenzantragstellung (§ 15a InsO) erscheint es zudem notwendig, dass jeder Schuldner die Möglichkeit zur Stellung des Insolvenzantrags am eigenen Gerichtsstand hat. Alternativ muss es für den Schuldner aber auch gewährleistet sein, den Antrag auf Eröffnung des Insolvenzverfahrens in demjenigen Gerichtsbezirk zu stellen, in dem bereits das Insolvenzverfahren über das Vermögen einer konzernverbundenen Gesellschaft eröffnet wurde oder beim örtlich zuständigen Gericht einen Antrag auf Verweisung an ebendiesen Gerichtsstand zu stellen.

Das zuerst angerufene Insolvenzgericht sollte darüber hinaus dazu berechtigt sein, das Verfahren aufgrund Verweisungsantrags des Schuldners an einen anderen Gerichtsstand zu verweisen, wenn Umstände wie die Nähe der Gläubigerschaft, die Nähe des Schuldners, der Belegenheitsort des schuldnerischen Vermögens, der Belegenheitsort der schuldnerischen Geschäftsunterlagen sowie die Nähe der schuldnerischen internen Verwaltung (maßgeblich ist insbesondere derjenige Ort, an dem die wesentlichen unternehmensleitenden Entscheidungsbefugnisse wahrgenommen und in laufende Geschäftsführungsentscheidungen umgesetzt werden) für eine effektivere Verwaltung an diesem Gerichtsstand sprechen.

Umstände, die innerhalb der letzten *drei* Monate vor dem Antrag auf Eröffnung des Insolvenzverfahrens erst begründet wurden, sollten im Rahmen der Verweisungsentscheidung grundsätzlich keine Berücksichtigung finden, wenn nicht ausnahmsweise das Gläubigerinteresse für eine solche Verweisung streitet.

Eine Verweisungsmöglichkeit sollte darüber hinaus auch für den Fall bestehen, dass der Eröffnungsantrag an einem zwar in formeller Hinsicht geeigneten, aber in Anbetracht der tatsächlichen Umstände des vorliegenden Sachverhalts unzweckmäßigen Gerichtsstand gestellt worden ist.

Um eine gemeinsame Zielrichtung der Verweisungsanträge zu gewährleisten, ist im Übrigen sicherzustellen, dass zwischen den zuständigen Gerichten im umfassenden Maße Kommunikations- und Kooperationspflichten bestehen.[139] In Ergänzung hierzu ist die Einführung eines konzernspezifischen gemeinsamen Informationssystems in Erwägung zu ziehen, welches es den Gerichten erlaubt, Informationen über parallel anhängige Eröffnungsanträge in Bezug auf andere Mitglieder derselben Unternehmensgruppe einzusehen.

---

139 Hierzu ausführlich auf S. 175ff.

II. Gerichtszuständigkeit in den USA

1. Örtliche Zuständigkeit für Verfahren unter title 11 U.S. Code

Auch der US-amerikanische Gesetzgeber hat die Probleme rund um die Bestimmung des Insolvenzgerichtsstands erkannt und dementsprechend in 28 U.S.C. § 1408 eine flexible Zuständigkeitsregelung für das unter title 11 U.S.C. geregelte Insolvenzrecht gefunden. Dort heißt es:

28 U.S. Code § 1408 – Venue of cases under title 11
Except as provided in section 1410 of this title, a case under title 11 may be commenced in the district court for the district—

(1) in which the domicile, residence, principal place of business in the United States, or principal assets in the United States, of the person or entity that is the subject of such case have been located for the one hundred and eighty days immediately preceding such commencement, or for a longer portion of such one-hundred-and-eighty-day period than the domicile, residence, or principal place of business, in the United States, or principal assets in the United States, of such person were located in any other district; or
(2) in which there is pending a case under title 11 concerning such person's affiliate, general partner, or partnership.

Der Schuldner kann danach den Eröffnungsantrag in einem Gerichtsbezirk seiner Wahl stellen, solange es ihm gelingt nachzuweisen, dass sich in diesem Bezirk für mindestens 91 der vergangenen 180 Tage vor Antragstellung entweder (i) sein Aufenthaltsort oder Wohnsitz, (ii) sein Hauptsitz, oder (iii) der wichtigste Anteil seines Vermögens befand, 28 U.S.C. § 1408 (1). Alternativ hierzu gewährt 28 U.S.C. § 1408 (2) den Antrag auf Eröffnung des Insolvenzverfahrens in demjenigen Gerichtsbezirk zu stellen, in dem bereits das Insolvenzverfahren über das Vermögen einer konzernverbundenen Gesellschaft eröffnet wurde.

Somit ist es auch einem Schuldner mit Wohnsitz außerhalb der Vereinigten Staaten möglich, einen Insolvenzantrag in demjenigen US Gerichtsbezirk zu stellen, in dem sich der überwiegende Teil seines Vermögens befindet. Im Wege der Rechtsfortbildung haben die US-amerikanischen Insolvenzgerichte zudem entschieden, dass sich der Sitz einer juristischen Person auch an demjenigen Ort befinden kann, an dem diese einst gegründet worden war.[140]

Die Vorschrift eröffnet also insbesondere dem gewerblichen Schuldner die Möglichkeit des *forum shopping* und somit eine flexible Gestaltung seiner Wahl-

140 *LoPucki* in: ZInsO 2013, 420.

möglichkeiten zwischen mehreren potenziellen Gerichtsständen, wenn sich der wertmäßig überwiegende Teil seines Vermögens in unterschiedlichen Bezirken befindet.[141] Kommt es infolgedessen zu einer Antragstellung, so gilt die widerlegbare Vermutung, dass das örtlich ansässige Insolvenzgericht zuständig ist. Hinsichtlich etwaiger späterer Verweisungsbeschlüsse liegt die Kompetenz beim zuerst angerufenen Insolvenzgericht.

2. Transfer of venue

Auch wenn die Vorschrift des 28 U.S.C. § 1408 zunächst den Anschein vermitteln mag, der US-amerikanische Gesetzgeber würde dem Schuldner einen unbegrenzten Gestaltungsfreiraum einräumen, so relativiert sich dieser zunächst gewonnene Eindruck durch die in den 28 U.S.C. §§ 1404, 1406, 1412 vorgesehenen Verweisungsmöglichkeiten. Ein richterlicher Verweisungsbeschluss kommt danach entweder *sua sponte* – also initiativ durch das angerufene Gericht – oder aufgrund eines Verweisungsantrags eines am Verfahren beteiligten Dritten in Betracht, der ein entsprechendes eigenes Interesse hieran glaubhaft machen kann.

> **28 U.S. Code § 1412 – Change of Venue**
> A district court may transfer a case or proceeding under title 11 to a district court for another district, in the interest of justice or for the convenience of the parties.

Tatbestandlich kommt eine Verweisung aufgrund der vorgenannten Vorschriften entweder *in the interest of justice* – also aufgrund freier richterlicher Würdigung der persönlichen und sachlichen Umstände des konkreten Sachverhalts zwecks Herstellung eines fairen Interessenausgleichs – und/oder *for convenience* – also aus Zweckmäßigkeitserwägungen – in Betracht. Die Entscheidung über die Verweisung der Sache liegt nach alledem also im Ermessen des zuerst angerufenen Gerichts.

a) For convenience of the parties

In Bezug auf die Frage der Zweckmäßigkeit der Verweisung hat sich in der Vergangenheit unter den Gerichten ein gewisser Standard etabliert. So tendierten die

141 Vgl. auch: In re Ross, 312 B.R. 879, 889 (Bankr. W.D. Tenn. 2004).

Gerichte bei der Frage, ob im konkreten Fall eine Verweisung *for convenience of the parties* in Frage kommt, folgende Faktoren in die Abwägung einzustellen:

- Nähe der Gläubigerschaft,
- Nähe des Schuldners,
- Belegenheitsort des schuldnerischen Vermögens,
- Nähe der schuldnerischen internen Verwaltung,
- Notwendigkeit der Verwaltung von Vermögensgütern in anderen als dem Eröffnungsbezirk im Falle der Liquidation[142]

b) In the interest of justice

Wann hingegen die Gerichte zu einer Verweisung *in the interest of justice* tendieren, lässt sich nicht an derart spezifischen Merkmalen festmachen. In der Regel spielen Faktoren wie die Aussichten auf eine ökonomische sowie effiziente Verwaltung des schuldnerischen Geschäftsbetriebs, rechts- und prozessökonomische Aspekte sowie die Frage, ob das verwiesene Gericht ein besonderes Interesse an einer Verwaltung der schuldnerischen Gesellschaft/en innerhalb seines Gerichtsstandes geltend machen kann, eine übergeordnete Rolle.[143]

c) Zuständigkeitsverweisung nach Bankruptcy Rule 1014(a)

Darüber hinaus enthält Bankruptcy Rule 1014(a) eine Verweisungsmöglichkeit für den Fall, dass entweder der Eröffnungsantrag an einem zwar in formeller Hinsicht geeigneten, aber in Anbetracht der tatsächlichen Umstände des vorliegenden Sachverhalts unzweckmäßigen Gerichtsstand gestellt worden ist, oder aber das angerufene Gericht schon von vornherein aufgrund seiner örtlichen Zuständigkeit ungeeignet erscheint.[144]

---

142 Vgl. hierzu *Krysral Cadillac-Oldsmobile-GMC Truck Inc. v. General Motors Corp.*, 232 B.R. 622, 628 (E.D. Pa. 1999); *Puerto Rico v. Commonwealth Oil Refining Co.* (*In re Commonwealth Oil Refining Co.*), 596 F.2d 1239, 1247 (5th Cir. 1979).

143 Vgl. *Gulf States Explorations Co. v. Manville Forest Prods. Corp. (In re Manville Forest Prods. Corp.)*, 896 F.2d 1384, 1391 (2d Cir. 1990).

144 Vgl. hierzu *EDP Medical Computer Sys. Inc. v. U.S. (In re EDP Medical Computer Sys. Inc.)*, 178 B.R. 57 (M.D. Pa. 1995).

d) Verfahrenskonzentration kraft Zuständigkeit nach Bankruptcy Rule 1014 (b)

Eine rechtliche Besonderheit besteht in der Möglichkeit des zuständigen Gerichts, nach Maßgabe von Bankruptcy Rule 1014 (b) eine Verfahrenskonzentration kraft örtlicher Zuständigkeit herbeizuführen.

Eine solche Zusammenführung der Verfahren ist aufgrund der Vorschrift immer dann in Betracht zu ziehen, wenn unterschiedliche Eröffnungsanträge an verschiedenen örtlich zuständigen Gerichten gestellt werden, die entweder denselben Schuldner oder einen mit diesem in direkter Verbindung stehenden Schuldner betreffen beziehungsweise sich unmittelbar gegen diesen richten.

Voraussetzung ist danach, dass neben der schuldnerischen Gesellschaft ein Antrag gegen einen oder mehrere der haftenden Gesellschafter, gegen mehrere haftende Gesellschafter derselben Gesellschaft oder ein mit der schuldnerischen Gesellschaft verbundenes Unternehmen gestellt worden ist.

Diesbezüglich liegen Zuständigkeit und Kompetenz bei dem in der Sache zuerst angerufenen Gericht, *in the interest of justice* oder *for the convenience of the parties* zu beschließen, in welchem Gerichtsbezirk beziehungsweise in welchen Bezirken das Verfahren fortgesetzt wird.

Bankruptcy Rule 1014 – Dismissal and Change of Venue

(a) Dismissal and Transfer of Cases.

(1) Cases Filed in Proper District. If a petition is filed in the proper district, the court, on the timely motion of a party in interest or on its own motion, and after hearing on notice to the petitioners, the United States trustee, and other entities as directed by the court, may transfer the case to any other district if the court determines that the transfer is in the interest of justice or for the convenience of the parties.

(2) Cases Filed in Improper District. If a petition is filed in an improper district, the court, on the timely motion of a party in interest or on its own motion, and after hearing on notice to the petitioners, the United States trustee, and other entities as directed by the court, may dismiss the case or transfer it to any other district if the court determines that transfer is in the interest of justice or for the convenience of the parties.

(b) Procedure When Petitions Involving the Same Debtor or Related Debtors Are Filed in Different Courts. If petitions commencing cases under the Code or seeking recognition under chapter 15 are filed in different districts by, regarding, or against (1) the same debtor, (2) a partnership and one or more of its general partners, (3) two or more general partners, or (4) a debtor and an affiliate, the court in the district in which the first-filed petition is pending may determine, in the interest of justice or for the convenience of the parties, the district or districts in which any of the cases should proceed. The court may so determine on motion and after a hearing, with notice to the following entities in the affected cases: the United States trustee, entities entitled to notice under Rule 2002(a), and other entities as the court directs. The court may order the parties to the later-filed cases not to proceed further until it makes the determination.

3. „Manufactured venue" und Grenzen des „forum shopping"

Möchte man die bereits auf Seite 258 durch den Verfasser thematisierten Probleme um die örtliche Zuständigkeit des AG Köln[145] im Insolvenzverfahren über das Vermögen einer Tochtergesellschaft der „*PIN AG*"[146] in diesem Kontext erneut aufgreifen, so drängt sich die Frage auf, welche Antworten ein US-amerikanisches Insolvenzrecht auf parallel gelagerte Fragestellungen anbieten kann. Im vorgenannten Fall erklärte sich das Insolvenzgericht am AG Köln als örtlich zuständig, nachdem interne Umstrukturierungsmaßnahmen unmittelbar vor Antragstellung die tatbestandlichen Voraussetzungen hierfür geschaffen hatten.

Mit einem ähnlichen Problem hatten sich im Jahre 2005 auch der Bankruptcy Court des Southern District of New York im Falle der Eröffnung des Insolvenzverfahrens über das Vermögen der „*Winn-Dixie Stores Inc.*"[147] sowie der U.S. Bankruptcy Court for the District of Delaware in Sachen „*In re Rehoboth Hospitality LP d/b/a Logos Plaza Hotel*"[148] zu beschäftigen.

a) Winn-Dixie Stores Inc.[149]

In diesem Fall versuchte die „*Winn-Dixie Inc.*" lediglich 12 Tage vor Stellung des Antrages auf Eröffnung des Chapter 11-Verfahrens durch Eingliederung der im U.S. Bundesstaat New York ansässigen „*Dixie Stores Inc.*" die örtliche Zuständigkeit des New Yorker Gerichts zu begründen. Hierbei bestand die Besonderheit, dass 19 der insgesamt 23 verbleibenden schuldnerischen Gesellschaften ihren satzungsmäßigen Sitz im Bundesstaat Florida hatten – jedoch bislang keine in New York. Darüber hinaus stammte auch ein Großteil der Beschäftigten sowie Gläubiger der betreffenden Gesellschaften aus dem Südosten der Vereinigten Staaten.

Es stellte sich dem zunächst zuständigen New Yorker Gericht also auch hier die Frage nach der Zulässigkeit unmittelbar zuständigkeitsbegründender gesellschaftsrechtlicher Maßnahmen, im Hinblick auf die geplante Insolvenzantragstellung.

Das angerufene New Yorker Gericht stellte in diesem Zusammenhang zunächst fest, dass die Wahl des Gerichtsstands New York nicht nur für die Ab-

---

145 AG Köln, Beschl. v. 19.02.2008 – 73 IE 1/08 = NZI 2008, 254, 255.

146 Die PIN AG war Holding über 20 Regionalgesellschaften, die wiederum Anteile an 80 Regionalgesellschaften hielten. Insgesamt gehörten etwa 100 Gesellschaften zu der PIN-Gruppe.

147 Case No. 05–11063 (RDD) (Bankr. S.D.N.Y.).

148 Case No. 11–12798 (KG) (Bankr. D. Del.).

149 Case No. 05–11063 (RDD) (Bankr. S.D.N.Y.).

wicklung der Unternehmensgruppe besonders geeignet, sondern darüber hinaus auch in formeller Hinsicht nicht zu beanstanden sei. In seiner Begründung wies es darauf hin, dass in New York eine Reihe von Experten ansässig seien, deren Einbeziehung für eine Abwicklung eines Verfahrens dieses Formates als elementar zu betrachten sei. Darüber hinaus müsse es auf Grundlage der Regelung des 28 U.S.C. § 1408(a) bereits ausreichend sein, dass die *„Dixie Stores Inc.“* als verbundenes Unternehmen im Sinne der Vorschrift für den größeren Anteil eines Zeitraums von 180 Tagen vor Antragstellung im örtlichen Zuständigkeitsbereich des angerufenen Insolvenzgerichts ansässig gewesen sei.[150] Dabei galt es jedoch zu beachten, dass die Gesellschaft ausschließlich zu diesem Zweck erst gegründet worden war.

Folglich verwies das Gericht das Verfahren auf Antrag eines Gläubigers[151] gemäß 28 U.S.C. § 1412 *in the interest of justice* an ein Gericht in Jacksonville im *Middle District of Florida* mit der Begründung, dass eine Befugnis zur Zuständigkeitsverweisung im Sinne der Vorschrift immer dann vertretbar sei, *„when the facts were created to fit the statute“*[152] – also die zuständigkeitsbegründenden Maßnahmen lediglich als Mittel zum Zweck dienten. Dieser Zweck lag im vorliegenden Fall offensichtlich darin, die örtliche Zuständigkeit des Gerichts im *Southern District of New York* zu begründen, was die Schuldnerin im späteren Verlauf des Verfahrens auch bestätigte.

b) Rehoboth Hospitality LP[153]

In einem ähnlich gelagertem Fall aus dem Jahr 2011 hatte der *U.S. Bankruptcy Court for the District of Delaware* über die Verweisung des durch die *„Rehoboth LP“* gestellten Insolvenzantrags an das für den *Northern District of Texas* zuständige Insolvenzgericht zu entscheiden.[154] Bei der antragstellenden Schuldnerin, der *„Rehoboth LP“* handelte es sich um die im U.S. Bundesstaat Delaware ansässige Eigentümerin und Betreiberin des *„Logos Plaza Hotel“* in Abilene, Texas.

Die Schuldnerin begründete die vermeintliche Zuständigkeit des im *District of Delaware* ansässigen Insolvenzgerichts damit, dass ihr Vollhafter seine strategischen Entscheidungen von dem in Philadelphia befindlichen Verwaltungssitz aus treffe und sich somit auch der Hauptgeschäftssitz an diesem Ort befinde.

---

150 *In re Winn-Dixie Stores Inc.*, Chapter 11 Case No. 05–11063 (RDD) (Bankr. S.D.N.Y. 2005).
151 Id., Docket No. 407.
152 Transcript of April 12, 2005, Hearing at 171, *In re Winn-Dixie Stores Inc.*, Chapter 11 Case No. 05–11063 (RDD) (Bankr. S.D.N.Y. 2005).
153 Case No. 11–12798 (KG) (Bankr. D. Del.).
154 Case No. 11–12798 (KG) (Bankr. D. Del.).

Auf Antrag der „*Abilene Holding LLC*" als Hypothekengläubigerin des Hotelgrundstückes in Abilene, beschloss das angerufene Gericht das Verfahren an das für den *District of Northern Texas* zuständige Insolvenzgericht zu verweisen. Hierbei stützte es seine Begründung auf den Umstand, dass ein Großteil der Gläubigerschaft in Texas ansässig sei, was unausweichlich einen erhöhten Reisekostenaufwand sowie damit verbundenen Unannehmlichkeiten für die Verfahrensbeteiligten zur Folge hatte. Zudem wies das Gericht darauf hin, dass das ansässige Insolvenzgericht mit den örtlichen Gegebenheiten des laufenden Hotelbetriebs besser als ein Gericht im entfernten Delaware vertraut sei.

c) Weitere Entwicklung der Rechtsprechung

Die sich in den vorausgehenden Absätzen abzeichnende Tendenz der US-Gerichte im Umgang mit der Frage der örtlichen Zuständigkeit bestätigt sich auch in den Entscheidungen anderer US-Gerichte in ähnlich gelagerten Fällen.[155] Diesbezüglich richtungsweisend ist der jüngst im *Southern District of New York* ergangene Beschluss in Sachen „*Patriot Coal Corporation*".[156] In dem zugrunde liegenden Fall entschied das angerufene New Yorker Gericht, dass bei der Verfolgung sogenannter „*eve of filing strategies*" – also Sachverhalten, in denen der zuständigkeitsbegründende Tatbestand erst unmittelbar vor Antragstellung begründet wurden war – dem Umstand der Zuständigkeitsbegründung im Rahmen einer umfassenden Interessenabwägung *in the interest of justice* im Sinne von title 28 U.S.C. § 1412 Rechnung zu tragen sei. Hierbei betonte das Gericht, dass im Rahmen dieser Abwägung vorrangig das Interesse an einem fairen Interessenausgleich und weniger geografische Aspekte entscheidend seien.

Im Ergebnis entschied das New Yorker Gericht das Antragsverfahren an das für den *Eastern District of Missouri* zuständige Insolvenzgericht zu verweisen und begründete diese Entscheidung damit, dass sich dort nicht nur der Hauptverwaltungssitz und somit auch die leitenden Organe der Schuldnerischen Unter-

155 Commonwealth of Puerto Rico v. Commonwealth Oil Refining Co. Inc. (In re Commonwealth Oil Refining Co. Inc.), 596 F.2d 1239, 1247 (5th Cir. 1979); In re Innovative Commc'n Co., 358 B.R. 120, 126 (Bankr. D. Del. 2006); In re B.L. McCandless LP, 417 B.R. 80, 82–83 (Bankr. N.D. Ill. 2009); In re Dunmore Homes Inc., 380 B.R. 663, 672 (Bankr. S.D.N.Y. 2008); In re Malden Mills Indus. Inc., 361 B.R. 1, 9–10 (Bankr. D. Mass. 2007); In re B.L. of Miami Inc., 294 B.R. 325, 329 (Bankr. D. Nev. 2003); Krystal Cadillac-Oldsmobile-GMC Truck Inc. v. General Motors Corp., 232 B.R. 622, 628 (E.D. Pa. 1999); In re Patriot Coal Corporation, Case No. 12–12900 (SCC) (Bankr. S.D.N.Y. Nov. 27, 2012).

156 In re Patriot Coal Corporation, Case No. 12–12900 (SCC) (Bankr. S.D.N.Y. Nov. 27, 2012).

nehmensgruppe, sondern insbesondere auch sämtliche Verträge und Buchhaltungsunterlagen befanden.

4. Stellungnahme

Seit der Entscheidung in Sachen „*Winn-Dixie*" sind dem Schuldner im Hinblick auf die zuständigkeitsbegründende rechtliche Gestaltungsfreiheit im Zeitraum unmittelbar vor Antragstellung klare Grenzen gesetzt, wenn die streitgegenständlichen Praktiken den Anschein erwecken, allein den Zweck einer strategischen Zuständigkeitsbegründung zu dienen.

Zugleich betonen jedoch die Gerichte, dass im Einzelfall das allgemeine Gläubigerinteresse eine Zuständigkeitsbegründung in letzter Minute rechtfertigen könne, da auch die hinter den jeweiligen Maßnahmen stehenden Motive, in eine jeweilige Interessenabwägung Einzug finden müssen.[157] Dies hat zur Folge, dass den Schuldnern die Möglichkeit eines strategischen *forum shopping* als legitime Gestaltungsmöglichkeit auch in Zukunft erhalten bleibt.

Die vorangestellte Rechtsvergleichung stellt insoweit anschaulich unter Beweis, dass ein US-amerikanisches Insolvenzrecht gerade im Hinblick auf die oftmals schwierige Frage der örtlichen Zuständigkeit die zumeist flexibleren Regularien enthält, um nicht nur einen vertretbaren Interessenausgleich zwischen den Verfahrensbeteiligten Parteien, sondern auch eine effektive und ökonomische Abwicklung des schuldnerischen Unternehmen zu gewährleisten. Weiterhin klärungsbedürftig bleibt hingegen auch im US-amerikanischen Insolvenzrecht die Frage, in welchem zeitlichen Kontext die strategische Gründung einer Gesellschaft zur darauffolgenden Antragstellung stehen darf und ob diese nicht im Verhältnis zu solchen mit ihr verbundenen Gesellschaften einen eigenen wirtschaftlichen Zweck verfolgen muss, um im Rahmen der Bestimmung der örtlichen Zuständigkeit Berücksichtigung zu finden.

5. Überlegungen zu einer Reformierung des US-amerikanischen Konzerninsolvenzrechts

Trotz dieser auf den ersten Blick positiven Entwicklung, hat auch innerhalb der US-amerikanischen Rechtspraxis seit jüngstem ein Umdenken im Hinblick auf die

---

157 Letztlich noch einmal ausdrücklich Richterin Shelley C. Chapman in: *In re Patriot Coal Corporation*, Case No. 12–12900 (SCC) (Bankr. S.D.N.Y. Nov. 27.2012).

Möglichkeit zur freien Zuständigkeitswahl Einzug genommen. Auslöser hierfür war unter anderem eine Studie des US-amerikanischen Professors der University of Los Angeles, *Lynn M. LoPucki*, der in seinem Buch *„Courting Failure“*[158] die Auswirkungen eines Wahlgerichtsstands nach US-amerikanischen Insolvenzrechts untersuchte.

LoPucki gelangte im Rahmen seiner Untersuchungen zu dem Ergebnis, dass die U.S.-amerikanischen Zuständigkeitsregelungen für Insolvenzverfahren einen regelrechten Konkurrenzstreit unter den Insolvenzgerichten auslösten, was dazu führte, dass Verweisungen großer Verfahren in der Praxis nur selten bis gar nicht stattfanden.[159] Hinzu kam, dass einzelne Gerichte versuchten, durch besonders schuldnerfreundliches Handeln möglichst viele Gesellschaften an den eigenen Gerichtsstand zu locken. Hierzu gehörte etwa das kritiklose Genehmigen sogenannter *Prepackaged Plans.*[160] In dieser Folge habe sich zunächst im Bundesstaat New York und später in Delaware ein Quasi-Monopol für Konzerninsolvenzverfahren entwickeln können.

Im Jahr 1996 habe die Antragsquote in Delaware bei 87% gelegen.[161] Dies habe dazu geführt, dass sich eine Reihe von Insolvenzexperten an diesen Gerichtsständen ansiedelten, was die Gerichte wiederum zur Rechtfertigung ihrer örtlichen Zuständigkeit ausnutzten.[162] Hinzu kam, dass gut Zweidrittel der großen Konzerne, die seit dem Jahre 1992 in den USA die Insolvenz beantragten in Delaware gegründet worden waren.[163]

Alarmierend sei *LoPucki* zufolge, dass Konzerne die unter der Aufsicht der Gerichte des Bundesstaats Delaware reorganisiert worden waren, mehr als zehnmal so häufig innerhalb der nächsten fünf Jahre erneut die Eröffnung eines Insolvenzverfahrens beantragten.[164] Im Gegensatz zu Gesellschaften die in anderen Bundesstaaten reorganisiert worden waren, hätten in Delaware „sanierte“ Unternehmen einen durchschnittlichen Jahresverlust von 9% zu verzeichnen.[165]

LoPucki führt diesen Wettbewerb in erster Linie auf den Umstand zurück, dass mit dem Vorsitz eines Richters in einem großen und vor allem bedeutenden

---

158 LoPucki, Courting Failure, 2006; eine Zusammenfassung des Buches in deutscher Sprache wurde in: ZInsO 2013, 420 ff. veröffentlicht.

159 *LoPucki* in: ZInsO 2013, 420, 421.

160 *LoPucki* in: ZInsO 2013, 420, 425.

161 *LoPucki* in: ZInsO 2013, 420, 422.

162 So etwa auch im Verfahren über das Vermögen der Winn-Dixie Stores Inc., Case No. 05–11063 (RDD) (Bankr. S.D.N.Y.).

163 Courting Failure, S. 55 f.; *LoPucki* in: ZInsO 2013, 420, 422.

164 Courting Failure, S. 113; *LoPucki* in: ZInsO 2013, 420, 423.

165 Courting Failure, S. 113; *LoPucki* in: ZInsO 2013, 420, 423.

Verfahren gleichsam Macht und Reputation einhergehen würden.[166] Diese würden sich nicht nur in der medialen Präsenz rund um Großverfahren sondern auch in Einladungen zu Kongressen wiederspiegeln, auf denen die Richter – nunmehr selbst als führende Insolvenzexperten – von ihren Erfahrungen im jeweiligen Verfahren – zumeist gegen Zahlung eines verlockenden Honorars – berichten dürften.[167]

Darüber hinaus seien die verantwortlichen Richter zumeist öffentlich gebrandmarkt, wenn sie Verfahren an einen anderen Gerichtsstand verwiesen und somit eine Beteiligung der lokalen Rechtsanwaltsgemeinschaft an diesen Verfahren vereitelten.[168] Hierdurch verschlechterte sich *LoPucki* zufolge nicht nur ihre Reputation als allgemein geeigneter Sanierungsstandort, auch seien zugleich ihre Aussichten auf eine baldige Wiederwahl innerhalb ihres Gerichtsbezirks signifikant geringer.[169]

Als Lösung des Problems schlägt *LoPucki* zwei alternative Ansätze für eine Reform des US-amerikanischen Insolvenzrechts vor:

Zunächst müsse die Möglichkeit zur Insolvenzantragstellung am Gründungsort der Gesellschaft beziehungsweise am zuständigen Insolvenzgericht einer Konzernverbundenen Gesellschaft gestrichen und durch eine obligatorische Verweisung falsch gestellter Anträge an das zuständige Insolvenzgericht ersetzt werden.[170] Einzelne Mitglieder einer Unternehmensgruppe sollten zudem künftig nur noch am Sitz der Muttergesellschaft zur Beantragung der Durchführung eines Reorganisationsverfahrens berechtigt sein.[171] Eine obligatorische Antragstellung am Sitz der schuldnerischen Gesellschaft hält *LoPucki* bereits deshalb nicht für überzeugend, da zu befürchten sei, dass viele lokale Gerichte mit der Reorganisation großer Konzerne überfordert seien.[172]

Alternativ solle künftig aber auch die Errichtung spezialisierter Insolvenzgerichte an drei oder vier Standorten innerhalb der USA möglich sein, wobei jedes dieser Gerichte für ein genau definiertes Gebiet zuständig sei.[173] Unternehmen, die eine bestimmte Größenordnung erreichten, würden ihren Antrag bei einem ein-

166 *LoPucki* in: ZInsO 2013, 420, 421.
167 *LoPucki* in: ZInsO 2013, 420, 421.
168 *LoPucki* in: ZInsO 2013, 420, 421.
169 *LoPucki* in: ZInsO 2013, 420, 421.
170 *LoPucki* in: ZInsO 2013, 420, 426 f.
171 *LoPucki* in: ZInsO 2013, 420, 427.
172 *LoPucki* in: ZInsO 2013, 420, 427.
173 *LoPucki* in: ZInsO 2013, 420, 427.

zelnen Richter beantragen können, der das Verfahren noch am Trag der Antragstellung dem sachnächsten der vier Gerichte zuweise.[174]

6. Stellungnahme

Auch wenn die Befunde von *LoPucki* hinsichtlich der Entwicklungen eines US-amerikanischen Konzerninsolvenzrechts alarmierend erscheinen, so lassen sie sich nur im bedingten Maße auf ein deutsches Insolvenzrecht übertragen.[175] Denn anders als im US-amerikanischen Rechtskreis erhält ein deutscher Schuldner durch seine Standortwahl nicht gleichzeitig einen Rechtsvorteil.[176] Sachverhalte in denen ein gesamter Konzern die Zuständigkeit am Gerichtsstand einer unbedeutenden Tochter aufgrund sachfremder Erwägungen zu vereinen versucht, sind hierzulande eher die Ausnahme. Dies gilt insbesondere vor dem Hintergrund, dass die Möglichkeit zur Wahl des Gerichtsstands nicht zwingend mit einer Benachteiligung der am Verfahren beteiligten Gläubigerschaft sowie einer Verschlechterung der Sanierungschancen einhergehen muss.

Es ist insofern bereits fraglich, ob nicht ein Großteil der Gläubiger zur Hinnahme gewisser Einschränkungen, etwa durch verlängerte Anfahrtswege bereit wäre, wenn sich im Gegenzug die Aussichten auf eine erfolgreiche Sanierung und damit auch der eigene Anteil an einer quotalen Befriedigung vergrößern würden. Darüber hinaus wird wohl kaum eine Geschäftsleitung ein Interesse daran zeigen, sämtliche Verfahren an einem für die Sanierung des Unternehmensverbunds gänzlich ungeeigneten Gerichtsstand zu vereinen.

III. Fazit und Stellungnahme

Betrachtet man die Entwicklung der Rechtsprechung der US-Gerichte der vergangenen Jahre zu der Frage nach der örtlichen insolvenzgerichtlichen Zuständigkeit, so zeigt sich eine klare Tendenz dahingehend, dass diese eine einzelfallbezogene Betrachtung – unter Abwägung der Vor- und Nachteile des jeweiligen Standorts für den Schuldner sowie seiner Gläubigerschaft – einer rein positivistischen Lösung vorziehen.

---

174 Courting Failure, S. 252f.; *LoPucki* in: ZInsO 2013, 420, 427.

175 So im Ergebnis auch *Wimmer* in: DB 2013, 1343, 1347.

176 Anders ist die Frage innerhalb des Geltungsbereichs der EuInsVO zu bewerten, da dort die internationale Gerichtszuständigkeit (Art. 3 EuInsVO) über ein anwendbares Insolvenzrecht entscheidet, Art. 4 EuInsVO bzw. Art. 7 EuInsVO n. F.

Dies bekräftigt die Rechtsauffassung des Verfassers, die Entscheidung über die gerichtliche Zuständigkeit einer umfassenden Interessenabwägung im Einzelfall zugänglich zu machen.[177] Denn die in den aufgezeigten Fallstudien gefundenen Ergebnisse verdeutlichen einmal mehr, dass die richtige Antwort auf die insolvenzgerichtliche Zuständigkeitsfrage nicht im Rahmen einer schematischen Lösung gefunden werden kann und auch nicht gefunden werden sollte.

Die im US-amerikanischen Insolvenzrecht derweil bestehende Möglichkeit, das Verfahren im Falle der Antragstellung an einen in formeller Hinsicht zwar geeigneten, in Anbetracht der tatsächlichen Umstände des vorliegenden Sachverhalts aber unzweckmäßigen Gerichtsstand zu verweisen, sollte zukünftig auch Eingang in die Diskussion um die Schaffung eines deutschen Konzerninsolvenzrechts finden.

Dass die US-Rechtsprechung ganz mitbestimmend dem Umstand geschuldet ist, eine im Vordringen befindliche Praxis von *forum shopping* nachhaltig zu unterbinden, sollte zumindest auch dem deutschen Gesetzgeber gegenüber Signalwirkung entfalten. Die in diesem Zusammenhang von Teilen des US-amerikanischen Schrifttums angemeldeten Bedenken einer möglichen Korrumpierung des Systems können im gegenständlichen Kontext eines deutschen Insolvenzrechts hingegen nicht überzeugen.[178]

IV. UNCITRAL

Auch der UNCITRAL *Legislative Guide on Insolvency Law* widmet sich in seinem dritten Teil ausführlich der Frage nach den Vorteilen einer gemeinsamen Konzernzuständigkeit.[179] Der Leitfaden differenziert dabei zwischen der gemeinsamen Antragstellung (*Joint Application*) auf der einen, sowie einer koordinierten Verfahrensführung (*Procedural Coordination*) auf der anderen Seite.

1. Gemeinsame Zuständigkeit

Die UNCITRAL plädiert ausdrücklich für die Möglichkeit, die insolvenzgerichtliche Zuständigkeit mehrerer Verfahren an einem Gerichtsstand zu vereinen. Neben

---

177 Vgl. hierzu die Ausführungen auf Seite 267.

178 So im Ergebnis auch *Wimmer* in: DB 2013, 1343, 1347.

179 UNCITRAL, Legislative Guide on Insolvency Law, Part three: Treatment of enterprise groups in insolvency, 2012, S. 59 ff., abrufbar unter: http://www.uncitral.org/pdf/english/texts/insolven/Leg-Guide-Insol-Part3-ebook-E.pdf (zuletzt abgerufen am: 3. Januar 2018).

dem Gerichtsstand der Muttergesellschaft als Konzerngerichtsstand hält die Kommission insbesondere auch eine am Prioritätsprinzip, dem Grad der Verschuldung sowie dem Ort der gemeinsamen Leitung gemessene Zuständigkeit für sinnvoll.[180]

2. Joint Application

Zur Vereinfachung der Koordination von Verfahren sowie zur Einsparung von Kosten empfiehlt die UNCITRAL eine gemeinsame Antragstellung bei einem und demselben Gericht für mindestens zwei konzernangehörige Gesellschaften, für die ein Insolvenzgrund vorliegt zu ermöglichen.[181] Das angerufene Gericht sei hierdurch in der Lage, von der Gruppenzugehörigkeit der schuldnerischen Gesellschaften Kenntnis zu erlangen,[182] und könne auf dieser Grundlage darüber entscheiden, ob im Einzelfall die Anordnung einer *Procedural Coordination* geeignet erscheine.[183]

Neben insolventen, sollten nach Empfehlung der Kommission wahlweise auch nichtinsolvente Gruppenmitglieder in die gemeinsame Antragstellung mit einzubeziehen sein, sofern der Eintritt eines Eröffnungsgrundes bei diesen Gesellschaften unmittelbar bevorstehe.[184] Gleiches gelte für solvente Gesellschaften, sofern das jeweilige Insolvenzrecht eine Möglichkeit hierzu generell vorsehe und die Gesellschaft bis zu einem gewissen Grad in die Unternehmensgruppe integriert sei.[185] Hierdurch könne einer ansonsten häufig stückweise erfolgenden Antragstellung der Gesellschaften vorgebeugt sowie die Erarbeitung eines konzernumfassenden Sanierungsplans insgesamt erleichtert werden.[186] Alternativ solle sich die Gesellschaft aber auch auf Grundlage eines entsprechenden Vorstands- oder Aufsichtsratsbeschlusses dem Sanierungsvorhaben der übrigen Konzerngesellschaften anschließen können.[187]

Der Antrag soll durch zwei oder mehr Konzerngesellschaften oder durch die Gläubiger der die Antragsvoraussetzungen erfüllenden Konzerngesellschaften

---

180 UNCITRAL Pt.3, S. 28.
181 UNCITRAL Pt.3, S. 26, Empfehlung Nr. 199.
182 UNCITRAL Pt.3, S. 21.
183 UNCITRAL Pt.3, S. 26.
184 UNCITRAL Pt.3, S. 22.
185 UNCITRAL Pt.3, S. 22f.
186 UNCITRAL Pt.3, S. 23.
187 UNCITRAL Pt.3, S. 23.

gestellt werden können.[188] Die UNCITRAL empfiehlt in diesem Zusammenhang entweder die gemeinsame Antragstellung bei einem Gericht – etwa dem der Mutter – explizit zu gestatten oder aber eine Zusammenführung der Zuständigkeiten auf Grundlage entsprechender Verweisungsvorschriften zu ermöglichen.[189]

V. Gerichtszuständigkeit in Deutschland de lege ferenda

Auch der deutsche Gesetzgeber hat die Notwendigkeit einer einheitlichen Zuständigkeitsanknüpfung für Konzerninsolvenzverfahren erkannt und in den §§ 3a ff. KIG[190] einen sogenannten *Gruppen-Gerichtsstand* implementiert.

Während sich der erste vom BMJ veröffentlichte Bericht der Kommission für Insolvenzrecht aus dem Jahre 1985 noch recht zurückhaltend gegen eine Verfahrenskonzentration für konzernverbundene Unternehmen aussprach,[191] scheint sich der Gesetzgeber nunmehr größtenteils den Forderungen von Literatur und Praxis anzunehmen. Im Gegensatz zum Diskussionsentwurf, der sich noch auf die Einfügung eines § 3a und § 3b Disk-E beschränkte, sollen Regelungen zum Gruppen-Gerichtsstand nach Vorstellung des Reformgesetzgebers nunmehr in § 2 Abs. 3, §§ 3a bis 3e sowie § 13a KIG aufgenommen werden.[192]

1. Der Gruppen-Gerichtsstand

Auf Grundlage der durch das Gesetz zur Erleichterung der Bewältigung von Konzerninsolvenzen neu eingeführten Regelungen ist es künftig möglich, Insolvenzverfahren über das Vermögen von Unternehmensträgern derselben Unternehmensgruppe an ein und demselben Gerichtsstand zu vereinen.[193] Für Schuldner, die einer Unternehmensgruppe im Sinne des § 3e KIG angehören („**gruppenangehörige Schuldner**"), wird in § 3a KIG zu diesem Zwecke ein eigener Gerichtsstand („**Gruppen-Gerichtsstand**") eingeführt.[194] Stellt demnach eines der konzernverbundenen Unternehmen einen Antrag auf Eröffnung des Insolvenzverfahrens, soll

---

188 UNCITRAL Pt.3, S. 24.
189 UNCITRAL Pt.3, S. 24.
190 BT-Drucks. 18/407.
191 Vgl. insbes. Leitsatz 2.4.9.13, S. 290 ff.
192 Vgl. *v. Wilcken* in: Flöther, S. 115 Fn. 72; zur alten und neuen insolvenzgerichtlichen Zuständigkeit vgl. insbesondere auch die Ausführungen von Grell/Splittgerber in: DB 2017, 1497 ff.
193 Begr. InsO-E, BT-Drucks. 18/407, S. 26.
194 Begr. InsO-E, BT-Drucks. 18/407, S. 26.

die durch diesen Antrag begründetet Zuständigkeit des jeweiligen Insolvenzgerichts, unter näher bestimmten Voraussetzungen künftig auch für die übrigen Konzerngesellschaften („**Gruppen-Folgeverfahren**") gelten.

a) Materielle Antragsvoraussetzungen

Für den Antrag ist es gemäß § 3a Abs. 1 S. 1 KIG erforderlich, dass (i) in Bezug auf den Schuldner ein zulässiger Eröffnungsantrag (Eigenantrag) vorliegt und (ii) der Schuldner nicht offensichtlich von untergeordneter Bedeutung für die gesamte Unternehmensgruppe ist.

Gemäß dem Wortlaut der Regelung muss der Eröffnungsantrag im Zeitpunkt der Antragstellung lediglich zulässig sein.[195] Ziel des Reformgebers ist es, auf diesem Wege eine zeit- und aufwandsintensive Ermittlung in tatsächlicher sowie rechtlicher Hinsicht zu vermeiden und eine möglichst frühzeitige Begründung des Gruppen-Gerichtsstands im Eröffnungsstadium zu gewährleisten.[196] Wird auf dieser Grundlage ein Gruppen-Gerichtsstand begründet obgleich sich später herausstellt, dass dieser unbegründet war, besteht dieser Gerichtsstand gemäß § 3b KIG zunächst fort.

aa) Antragsbefugnis

Von dem Antrag auf Eröffnung des Insolvenzverfahrens ist der Antrag auf Begründung des Gruppen-Gerichtsstands zu unterscheiden. Antragsberechtigt soll vor Verfahrenseröffnung in erster Linie der Schuldner sein, vorausgesetzt, dass dieser einen zulässigen Eigenantrag gestellt hat (§ 3a Abs. 1 S. 1 KIG). Vor dem Hintergrund, dass eine erfolgreiche Sanierung gegen den Willen des Schuldners weder durchführbar noch planbar sei und die für die Beurteilung der Zweckmäßigkeit einer konzernweiten Insolvenzbewältigungsstrategie notwendigen Informationen und Unterlagen für die Gläubiger regelmäßig nicht zugänglich seien, soll ein Gläubigerantrag nach dem Willen des Gesetzgebers unbeachtlich bleiben.[197]

Hat das Insolvenzgericht das Insolvenzverfahren über das Vermögen eines gruppenangehörigen Schuldners eröffnet, sich jedoch nicht als für die Gruppen-Folgeverfahren zuständig erklärt, so soll dies gemäß § 3a Abs. 3 KIG auf Antrag des Insolvenzverwalters unter den vorgenannten Voraussetzungen möglich sein.

---

195 Begr. InsO-E, BT-Drucks. 18/407, S. 26.
196 Begr. InsO-E, BT-Drucks. 18/407, S. 26.
197 Begr. InsO-E, BT-Drucks. 18/407, S. 20.

bb) Prioritätsprinzip

Für die Frage der Zuständigkeit soll gemäß § 3a Abs. 1 S. 3 KIG der zuerst gestellte Antrag maßgeblich sein.[198] Anders als die bisherige Praxis[199] folgt Gesetzgeber insoweit dem von *Hirte* vorgeschlagenen *Prioritätsprinzip*[200] und entscheidet sich bewusst gegen die Einführung einer ausschließlichen Zuständigkeit am Sitz des Mutterunternehmens.[201] Der Gesetzgeber Begründet diese Entscheidung mit dem Hinweis, dass eine „statische" Anknüpfung am Gerichtsstand der Mutter in jenen Fällen unangemessen sei, in denen diese selbst nicht insolvent sei oder sie den Mittelpunkt ihrer hauptsächlichen Interessen im Ausland habe.[202]

Gleichzeitig entkräftet der Reformgeber den Vorwurf, dass die Möglichkeit des *forum shopping* in besonderem Maße der Gefahr des Missbrauchs ausgesetzt sei.[203] Denn anders als im grenzüberschreitenden Bereich, wo sich aus der Frage der örtlichen Zuständigkeit weitreichende Folgen für das anwendbare Recht ableiten ließen, sei das Gefahrenpotential einer Zuständigkeitserschleichung auf nationaler Ebene überschaubar.[204] Schließlich seien die Möglichkeiten einer missbräuchlichen Antragstellung zusätzlich dadurch eingeschränkt, dass das KIG ein Antragsrecht grundsätzlich nur solchen Gruppenmitgliedern zuweise, die im Konzern eine Stellung von nicht bloß untergeordneter Bedeutung einnehmen.[205]

Der Reformgesetzgeber gelangt auf dieser Grundlage zu dem Schluss, dass die Vorteile, die sich im Hinblick auf eine planbare Verfahrenskonzentration aus dem Prioritätsprinzip ergeben, ein insofern geringfügiges Missbrauchspotential überwiegen.[206]

Gleichzeitig wird durch § 3c Abs. 2 KIG sichergestellt, dass die Begründung des Gruppen-Gerichtsstands keinerlei Sperrwirkung zu Lasten der nach § 3 Abs. 1 InsO gegebenen Gerichtsstände entfaltet. Wie die Begründung zum Gesetzentwurf ausdrücklich klarstellt, soll der Gruppen-Gerichtsstand neben die bereits bestehenden Gerichtsständen als besonderer Gerichtsstand treten, sodass § 3 InsO lediglich seinen ausschließlichen Charakter verliere.[207]

---

198 Begr. InsO-E, BT-Drucks. 18/407, S. 27.

199 Siehe hierzu oben auf S. 254ff.; vgl. auch *Brünkmans* in: ZIP 2013, 193, 196.

200 *Hirte* in: ZIP 2008, 444ff.; vgl. hierzu auch oben auf S. 276.

201 Begr. InsO-E, BT-Drucks. 18/407, S. 19.

202 Begr. InsO-E, BT-Drucks. 18/407, S. 19.

203 Zu den Gefahren des forum shopping siehe ausführlich auf S. 265f.

204 Begr. InsO-E, BT-Drucks. 18/407, S. 19.

205 Begr. InsO-E, BT-Drucks. 18/407, S. 19.

206 Begr. InsO-E, BT-Drucks. 18/407, S. 19.

207 Begr. InsO-E, BT-Drucks. 18/407, S. 28; vgl. auch *v. Wilcken* in: Flöther, S. 115.

Für den Schuldner hat dies zur Folge, dass dieser seinen Antrag auf Eröffnung eines Gruppen-Folgeverfahrens wahlweise am eigenen Gerichtsstand (§ 3 Abs. 1 InsO) oder am Gruppen-Gerichtsstand (§ 3a KIG) stellen kann,[208] ohne dabei eine strafbewehrte Versäumnis der ihm obliegenden Antragspflicht (§ 15a InsO) befürchten zu müssen.[209]

Haben demgegenüber gleich mehrere gruppenangehörige Schuldner zeitgleich einen Antrag auf Begründung eines Gruppen-Gerichtsstands gestellt oder ist *ex post* nicht mehr nachvollziehbar, welcher Antrag zuerst gestellt worden ist, wird nicht mehr wie noch im Gesetzentwurf vorgesehen die höchste Bilanzsumme,[210] sondern die im vergangenen abgeschlossenen Geschäftsjahr höchste Beschäftigtenanzahl für die Frage der Zuständigkeit entscheidend sein.[211]

Erfüllt hingegen keiner der gruppenangehörigen Schuldner die Voraussetzungen des § 3a Abs. 1 S. 2 KIG, wird durch Satz 3 der Regelung sichergestellt, dass der Gruppen-Gerichtsstand jedenfalls bei dem Gericht begründet werden kann, das für die Eröffnung des Verfahrens für den gruppenangehörigen Schuldner zuständig ist, bei dem im vorangegangenen abgeschlossenen Geschäftsjahr im Jahresdurchschnitt die meisten Arbeitnehmer beschäftigt waren.

cc) „Nicht offensichtlich untergeordnete Bedeutung"

Um dem Antrag auf Begründung eines *Gruppen-Gerichtsstands* statt zu geben, muss das Gericht ausschließen können, dass der antragstellende Schuldner offensichtlich von untergeordneter Bedeutung für die Unternehmensgruppe ist.[212] Ob eine solche untergeordnete Bedeutung seitens des antragstellenden Schuldners besteht, ist ausweislich der Entwurfsbegründung anhand der Umstände des Einzelfalls zu beurteilen.[213] Einen quantitativen Anhaltspunkt für die Beantwortung der Frage stellt der Gesetzgeber ergänzend in Form von Regelbeispielen in § 3a Abs. 1 S. 2 KIG bereit:

Eine untergeordnete Bedeutung der Unternehmung soll danach im Regelfall immer dann ausscheiden, wenn (i) im vorangegangenen abgeschlossenen Geschäftsjahr die Zahl der vom Schuldner im Jahresdurchschnitt beschäftigten Arbeitnehmer mehr als 15 Prozent der in der Unternehmensgruppe im Jahresdurchschnitt beschäftigten Arbeitnehmer ausmachte und (ii) die Bilanzsumme

---

208 *Brünkmans* in: ZIP, 2013, 193, 196.
209 Disk-E, Beilage zu ZIP 2/2013, S. 4.
210 Begr. InsO-E, BT-Drucks. 18/407, S. 27.
211 Begr. InsO-E, BT-Drucks. 18/407, S. 27.
212 Begr. InsO-E, BT-Drucks. 18/407, S. 29.
213 Begr. InsO-E, BT-Drucks. 18/407, S. 26.

des Schuldners mehr als 15 Prozent der zusammengefassten Bilanzsumme der Unternehmensgruppe betrug *oder* (iii) die Umsatzerlöse des Schuldners mehr als 15 Prozent der zusammengefassten Umsatzerlöse der Unternehmensgruppe betrugen.

Ist die Unternehmensgruppe zur Erstellung von Konzernabschlüssen nach den §§ 290 ff. HGB nicht verpflichtet oder liegen im Zeitpunkt der Antragstellung keine Konzernabschlüsse (mehr) vor, soll das Vorliegen der quantitativen Schwellen anhand untechnischer Zusammenfassungen der Abschlüsse nach freiem richterlichen Ermessen abzuschätzen sein.[214]

dd) Stellungnahme

Im Gegensatz zum Diskussionsentwurf greift die Regelung ausschließlich auf quantitative Kriterien als mögliche Grundlage für eine Bemessung der schuldnerische Bedeutung innerhalb der Unternehmensgruppe zurück. Dem noch in § 3a Abs. 1 Nr. 3 a.E. Disk-E enthaltenen Vorschlag, neben quantitativen zusätzlich auch qualitative Aspekte, wie Aufgaben und Funktionen des Schuldners innerhalb der Unternehmensgruppe in die Bewertung mit einfließen zu lassen,[215] ist der Reformgeber im Ergebnis nicht gefolgt.

Jedoch hat der Gesetzgeber die Voraussetzungen unter denen die Schwellenwerte des § 3a Absatz 1 Satz 2 KIG erreicht werden können, im Vergleich zur Entwurfsfassung etwas gelockert.[216] Während danach noch sowohl Bilanzsumme, Umsatzerlöse und Arbeitnehmerzahlen der betreffenden Gesellschaft kumulativ überschritten sein mussten, reicht es künftig aus, dass die Gesellschaft lediglich zwei der Schwellenwerte überschreitet.[217] Gleichzeitig wurden die Schwellenwerte an sich, verglichen mit der Entwurfsfassung von vormals 10 auf nunmehr 15 Prozent erhöht.

---

214 Begr. InsO-E, BT-Drucks. 18/407, S. 27.

215 Begr. zum Disk-E v. 01.03.2013, S. 30.

216 Gemäß § 3 Abs. 1 S. 2 InsO-E sollte eine untergeordnete Bedeutung der Unternehmung in der Regel dann nicht anzunehmen sein, *„wenn im vorangegangenen abgeschlossenen Geschäftsjahr (i) die Bilanzsumme des Schuldners mehr als 10 Prozent der zusammengefassten Bilanzsumme der Unternehmensgruppe betrug, (ii) die Umsatzerlöse des Schuldners mehr als 10 Prozent der zusammengefassten Umsatzerlöse der Unternehmensgruppe betrugen und (iii) die Zahl der vom Schuldner im Jahresdurchschnitt beschäftigten Arbeitnehmer mehr als 10 Prozent der in der Unternehmensgruppe im Jahresdurchschnitt beschäftigten Arbeitnehmer ausmachte“*, vgl. Begr. InsO-E, BT-Drucks. 18/407, S. 26 f.

217 Beschlussempfehlung und Bericht des Ausschusses für Recht und Verbraucherschutz, BT-Drucks. 18/11436.

Der Gesetzgeber ist damit den Forderungen des Bundesrates, einen Gruppen-Gerichtsstand künftig lediglich dort zu ermöglichen, wo wesentliche Gesellschaften des Konzerns ihren Sitz haben, nur teilweise gefolgt.[218]

Um jedoch den schuldnerischen Gesellschaften die nötigen Freiräume zu belassen, die es bedarf, um den Insolvenzbewältigungsprozess in hinreichendem Maße vorausplanen zu können, sollte der Gesetzgeber von einer weiteren Anhebung der Schwellenwerte Abstand nehmen.[219] Auch bedarf es keiner weiteren Vorkehrungen, um ein missbräuchliches Vorgehen aufständiger Konzerntöchter einzudämmen.[220] Denn für die Gerichte besteht ohnehin die Möglichkeit, eine Verfahrenskonzentration am Gerichtsstand der antragstellenden Gesellschaft abzulehnen, wenn ihrerseits Zweifel daran bestehen, dass diese im Interesse der Gläubiger sämtlicher gruppenangehöriger Schuldner liegt.[221]

Der Gesetzgeber sollte jedoch aus Klarstellungsgründen erwägen, die noch im Diskussionsentwurf enthaltenden Formulierung, wonach eine untergeordnete Bedeutung in der Regel dann nicht anzunehmen ist, *„wenn der Schuldner eine wesentliche Aufgabe oder Funktion für die Tätigkeit der Gruppe wahrnimmt“* (§ 3a Abs. 1 S. 1 Nr. 3 Hs. 2 a.E. Disk-E), wieder in den Gesetzestext aufzunehmen.[222]

Ein anderer Teil der Literatur blickt der Einführung von starren Schwellenwerte demgegenüber eher skeptisch entgegen. So macht *von Wilcken* darauf aufmerksam, dass im Einzelfall nicht auszuschließen sei, dass die vom Gesetz geforderten Werte etwa durch die Holding-Gesellschaft selbst nicht erreicht würden, obwohl diese, für jedermann sichtbar, Trägerin zentraler Entscheidungen in der Unternehmensgruppe sei.[223] Dies mache die durch den Gesetzgeber getroffene Wahl im Ergebnis zu einer unzureichenden Bemessungsgrundlage, sodass anstelle der Einführung von Schwellenwerten das Gläubigerinteresse in den Mittelpunkt der Prüfung zu rücken sei.[224]

Die Kritik kann im Ergebnis nicht überzeugen. Denn anders als von der Auffassung angenommen, sind die in § 3a Abs. 1 S. 2 Nr. 1 bis 2 KIG implementierten Schwellen keine Tatbestandsmerkmale, sondern stellen vielmehr eine

---

218 Vgl. Stellungnahme des Bundesrates zum InsO-E v. 11.10.2013, BT-Drucks. 18/407, S. 47; vgl. auch *Frind* in: ZInsO 2014, 927, 935.

219 Vgl. Gegenäußerung der Bundesregierung zu der Stellungnahme des Bundesrates, BT-Drucks. 18/407, Anlage 4, S. 49.

220 *Beck* in: DStR 2013, 2468, 2472.

221 Vgl. Gegenäußerung der Bundesregierung zu der Stellungnahme des Bundesrates, BT-Drucks. 18/407, Anlage 4, S. 49.

222 MünchKommInsO/*Brünkmans*, Konzerninsolvenzrecht, Rn. 45.

223 *v. Wilcken* in: Flöther, S. 119.

224 *v. Wilcken* in: Flöther, S. 119.

exemplarische Aufzählung konkreter Regelbeispiele dar, bei deren alternativen Vorliegen eine nicht offensichtlich untergeordnete Bedeutung „in der Regel" anzunehmen ist. Ihnen ist allenfalls Indizwirkung, jedoch keinesfalls ein abschließender Charakter zuzuschreiben, sodass ein gruppenangehöriges Unternehmen, das die Schwellenwerte im Einzelfall nicht erreicht, durch Hinzutreten weiterer Umstände auf Grundlage einer Gesamtbetrachtung dennoch eine Stellung von nicht offensichtlich untergeordneter Bedeutung im Gruppenkontext erreichen kann.[225] Insofern ist mit *Brünkmans* beispielhaft auf die Holding zu verwiesen, die aufgrund ihrer zumeist schlanken Personalstruktur den von der Regelung geforderten Schwellenwert von 15 % häufig nicht erreichen wird,[226] aber dennoch eine im Regelfall strategisch wichtige Position in der Unternehmensgruppe einnehmen wird.[227]

b) Formelle Antragsvoraussetzungen

Um den Gerichten die Überprüfung der in § 3a Abs. 1 S. 2 KIG bezeichneten materiellen Voraussetzungen zu erleichtern, sollen dem Antrag detaillierte Informationen zu dem Schuldner sowie den übrigen gruppenangehörigen Unternehmen – unter Anderem der letzte geprüfte Konzernabschluss – beigefügt sein (§ 13a KIG).[228]

Ziel der Regelung ist es, das Gericht so gut wie möglich über die Unternehmensgruppe sowie deren Tätigkeit und Zusammensetzung zu informieren.[229] Das Gericht wird künftig insbesondere darüber in Kenntnis zu setzen sein, ob für andere gruppenangehörige Unternehmen Insolvenzverfahren bereits anhängig oder eröffnet sind und ob im Verhältnis zu anderen Gerichten eine Pflicht zur zwischengerichtlichen Zusammenarbeit nach Maßgabe des § 269b KIG besteht.[230]

Die Angaben sollen dazu dienen, dem Gericht die Prüfung des Antrags zu erleichtern.[231] Die Unvollständigkeit oder das Fehlen von Angaben hat insofern weder die Unzulässigkeit des Insolvenzantrags oder den Ausschluss des Gruppen-Gerichtsstands zur Folge.[232] Allerdings ist nicht auszuschließen, dass das Gericht den Antrag gemäß § 3a Abs. 2 KIG ablehnt, indem Zweifel verbleiben, dass die

---

225 *Hoffmann* in: Flöther, § 4 Rn. 87.
226 MünchKommInsO/*Brünkmans*, Konzerninsolvenzrecht, Rn. 45.
227 *Hoffmann* in: Flöther, § 4 Rn. 87.
228 Begr. InsO-E, BT-Drucks. 18/407, S. 29.
229 Begr. InsO-E, BT-Drucks. 18/407, S. 29.
230 Begr. InsO-E, BT-Drucks. 18/407, S. 29.
231 Begr. InsO-E, BT-Drucks. 18/407, S. 29.
232 Begr. InsO-E, BT-Drucks. 18/407, S. 29.

Begründung des Gruppen-Gerichtsstands im gemeinsamen Interesse der Gläubiger liegt.[233]

c) Ablehnung des Antrags durch das angerufene Gericht

Verbleiben auf Seiten des Gerichts Zweifel daran, dass die Verfahrenskonzentration am angerufenen Gericht dem gemeinsamen Gläubigerinteresse entspricht, kann es den Antrag nach § 3a Abs. 2 KIG ablehnen. Dabei hat es im Rahmen der Entscheidung neben dem gemeinsamen Interesse der Gläubiger des antragstellenden Schuldners auch die Interessen der Gläubiger der übrigen gruppenangehörigen Schuldner in seine Bewertung mit einzubeziehen.[234]

Ein Interesse der Gläubiger an der Herbeiführung einer Verfahrenskonzentration soll nach dem Willen des Gesetzgebers jedenfalls dann anzunehmen sein, wenn sich durch eine koordinierte Abwicklung der Einzelverfahren Koordinationsgewinne erzielen lassen, die zumindest einigen Insolvenzmassen zugutekommen, ohne dabei die übrigen Massen zu benachteiligen.[235]

Bestehen hingegen Zweifel, dass die angestrebte Verfahrenskonzentration die erforderlichen Vorteile mit sich bringt, kann das Gericht den Antrag ablehnen. Eine positive Feststellung, dass und in welchem Umfang Kooperationsvorteile einer Verfahrenskonzentration zu erzielen sind, bedarf es hierzu nicht.[236]

Anders als dies noch im Diskussionsentwurf der Fall war, soll das Insolvenzgericht nicht für jeden einzelnen Fall zur Ermittlung eines gemeinsamen Gläubigerinteresses verpflichtet sein (vgl. § 3a Abs. 1 Nr. 2 Disk-E). Die Regelung wird in dieser Folge von Teilen der Literatur für überflüssig gehalten.[237] Hinzu kommt, dass sich die Bewertung des gemeinsamen Gläubigerinteresses immer dann als schwierig erweist, wenn es sich bei der antragstellenden Gesellschaft nicht um die Konzernmutter handelt.[238]

d) Auswirkungen der Ablehnung des Antrags auf gesetzliche Antragspflicht gemäß § 15a InsO

Fraglich ist, welche Auswirkungen die Ablehnung des Antrags auf Begründung eines Gruppen-Gerichtsstands gemäß § 3a Abs. 1 KIG durch das angerufene In-

233 Begr. InsO-E, BT-Drucks. 18/407, S. 29.
234 Begr. InsO-E, BT-Drucks. 18/407, S. 27.
235 Begr. InsO-E, BT-Drucks. 18/407, S. 27.
236 Begr. InsO-E, BT-Drucks. 18/407, S. 27.
237 *Verhoeven* in: ZInsO 2014, 217, 219.
238 Stellungnahme des DAV v. März 2014, S. 4

solvenzgericht, im Hinblick auf die gesetzliche Insolvenzantragspflicht nach § 15a InsO entfaltet.

Der Vorschrift zufolge sind die Mitglieder des Vertretungsorgans einer juristischen Person oder die Abwickler dieser Gesellschaft dazu verpflichtet, ohne schuldhaftes Zögern, spätestens aber drei Wochen nach Eintritt der Zahlungsunfähigkeit oder Überschuldung, einen Eröffnungsantrag zu stellen. Gleiches gilt für die organschaftlichen Vertreter der zur Vertretung der Gesellschaft ermächtigten Gesellschafter oder die Abwickler bei einer Gesellschaft ohne Rechtspersönlichkeit, bei der kein persönlich haftender Gesellschafter eine natürliche Person ist. Eine Verletzung dieser Pflicht kann sowohl Schadensersatzpflichten gegenüber der juristischen Person sowie den Gläubigern, als auch strafrechtliche Sanktionen zur Folge haben.[239]

Eine Verletzung der Antragspflicht gemäß § 15a Abs. 1 InsO ist jedenfalls dann anzunehmen, wenn bis zum Ablauf der Antragsfrist von Seiten der antragspflichtigen Personen kein zulässiger und vollständiger Antrag gestellt wurde oder ein nicht ordnungsgemäß gestellter Insolvenzantrag durch das angerufene Gericht rechtskräftig als unzulässig zurückgewiesen worden ist.[240] Zuvor hat das Insolvenzgericht den Antragsteller aufgrund des geänderten § 13 Abs. 3 InsO im Falle der Unzulässigkeit des gestellten Antrags auf die Unzulässigkeit hinzuweisen und ihm Gelegenheit zu geben, den Mangel binnen einer angemessenen Frist zu beheben. Ob durch das angerufene Gericht aufgrund des Antrags schlussendlich das Verfahren eröffnet wird, ist hingegen unerheblich.[241] Die Antragspflicht entfällt, wenn aufgrund eines zulässigen Fremdantrags das Insolvenzverfahren eröffnet wird[242] oder die Eröffnung des Insolvenzverfahrens mangels Masse abgelehnt wird.[243]

aa) Ablehnung des Antrags auf Begründung eines Gruppen-Gerichtsstands

Gemäß § 3a Abs. 1 S. 1 KIG setzt die gerichtliche Entscheidung über den Antrag auf Begründung eines Gruppen-Gerichtsstands unter anderem voraus, dass in Bezug auf den Schuldner ein zulässiger Eröffnungsantrag gestellt wurde. Dies hat

239 Hierzu ausführlich Uhlenbruck/*Hirte*, § 15a Rn. 19 ff.

240 Vgl. Uhlenbruck/*Hirte*, § 15a Rn. 18.

241 MünchKommInsO/*Klöhn*, Bd. 1, § 15a Rn. 132.

242 BGH, Beschl. v. 28.10.2008 – 5 StR 166/08 = BGHSt 53, 24 = NZI 2009, 124 (m. Anm. *Poertzgen*); OLG Dresden, Beschl. v. 16.04.1997 – 1 Ws 100/97 = NZG 1998, 818; Uhlenbruck/*Hirte*, § 15a Rn. 18; MünchKommInsO/*Klöhn*, Bd. 1, § 15a Rn. 135.

243 OLG Dresden, Beschl. v. 16.04.1997 – 1 Ws 100/97 = NZG 1998, 818; Uhlenbruck/*Hirte*, § 15a Rn. 18; MünchKommInsO/*Klöhn*, Bd. 1, § 15a Rn. 135.

zur Folge, dass die Frage der Zulässigkeit des Eröffnungsantrags und des Antrags auf Verfahrenskonzentration zwar in einem gewissen Abhängigkeitsverhältnis zueinander stehen, verfahrensrechtlich aber getrennt voneinander zu beurteilen sind. Dies gilt auch dann, wenn beide Anträge zeitgleich gestellt worden sind.

Lehnt das angerufene Gericht in seiner Entscheidung ausschließlich den Antrag auf Begründung eines Gruppen-Gerichtsstands ab, da es Zweifel hat, dass eine Verfahrenskonzentration am angerufenen Insolvenzgericht im gemeinsamen Interesse der Gläubiger liegt, so führt dies nicht automatisch zu einer Verletzung der Antragspflicht nach § 15a InsO, da das Gericht mit seiner Entscheidung lediglich zum Ausdruck bringt, dass die Voraussetzungen der Begründung des Gruppen-Gerichtsstands nach § 3a KIG nicht zweifelsfrei gegeben sind.

bb) Ablehnung des Antrags auf Eröffnung des Insolvenzverfahrens

Entscheidet sich das angerufene Gericht darüber hinaus auch den Antrag auf Eröffnung des Insolvenzverfahrens zurückzuweisen, da es auch diesen Antrag für unzulässig hält, führt dies unweigerlich zu einer Verletzung der in § 15a InsO normierten Antragfrist, sofern nicht durch den Antragsteller aufgrund Hinweises des Insolvenzgerichts sowie binnen angemessener Frist (§ 13 Abs. 3 InsO) oder von dritter Seite innerhalb der in § 15a Abs. 1 S. 1 InsO bezeichneten Antragsfrist ein zulässiger Insolvenzantrag nachgeschoben wird und die Zurückweisung des Antrags in Rechtskraft erwachsen ist.[244]

cc) Zwischenergebnis

Die isolierte Zurückweisung des Antrags auf Begründung eines Gruppen-Gerichtsstands gemäß § 3a Abs. 1 S. 1, Abs. 2 KIG durch das angerufene Insolvenzgericht führt nicht zu einer Verletzung der in § 15a InsO normierten Antragspflicht.

e) Verweisung bei Unzuständigkeit

Unklar bleibt zudem, was gilt, wenn das angerufene Insolvenzgericht den Antrag auf Verfahrenskonzentration am eigenen Gerichtsstand (§ 3a KIG) irrtümlicher

---

244 Vgl. Uhlenbruck/*Hirte*, § 15a Rn. 18; Beschlussempfehlung und Bericht des Ausschusses für Recht und Verbraucherschutz (6. Ausschuss) zu dem Gesetzentwurf der Bundesregierung (BT-Drucks. 18/10823) Entwurf eines Gesetzes zur Durchführung der Verordnung (EU) 2015/848 über Insolvenzverfahren, BT-Drucks. 18/12154, S. 30.

Weise für zulässig hält – etwa, weil es die Bedeutung des Schuldners innerhalb der Gruppe verkennt – und sich daher für die Gruppen-Folgeverfahren für Zuständig erklärt. Eine Verweisungsmöglichkeit für diesen Fall ist durch das KIG nicht vorgesehen. Auch steht dem Schuldner nach dem Willen des Gesetzgebers kein Rechtsmittel gegen die Entscheidung des Gerichts zu.[245]

Es erscheint daher notwendig, die Möglichkeit eines Verweisungsantrags in das Gesetz aufzunehmen. Die Regelung des § 3a KIG sollte daher durch folgenden Absatz 5 erweitert werden:

§ 3a Abs. 4 KIG

Hat das angerufene Gericht seine eigene Zuständigkeit für Gruppen-Folgeverfahren irrtümlich angenommen, so hat sich das Gericht, sofern das zuständige Gericht bestimmt werden kann, auf Antrag des Schuldners durch Beschluss für Gruppen- Folgeverfahren unzuständig zu erklären und das Verfahren an das zuständige Gericht zu verweisen. Absatz 3 dieser Vorschrift findet entsprechende Anwendung.

Nimmt das Gericht von seiner eigenen Unzuständigkeit rechtzeitig Kenntnis und hat es die Begründung des Gruppen-Gerichtsstands noch nicht beschlossen, so hat es den Antragsteller gemäß § 4 InsO i.V.m. § 139 ZPO auf seine eigene Unzuständigkeit hinzuweisen und diesem die Gelegenheit zu geben, einen Antrag auf Verweisung an das zuständige Insolvenzgericht zu stellen.[246] Stellt dieser daraufhin einen Verweisungsantrag, hat das angerufene Insolvenzgericht gemäß § 4 InsO i.V.m. § 281 ZPO seine eigene Unzuständigkeit für Gruppen-Folgeverfahren durch Beschluss auszusprechen und den Antrag an das zuständige Gericht zu verweisen. Die Verweisung ist für das im Verweisungsbeschluss bezeichnete Gericht gemäß § 4 InsO i.V.m. § 281 Abs. 2 S. 4 ZPO bindend.

Stellt der Antragsteller keinen oder keinen zulässigen Verweisungsantrag, obwohl das angegangene Gericht darauf aufmerksam gemacht hat, dass die Voraussetzungen des Antrags auf Begründung eines Gruppen-Gerichtsstands nicht vorliegen oder lässt sich ein zuständiges Gericht nicht bestimmen, ist der Antrag abzuweisen.

---

245 Hierzu auf S. 311.

246 Für die örtliche und sachliche Zuständigkeit vgl. Uhlenbruck/*Pape*, § 3 Rn. 15; MünchKommInsO/*Ganter/Lohmann*, § 3 Rn. 27.

f) Gerichtliche und funktionelle Zuständigkeitskonzentration

aa) Spezialzuständigkeit durch Rechtsverordnung

Ergänzend zu der bereits bestehenden Ermächtigungsgrundlage in § 2 Abs. 2 InsO, die es erlaubt, kraft Rechtsverordnung andere oder zusätzliche Amtsgerichte zu Insolvenzgerichten zu bestimmen und die Bezirke der Insolvenzgerichte abweichend festzulegen, tritt künftig die Möglichkeit, die Zuständigkeit für konzernspezifische Verfahren durch Rechtsverordnung der Länder auf höchstens ein Gericht je Oberlandesbezirk zu konzentrieren (§ 2 Abs. 3 KIG).

Die Regelung gilt mit der Besonderheit, dass sich die Zuständigkeit innerhalb eines Landes im Einzelfall auch über den Bezirk eines Oberlandesgerichts hinaus erstrecken kann.[247] Damit sollen künftig Lösungen denkbar sein, wonach lediglich ein Insolvenzgericht pro Land für konzernspezifische Verfahren die ausschließliche Zuständigkeit besitzt.[248]

Der Gesetzgeber trägt insofern dem Umstand Rechnung, dass infolge des Prioritätsprinzips sämtliche Verfahren dem Zuständigkeitsbereich eines Insolvenzgerichts zugewiesen sein können, das sich aufgrund seiner Personalstärke sowie seiner individuellen Erfahrung und Sachkunde für die Bearbeitung von Verfahren entsprechender Größenordnung als ungeeignet erweist.[249] Die Regelung ebnet damit erstmalig den Weg für die Schaffung sogenannter Schwerpunktgerichte, wie sie von Teilen der Literatur schon seit langem gefordert wird.[250]

bb) Kritik und Stellungnahme

Die Bildung insolvenzgerichtlicher Kompetenzzentren durch die Möglichkeit zur Begründung sogenannter Schwerpunktgerichte ist grundsätzlich zu begrüßen. Dass die Begründung von Spezialzuständigkeiten für den Gang eines Verfahrens jedoch nicht immer von Vorteil sein muss, zeigt auf anschauliche Weise ein Fall, der in den vergangenen Jahren insgesamt gleich drei Mal den BGH beschäftigen sollte.[251] Dem Fall war folgender Sachverhalt zu Grunde gelegt:

Nach Eigenantrag des Schuldners eröffnete das AG Spandau mit Beschluss vom 14. April 2009 zunächst das Verbraucherinsolvenzverfahren über das Vermögen des Schuldners. Eine Gläubigerin beantragte daraufhin, das Verfahren

---

247 Begr. InsO-E, BT-Drucks. 18/407, S. 19 und 26.

248 *Verhoeven* in: ZInsO 2014, 217, 219.

249 Begr. InsO-E, BT-Drucks. 18/407, S. 26.

250 Vgl. *Verhoeven* in: ZInsO 2014, 217, 219; vgl. auch *Jaffé/Friedrich* in: ZIP 2008, 1849, 1852; *Vallender* in: Der Konzern 2013, 162, 167.

251 BGH, Beschl. v. 25.4.2013 – IX ZB 179/10 = NZI 2013, 540; BGH Beschl. v. 05.03.2015 – IX ZB 27/14 = NZI 2015, 390 und BGH, Urt. v. 23.6.2016 – IX ZR 158/15 = NJW-RR 2016, 1014.

in ein Regelinsolvenzverfahren überzuleiten und es an das für Regelinsolvenzverfahren zuständige AG Charlottenburg zu verweisen. Dieser Antrag wurde durch das AG Spandau zurückgewiesen. Auf die hiergegen gerichtete sofortige Beschwerde der Gläubigerin wurde das Verfahren durch das zuständige LG in ein Regelinsolvenzverfahren übergeleitet und an das AG Charlottenburg verwiesen.

Der Schuldner legte hiergegen Rechtsbeschwerde ein.[252] Während des Rechtsbeschwerdeverfahrens entließ das AG Charlottenburg die im Verfahren bestellte Treuhänderin aus ihrem Amt, da mit der Begründung, dass die Bestellung einer Treuhänderin im Regelinsolvenzverfahren nicht statthaft sei und bestellte an deren Stelle einen Insolvenzverwalter. Der Senat hob die Beschwerdeentscheidung auf und verwarf die sofortige Beschwerde der Gläubigerin als unzulässig. Das daraufhin erneut zuständige AG Spandau entschied daraufhin durch Beschluss, dass der im Verfahren durch das AG Charlottenburg bestellte Insolvenzverwalter zugleich Treuhänder im nunmehr wieder Verbraucherinsolvenzverfahren sei. Die ursprünglich vom AG Spandau bestellte Treuhänderin legte hiergegen sofortige Beschwerde ein. Die Beschwerde wurde vom zuständigen LG verworfen. Die vom Beschwerdegericht zugelassene Rechtsbeschwerde blieb ebenfalls erfolglos.[253]

Mit Klage aus dem Jahr 2012 machte der Insolvenzverwalter parallel vor dem LG Berlin verschiedene Ansprüche der Masse geltend.[254] Die Beklagte legte hiergegen Berufung ein. Zur Begründung führte sie an, der Kläger sei nie wirksam zum Insolvenzverwalter oder zu einem Treuhänder bestellt worden und daher nicht aktivlegitimiert. Das für die Berufung zuständige KG hat die Berufung zurückgewiesen.[255] Die hiergegen gerichtete Revision des Insolvenzverwalters war hingegen erfolgreich.[256]

Der Fall veranschaulicht auf dramatische Weise, welche Folgeprobleme die Begründung von Spezialzuständigkeiten im Einzelfall mit sich bringen kann. Ähnliche Streitigkeiten sind auch auf Grundlage eines künftigen Konzerninsolvenzrechts nicht ausgeschlossen. Etwa, wenn zwischen den Verfahrensbeteiligten Uneinigkeit darüber besteht, ob der Schuldner als „gruppenangehöriger Schuldner" im Sinne des § 3a KIG anzusehen ist, sodass für das jeweilige Verfahren eine Spezialzuständigkeit am gemeinsamen Gruppen-Gerichtsstand besteht oder wie im vorliegenden Fall Streit über die Wirksamkeit der Bestellung

252 BGH, Beschl. v. 25.4.2013 – IX ZB 179/10 = NZI 2013, 540.
253 BGH Beschl. v. 05.03.2015 – IX ZB 27/14 = NZI 2015, 390.
254 Urt. v. 28.12.2012 – 5 O 95/12.
255 KG, Urt. v. 17.7.2015 – 14 U 8/13 = BeckRS 2016, 12631
256 BGH, Urt. v. 23.6.2016 – IX ZR 158/15 = NJW-RR 2016, 1014.

eines (gemeinsamen) Verwalters durch ein sich für zuständig erklärendes Gruppen-Gericht besteht.

Im Übrigen bleibt abzuwarten, ob die Länder von der in § 2 Abs. 3 KIG geschaffenen Möglichkeit überhaupt im erhofften Umfang Gebrauch machen werden. Es sei dieser Stelle nur der Vollständigkeit halber angemerkt, dass die Einführung einer entsprechenden Regelung in der Vergangenheit bereits schon einmal an dem Veto der Länder gescheitert ist[257] und die Länder auch von der Verordnungsermächtigung in § 2 Abs. 2 InsO bislang nur zurückhaltend Gebrauch machen.[258]

Um künftig dennoch zu verhindern, dass sämtliche Verfahren dem Zuständigkeitsbereich eines Insolvenzgerichts zugewiesen sind, das sich für die Bearbeitung von Verfahren entsprechender Größenordnung als ungeeignet erweist, erscheint es sinnvoll, ähnlich wie im US-amerikanischen Recht eine zusätzliche Verweisungsmöglichkeit für den Fall einzuführen, dass der Eröffnungsantrag an einem zwar in formeller Hinsicht geeigneten, aber in Anbetracht der tatsächlichen Umstände des vorliegenden Sachverhalts unzweckmäßigen Gerichtsstand gestellt worden ist, vgl. Bankruptcy Rule 1014(a).[259] Bis dahin wird die Herausforderung der Beratungspraxis insbesondere darin liegen, für den ersten antragstellenden Schuldner einer Unternehmensgruppe, die bereits nach geltendem Recht zulässigen Möglichkeiten im Hinblick auf eine Veränderung der tatsächlichen Anknüpfungspunkte für die Bestimmung der örtlichen Zuständigkeit, im Interesse der folgeantragstellenden Gruppen-Gesellschaften und der Gläubigergesamtheit bestmöglich auszunutzen, um in geeigneten Fällen die Zuständigkeit eines anderen Insolvenzgerichts zu begründen.[260]

cc) Konzentration der funktionellen Zuständigkeit

Als weitere Neuerung führt der Gesetzgeber mit § 3c KIG eine einheitliche Zuständigkeitszuweisung für sogenannte Gruppen-Folgeverfahren ein. Der Vorschrift zufolge wird künftig derjenige Richter, der nach dem Geschäftsverteilungsplan am Gericht des Gruppen-Gerichtsstands zuständig ist, auch für die Gruppen-Folgeverfahren zuständig sein (§ 3c Abs. 1 KIG).[261]

---

257 RefE ESUG v. 25.01.2011, abgedruckt in ZInsO 2011, 269.; *Frind* in: ZInsO 2014, 927, 931; *Find/Pannen* in: ZIP 2016, 398, 406.

258 Vgl. BeckOK/*Stephan Madaus*, Stand 11.02.2016, § 3 Rn. 32.

259 Hierzu ausführlich auf S. 284.

260 Vgl. *Grell/Splittgerber* in: DB 2017, 1497, 1500; *Pleister/Sturm* in: ZIP 2017, 2329, 2335.

261 Begr. InsO-E, BT-Drucks. 18/407, S. 28.

Der Reformgeber greift damit in die gerichtspräsidiale Geschäftsverteilungshoheit (vgl. § 21e Abs. 1 GVG) ein und ersetzt diese durch eine gesetzliche Zuständigkeitszuweisung.[262] Die Regelung zielt darauf ab, Reibungsverluste auf Ebene des Gerichts des Gruppen-Folgeverfahrens zu eliminieren und verfahrensspezifische Informationen künftig leichter für andere Verfahren nutzbar zu machen.[263] Wegen des weitgehenden Abstimmungsbedarfs nach § 269b KIG wären die zuständigen Richter anderenfalls daran gehalten, die Verfahren wie Verfahren an verschiedenen Gerichten zu koordinieren.[264]

dd) Kritik und Stellungnahme

Mit der Einführung einer gesetzlichen Zuständigkeitszuweisung für Gruppen-Folgeverfahren in § 3c Abs. 1 KIG wird die nach geltendem Recht bestehende Unsicherheit im Hinblick auf die Frage der Verfassungsmäßigkeit geschäftsverteilungsplanrechtlicher Regelungen, die auf eine einheitliche funktionelle Zuständigkeit für wirtschaftlich oder persönlich zusammenhängende Verfahren abzielen endgültig beseitigt.[265] An die Stelle unbestimmter Rechtsbegriffe, wie sie in einer Vielzahl von Geschäftsverteilungsplänen deutscher Gerichte Verwendung finden, treten künftig die Voraussetzungen des Gruppenbegriffs in § 3e KIG. Dies hat zur Folge, dass künftig sowohl die berichtenden vorläufigen Insolvenzverwalter, im Rahmen ihrer gutachterlichen Stellungnahme, aber auch die Gerichte im Rahmen ihrer amtswegigen Zuständigkeitsprüfung dazu angehalten sind, sich an allgemeinen und somit konturierten Rechtsbegriffen zu orientieren.[266]

Während die Einführung einer einheitlichen Zuständigkeitszuweisung für Gruppen-Folgeverfahren auf der einen Seite zwar zu einer Verringerung des Koordinationsaufwands der Insolvenzgerichte beiträgt, darf gleichzeitig jedoch nicht außer Acht gelassen werden, dass mit einer personellen Konzentrationswirkung immer auch eine erhöhte Arbeitsbelastung sowie die Notwendigkeit eines gewissen Grades an praktischer Erfahrung einhergeht, dem insbesondere jüngere und unerfahrene Richter im Einzelfall nicht gewachsen sein können.

---

262 Vgl. Stellungnahme des Bundesrates, BT-Drucks. 18/407, S. 47.

263 *Vallender* in: Der Konzern 2013,162, 166.

264 *v. Wilcken* in: Flöther, S. 121.

265 Zur Frage der Verfassungsmäßigkeit geschäftsverteilungsplanrechtlicher Regelungen, die auf eine einheitliche funktionelle Zuständigkeit für konzernmäßig verbundene insolvenzschuldnerische Unternehmensträger abzielen, vgl. die Ausführungen auf S. 267ff., sowie die Ausführungen von *Smid* in: ZInsO 2016, 1277 ff.

266 *Smid* in: ZInsO 2016, 1277, 1282.

Frind und *Pannen* geben darüber hinaus zu Bedenken, dass aufgrund der neugeschaffenen Möglichkeit zur Wahl eines einheitlich zuständigen Gruppen-Richters, in Fällen, in denen die jeweiligen Gerichte ihre Verfahren nach Buchstabenzuständigkeit an die jeweiligen Dezernate vergeben, bei größeren Unternehmensgruppen eine zusätzliche Manipulationsmöglichkeit im Hinblick auf die insolvenzrichterliche Zuständigkeit geschaffen werde.[267]

Der Bundesrat fügt dem hinzu, dass den Gerichten infolge der zwingenden Regelung in § 3c Abs. 1 KIG „jede Möglichkeit genommen wurde, eine Geschäftsverteilung vorzunehmen, die sich an den besonderen Gegebenheiten und Umständen des Einzelfalls und der Situation vor Ort orientiere".[268] Insofern wird angeregt, die als zwingend ausgestaltete Zuständigkeitsbestimmung für Gruppen-Folgeverfahren künftig als „Soll-Bestimmung" zu fassen.[269]

Die Bundesregierung hält dem entgegen, dass eine Ausgestaltung der Regelung als „Soll-Vorschrift" letztlich nicht mehr als eine Verlagerung des Abstimmungsaufwands von der Ebene der Gerichte auf die Ebene der am Gruppen-Gerichtsstand zuständigen Insolvenzrichter zur Folge habe.[270] Hinzu komme, dass das Präsidium am Gericht des Gruppen-Gerichtsstands auch im Falle einer zwingenden Zuständigkeitszuweisung die Möglichkeit behalte, zuständigkeitsbegründende Änderungen der richterlichen Geschäftsverteilung zu beschließen, mit der Folge, dass das Gericht seine Flexibilität im Ergebnis behalte.[271]

Letztlich können die Bedenken des Bundesrates nicht überzeugen, da sich ohne den zwingenden Charakter des § 3c KIG eine im Einzelfall gebotene Zusammenarbeit unterschiedlich zuständiger Richter desselben Insolvenzgerichts auf Grundlage der § 269a ff. KIG jedenfalls nicht erzwingen ließe.

g) Rechtsfolgen

Hat sich das angerufene Insolvenzgericht für zuständig erklärt, wird ein künftiger Gruppen-Gerichtsstand neben die in § 3 Abs. 1 InsO bestehenden Gerichtsstände als sogenannter Wahlgerichtsstand treten, mit der Folge, dass keinerlei Sperrwirkung zu Lasten der nach § 3 Abs. 1 InsO gegebenen Gerichtsstände entsteht.[272] Umgekehrt hat dies zur Folge, dass letztere ihren Charakter als aus-

---

267 *Frind* in: ZInsO 2014, 927, 933; *Frind/Pannen* in: ZIP 2016, 398, 406.
268 Stellungnahme des Bundesrates, BT-Drucks. 18/407, S. 47.
269 Stellungnahme des Bundesrates, BT-Drucks. 18/407, S. 47.
270 Gegenäußerung der Bundesregierung, BT-Drucks. 18/407, S. 49.
271 Gegenäußerung der Bundesregierung, BT-Drucks. 18/407, S. 49.
272 Begr. InsO-E, BT-Drucks. 18/407, S. 28.

schließliche Gerichtsstände durch einen erfolgreichen Antrag nach § 3a Abs. 1 KIG verlieren.[273]

Wird somit in Bezug auf einen gruppenzugehörigen Schuldner ein Eröffnungsantrag gestellt, bevor ein anderes Gericht einen Gruppen-Gerichtsstand begründen konnte, so wird der Antrag etwaigen späteren Anträgen nach § 3 Abs. 2 InsO vorzuziehen sein.[274] Nach § 3d KIG besteht jedoch die Möglichkeit das Verfahren an einen später begründeten Gruppen-Gerichtsstand zu verweisen.

h) Rechtsmittel

Durch den Gesetzgeber nicht geregelt ist die Frage der Rechtsmittelfähigkeit der Entscheidung über die Begründung des Gruppen-Gerichtsstands.[275] Im Ergebnis ist sie zu verneinen. Denn Entscheidungen des Insolvenzgerichts unterliegen gemäß § 6 Abs. 1 InsO nur dann einem Rechtmittel, wenn die Insolvenzordnung die Möglichkeit zur Einlegung der sofortigen Beschwerde ausdrücklich im Gesetzeswortlaut vorsieht. Im Gegensatz zur Eröffnungsentscheidung (vgl. § 34 Abs. 2 InsO) ist dies mit Blick auf § 3a KIG gerade nicht der Fall.

Vor dem Hintergrund, dass den Gerichten durch die in § 3a Abs. 1 S. 1 und S. 2 KIG benannten Zulässigkeitsvoraussetzungen ein relativ weiter Spielraum eingeräumt wird, erscheint es jedoch sinnvoll, dem eigenantragstellenden Schuldner die Möglichkeit zur Einlegung der sofortigen Beschwerde zu gewähren.[276] Die Regelung ist insofern durch folgenden Absatz 4 zu erweitern:

> **§ 3a Abs. 4 KIG**
> Gegen die Entscheidung des Insolvenzgerichts steht dem Antragsteller die sofortige Beschwerde zu.

2. Fortbestehen des Gruppen-Gerichtsstands

Da § 3a KIG für die Begründung eines Gruppen-Gerichtsstands lediglich die Zulässigkeit des Eröffnungsantrags fordert, ist es grundsätzlich möglich dass im Einzelfall ein Gruppen-Gerichtsstand begründet werden kann, obgleich sich später herausstellt, dass der Eröffnungsantrag unbegründet war oder ein Ver-

---

273 Begr. InsO-E, BT-Drucks. 18/407, S. 28.
274 Begr. InsO-E, BT-Drucks. 18/407, S. 28.
275 Kritisch bereits zur Regelung im Disk-E: *Vallender* in: Der Konzern 2013, 162, 166.
276 So im Ergebnis auch bereits *Vallender* in: Der Konzern 2013, 162, 166 zum Disk-E.

fahren nach Eröffnung alsbald wieder beendet wird.[277] Durch Einführung des § 3b KIG trägt der Gesetzgeber diesem Umstand Rechnung, indem ein einmal begründeter Gruppen-Gerichtsstand danach grundsätzlich fortbestehen bleibt.

a) Regelungsgehalt

Die Regelung bestimmt, dass unbeschadet der Nichteröffnung oder Beendigung des Verfahrens über das Vermögen des antragstellenden Schuldners ein einmal begründetet Gruppen-Gerichtsstand fortbestehen bleibt, vorausgesetzt, dass noch ein Verfahren über einen anderen gruppenangehörigen Schuldner bei diesem Gericht anhängig ist.[278] § 3b KIG geht hierzu über den allgemeinen Grundsatz der *perpetuatio fori* des § 4 InsO i.V.m. § 261 Abs. 3 Nr. 2 ZPO hinaus, indem die Regelung den Gruppen-Gerichtsstand auch für weitere, noch nicht anhängig gemachte Gruppen-Folgeverfahren bestehen lässt.[279] Fehlt es demgegenüber an einer der vorgenannten Voraussetzungen, bleibt es dem antragstellenden Schuldner freigestellt, nach Maßgabe des § 3a KIG erneut einen Gruppen-Gerichtsstand zu begründen.

b) Möglichkeit zur „Zuständigkeitserschleichung"[280]

Aus der Zuständigkeitsregelung der §§ 3a, 3b KIG ergibt sich bei deren konsequenter Anwendung aber noch eine weitere Besonderheit, auf die *von Wilcken* aufmerksam macht. Indem ein einmal begründeter Gruppen-Gerichtsstand – unbeschadet einer späteren Nichteröffnung des Verfahrens über das Vermögen des antragenden Schuldners – mit Wirkung für die übrigen Verfahren fortbestehen bleibt, eröffnet dies die Möglichkeit einer insofern legalen „Zuständigkeitserschleichung" am Sitz der Konzernmutter, wenn von vornherein feststeht, dass bei dieser ohnehin gar kein Insolvenzgrund vorliegt.[281] Da der Gesetzgeber auf die Möglichkeit einer bewussten Inanspruchnahme der Regelung kein Bezug nimmt, ist davon auszugehen, dass diese von ihm nicht bedacht wurde. Hätte er sie grundsätzlich verhindern wollen, läge eine planwidrige Regelunglücke vor.

In Frage steht, ob sich aus der Regelung ein direkter Nachteil für die verfahrensbeteiligten Gläubiger der übrigen Gesellschaften ergibt. Wäre dies der Fall,

---

277 Begr. InsO-E, BT-Drucks. 18/407, S. 27.
278 Begr. InsO-E, BT-Drucks. 18/407, S. 27.
279 Begr. InsO-E, BT-Drucks. 18/407, S. 27.
280 *v. Wilcken* in: Flöther, S. 117 f.
281 *v. Wilcken* in: Flöther, S. 117 f.

könnte in einem bewussten Gebrauchmachen jedenfalls ein Verstoß gegen den in § 1 InsO normierten Insolvenzzweck zu sehen sein.

Im Ergebnis ist dies wohl zu verneinen. Denn im Gegensatz zu einem europäischen oder US-amerikanischen Insolvenzrecht entscheidet die örtliche Zuständigkeit des Insolvenzgerichts nicht zugleich über ein anwendbares Verfahrensrecht. Hinzu kommt, dass – von Fällen missbräuchlicher Firmenbestattungen einmal abgesehen – in der Regel nicht davon auszugehen sein wird, dass seitens der Unternehmensleitungen ein unmittelbares Interesse daran besteht, sämtliche gruppenzugehörige Verfahren an einem Gerichtsstand zu konzentrieren, der sich für eine erfolgreiche Sanierung der Unternehmensgruppe im Allgemeinen als ungünstig erweist. Wahrscheinlicher ist vielmehr das Gegenteil. Insofern sind im Hinblick auf ein Fortbestehen der Regelung keine größeren Bedenken anzumelden.

3. Verweisung an den Gruppen-Gerichtsstand

Insbesondere in Fällen, in denen die Eröffnung des Insolvenzverfahrens auf Initiative einer der Gläubiger erfolgt, ist es nicht unwahrscheinlich, dass der Eröffnungsantrag in Unkenntnis der Begründung eines Gruppen-Gerichtsstand bei einem anderen, als bei dem nach § 3a Abs. 1 KIG zuständigen Gericht erfolgt.[282] Das Gesetz trägt diesem Umstand Rechnung, indem es in § 3d KIG eine Verweisung an das Gericht des Gruppen-Gerichtsstands ermöglicht.

a) Verweisung nach Schuldnerantrag

Wird die Eröffnung eines Insolvenzverfahrens über das Vermögen eines gruppenangehörigen Schuldners bei einem anderen, als dem bereits bestimmten Gruppen-Gerichtsstand beantragt, kann das angerufene Gericht den Antrag gemäß § 3d Abs. 1 S. 1 KIG an das Gericht des Gruppen-Gerichtsstands verweisen.

Die Entscheidung über die Verweisung liegt dabei im Ermessen des Gerichts, das vorerst zu prüfen hat, ob eine Verweisung auch bei Berücksichtigung des erreichten Verfahrensstands dem Gläubigerinteresse entspricht.[283] Dies kann zu verneinen sein, wenn das Insolvenzverfahren über das Vermögen des gruppenangehörigen Schuldners bereits eröffnet worden ist und ein im Verfahren bestellten Verwalter bereits eine Vielzahl von Dispositionen getroffen hat.[284]

282 Begr. InsO-E, BT-Drucks. 18/407, S. 28.
283 Begr. InsO-E, BT-Drucks. 18/407, S. 28.
284 Begr. InsO-E, BT-Drucks. 18/407, S. 28.

b) Verweisung nach Gläubigerantrag

Eine Besonderheit gilt für den Fall, dass der Eröffnungsantrag von einem Gläubiger stammt. Erfolgt unverzüglich nach Bekanntgabe des Gläubigerantrags ein mit einem Verweisungsantrag verbundener Eigenantrag beim zuständigen Gruppen-Gericht, so ist der Antrag für das Gericht bindend. Ein Ermessenspielraum hinsichtlich der Verweisung besteht in diesem Fall nicht (§ 3d Abs. 1 S. 2 KIG). Gleiches gilt für die Anträge eines vorläufigen Insolvenzverwalters auf den die Verwaltungs- und Verfügungsbefugnis übergegangen ist sowie für Anträge des Insolvenzverwalters.[285]

In der Literatur wird zum Teil vorgeschlagen eine Verweisung künftig auch für den Fall zuzulassen, in dem der Fremdantrag bereits vor Errichtung des Gruppen-Gerichtsstands eingegangen ist, wenn zeitgleich ein zulässiger Eröffnungsantrag auf Errichtung eines Gruppen-Gerichtsstands gestellt worden ist.[286] Dem kann grundsätzlich gefolgt werden, da die Interessenlage in diesem Fall keine andere ist, als wenn der Fremdantrag im Zeitpunkt nach Begründung des Gruppen-Gerichtsstands erfolgt wäre.[287]

c) Bindungswirkung des Verweisungsbeschlusses

Die Verweisung ist für das Gericht, an das verwiesen wird in jedem Fall bindend. Dies ergibt sich aus dem allgemeinen Rechtsgrundsatz der Bindung von Verweisungsentscheidungen, der in § 17a Abs. 2 S. 3 und § 102 S. 2 GVG, § 281 Abs. 2 S. 4 und § 506 Abs. 2 ZPO, § 48 ArbGG sowie § 3 Abs. 3 S. 2 FamFG durch den Gesetzgeber zum Ausdruck gebracht wird.[288]

d) Antragsbefugnis

Vor Verfahrenseröffnung ist sowohl der Schuldner als auch der vorläufige „starke“ Insolvenzverwalter zur Stellung des Verweisungsantrags berechtigt. Nach Verfahrenseröffnung ist das Antragsrecht ausschließlich dem Insolvenzverwalter vorbehalten (§ 3d Abs. 2 S. 1 KIG). § 3a Abs. 3 KIG gilt insoweit entsprechend.

---

285 Begr. InsO-E, BT-Drucks. 18/407, S. 28.
286 *v. Wilcken* in: Flöther, S. 120.
287 *v. Wilcken* in: Flöther, S. 120.
288 Begr. InsO-E, BT-Drucks. 18/407, S. 28.

e) Kritik

In der Literatur wird die Formulierung des § 3d Abs. 1 S. 2 KIG zum Teil als zu weit empfunden. Insofern wird vorgeschlagen, den Teil der Regelung, der auf die Kenntnis des Schuldners abstellt zu streichen und durch eine allgemeine Verweisungspflicht zu ersetzen.[289] Danach soll es bereits ausreichen, dass der Schuldner bei dem Gericht des Gruppen-Gerichtsstands einen zulässigen Eröffnungsantrag gestellt hat.[290] Die Vertreter dieser Auffassung versprechen sich hierdurch, der nachteiligen Wirkung „wilder Insolvenzanträge" von Geschäftsführern oder Vorständen der Untergesellschaften, zukünftig wirksam Einhalt zu gebieten.[291]

4. Stellungnahme

Die Schaffung einer insolvenzgerichtlichen Zuständigkeitskonzentration für Konzernsachverhalte ist schon seit langem Gegenstand der Forderung in Literatur und Praxis.[292] Es ist insofern zu begrüßen, dass sich der Reformgeber dieser Forderung nunmehr durch die Einführung eines künftigen Gruppen-Gerichtsstands angenommen hat.

Mit Einführung des Prioritätsprinzips hat sich das Gesetz dem Vorbild einer bereits geltenden Praxis im US-amerikanischen Insolvenzrecht angeschlossen[293] und somit prominenten Forderungen nach der Schaffung einer ausschließlichen Zuständigkeit[294] eine klare Absage erteilt. Durch ein Fortbestehen der nach § 3 Abs. 1 InsO geltenden Gerichtszuständigkeit wird darüber hinaus gewährleistet, dass die Organe der schuldnerischen Gesellschaften ihre gesetzlichen Antragspflichten (vgl. § 15a InsO) ohne größeren Aufwand erfüllen können.

Die in § 2 Abs. 3 KIG neu geschaffene Möglichkeit, durch Rechtsverordnung Spezialgerichte zu errichten erweist sich zwar als geeignet, um Anreize im Hinblick auf ein vorinsolvenzliches forum shopping wirksam zu minimieren, sie ist jedoch, wie aktuelle Beispiele aus der deutschen Rechtspraxis zeigen, mit Vorsicht zu genießen, sofern Streit in der Zuständigkeitsfrage besteht. Darüber hinaus bleibt unklar, ob die Länder tatsächlich von der Verordnungsermächtigung in dem vom Gesetzgeber erhofften Maße Gebrauch machen werden.

---

289 *Brünkmans* in: ZIP 2013, 193, 197.
290 *Brünkmans* in: ZIP 2013, 193, 197.
291 *Brünkmans* in: ZIP 2013, 193, 197.
292 Siehe hierzu oben S. 273ff.
293 Siehe oben S. 282ff.
294 Vgl. exemplarisch *K. Schmidt* in: KTS 2010, 1, 22; *Eidenmüller* in: ZHR 169 (2005), 528, 539.

Um künftig dennoch zu vermeiden, dass aufgrund des Prioritätsprinzips sämtliche Verfahren dem Zuständigkeitsbereich eines Insolvenzgerichts zugewiesen werden, das sich für die Bearbeitung von Verfahren entsprechender Größenordnung als ungeeignet erweist, sollte die bereits im US-amerikanischen Recht nach Bankruptcy Rule 1014(a) bestehende Möglichkeit, Verfahren an ein anderes Gericht zu verweisen, wenn der Eröffnungsantrag an einem zwar in formeller Hinsicht geeigneten, aber in Anbetracht der tatsächlichen Umstände des vorliegenden Sachverhalts unzweckmäßigen Gerichtsstand gestellt worden ist, künftig auch im deutschen Insolvenzrecht Einzug finden.

Eine weitere Anhebung der Schwellenwerte ist nicht zu empfehlen. Aus Klarstellungsgründen sollte jedoch die im Diskussionsentwurf enthaltenden Formulierung, wonach eine untergeordnete Bedeutung in der Regel dann nicht anzunehmen ist, *„wenn der Schuldner eine wesentliche Aufgabe oder Funktion für die Tätigkeit der Gruppe wahrnimmt“* (§ 3a Abs. 1 S. 1 Nr. 3 Hs. 2 a.E. Disk-E) wieder in den Gesetzestext aufgenommen werden.[295]

Eine Schwachstelle des Gesetzes verbleibt in der Möglichkeit, eine gezielte Verfahrenskonzentration auf dem Wege des *forum shopping* zu erreichen.[296] Diese Schwachstelle wiegt jedoch verhältnismäßig gering, führt man sich vor Augen, dass im Gegensatz zu einem europäischen oder US-amerikanischen Insolvenzrecht die örtliche Zuständigkeit des Insolvenzgerichts nicht zugleich über ein anwendbares Insolvenzrecht entscheidet[297] und in der Regel auch nicht davon auszugehen sein wird, dass die geschäftsleitenden Organe der schuldnerischen Gesellschaften die Verfahren an gänzlich ungeeignete Gerichte ziehen.

Bei stark integrierten Konzernen wird künftig ohnehin zu erwarten sein, dass die Konzernspitze die Begründung eines Gruppen-Gerichtsstands am eigenen Gerichtsstand vorgeben wird, sodass sich Planung und Ausführung des Sanierungsvorhabens auf die Ebene der Konzernspitze konzentrieren.[298] Denn regelmäßig wird diese bereits kraft der ihr zustehenden Konzernleitungsmacht[299] in der Lage sein, ihren Töchtern die Begründung eines Gruppen-Gerichtsstands am eigenen Gerichtsstand (§ 3 InsO) zu untersagen, ohne dabei deren Pflicht zur

---

295 Ebenso MünchKommInsO/*Brünkmans*, Konzerninsolvenzrecht, Rn. 45.

296 Vgl. *Brünkmans* in: ZIP 2013, 193, 197.

297 Vgl. *Wimmer* in: DB 2013, 1343, 1347; Grell/Splittgerber in: DB 2017, 1497, 1500; Pleister/Sturm in: ZIP 2017, 2329, 2334.

298 *Vallender* in: Der Konzern 2013, 162, 168.

299 Dies gilt auch für den Fall, dass ein Insolvenzverfahren über das Vermögen der Mutter bereits eröffnet worden ist, durch diese jedoch noch kein Antrag auf Begründung eines „Gruppen-Gerichtsstands“ gestellt wurde; Zum Fortbestand der Konzernleitungsmacht nach Verfahrenseröffnung siehe ausführlich auf S. 81ff.

rechtzeitigen Antragstellung zu beeinträchtigen.[300] Darüber hinaus bedingt bereits der Wortlaut von § 3a Abs. 1 KIG, dass eine auf die Begründung eines Gruppen-Gerichtsstands gerichtete Umgestaltung der zuständigkeitserheblichen Tatsachen ohnehin nur für diejenigen Gesellschaften ernstlich in Betracht kommt, die zum einen den zukünftigen Eintritt eines Insolvenzantragsgrundes erwarten lassen und zugleich nicht offensichtlich von untergeordneter Bedeutung für die Unternehmensgruppe sind.[301] Hierbei ist insbesondere von Bedeutung, dass anders als die Einflussnahme auf den wirtschaftlichen Mittelpunkt in § 3 Abs. 1 S. 1 InsO die Umgestaltung der örtlichen Arbeitnehmergewichtung – im Rahmen der verfügbaren Zeit – außerhalb des tatsächlich Möglichen liegen dürfte.[302]

Um dem Gericht einen verbesserten Überblick über die Konzernstruktur zu verschaffen und die Voraussetzungen für eine Verständigung über die Verwalterbestellung zu verbessern, empfiehlt es sich, den in § 13a Abs. 1 Nr. 1 KIG normierten Vorbehalt („*nicht lediglich von untergeordneter Bedeutung*“) wieder zu streichen und die geplante Neuregelung künftig in Bezug auf *alle* gruppenangehörigen Unternehmen auszuweiten.

Vor dem Hintergrund, dass den Gerichten durch die in § 3a Abs. 1 S. 1 und S. 2 KIG benannten Zulässigkeitsvoraussetzungen ein relativ weiter Spielraum eingeräumt wird erscheint es im Übrigen sinnvoll, dem eigenantragenden Schuldner gegen die Entscheidung über die Begründung eines Gruppen-Gerichtsstands die sofortige Beschwerde zu ermöglichen.

Für den Fall, dass das angerufene Gericht den Antrag auf Verfahrenskonzentration am eigenen Gerichtsstand irrtümlicher Weise für zulässig hält, sollte für den Schuldner beziehungsweise den antragstellenden Insolvenzverwalter künftig die Möglichkeit bestehen einen Antrag auf Verweisung an ein gemäß § 3a KIG zuständiges Gericht zu stellen.

VI. Internationale Zuständigkeit bei grenzüberschreitenden Verfahren innerhalb der Europäischen Union

Gleichsam wie auf nationaler Ebene[303] stellt sich auch im europäisch-grenzüberschreitenden Kontext die Frage nach den Vorzügen einer gemeinschaftlichen insolvenzgerichtlichen Zuständigkeit. Ähnlich wie der deutsche Gesetzgeber hat

300 *Vallender* in: Der Konzern 2013, 162, 168; *Brünkmans* in: ZIP 2013, 193, 197.
301 *Grell/Splittgerber* in: DB 2017, 1497, 1501.
302 *Pleister/Sturm* in: ZIP 2017, 2329, 2334; vgl. auch *Grell/Splittgerber* in: DB 2017, 1497, 1500.
303 Hierzu auf S. 254ff.

sich der europäische Verordnungsgeber einer Regelung der Insolvenz von Unternehmensgruppen bislang bewusst enthalten.[304] Eine Lösung des Problems wurde in Literatur und Rechtsprechung daher zumeist im Rahmen einer extensiven Auslegung des Art. 3 EuInsVO gesucht.[305]

Mit Inkrafttreten der seit dem 26. Juni 2017 geltenden Neufassung der EuInsVO hat sich der europäische Gesetzgeber nunmehr zum Ziel gesetzt, einen Rahmen zu schaffen, der es erlaubt, Insolvenzverfahren über das Vermögen verschiedener Gesellschaften die einer Unternehmensgruppe angehören effizienter zu führen.[306] Die mitgliedstaatlichen Gerichte sollen zu diesem Zweck in der Lage sein, Insolvenzverfahren über das Vermögen mehrerer Gesellschaften die derselben Unternehmensgruppe angehören, an nur einem Gerichtsstand zu eröffnen, wenn sich der Mittelpunkt der hauptsächlichen Interessen dieser Gesellschaften in einem einzigen Mitgliedstaat befindet.[307]

Eine einheitliche Zuständigkeitsregelung für grenzüberschreitende Konzerninsolvenzverfahren ist jedoch auch im Zuge der Neufassung der Verordnung nicht vorgesehen. Es verbleibt insofern bei dem altbekannten Grundsatz: *ein Schuldner, ein Vermögen, ein Hauptinsolvenzverfahren.*[308] Ausgangspunkt für Überlegungen zu einer Verfahrenskonzentration kraft Zuständigkeit muss somit auch in Zukunft die allgemeine Zuständigkeitsregelung des Art. 3 EuInsVO n. F. bleiben.

1. Auslegung und Anwendung der EuInsVO

Die EuInsVO ist Verordnung im Sinne von Art. 288 Unterabs. 2 AEUV, sodass sie in jedem Mitgliedstaat unmittelbare Anwendung findet.[309] Als Sekundärrechtsakt genießt sie grundsätzlich Anwendungsvorrang vor dem jeweiligen nationalen Recht.[310] Den Mitgliedstaaten ist es somit verwehrt, den Anwendungsbereich der Verordnung durch nationale Regelungen zu beeinträchtigen,[311] sie abzuändern,

304 Vgl. Duursmar-Kepplinger/Duursmar/Chalupsky/*Duursmar-Kepplinger*, Art. 1 Rn. 48 sowie Art. 3 Rn. 120; Pannen/*Pannen*, Art. 1 Rn. 132ff.; *Virgos/Schmit* in: Stoll, S. 32, 61; *Virgos/Schmit*, Erläut.Ber., Rn. 75; vgl. auch *Wimmer* in: DB 2013, 1343f.

305 Zum bisherigen Meinungsstand zur Bestimmung des COMI vgl. die Ausführungen auf S 323ff.

306 Erwägungsgründe 1 und 51 EuInsVO n. F.

307 Erwägungsgrund 53 EuInsVO n. F.

308 *Wimmer* in: DB 2013, 1343.

309 Vgl. *Vallender* in: KTS 2005, 283, 284.

310 Maunz/Düring/*Papier*, Art. 14 GG Rn. 290.

311 EuGH – Ganaria/Produktschap, Rs. 18/72 – Slg 1972, 1172.

ihre Anwendung von zusätzlichen Voraussetzungen abhängig zu machen oder unter dem Deckmantel der Auslegung zu ergänzen.[312]

Damit die EuInsVO in sämtlichen Mitgliedstaaten mit demselben Inhalt gilt, bedarf es eines allgemeingültigen Auslegungsmaßstabs, der in allen Mitgliedstaaten gleichermaßen verbindlich ist.[313] Der Regelungsgehalt der EuInsVO ist aus diesem Grund europäisch autonom zu interpretieren.[314] Der EuGH reklamiert für sich in Bezug auf das Unionsrecht ein Auslegungsmonopol (vgl. Art. 267 Unterabs. 1 lit. b AEUV).[315]

Um den Rechtsanwender die Auslegung unklarer Rechtsbegriffe zu erleichtern, hat der Unionsgesetzgeber in Art. 2 EuInsVO n. F. eine Reihe von Legaldefinitionen in die Verordnung implementiert. Im Übrigen ist im Rahmen einer rechtsvergleichenden Analyse diejenige Bedeutung des Tatbestandsmerkmals zu ermitteln, die dem Tatbestand „durchschnittlich" innerhalb der Mitgliedstaaten beigemessen wird.[316] Der EuGH hat in ständiger Rechtsprechung festgelegt, dass für die Auslegung von Unionsrecht neben dem Wortlaut (grammatikalische Auslegung) der jeweilige Zusammenhang in dem die Norm steht (systematische Auslegung), sowie die mit der Norm verfolgten Ziele (teleologische Auslegung) maßgeblich sind.[317] Das Gericht hat in diesem Zusammenhang jedoch wiederholt betont, dass der teleologischen Auslegung die größte Bedeutung beizumessen ist.[318] Stehen dem Rechtsanwender gleich mehrere mögliche Auslegungsvarianten zur Verfügung, ist gemäß Art. 4 Abs. 3 EUV derjenigen der Vorzug zu gewähren, die

---

312 GA Warner – Rs. 94/77 (Zerbone/Administrazione delle Finanze dello Stato), Slg 1978, 127 m.w.N.; von der Groeben/Schwarze/Hatje/*Maria Geismann*, Art. 288 AEUV Rn. 8.

313 Vgl. *Fehrenbach*, S. 62.

314 EuGH, Urt. v. 01.02.1972 Rs. 49–71, Rn. 4 ff. („*Hagen/Einfuhr- und Vorratsstelle Getreide*"); EuGH, Urt. v. 23.03.1982 Rs. 53/81 Rn. 11 ff. („*Levin*"); EuGH, Urt. v. 08.03.1988 Rs. 9/87, Rn. 11 („*Arcado/Haviland*"); EuGH, Urt. v. 2.5.2006 – Rs C-341/04 („*Eurofood*") = EuZW 2006, 337, 338; vgl. auch *Smid*, Deutsches und Europäisches Internationales Insolvenzrecht, § 5 Rn. 2; *Vallender* in: KTS 2005, 287 f.

315 Vgl. *Schroeder* in: JuS 2004, 180, 181; *Fehrenbach*, S. 62.

316 *Vallender* in: KTS 2005, 283, 288.

317 Vgl. EuGH, Urt. v. 05.02.1963 Rs. 26/62 („van Gend & Loos); EuGH, Urt. v. 17.11.1983 Rs. 292/82 (“*Merck*„); EuGH, Urt. v. 18.01.1984 Rs. 327/82, Rn. 11 (“*Ekro BV Vee- en Vlesshandel ./. Produktschap voor Vee en Vlees*„); EuGH, Urt. v. 14.10.1999 Rs. C-223/98 (“*Adidas*„); EuGH, Urt. v. 19.09. 2000 Rs. C-287/98, Rn. 43 (“*Großherzogtum Luxemburg ./. Berthe Linster u. a.*"); *Vallender* in: KTS 2005, 283, 288; *Deyda*, S. 32.

318 Vgl. EuGH, Urt. v. 05.02.1963 Rs. 26/62 („van Gend & Loos), der EuGH spricht hier davon, dass er sich vom “*Geist der Vorschriften, von ihrer Systematik und von ihrem Wortlaut*„ leiten lässt.

allein geeignet ist, die praktische Wirksamkeit der jeweiligen Regelung sicher zu stellen („*effet utile*").[319]

2. Bestimmung der internationalen insolvenzgerichtlichen Zuständigkeit

Die insolvenzgerichtliche Zuständigkeit für grenzüberschreitende Sachverhalte innerhalb der Europäischen Union – mit der Ausnahme Dänemarks – bestimmt sich nach Art. 3 EuInsVO n. F.[320] Für die Eröffnung des Hauptinsolvenzverfahrens sind der Regelung zufolge die Gerichte des Mitgliedstaates zuständig, in dessen Hoheitsgebiet der Schuldner zur Zeit der Antragstellung den Mittelpunkt seiner hauptsächlichen Interessen hat.

Die Vorschrift trifft dabei ausschließlich eine Aussage zur internationalen Zuständigkeit; das heißt, sie gibt denjenigen Mitgliedstaat an, dessen Gerichte das Hauptinsolvenzverfahren eröffnen dürfen, während das jeweilige nationale Recht über die innerstaatliche Zuständigkeit entscheidet.[321] Denn wie im deutschen autonomen Insolvenzrecht gilt auch im europäischen Insolvenzrecht für das Insolvenzverfahren und seine Wirkungen das Insolvenzrecht desjenigen Mitgliedstaates, in dessen Hoheitsgebiet das Verfahren eröffnet wird, die *lex forum concursus* des Art. 7 Abs. 1 EuInsVO n. F.[322] Für in Deutschland eröffnete Hauptinsolvenzverfahren ist die örtliche Zuständigkeit auf Grundlage von § 3 InsO zu bestimmen.[323]

Wird das Insolvenzverfahren aufgrund der Regelung in einem Mitgliedstaat eröffnet, so ist die Eröffnung gemäß Art. 19 EuInsVO n. F.[324] samt seiner Wirkungen in allen anderen Mitgliedstaaten anzuerkennen.[325] Hierbei gilt die Regel, dass jeweils nur ein Hauptinsolvenzverfahren über das Vermögen einer juristischen Person zulässig ist.[326] Beanspruchen mehrere Mitgliedstaaten die nationale Zuständigkeit, kommt das Prioritätsprinzip zur Anwendung.[327]

---

319 Vgl. EuGH, Urt. v. 22.09.1988 Rs. 187/87 („*Saarland*"); vgl. auch *Vallender* in: KTS 2005, 283, 288; *Deyda*, S. 32.

320 Von dem Anwendungsbereich der Regelung ausgenommen sind Insolvenzverfahren über das Vermögen von Versicherungsunternehmen, Kreditinstituten und Wertpapierfirmen, vgl. hierzu Art. 1 Abs. 2 EuInsVO n. F. sowie Erwägungsgrund 19 EuInsVO n. F.

321 Vgl. Erwägungsgründe 26 und 66 EuInsVO n. F.; vgl. auch Pannen/*Pannen*, Art. 3 EuInsVO Rn. 1, 2; *Westphal/Goetker/Wilkens*, Grenzüberschreitende Insolvenzen, Rn. 97.

322 Künftig Art. 7 Abs. 1 EuInsVO n. F.

323 Hierzu ausführlich auf S. 254ff.

324 Art. 16 EuInsVO.

325 Erwägungsgrund 23 EuInsVO n. F.; Pannen/*Pannen*, Art. 3 EuInsVO Rn. 1.

326 *Pannen/Riedemann* in: NZI 2004, 646.

a) Amtswegige Zuständigkeitsprüfung

Das mit dem Antrag auf Eröffnung des Insolvenzverfahrens befasste Insolvenzgericht prüft gemäß Art. 4 Abs. 1 EuInsVO n.F. von Amts wegen, ob es nach Art. 3 EuInsVO n.F. international zuständig ist.[328] Um dem Gericht die Zuständigkeitsprüfung zu erleichtern, hat der Antragsteller dem Eröffnungsantrag sämtliche die internationale Zuständigkeit begründenden Tatsachen beizufügen.[329] In jenen Fällen, in denen die Umstände des Falls Anlass zu Zweifeln an der Zuständigkeit begründen, hat das Gericht den Schuldner dazu aufzufordern, zusätzliche Nachweise für seine Behauptung vorzulegen und wenn das für das Insolvenzverfahren geltende Recht dies erlaubt, den Gläubigern des Schuldners Gelegenheit zu geben, sich zur Frage der Zuständigkeit zu äußern.[330]

aa) Verhältnis der Vermutungsregel zum Amtsprüfungsgrundsatz

Fraglich ist, in welchem Verhältnis der in Art. 4 Abs. 1 EuInsVO n.F. normierte Amtsprüfungsgrundsatz zu der gesetzlichen Vermutung des Art. 3 Abs. 1 Unterabs. 2 S. 1 EuInsVO n.F. steht; genauer gesagt, ob letztere das angerufene Insolvenzgericht im Einzelfall von seiner Pflicht entbindet, den tatsächlichen Interessenmittelpunkt der schuldnerischen Gesellschaft zu ermitteln. Die Regelung bestimmt, dass bei Gesellschaften oder juristischen Personen die widerlegliche Vermutung gilt, dass der Mittelpunkt ihrer hauptsächlichen Interessen der Ort ihres Sitzes ist.

Die Frage ist dem deutschen Insolvenzrecht grundsätzlich nicht neu, sondern existierte bereits zuvor im Kontext von Art. 4 Abs. 1 EuInsVO[331] i.V.m. § 5 InsO.[332] Das Insolvenzgericht hatte danach von Amts wegen alle Umstände zu ermitteln, die für das Insolvenzverfahren von Bedeutung sind; hierzu war auch die Prüfung der eigenen Zuständigkeit zu zählen.[333] Die Ermittlungspflicht setzt nach deut-

---

327 Erwägungsgrund 65 EuInsVO n.F.; Pannen/*Pannen*, Art. 3 EuInsVO Rn. 7; Geimer/Schütze/*Haß/Herweg*, Art. 3 EuInsVO, Rn. 59.

328 In Erwägungsgrund 12b des Kommissionsentwurfs hieß es noch deutlicher: *„Vor Eröffnung des Insolvenzverfahrens sollte das zuständige Gericht von Amts wegen prüfen, ob sich der Mittelpunkt der hauptsächlichen Interessen des Schuldners oder dessen Niederlassung tatsächlich in seinem Zuständigkeitsbereich befindet."*

329 BGH, Beschl. v. 01.12.2011 – IX ZB 232/10 Rn. 12 = NJW 2012, 936; AG Köln, Beschl. v. 01.12.2005 – 71 IN 564/05 = ZIP 2006, 628; *Vallender* in ZIP 2015, 1513, 1515 m.w.N.

330 Erwägungsgrund 32 EuInsVO n.F.

331 Nunmehr Art. 7 Abs. 1 EuInsVO n.F.

332 Vgl. zum Streitstand: *Vallender* in: KTS 2005, 283, 295ff.

333 *Vallender* in: KTS 2005, 283, 293; Uhlenbruck/*Uhlenbruck*, § 5 Rn. 1; *Herchen* in: ZInsO 2004, 825, 826.

schem Recht voraus, dass der Verfahrensstand Anlass für Ermittlungen bietet, wobei die überwiegende Auffassung dem angerufenen Gericht bei der Frage, wann Ermittlungen erforderlich sind, einen gewissen Beurteilungsspielraum beimisst.[334]

Dieser Auffassung scheint sich nunmehr auch der europäische Gesetzgeber anschließen zu wollen. Ausweislich der 32. Begründungserwägung hat das angerufene Gericht weitere Nachforschungen grundsätzlich erst dann anzustrengen, wenn die Umstände des Falls Anlass zu Zweifeln an der eigenen Zuständigkeit begründen.[335] Hierzu soll das Gericht den Schuldner dazu auffordern können, zusätzliche Nachweise für seine Behauptung vorzulegen.[336] Die Verordnung sieht somit im Zweifel eine Pflicht zur Ermittlung der zuständigkeitsbegründenden Tatsachen auf Seiten des angerufenen Gerichts.[337]

Im Ergebnis entspricht Art. 4 Abs. 1 EuInsVO n. F. somit vielmehr einer Amtsermittlungspflicht und weniger einer Amtsprüfungspflicht – wie der Wortlaut der Vorschrift zunächst vermuten lässt.[338] Dieser Umstand sollte im Wortlaut der Regelung künftig stärker Berücksichtigung finden.

bb) Pflicht zu Begründung der Zuständigkeitsentscheidung

In seiner Eröffnungsentscheidung hat das Gericht nach Art. 4 Abs. 1 S. 2 EuInsVO n. F. die Gründe anzugeben, auf denen seine eigene Zuständigkeit beruht sowie dazulegen, ob es diese auf Art. 3 Abs. 1 oder Abs. 2 EuInsVO n. F. stützt. Für deutsche Gerichte besteht eine entsprechende Pflicht bereits seit längerem auf Grundlage von Art. 102 § 2 EGInsO.[339]

---

334 BGH, Beschl. v. 01.12.2011 – IX ZB 232/10, Rn. 11 = NJW 2012, 936; *Eidenmüller* in: NJW 2004, 3455, 3457; *Vallender/Fuchs* in: ZIP 2004, 829, 831; *Vallender* in: KTS 2005, 283, 293 ff.; etwas strenger: *Smid* in: DZWiR 2004, 397, 401; *Mock/Schildt* in: NZI 2003, 444; *Duursma-Kepplinger/Duursma/Chalupsky*, Art. 3 Rn. 24; *Fehrenbach*, S. 87; *Herchen* in: ZInsO 2004, 825, 826; *Cranshaw* in: DZWiR 2012, 53, 58 f.

335 32. Erwägungsgrund EuInsVO n. F.

336 32. Erwägungsgrund EuInsVO n. F.

337 Vgl. auch Entwurf eines Gesetzes zur Durchführung der Verordnung (EU) 2015/848 über Insolvenzverfahren, S. 17, abrufbar unter: https://www.bmjv.de/SharedDocs/Gesetzgebungsverfahren/Dokumente/RegE_Verordnung_ueber_Insolvenzverfahren.pdf;jsessionid=BA9390F2C7D0 A0 A00DEE2ADD5C93C97C.1_cid324?__blob=publicationFile&v=2 (zuletzt abgerufen am: 3. Januar 2018).

338 *Fehrenbach*, S. 87, Fn. 104; Uhlenbruck/*Lüer*, Art. 3 EuInsVO Rn. 3.

339 Vgl. hierzu auch die Ausführungen bei *Frind/Pannen* in: ZIP 2016, 398, 400; *Thole/Swierczok* in: ZIP 2013, 550, 552.

Für die nach deutschem Insolvenzrecht *nicht* relevanten Fälle, in denen die Eröffnung des Insolvenzverfahrens nicht auf einer gerichtlichen Entscheidung beruht,[340] sieht Art. 4 Abs. 2 S. 1 EuInsVO n. F. die Möglichkeit vor, den im jeweiligen Verfahren bestellte Verwalter[341] mit der Prüfung der Frage zu betrauen, ob der Mitgliedstaat, in dem das jeweilige Verfahren anhängig ist, gemäß Art. 3 EuInsVO n. F. international zuständig ist.

b) Mittelpunkt der hauptsächlichen Interessen (COMI)

Während § 3 Abs. 1 S. 2 InsO zur Bestimmung der örtlichen Zuständigkeit an den Mittelpunkt der „selbständigen wirtschaftlichen Tätigkeit" anknüpft, stellt Art. 3 Abs. 1 EuInsVO n. F. zur Bestimmung der internationalen Zuständigkeit auf den Mittelpunkt der hauptsächlichen Interessen, dem sogenannten *center of main interests* („**COMI**")[342] der schuldnerischen Gesellschaft ab. Der Begriff ist ursprünglich auf Art. 4 des gescheiterten Istanbuler Europaratsübereinkommens aus dem Jahre 1990 („**IstbÜ**") zurückzuführen[343] und findet heute unter anderem Verwendung in Art. 2 lit. b UNICTRAL-Model Law sowie in Ziff. 13.1 ALI Global Principles.[344] Wie der Terminus im Detail auszulegen ist, wird in Literatur und Rechtsprechung seit dessen Einführung unterschiedlich bewertet.[345]

aa) Bisheriger Meinungsstand zur Bestimmung des COMI

Der Begriff „Mittelpunkt der hauptsächlichen Interessen" war bis zum Inkrafttreten der EuInsVO n. F. nicht legaldefiniert. Seine Bedeutung wurde lediglich durch den 13. Erwägungsgrund EuInsVO erhellt, in dem es heißt: *„Als Mittelpunkt der hauptsächlichen Interessen sollte der Ort gelten, an dem der Schuldner ge-*

---

340 Vgl. *Thole/Swierczok* in: ZIP 2013, 550, 552.

341 Wer Verwalter im Sinne der EuInsVO n. F. ist, ergibt sich aus der Legaldefinition in Art. 2 Nr. 5 EuInsVO n. F. sowie aus der mitgliedstaatenspezifischen Auflistung in Anhang B zur Verordnung.

342 Von Terminus „Mittelpunkt der hauptsächlichen Interessen" geht auch das UNCITRAL-Modellgesetz sowie die Global Principles for Cooperation in International Insolvency Cases aus, siehe hierzu ausführlich auf S. 329ff.

343 Vgl. *Fehrenbach*, S. 72; *Paulus*, Einl. Rn. 8; *Reuß*, S. 81, Fn. 29.

344 *„Transnational Insolvency: Global Principles for Cooperation in International Insolvency Cases"*, abrufbar auf der Seite des International Insolvency Institut unter: http://iiiglobal.org/component/jdownloads/finish/557/5932.htm.

345 Grundlegend: EuGH, Urt. v. 2.5.2006 – Rs C-341/04 (*„Eurofood"*) = EuZW 2006, 337 ff.; EuGH, Urt. v. 20.10.2011 – Rs C-396/09 (*„Interedil"*) = ZIP 2011, 2153 ff.; EuGH, Urt. v. 15.12.2011 – Rs C-191/10 (*„Rastelli"*) = ZIP 2011, 183 ff.

wöhnlich der Verwaltung seiner Interessen nachgeht und (der) *damit für Dritte feststellbar ist.*"[346]

Aufschluss darüber, nach welchen Kriterien der Interessenmittelpunkt für konzernangehörige Gesellschaften zu bestimmen ist, gab die Verordnung nicht. Für Gesellschaften und juristischen Personen wird der Mittelpunkt der hauptsächlichen Interessen gemäß Art. 3 Unterabs. 1 S. 2 EuInsVO (Art. 3 Abs. 1 Unterabs. 2 S. 1 EuInsVO n. F.) bis zum Beweis des Gegenteils am Ort des satzungsmäßigen Sitzes vermutet. Ausganspunkt der Überlegungen zur Bestimmung des COMI muss daher stets der Satzungssitz des jeweiligen Konzernunternehmens sein.[347] Zu der Frage, wann diese Vermutungsregel als widerlegt anzusehen ist, haben sich in Rechtsprechung und Literatur unterschiedliche Ansätze entwickelt.[348]

(1) Head-office-functions/mind of management

Teilweise wurde von den Instanzgerichten zur Bestimmung des COMI auf die *head-office-functions* beziehungsweise auf den *mind of management* abgestellt.[349] Danach komme es zur Bestimmung des COMI weniger auf den Ort an, an dem der Schuldner seiner für den allgemeinen Geschäftsverkehr erkennbaren Geschäftstätigkeit nachgehe, sondern vielmehr darauf an, wo sich im Einzelfall der Verwaltungssitz dieser Gesellschaft befinde. Dies sei regelmäßig derjenige Ort, von wo aus der Schuldner seine strategischen Lenkungsentscheidungen fälle,[350] sein Rechnungswesen beziehungsweise seine Finanzplanung- und Kontrolle stattfinde[351] und/oder von wo aus er wesentliche Verträge abschließe.[352] Darüber hinaus

---

346 13. Erwägungsgrund EuInsVO; zur Auslegung: EuGH, Urt. v. 20.10.2011 – Rs C-396/09 Rn. 47 („*Interedil*") = NZI 2011, 990, 993 (m. Anm. *Mankowski*).

347 *Westphal/Goetker/Wilkens*, Grenzüberschreitende Insolvenzen, Rn. 112.

348 Hierzu ausführlich Pannen/*Pannen*, Art. 3 Rn. 49 ff.; *Kübler* in: FS Gerhardt, S. 577; *Weller* in: ZHR 169 (2005), 570, 578; *Westphal/Goetker/Wilkens*, Grenzüberschreitende Insolvenzen, Rn. 123 ff.

349 AG Weilheim ZIP 2005, 1611 („*AvCraft International Ltd.*"); High Court of Justice Leeds ZIP 2003, 1362 („*ISA I*"); High Court of Justice Birmingham ZIP 2005, 1610 f.(„*Rover*"); Tribunale di Parma ZIP 2004, 1220 („*Eurofood/Parmalat I*"); AG München NZI 2004, 450 („*Hettlage*"); vgl. darüber hinaus Pannen/*Pannen*, Art 3 Rn. 35; *Pannen/Riedemann* in: NZI 2004, 646; Pannen/*Pannen*, Art. 3 Rn. 36 m. w. N.

350 High Court of Justice Birmingham ZIP 2005, 1610 („*Rover*"); High Court of Justice Leeds, ZIP 2003, 1362 („*Daisytek*"); AG Offenburg, Beschl. v. 02.08.2004 – 2 IN 133/0 = NZI 2004, 673; vgl. auch *Smid* in: DZWiR 2004, 397.

351 High Court of Justice Birmingham, Beschl. v. 18.4.2005 – 2375 bis 2382/05 = NZI 2005, 467 („*MG Rover I*"); AG Offenburg NZI 2004, 673 („*HUKLA*")

352 Cour d'appel de Versailles, Urt. v. 4.9.2003 – 05038/03 = ZIP 2004, 377 („ISA III"); dazu *Sabel* in: NZI 2004, 126, 127.

komme es darauf an, ob die Tochtergesellschaft einen eigenständigen Unternehmenszweck verfolge oder lediglich als verlängerter Arm der Mutter, in deren ausschließlichem Interesse auftrete.[353]

Diesem Ansatz folgend versuchten insbesondere englische Gerichte den „Wettlauf um die internationale Zuständigkeit" über gruppenangehörige Schuldner für sich zu entscheiden. Später tendierten dann auch andere europäische Gerichte zu einer weiten Auslegung des Terminus.[354] Auf diese Weise war es beispielsweise einem britischen Gericht möglich, das Verfahren über das Vermögen einer deutschen GmbH in England – gestützt auf den dort belegenden Sitz der Muttergesellschaft – zu eröffnen, obwohl die Schuldnerin dort weder ihrem operativen und nach außen hin erkennbaren Geschäftsbetrieb nachging, noch Vermögen, Gläubiger oder Arbeitnehmer an diesem Ort vorhanden waren.[355]

Auch wenn sich auf diesem Weg auf relativ unkomplizierte Art und Weise eine Verfahrenskonzentration – und somit einen „Quasi-Konzerngerichtsstand" – herbeiführen ließ, verdeutlicht das vorgenannte Beispiel doch zugleich auch die Schwachstelle dieses Ansatzes, da die später angenommene internationale Zuständigkeit für die Gläubiger der schuldnerischen Gesellschaft regelmäßig nicht vorhersehbar war. Für die betroffenen Gläubiger ging damit ein Verlust ihrer Planungssicherheit einher, da gemäß Art. 4 EuInsVO für das Insolvenzverfahren und seine Wirkungen das Insolvenzrecht des Staates der Verfahrenseröffnung gilt.

(2) Business-activity-theory

Ein anderer Ansatz zieht deshalb zur Bestimmung des COMI rein objektive Kriterien heran. Der Mittelpunkt der hauptsächlichen Interessen sei demnach an demjenigen Ort, an dem der Schuldner seiner werbenden Geschäftstätigkeit („*business activity*") nachgehe.[356] Dies sei derjenige Ort, an dem sich die Bank-

---

353 Tribunale di Parma ZIP 2004, 1220, 1222 („*Eurofood/Parmalat I*"); AG Offenbach NZI 2004, 673 („*HUKLA*"); High Court of Justice Birmingham NZI 2005, 467, 468 („*Rover*"); Tribunale di Parma ZIP 2004, 2295, 2296 („*Parmalat*"); vgl. auch *Deyda*, S. 77 m.w.N.

354 Vgl. AG München v. 04.05.2004 – 1501 IE 1276/04 = IPRax 2004, 433 = ZIP 2004, 962 = ZInsO 2004, 691 („*Hettlage*"); AG Offenburg v. 02.08.2004 – 2 IN 133/04 = NZI 2004, 673 („*HUKLA*"); AG Siegen v. 01.07.2004 – 25 IN 154/04 = NZI 2004, 673, 674 („*Zenith*"); Tribunale di Parma ZIP 2004, 1220 („*Eurofood/Parmalat I*"); Municipality Court Fejér/Székesfehérvár ZInsO 2004, 861 („*Parmalat Ungarn/Slowakei*"); Tribunal de Commerce de Nanterre, Urt. v. 15.2.2006 – PCL 2006 J00174.

355 Vgl. hierzu AG Köln, Beschl. v. 23.1.2004 – 71 IN 1/04 = NZI 2004, 151; Bespr. v. *Sabel* in: NZI 2004, 126.

356 EuGH, Urt. v. 2.5.2006 – Rs C-341/04 („*Eurofood*") = EuZW 2006, 337; AG Mönchengladbach ZIP 2004, 1064 („EMBIC I"); *Bähr*/Riedemann in: ZIP 2004, 1066, 1067; Pannen/*Pannen*, Art. 3 Rn. 43.

konten und das hauptsächliche (Sach-)Vermögen des Schuldners befinden sowie die Kundenbeziehungen, der Einsatz von Mitarbeitern und die Buchhaltung stattfinden.[357] Der Auffassung liegt die Annahme zu Grunde, dass sich der hauptsächliche Interessenmittelpunkt aus Gläubigersicht stets an demjenigen Ort befinde, an dem der Schuldner seine Geschäftstätigkeit für Dritte erkennbar nach außen trage.[358]

(3) Entwicklung der Rechtsprechung des EuGH

Letztgenannter Ansicht hat sich erstmalig im Jahr 2006 auch der EuGH in der Rechtssache *„Eurofood"*[359] angenommen. Das Gericht hat in der Entscheidung darauf erkannt, dass die in Art 3 Abs. 1 S. 2 EuInsVO aufgestellte Vermutung nur dann widerlegt werden könne, wenn objektive und für Dritte feststellbare Elemente belegten, dass die Lage in Wirklichkeit nicht derjenigen entspreche, die die Verortung am satzungsmäßigen Sitz widerspiegeln solle.[360] Dies könne ausweislich der Begründung des Gerichts etwa bei einer Briefkastenfirma der Fall sein, die im Gebiet des Mitgliedstaates, in dem sich ihr satzungsmäßiger Sitz befinde, keiner Tätigkeit nachgehe.[361] Hingegen solle der Umstand, dass wesentliche Management Entscheidungen durch die in einem anderen Mitgliedstaat ansässige Muttergesellschaft für die Tochter getroffen werden, für eine Widerlegung der in Art. 3 Abs. 1 S. 2 EuInsVO enthaltenen Vermutung nicht ausreichen, wenn das Tochterunternehmen im Mitgliedstaat ihres satzungsmäßigen Sitzes eine wirtschaftliche Tätigkeit entfalte.[362]

In *„Interedil"* hat der EuGH diese Rechtsprechung weiter konkretisiert. Der Mittelpunkt der hauptsächlichen Interessen sei demzufolge am Ort des satzungsmäßigen Sitzes unwiderleglich zu vermuten, wenn sich die Verwaltungs- und Kontrollorgane einer Gesellschaft an diesem Ort befinden und die Verwaltungsentscheidungen der Gesellschaft in durch Dritte feststellbarer Weise an diesem Ort getroffen werden, wobei das Gericht den Ort der Hauptverwaltung mit dem schuldnerischen Interessenmittelpunkt gleichsetzt.[363] In Fällen, in denen der Ort der Hauptverwaltung von dem des satzungsmäßigen Sitzes der Gesell-

---

357 *Bähr*/Riedemann in: ZIP 2004, 1066, 1067; Pannen/*Pannen*, Art. 3 Rn. 43 m.w.N.
358 Erwägungsgrund 28 EuInsVO; vgl. auch Pannen/*Pannen*, Art. 3 Rn. 42; *Smid* in DZWiR 2006, 45, 46.
359 EuGH, Urt. v. 2.5.2006 – Rs C-341/04 („*Eurofood*") = ZIP 2006, 907.
360 EuGH, Urt. v. 2.5.2006 – Rs C-341/04 („*Eurofood*") = ZIP 2006, 907, 908, Rn. 34.
361 EuGH, Urt. v. 2.5.2006 – Rs C-341/04 („*Eurofood*") = ZIP 2006, 907, 908, Rn. 35.
362 EuGH, Urt. v. 2.5.2006 – Rs C-341/04 („*Eurofood*") = ZIP 2006, 907, 908, Rn. 36.
363 EuGH, Urt. v. 20.10.2011 – Rs C-396/09 („*Interedil*") = ZIP 2011, 2153, 2154.

schaft abweiche, solle die Vermutung des Art. 3 Abs. 1 S. 2 EuInsVO hingegen widerlegbar sein, wenn eine Gesamtbetrachtung aller relevanten Faktoren die von dritter Seite überprüfbare Feststellung zulasse, dass sich der tatsächliche Mittelpunkt der Verwaltung und der Kontrolle der Gesellschaft sowie der Verwaltung ihrer Interessen in diesem anderen Mitgliedstaat befinde.[364] Als mögliche Faktoren nennt das Gericht das Vorhandensein von Gesellschaftsaktiva sowie das Bestehen von Verträgen über deren finanzielle Nutzung in einem anderen Mitgliedstaat.[365]

In der Rechtssache „*Rastelli*"[366] führte der EuGH diese Rechtsprechung konsequent fort, indem das Gericht die Erweiterung eines (nach französischem Recht) bereits eröffneten Insolvenzverfahrens auf eine im europäischen Ausland ansässige Gesellschaft mit der Begründung ablehnte, dass in diesem Verfahren nicht nachgewiesen sei, dass sich der Mittelpunkt der hauptsächlichen Interessen dieser zweiten Gesellschaft im erstgenannten Mitgliedstaat befinde.[367] Die Feststellung allein, dass eine Vermischung der Vermögensmassen dieser Gesellschaft vorliege, solle nach Auffassung des Gerichts nicht ausreichend für den Nachweis sein, dass sich der Mittelpunkt der hauptsächlichen Interessen der anderen Gesellschaft ebenfalls in diesem Mitgliedstaat befinde.[368] Im Übrigen hat das Gericht auf die in Sachen „*Eurofood*" und „*Interedil*" entwickelten Kriterien, zur Widerlegung der Vermutung des Mittelpunkts der hauptsächlichen Interessen verwiesen.

(4) Literatur

In der Literatur überwiegen die Stimmen, die sich für eine Orientierung am Ort der werbenden Geschäftstätigkeit zur Bestimmung des Mittelpunkts der hauptsächlichen Interessen i. S. d. Art. 3 Abs. 1 S. 1 EuInsVO aussprechen und somit der *head-of-office-functions* beziehungsweise *mind-of-management-theorie* eine Absage erteilen.[369] Hauptkritikpunkt ist zum einen, dass ein dem Rechtsverkehr gegenüber geschaffenes Vertrauen, dass eine Abwicklung nach demjenigen Haf-

---

364 EuGH, Urt. v. 20.10.2011 – Rs C-396/09 („*Interedil*") = ZIP 2011, 2153, 2154.

365 EuGH, Urt. v. 20.10.2011 – Rs C-396/09 („*Interedil*") = ZIP 2011, 2153, 2154.

366 EuGH, Urt. v. 15.12.2011 – Rs C-191/10 („*Rastelli*") = ZIP 2011, 183.

367 EuGH, Urt. v. 15.12.2011 – Rs C-191/10 („*Rastelli*") = ZIP 2011, 183 f.; zu den Auswirkungen dieser Entscheidung im Hinblick auf eine Massenzusammenfassung vgl. *Pannen* in: ZInsO 2014, 222, 228 ff.

368 EuGH, Urt. v. 15.12.2011 – Rs C-191/10 („*Rastelli*") = ZIP 2011, 183, 184.

369 Vgl. u. a. *Herchen* in ZInsO 2004, 825, 826; Pannen/*Pannen*, Art. 3 Rn. 53; *Oberhammer* in ZInsO 2004, 761, 770; a. A. *Paulus* in: ZIP 2005, 1948, 1952; *Eidenmüller* in: NJW 2004, 3455, 3458 f.

tungsstatut stattfinde, das am Ort der tatsächlichen Tätigkeit gelte, anderenfalls zu wenig Berücksichtigung finde.[370] Zum anderen ermögliche die *mind-of-management-theorie* das Verfahren an einem Gerichtsstand zu eröffnen, an dem sich weder Arbeitnehmer noch Vermögen oder Gläubiger der schuldnerischen Gesellschaft befinden.[371] Ein Teil der Literatur will sich trotz dieser Kritik den Maßstäben der mind-of-management-theory anschließen, da diese insbesondere Vorteile im Hinblick auf eine Verfahrenskoordinierung biete.[372]

(5) Zusammenfassung

Zusammenfassend lässt sich feststellen, dass seit der richtungsweisenden Entscheidung des EuGH in Sachen *„Eurofood"*[373] die übereinstimmende Mehrheit, sowohl in Rechtsprechung als auch Literatur den für Dritte erkennbaren Ort der werbenden Geschäftstätigkeit des Schuldners, als für die Bestimmung des COMI maßgeblich hält.

Der Mittelpunkt der hauptsächlichen Interessen ist demnach am Ort des satzungsmäßigen Sitzes unwiderleglich zu vermuten, wenn sich die Verwaltungs- und Kontrollorgane der Gesellschaft an diesem Ort befinden und die Verwaltungsentscheidungen der Gesellschaft in durch Dritte feststellbarer Weise an diesem Ort getroffen werden.

Befinden sich Hauptverwaltung und satzungsmäßiger Sitz nicht an demselben Ort, muss eine Widerlegung der in Art. 3 Abs. 1 S. 2 EuInsVO normierten Vermutung immer dann Erfolg haben, wenn eine Gesamtbetrachtung aller relevanten Faktoren die von Dritten überprüfbare Feststellung zulässt, dass sich der tatsächliche Mittelpunkt der Verwaltung und der Kontrolle der Gesellschaft sowie der Verwaltung der schuldnerischen Interessen in einem anderen Mitgliedstaat als dem des satzungsmäßigen Sitzes befindet.[374] Als mögliche Faktoren können das Vorhandensein von Gesellschaftsaktiva sowie das Bestehen von Verträgen über deren finanzielle Nutzung dienen.[375] Die bloße Vermischung von Vermö-

---

370 Pannen/*Pannen*, Art. 3 Rn. 53; *Weller* in: ZHR 169, 570, 582; *Westphal/Goetker/Wilkens*, Grenzüberschreitende Insolvenzen, Rn. 128.

371 *Bähr/Riedemann* in: ZIP 2006, 1066; Pannen/*Pannen*, Art. 3 Rn. 53; *Wimmer* in: ZInsO 2005, 119, 122.

372 *Paulus* in: ZIP 2005, 1948, 1952; *Eidenmüller* in: NJW 2004, 3455, 3458 f; *Oberhammer* in: ZInsO 2004, 768, 771.

373 EuGH, Urt. v. 2.5.2006 – Rs C-341/04 („*Eurofood*") = EuZW 2006, 337.

374 EuGH, Urt. v. 20.10.2011 – Rs C-396/09 („*Interedil*") = ZIP 2011, 2153, 2154.

375 EuGH, Urt. v. 20.10.2011 – Rs C-396/09 („*Interedil*") = ZIP 2011, 2153, 2154.

gensmassen zweier Gesellschaften ist hingegen für die Annahme eines gemeinsamen COMI nicht ausreichend.[376]

(6) Zwischenergebnis

Die Annahme eines gemeinsamen COMI am Sitz der Muttergesellschaft kommt danach ausschließlich in denjenigen Fällen in Betracht, in denen sich der satzungsmäßige Sitz und der tatsächliche Verwaltungssitz einer konzernangehörigen Tochtergesellschaft im Mitgliedstaat der Mutter befinden oder eine im europäischen Ausland ansässige Tochtergesellschaft als verlängerter Arm der Mutter auftritt, wobei sich die tatsächlich Verwaltung ihrer Interesse für Dritte erkennbar im Mitgliedstaat der Mutter befindet.[377]

bb) UNCITRAL

Seit dem Jahr 1997 widmet sich auch die UNCITRAL in ihrem *Model Law on Cross-Border Insolvency* der Frage nach einer bestmöglichen Abwicklung grenzüberschreitender Insolvenzverfahren.[378]

Ähnlich wie auch die EuInsVO unterscheidet das Modellgesetz zwischen ausländischen Hauptinsolvenzverfahren („*main proceeding*“) und ausländischen Territorialverfahren („*non-main proceedings*“). Als Hauptinsolvenzverfahren ist gemäß Art. 2b Modellgesetz dasjenige Verfahren zu verstehen, das in dem Staat stattfindet, in dem sich der Mittelpunkt der hauptsächlichen Interessen („*center of main interests*“ – COMI) des Schuldners befindet. Dabei stellt das Modellgesetz gleich dem europäischen Verordnungsgeber die Vermutung auf, dass sich der Mittelpunkt der hauptsächlichen Interessen bei Gesellschaften bis zum Beweis des Gegenteils am Ort des satzungsmäßigen Sitzes befindet (Art. 16 Abs. 3 Modellgesetz).

In Staaten, in denen der Schuldner lediglich eine Niederlassung im Sinne von Art. 2(f) Modellgesetz unterhält, soll hingegen lediglich ein Territorialverfahren eröffnet werden können.

---

376 EuGH, Urt. v. 15.12.2011 – Rs C-191/10 („*Rastelli*“) = ZIP 2011, 183, 184.

377 Vgl. *Vallender/Deyda* in: NZI 2009, 825, 830; vgl. auch *Ehricke* in: EWS 2002, 104; *Wimmer* in: ZInsO 2005, 122.

378 Vgl. insbesondere auch die Kommentierung bei Pannen/*Hollander/Graham*, UNCITRAL, S. 704 ff.; sowie die Ausführungen von *Westphal* in: Flöther, S. 385 ff.

cc) ALI Global Principles

Auch die vom *„American Law Institut"* („**ALI**") in Zusammenarbeit mit dem *„International Insolvency Institut"*, anlässlich der 89. Jahreskonferenz des ALI, im Jahre 2012 veröffentlichten *„Global Principles for Cooperation in International Insolvency Cases"* („**Principle/s**")[379] befassen sich eingehend mit der Frage nach der internationalen Zuständigkeit bei grenzüberschreitenden Sachverhalten.

(1) Anknüpfung der internationalen Zuständigkeit

Parallel zu den Regelungen der EuInsVO und das UNCITRAL Modellgesetzes[380] bestimmt Principle 13.1 die Gerichte desjenigen Staates für international zuständig, in dem der Schuldner entweder den Mittelpunkt seiner hauptsächlichen Interessen (COMI) oder eine Niederlassung unterhält.[381] Ähnlich wie auf Grundlage von Art 19 und Art. 57 EuInsVO n. F. sollen die zuständigen Gerichte sowie Behörden gemäß Principle 15.1 zur Kooperation sowie gegenseitigen Anerkennung der Verfahren verpflichtet sein.

Als COMI in diesem Sinne soll derjenige Ort zu verstehen sein, an dem der Schuldner gewöhnlicher Weise der Verwaltung seiner Interessen nachgehe und der Dritten bekannt oder für diese zumindest auf Grundlage objektiver Kriterien ermittelbar sei.[382] Für Gesellschaften sei bis zum Beweis des Gegenteils zu vermuten, dass sich der Mittelpunkt der Hauptsächlichen Interessen am Ort des satzungsmäßigen Sitzes des schuldnerischen Unternehmens befinde.[383]

Der Richtliniengeber beabsichtigt damit Kriterien wie Transparenz und Kontinuität des schuldnerischen Auftretens für eine Bestimmung des COMI in den Vordergrund zu stellen,[384] wobei die Definition in „Principle 13.1" maßgeblich auf eine Umsetzung der Rechtsprechung des EuGH in Sachen *„Eurofood"*[385], sowie anderer nationaler Gerichte[386] zur Auslegung des UNCITRAL *Model Law on Cross Border Insolvency*[387] ausgerichtet ist.

---

379 *„Transnational Insolvency: Global Principles for Cooperation in International Insolvency Cases"*, abrufbar auf der Seite des International Insolvency Institut unter: http://iiiglobal.org/component/jdownloads/finish/557/5932.htm.

380 Vgl. ALI Global Principles, S. 105.

381 ALI Global Principles, Principle 13.1, S. 25.

382 ALI Global Principles, Principle 13.3 (i), S. 25.

383 ALI Global Principles, Principle 13.3 (ii), S. 25.

384 Vgl. Erläuterungen zu Principle 13.1 (i), ALI Global Principles, S. 106.

385 Vgl. EuGH, Urt. v. 2.5.2006 – Rs C-341/04 (*„Eurofood"*) = EuZW 2006, 337.

386 Vgl. Stanford International Bank Ltd. (2010) EWCA Civ. 137; (2011) Ch. 33 (Court of Appeal, England); Re Bear Stearns High-Grade Structured Strategies Master Fund Ltd., 389 B.R. 325 (Bankr. S.D.N.Y. 2008).

In Ermangelung der internationalen Zuständigkeit nach „Principle 13.1" soll ein inländisches Insolvenzgericht seine Zuständigkeit alternativ auch auf Grundlage des nationalen Rechts begründen können.[388] In diesem Fall soll die Verfahrenskompetenz in erster Linie auf das im Inland befindliche Vermögen beschränkt sein („Principle 14.3").[389] Eine Ausnahme soll lediglich unter der Voraussetzung gelten, dass Vermögen durch den Schuldner in anfechtbarer Weise ins Ausland verlagert worden sei.[390] Um eine bestmögliche Abstimmung der Verfahren zu ermöglichen, soll das Gericht zur Kooperation mit einem nach „Principle 13.1" zuständigen Gericht verpflichtet sein („Principle 14.2").[391]

Der Richtliniengeber trägt damit dem Umstand Rechnung, dass sich eine Anknüpfung nach Maßgabe des „Principle 13.1" im Einzelfall als schlechthin unmöglich erweisen kann, wenn sich entweder der COMI infolge der Einstellung des schuldnerischen Geschäftsbetriebes nicht mehr zuverlässig ermitteln lässt, oder der Schuldner den Mittelpunkt seiner hauptsächlichen Interessen rein tatsächlich in einen anderen Staat verlagert hat. In erstgenannter Konstellation bietet sich als Anknüpfungspunkt zumeist nur noch derjenige Ort an, an dem der COMI für Dritte zuletzt objektiv erkennbar war, indem sich dort beispielsweise ein Großteil seines Vermögens oder die Mehrheit seiner Gläubigerschaft befinden.[392]

(2) Verlagerung des COMI vor Verfahrenseröffnung

Für den Fall, dass sich der COMI zunächst in einem anderen Staat als dem Staat der Verfahrenseröffnung befunden hat, soll das Verfahren grundsätzlich in dem vormals zuständigen Staat zu eröffnen sein („Principle 13.5"). Die Regelung zielt darauf ab, die Möglichkeiten eines schuldnerisches *forum shopping* auf diejenigen Fälle zu begrenzen, in denen (i) der Schuldner im Zeitpunkt der Verlagerung des COMI sämtliche bis dahin bestehende Verbindlichkeiten hätte begleichen können oder (ii) der Schuldner zu diesem Zeitpunkt bereits einen die vorbenannten Verbindlichkeiten betreffenden Vergleich abgeschlossen oder eine sonstige gütliche Einigung erzielt hat oder (iii) die Verlagerung des COMI keine

---

387 Vgl. Erläuterungen zu Principle 13.1 (i), ALI Global Principles, S. 106.

388 ALI Global Principles, Principle 14.1, S. 26.

389 ALI Global Principles, Principle 14.3, S. 26.

390 Vgl. ALI Global Principles, S. 114.

391 ALI Global Principles, Principle 14.2, S. 26.

392 EuGH, Urt. v. 20.10.2011, Rs. C-396/09, Rn. 58 („*Interedil Srl in Liquidation ./. Fallimento Interedil Srl, Banca Intesa Gestione Crediti SpA*"); vgl. auch ALI Global Principles, S. 114

unangemessene Benachteiligung für diejenigen Gläubiger zur Folge hat, deren Forderungen bereits im vorbezeichneten Zeitraum entstanden sind.[393]

Der Richtliniengeber knüpft in diesem Zusammenhang an die in den Rechtssachen *„Susanne Staubitz-Schneider“*[394] sowie *„Interedil“*[395] ergangenen Entscheidungen des EuGH an, wonach eine Verlagerung des COMI nach Maßgabe der Vorschrift über die Bestimmung der internationalen Zuständigkeit immer dann unbeachtlich sei, wenn diese in den Zeitraum zwischen Antragstellung und Eröffnungsentscheidung des angerufenen Insolvenzgerichts fällt.

Mit dem Ziel der Herstellung eines verhältnismäßigen Ausgleichs zwischen einem transparenten und somit rechtssicheren Anknüpfungspunkt für die Bestimmung der internationalen Zuständigkeit sowie der vielmals schon verfassungsrechtlich garantierten Niederlassungsfreiheit, soll eine Verlagerung des COMI in unmittelbarer zeitlicher Nähe zur Verfahrenseröffnung in Ausnahmefällen weiterhin möglich bleiben.[396]

Der Richtliniengeber betritt insofern rechtliches Neuland, indem er das Spannungsfeld um eine Regulierung von missbräuchlichem *forum shopping* abseits einer Alles-oder-Nichts-Lösung – und somit abweichend von der Praxis des deutschen und europäischen Gesetzgebers – im Rahmen eines Interessenausgleichs zu suchen scheint. Folgt man hierzu den Erläuterungen zu „Principle 13.5“, so liegt dem die Erwägung zu Grunde, dem Schuldner einen Forumwechsel in denjenigen Fällen zu erleichtern, in denen hierdurch gerade keine Ungleichbehandlung der Gläubigerschaft zu befürchten sei. Beispielsweise, weil die Gläubiger aufgrund ihrer Rangstellung im Rahmen des Verteilungsverfahrens ohnehin keine Befriedigung erfahren hätten.[397] Eine vorinsolvenzliche Verlagerung des COMI könne daher im Einzelfall bereits aus verfahrensrechtlichen Aspekten geboten sein, wenn sich die Verwaltung unter dem insolvenzrechtlichen Regime einer anderen Jurisdiktion – gerade etwa im Hinblick auf eine Sanierung des schuldnerischen Geschäftsbetriebs – als effektiver erweise.[398]

---

393 ALI Global Principles, Principle 13.5, S. 25.

394 Vgl. EuGH Urt. v. 17.01.2006 – Rs. C-1/04 ABl. EU 2006 C 60 (*„Staubitz-Schneider“*) = ZIP 2006, 188 m. Anm. *Knopf/Mock* S. 189 ff.; ZInsO 2006, 86, m. Anm. *Schmidt* S. 88 ff.; IPRax 2006, 149; NZI 2006, 153; DZWiR 2006, 196; vgl. Pannen/*Pannen*, Rechtsprechungsübersicht Art. 3 EuInsVO Anhang A Rn. 17 m.w.N.

395 Vgl. EuGH Urt. v. 20.10.2011, Rs. C-396/09, Rn. 62 (*„Interedil“*); vgl. auch die Anmerkungen von *Cranshaw* in: DZWiR 2012, 53.

396 ALI Global Principles, S. 108.

397 ALI Global Principles, S. 108.

398 Vgl. ALI Global Principles, S. 108.

Dieser Gedanke erscheint sinnvoll und sollte in die Reformbemühungen um die Schaffung eines modernen europäischen Konzerninsolvenzrechts Einzug erhalten.[399]

dd) Legaldefinition in Art. 3 Abs. 1 Unterabs. 2 EuInsVO n. F.

Mit Inkrafttreten der Neufassung der EuInsVO hat sich nunmehr auch der europäische Gesetzgeber der Rechtsauffassung des EuGH[400] zur Bestimmung der internationalen Zuständigkeit bei europäisch grenzüberschreitenden Insolvenzverfahren angenommen.[401]

Anders als in der bisherigen Fassung wird der Mittelpunkt der hauptsächlichen Interessen durch den Verordnungsgeber in Art. 3 Abs. 1 S. 2 EuInsVO n. F. nunmehr legaldefiniert. Mittelpunkt der hauptsächlichen Interessen ist danach derjenige Ort, an dem der Schuldner gewöhnlich der Verwaltung seiner Interessen nachgeht und der für Dritte feststellbar ist. Eine entsprechende Formulierung war bislang lediglich im 13. Erwägungsgrund zur EuInsVO sowie im Erläuternden Bericht,[402] nicht jedoch im Wortlaut der Norm selbst enthalten.

(1) Ort der hauptsächlichen Interessen

Maßgeblich für die Bestimmung der internationalen Zuständigkeit ist der Ort, an dem der Schuldner der Verwaltung seine hauptsächlichen Interessen nachgeht. Aufschluss darüber, was unter „Interessen" in diesem Sinne zu verstehen ist und wann diese Interessen für den Schuldner „hauptsächlich" sind, gibt die Verordnung nicht.[403]

Folgt man der überwiegenden Auffassung in der Literatur, sind vom Begriff des „Interesses" nicht nur Handels-, gewerbliche oder berufliche Tätigkeiten, sondern auch allgemein wirtschaftliche Tätigkeiten umfasst.[404] Der Begriff des

---

399 Vgl. hierzu die Ausführungen auf S. 362.

400 Vgl. EuGH, Urt. v. 2.5.2006 – Rs C-341/04 („*Eurofood*") = EuZW 2006, 337 ff.; EuGH, Urt. v. 20.10.2011 – Rs C-396/09 („*Interedil*") = ZIP 2011, 2153 ff.; EuGH, Urt. v. 15.12.2011 – Rs C-191/10 („*Rastelli*") = ZIP 2011, 183 ff.

401 Siehe hierzu oben auf S. 326; siehe auch Erwägungsgrund 28 zur EuInsVO n. F.; vgl. zudem *Vallender* in: ZIP 2015, 1513, 1515.

402 *Virgos/Schmit*, Erläut.Ber., Rn. 75; vgl. auch Erwägungsgrund 28 EuInsVO n. F.; Pannen/*Pannen*, Art. 3 Rn. 9, 18; *Herchen* in: ZInsO 2004, 825.

403 Vgl. *Fehrenbach*, S. 73; eine Auflistung der im Einzelfall maßgeblichen Interessen ist u. a. bei *Herchen* in: ZInsO 2004, 825, 827 ff. zu finden.

404 *Virgos/Schmit*, Erläut.Ber., Rn. 75; vgl. auch; *Smid*, Deutsches und Europäisches Internationales Insolvenzrecht, § 5 Rn. 3; Fritz/*Bähr* in: DZWiR 2001, 224; *Fehrenbach*, S. 74 m.w.N.

„Interesses" eröffnet insofern einen relativ weiten Anwendungsbereich,[405] sodass ausgehend vom Sinn und Zweck der Regelung insbesondere auch wirtschaftliche Interessen der schuldnerischen Gesellschaft unter den Begriff fallen.[406]

Da für den Schuldner im Regelfall eine Vielzahl von Interessen existieren, sollen zur Vermeidung von positiven Kompetenzkonflikten lediglich diejenigen Interessen im Rahmen der Zuständigkeitsermittlung Berücksichtigung finden, die für den Schuldner von besonderer Bedeutung sind.[407] Die Qualifizierung „hauptsächlich" dient dabei als Entscheidungskriterium für den Fall, dass der Schuldner an verschiedenen Orten Tätigkeiten ausübt, die sich sämtlich unter den Begriff des Interesses subsummieren lassen.[408] Um festzustellen, welche dieser Interessen als hauptsächlich einzustufen sind, hat sich in der Praxis eine Abschichtung und Wertung der vorhandenen Interessen in Form einer Gesamtbetrachtung etabliert.[409] Bei der Frage, wo sich der Mittelpunkt dieser hauptsächlichen Interessen befindet, will der EuGH dem Ort der Hauptverwaltung, wie er sich anhand von objektiven und durch Dritte feststellbaren Faktoren ermitteln lässt, den Vorzug gewähren.[410]

(2) Übereinstimmung mit dem Ort der Hauptverwaltung

Unklar bleibt, ob der europäische Gesetzgeber künftig mit dem EuGH den Terminus der „Hauptverwaltung" mit dem Mittelpunkt der hauptsächlichen Interessen der schuldnerischen Gesellschaft gleichsetzen will.[411] Letzterer hat jedenfalls in der Rechtssache *„Interedil"* zu erkennen gegeben, dass er bei der Bestimmung des Mittelpunkts der hauptsächlichen Interessen dem Ort der Hauptverwaltung der schuldnerischen Gesellschaft als Zuständigkeitskriterium

---

405 Vgl. *Virgos/Schmit*, Erläut.Ber., Rn. 75; *Smid* in: InVO 2005, 437; *Wiedemann* in: ZInsO 2007, 1009, 1010.

406 Fritz/*Bähr* in: DZWiR 2001, 224, *Smid* in: InVO 2005, 437; *Fehrenbach*, S. 74 f.; *Huber* in: ZZP 114 (2001), 133, 140.

407 Vgl. *Wiedemann* in: ZInsO 2007, 1009, 1010.

408 *Virgos/Schmit*, Erläut.Ber., Rn. 75; vgl. auch *Wiedemann* in: ZInsO 2007, 1009, 1010; *Smid*, Deutsches und Europäisches Internationales Insolvenzrecht, § 5 Rn. 3; Fritz/*Bähr* in: DZWiR 2001, 224; *Fehrenbach*, S. 74 m.w.N.

409 *Virgos/Schmit*, Erläut.Ber., Rn. 75; Paulus, Art. 3 Rn. 20a, *Wiedemann* in: ZInsO 2007, 1009, 1010, *Fehrenbach*, S. 74 f.

410 Dazu ausführlich auf S. 339ff.; EuGH, Urt. v. 20.10.2011 – Rs C-396/09, Rn. 48 (*„Interedil"*) = NZI 2011, 990, 993 (m. Anm. *Mankowski*); Erwägungsgrund 13 EuInsVO; *Virgos/Schmit*, Erläut.Ber., Rn. 75.

411 EuGH, Urt. v. 20.10.2011 – Rs C-396/09, Rn. 48 (*„Interedil"*) = NZI 2011, 990, 993 (m. Anm. *Mankowski*); EuGH, Urt. v. 15.12.2011 – Rs C-191/10, Rn. 32, 35 (*„Rastelli"*) = ZIP 2011, 183.

den Vorzug gewähren will, und diese Sichtweise in der Entscheidung *„Rastelli“* kurze Zeit später bestätigt.[412]

(a) Bedeutung des Terminus Hauptverwaltung im europäischen Sekundärrecht

Gegen die Annahme einer Gleichsetzung von Hauptverwaltung und hauptsächlichem Interessenmittelpunkt spricht zunächst, dass der Terminus der „Hauptverwaltung“ bereits an anderem Ort im europäischen Sekundärrecht Verwendung findet.[413]

So etwa in Art. 63 Abs. 1 lit. b Brüssel Ia-VO,[414] der die internationale Zuständigkeit für Gesellschaften und juristische Personen in Zivil- und Handelssachen bestimmt.[415] Die Norm gibt dem Kläger zur Bestimmung des Gesellschaftssitzes ein Wahlrecht zwischen dem Ort des satzungsmäßigen Sitzes, der Hauptniederlassung und dem Ort der Hauptverwaltung. „Hauptverwaltung“ im diesem Sinne ist derjenige Ort, an dem die Willensbildung und die eigentliche unternehmerische Leitung der juristischen Person stattfindet. Maßgeblich ist somit der Ort, an dem die grundlegenden unternehmerischen Entscheidungen getroffen werden“.[416]

Dieser Ort ist zugleich identisch mit dem effektiven Verwaltungssitz nach dem Verständnis der Sitztheorie.[417] Maßgebend ist danach „der Tätigkeitsort der Geschäftsführung und der dazu berufenen Vertretungsorgane, als der Ort, wo die

---

412 Vgl. auch *Fehrenbach*, S. 81f.; *Konecny* in: Fragen des Deutschen und Europäischen Insolvenzrechts, S. 78.

413 *Fehrenbach*, S. 82, *Deyda*, S. 121.

414 Verordnung (EU) Nr. 1215/2012 des Europäischen Parlaments und des Rates vom 12. Dezember 2012 über die gerichtliche Zuständigkeit und die Anerkennung und Vollstreckung von Entscheidungen in Zivil- und Handelssachen (Neufassung), ABl. Nr. L 351 S. 1, ber. 2016 Nr. L 264 S. 43, Zuletzt geändert durch Art. 1 ÄndVO (EU) 2015/281 vom 26.11.2014 (ABl. 2015 Nr. L 54 S. 1); darüber hinaus verwendet der europäische Gesetzgeber den Terminus der Hauptverwaltung in Art. 19 Abs. 1 Rom I-VO, Art. 23 Abs. 1 Unterabs. 1 Rom II-VO, Art. 2, 7, 64 SE-VO sowie in Art. 54 AEUV.

415 Vgl. Saenger/*Dörner*, Art. 63 EuGVVO, Rn. 1; Musielak/Voit/*Stadler*, Art. 63 EuGVVO, Rn. 2; *Deyda*, S. 123.

416 BAG, Urt. v. 23.01.2008 – 5 AZR 60/07 = NJW 2008, 2797; vgl. auch *Fehrenbach*, S. 82.

417 Nach dem Verständnis der Sitztheorie soll der Verwaltungssitz für die Bestimmung des Gesellschaftsstatuts maßgeblich sein: St. Rspr., BGH, Urt. v. 17.10.1968 – VII ZR 23/68 = BGHZ 51, 27; BGH, Urt. v. 30.01.1970 – V ZR 139/68 = BGHZ 53, 181; BGH, Urt. v. 05.11.1980 – VIII ZR 230/79 = BGHZ78, 318; BGH, Urt. v. 21.03.1986 – V ZR 10/85 = BGHZ 97, 269; BGH, Urt. v. 01.07.2002 – II ZR 380/00 = BGHZ 151, 204; MünchKommAktG/*Heider*, Bd. 1, § 5 Rn. 19 m.w.N.

grundlegenden Entscheidungen der Unternehmensleitung effektiv in laufende Geschäftsführungsakte umgesetzt werden".[418]

Darüber hinaus verwendet der europäische Gesetzgeber den Terminus der Hauptverwaltung parallel in Art. 19 Abs. 1 Rom I-VO, Art. 23 Abs. 1 Unterabs. 1 Rom II-VO, Art. 2, 7, 64 SE-VO sowie in Art. 54 AEUV.[419]

Dies rechtfertigt die Annahme, dass der Verordnungsgeber, wenn er einen Gleichlauf zwischen dem hauptsächlichen Interessenmittelpunkt und dem Ort der schuldnerischen Hauptverwaltung gewollt hätte, in Art. 3 EuInsVO nicht den Begriff des COMI eingeführt, sondern vielmehr den Begriff der Hauptverwaltung aus Art. 63 Abs. 1 lit. b Brüssel Ia-VO übernommen hätte.[420]

Hinzu kommt, dass die Annahme, dass sich der Mittelpunkt der hauptsächlichen Interessen am Ort der schuldnerischen Hauptverwaltung befindet in jenen Fällen nicht zu überzeugenden Ergebnissen führt, in denen die schuldnerische Gesellschaft nicht über eine eindeutig lokalisierbare Hauptverwaltung verfügt, sei es weil das Unternehmen von Anfang an dezentral organisiert ist, die Gesellschaft einen nur vorübergehenden Zweck erfüllt oder weil die Geschäftstätigkeit der Schuldnerin im entscheidungserheblichen Zeitpunkt bereits eingestellt wurde.[421]

(b) Rechtshistorische Entwicklung der EuInsVO

Für die Annahme der Identität von Hauptverwaltung und hauptsächlichem Interessenmittelpunkt spricht jedoch, wie *Fehrenbach* zu Recht hervorhebt, dass die EuInsVO in ihrer Fassung vom 29. Mai 2000 – abgesehen von einigen Klarstellungen – mit dem ursprünglich geplanten Europäischen Insolvenzübereinkommen („**EuInsÜ**") von 1995[422] übereinstimmt,[423] wobei die Verfasser des Übereinkommens den Begriff des „Mittelpunkts der hauptsächlichen Interessen" unverändert aus dem Istanbuler Übereinkommen aus dem Jahre 1990[424] übernommen hatten.[425]

---

418 *Sandrock* in FS Beitzke, S. 669, 683; BGH, Urt. v. 21.03.1986 – V ZR 10/85 = ZIP 1986, 643; MünchKommGmbHG/*Mayer*, Bd. 1, § 4a Rn. 8.

419 Vgl. *Fehrenbach*, S. 82.

420 *Deyda*, S. 123.

421 *Fehrenbach*, S. 84; vgl. auch *Konecny*, in: Fragen des deutschen und europäischen Insolvenzrechts, S. 76 ff.

422 Abgedruckt bei *Stoll*, S. 32 ff.

423 *Fehrenbach*, S. 12 f., 82 f.

424 European Convention on Certain International Aspects of Bankruptcy, ETS No.136, deutschsprachige Version abrufbar unter: http://www.coe.int/en/web/conventions/full-list/-/conventions/rms/090000168007b3ed (zuletzt abgerufen am: 3. Januar 2018).

425 *Fehrenbach*, S. 12 f., 82 f.; *ders.* in: ZEuP 2013, 353, 362.

Ausweislich des erläuternden Berichts zum IstbÜ sollte der Mittelpunkt der hauptsächlichen Interessen bei Gesellschaften und juristischen Personen – ähnlich wie später in Art. 3 EuInsVO sowie in der nunmehr geltenden Neufassung – widerlegbar am Ort ihres Sitzes zu vermuten sein.[426] Grund für die Wahl des Mittelpunkts der hauptsächlichen Interessen als Anknüpfungspunkt der internationalen Zuständigkeit war die Annahme, dass sich der in Art. 3 Abs. 1 der Entwürfe zu einem EG-Konkursübereinkommen[427] verwendete Begriff des „Geschäftszentrums"[428]zur Bestimmung der internationalen Gerichtszuständigkeit für Privatpersonen nicht gleich geeignet sei[429] sowie der Umstand, dass der Terminus der Hauptverwaltung zu diesem Zeitpunkt im europäischen Zivilverfahrensrecht noch nicht im gleichen Maße verbreitet war. So verwies Art. 53 Abs. 1 S. 2 EuGVÜ als Vorgängernorm zu Art. 63 Abs. 1 lit. b Brüssel Ia-VO zur Bestimmung des Gesellschaftssitzes noch auf das internationale Privatrecht des Staates des angerufenen Gerichts und nicht – wie heute der Fall – auf den Ort der Hauptverwaltung.[430]

Die aufgezeigte historische Entwicklung der Europäischen Insolvenzverordnung stützt somit die Annahme, dass der Unionsgesetzgeber dem Terminus der Hauptverwaltung einerseits und dem schuldnerischen Mittelpunkt der hauptsächlichen Interessen andererseits, grundsätzlich denselben Bedeutungsgehalt beimessen wollte.[431] Hierfür spricht zudem, dass die Legaldefinition des Geschäftszentrum aus Art. 3 Abs. 2 S. 1 der Entwürfe zum EG-Konkursübereinkommen heute nahezu wortgleich in Art. 3 Abs. 1 Unterabs. 1 S. 2 EuInsVO übernommen wurde.[432]

---

426 Explanatory Report to the European Convention on Certain International Aspects of Bankruptcy, Rn. 27, abrufbar unter: https://rm.coe.int/CoERMPublicCommonSearchServices/DisplayDCTMContent?documentId=09000016800cb34a.

427 EG-Dok. – III/D/72/80-DE – [von 1980], abgedruckt bei Kegel/Thieme, Vorschläge und Gutachten, S. 45 ff.

428 *Lemontey* in: Kegel/Thieme, Vorschläge und Gutachten, S. 93, 115.

429 *Virgos*, Forum Internationale, S. 13; zit. bei *Fehrenbach*, S. 83.

430 *Leible/Staudinger* in: KTS 2000, 533, 544; MünchKommZPO/*Gottwald*, Bd. 3, Art. 60 EuGVO Rn. 1; *Micklitz/Rott* in EuZW 2001, 325, 327; *Fehrenbach*, S. 83.

431 *Fehrenbach*, S. 83; *ders.* in ZEuP 2013, 353, 363; a. A. *Deyda*, S. 121 ff.; auch *Eidenmüller* in NJW 2004, 3455, 3456 f. geht von aus, dass der Ort der gewöhnlichen Interessenverwaltung der Sache nach nichts anderes ist, als der tatsächliche Verwaltungssitz.

432 *Fehrenbach* in: ZEuP 2013, 353, 363.

(c) Reaktion des europäischen Gesetzgebers

Unklar bleibt jedoch, welchen Stellenwert der Ort der Hauptverwaltung nach dem Willen des Verordnungsgebers im Rahmen der Zuständigkeitsbestimmung zukünftig einnehmen soll.

Zwar hat der EuGH in seinen jüngeren Entscheidungen zu Art. 3 EuInsVO darauf erkannt, dass bei der Bestimmung des Mittelpunkts der hauptsächlichen Interessen dem Ort der Hauptverwaltung der schuldnerischen Gesellschaft als Zuständigkeitskriterium der Vorzug zu gewähren sei,[433] zugleich jedoch klargestellt, dass die Bestimmung des hauptsächlichen Interessenmittelpunkts im Rahmen einer Gesamtbetrachtung und unter Berücksichtigung der Umstände des Einzelfalls zu erfolgen habe, wenn sich Hauptverwaltung und satzungsmäßiger Sitz nicht an ein und demselben Ort befinden.[434]

Es wäre somit zu erwarten gewesen, dass der europäische Gesetzgeber im Rahmen der Neufassung der EuInsVO zu dieser Frage Stellung bezieht.

Stattdessen beschränkt sich Art. 3 Abs. 1 EuInsVO n.F. auf eine Implementierung der durch den EuGH entwickelten Rechtsprechungsgrundsätze. Der Begriff der Hauptverwaltung wird dabei weder von Art. 3 EuInsVO n.F. noch durch den Definitionskatalog des Art. 2 EuInsVO n.F. aufgegriffen, sondern findet lediglich beiläufige Erwähnung im 30. Erwägungsgrund, in dem es heißt, dass die Vermutung, dass sich der Mittelpunkt der hauptsächlichen Interessen am Ort des Gesellschaftssitzes befindet widerlegt werden könne, wenn sich die Hauptverwaltung der Gesellschaft in einem anderen Mitgliedstaat, als dem Mitgliedstaat des Gesellschaftssitzes befinde.[435]

Darüber hinaus stiftet der Verordnungsgeber weitere Verwirrung, indem er die noch im Kommissionsentwurf[436] enthaltene Formulierung, der zufolge der Mittelpunkt der hauptsächlichen Interessen unwiderleglich am Satzungssitz der schuldnerischen Gesellschaft zu vermuten sei, wenn sich die Verwaltungs- und Kontrollorgane dieser Gesellschaft am Ort ihres satzungsmäßigen Sitzes befinden und die Verwaltungsentscheidungen der Gesellschaft in für Dritte feststellbarer Weise an diesem Ort getroffen werden,[437] nicht in den Verordnungstext übernommen hat.

---

433 EuGH, Urt. v. 20.10.2011 – Rs C-396/09, Rn. 48 ff. („*Interedil*") = NZI 2011, 990, 993 (m. Anm. *Mankowski*); EuGH, Urt. v. 15.12.2011 – Rs C-191/10, Rn. 32, 35 („*Rastelli*") = ZIP 2011, 183.

434 EuGH, Urt. v. 20.10.2011 – Rs C-396/09, Rn. 54 („*Interedil*") = NZI 2011, 990, 993 (m. Anm. *Mankowski*); EuGH, Urt. v. 15.12.2011 – Rs C-191/10, Rn. 36 („*Rastelli*") = ZIP 2011, 183.

435 30. Erwägungsgrund EuInsVO n.F.; vgl. hierzu auch die Ausführungen bei *Fehrenbach*, S. 84.

436 Kommissionsentwurf, Erwägungsgrund 13a.

437 Kritisch hierzu *Kindler* in: KTS 2014, 25, 31; *Reuß* in: EuZW 2013, 165, 168; vgl. auch *Kindler/Sakka* in: EuZW 2015, 460, 462.

Unklar bleibt somit, ob eine Zuständigkeitsanknüpfung künftig auch unabhängig vom Ort des Satzungssitzes oder der schuldnerischen Hauptverwaltung möglich sein soll, wenn eine Gesamtbetrachtung der im Einzelfall relevanten Umstände für eine solche Anknüpfung streitet.

Hierfür ließe sich jedenfalls die gesetzgeberische Begründungserwägung anführen, der zufolge die EuInsVO n. F. einen Beitrag dazu leisten soll, dass Insolvenzverfahren über das Vermögen von Gesellschaften, die einer Unternehmensgruppe angehören effizienter geführt werden.[438]

Sollte sich der Unionsgesetzgeber demgegenüber der Auffassung des EuGH anschließen und den schuldnerischen Interessenmittelpunkt stets am Ort der Hauptverwaltung verorten wollen, sollten die der Entscheidung zu Grunde liegenden Erwägungen von EuGH[439] und Kommission[440] künftig aus Klarstellungsgründen in die der Regelung vorgeschalteten Erwägungsgründe mit einfließen.

(d) Fazit

Im Ergebnis bleibt somit unklar, ob der Mittelpunkt der hauptsächlichen Interessen im Sinne von Art. 3 Abs. 1 Unterabs. 1 S. 2 EuInsVO n. F., nach dem Willen des Unionsgesetzgebers mit dem Ort der schuldnerischen Hauptverwaltung übereinstimmt.[441] Wäre dies der Fall, so müsste eine Widerlegung der Vermutung in Art. 3 Abs. 1 Unterabs. 2 S. 2 EuInsVO n. F. konsequenter Weise ausscheiden, wenn sich die Verwaltungs- und Kontrollorgane der schuldnerischen Gesellschaft am Ort ihres satzungsmäßigen Sitzes befinden und die Gesellschaft ihre Verwaltungsentscheidungen in durch Dritte feststellbarer Weise an diesem Ort trifft.[442]

(3) Objektive Erkennbarkeit

Dem Begriff des Mittelpunkts der hauptsächlichen Interessen liegt das Anliegen zu Grunde, eine Verknüpfung mit dem Ort herzustellen, zu dem die Gesellschaft

438 51. Erwägungsgrund EuInsVO n. F.

439 Vgl. EuGH, Urt. v. 20.10.2011 – Rs C-396/09, Rn. 48 („*Interedil*") = NZI 2011, 990, 993 (m. Anm. *Mankowski*); EuGH, Urt. v. 15.12.2011 – Rs C-191/10, Rn. 32, 35 („*Rastelli*") = ZIP 2011, 183.

440 Vgl. Kommissionsentwurf, Erwägungsgrund 13a.

441 Vgl. auch *Fehrenbach*, S. 85.

442 Vgl. bereits EuGH, Urt. v. 20.10.2011 – Rs C-396/09, Rn. 54 („*Interedil*") = NZI 2011, 990, 993 (m. Anm. *Mankowski*); EuGH, Urt. v. 15.12.2011 – Rs C-191/10, Rn. 36 („*Rastelli*") = ZIP 2011, 183.

objektiv und für Dritte erkennbar die engsten Beziehungen unterhält.[443] Bei der Beurteilung der objektiven Erkennbarkeit des hauptsächlichen Interessenmittelpunktes ist insofern besonders zu berücksichtigen, welchen Ort die *Gläubiger* als denjenigen wahrnehmen, an dem der Schuldner der Verwaltung seiner Interessen nachgeht.[444] Denn nur bei positiver Kenntnis dieser Umstände wird den (potentiellen) Gläubigern eine abgestimmte Risikoabschätzung anhand des nach Art. 7 Abs. 1 EuInsVO n. F. geltenden Insolvenzrechts ermöglicht.[445]

Bei näherer Untersuchung der Definition fällt jedoch auf, dass das erste und das zweite Kriterium in einem gewissen Spannungsverhältnis zueinander stehen.[446] Denn der Ort, an dem der Schuldner gewöhnlich der Verwaltung seiner Interessen nachgeht, muss nicht zwingend auch derjenige sein, der für die Gläubiger als solcher objektiv erkennbar ist.[447] Es ist vielmehr denkbar, dass neben einem tatsächlichem Interessenmittelpunkt ein weiterer tritt, nämlich derjenige, an dem der Schuldner für die Gläubiger objektiv erkennbar seine Interessen verwaltet.

Hinzu kommt, dass unterschiedliche Gläubigergruppen nicht selten zu unterschiedlichen Bewertungen hinsichtlich des Ortes der schuldnerischen Interessenverwaltung gelangen.[448] Ein Teil der Literatur versucht diesem Problem zwar zu begegnen, indem er die Sichtweise derjenigen Gläubigergruppe für maßgeblich hält, die im Hinblick auf die schuldnerische Gesellschaft das größte Forderungsvolumen vorweisen kann.[449] Im Regelfall geht damit jedoch eine Benachteiligung derjenigen Gläubiger einher, die vor dem Hintergrund der Regelung in Art. 3 EuInsVO n. F. berechtigter Weise auf einen anderweitigen Anknüpfungsort vertrauen durften, sodass diese Ansicht zum keinem befriedigenden Ergebnis führt.

Vorzugswürdiger erscheint es daher, mit der wohl überwiegenden Literaturmeinung eine Gesamtabwägung sämtlicher objektiv erkennbarer Interessen vorzunehmen, die für die Annahme des schuldnerischen Interessenmittelpunkts

---

443 EuGH, Urt. v. 20.10.2011 – Rs C-396/09, Rn. 58 („*Interedil*") = NZI 2011, 990, 994 (m. Anm. *Mankowski*); vgl. auch EuGH, Urt. v. 2.5.2006 – Rs C-341/04 Rn. 33 („*Eurofood*") = ZIP 2006, 907, 908.

444 Erwägungsgrund 28 EuInsVO n. F.; vgl. auch bereits *Eidenmüller* in: NJW 2004, 3455, 3456; *Deyda*, S. 116; High Court of Justice Leeds („*Daisytek*"), ZIP 2003, 1362 = NZI 2004, 219, 221.

445 Vgl. *Virgos/Schmit*, Erläut.Ber., Rn. 75; Pannen/*Pannen*, Art. 3 Rn. 53.

446 *Fehrenbach*, S. 76; *ders.* in: ZEuP 2013, 353, 364.

447 *Eidenmüller* in: NJW 2004, 3455, 3456.

448 *Fehrenbach*, S. 77 m.w.N.; *Eidenmüller* in: NJW 2004, 3455, 3457.

449 *Eidenmüller* in: NJW 2004, 3455, 3457.

streiten.[450] Maßstab für die Bestimmbarkeit muss dabei stets der Durchschnittsgläubiger ohne spezielle juristische Vorkenntnisse sein. Dieser Sichtweise hat sich nunmehr auch der europäische Gesetzgeber angeschlossen, der in Übereinstimmung mit dem EuGH[451] eine Gesamtbetrachtung aller relevanten Faktoren unter Berücksichtigung der Umstände des Einzelfalls, als für die Bestimmung der internationalen Zuständigkeit maßgeblich hält.[452]

Ähnlich wie der Gesellschaftssitz ist auch der Mittelpunkt der hauptsächlichen Interessen kein statischer Anknüpfungspunkt, sondern kann im Falle einer Veränderung der dem Begriff zu Grunde liegenden Tatsachen an einen anderen Ort verlegt werden, was die Beurteilung des anwendbaren Verfahrensrechts für die Gläubiger im Einzelfall erheblich erschweren kann.[453] Dies gilt etwa für im Ausland gegründete Zweckgesellschaften, deren Tätigkeit nur für eine begrenzte Zeit angelegt ist.[454]

Um den Gläubigern die Vorhersehbarkeit der internationalen Zuständigkeit dennoch zu ermöglichen, soll der Schuldner im Falle einer Verlegung des Mittelpunkts der hauptsächlichen Interessen – etwa durch Hervorhebung der Adressänderung in der Geschäftskorrespondenz, oder durch anderweitig geeignete Veröffentlichung des neuen Ortes – die Gläubiger künftig zeitnah über den Ort der zukünftigen Tätigkeitsausübung unterrichten.[455]

ee) Widerlegung der Vermutung in Art. 3 Abs. 1 Unterabs. 2 EuInsVO n. F.

Ähnlich wie schon ihre Vorgängervorschrift enthält Art. 3 Abs. 1 Unterabs. 2 EuInsVO n. F. die widerlegliche Vermutung, dass sich der Mittelpunkt der hauptsächlichen Interessen bei Gesellschaften und juristischen Personen am Ort ihres satzungsmäßigen Sitzes befindet. Die Vermutung soll widerlegbar sein, wenn sich die Hauptverwaltung der Gesellschaft in einem anderen Mitgliedstaat als dem des Sitzes der Gesellschaft befindet, und wenn eine Gesamtbetrachtung aller relevanten Faktoren die von Dritten überprüfbare Feststellung zulässt, dass sich der

---

450 *Mankowski* in: BB 2006, 1753, 1754 ff.; *Herchen* in: ZInsO 2004, 825, 827 f.; *Vallender* in: KTS 2005, 283, 292 f.; *Fehrenbach*, S. 78; *Wimmer* in: ZInsO 2005, 119, 123 f.; *Kübler* in: FS Gerhard, 527, 555 ff.; *Konecny* in: Fragen des Deutschen und Europäischen Insolvenzrechts, 66, 72 ff.

451 EuGH, Urt. v. 20.10.2011 – Rs C-396/09, Rn. 52 („*Interedil*") = NZI 2011, 990, 993 (m. Anm. *Mankowski*); EuGH, Urt. v. 15.12.2011 – Rs C-191/10, Rn. 36 („*Rastelli*") = ZIP 2011, 183.

452 Vgl. 30. Erwägungsgrund EuInsVO n. F.

453 Vgl. *Fehrenbach* in: ZEuP 2013, 353, 364.

454 Vgl. hierzu *Konecny* in: Fragen des Deutschen und Europäischen Insolvenzrechts, 66, 80 f.

455 Erwägungsgrund 28 EuInsVO n. F.

tatsächliche Mittelpunkt der Verwaltung und der Kontrolle der Gesellschaft sowie der Verwaltung ihrer Interessen in diesem anderen Mitgliedstaat befindet.[456]

(1) Überprüfbarkeit durch Dritte

Entscheidend ist danach, dass die der Zuständigkeitsanknüpfung zu Grunde liegenden Faktoren einer Überprüfung durch Dritte zugänglich sind. Dies hob bereits *Francis Geoffrey Jacobs* als Generalanwalt des EuGH in seinem Schlussantrag in Sachen *„Eurofood“*[457] hervor, indem er feststellte, dass eine vom satzungsmäßigen Sitz abweichende Bestimmung der internationalen Zuständigkeit nur insoweit in Betracht zu ziehen sei, wie die funktionalen Realitäten einer tatsächlichen Geschäftsführung durch die Mutter für die Gläubiger erkennbar gewesen seien.[458] Dritte im Sinne der Vorschrift sind in erster Linie Gläubiger der schuldnerischen Gesellschaft, deren Interessen naturgemäß im Mittelpunkt des Verfahrens stehen.[459]

(2) Einschränkung des Vermutungsgrundsatzes

Anders als bisher soll diese Annahme jedoch nur gelten, wenn der Sitz der Gesellschaft nicht in einem Zeitraum von drei Monaten vor dem Antrag auf Eröffnung des Insolvenzverfahrens in einen anderen Mitgliedstaat verlegt wurde.[460]

Entschärft wird die Bedeutung der Vermutungsregel darüber hinaus durch den – in Deutschland ohnehin geltenden sowie – künftig in Art. 4 Abs. 1 EuInsVO n. F. normierten – Amtsermittlungsgrundsatz.[461] Das mit einem Antrag auf Eröffnung eines Insolvenzverfahrens befasste Gericht ermittelt danach von Amts wegen, ob es nach Art. 3 EuInsVO n. F. zuständig ist, wenn die Umstände des Falls Anlass zu Zweifeln an der eigenen Zuständigkeit begründen.[462]

---

456 Erwägungsgrund 30 zur EuInsVO n. F.; vgl. auch bereits EuGH, Urt. v. 20.10.2011 – Rs C-396/09 (*„Interedil“*) = ZIP 2011, 2153, 2154.
457 EuGH, Urt. v. 2.5.2006 – Rs C-341/04 (*„Eurofood“*) = EuZW 2006, 337.
458 ZIP 2005, 1878, 1885 Nr. 123; vgl. auch *Smid* in: DZWiR 2005, 45, 46.
459 Erwägungsgrund 28 EuInsVO n. F.; vgl. auch schon High Court of Justice Leeds, NZI 2004, 219, 221; *Herchen* in: ZInsO 2004, 825, 827; *Deyda*, S. 116; *Cranshaw* in: DZWiR 2012, 53, 57.
460 Hierzu ausführlich auf S. 359.
461 Vgl. *Fehrenbach* in: ZEuP 2013, 353, 362; ders., S. 85 ff.
462 32. Erwägungsgrund EuInsVO n. F.; vgl. hierzu die Ausführungen auf S. 321ff.

(3) Beweis des Gegenteils

Für die Widerlegung der Annahme, dass satzungsmäßiger Sitz und hauptsächlicher Interessenmittelpunkt übereinstimmen, ist ausweislich des Wortlautes der Vorschrift der *Beweis des Gegenteils* erforderlich. Detaillierte Ausführungen zu den Anforderungen an diesen Beweis enthält die Verordnung hingegen nicht.[463] Unklar bleibt demnach, ob der durch die Verordnung geforderte Beweis an ein förmliches Beweisverfahren gebunden ist und ob als Maßstab der Beweisführung – gleich § 286 ZPO[464] – die volle Überzeugung des Gerichts erforderlich ist.

Hierbei gilt es zu beachten, dass der Regelungsgehalt von Art. 3 EuInsVO n. F. europäisch autonom zu interpretieren ist, sodass die für die ZPO geltenden Grundsätze hinsichtlich der Beweisführung sowie dem Überzeugungsgrad des Gerichts auf den vorliegenden Fall keine Anwendung finden.[465] Entscheidend ist somit ausschließlich, welche konkreten Anforderungen der europäische Gesetzgeber an den Beweis des Gegenteils stellt.

Ausweislich der 30. Begründungserwägung zur EuInsVO n.F. soll die Vermutungsregel des Art. 3 Abs. 1 Unterabs. 2 S. 1 EuInsVO n.F. widerlegbar sein, wenn sich die Hauptverwaltung der Gesellschaft in einem anderen Mitgliedstaat als dem ihres Sitzes befindet und wenn eine Gesamtbetrachtung aller relevanten Faktoren die von Dritten überprüfbare Feststellung zulässt, dass sich der tatsächliche Mittelpunkt der Verwaltung und der Kontrolle der Gesellschaft sowie der Verwaltung ihrer Interessen in diesem anderen Mitgliedstaat befindet.[466] Das mit dem Antrag auf Eröffnung des Insolvenzverfahrens befasste Gericht prüft gemäß Art. 4 Abs. 1 EuInsVO n.F. von Amts wegen, ob im Einzelfall eine solche vom satzungsmäßigen Sitz abweichende Zuständigkeit vorliegt.[467]

Besteht seitens des Gerichts Anlass zu Zweifeln an der eigenen Zuständigkeit, soll es den Schuldner dazu auffordern können, zusätzliche Nachweise für seine Behauptung vorzulegen, und, wenn das für das Insolvenzverfahren geltende

---

463 Vgl. auch *Cranshaw* in: DZWiR 2012, 53, 58.

464 Zum Maßstab des § 286 ZPO vgl. Musielak/Voit/*Foerste*, § 286 Rn. 18; Musielak/Voit/*Foerste*, § 284 Rn. 6; vgl. auch Musielak/Voit/*Huber*, § 292 Rn. 5.

465 Vgl. EuGH, Urt. v. 01.02.1972 Rs. 49–71, Rn. 4ff. („*Hagen/Einfuhr- und Vorratsstelle Getreide*"); EuGH, Urt. v. 23.03.1982 Rs. 53/81 Rn. 11ff. („*Levin*"); EuGH, Urt. v. 08.03.1988 Rs. 9/87, Rn. 11 („*Arcado/Haviland*"); EuGH, Urt. v. 2.5.2006 – Rs C-341/04 („*Eurofood*") = EuZW 2006, 337; vgl. auch *Smid*, Deutsches und Europäisches Internationales Insolvenzrecht, § 5 Rn. 2; *Vallender* in: KTS 2005, 287f.; vgl. auch die Ausführungen auf S. 318ff.

466 Erwägungsgrund 30 EuInsVO n.F.; vgl. auch die Grundsatzentscheidung des EuGH, Urt. v. 02.05.2006 – C-341/04 („*Eurofood*") = EuZW 2006, 337, 338 Rn. 34.

467 Vgl. hierzu die Ausführungen auf S. 321ff.

Recht dies erlaubt, den Gläubigern des Schuldners Gelegenheit geben, sich zur Frage der Zuständigkeit zu äußern.[468]

Dies rechtfertigt die Annahme, dass für die Widerlegung der gesetzlichen Vermutung in Art. 3 Abs. 1 Unterabs. 2 S. 1 EuInsVO n. F. die Überzeugung des Gerichts erforderlich ist, dass der satzungsmäßige Sitz gerade nicht dem Mittelpunkt der hauptsächlichen Interessen der schuldnerischen Gesellschaft entspricht.[469] In Ermangelung entsprechender Vorschriften ist ferner davon auszugehen, dass der Verordnungsgeber den Beweis des Gegenteils nicht an konkrete (förmliche) Beweismittel oder an ein bestimmtes Beweisverfahren knüpft, sondern vielmehr die Widerlegung der zu Gunsten des Satzungssitzes aufgestellten Vermutung mittels jedes geeignet erscheinenden Beweismittels ermöglichen will.

ff) Annahme eines gemeinsamen COMI am Sitz der Muttergesellschaft

Auch nach künftigem Recht stellt sich die Frage, unter welchen Voraussetzungen sich die in Art. 3 Abs. 1 Unterabs. 2 S. 1 EuInsVO n. F. enthaltene Vermutung zu Gunsten der Annahme einer gemeinsamen internationalen Zuständigkeit von Mutter- und Tochtergesellschaft widerlegen lässt.

In Anbetracht des weiten Verständnisses des europäischen Gesetzgebers vom Begriff des Mittelpunkts der hauptsächlichen Interessen, dem Bestreben, die Abwicklung grenzüberschreitender Insolvenzverfahren über das Vermögen von Gesellschaften, die einer Unternehmensgruppe angehören künftig zu fördern,[470] sowie dem Fehlen einer abgrenzungsfähigen Definition dessen, was unter Interessen im Sinne der Vorschrift zu verstehen ist, bleibt eine Antwort auf diese Frage auch zukünftig dem Ergebnis einer Abwägungsentscheidung vorbehalten.[471]

In Fortschreibung dieses Gedankens sollen die folgenden Ausführungen dazu dienen, Klarheit im Hinblick auf die Frage zu schaffen, welche Kriterien in diese Entscheidung einzustellen sind und unter welchen Voraussetzungen sich die Vermutung des Art. 3 Abs. 1 Unterabs. 2 S. 1 EuInsVO n. F. zu Gunsten der Annahme einer einheitlichen Zuständigkeit am Sitz der Muttergesellschaft widerlegen lässt.

---

468 Erwägungsgrund 32 EuInsVO n. F.

469 Vgl. auch *Vallender* in KTS 2005, 283, 295; *Huber* in: FS Gerhardt, 397, 406; Uhlenbruck/*Lüer*, Art. 3 EuInsVO, Rn. 3.

470 Vgl. Erwägungsgrund 51 EuInsVO n. F.

471 Vgl. *Fehrenbach*, S. 92 m. w. N.

(1) Vorüberlegungen

Die zentrale Abwicklung konzernverbundener Gesellschaften kann wirtschaftlich sinnvoll sein.[472] Denn gerade in stark integrierten sowie zentralisierten Konzernen wird eine gemeinsame Verwaltung der Verfahren nicht selten eine verbesserte Verwertung des Schuldnervermögens und damit steigende Chancen auf eine Vermehrung der Haftungsmasse zur Folge haben.[473] Insofern kann sich aufgrund der jeweiligen strukturellen Gegebenheiten innerhalb des Konzerns sowie der strategischen Positionierung am Markt ein Interesse seitens der Gläubiger ergeben, den Konzern in seiner Gesamtheit abzuwickeln, anstatt ihn verfahrensrechtlich aufzuspalten.[474]

(a) Vereinbarkeit mit den Zielsetzungen des Verordnungsgebers

Die Annahme einer einheitlichen internationalen (Konzern-) Zuständigkeit kann jedoch immer nur dort zu überzeugenden Ergebnissen führen, wo diese mit den Zielsetzungen des Verordnungsgebers im Einklang steht.[475] Diese gilt es unter Hinzuziehung der Erwägungsgründe zu ermitteln.

Der EuInsVO liegt die Zielsetzung zu Grunde, durch effiziente und wirksame grenzüberschreitende Insolvenzverfahren zur reibungslosen Funktionsweise des Binnenmarktes einen Beitrag zu leisten.[476] Insolvenzverfahren verschiedener Gesellschaften, die einer Unternehmensgruppe angehören sollen hierzu künftig noch effizienter geführt werden.[477] Zu diesem Zweck sollen die Gerichte die Möglichkeit erhalten, Insolvenzverfahren mehrerer Gesellschaften derselben Unternehmensgruppe an einem Gerichtsstand zu vereinen, wenn sie die Feststellung treffen, dass sich der Mittelpunkt der hauptsächlichen Interessen dieser Gesellschaften in demselben Mitgliedstaat befindet.[478]

---

472 Vgl. *Vallens/Dammann* in: NZI 2006, 29, 30; Pannen/*Pannen*, Art. 3 Rn. 53; *Eidenmüller* in: NJW 2004, 3455, 3456.

473 Pannen/*Pannen*, Art. 3 Rn. 52; *Eidenmüller* in: NJW 2004, 3455, 3456; *Vallens/Dammann* in: NZI 2006, 29, 30; *Paulus* in: NZI aktuell 2006, Heft 8, VII; *Paulus* in: ZIP 2005, 1948, 1953; hierzu sehr instruktiv *Piepenburg* in: NZI 2004, 231 ff.

474 Vgl. *Paulus* in: ZIP 2005, 1948, 1953; Pannen/*Pannen*, Art. 3 Rn. 53.

475 *Deyda*, S. 125.

476 Erwägungsgrund 3 EuInsVO n. F. bzw. Erwägungsgrund 2 EuInsVO.

477 Erwägungsgründe 1 und 51 EuInsVO n. F.

478 Erwägungsgrund 53 EuInsVO n. F.

(b) Aufgabe der Auslegungsgrundsätze aus „Interedil"?

Die noch im Kommissionsentwurf[479] enthaltene Formulierung, wonach eine Widerlegung der Vermutung ausscheiden solle, wenn sich die Verwaltungs- und Kontrollorgane einer Gesellschaft am Ort ihres satzungsmäßigen Sitzes befinden und die Verwaltungsentscheidungen der Gesellschaft in für Dritte feststellbarer Weise an diesem Ort getroffen werden,[480] wurde durch den Verordnungsgeber wieder gestrichen. Unklar bleibt demnach, ob der Gesetzgeber diesen durch den EuGH in der Rechtssache *Interedil*[481]aufgestellten Grundsatz wieder aufgeben will.[482] Im Ergebnis hätte dies zur Folge, dass eine Widerlegung der Vermutungsregel des Art. 3 Abs. 1 Unterabs. 2 S. 1 EuInsVO n. F. künftig auch dann in Betracht käme, wenn Satzungssitz und Ort der Hauptverwaltung übereinstimmen.

(c) Maßgeblichkeit des lex concursus

Eine vereinheitlichte Anknüpfung der internationalen Zuständigkeit kann gleichzeitig nur dort überzeugen, wo der Gedanke einer Koordination kraft Zuständigkeit auch auf nationaler Ebene durch den jeweiligen *lex concursus* konsequent fortgeführt wird.[483] Dies setzt voraus, dass nach dem Insolvenzrecht des Mitgliedstaates, in dessen Hoheitsgebiet das Hauptinsolvenzverfahren eröffnet wird gleichsam die Möglichkeit besteht, sämtliche Verfahren an ein und demselben örtlich zuständigen Insolvenzgericht zu vereinen.[484] Ansonsten bestünde die Gefahr, dass Verfahren derselben Unternehmensgruppe zwar in ein und demselben Mitgliedstaat, nicht jedoch bei demselben örtlich zuständigen Gericht geführt würden.

Mit dem am 21. April 2018 in Kraft tretenden Gesetz zur Erleichterung der Bewältigung von Konzerninsolvenzen[485] dürfte zumindest für in Deutschland eröffnetet Hauptinsolvenzverfahren zukünftig eine entsprechende Grundlage geschaffen sein. Eine Möglichkeit zur Konzentration der örtlichen Zuständigkeit besteht zudem für Verfahren in Italien.[486] Es bleibt abzuwarten, wann andere

---

479 Kommissionsentwurf, Erwägungsgrund 13a.
480 Kritisch hierzu *Kindler* in: KTS 2014, 25, 31; *Reuß* in: EuZW 2013, 165, 168; vgl. auch *Kindler/Sakka* in: EuZW 2015, 460, 462.
481 EuGH, Urt. v. 20.10.2011 – Rs C-396/09 („*Interedil*") = ZIP 2011, 2153, 2154.
482 Vgl. auch *Kindler/Sakka* in: EuZW 2015, 460, 462.
483 Vgl. *Eidenmüller* in: NJW 2004, 3455, 3458.
484 Zur Möglichkeit einer Konzentration kraft Zuständigkeit im deutschen Insolvenzrecht siehe ausführlich auf S. 254ff.
485 BGBl. 2017 Teil I Nr. 22, S. 866.
486 Vgl. *Vallens/Dammann* in: NZI 2006, 29, 30

Gesetzgeber diesem Vorbild zur Vereinheitlichung der europäischen Rechtsordnungen Folge leisten.

(d) Objektive Feststellbarkeit

Die EuInsVO geht im Grundsatz davon aus, dass sich der Ort, an den die internationale insolvenzgerichtliche Zuständigkeit anknüpft, nach objektiven und zugleich für Dritte feststellbaren Kriterien bestimmen lässt.[487] Diesem Erfordernis ist Genüge getan, „wenn die zur Bestimmung des Ortes, an dem die Schuldnergesellschaft gewöhnlich ihre Interessen verwaltet, berücksichtigten konkreten Umstände bekannt gemacht wurden oder zumindest so transparent sind, dass Dritte, das heißt insbesondere die Gläubiger der schuldnerischen Gesellschaft davon Kenntnis haben konnten“.[488]

(2) Ort der wesentlichen strategischen Entscheidungen

Fraglich ist, ob hiervon bereits dann auszugehen ist, wenn von der Muttergesellschaft wesentliche strategische Entscheidungen der Tochtergesellschaft am eigenen Unternehmenssitz getroffen werden.

Der EuGH macht dies in erster Linie von der Frage abhängig, ob die jeweilige Gesellschaft im Mitgliedstaat ihres satzungsmäßigen Sitzes einer eigenen wirtschaftlichen Tätigkeit nachgeht. Ist dies der Fall, soll die Tatsache allein, dass die wirtschaftlichen Entscheidungen dieser Gesellschaft von einer Muttergesellschaft mit Sitz in einem anderen Mitgliedstaat kontrolliert werden oder kontrolliert werden können, nicht ausreichend sein, um die mit der Verordnung aufgestellte Vermutung zu entkräften,[489] sodass für diese Gesellschaften auf den Ort ihrer jeweiligen „werbenden Tätigkeit“ abzustellen sei.[490]

Gleiches muss konsequenter Weise für solche Gesellschaften gelten, die in der Vergangenheit in objektiv erkennbarer Weise einer wirtschaftlichen Tätigkeit im Mitgliedstaat ihres satzungsmäßigen Sitzes nachgegangen sind, diese Tätigkeit in der Zwischenzeit jedoch wieder eingestellt haben.

Ausgehend von dem Gedanken, dass bei der Bestimmung des hauptsächlichen Interessenmittelpunkts demjenigen Ort der Vorzug zu gewähren ist, an dem

---

487 Vgl. Erwägungsgrund 13 EuInsVO; Erwägungsgrund 28 EuInsVO n. F.; *Virgos/Schmit*, Erläut.Ber., Rn. 75 sowie Art. 3 Abs. 1 S. 2 EuInsVO n. F.

488 EuGH, Urt. v. 20.10.2011 – Rs C-396/09, Rn. 49 („*Interedil*“) = NZI 2011, 990, 993 (m. Anm. *Mankowski*)

489 Urt. v. 02.05.2006 – C-341/04 („*Eurofood*“) = EuZW 2006, 337, 338 Rn. 36.

490 *Herchen* in: ZInsO 2004, 825, 828.

sich die „Hauptverwaltung“ und die „Verwaltungs- und Kontrollorgane“ der jeweiligen Gesellschaft befinden,[491] erscheint jedoch dann eine andere Sichtweise geboten, wenn die Geschäftsleitung der schuldnerischen Gesellschaft selbst vom Sitz der Muttergesellschaft aus Tätig wird und an diesem Ort für Dritte – insbesondere die Gläubiger – als Ansprechpartner erreichbar ist.[492]

Dies hat zur Folge, dass die Vermutung in Art. 3 Abs. 1 Unterabs. 2 S. 1 EuInsVO n. F. entkräftet ist, wenn feststeht, dass die Geschäftsleitung der schuldnerischen Gesellschaft die wesentlichen strategischen Entscheidungen für die Gesellschaft vom Sitz der Konzernmutter aus trifft.[493] Für stark zentralisierte Konzerne hat dies nicht selten zur Folge, dass sich der Mittelpunkt der hauptsächlichen Interessen – für Dritte erkennbar – am Sitz der Konzernmutter befindet.[494]

Ist die Verwaltungszentrale hingegen nicht in objektiver Weise erkennbar, da die schuldnerische Gesellschaft dezentral verwaltet wird oder sich bereits in Auflösung befindet, bleibt es im Zweifel bei der Vermutung des Art. 3 Abs. 1 Unterabs. 2 S. 1 EuInsVO n. F., wonach sich der Mittelpunkt der hauptsächlichen Interessen am satzungsmäßigen Sitz des Unternehmens befindet.[495]

(3) Probleme bei der Bestimmung des COMI von Einzweckgesellschaften

Als besonders schwierig hat sich in der Vergangenheit immer wieder die Bestimmung des COMI von Einzweckgesellschaften, sogenannter *Special Purpose Vehicle* („**SPV**“) erwiesen. Als solche bezeichnet man Gesellschaften, die entweder für einen bestimmten Zweck gegründet oder zur Erfüllung dieses Zwecks als Vorratsgesellschaften erworben werden.[496] Zumeist sind diese Gesellschaften bloßes Akquisitions- oder Transaktionsvehikel ohne über eigene Arbeitnehmer oder einen eigenen *Overhead* zu verfügen. Zudem verfügen die Gesellschaften in der Regel nur über einen einzigen Vermögensgegenstand und gehen im Mitgliedstaat ihres Satzungssitzes keiner – oder einer nur vorübergehenden – eigenen geschäftlichen Tätigkeit nach. Die laufende Geschäftsführung, die Abwicklung der operativen

---

491 EuGH, Urt. v. 20.10.2011 – Rs C-396/09, Rn. 48, 50 („*Interedil*“) = NZI 2011, 990, 993 (m. Anm. *Mankowski*)

492 Vgl. *Brünkmans* in: ZInsO 2013, 797, 806; *Konecny* in: Fragen des Deutschen und Europäischen Insolvenzrechts, 66, 80; AG Offenburg, Beschl. v. 02.08.2004 – 2 IN 133/04 = NZI 2004, 673.

493 Vgl. *Konecny* in: Fragen des Deutschen und Europäischen Insolvenzrechts, 66, 79; Herchen in: ZInsO 2004, 825, 828.

494 Vgl. *Brünkmans* in: ZInsO 2013, 797, 805 f.

495 *Konecny* in: Fragen des Deutschen und Europäischen Insolvenzrechts, 66, 80

496 DStR-KR 2002, 4.

Geschäfte und des Zahlungsverkehrs sowie die Erfüllung von Marketingaufgaben und Berichtspflichten dieser Gesellschaften werden zumeist vertraglich auf einen zumeist im Ausland ansässigen Dienstleister (sog. „**Service Provider**") ausgelagert. Dieser Service Provider ist im Regelfall zugleich Ansprechpartner für Dritte – also in erster Linie die Gläubiger.

In derartig gelagerten Fällen stellt sich häufig die Frage, ob der Mittelpunkt der hauptsächlichen Interessen gemäß Art. 3 Abs. 2 Unterabs. 2 S. 1 EuInsVO n. F. am satzungsmäßigen Sitz dieser Gesellschaft zu vermuten ist, oder ob die Vermutungsregel durch die Auslagerung von operativem Management und Verwaltungstätigkeiten auf den Dienstleister widerlegt wird.[497]

(a) Judikatur des High Court of Justice London

Mit dieser Fragestellung hatte sich jüngst der *High Court* in London in gleich zwei Fällen zu beschäftigen.[498] Ausgangspunkt der Entscheidungen war jeweils ein Antrag der außergerichtlich bestellten Verwalter („**administrators**")[499] auf Bestimmung des Mittelpunkts der Hauptsächlichen Interessen im Sinne von Art. 3 Abs. 1 EuInsVO.

Die erste, aus dem Jahre 2015 stammende Entscheidung betraf einen zypriotischen Schifffahrts- und Reederei-Konzern, in dessen Struktur sich sechs je ein Schiff betreibende Zweckgesellschaften befanden, die ebenfalls ihren Sitz auf Zypern hatten. Deren alleinige Gesellschafterin war eine Zwischenholding, deren Mutter die *„NorthSea Base Investment Limited"* war. Das Management dieser Zweckgesellschaften wurde auf einen Service Provider mit Sitz in London ausgelagert, der für die Gesellschaften die Abwicklung des überwiegenden Teils des operativen Geschäftsbetriebs sowie des Zahlungsverkehrs übernahm. Hauptgläubiger war ein Londoner Bankenkonsortium.[500]

---

497 Ausführlich zu dieser Frage *Schulz* in: NZI 2015, 338; *ders.* in: NZI 2017, 142; vgl. auch *Konecny* in: Fragen des deutschen und europäischen Insolvenzrechts, S. 71 f.

498 High Court London Entsch. v. 22.01.2015 – 2015 EWHC 121 (Ch) (*„Re Northsea Base Investment"*) = BeckRS 2015, 04400, mit Bespr. v. *Schulz* in: NZI 2015, 338; High Court of Justice London Urt. v. 17.01.2017 – 7232 (*„Re Frogmore Real Estate Partners"*) = BeckRS 2017, 102165, mit Bespr. v. *Schulz* in: NZI 2017, 142.

499 Zum Begriff und zu den Aufgaben des administrators vgl. *Westphal/Goetker/Wilkens*, Grenzüberschreitende Insolvenzen, Rn. 1657 ff.

500 Vollständige Darstellung des Sachverhalts bei *Schulz* in: NZI 2015, 338; die Entscheidung ist im Volltext mit Sachverhalt und Gründen in der Originalfassung in englischer Sprache abrufbar unter BeckRS 2015, 04400.

Der zweite Fall aus dem Jahre 2017 betraf drei, auf der Kanalinsel Jersey ansässige Konzerngesellschaften, deren alleiniger Zweck der Erwerb dreier in Cheshire, Liverpool und Bristol befindlichen Shopping-Center war. Geführt und verwaltet wurden die Shopping-Center von einem in London ansässigen Service Provider – der *„Frogmore Real Estate Investment Managers Limited"* – die für die Gesellschaften die laufende Geschäftsführung, die Geschäftsplanung und Entwicklung der Investmentstrategie sowie die Finanzierungs-, Bilanz- und Marketing-Aufgaben übernahm. Ebenfalls in London ansässig waren die größten Gläubiger der Gesellschaften. Die Zweckgesellschaften selbst waren an ihrem Satzungssitz in Jersey weder geschäftlich tätig, noch hatten sie dort Angestellte. Lediglich die regelmäßigen *board meetings* wurden in Jersey abgehalten, wo sich auch die Bankkonten der Gesellschaften befanden.[501]

In beiden Entscheidungen sah das Londoner Gericht die Vermutung des Art. 3 Abs. 1 S. 2 EuInsVO[502] zu Gunsten des Ortes am Satzungssitz des Service Providers als widerlegt an. Hierzu wandte es die vom EuGH in den Rechtssachen *„Eurofood"*[503] und *„Interedil"*[504] entwickelten Auslegungsgrundsätze an[505] und fragte sich, ob sich die Hauptverwaltung der jeweiligen Gesellschaften für die Gläubiger erkennbar in einem anderen Mitgliedstaat als dem ihre satzungsmäßigen Sitzes befanden.

Im ersten Fall lag hierin genau die Schwierigkeit. Denn die Tatsache, dass sich Schiffe – anders als Bürogebäude – nicht permanent am selben Ort befinden und die Abwicklung des operativen Geschäfts sowie des Zahlungsverkehrs auf den in London ansässigen Service Provider ausgelagert waren, machte die Subsumption unter das Tatbestandsmerkmal Hauptverwaltung für das Gericht nicht gerade einfacher.[506] Für die Widerlegung der Vermutung sprach aus Sicht des Gerichts letztlich jedoch, dass sämtliche Zahlungsabwicklungen mit den Gläubigerbanken über den Service Provider in London abgewickelt wurden und die Kreditverträge nach englischem Recht ausgestaltet waren.[507]

---

501 Vollständige Darstellung des Sachverhalts bei *Schulz* in: NZI 2017, 142; die Entscheidung ist im Volltext mit Sachverhalt und Gründen in der Originalfassung in englischer Sprache abrufbar unter BeckRS 2017, 102165.

502 Art. 3 Abs. 1 Unterabs. 2 S. 1 EuInsVO n. F.

503 EuGH, Urt. v. 2.5.2006 – Rs C-341/04 (*„Eurofood"*) = ZIP 2006, 907.

504 EuGH, Urt. v. 20.10.2011 – Rs C-396/09 (*„Interedil"*) = ZIP 2011, 2153.

505 Vgl. hierzu die Ausführungen auf S. 326ff.

506 *Schulz* in: NZI 2015, 338, 339.

507 High Court London Entsch. v. 22.01.2015 – 2015 EWHC 121 (Ch) (*„Re Northsea Base Investment"*) = BeckRS 2015, 04400, Ziff. 25, 30; vgl. auch die Anm. v. Schulz in: NZI 2015, 338, 339.

Im zweiten Fall hielt es das Gericht für die Bestimmung des COMI für maßgeblich, dass der in London ansässige Dienstleister die laufende Geschäftsführung, die Geschäftsplanung und Entwicklung der Investmentstrategie sowie die Finanzierungs-, Bilanz- und Marketing-Aufgaben für die Zweckgesellschaft übernahm.[508] Hinzu kam, dass für die Gläubiger nicht ersichtlich war, dass die Letztentscheidungen über die Geschäftsführung bei den *board meetings* am Satzungssitz in Jersey getroffen wurden.[509]

(b) Zwischenergebnis

Ergibt die im Rahmen von Art. 3 Abs. 1 Unterabs. 2 S. 1 EuInsVO n. F. anzustellende Gesamtbetrachtung, dass ein Konzern den weit überwiegenden Teil seines operativen Geschäfts und Zahlungsverkehrs über einen externen Dienstleister abwickelt, kann sich der Mittelpunkt der hauptsächlichen Interessen der Konzerngesellschaften am Geschäftssitz dieses Dienstleisters befinden.[510]

(4) Belegenheit von Sachvermögen

Folgt man der Rechtsaufassung des EuGH, soll darüber hinaus das Vorhandensein von Gesellschaftsaktiva und das Bestehen von Verträgen über deren finanzielle Nutzung in einem anderen Mitgliedstaat, als dem des Satzungssitzes der schuldnerischen Gesellschaft in die Gesamtabwägung zur Bestimmung der internationalen Zuständigkeit mit einfließen.[511] Hingegen solle die Feststellung allein, dass eine Vermischung der Vermögensmassen von Mutter- und Tochtergesellschaft vorliege, für den Nachweis, dass sich der Mittelpunkt der haupt-

---

508 High Court of Justice London Urt. v. 17.01.2017 – 7232 („*Re Frogmore Real Estate Partners*") = BeckRS 2017, 102165, Ziff. 39 (1).

509 High Court of Justice London Urt. v. 17.01.2017 – 7232 („*Re Frogmore Real Estate Partners*") = BeckRS 2017, 102165, Ziff. 38 (4), 40.

510 2. Leitsatz High Court London Entsch. v. 22.01.2015 – 2015 EWHC 121 (Ch) („*Re Northsea Base Investment*") = BeckRS 2015, 04400.

511 EuGH, Urt. v. 20.10.2011 – Rs C-396/09, Rn. 53 („*Interedil*") = NZI 2011, 990, 993 (m. Anm. *Mankowski*); im konkreten Fall hatte das Gericht über die Frage zu entscheiden, ob die Umstände, dass der Schuldnergesellschaft in einem anderen Mitgliedstaat als dem ihres Satzungssitzes Immobilien gehören, über die sie Mietverträge abgeschlossen hat, und dass sie in demselben Mitgliedstaat einen Vertrag mit einem Finanzinstitut abgeschlossen hat, als als zur Widerlegung der vom Unionsgesetzgeber aufgestellten Vermutung ausreichende Faktoren anzusehen sind. Diese Frage hat das Gericht im Ergebnis bejaht; vgl. auch BGH, Beschl. v. 21.06.2012 – IX ZB 287/11 = ZIP 2012, 1920, 1921.

sächlichen Interessen der von der Klage betroffenen Gesellschaft ebenfalls in diesem Mitgliedstaat befinde, nicht ausreichend sein.[512]

Für die vom Gericht vorgenommene Auslegung spricht zunächst, dass sich der Ort der Belegenheit des schuldnerischen Sachvermögens von Dritten im Regelfall relativ leicht identifizieren lässt.[513] Dies gilt insbesondere für Immobilien, die im Eigentum der schuldnerischen Gesellschaft stehen. Etwas anderes gilt jedoch für den beweglichen Teil des Sachvermögen, der sich anders als der schuldnerische Grundbesitz ohne größere Probleme und in kürzester Zeit von einem Mitgliedstaat in den anderen verlegen lässt.[514]

Die generalklauselartige Feststellung des Gerichts, dass sämtliche Orte, an denen die schuldnerische Gesellschaft Vermögenswerte besitzt, in die Frage der internationalen Zuständigkeit mit einfließen, begründet somit letztlich eine weitere Möglichkeit des Schuldners, manipulativ in die der Bestimmung der insolvenzgerichtlichen Zuständigkeit einzugreifen.[515]

Richtigerweise sollte daher im Rahmen der vom Gericht vorzunehmenden Abwägungsentscheidung zwischen beweglichem Sachvermögen und Grundbesitz unterschieden werden. Bewegliches Sachvermögen sollte grundsätzlich nur dann in die Zuständigkeitsbestimmung mit einzubeziehen sein, wenn dieses nicht in einem Zeitraum von zwölf Monaten vor dem Antrag auf Eröffnung des Insolvenzverfahrens durch die schuldnerische Gesellschaft in einen anderen Mitgliedstaat verlegt worden ist. Sachvermögen, das sich objektiv erkennbar am Satzungssitz der schuldnerischen Gesellschaft befindet, sollte demgegenüber zu einer Verstärkung der Richtigkeit der Vermutung des Art. 3 Abs. 1 Unterabs. 2 S. 1 EuInsVO n. F. beitragen.[516]

Darüber hinaus streiten aber auch (verfahrens-) ökonomische Aspekte für eine Berücksichtigung der Belegenheit des schuldnerischen Sachvermögens. Stellt sich etwa im Rahmen der (vorläufigen) Insolvenzverwaltung heraus, dass sich ein Großteil des Betriebsvermögens der schuldnerischen Gesellschaft objektiv erkennbar im Mitgliedstaat einer anderen Konzerngesellschaft befindet, streiten die Aussichten auf eine kostensparende Verwaltung der Insolvenzmasse, die Einsetzung eines personenidentischen Insolvenzverwalters sowie die Durchführung von Gläubigerversammlungen am Ort dieser anderen Gesellschaft für

---

512 EuGH, Urt. v. 15.12.2011 – Rs C-191/10 („*Rastelli*") = ZIP 2011, 183.

513 *Herchen* in: ZInsO 2004, 825, 827.

514 *Mankowski* in: NZI 2011, 994, 995.

515 In diesem Zusammenhang spricht sich insbesondere *Mankowski* in: NZI 2011, 994, 994 ausdrücklich gegen die Annahme einer durchschlagenden Anknüpfung am Ort der „hauptsächlichen Vermögensbelegenheit" aus.

516 *Mankowski* in: NZI 2011, 994, 995.

eine zentralisierte Verwaltung der Gesellschaften in einem und demselben Mitgliedstaat.[517]

(5) Belegenheit von Insolvenzforderungen

Für die Bestimmung der internationalen Zuständigkeit nicht geeignet ist die Heranziehung des Belegenheitsortes von Insolvenzforderungen. Dies ergibt sich bereits aus Art. 2 Nr. 9 lit. viii EuInsVO n. F., der für die Zwecke der Verordnung den Ort der Belegenheit von Forderungen als denjenigen Ort bestimmt, an dem der Forderungsschuldner den Mittelpunkt seiner hauptsächlichen Interessen hat.[518] Für Insolvenzforderungen, die sich naturgemäß gegen den Schuldner richten, hätte dies einen Zirkelschluss zur Folge, da der Mittelpunkt der hauptsächlichen Interessen für diesen gerade noch nicht feststeht.

(6) Wirtschaftliche Einheit der Konzerngesellschaften

Im Übrigen ist es fraglich, ob Umstände wie der Grad der inneren wirtschaftlichen Verbundenheit sowie der gegenseitigen Abhängigkeit der gruppenangehörigen Gesellschaften, in die gerichtliche Bestimmung der eigenen internationalen Zuständigkeit nach Art. 3 Abs. 1 EuInsVO n. F. mit einfließen dürfen.

(a) Ansatz von Vallender und Deyda

Folgt man der Auffassung von *Vallender* und *Deyda*, soll eine Gesellschaft, die ihren satzungsmäßigen Sitz und tatsächlichen Verwaltungssitz in einem Mitgliedstaat hat, ihren tatsächlichen Interessenmittelpunkt in einem anderen Mitgliedstaat haben können, wenn die „wirtschaftliche Einheit mit der Muttergesellschaft“ das „wichtigste Interesse“ der Tochtergesellschaft darstelle und „der Fortbestand des Unternehmens der Tochtergesellschaft in seiner bisherigen Form, in dieser Weise von einem Fortbestand der wirtschaftlichen Einheit mit der Muttergesellschaft abhängig“ sei.[519] In diesem Fall würden „die am Verwaltungssitz der Tochtergesellschaft verwalteten Interessen soweit in den Hintergrund gedrängt, dass sich der COMI nicht mehr nach ihnen richte“.[520]

Die Ansicht nehme laut *Vallender* und *Deyda* in erster Linie Bezug auf diejenigen Fälle, in denen (i) „der Unternehmensgegenstand der Tochtergesellschaft

517 Vgl. *Fehrenbach*, S. 92f.

518 *Herchen* in: ZInsO 2004,825, 828.

519 *Vallender/Deyda* in: NZI 2009, 825, 830.

520 *Vallender/Deyda* in: NZI 2009, 825, 830.

derart am Unternehmenszweck des Gesamtkonzerns ausgerichtet sei, dass er ohne die Einbindung in den Konzern nicht ohne grundlegende Änderung weiter verfolgt werden könne oder (ii) die Tochtergesellschaft für den Vertrieb ihrer Produkte oder Dienstleistungen auf die Nutzung einer Marke, die der Muttergesellschaft gehört angewiesen sei, (iii) die konzernweite *Corporate Identity* derart ausgeprägt und nach außen erkennbar sei, dass für einen Außenstehenden der Konzern, nicht aber die jeweilige Gesellschaft, im Vordergrund stehe und/oder (iv) Fälle in denen die Tochtergesellschaft dieselbe Firma wie die Muttergesellschaft führe, die selbst einen wirtschaftlichen Wert darstelle und von der Tochtergesellschaft bei einer Herauslösung aus dem Konzern nicht fortgeführt werden könnte".[521]

(b) Kritik und Stellungnahme

Auch wenn der von *Vallender* und *Deyda* vertretene Ansatz aus rein pragmatischer Sicht zunächst zu überzeugen scheint, indem er das Spannungsverhältnis zwischen der rechtlichen Integrität der Konzerngesellschaften und dem gemeinsamen Interesse der Gläubiger an einer gemeinsamen Verfahrensführung weitestgehend auflösen kann, ist der Auffassung aus rechtlichen Gründen nicht Folge zu leisten.

Folgt man der Rechtsauffassung des des EuGH, haben der Ort der schuldnerischen Hauptverwaltung sowie der Ort, an dem die schuldnerische Gesellschaft eine wirtschaftliche Tätigkeit ausübt als Zuständigkeitskriterium eine herausragende Bedeutung.[522] Die Vermutung, dass sich der Mittelpunkt der hauptsächlichen Interessen am Ort des Gesellschaftssitzes befindet ist danach unwiderleglich zu vermuten, wenn sich die Verwaltungs- und Kontrollorgane der Gesellschaft am Ort ihres satzungsmäßigen Sitzes befinden und die Verwaltungsentscheidungen der Gesellschaft in durch Dritte feststellbarer Weise an diesem Ort getroffen werden.[523]

Dies zu Grunde gelegt, kann die Tatsache allein, dass sowohl Mutter- als auch Tochtergesellschaft objektiv erkennbar ein gemeinsames wirtschaftliches Interesse verfolgen, nicht die Annahme rechtfertigen, dass die am Ort des Satzungssitzes der Tochtergesellschaft verwalteten eigenen Interessen derart in den Hintergrund treten, dass diese im Rahmen der zur Bestimmung des COMI vor-

---

521 *Vallender/Deyda* in: NZI 2009, 825, 830 f.

522 EuGH, Urt. v. 20.10.2011 – Rs C-396/09, Rn. 48 („*Interedil*") = NZI 2011, 990, 993 (m. Anm. *Mankowski*).

523 EuGH, Urt. v. 20.10.2011 – Rs C-396/09, Rn. 59 („*Interedil*") = NZI 2011, 990, 994 (m. Anm. *Mankowski*); EuGH, Urt. v. 15.12.2011 – Rs C-191/10 („*Rastelli*") = ZIP 2011, 183.

zunehmenden Gesamtbetrachtung keine Berücksichtigung mehr finden. Ob dies in gleicher Form auch nach Neufassung der EuInsVO gilt, ist in erster Linie davon abhängig, ob sich der Unionsgesetzgeber der Auslegung des EuGH zur Auslegung des Art. 3 Abs. 1 EuInsVO anschließen will.[524]

(c) Ordre Public-Vorbehalt

Es erscheint im Übrigen bereits zweifelhaft, ob der Maßstab einer rein wirtschaftlichen Betrachtungsweise eine hinreichend bestimmte und somit geeignete Grundlage im Sinne von Art. 100 Abs. 1 S. 2 GG für die Bestimmung des Mittelpunkts der hauptsächlichen Interessen im Mitgliedstaat der Konzernzentrale bieten kann. Vielmehr ist zu befürchten, dass eine auf diese Grundlage gestützte Bestimmung der internationalen insolvenzgerichtlichen Zuständigkeit gegen das Gebot des gesetzlichen Richters verstieße. Es stellt sich insofern die Frage, ob ein deutsches Gericht, ein auf dieser Grundlage in einem anderen Mitgliedstaat eröffnetes Verfahren gemäß dem Grundsatz des Art. 19 EuInsVO n.F. anerkennen muss oder ob es die Anerkennung des Verfahrens unter Berufung auf den vorbenannten Verfassungsgrundsatz ausnahmsweise verweigern darf.

Gemäß Art. 33 Abs. 1 EuInsVO n.F. kann sich grundsätzlich jeder Mitgliedstaat weigern, ein in einem anderen Mitgliedstaat eröffnetes Insolvenzverfahren anzuerkennen oder eine in einem solchen Verfahren ergangene Entscheidung zu vollstrecken, soweit diese Anerkennung oder Vollstreckung zu einem Ergebnis führen würde, das offensichtlich mit seiner öffentlichen Ordnung, insbesondere mit den Grundprinzipien oder den verfassungsmäßig garantierten Rechten und Freiheiten des Einzelnen, unvereinbar wäre („**ordre public-Vorbehalt**").

Die Gründe für eine solche Nichtanerkennung sind ausweislich der 65. Begründungserwägung auf das unbedingt notwendige Maß zu beschränken.[525] Eine Anwendung der Klausel ist vor diesem Hintergrund nur dann in Betracht zu ziehen, wenn die Anerkennung oder Vollstreckung der in einem anderen Vertragsstaat erlassenen Entscheidung gegen einen wesentlichen Rechtsgrundsatz verstieße und deshalb in einem nicht hinnehmbaren Gegensatz zur Rechtsordnung des Vollstreckungsstaats stünde.[526] Dies ist jedenfalls dann der Fall, wenn der Verstoß eine offensichtliche Verletzung einer in der Rechtsordnung des

524 Vgl. hierzu auch die Ausführungen auf S. 346.

525 Erwägungsgrund 65 EuInsVO n.F.

526 EuGH, Urt. v. 02.05.2006 – C-341/04, Rn. 63f. („*Eurofood*") = EuZW 2006, 337, 340.

Vollstreckungsstaats als wesentlich geltenden Rechtsnorm oder eines dort als grundlegend anerkannten Rechts zum Gegenstand hat.[527]

Fehler bei der Annahme der internationalen Zuständigkeit sollen nur dann zu einem solchen Verstoß gegen die deutsche öffentliche Ordnung führen, wenn sie die Grenze der Willkür überschreiten.[528] Darüber hinaus soll aufgrund des Ausnahmecharakters von Art. 33 EuInsVO n.F. eine subsidiäre Anwendung der Vorschrift geboten sein, wenn die von einem mitgliedstaatlichen Insolvenzverfahren betroffene Person im Staat der Verfahrenseröffnung zureichenden Rechtsschutz suchen kann.[529]

Eine solche Rechtsschutzmöglichkeit gegen die gerichtliche Eröffnungsentscheidung ist in Art. 5 Abs. 1 EuInsVO n.F. vorgesehen.[530] Die Entscheidung zur Eröffnung des Hauptinsolvenzverfahrens kann danach durch den Schuldner oder jeden Gläubiger vor Gericht aus Gründen der internationalen Zuständigkeit angefochten werden.[531] Ob durch den Rechtsbehelf auch eine Verletzung verfassungsrechtlich geschützter Rechtsgüter geltend gemacht werden kann, bleibt im Einzelfall einer Bewertung am Maßstab des jeweils maßgeblichen Verfahrensrechts vorbehalten.

(aa) Maßstab des Art. 102c § 4 EGInsO

Für in Deutschland eröffnete Verfahren ist gemäß Art. 102c § 4 EGInsO die sofortige Beschwerde statthafter Rechtsbehelf, auf die die §§ 567ff. und 574 bis 577 ZPO Anwendung finden.[532] Die Regelung steht insofern im Einklang mit der wohl überwiegenden Auffassung zu § 571 Abs. 2 S. 2 ZPO, wonach jedenfalls die internationalen Zuständigkeit des angerufenen Gerichts durch sofortige Beschwerde überprüfbar ist.[533] Im Übrigen soll eine auf die sofortige Beschwerde gestützte Rüge der gerichtlichen Zuständigkeit nur dann zulässig sein, wenn das

---

527 EuGH, Urt. v. 02.05.2006 – C-341/04, Rn. 63f. („*Eurofood*") = EuZW 2006, 337, 340; vgl. auch *Kammel* in: NZI 2006, 334, 338.

528 BGH, Urt. v. 10.09.2015 – IX ZR 304/13 Rn. 13 = NZI 2016, 93, 94 Rn. 13 m.w.N.

529 BGH, Urt. v. 10.09.2015 – IX ZR 304/13 Rn. 21 = NZI 2016, 93, 95 Rn. 21.

530 BGH, Urt. v. 10.09.2015 – IX ZR 304/13 Rn. 21 = NZI 2016, 93, 95 Rn. 21.

531 Erwägungsgrund 34 EuInsVO n.F.

532 BR-Drucks. 654/16, S. 28f.

533 Zur Berufung vgl. BGH, Urt. v. 17.03.2015 – VI ZR 11/14 = NJW-RR 2015, 941; BGH, Urteil vom 16.12.2003 – XI ZR 474/02 = NJW 2004, 1456; BeckOK ZPO/*Vorwerk/Wolf*, § 513 Rn. 10 [Stand 1.12. 2016].

angerufene Gericht seine Zuständigkeit willkürlich angenommen und damit den Antragsgegner seinem gesetzlichen Richter entzogen hat.[534]

(bb) Willkürverbot

Für die Frage eines Verstoßes gegen das Gebot des Gesetzlichen Richter ist somit entscheidend, ob eine auf der Grundlage von rein wirtschaftlichen Erwägungen getroffene Zuständigkeitsentscheidung einer Überprüfung am Maßstab des Willkürverbots standhält.

Eine Verletzung des Willkürverbots ist nach ständiger Rechtsprechung des BVerfG immer dann anzunehmen, „wenn die Rechtsanwendung oder das Verfahren unter keinem denkbaren Aspekt mehr rechtlich vertretbar sind und sich daher der Schluss aufdrängt, dass die Entscheidung auf sachfremden und damit willkürlichen Erwägungen beruht".[535] Dies ist nach allgemeiner Auffassung der Fall, wenn „die Entscheidung sich bei der Anwendung und Auslegung von Zuständigkeitsnormen so weit von dem diese Normen bestimmenden Grundsatz des gesetzlichen Richters entfernt, dass die Gerichtsentscheidung nicht mehr zu rechtfertigen ist".[536] Entscheidend ist demnach, ob sich aus dem Gesetz „zureichende sachliche Gründe" ableiten lassen und sich die Entscheidung noch im Rahmen zulässiger Auslegung bewegt.[537]

(cc) Gebot des Gesetzlichen Richters

Das Gebot des gesetzlichen Richters gemäß Art. 101 Abs. 1 S. 2 GG soll der Gefahr vorbeugen, „dass die Justiz durch eine Manipulation der rechtsprechenden Organe sachfremden Einflüssen ausgesetzt" ist und durch eine „gezielte Auswahl von Richtern das Ergebnis der Entscheidung beeinflusst wird".[538] Aus diesem

534 Vgl. OLG Oldenburg, Urt. v. 26.03.1998 – 8 U 215–97 = NJW-RR, 1999, 865 f.; Wieczorek/Schütze/*Gerken*, § 513 Rn. 30; Stein/Jonas/*Althammer*, § 513 Rn. 11; MünchKommZPO/*Rimmelspacher*, § 513 Rn. 19; MünchKommZPO/*Krüger*, § 545 Rn. 17; BeckOK ZPO/*Vorwerk/Wolf*, § 545 Rn. 18 [Stand 1.12.2016]; Maunz/Düring/*Maunz*, Art. 101, Rn. 51; die Frage im Ergebnis noch offenlassend: BGH, Urt. v. 17.03.2015 – VI ZR 11/14 = NJW-RR 2015, 941, 943 Rn. 19.

535 BVerfG, Beschl. v. 15.03.1989 – 1 BvR 1428/88 = NJW 1989, 1917; BVerfG, Beschl. v. 13.11.1990 – 1 BvR 275/90 = NJW 1991, 157; BVerfG, Beschl. v. 07.04.1992 – 1 BvR 1772/91 = NJW 1992, 1675.

536 BVerfG, Beschl, v. 09.11.1987 – 2 BvR 808/82 = NJW 1988, 1456; BVerfG, Beschl. v. 28.07.2014 – 1 BvR 1925/13 = NJW 2014, 3147; MünchKommZPO/*Rimmelspacher*, § 513 Rn. 19: vgl. auch BGH, Urt. v. 17.03.2015 – VI ZR 11/14 = ZIP 2015, 879, 881 Rn. 20.

537 Maunz/Düring/*Maunz*, Art. 101 GG Rn. 51.

538 BVerfG, Beschl. v. 08.04.1997 – 1 PBvU 1/95 = NJW 1997, 1497, 1498; BVerfG (3. Kammer des Zweiten Senats), Beschl. v. 28.03.1998 – 2 BvR 2037–97 = NJW, 1998, 2962, 2963.

Zweck folgt, dass die Regelungen, die der Bestimmung des gesetzlichen Richters dienen, anhand abstrakt genereller Merkmale im Vorhinein so eindeutig wie möglich bestimmen müssen, welches Gericht [...] zur Entscheidung des Einzelfalls berufen ist.[539]

(dd) Wirtschaftliche Einheit

Die Anknüpfung an den Maßstab der *„wirtschaftlichen Einheit“* erfüllt diese Voraussetzung gerade nicht, da im Hinblick auf die Frage, wann eine solche Einheit vorliegt, grundsätzlich mehrere Auslegungsergebnisse vertretbar sind.[540] Dies gilt auch dann, wenn man die Frage der wirtschaftlichen Einheit von dem Vorliegen konkreter Indizien abhängig machen will. Denn ob die schuldnerische Gesellschaft im Sinne einer wirtschaftlichen Einheit mit der Konzernspitze verbunden ist, kann je nach Gewichtung der dem jeweiligen Sachverhalt zugrundeliegenden Anknüpfungstatsachen einer unterschiedlichen Bewertung unterliegen, ohne dass eines der gefundenen Ergebnisse „richtig“ oder „falsch“ wäre. Im Ergebnis hat dies jedoch zur Folge, dass die von Art. 101 Abs. 1 S. 2 GG geforderte Möglichkeit der eindeutigen Bestimmbarkeit der im Einzelfall gegebenen Zuständigkeit nicht mehr gewährleistet ist.

(ee) Fazit

Im Ergebnis ist damit die Grenze zulässiger Auslegung im Sinne von Art. 101 Abs. 1 S. 2 GG überschritten, da sich jedenfalls im Vorhinein nicht mehr eindeutig bestimmen lässt, welcher Mitgliedstaat im konkreten Fall für das jeweilige Verfahren aufgrund von Art. 3 Abs. 1 EuInsVO n. F. international zuständig ist. Aufgrund der hierdurch bedingten Rechtsunsicherheit unterliegt die Zuständigkeitsbestimmung einer im Ergebnis nicht mehr hinnehmbaren Willkür.

(d) Zwischenergebnis

Im Ergebnis hat dies zur Folge, dass ein deutsches Gericht die Anerkennung eines in einem anderen Mitgliedstaat eröffneten Verfahrens gemäß Art. 33 Abs. 1 EuInsVO n. F. verweigern kann, wenn das erkennende mitgliedstaatliche Gericht seine eigene internationale Zuständigkeit gemäß Art. 3 Abs. 1 EuInsVO n. F. allein

---

539 BVerfG, Beschl. v. 24.03.1964 – 2 BvR 42, 83, 89/63 = NJW1664, 1020; BVerfG, Beschl. v. 08.04. 1997 – 1 PBvU 1/95 = NJW 1997, 1497, 1498; BVerfG, Beschl. v. 18.05.1965 – 2 BvR 40/60 = NJW 1965, 2291; vgl. auch *Henkel*, S. 18; Maunz/Düring/*Maunz*, Art. 101 GG, Rn. 27.

540 Vgl. *Smid* in: ZInsO 2016, 1277, 1280.

auf den Umstand einer zwischen mindestens zwei Gesellschaften bestehenden wirtschaftlichen Einheit stützt.

Die von *Vallender* und *Deyda* vorgebrachten Umstände sind in dieser Folge für sich genommen nicht geeignet, den Beweis des Gegenteils im Sinne des Art. 3 Abs. 1 Unterabs. 2 S. 1 EuInsVO n. F. zu erbringen.

gg) Verhinderung betrügerischem oder missbräuchlichen forum shopping

Der Mittelpunkt der hauptsächlichen Interessen ist kein statischer Punkt, der insbesondere auch in einen anderen Mitgliedstaat verlegt werden kann.[541] In der Praxis wurde diese Möglichkeit vermehrt dazu genutzt, die eigene Rechtsposition gegenüber den Gläubigern durch die gezielte Verlegung des satzungsmäßigen Sitzes vor Antragstellung zu verbessern.[542] Insofern stellt sich auch im europäischen Kontext die Frage, wie vor dem Hintergrund der in Art. 49, 54 AEUV garantierten Niederlassungsfreiheit mit einer zuständigkeitsbegründenden Sitzverlegung unmittelbar vor Antragstellung umzugehen ist.[543]

Der EuInsVO liegt die Erwägung zu Grunde, betrügerisches oder missbräuchliches *forum shopping* nach Möglichkeit zu verhindern.[544] Zu diesem Zweck wurde – anders als zunächst geplant[545] – durch die Neufassung der Verordnung, neben bereits bestehenden Mechanismen, zusätzliche Schutzvorkehrungen zur Erreichung dieses Ziels in die Verordnung implementiert. Im Zentrum dieser Maßnahmen steht die Einführung von Sperrfristen.

(1) Einführung von Sperrfristen

Die Vermutung, dass sich der Mittelpunkt der hauptsächlichen Interessen am Ort des satzungsmäßigen Sitzes befindet, gilt gemäß Art. 3 Abs. 1 Unterabs. 2 S. 2 EuInsVO n. F. nur dann, wenn der Sitz nicht in einem Zeitraum von drei Monaten vor dem Antrag auf Eröffnung des Insolvenzverfahrens in einen anderen Mitgliedstaat verlegt wurde.

---

541 KPB/*Kemper*, Art. 3 EuInsVO Rn. 5; vgl. auch *Weller* in: ZIP 2009, 2029, 2031; *Ehricke* in: ZIP 2007, 2395; *Eidenmüller* in: ZIP 2007, 1729, 1730.

542 *Frind/Pannen* in: ZIP 2016, 398, 400.

543 Vgl. hierzu auch die Ausführungen zum bestehenden Regelungsbedarf auf nationaler Ebene auf S. 261ff.

544 Erwägungsgrund 29 EuInsVO.

545 Vgl. Entwurf einer Entschließung des Europäischen Parlaments mit Empfehlungen an die Kommission zu Insolvenzverfahren im Rahmen des EU-Gesellschaftsrechts, ZInsO 2011, 1342ff.; vgl. auch *Frind/Pannen* in: ZIP 2016, 398, 399.

(a) Entscheidung des EuGH in der Rechtssache „Interedil“

Im Schrifttum war lange Zeit umstritten, ob im Hinblick auf die Beantwortung der Frage der internationalen Zuständigkeit alternativ auf einen Zeitpunkt vor Antragstellung abgestellt werden sollte, wenn die schuldnerische Gesellschaft zuvor ihren satzungsmäßigen Sitz in einen anderen Mitgliedstaat verlegt hatte. Angesprochen ist insofern das vieldiskutierte Thema der Zulässigkeit von sogenanntem *forum shopping* im Rahmen der Bestimmung der internationalen Zuständigkeit. Diese Frage wurde durch den EuGH in der Rechtssache *„Interedil“* dahingehend beantwortet, dass für die Bestimmung der für die Eröffnung eines Hauptinsolvenzverfahrens zuständigen Gerichtsbarkeit auf denjenigen Ort abzustellen sei, an dem sich der COMI zuletzt befunden habe.[546] Die Vermutung des Art 3 Abs. 1 S. 2 EuInsVO solle danach auch dann anwendbar sein, wenn der satzungsmäßige Sitz der schuldnerischen Gesellschaft vor Antragstellung in einen anderen Mitgliedstaat verlegt worden sei.

(b) Kritik

Dieser Auffassung ist im Ergebnis nicht zu folgen. Der EuInsVO liegt in ihrer geltenden sowie zukünftigen Fassung die Erwägung zu Grunde, betrügerisches oder missbräuchliches *forum shopping* zu verhindern.[547] Diese Zielsetzung verbietet es, im Hinblick auf die Erkennbarkeit des Mittelpunkts der hauptsächlichen Interessen auf die objektiv erkennbare Interessenlage im Zeitpunkt der Antragstellung abzustellen. Dies gilt bereits deshalb, da die Frage der internationalen Zuständigkeit über ein anwendbares Verfahrensrecht, dem *lex concursus* entscheidet (vgl. Art. 7 Abs. 1 EuInsVO n. F.). Eine möglicherweise strategisch motivierte Verlegung des COMI vor Verfahrenseröffnung hat insofern weitaus weitreichendere Folgen als dies im nationalen Kontext der Fall ist. Es ist somit bereits aus Gründen der Rechtssicherheit geboten, im Hinblick auf die Bestimmung des COMI auf einen Zeitpunkt abzustellen der bereits vor Antragstellung liegt.

(c) Reaktion des europäischen Gesetzgebers

Dieser Auffassung hat sich in Teilen nunmehr auch der europäische Gesetzgeber in Art. 3 Abs. 1 Unterabs. 2 S. 2 EuInsVO n. F. angeschlossen. Der Vorschrift zufolge soll die Vermutung, dass sich der Mittelpunkt der hauptsächlichen Interessen der schuldnerischen Gesellschaft am Ort ihres satzungsmäßigen Sitzes

546 EuGH, Urt. v. 20.10.2011 – Rs C-396/09 Rn. 54 („*Interedil*“) = ZIP 2011, 2153, 2157
547 Erwägungsgrund 4 EuInsVO; Erwägungsgründe 5 und 22 EuInsVO n. F.

befindet künftig nur dann gelten, wenn die schuldnerische Gesellschaft ihren Sitz nicht in einem Zeitraum von drei Monaten vor dem Antrag auf Eröffnung des Insolvenzverfahrens in einen anderen Mitgliedstaat verlegt hat. Der europäische Gesetzgeber scheint sich insofern an gleichgerichteten Regelungen auf nationaler Ebene orientieren zu wollen, wonach eine Sitzverlegung im Zeitraum der Krisenvermutung im Hinblick auf die Zuständigkeitsfrage unberücksichtigt bleiben soll[548] und reagiert insoweit auf die bis zur Entscheidung des EuGH in Sachen *„Susanne Staubitz-Schneider“*[549] bestehende Rechtsunsicherheit.

Im Vergleich zu der für natürliche Personen geltenden Regelung,[550] ist die für Gesellschaften und juristische Personen vorgesehene Sperrfrist jedoch immer noch zu kurz bemessen.[551] Insofern gilt die Forderung, die Frist in Art. 3 Abs. 1 Unterabs. 2 EuInsVO n. F. künftig von drei Monaten auf ein Jahr zu verlängern, damit das Szenario Insolvenz für die Gläubiger planbar bleibt.[552] Denn anders als im nationalen Kontext entscheidet der Ort der Verfahrenseröffnung nach Art. 7 Abs. 1 EuInsVO n. F. über ein anwendbares Verfahrensrecht. Ein Großteil der ausgefallenen Forderungen wird regelmäßig erst innerhalb der letzten zwölf Monate vor dem Antrag auf Verfahrenseröffnung gegenüber der schuldnerischen Gesellschaft begründet worden sein, sodass die Gläubiger dieser Forderungen im Hinblick auf den Ausgang des Verfahrens besonderes schutzwürdig erscheinen. Es wäre insofern ein falsches Signal, die objektive Vorhersehbarkeit der internationalen Zuständigkeit zu Lasten dieser Gläubiger einschränken zu wollen, indem man der schuldnerischen Gesellschaft ein *forum shopping* unmittelbar vor Antragstellung ermöglichte. Bliebe es bei einer Sperrfrist von lediglich drei Monaten, so bestünde auch künftig die Gefahr, dass für einen Großteil der Gläubigerschaft die Insolvenz ihrer Schuldnerin nur im eingeschränkten Maße planbar bliebe.

---

548 Vgl. hierzu die Ausführungen auf S. 264; indem der EuGH in seiner *Staubitz-Schreiber*-Entscheidung (Urt. v. 17.1.2006 – C-1/104 = NZI 2006, 153) klarstellte, dass es bei der Entscheidung über die internationale Zuständigkeit vielmehr auf den Zeitpunkt der Insolvenzantragstellung und nicht – wie teilweise in der Rechtsprechung vertreten – auf den Zeitpunkt der Verfahrenseröffnung ankomme, zeigte der Gerichtshof diesbezüglich bereits eine richtungsweisende Tendenz auf.

549 EuGH Urt. v. 17.01.2006 – Rs. C-1/04 (*„Staubitz-Schneider“*) = ZIP 2006, 188 m. Anm. *Knopf/ Mock* S. 189 ff.; ZInsO 2006, 86, m. Anm. *Schmidt* S. 88 ff.; IPRax 2006, 149; NZI 2006, 153; DZWiR 2006, 196; vgl. Pannen/*Pannen*, Rechtsprechungsübersicht Art. 3 EuInsVO Anhang A Rn. 17 m.w.N.

550 Für natürliche Personen ist gem. Art. 3 Abs. 1 Unterabs. 3 S. 2 EuInsVO n. F. eine Sperrfrist von 6 Monaten vorgesehen.

551 *Piepenbrock* in: KSzW 2015, 191, 194; *Frind/Pannen* in: ZIP 2016, 398, 407.

552 *Piepenbrock* in: KSzW 2015, 191, 194; *Frind/Pannen* in: ZIP 2016, 398, 407.

(d) Ausnahme bei fehlender Gläubigerbenachteiligung

Eine Ausnahme zu diesem Grundsatz sollte jedoch für den Fall gelten, dass die Verlagerung des COMI im Ergebnis keine nachteiligen Wirkungen gegenüber den, im Staat des vormaligen hauptsächlichen Interessenmittelpunkts ansässigen Gläubigern entfaltet.

Diesem Umstand Rechnung tragend, soll gemäß „Principle 13.5“ ALI Global Principles eine Verlegung des COMI in unmittelbarer zeitlicher Nähe zur Verfahrenseröffnung in Ausnahmefällen zulässig sein, wenn die Gläubiger aufgrund ihrer Rangstellung im Rahmen des Verteilungsverfahrens ohnehin keine Befriedigung zu erwarten hätten.[553]

Eine vorinsolvenzliche Verlagerung des COMI könne demnach im Einzelfall bereits aus verfahrensrechtlichen Aspekten geboten sein, wenn sich eine Verwaltung unter der Rechtsordnung eines anderen Staates – insbesondere im Hinblick auf eine angestrebte Sanierung des schuldnerischen Unternehmens – als effektiver erweise.[554]

Dieser Gedanke lässt sich gleichsam auch auf Verfahren im Anwendungsbereich der EuInsVO übertragen und sollte in die zukünftigen Reformerwägungen des europäischen Gesetzgebers mit einfließen. Es scheint insofern geboten, von der Regel des Art. 3 Abs. 1 Unterabs. 2 S. 2 EuInsVO n. F. eine Ausnahme zu machen, wenn die Verlegung des COMI in einen anderen Mitgliedstaat zwar in einen Zeitraum von drei (beziehungsweise zwölf) Monaten vor Antragstellung fällt, dieser Umstand sich für die Gläubiger jedoch nicht offensichtlich als Nachteil erweist.

(2) Rechtsmittelfähigkeit der Eröffnungsentscheidung

Gemäß Art. 5 EuInsVO n. F. ist die Entscheidung über die Eröffnung des Hauptinsolvenzverfahrens gerichtlich überprüfbar.[555] Der Schuldner oder jeder Gläubiger kann danach die Entscheidung zur Eröffnung des Hauptinsolvenzverfahrens vor Gericht aus Gründen der internationalen Zuständigkeit anfechten. Zusätzlich soll die Entscheidung aber auch durch andere, als den in Art. 5 Abs. 1 EuInsVO n. F. genannten Verfahrensbeteiligten oder aus anderen Gründen, als einer mangelnden internationalen Zuständigkeit anfechtbar sein, wenn das jeweilige nationale Recht dies vorsieht. Auf die Folgen der Anfechtung findet insofern das nationale Recht Anwendung.[556]

---

553 ALI Global Principles, S. 108.

554 ALI Global Principles, S. 108.

555 *Frind/Pannen* in: ZIP 2016, 398, 400.

556 Erwägungsgrund 34 EuInsVO n. F.

Der europäische Gesetzgeber hat sich damit ausdrücklich gegen die Anwendung der Nichtanerkennungstheorie[557] entschieden, die unter Berufung auf Art. 26 EuInsVO (*ordre public-Vorbehalt*) begründet worden war.[558] In Parallelität hierzu hatte der BGH jüngst entschieden, dass Fehler bei der Annahme der internationalen Zuständigkeit, bis zur Grenze der Willkür keinen Verstoß gegen die deutsche öffentliche Ordnung zur Folge haben.[559] Nach Auffassung des Gerichts soll die Anwendung des *ordre public-Vorbehalts* dann nicht notwendig sein, wenn die von einem mitgliedstaatlichen Insolvenzverfahren betroffene Person im Staat der Verfahrenseröffnung zureichenden Rechtsschutz ersuchen kann.[560] Der Grundsatz des gegenseitigen Vertrauens gebiete es, dass die betroffene Person die Gerichte im Eröffnungsstaat anrufe, wenn sie der Meinung sei, dass die Eröffnungsentscheidung durch Täuschung über den Mittelpunkt der hauptsächlichen Interessen erschlichen sei.[561] Ausländische Gläubiger sollen somit auch im Falle einer durch Täuschung erschlichenen Zuständigkeitsentscheidung auf ein Rechtsschutzersuchen im Staat der Verfahrenseröffnung angewiesen sein.[562]

Für in Deutschland eröffnete Verfahren ist gemäß Art. 102c § 4 EGInsO als statthafter Rechtsbehelf die sofortige Beschwerde vorgesehen, auf die die §§ 567 ff. und 574 bis 577 ZPO Anwendung finden.

Gegenstand der sofortigen Beschwerde ist nach Art. 102c § 4 EGInsO nicht nur der Eröffnungsbeschluss im Sinne des § 27 InsO, sondern auch die Anordnung einer vorläufigen Maßnahme nach § 21 InsO sofern die Sicherungsmaßnahme als eine Entscheidung über die Eröffnung des Hauptinsolvenzverfahrens nach Art. 3 Abs. 1 EuInsVO n. F. anzusehen ist. Dies ist insbesondere bei der Besellung des vorläufigen Insolvenzverwalters der Fall.[563] Darüber hinaus sollen in Ausschöpfung des von Art. 5 Abs. 2 EuInsVO n. F. gesetzten Rahmens, nicht nur der

---

557 Für die Annahme eines Verstoßes gegen Art. 26 EuInsVO etwa *Mankowski* in: KTS 2011, 185, 205 f.

558 *Frind/Pannen* in: ZIP 2016, 398, 405.

559 BGH, Urt. v. 10.09.2015 – IX ZR 304/13 Rn. 13 = NZI 2016, 93, 94 Rn. 13; vgl. auch *Frind/Pannen* in: ZIP 2016, 398, 405.

560 BGH, Urt. v. 10.09.2015 – IX ZR 304/13 Rn. 21 = NZI 2016, 93, 94 Rn. 21.

561 BGH, Urt. v. 10.09.2015 – IX ZR 304/13 Rn. 21 = NZI 2016, 93, 94 Rn. 21.

562 BGH, Urt. v. 10.09.2015 – IX ZR 304/13 Rn. 22 = NZI 2016, 93, 94 Rn. 22.

563 Beschlussempfehlung und Bericht des Ausschusses für Recht und Verbraucherschutz (6. Ausschuss) zu dem Gesetzentwurf der Bundesregierung (BT-Drucks. 18/10823) Entwurf eines Gesetzes zur Durchführung der Verordnung (EU) 2015/848 über Insolvenzverfahren, BT-Drucks. 18/12154, S. 30; EuGH, Urt. v. 2.5.2006 – Rs C-341/04 („Eurofood") = EuZW 2006, 337, Rn. 54.

Schuldner und die Gläubiger, sondern vielmehr auch der Verwalter eines ausländischen Hauptinsolvenzverfahrens beschwerdebefugt sein.[564]

c) Auseinanderfallen von internationaler und örtlicher Zuständigkeit

Ergibt die Prüfung von Art. 3 EuInsVO n. F., dass der Schuldner den Mittelpunkt seiner hauptsächlichen Interessen in Deutschland hat, mit der Folge, dass für die Eröffnung des Hauptinsolvenzverfahrens die Gerichte in Deutschland international zuständig sind, führt die Prüfung der örtlichen Zuständigkeit nach § 3 InsO aber wieder zurück ins Ausland, da der Mittelpunkt der hauptsächlichen Interessen und der Mittelpunkt der selbständigen wirtschaftlichen Tätigkeit nicht identisch sind, besteht die Gefahr einer Zuständigkeitslücke.[565]

Dieser Gefahr trägt der Gesetzgeber in Art. 102c § 1 EGInsO Rechnung, indem er dasjenige Insolvenzgericht für ausschließlich örtlich zuständig erklärt, in dessen Bezirk der Schuldner den Mittelpunkt seiner hauptsächlichen Interessen (COMI) hat,[566] und die Anknüpfung nach § 3 InsO insoweit verdrängt.[567]

d) Verhältnis der EuInsVO zu nationalen konzerninsolvenzrechtlichen Bestimmungen

Der Unionsgesetzgeber hat sich zum Ziel gesetzt, durch die Neufassung der EuInsVO einen Rahmen zu schaffen, der es gewährleistet, Insolvenzverfahren über das Vermögen verschiedener Gesellschaften, die einer Unternehmensgruppe angehören, künftig effizienter zu führen.[568] Gerichte sollen zu diesem Zweck auch künftig in der Lage sein, Insolvenzverfahren mehrerer Gesellschaften derselben Unternehmensgruppe an nur einem Gerichtsstand zu eröffnen, wenn sie feststellen, dass sich der Mittelpunkt der hauptsächlichen Interessen dieser Gesellschaften in einem einzigen Mitgliedstaat befindet.[569] Auch soll die Verordnung die Mitgliedstaaten nicht daran hindern, nationale Bestimmungen zu erlassen, die dazu dienen, die Bestimmungen der Verordnung über die Koordinierung im

---

564 Entwurf eines Gesetzes zur Durchführung der Verordnung (EU) 2015/848 über Insolvenzverfahren, S. 30.

565 Uhlenbruck/*Lüer*, Art. 3 EuInsVO, Rn. 2; *Westphal/Goetker/Wilkens*, Grenzüberschreitende Insolvenzverfahren, Rn. 103.

566 Vgl. Entwurf eines Gesetzes zur Durchführung der Verordnung (EU) 2015/848 über Insolvenzverfahren, S. 5.

567 Uhlenbruck/*Lüer*, Art. 3 EuInsVO, Rn. 2.

568 Erwägungsgrund 51 EuInsVO n. F.

569 Erwägungsgrund 53 EuInsVO n. F.

Zusammenhang mit Insolvenzverfahren über das Vermögen von Mitgliedern einer Unternehmensgruppe (Art. 56 bis 77 EuInsVO n. F.) zu ergänzen.[570] Bestrebungen, wie die des deutschen Gesetzgebers um die Konzentration der örtlichen Zuständigkeit für sämtliche inländische Verfahren[571] werden somit vom Verordnungsgeber ausdrücklich begrüßt und als mit den Zielen der EuInsVO n. F. vereinbar erklärt.

e) Verweisungsmöglichkeit

Sollte das angerufene Gericht im Mitgliedstaat der Muttergesellschaft zu dem Ergebnis gelangen, dass es für das Verfahren der Tochtergesellschaft international sowie örtlich nicht zuständig ist, muss für den zuständigen Richter die Möglichkeit bestehen, das Verfahren an ein zuständiges Gericht im europäischen Ausland zu verweisen. Eine entsprechende Verweisungsmöglichkeit ist auch durch die Neufassung der EuInsVO nicht vorgesehen.

Die Möglichkeit einer internationalen Verweisung steht den Regelungen der EuInsVO n. F. gleichwohl nicht entgegen.[572] Vielmehr ist gemäß der 4. Begründungserwägung die „Koordinierung der Maßnahmen in Bezug auf das Vermögen eines zahlungsunfähigen Schuldners" durch die Verordnung zu gewährleisten. Dem entspricht es, „ein Verfahren, sobald die Unzuständigkeit offenbar wird, an das zuständige Gericht weiterzuleiten".[573] Hierfür sprechen zudem Erwägungsgrund 8 EuInsVO n. F., der die Notwendigkeit, „die Bestimmungen über den Gerichtsstand, die Anerkennung und das anwendbare Recht in diesem Bereich in einem gemeinschaftlichen Rechtsakt zu bündeln" hervorhebt, sowie Erwägungsgrund 65 EuInsVO n. F., der den Grundsatz des gegenseitigen Vertrauens der Gerichte der Mitgliedstaaten der Europäischen Union statuiert.[574]

Nach alledem spricht vieles dafür, eine Möglichkeit zur Verweisung an ein zuständiges Gericht im europäischen Ausland anzunehmen. Der europäische Gesetzgeber sollte diese Möglichkeit zukünftig im Rahmen der Erwägungsgründe klarstellen und durch die Einführung einer entsprechenden Regelung zusätzlich

---

570 Erwägungsgrund 61 EuInsVO n. F.

571 Vgl. BT-Drucks. 118/407; hierzu ausführlich auf S. 295ff.

572 Vgl. AG Hamburg, Beschl. v. 09.05.2006 – 67c IN 122/06 = NZI 2006, 486; Pannen/*Pannen*, Art. 3 Rn. 79; *Westphal/Goetker/Wilkens*, Grenzüberschreitende Insolvenzverfahren, Rn. 102.

573 AG Hamburg, Beschl. v. 09.05.2006 – 67c IN 122/06 = NZI 2006, 486; Pannen/*Pannen*, Art. 3 Rn. 79.

574 AG Hamburg, Beschl. v. 09.05.2006 – 67c IN 122/06 = NZI 2006, 486; Pannen/*Pannen*, Art. 3 Rn. 79; Pannen/*Pannen*, Art. 3 Rn. 79.

konkretisieren, um auch an dieser Stelle ein nötiges Maß an Rechtssicherheit zu gewährleisten.

f) Kritik und Stellungnahme

Mit der nunmehr veröffentlichten Neufassung der EuInsVO wurde durch den europäischen Gesetzgeber ein weiteres Stück an Klarheit und Rechtssicherheit geschaffen. Durch die Aufnahme der gesetzlichen Definition des Mittelpunkts der hauptsächlichen Interessen in Art. 3 Abs. 1 Unterabs. 1 S. 2 EuInsVO n. F. wurde die Erkennbarkeit des COMI für Dritte um ein weiteres Stück verbessert. Darüber hinaus wird durch die geplante Einführung von Sperrfristen die Möglichkeit einer betrügerischen oder missbräuchlichen Zuständigkeitserschleichung insgesamt erschwert. Im Vergleich zu der für natürliche Personen geltenden Regelung,[575] ist die für Gesellschaften und juristische Personen vorgesehene Sperrfrist jedoch noch zu kurz bemessen.[576] Insofern gilt die Forderung, die Frist in Art. 3 Abs. 1 Unterabs. 2 EuInsVO n. F. künftig von drei Monaten auf ein Jahr zu verlängern, damit das Szenario Insolvenz für die Gläubiger planbar bleibt.[577]

Im Übrigen bleibt es auch künftig bei den durch den EuGH in Sachen *Eurofood*[578] aufgestellten Grundsätzen. Der europäische Gesetzgeber hat sich ausdrücklich gegen die Einführung eines Gruppen-Gerichtsstands – gleich dem deutschen Regelungsentwurf eines § 3a KIG[579] – entschieden. Für die Bestimmung der internationalen Zuständigkeit ist demnach für Verfahren ab dem 26. Juni 2017 weiterhin entscheidend, an welchem Ort der Schuldner für Dritte erkennbar seine Interessen verwaltet.[580] Fraglich bleibt, ob der Verordnungsgeber eine Widerlegung der Vermutungsregel des Art. 3 Abs. 1 Unterabs. 2 S. 1 EuInsVO n. F. künftig auch für den Fall ermöglichen will, dass sich die Verwaltungs- und Kontrollorgane einer Gesellschaft am Ort ihres satzungsmäßigen Sitzes befinden und die Verwaltungsentscheidungen der Gesellschaft in durch Dritte feststellbarer Weise an diesem Ort getroffen werden. Im Ergebnis hätte dies zur Folge, dass eine Konzerngesellschaft, deren Satzungs- und Verwaltungssitz sich in einem anderen Mitgliedstaat als dem der Muttergesellschaft befindet und die am Ort dieses Sitzes, in durch Dritte feststellbarer Weise ihre Verwaltungsent-

575 Für natürliche Personen ist gem. Art. 3 Abs. 1 Unterabs. 3 S. 2 EuInsVO n. F. eine Sperrfrist von 6 Monaten vorgesehen.

576 Vgl. *Piepenbrock* in: KSzW 2015, 191, 194; *Frind/Pannen* in: ZIP 2016, 398, 407.

577 *Piepenbrock* in: KSzW 2015, 191, 194; *Frind/Pannen* in: ZIP 2016, 398, 407.

578 EuGH, Urt. v. 2.5.2006 – Rs C-341/04 („*Eurofood*“) = EuZW 2006, 337.

579 Hierzu ausführlich auf S. 295ff.

580 Siehe hierzu ausführlich auf S. 328.

scheidungen trifft, ihren COMI unter näher zu bestimmenden Voraussetzungen im Mitgliedstaat der Muttergesellschaft haben kann.

3. Überlegungen zu einem Konzerngerichtsstand

Bringt man den vorausgehenden Diskurs konsequent zum Abschluss, kommt man nicht umhin sich mit der Frage zu auseinanderzusetzen, ob nicht auch auf europäischer Ebene die Einführung einer einheitlichen Konzernzuständigkeit, zur Bewältigung derzeit existierender Problemfelder im Kontext grenzüberschreitender Konzernsachverhalte einen Beitrag leisten kann.

Diese Fragestellung ist insbesondere durch den Umstand motiviert, dass der europäische Verordnungsgeber auch durch die nunmehr geltende Neufassung der EuInsVO keine ausdrückliche Regelung zur Beantwortung der Zuständigkeitsfrage bei konzernbezogenen Sachverhalten eingeführt hat. Dies verwundert, da grenzüberschreitende Sachverhalte den praktisch weitaus relevantesten Fall der Konzerninsolvenz darstellen.[581] Abschätzungen der Europäischen Kommission zur Folge mussten in den Jahren 2009 – 2011 europaweit rund 200.000 Unternehmen Insolvenz anmelden, wobei 2.100 dieser Gesellschaften in multinationalen Unternehmensgruppen organisiert waren.[582]

Im Ergebnis kann die Einführung eines einheitlichen europäischen Konzerngerichtsstands jedoch nicht überzeugen. Der EuInsVO liegt die Erwägung zu Grunde, dass sich die Umsetzung eines universellen Insolvenzrechts schon aufgrund der großen Unterschiede im materiellen Recht der Mitgliedstaaten schlechthin nicht realisieren lässt.[583] Diese Erkenntnis stützt der europäische Gesetzgeber auf den Umstand, dass die ausnahmslose Anwendung des Rechts des Staates der Verfahrenseröffnung – aufgrund der damit einhergehenden Divergenzen – im Rahmen der Verfahrensabwicklung regelmäßig zu Schwierigkeiten führen würde,[584] die sich letztlich nicht nur darin begründen, dass die rechtliche Integrität anderer Staaten, als dem der Verfahrenseröffnung hierdurch weitestgehend unterlaufen würde. Nach Auffassung des Verordnungsgebers könne eine Lösung dieser Problematik alleine in der Zulassung paralleler innerstaatlicher Verfahren liegen, in denen die Besonderheiten der jeweiligen Rechtsordnungen hinreichend Berücksichtigung finden.[585] Die EuInsVO gestattet die Eröffnung

581 *Mankowski* in: NZI 2004, 450, 452.
582 Impact Assessment Dok. 17883/12 ADD 1 Nr. 3.3.
583 Erwägungsgrund 22 EuInsVO n. F.
584 Erwägungsgrund 22 EuInsVO n. F.
585 Erwägungsgrund 22 EuInsVO n. F.

mehrerer Hauptinsolvenzverfahrens in einem und demselben Mitgliedstaat deshalb nur unter der Voraussetzung, dass der Schuldner in diesem Mitgliedstaat den Mittelpunkt seiner hauptsächlichen Interessen hat.

Die Einführung eines europäischen Konzerngerichtsstands hätte demgegenüber zur Folge, dass auf die gruppenzugehörigen Verfahren das Insolvenzrecht nur eines Staates – nämlich das des Konzerngerichtsstandes – Anwendung fände.[586] Und zwar unabhängig von der Frage, ob dieser Gerichtsstand für die Gläubiger im Vorhinein objektiv erkennbar war. Dies käme einer Auslegung auf Grundlage der *head-office-functions* beziehungsweise *mind-of-management-theory* gleich, denen nicht nur der EuGH[587] – und mit ihm ein Großteil der Stimmen in der Literatur[588] – sondern jüngst auch der europäische Gesetzgeber eine klare Absage erteilt haben.[589]

Eine entsprechende Praxis ließe zu Recht die Frage nach einem Mindestmaß an Rechtssicherheit für die im Inland ansässigen Gläubiger aufkommen, die ihren Fokus im Rahmen einer insolvenzfesten Ausgestaltung ihrer Verträge in der Regel allenfalls auf Fragen des eigenen nationalen Insolvenzrechts gelenkt haben. Für unselbständige Niederlassungen begegnet der Verordnungsgeber dieser Problematik durch die Möglichkeit der Durchführung territorial beschränkte Sekundärinsolvenzverfahren, auf die ausschließlich das Recht des Mitgliedstaates Anwendung findet, in dessen Hoheitsgebiet das Sekundärinsolvenzverfahren eröffnet worden ist (Art. 3 Abs. 2 i.V.m. Art. 34 ff. EuInsVO n.F.).[590] Die Regelungen haben zum Zweck, etwaige Diskrepanzen zwischen den Regimen der unterschiedlichen Mitgliedstaaten zu entschärfen.[591]

Da diese Regelungen auf die Insolvenz verbundener Unternehmen keine Anwendung finden,[592] können sie zu einer Lösung keinen Beitrag leisten. Es muss somit bei dem geltenden Grundsatz bleiben, die Zuständigkeitsfrage für jeden Hauptinsolvenzverfahren getrennt voneinander zu beantworten.

Die Ausführungen verdeutlichen, dass sich das Konzept eines ausschließlichen Konzerngerichtsstands auf europäischer Ebene, nach dem derzeitigen Ver-

---

586 Vgl. *Vallender/Deyda* in: NZI 2009, 825, 826; *Brünkmans* in: ZInsO 2013, 797, 805.

587 EuGH, Urt. v. 2.5.2006 – Rs C-341/04 („*Eurofood*") = EuZW 2006, 337; vgl. auch EuGH, Urt. v. 20.10.2011 – Rs C-396/09 („*Interedil*") = ZIP 2011, 2153, 2154; EuGH, Urt. v. 15.12.2011 – Rs C-191/10 („*Rastelli*") = ZIP 2011, 183.

588 Siehe oben auf S. 327.

589 Vgl. hierzu EuGH, Urt. v. 2.5.2006 – Rs C-341/04 („*Eurofood*") = EuZW 2006, 337.

590 Gleiches gilt für die in den Art. 5 bis Art. 15 EuInsVO beschriebenen Rechte, für die ebenfalls nicht der *lex concursus* gilt.

591 Vgl. auch *Pannen* in: ZInsO 2014, 222, 225.

592 Hierzu ausführlich auf S. 230ff.

ständnis des Unionsgesetzgebers nicht umsetzen lässt. Eine interessengerechte Lösung lässt sich somit nur auf einem Mittelweg finden, der sowohl das Interesse einer bestmöglichen Verwaltung der Haftungsmasse, als auch dem schützenswerten Vertrauen des Rechtsverkehrs in die rechtliche Integrität der einzelnen Konzerngesellschaften im hinreichenden Maße Rechnung trägt. Dieser Mittelweg liegt derzeit in einer für jede Gesellschaft getrennten Bestimmung des COMI auf Grundlage des Art. 3 EuInsVO n. F. beschrieben.

Der Mittelpunkt der hauptsächlichen Interessen ist nach alledem für jede Konzerngesellschaft auf Grundlage von Art. 3 EuInsVO n. F. getrennt voneinander zu bestimmen. Ein einheitlicher Gruppen-Gerichtsstand gleich dem deutschen Regelungsentwurf eines § 3a KIG ist nach geltendem europäischen Insolvenzrecht aus diesem Grund nicht umsetzbar.

4. Zusammenfassung der Ergebnisse zu Unterabschnitt VI

Die zu Unterabschnitt VI gefundenen Ergebnisse lassen sich wie folgt zusammenfassen:

- Das mit einem Antrag auf Eröffnung eines Insolvenzverfahrens befasste Gericht prüft und ermittelt im Zweifel von Amts wegen, ob es nach Art. 3 EuInsVO international zuständig ist.
- Mittelpunkt der hauptsächlichen Interessen (COMI) im Sinne von Art. 3 EuInsVO ist derjenige Ort, an dem der Schuldner gewöhnlich der Verwaltung seiner Interessen nachgeht und der für Dritte feststellbar ist. Unklar bleibt, ob nach dem Verständnis des Verordnungsgebers der Mittelpunkt der hauptsächlichen Interessen mit dem Ort der schuldnerischen Hauptverwaltung übereinstimmt.
- Bei Gesellschaften oder juristischen Personen wird bis zum Beweis des Gegenteils vermutet, dass sich der Mittelpunkt ihrer hauptsächlichen Interessen am Ort ihres Sitzes befindet, sofern dieser nicht in einem Zeitraum von drei Monaten vor dem Antrag auf Eröffnung des Insolvenzverfahrens in einen anderen Mitgliedstaat verlegt wurde.
  - Dieser Beweis ist erbracht, wenn das Gericht davon überzeugt ist, dass der satzungsmäßige Sitz gerade nicht dem Mittelpunkt der hauptsächlichen Interessen der schuldnerischen Gesellschaft entspricht. Die Widerlegung der Vermutung ist an keine konkreten (förmlichen) Beweismittel oder an ein bestimmtes Beweisverfahren geknüpft, sondern kann mittels jedes geeignet erscheinenden Beweismittels erbracht werden.
- Unklar bleibt jedoch, ob der Gesetzgeber den Beweis künftig auch dann ermöglichen will, wenn sich die Verwaltungs- und Kontrollorgane der schuld-

nerischen Gesellschaft am Ort ihres satzungsmäßigen Sitzes befinden und die Verwaltungsentscheidungen der Gesellschaft in für Dritte feststellbarer Weise an diesem Ort getroffen werden.

- Die Vermutung ist widerlegbar, wenn sich die Hauptverwaltung der Gesellschaft in einem anderen Mitgliedstaat als dem des Sitzes der Gesellschaft befindet, und wenn eine Gesamtbetrachtung aller relevanten Faktoren die von dritter Seite überprüfbare Feststellung zulässt, dass sich der tatsächliche Mittelpunkt der Verwaltung und der Kontrolle der Gesellschaft sowie der Verwaltung ihrer Interessen in diesem anderen Mitgliedstaat befindet.
- Die Vermutung ist entkräftet, wenn feststeht, dass das Leitungsorgan der schuldnerischen Gesellschaft vom Sitz der Konzernmutter aus die wesentlichen strategischen Entscheidungen für die Tochtergesellschaft trifft.
- Für die Widerlegung ist hingegen nicht ausreichend, dass die Muttergesellschaft selbst wesentliche strategische Entscheidungen der Tochtergesellschaft am eigenen Unternehmenssitz trifft, wenn die Tochter im Mitgliedstaat ihres satzungsmäßigen Sitzes einer eigenen wirtschaftlichen Tätigkeit nachgeht oder in der Vergangenheit in objektiv erkennbarer Weise einer solchen Tätigkeit dort nachgegangen ist.
- Ein deutsches Gericht kann die Anerkennung eines in einem anderen Mitgliedstaat eröffneten Verfahrens gem. Art. 33 Abs. 1 EuInsVO n. F. verweigern, wenn das erkennende mitgliedstaatliche Gericht seine eigene internationale Zuständigkeit gem. Art. 3 Abs. 1 EuInsVO n. F. allein auf den Umstand einer zwischen mindestens zwei Gesellschaften bestehenden wirtschaftlichen Einheit stützt.
- Ergibt die im Rahmen von Art. 3 Abs. 1 Unterabs. 2 S. 1 EuInsVO n. F. anzustellende Gesamtbetrachtung, dass die Tochtergesellschaft den weit überwiegenden Teil ihres operativen Geschäfts und Zahlungsverkehrs über einen externen Dienstleister abwickelt, kann der Mittelpunkt der hauptsächlichen Interessen der Konzerngesellschaften am Geschäftssitz dieses Dienstleisters zu verorten sein.
- Bewegliches Sachvermögen ist grundsätzlich nur dann im Rahmen der Zuständigkeitsbestimmung zu berücksichtigen, wenn dieses nicht in einem Zeitraum von zwölf Monaten vor dem Antrag auf Eröffnung des Insolvenzverfahrens durch die schuldnerische Gesellschaft in einen anderen Mitgliedstaat verlegt worden ist.
- Sachvermögen, das sich objektiv erkennbar am Satzungssitz der schuldnerischen Gesellschaft befindet, verstärkt hingegen die Richtigkeit der Vermutung des Art. 3 Abs. 1 Unterabs. 2 S 1 EuInsVO n. F.
- Für die Bestimmung der internationalen Zuständigkeit nicht geeignet ist die Heranziehung des Belegenheitsortes von Insolvenzforderungen sowie der

Umstand, dass die Gesellschaft mit einer anderen Gesellschaft eine wirtschaftliche Einheit bildet.

- Die Vermutung des Art. 3 Abs. 1 Unterabs. 2 S. 1 EuInsVO n. F. sollte im Hinblick auf die Durchführung eines geplanten Sanierungsverfahrens auch dann gelten, wenn der Sitz der schuldnerischen Gesellschaft innerhalb der Sperrfrist des Art. 3 Abs. 1 Unterabs. 2 S. 2 EuInsVO n. F. in einen anderen Mitgliedstaat verlegt wurde, dieser Umstand sich für die Gläubiger jedoch nicht zum Nachteil erweist.
- Die Sperrfrist in Art. 3 Abs. 1 Unterabs. 2 S. 2 EuInsVO n. F. sollte künftig von drei Monaten auf ein Jahr verlängert werden.
- Unklar bleibt, ob eine Widerlegung der Vermutungsregel des Art. 3 Abs. 1 Unterabs. 2 S. 1 EuInsVO n. F. künftig auch dann möglich sein soll, wenn sich die Verwaltungs- und Kontrollorgane einer Gesellschaft am Ort ihres satzungsmäßigen Sitzes befinden und die Verwaltungsentscheidungen der Gesellschaft in durch Dritte feststellbarer Weise an diesem Ort getroffen werden. Im Ergebnis hätte dies zur Folge, dass eine Konzerngesellschaft, deren Satzungs- und Verwaltungssitz sich in einem anderen Mitgliedstaat als dem der Muttergesellschaft befindet und die am Ort dieses Sitzes, in durch Dritte feststellbarer Weise ihre Verwaltungsentscheidungen trifft, ihren COMI unter näher zu bestimmenden Voraussetzungen im Mitgliedstaat der Muttergesellschaft haben kann.
- Ein deutsches Gericht kann die Anerkennung eines in einem anderen Mitgliedstaat eröffneten Verfahrens gemäß Art. 33 Abs. 1 EuInsVO n. F. verweigern, wenn das erkennende mitgliedstaatliche Gericht seine eigene internationale Zuständigkeit gemäß Art. 3 Abs. 1 EuInsVO n. F. allein auf den Umstand einer zwischen mindestens zwei Gesellschaften bestehenden wirtschaftlichen Einheit stützt.
- Gegen die Entscheidung über die Eröffnung des Hauptinsolvenzverfahrens sowie gegen die Anordnung vorläufiger Maßnahmen nach § 21 InsO ist die sofortige Beschwerde statthaft, auf die die §§ 567 ff. und 574 bis 577 ZPO Anwendung finden.
- Ist das angerufene Insolvenzgericht im Mitgliedstaat der Muttergesellschaft international unzuständig, kann es das Verfahren an ein zuständiges Gericht im europäischen Ausland verweisen.
- Der Mittelpunkt der hauptsächlichen Interessen ist für jede Konzerngesellschaft auf Grundlage von Art. 3 EuInsVO getrennt voneinander zu bestimmen. Ein einheitlicher Konzerngerichtsstand gleich dem deutschen Regelungsentwurf eines § 3a KIG ist mit dem geltenden europäischen Insolvenzrecht nicht vereinbar.

Zusammenfassung und Thesen

Die im Rahmen der Untersuchungen gefundenen Ergebnisse lassen sich zu folgenden Thesen zusammenfassen:

1. Ein deutsches Insolvenzrecht kennt bislang keine Regelungen, die auf die Besonderheiten einer Konzerninsolvenz zugeschnitten sind.
2. Die Konzerninsolvenz bezeichnet den Fall, dass mindestens zwei Gesellschaften derselben Unternehmensgruppe zeitgleich in die Insolvenz gehen.
3. Der Konzern ist dem Insolvenzverfahren nicht zugänglich, sodass für jeden Rechtsträger des Verbundes nach dem Prinzip ein Schuldner, ein Vermögen, ein Verfahren ein jeweils eigenständiges Insolvenzverfahren durchzuführen ist.
4. Die Abwicklung konzernierter Unternehmen findet regelmäßig im Spannungsfeld zwischen rechtlicher Selbständigkeit und wirtschaftlicher Abhängigkeit statt. Zudem hat die Eröffnung des Insolvenzverfahrens über das Vermögen einer oder mehrerer Gesellschaften derselben Unternehmensgruppe nicht selten eine Art „Dominoeffekt" zur Folge, woraus im Regelfall die Notwendigkeit einer geregelten sowie inhaltlich aufeinander abgestimmter Verwaltung dieser Gesellschaften erwächst. Ein im Unternehmensverbund enthaltener Mehrwert lässt sich in diesen Fällen nur dann vollständig realisieren, wenn die Unternehmen in ihrem jeweiligen Verbund erhalten bleiben und als solcher auch nach Insolvenzeröffnung weiterhin geschlossen am Markt agieren. Insofern besteht das zwingende Bedürfnis, für die gesamte Unternehmensgruppe eine einheitliche Sanierungspolitik zu entwickeln, da anderenfalls eine insolvenzbedingte Auflösung der Konzernstruktur droht.
5. Das deutsche Recht kennt bislang keinen einheitlichen Konzernbegriff. Ein künftiger insolvenzrechtlicher Konzernbegriff sollte sich zwecks Vereinheitlichung an den Vorgaben der EU-BilanzRL orientieren, die bereits jetzt als Maßstab für den handelsrechtlichen Konzernbegriff in § 290 HBG sowie für das konzernrechtliche Verständnis in Art. 2 Nr. 14 EuInsVO n. F. dienen.
6. Die Regelung des § 3e KIG wird diesen Anforderungen nur teilweise gerecht. Eine autonome Auslegung des Begriffs der Unternehmensgruppe bleibt auch künftig dort möglich, wo die insolvenzrechtlichen Zielsetzungen – insbesondere das Bedürfnis nach Verfahrenskoordination – eine insolvenzspezifische Auslegung forcieren.
7. Die Aussicht auf eine erfolgreiche Fortführung des Unternehmens der Konzernmutter steht regelmäßig unter dem Vorbehalt eines permanenten Zugriffsrechts auf die Leistungen ihrer Töchter. Eine Sanierung im Konzern kann daher nur dann funktionieren, wenn die Konzernleitung das Konzept

https://doi.org/10.1515/9783110578775-013

einer einheitlichen Geschäftspolitik auf Grundlage der ursprünglichen Leistungsstrukturen auch nach Verfahrenseröffnung weiterhin gewährleisten kann.

- Während die wohl herrschende Meinung in Rechtsprechung und Literatur zu Zeiten der Konkursordnung noch davon ausging, dass mit der Eröffnung des Konkursverfahrens ein zwischen dem Schuldner und einer anderen Gesellschaft bestehender Beherrschungs- und Gewinnabführungsvertrag automatisch beendet wurde, führt die Eröffnung des Insolvenzverfahrens nicht *ipso iure* zu einer Änderung des Gesellschaftszwecks.
- Der Zweck einer insolventen Gesellschaft ist vorbehaltlich eines abweichenden Beschlusses der Gläubigerversammlung im Berichtstermin (§ 157 InsO) auch nach Eröffnung des Insolvenzverfahrens auf den Betrieb einer werbenden Gesellschaft und somit auf Gewinnerzielung gerichtet. Für die Dauer des Verfahrens wird der ursprüngliche Gesellschaftszweck hinsichtlich der nach dem Insolvenzrecht geltenden Besonderheiten sowie Zielbestimmungen überlagert.
- Die Eröffnung des Insolvenzverfahrens führt nicht zu einer automatischen Beendigung der zwischen dem Schuldner und einer dritten Gesellschaft bestehenden Unternehmensverträge.
- Beschließt die Gläubigerversammlung die Liquidation der schuldnerischen Gesellschaft, hat dies den Verlust der Unternehmereigenschaft sowie die Beendigung der Unternehmensverträge zur Folge, da die §§ 15, 17, 291 Abs. 1 AktG den Betrieb eines Unternehmens zwingend voraussetzen.
- Das Recht des Insolvenzverwalters, (analog) § 103 InsO über den Fortbestand der Unternehmensverträge zu befinden liegt bis zu einer verbindlichen Entscheidung der Gläubigerversammlung über den Fortgang des Verfahrens im Berichtstermin (§ 157 InsO) unter dem Zustimmungsvorbehalt der Gläubigerversammlung, während dem Insolvenzverwalter lediglich eine Not- und Eilzuständigkeit in der Sache verbleibt. Beschließt die Gläubigerversammlung im Berichtstermin die (vorläufige) Fortführung des Unternehmens, liegt die Verwertungskompetenz wieder uneingeschränkt beim Insolvenzverwalter.
- Nach Eröffnung des Insolvenzverfahrens steht die Ausübung des Weisungsrechts der herrschenden Gesellschaft (§ 308 AktG) dem im Verfahren bestellten Insolvenzverwalter kraft der ihm übertragenen Verwaltungs- und Verfügungsbefugnis (§ 80 InsO) zu.

- Die Verlustausgleichspflicht der Obergesellschaft (§ 302 AktG) bleibt solange bestehen, wie der Unternehmensvertrag einen entsprechenden schuldauslösenden Grund schafft.
- Ein in Ausübung des Weisungsrechts der Obergesellschaft durch den Insolvenzverwalter nach § 308 AktG begründeter Ausgleichsanspruch (§ 302 AktG) ist Masseverbindlichkeit nach § 55 Abs. 1 InsO.
- In der Insolvenz der Obergesellschaft kann die Untergesellschaft einen zwischen den Parteien bestehenden Unternehmensvertrag nach § 297 Abs. 1 S. 1 AktG außerordentlich kündigen. Das Recht zur Kündigung wird analog § 112 Nr. 2 InsO solange suspendiert, wie die Gläubigerversammlung im Berichtstermin (§ 157 InsO) noch keine verbindliche Entscheidung hinsichtlich der Verwertung des vom Insolvenzbeschlag erfassten Vermögens getroffen hat.
- Im Falle einer Beendigung der Unternehmensverträge können die Gläubiger der abhängigen Gesellschaft von der herrschenden Gesellschaft nach § 303 Abs. 1 AktG Sicherheit verlangen, wenn den Gläubigern nicht bereits aufgrund ihrer Stellung im Insolvenzverfahren analog § 303 Abs. 2 AktG ein gleichwertiges Recht auf vorzugsweise Befriedigung zusteht.
- Mit der Eröffnung des Insolvenzverfahrens über das Vermögen der Untergesellschaft wird das Weisungsrecht der Obergesellschaft aus § 308 Abs. 1 S. 1 AktG für die Zeit des Insolvenzverfahrens suspendiert.
- Gleichzeitig wird die zwischen der Ober- und der Untergesellschaft bestehende Pflicht zum Verlustausgleich (§ 302 AktG) insoweit suspendiert, wie die Obergesellschaft zur Ausübung eines ihr aus Beherrschungsvertrag zustehenden Weisungsrechts nicht im Stande ist. Dies ist immer dann der Fall, wenn die Verwaltungs- und Verfügungsbefugnis über das Vermögen der Untergesellschaft auf einen Insolvenzverwalter übergegangen ist (§ 80 InsO).
- Die Pflicht zum Verlustausgleich nach § 302 Abs. 1 AktG ist gleich dem Weisungsrecht der Obergesellschaft insoweit suspendiert, wie ein nach Verfahrenseröffnung entstandener Verlustvortrag der Untergesellschaft auf Handlungen des Insolvenzverwalters zurückzuführen ist.
- Trotz dieser Suspensionswirkung ist die Obergesellschaft weiterhin zum Ausgleich derjenigen Verluste im Vermögen der insolventen Untergesellschaft aus § 302 AktG verpflichtet, die ihrem Ursprung nach auf eine wertmäßige Differenz zwischen Handels- und Insolvenzeröffnungsbilanz zurück zu führen sind (Abwicklungsverluste).
- Mit der Eröffnung des Insolvenzverfahrens über das Vermögen der Untergesellschaft wird die unternehmensvertragliche Pflicht zur Gewinnabführung (vgl. § 291 Abs. 1 AktG) bis zur Beendigung des Insolvenz-

verfahrens suspendiert. Gewinne die durch den Insolvenzverwalter im Rahmen der Unternehmensfortführung erwirtschaftet wurden, stehen ausschließlich der jeweiligen Verfahrensmasse zu.

- Beschließt das Insolvenzgericht die Aufhebung des Insolvenzverfahrens oder ordnet dieses nachträglich die Eigenverwaltung an, muss mit einem gleichzeitigen Wiederaufleben der Verlustausgleichspflicht (§ 302 AktG) konsequenter Weise auch das Gebot zur Gewinnabführung wiederaufleben. Demgegenüber hat die Liquidation der schuldnerischen Gesellschaft zwingend eine Beendigung der vertraglich geschuldeten Gewinnabführungspflicht zur Folge.
- Die Parteien können die Unternehmensverträge gemäß § 297 Abs. 1 AktG jederzeit außerordentlich kündigen, sofern ein wichtiger Grund im Sinne der Vorschrift vorliegt. Bis zu einer Entscheidung der Gläubigerversammlung im Berichtstermin über den Fortgang des Verfahrens ist das Recht zur Kündigung analog § 112 Nr. 2 InsO suspendiert.
- Im faktischen Konzern wird das Konzernverhältnis im Zeitpunkt der Eröffnung des Insolvenzverfahrens über das Vermögen der abhängigen Gesellschaft für die Zeit bis zur Beendigung des Verfahrens suspendiert. Abwicklungsverluste sind von der abhängigen Gesellschaft selbst zu tragen.
- Die Eröffnung des Insolvenzverfahrens über das Vermögen der herrschenden Gesellschaft hat keinen Einfluss auf den Fortbestand einer faktisch vermittelten Leitungsmacht. Diese wird nach Verfahrenseröffnung durch den Insolvenzverwalter der herrschenden Gesellschaft ausgeübt.

8. Während das Konzept einer *Substantive Consolidation* in den USA für zulässig erachtet wird, haben hierzulande ein gewachsenes Verständnis der Trennung von Haftungsmassen, die Universalität einer *par conditio creditorum* (§ 1 InsO) sowie kreditwirtschaftliche Erwägungen zu der Überzeugung geführt, dass eine Konsolidierung rechtsträgerverschiedener Haftungsmassen zumindest auf der Grundlage eines geltenden deutschen Insolvenzrechts nicht zu überzeugenden Ergebnissen führen kann.

9. Die wohl wirkungsvollste Ausprägung formeller Verfahrenskonzentration liegt in der Ernennung ein und derselben Person zum Insolvenzverwalter für mehrere oder sämtliche Verfahren einer und derselben Unternehmensgruppe.

- Von einer generellen Pflicht zur Bestellung eines personenidentischen Insolvenzverwalters ist mit Blick auf die hierdurch bedingten Interessenkonflikte sowie der begrenzten Einsatzmöglichkeiten eines Sonderinsolvenzverwalters dennoch abzusehen.

- Die nunmehr in § 56b KIG vorgesehen Möglichkeit einer einheitlichen Verwalterbestellung sowie die in der Vorschrift enthaltene Abstimmungspflicht sind insofern zu begrüßen. Da das Gesetzt bislang jedoch keine Möglichkeit vorsieht, Rechtsmittel gegen die nach § 56b KIG zu treffende Entscheidung einzulegen, lässt sich dessen Inhalt – außerhalb der Geltendmachung einer Amtspflichtverletzung – den Gerichten gegenüber kaum durchsetzen.

10. Neben der Bestellung eines einheitlichen Insolvenzverwalters bieten die §§ 217 ff. InsO die Möglichkeit, durch die Aufstellung inhaltlich aufeinander abgestimmter Insolvenzpläne einen strategischen Gleichlauf der jeweiligen Einzelverfahren herbeizuführen. Parallel hierzu bietet sich auch nach US-amerikanischen Insolvenzrecht gemäß Bankruptcy Rule 1015 (b) die Möglichkeit, gleich mehrere Verfahren unter der Wirkung eines Reorganisationsplans zusammenzufassen.
- Im Gegensatz zu einem US-amerikanischen Insolvenzrecht, steht die Umsetzung eines konsolidierten Konzerninsolvenzplans mit dem Verständnis eines geltenden deutschen Insolvenzrechts nicht im Einklang (vgl. §§ 11, 217, 221 InsO).
- Die Sanierung notleidender Konzerngesellschaften ist daher unter Würdigung des Grundsatzes ein Schuldner, ein Vermögen, ein Verfahren auf der Grundlage diverser Einzelplanverfahren durchzuführen.
- Zwecks inhaltlicher Abstimmung der Einzelpläne ist im Verfahren der Mutter beziehungsweise Konzernholding zusätzlich ein Master- oder Referenzplan zu implementieren. Während sich der darstellende Teil dieses Plans zu den Sanierungsoptionen für den Gesamtkonzern verhält und den Tochtergesellschaften als Leitbild dient, können die für die Sanierung der Einzelunternehmen notwendigen Rechtsänderungen im gestaltenden Teil der Pläne auf Einzelverfahrensebene hinreichende Berücksichtigung finden, ohne dass der Insolvenzplan der Mutter in enteignender Weise in die Rechte der Gläubiger der Töchter eingreift.

11. Das Institut der Eigenverwaltung wurde in einer Vielzahl bedeutsamer Großverfahren der vergangenen Jahre als erfolgsversprechendes Sanierungsmittel angepriesen. Im Vergleich zur Einsetzung eines personenidentischen Insolvenzverwalters bieten die §§ 270 ff. InsO jedoch ein insgesamt nur niedriges Koordinationspotenzial.

12. Auch der Gesetzgeber hat durch die Einführung von § 270d KIG bislang nicht auf alle regelungsbedürftigen Fragen der Eigenverwaltung die Richtigen Antworten finden können. Eine Abstimmung zwischen erster und dritter Stufe der Insolvenzrechtsreform ist somit vorerst gescheitert.

- Es besteht weiterhin das Bedürfnis, die Regelung des § 276a InsO durch die Einführung umfassender Kooperationspflichten zu ergänzen, um sicherzustellen, dass die vertretungsberechtigten Organe der eigenverwaltenden Schuldner auch nach Anordnung der Eigenverwaltung zur Zusammenarbeit verpflichtet sind.
- Die Regelung des § 270d KIG ist entsprechend zu erweitern, sodass die Kooperationspflichten des § 269a KIG künftig auch auf das Verhältnis zwischen Insolvenzverwalter und eigenverwaltendem Schuldner sowie auf den Sachwalter Anwendung finden.
- Es bedarf zudem einer gesetzgeberischen Klarstellung, ob die Regelung in § 270d KIG auch das durch § 276a InsO suspendierte Recht umfasst, auf Gesellschafterebene der Geschäftsführung der eigenverwalteten Gesellschaft hinsichtlich einzelner Verwaltungsmaßnahmen verbindliche Weisungen zu erteilen. Gegebenenfalls ist die Regelung um entsprechende Kooperationspflichten für die schuldnerischen Aufsichtsorgane zu ergänzen.
- Die Regelung des § 3a KIG ist entsprechend zu erweitern, sodass der Antrag auf Begründung des Gruppen-Gerichtsstands künftig in Abhängigkeit zur Vorlage eines Sanierungskonzepts zu stellen oder mit dem Antrag nach § 270b KIG zu verbinden ist.
- Die Regelung des § 274 Abs. 2 und 3 InsO ist entsprechend zu erweitern, sodass die dort normierten Prüfungs- und Überwachungspflichten künftig auf den gesamten Konzern Anwendung finden. Die Bestellung eines einheitlichen Sachwalters sollte von der Frage abhängig sein, ob eine einzige Person die Erfüllung dieser Pflichten leisten kann.

13. Als erfolgsversprechende Alternative zu einer isolierten Anordnung der Eigenverwaltung hat sich die Kombination von Eigenverwaltung und Insolvenzplanverfahren erwiesen. Die Synthese beider Verfahrensarten bildet ein ideales Mittel für die Umsetzung eines einheitlichen Sanierungskonzepts auf der Grundlage eines geltenden Insolvenzrechts.
- Im Gegensatz zu dem Modell einer isolierten Eigenverwaltung wird ein aufgrund faktischer Konzernierung beruhendes Herrschaftsverhältnis zwischen der Mutter- und der in Eigenverwaltung geführten Tochtergesellschaft lediglich für den Zeitraum zwischen der Anordnung der Eigenverwaltung sowie der rechtskräftigen Bestätigung des Insolvenzplans suspendiert.
- Die rechtskräftige Bestätigung des Insolvenzplans sowie die damit einhergehende Pflicht zur Aufhebung des Insolvenzverfahrens führt zu einem Wiederaufleben der konzerninternen Herrschaftsbeziehungen,wo-

durch die Konzernspitze ihre Weisungsbefugnisse gegenüber ihren Töchtern zurückerlangt.

- Für Konzernsachverhalte ist die gemäß § 270b Abs. 1 S. 1, S. 2 InsO vom Gericht zu bestimmenden Frist zur Vorlage eines Insolvenzplans jedoch zu kurz bemessen, sodass diese künftig von drei auf sechs Monate zu verdoppeln ist.

14. Die InsO kennt bislang keine Regelungen, die den Verfahrensbeteiligten eine Pflicht der zum Informationsaustausch und zur Zusammenarbeit vorschreiben. Rechte und Pflichten, die sich bereits nach geltendem Recht aus den allgemeinen Grundsätzen herleiten, gelten aufgrund der Rechtsträgerbezogenheit des Insolvenzverfahrens (§ 11 InsO) beziehungsweise der Besonderheiten des Gesellschaftsrechts zumeist nur im Verhältnis zur eigenen Gesellschaft und nicht zu den Organen anderer Gesellschaften beziehungsweise zu den Beteiligten eines jeweils anderen Verfahrens. Eine effektive Zusammenarbeit lässt sich *de lege lata* daher nur aufgrund inhaltsgleicher sowie korrespondierender Pflichten in sämtlichen Verfahren erreichen, was wiederum ein gewisses Maß an Kooperationsbereitschaft der Beteiligten im Vorfeld des Verfahrens erforderlich macht.

15. Die Einführung von Kooperationsrechten- und Pflichten für Insolvenzverwalter, Gerichte aber auch Gläubigerausschüsse im Rahmen der neugeschaffenen §§ 269a bis 269c KIG wird diesem Bedürfnis nicht gerecht. Ähnlich wie schon auf europäischer Ebene besteht nach dem KIG keine „echte" Pflicht zur Zusammenarbeit, sodass sich die in den §§ 269a ff. KIG beschriebenen Rechte und Pflichten den Verfahrensbeteiligten gegenüber nicht rechtsverbindlich durchsetzen lassen. Allenfalls die in § 269a S. 1 KIG normierte Pflicht zur gegenseitigen Unterrichtung und Informationsgewährung ist als Auskunftsanspruchs prozessual durchsetzbar. Im Übrigen ist der Unterstützung begehrende Insolvenzverwalter auf die allgemeinen Sanktionsmechanismen der Insolvenzordnung, namentlich die Anregung gerichtlicher Aufsichtsmaßnahmen nach § 58 Abs. 2 InsO angewiesen. Lückenhaft ist insbesondere die Verpflichtung der Gläubigerorgane. Bis auf die optionale Bildung eines Gruppen-Gläubigerausschusses sind weder Kooperations- noch Abstimmungspflichten zwischen den Gläubigerorganen vorgesehen.

- Die §§ 269a ff KIG sind daher künftig durch ein umfassendes Sanktionensystem zu ergänzen.
- Die Regelung des § 269a KIG ist entsprechend zu erweitern sodass die für den Insolvenzverwalter geltenden Kooperationspflichten auch auf das Verhältnis der Gesellschaftseigentümer, geschäftsleitenden Organe sowie Sachwalter untereinander Anwendung findet.

- Die Regelung des § 269c KIG ist künftig durch die Einführung von Kooperationspflichten für die Gläubigerversammlungen der gruppenangehörigen Schuldner sowie durch die Normierung eines an § 245 InsO angelehnten Obstruktionsverbots zu erweitern, um künftig eine koordinierte Verwertungsentscheidung (§ 157 InsO) auf Ebene sämtlicher Gläubigerversammlungen zu erreichen.

16. Durch die Einsetzung eines Koordinationsgerichts (§ 269d KIG), eines Verfahrenskoordinators (§ 269e KIG) sowie der Einführung eines Koordinationsplans (§ 269 h KIG) verspricht sich der Gesetzgeber darüber hinaus Synergieeffekte im Hinblick auf eine Minimierung möglicher Reibungsverluste zwischen den parallel anhängigen Verfahren nutzbar zu machen. Dieser Zielsetzung kann das KIG bislang nur bedingt gerecht werden. Ein Mehrwert im Verhältnis zu einer bislang gängigen Praxis lässt sich dem Verfahren nicht entnehmen.

- Für das gemäß § 3a KIG zuständige Gruppengericht sollte künftig die Möglichkeit bestehen, obstruierende Verwalter, die der Kooperationspflicht des § 269e Abs. 2 KIG nicht nachkommen, zu sanktionieren.
- Die Vergütung des Verfahrenskoordinators sollte künftig anhand der geleisteten Arbeitsstunden und nicht nach dem Wert der zusammengefassten Massen bemessen werden.
- Für den Verfahrenskoordinator wird der Haftungsmaßstab des § 60 InsO nach nach Maßgabe der §§ 269a ff. KIG modifiziert, mit der Folge, dass auf diesen ein im Verhältnis zum Insolvenzverwalter lediglich abgeschwächter Pflichtenmaßstab Anwendung findet, der sich in erster Line an dem Gesamtinteresse der Gruppengläubigerschaft orientiert (vgl. § 269f Abs. 1 S. 1 KIG).
- Haftungsrisiken können sich für den Verfahrenskoordinator insbesondere im Zusammenhang mit der Erläuterung des Koordinationsplans gegenüber den Gläubigerversammlungen sowie durch die Weitergabe unzutreffender Informationen aus den jeweiligen Einzelverfahren ergeben.
- Die eigenverantwortliche Umsetzung des Koordinationsplans im Verfahren des Schuldners beziehungsweise die vorausgehende Zustimmungserteilung durch den Gruppen-Gläubigerausschuss (vgl. § 269h Abs. 1 S. 2 KIG) führen nicht zu einer Unterbrechung des haftungsrechtlichen Zurechnungszusammenhangs und sind somit zu einer Entlastung des Verfahrenskoordinators nicht geeignet.

17. Ähnlich wie die §§ 269a ff. KIG entfalten auch die Koordinationsmechanismen der EuInsVO den Verfahrensbeteiligten gegenüber keine verbindliche Wirkung. Um den Art. 56 ff. EuInsVO n. F. dennoch zu ihrem gewünschten

Erfolg zu verhelfen, sind die Regelungen künftig durch die Einführung eines umfassenden Sanktionenkatalogs verpflichtend auszugestalten.

18. Für die koordinierte Abwicklung konzernierter Unternehmen kann es von Vorteil sein, wenn für sämtliche Verfahren ein einheitlicher Gerichtsstand existiert. Eine gemeinsame Zuständigkeit für verbundene Rechtsträger im Sinne einer Konzernzuständigkeit kennt das deutsche Insolvenzrecht bislang nicht. Die Bestimmung des Gerichtsstands ist *de lege lata* daher für jedes Konzernunternehmen auf Grundlage von § 3 InsO gesondert vorzunehmen.

19. Örtlich zuständig ist gemäß § 3 Abs. 1 InsO ausschließlich dasjenige Insolvenzgericht, in dessen Bezirk der Schuldner seinen allgemeinen Gerichtsstand hat. Liegt der Mittelpunkt einer selbständigen wirtschaftlichen Tätigkeit des Schuldners an einem anderen Ort, so ist ausschließlich das Insolvenzgericht zuständig, in dessen Bezirk dieser Ort liegt.

20. Der Mittelpunkt der selbständigen wirtschaftlichen Tätigkeit lässt sich weder einheitlich noch schematisch bestimmen. Die Zuständigkeitsentscheidung hat auf Grundlage einer Abwägung sämtlicher Kriterien zu erfolgen, die sowohl für als auch gegen eine Zuständigkeitsbegründung am Sitz der Mutter sprechen, wobei nicht auszuschließen ist, dass sich die Mehrzahl der zuständigkeitsbegründenden Indizien möglicherweise ausgewogen auf zwei Orte verteilt. Ist dies der Fall, sollte die Entscheidung im Kern durch den in § 3 Abs. 1 S. 2 InsO enthaltenen Grundsatz, Schulden an demjenigen Ort abzuwickeln, an dem sie auch entstanden sind, sowie den Sanierungsgedanken des § 1 InsO getragen sein.

21. Für die Bestimmung des Mittelpunkts der selbständigen wirtschaftlichen Tätigkeit ist der Ort beziehungsweise die Einrichtung maßgeblich, von wo aus die tatsächliche Willensbildung innerhalb des schuldnerischen Unternehmens ausgeht, also derjenige Ort, an dem die wesentlichen unternehmensleitenden Entscheidungsbefugnisse wahrgenommen und in laufende Geschäftsführungsentscheidungen umgesetzt werden. Für die Bestimmung dieses Ortes kann insbesondere entscheidend sein, wo die Geschäftsentscheidungen in Form von Geschäftsunterlagen ihren Niederschlag finden. Auch kann die Eintragung im Handelsregister eine entsprechende Indizwirkung entfalten. Nicht erforderlich ist hingegen, dass die Entscheidungen an diesem Ort auch Außenwirkung entfalten.

22. Insbesondere kann der Umstand, dass die Muttergesellschaft die Geschäfte ihrer Töchter vom eigenen Unternehmenssitz aus zentral leitet, für die Annahme einer gemeinsamen Zuständigkeit an diesem Ort sprechen. Erforderlich ist jedoch, dass neben diesen Umstand noch weitere Indizien treten.

23. Maßnahmen, die auf ein schuldnerisches *forum shopping* abzielen, sollten im Rahmen der Zuständigkeitsbestimmung keine Berücksichtigung finden, wenn diese innerhalb der letzten *drei Monate* vor dem Antrag auf Eröffnung des Insolvenzverfahrens stattfinden und das Gläubigerinteresse eine Verlegung der örtlichen Zuständigkeit nicht ausnahmsweise rechtfertigt.

24. Die Verwendung unbestimmter beziehungsweise auslegungsbedürftiger Rechtsbegriffe, wie die des Sachzusammenhangs oder des wirtschaftlichen oder persönlichen Zusammenhangs zwecks Bestimmung der richterlichen Zuständigkeit im Rahmen von Geschäftsverteilungsplänen, stellt einen Verstoß gegen das in Art. 101 Abs. 1 S. 2 GG normierte Gebot des gesetzlichen Richters dar, soweit nicht der Geschäftsverteilungsplan selbst Kriterien zur Auslegung der verwendeten Begriffe enthält.

25. Die Bestimmung der insolvenzgerichtlichen Zuständigkeit für Konzerngesellschaften unterliegt *de lege lata* einem erheblichen Maß an Rechtsunsicherheit. Für ein künftiges Insolvenzrecht besteht insofern das zwingende Bedürfnis nach einer einheitlichen konzernspezifischen Zuständigkeitszuweisung.

26. Die Aussichten auf eine flexible Handhabung der Zuständigkeitsfrage streiten für das Konzept einer Verfahrenskonzentration kraft Zuständigkeitsverweisung. Demgegenüber können die Annahme einer gemeinsamen Konzernzuständigkeit am Gerichtsstand der Mutter, die Einführung einer örtlichen Wahlzuständigkeit in Anlehnung an § 35 ZPO sowie eine echte Prorogation in Anlehnung an § 38 ZPO aufgrund der Besonderheiten des Insolvenzrechts nicht überzeugen.

- Mit Blick auf die strafbewährte Versäumnis der Insolvenzantragstellung (§ 15a InsO) erscheint es notwendig, dass für jeden Schuldner die Möglichkeit zur Stellung des Insolvenzantrags am eigenen Gerichtsstand besteht.
- Alternativ muss es für den Schuldner gewährleistet sein, einen Antrag auf Eröffnung des Insolvenzverfahrens in demjenigen Gerichtsbezirk zu stellen, in dem bereits das Insolvenzverfahren über das Vermögen einer konzernverbundenen Gesellschaft eröffnet wurde oder beim örtlich zuständigen Gericht einen Antrag auf Verweisung an diesen Gerichtsstand zu stellen.
- Das zuerst angerufene Insolvenzgericht (Prioritätsprinzip) sollte dazu berechtigt sein, das Verfahren auf Antrag des Schuldners an einen anderen Gerichtsstand zu verweisen, wenn Umstände wie die Nähe der Gläubigerschaft, die Nähe des Schuldners, der Belegenheitsort des schuldnerischen Vermögens, der Belegenheitsort der schuldnerischen Geschäftsunterlagen sowie die Nähe der schuldnerischen internen Verwaltung (maßgeblich ist insbesondere derjenige Ort, an dem die wesentlichen unternehmensleitenden Entscheidungsbefugnisse wahrge-

nommen und in laufende Geschäftsführungsentscheidungen umgesetzt werden) für eine effektivere Verwaltung an diesem Gerichtsstand streiten.

- Um eine gemeinsame Zielrichtung der Verweisungsanträge zu gewährleisten ist sicherzustellen, dass zwischen den zuständigen Gerichten im umfassenden Maße Kommunikations- und Kooperationspflichten bestehen.
- Eine Verweisungsmöglichkeit sollte in Anlehnung an Bankruptcy Rule 1014(a) darüber hinaus auch dann bestehen, wenn der Eröffnungsantrag an einem zwar in formeller Hinsicht geeigneten, aber in Anbetracht der tatsächlichen Umstände des vorliegenden Sachverhalts unzweckmäßigen Gerichtsstand gestellt worden ist.

27. Die Schaffung einer insolvenzgerichtlichen Zuständigkeitskonzentration für Konzerninsolvenzverfahren ist schon seit langem Gegenstand der Forderung in Literatur und Praxis. Es ist daher zu begrüßen, dass sich der Gesetzgeber dieser Forderung nunmehr durch die Implementierung eines Gruppen-Gerichtsstands in den §§ 3a ff. KIG angenommen hat.
   - Neben der in § 2 Abs. 3 KIG neu geschaffene Möglichkeit, durch Rechtsverordnung Spezialgerichte zu errichten sollte künftig zusätzlich die bereits im US-amerikanischen Recht in Bankruptcy Rule 1014(a) bestehende Verweisungsmöglichkeit treten, der zufolge das Gericht das Verfahren an ein anderes Gericht verweisen kann, wenn der Eröffnungsantrag an einem zwar in formeller Hinsicht geeigneten, aber in Anbetracht der tatsächlichen Umstände des vorliegenden Sachverhalts unzweckmäßigen Gerichtsstand gestellt worden ist.
   - Eine Schwachstelle der gesetzlichen Neuregelung verbleibt darüber hinaus in der Möglichkeit, eine gezielte Verfahrenskonzentration auf dem Wege des *forum shopping* herbeizuführen. Diese Schwachstelle wiegt jedoch relativ gering, da zum einen nach deutschem Recht die Zuständigkeit nicht über das anzuwendende Verfahrensrecht entscheidet und zum anderen ein Antrag auf Begründung eines Gruppen-Gerichtsstands nur von einer solchen Gesellschaft gestellt werden kann, die nicht offensichtlich von untergeordneter Bedeutung für die gesamte Unternehmensgruppe ist, wobei die Möglichkeit zur Beeinflussung dieser Eigenschaft im Wege der Umgestaltung der örtlichen Arbeitnehmergewichtung eher fern liegt
   - Für den Schuldner besteht zudem die Möglichkeit, eine Konzernzuständigkeit am Sitz der Konzernmutter auf legalem Wege zu „erschleichen“, wenn von vornherein feststeht, dass bei dieser ohnehin kein Insolvenzgrund vorliegt, indem ein einmal begründeter Gruppen-Gerichtsstand – unbeschadet einer späteren Nichteröffnung des Verfahrens

über den antragenden Schuldner – mit Wirkung für die übrigen Verfahren fortbestehen bleibt (vgl. § 3b KIG).

- Aus Klarstellungsgründen sollte der Gesetzgeber die noch im Diskussionsentwurf enthaltenden Formulierung, wonach eine untergeordnete Bedeutung in der Regel dann nicht anzunehmen ist, „wenn der Schuldner eine wesentliche Aufgabe oder Funktion für die Tätigkeit der Gruppe wahrnimmt" (§ 3a Abs. 1 S. 1 Nr. 3 Hs. 2 a.E. Disk-E) wieder in den Gesetzestext aufzunehmen.
- Dem eigenantragstellenden Schuldner sollte künftig gegen die Begründung eines Gruppen-Gerichtsstands die sofortige Beschwerde zustehen.
- Unklar bleibt zudem was gilt, wenn das angerufene Gericht den Antrag auf Verfahrenskonzentration am eigenen Gerichtsstand (§ 3a KIG) irrtümlicher Weise für zulässig hält – etwa, weil es die Bedeutung des Schuldners innerhalb der Gruppe verkennt. Dem Schuldner beziehungsweise dem antragstellenden Insolvenzverwalter sollte in diesen Fällen künftig die Möglichkeit zustehen, bei dem Gericht einen Verweisungsantrag an ein gemäß § 3a KIG zuständiges Gericht zu stellen.

28. Eine einheitliche Zuständigkeitsregelung für europäisch-grenzüberschreitende Konzerninsolvenzverfahren ist durch Unionsgesetzgeber auch künftig nicht vorgesehen. Für die Bestimmung der internationalen Zuständigkeit bleibt somit entscheidend, an welchem Ort der Schuldner für Dritte erkennbar seine Interessen verwaltet (Art. 3 EuInsVO n. F.).

29. Der Mittelpunkt der hauptsächlichen Interessen (COMI) i. S.v. Art. 3 EuInsVO n. F. ist für jede Konzerngesellschaft nach dem Grundsatz: ein Schuldner, ein Vermögen, ein Hauptinsolvenzverfahren gesondert zu bestimmen. Die Einführung einer gemeinsamen internationalen Zuständigkeit für Konzernsachverhalte ist mit dem derzeitigen Verständnis eines europäischen Insolvenzrechts nicht vereinbar.

30. Eine gemeinsame Zuständigkeit für Konzerngesellschaften am Sitz der Muttergesellschaft kommt aufgrund des bisherigen Meinungsstands zur Bestimmung des COMI ausschließlich in denjenigen Fällen in Betracht, in denen sich der satzungsmäßige Sitz und der tatsächliche Verwaltungssitz einer konzernangehörigen Tochtergesellschaft im Mitgliedstaat der Mutter befanden oder eine im europäischen Ausland ansässige Tochtergesellschaft als verlängerter Arm der Mutter auftrat, wobei sich die tatsächlich Verwaltung ihrer Interesse für Dritte erkennbar im Mitgliedstaat der Mutter befanden.

31. Mit der am 26. Juni 2015 in Kraft getretenen Neufassung der EuInsVO hat sich der europäische Gesetzgeber zum Ziel gesetzt, einen Rahmen zu schaffen, der es erlaubt, Insolvenzverfahren über das Vermögen verschiedener Gesellschaften die einer Unternehmensgruppe angehören effizienter zu führen und sich dabei bewusst gegen eine einheitliche Zuständigkeitsregelung entschieden. Für Verfahren, die ab dem 26. Juni 2017 im Geltungsbereich der EuInsVO n. F. eröffnet werden, gelten danach folgende Besonderheiten:

- Mittelpunkt der hauptsächlichen Interessen (COMI) im Sinne von Art. 3 EuInsVO ist derjenige Ort, an dem der Schuldner gewöhnlich der Verwaltung seiner Interessen nachgeht und der für Dritte feststellbar ist. Unklar bleibt, ob nach dem künftigen Verständnis des Verordnungsgebers der Mittelpunkt der hauptsächlichen Interessen mit dem Ort der schuldnerischen Hauptverwaltung übereinstimmt.
- Bei Gesellschaften oder juristischen Personen wird bis zum Beweis des Gegenteils vermutet, dass sich der Mittelpunkt ihrer hauptsächlichen Interessen am Ort ihres satzungsmäßigen Sitzes befindet, sofern dieser nicht in einem Zeitraum von drei Monaten vor dem Antrag auf Eröffnung des Insolvenzverfahrens in einen anderen Mitgliedstaat verlegt worden ist.
  - Dieser Beweis ist erbracht, wenn das Gericht davon überzeugt ist, dass der Satzungssitz gerade nicht dem Mittelpunkt der hauptsächlichen Interessen der schuldnerischen Gesellschaft entspricht. Die Widerlegung der Vermutung ist an keine konkreten (förmlichen) Beweismittel oder an ein bestimmtes Beweisverfahren geknüpft, sondern kann mittels jedes geeignet erscheinenden Beweismittels erbracht werden.
  - Unklar bleibt jedoch, ob der Gesetzgeber den Beweis künftig auch dann ermöglichen will, wenn sich die Verwaltungs- und Kontrollorgane der schuldnerischen Gesellschaft am Ort ihres Sitzes befinden und die Verwaltungsentscheidungen der Gesellschaft in für Dritte feststellbarer Weise an diesem Ort getroffen werden.
  - Die Vermutung ist widerlegbar, wenn sich die Hauptverwaltung der Gesellschaft in einem anderen Mitgliedstaat als dem des Sitzes der Gesellschaft befindet, und wenn eine Gesamtbetrachtung aller relevanten Faktoren die von dritter Seite überprüfbare Feststellung zulässt, dass sich der tatsächliche Mittelpunkt der Verwaltung und der Kontrolle der Gesellschaft sowie der Verwaltung ihrer Interessen in diesem anderen Mitgliedstaat befindet.
  - Die Vermutung ist entkräftet, wenn feststeht, dass das Leitungsorgan der schuldnerischen Gesellschaft vom Sitz der Konzernmutter aus die wesentlichen strategischen Entscheidungen für die Tochtergesellschaft trifft.
  - Für die Widerlegung ist hingegen nicht ausreichend, dass die Muttergesellschaft selbst wesentliche strategische Entscheidungen der

Tochtergesellschaft am eigenen Unternehmenssitz trifft, wenn die Tochter im Mitgliedstaat ihres satzungsmäßigen Sitzes einer eigenen wirtschaftlichen Tätigkeit nachgeht oder in der Vergangenheit in objektiv erkennbarer Weise einer solchen Tätigkeit dort nachgegangen ist.

- Ein deutsches Gericht kann die Anerkennung eines in einem anderen Mitgliedstaat eröffneten Verfahrens gem. Art. 33 Abs. 1 EuInsVO n. F. verweigern, wenn das erkennende mitgliedstaatliche Gericht seine eigene internationale Zuständigkeit gem. Art. 3 Abs. 1 EuInsVO n. F. allein auf den Umstand einer zwischen mindestens zwei Gesellschaften bestehenden wirtschaftlichen Einheit stützt.
- Ergibt die im Rahmen von Art. 3 Abs. 1 Unterabs. 2 S. 1 EuInsVO n. F. anzustellende Gesamtbetrachtung, dass die Tochtergesellschaft den weit überwiegenden Teil ihres operativen Geschäfts und Zahlungsverkehrs über einen externen Dienstleister abwickelt, kann der Mittelpunkt der hauptsächlichen Interessen dieser Tochter am Geschäftssitz dieses Dienstleisters zu verorten sein.
- Bewegliches Sachvermögen ist grundsätzlich nur dann im Rahmen der Zuständigkeitsbestimmung zu berücksichtigen, wenn dieses nicht in einem Zeitraum von zwölf Monaten vor dem Antrag auf Eröffnung des Insolvenzverfahrens durch die schuldnerische Gesellschaft in einen anderen Mitgliedstaat verlegt worden ist.
- Sachvermögen, das sich objektiv erkennbar am Satzungssitz der schuldnerischen Gesellschaft befindet, verstärkt hingegen die Richtigkeit der Vermutung des Art. 3 Abs. 1 Unterabs. 2 S 1 EuInsVO n. F.
- Für die Bestimmung der internationalen Zuständigkeit nicht geeignet ist die Heranziehung des Belegenheitsortes von Insolvenzforderungen sowie der Umstand, dass die Gesellschaft mit einer anderen Gesellschaft eine wirtschaftliche Einheit bildet.
- Die Vermutung des Art. 3 Abs. 1 Unterabs. 2 S. 1 EuInsVO n. F. sollte im Hinblick auf die Durchführung eines geplanten Sanierungsverfahrens auch dann Anwendung finden, wenn der Sitz der schuldnerischen Gesellschaft innerhalb der Sperrfrist des Art. 3 Abs. 1 Unterabs. 2 S. 2 EuInsVO n. F. in einen anderen Mitgliedstaat verlegt wurde und sich dieser Umstand für die Gläubiger nicht zum Nachteil erweist.
- Die Sperrfrist in Art. 3 Abs. 1 Unterabs. 2 S. 2 EuInsVO n. F. sollte künftig von drei Monaten auf ein Jahr verlängert werden.

- Unklar bleibt, ob eine Widerlegung der Vermutungsregel des Art. 3 Abs. 1 Unterabs. 2 S. 1 EuInsVO n. F. künftig auch dann möglich sein soll, wenn sich die Verwaltungs- und Kontrollorgane einer Gesellschaft am Ort ihres satzungsmäßigen Sitzes befinden und die Verwaltungsentscheidungen der Gesellschaft in durch Dritte feststellbarer Weise an diesem Ort getroffen werden. Im Ergebnis hätte dies zur Folge, dass eine Konzerngesellschaft, deren Satzungs- und Verwaltungssitz sich in einem anderen Mitgliedstaat als dem der Muttergesellschaft befindet und die am Ort dieses Sitzes, in durch Dritte feststellbarer Weise ihre Verwaltungsentscheidungen trifft, ihren COMI unter näher zu bestimmenden Voraussetzungen im Mitgliedstaat der Muttergesellschaft haben könnte.

- Das mit einem Antrag auf Eröffnung eines Insolvenzverfahrens befasste Gericht prüft und ermittelt im Zweifel von Amts wegen, ob es nach Art. 3 EuInsVO n. F. international zuständig ist.
- Ein deutsches Gericht kann die Anerkennung eines in einem anderen Mitgliedstaat eröffneten Verfahrens gemäß Art. 33 Abs. 1 EuInsVO n. F. verweigern, wenn das erkennende mitgliedstaatliche Gericht seine eigene internationale Zuständigkeit gemäß Art. 3 Abs. 1 EuInsVO n. F. allein auf den Umstand einer zwischen mindestens zwei Gesellschaften bestehenden wirtschaftlichen Einheit stützt.
- Gegen die Entscheidung über die Eröffnung des Hauptinsolvenzverfahrens sowie gegen die Anordnung vorläufiger Maßnahmen nach § 21 InsO ist die sofortige Beschwerde statthaft, auf die die §§ 567 ff. und 574 bis 577 ZPO Anwendung finden.
- Ist das angerufene Insolvenzgericht im Mitgliedstaat der Muttergesellschaft international unzuständig, kann es das Verfahren an ein zuständiges Gericht im europäischen Ausland verweisen.

Gesamtbetrachtung und Schlussfolgerungen

Gegenstand der vorliegenden Untersuchungen war die Frage, unter welchen Voraussetzungen die wirtschaftliche sowie rechtliche Einheit des Konzerns auch nach der Eröffnung des Insolvenzverfahrens über das Vermögen eines Teils oder gar sämtlicher seiner Mitglieder zum Zwecke einer gemeinsamen Abwicklung beziehungsweise Sanierung nutzbar gemacht werden kann und welche Besonderheiten sich hieraus für ein künftiges Insolvenzrecht ergeben. Die auf diesem Weg gefundenen Ergebnisse sollten sodann mit den aktuellen Reformplänen des Deutschen sowie des Europäischen Gesetzgebers in Abgleich gestellt sowie ein sich hieraus ergebender künftiger Regelungsbedarf ermittelt werden.

Dabei galt es zu beachten, dass aufgrund der Besonderheiten des deutschen und des europäischen Insolvenzrechts nur solche Konzepte zu überzeugenden Ergebnissen führen können, die neben der rechtlichen Selbständigkeit der jeweiligen Konzerngesellschaften das Prinzip der Haftungstrennung berücksichtigen. Bestrebungen, die auf eine materielle Konsolidierung der Verfahrensmassen und somit auf eine Missachtung des Rechtsträgerprinzips sowie des Prinzips der Trennung der Haftungsmassen abzielen, ist vor diesem Hintergrund eine Absage zu erteilen.

Eine Antwort auf die Frage nach den Wegen hin zu einer koordinierten Konzerninsolvenz kann *de lege lata* daher nur in einer formellen Verfahrenskonzentration liegen. Eine zentrale Stellung übernimmt in diesem Zusammenhang die Frage nach dem insolvenzbedingten Schicksal unternehmensvertraglicher, beziehungsweise auf faktischer Konzernierung beruhender Herrschaftsverhältnisse, da diese zugleich Art und Umfang zukünftiger Koordinations-, Informations- und Kooperationspflichten festlegen.

Wie die vorstehenden Untersuchungen zeigen, wird ein ursprünglicher Gesellschaftszweck für die Dauer des Verfahrens durch die insolvenzrechtlichen Besonderheiten und Zielbestimmungen überlagert, sodass konzerninterne Weisungsbefugnisse, die auf unternehmensvertraglichen Beziehungen der Konzerntöchter zu der Konzernspitze beruhen, auch nach Eröffnung des Insolvenzverfahrens – wenn auch zum Teil mit Einschränkungen – fortbestehen bleiben. Zu einem vollständigen Erliegen dieser Beziehungen kommt es erst mit der Einsetzung eines Insolvenzverwalters im Verfahren der Untergesellschaft. Gleiches gilt für die Situation im qualifiziert faktischen Konzern.

An dieser Stelle müssen künftig Kooperations- und Koordinationspflichten anknüpfen, um einem insolvenzbedingten Verfall der konzerninternen Herrschaftsstrukturen vorzubeugen. Denn ein im Unternehmensverbund enthaltener Mehrwert lässt sich regelmäßig nur dann vollständig realisieren, wenn die Un-

https://doi.org/10.1515/9783110578775-014

ternehmen in ihrem jeweiligen Verbund erhalten bleiben und als solcher auch nach Insolvenzeröffnung weiterhin geschlossen am Markt agieren. Nur unter dieser Voraussetzung kann es gelingen, eine bestmögliche Befriedigung der am Verfahren beteiligten Gläubiger zu erreichen. Es ist Aufgabe des Gesetzgebers, dieser Zielsetzung innerhalb der Grenzen des Verfahrenszwecks (§ 1 InsO) den bestmöglichen Ausdruck zu verleihen.

Dieser Aufforderung ist der Gesetzgeber bislang nur bedingt gefolgt. Zwar haben die Untersuchungen gezeigt, dass ein geltendes Insolvenzrecht bereits die notwendigen Voraussetzungen und Mechanismen enthält, derer es bedarf, um eine koordinierte Verwaltung mehrerer Konzerngesellschaften zu erreichen. Ein echtes Gebot zur Zusammenarbeit im Sinne gegenseitiger Kooperationspflichten besteht in den meisten Fällen jedoch nicht. Eine Pflichtenbindung ergibt sich aufgrund der Rechtsträgerbezogenheit des Insolvenzverfahrens sowie der Besonderheiten des Gesellschaftsrechts zumeist nur im Verhältnis zur eigenen Gesellschaft und nicht zu den Organen beziehungsweise Beteiligten eines jeweils anderen Verfahrens. Eine effektive Zusammenarbeit lässt sich vor diesem Hintergrund nur dann erreichen, wenn bei sämtlichen Verfahrensbeteiligten gleichermaßen die Bereitschaft zur Zusammenarbeit besteht sowie Einigkeit hinsichtlich einer gemeinsamen Abwicklungs- beziehungsweise Sanierungsstrategie existiert.

Hieran ändert auch ein künftiges Insolvenzrecht vorerst nichts. Denn sowohl die in den §§ 269a KIG beziehungsweise Art. 56 ff. EuInsVO n. F. normierten Kooperation- und Koordinationsmechanismen als auch das in §§ 269d KIG beziehungsweise Art. 61 ff. EuInsVO n. F. geregelte Koordinationsverfahren entfalten den Verfahrensbeteiligten gegenüber keine verbindliche Wirkung. Die relative schwache Rechtsstellung des Verfahrenskoordinators sowie eine fehlende Bindungswirkung des Koordinationsplans lassen nur wenig Hoffnung aufkommen, dass sich mit den geschaffenen Instrumentarien der erwünschte Erfolg in der Praxis tatsächlich erzielen lässt. Ein wesentlicher Mehrwert zu einer bislang gängigen Praxis ist dem Verfahren nicht zu entnehmen. Erfolg oder Misserfolg der Konzerninsolvenz hängen somit auch künftig im entscheidenden Maße von dem guten Willen der Verfahrensbeteiligten ab. Es ist daher Aufgabe des Gesetzgebers, die bereits bestehenden Rechte und Pflichten künftig verbindlich auszugestalten. Bis dahin bleibt zu hoffen, dass jedenfalls die Haftungsandrohung im nationalen Recht Motivation genug ist, die sich aus der Einheit im Konzern ergebenden Synergien zu Gunsten einer für alle Verfahrensbeteiligten wirtschaftlich sinnvollen Lösung nutzbar zu machen.

Literaturverzeichnis

Acher, Franz Josef, „Vertragskonzern und Insolvenz“, Beiträge zum Insolvenzrecht, Bd. 4, hrsg. v. Manfred Balz, Bruno M. Kübler, Franz Merz, Wolfram Timm, Köln 1986; zit. *Acher*

Adam/Poertzgen, „Überlegungen zum Europäischen Konzerninsolvenzrecht (Teil 1)“ ZInsO 2008, S. 281–287

Adam/Poertzgen, „Überlegungen zum Europäischen Konzerninsolvenzrecht (Teil 2)“ ZInsO 2008, S. 347–352

Adler, Hans/Düring, Walter/Schmalz, Kurt (Hrsg.), „Rechnungslegung nach Internationalen Standards“, Kommentar, Stuttgart August 2011, zit. *Adler/Düring/Schmalz*

Andres, Dirk/Möhlenkamp, Andreas, „Konzerne in der Insolvenz – Chance auf Sanierung?“ BB 2013, S. 579–587

Bähr, Biner/Riedemann, Susanne, Anmerkung zu: AG Mönchengladbach, Beschl. v. 27.4.2004 – 19 IN 54/04
ZIP 2006, S. 1066–1068

Beck, Lukas, „Perspektiven eines Konzerninsolvenzrechts“ DZWiR 2014, S. 381–388.

Beck, Lukas, „Das Konzernverständnis im Diskussionsentwurf zum Konzerninsolvenzrecht“ DStR 2013, S. 2468–2472

Beck, Siegfried „Verwertungsfragen im Verhältnis von Haupt- und Sekundärinsolvenzverfahren nach der EuInsVO“
NZI 2006, S. 609–618

Beck'scher Bilanz-Kommentar Hrsg. v. Gerhart Förschle, Bernd Grottel, Stefan Schmidt, Wolfgang J. Schubert, 9. Aufl. München 2014, zit. BeBiKo/*Bearbeiter*

Beck'scher Online-Kommentar InsO Hrsg. v. Alexander Fridgen, Arndt Geiwitz, Burkhard Göpfert; Insolvenzordnung: Kommentar, 1. Edition, München Stand 31.01.2016, zit. BeckOK/*Bearbeiter*

Beck'sches Steuer- und Bilanzrechtslexikon, Edition 3/15, München 2015, zit. Beck'sches Steuer- und Bilanzrechtslexikon/*Bearbeiter*

Bergmann, Alfred, „Die Verwaltungsbefugnis des Insolvenzverwalters über einen zur Insolvenzmasse gehörenden GmbH-Geschäftsanteil“ ZInsO 2004, S. 225–231

Binz, Mark/Sorg, Martin, (Hrsg.), Die GmbH & Co. KG, 10 Aufl., 2005

Bley, Erich/Mohrbutter, Jürgen, Vergleichsordnung: Großkommentar, begr. v. Erich Bley, Neubearb. V. Jürgen Mohrbutter unter Mitarb. v. Harro Mohrbutter, Zweiter Band §§ 82–132, 4. Aufl. Berlin 1981

Böcker, Philipp, „Insolvenz im GmbH-Konzern (I)“ GmbHR 2004, S. 1257–1264
Böcker, Philipp, „Insolvenz im GmbH-Konzern (I)“ GmbHR 2004, S. 1257–1264
Bötticher, Eduard, „Die Konkursmasse als Rechtsträger und der Konkursverwalter als ihr Organ“ ZZP 1977, S. 55–77

Bötticher, Eduard, „Erbe und Gemeinschuldner als gewillkürte Prozeßstandschafter des Nachlaß- und des Konkursverwalters“ JZ 1963, S. 582–586

Braun, Eberhard, (Hrsg.); Insolvenzordnung: Kommentar, 6. Aufl. München 2014, zit. Braun/*Bearbeiter*

Braun, Eberhard/Uhlenbruck, Wilhelm
(Hrsg.); „Die Unternehmensinsolvenz – Grundlagen Gestaltungsmöglichkeiten, Sanierung mit der Insolvenzordnung“ Düsseldorf 1997, zit. Braun/Uhlenbruck/*Bearbeiter*

https://doi.org/10.1515/9783110578775-015

Braun, Eberhard/Uhlenbruck, Wilhelm
(Hrsg.), „Unternehmensinsolvenz: Grundlagen, Gestaltungsmöglichkeiten, Sanierung mit der Insolvenzordnung", 1. Aufl. Düsseldorf 1997, zit. *Bearbeiter* in: Braun/Uhlenbruck

Brinkmann, Moritz, „Haftungsrisiken im Schutzschirmverfahren und in der Eigenverwaltung (Teil 1)" DB 2012, S. 1313–1319

Brinkmann, Moritz, „Wege aus der Insolvenz eines Unternehmens – oder: Die Gesellschafter als Sanierungshindernis" WM 2011, S. 97–103

Brinkmann, Moritz/Zipperer, Helmut, „Die Eigenverwaltung nach dem ESUG aus Sicht von Wissenschaft und Praxis" ZIP 2011, S. 1337–1347

Brünkmans, Christian, „Auf dem Weg zu einem europäischen Konzerninsolvenzrecht – Zum Vorschlag der Europäischen Kommission zur Änderung der EuInsVO" ZInsO 2013, S. 797–808

Brünkmans, Christian, Monographie; Die Koordinierung von Insolvenzverfahren konzernverbundener Unternehmen nach deutschem und europäischen Insolvenzrecht, Berlin 2009

Brünkmans, Christian, „Entwurf eines Gesetzes zur Erleichterung der Bewältigung von Konzerninsolvenzen: Kritische Analyse und Anregungen aus der Praxis" ZIP 2013, S. 193–203

Bultmann, Britta, „Der Gewinnabführungsvertrag in der Insolvenz" ZInsO 2007, S. 785–791

Collier International Business Insolvency Guide, Hrsg. v. Matthew Bender, Volume 1, Publication 01135, Release 14 A, 2012

Courting Failure, Hrsg. v. *Lynn M. LoPucki,* University of Michigan Press, 2006

Cranshaw, Friedrich L., „Das Urteil „Interedil" des EuGH – Fortentwicklung des COMI, Durchbrechung von Bindungswirkungen, Folgen?" DZWiR 2012, S. 53–60

Dahl, Michael, „Die Bestellung eines Sonderinsolvenzverwalters nach der InsO" ZInsO 2004, S. 1014–1016

Deyda, Stephan, „Der Konzern im europäischen internationalen Insolvenzrecht", Köln 2008

Dreier, Horst, (Hrsg.), Grundgesetz: Kommentar, Bd. 3, Art. 83–146, 2. Aufl. Tübingen 2008, zit. Dreier/*Bearbeiter*

Drygala, Tim/Staake, Marco/Szalai, Stephan, (Hrsg.), Kapitalgesellschaftsrecht, 1. Aufl. Heidelberg 2011, zit. *Drygala/Staake/Szalai*

Duursma, Dieter/Duursma-Kepplinger, Henriette-Christine
, „Gegensteuerungsmaßnahmen bei ungerechtfertigter Inanspruchnahme der internationalen Zuständigkeit gemäß Art. 3 Abs. 1 EuInsVO" DZWiR, S. 447–452

Duursmar-Kepplinger, Henriette-C./Duursmar, Dieter/Chalupsky, Ernst, (Hrsg.), Kommentar: EuInsVO, 1. Aufl. Wien 2002, zit. Duursmar-Kepplinger/Duursmar/Chalupsky/*Bearbeiter*

Ebenroth, Carsten Thomas/Boujong, Karlheinz/Joost, Detlev/Strohn, Lutz, Hrsg. v. Detlev Joost, Lutz Strohn; Handelsgesetzbuch: Kommentar, 3. Aufl. München 2014, zit. Ebenroth/Boujong/Joost/Strohn/*Bearbeiter*

Eble, Maximilian, „Auf dem Weg zu einem europäischen Konzerninsolvenzrecht – Die „Unternehmensgruppe" in der EuInsVO 2017„NZI 2016, S. 115–121

Ehricke, Ulrich, „Zur gemeinschaftlichen Sanierung insolventer Unternehmen eines Konzerns" ZInsO 2002, S. 393–398

Ehricke, Ulrich, „Die Zusammenfassung von Insolvenzverfahren mehrerer Unternehmen desselben Konzerns" DZWiR 1999, S. 353–363

Ehricke, Ulrich, „Die neue europäische Insolvenzordnung und grenzüberschreitende Konzerninsolvenzen“ EWS 2002, S. 101–107
Ehricke, Ulrich, „Zur Kooperation von Insolvenzgerichten bei grenzüberschreitenden Insolvenzverfahren im Anwendungsbereich der EuInsVO“ ZIP 2007, S. 2395–2403
Ehricke, Ulrich, „Die neue Europäische Insolvenzordnung und grenzüberschreitende Konzerninsolvenzen“ EWS 2002, S. 101–107
Ehricke, Ulrich, „Insolvenzrechtliche Anfechtung gegen Insider“ KTS 1996, S. 209–229
Ehricke, Ulrich, „Beschlüsse einer Gläubigerversammlung bei mangelnder Teilnahme der Gläubiger“ NZI 2000, S. 57–62
Ehricke, Ulrich, „Die Zusammenarbeit der Insolvenzverwalter bei grenzüberschreitenden Insolvenzen nach der EuInsVO“ WM 2005, S. 397–405
Eickmann, Dieter, „Höchstpersönliches Verwalterhandeln oder Delegationsbefugnis?“ KTS 1986, S. 197–207
Eidenmüller, Horst
„Verfahrenskoordination bei Konzerninsolvenzen“ ZHR 169 (2005), S. 528–569
Eidenmüller, Horst, „Der Markt für internationale Konzerninsolvenzen: Zuständigkeitskonflikte unter der EuInsVO“ NJW 2004, S. 3455–3459
Eidenmüller, Horst, „Leveraged Buyouts und die Effizienz des deutschen Restrukturierungsrechts“ ZIP 2007, S. 1729–1737
Eidenmüller, Horst, „Der nationale und der internationale Insolvenzverwaltungsvertrag“ ZZP 114 (2001), S. 3–36
Eidenmüller, Horst, (Hrsg.), „Unternehmenssanierung zwischen Markt und Gesetz: Mechanismen der Unternehmensreorganisation und Kooperationspflichten im Reorganisationsrecht“, 1. Aufl. Köln 1999
Eidenmüller, Horst, „Der Markt für internationale Konzerninsolvenzen: Zuständigkeitskonflikte unter der EuInsVO“ NJW 2004, S. 3455–3459
Eidenmüller, Horst/Frobenius, Tilmann
„Ein Regulierungskonzept zur Bewältigung von Gruppeninsolvenzen: Verfahrenskonsolidierung im Kontext nationaler und internationaler Reformvorhaben“ ZIP 2013, Beilage zu Heft 22, S. 1–20
Emmerich, Volker/Habersack, Mathias, (Hrsg.), Aktien- und GmbH-Konzernrecht: Kommentar, 7. Aufl. München 2013, zit. Emmerich/Habersack/*Bearbeiter*
Ernst, Christoph/Seidler, Holger, „Gesetz zur Modernisierung des Bilanzrechts nach Verabschiedung durch den Bundestag“ BB 2009, S. 766–770
Erster Bericht der Kommission für Insolvenzrecht, Hrsg. v. Bundesministerium für Justiz, Köln 1985, zit. 1. KommBer.
Fehrenbach, Markus, Hrsg. v. Max-Planck-Institut für ausländisches und internationales Privatrecht; Beiträge zum ausländischen und internationalen Privatrecht, Bd. 107: „Haupt- und Sekundärinsolvenzverfahren – Zur sachgerechten Verfahrenskoordination bei grenzüberschreitenden Unternehmensinsolvenzen“, 1. Aufl. Tübingen 2014
Fehrenbach, Markus, „Die Rechtsprechung des EuGH zur Europäischen Insolvenzverordnung: Der Mittelpunkt der hauptsächlichen Interessen und andere Entwicklungen im Europäischen Insolvenzrecht“ ZEuP 2013, S. 353–383
Festschrift für *Bruno M. Kübler* zum 70. Geburtstag, „Festschrift für Bruno M. Kübler zum 70. Geburtstag“, hrsg. v. Reinhard Bork, Godehard Kayser, Frank Kebekus; München 2015, zit. *Bearbeiter* in: FS Kübler

Festschrift für *Gerhard Kreft* zum 65. Geburtstag, „Verschuldung, Haftung, Vollstreckung, Insolvenz: Festschrift für Gerhard Kreft zum 65. Geburtstag", hrsg. v. Hans Haarmeyer, Heribert Hirte, Hans-Peter Kirchhof, Friedrich Graf v. Westphalen; Bonn 2004, zit. *Bearbeiter* in: Festschrift Kreft

Festschrift für *Günther Beitzke* zum 70. Geburtstag, Hrsg. v. Otto Sandrock; Festschrift für Günther Beitzke zum 70. Geburtstag: am 26 April 1979, Berlin 1979

Festschrift für *Hans Gerhard Ganter* zum 65. Geburtstag, „Sanierung, Insolvenz, Berufsrecht der Rechtsanwälte und Notare, Festschrift für Hans Gerhard Ganter zum 65. Geburtstag", hrsg. v. Christian Berger, Godehard Kayser, Klaus Pannen; München 2010, zit. *Bearbeiter* in: FS Ganter

Festschrift für *Hans P. Runkel*, „Festschrift für Hans P. Runkel", hrsg. v. Jens M. Schmidt, Norbert Weber; München 2009, zit. *Bearbeiter* in: FS Runkel

Festschrift für *Jobst Wellensiek* zum 80. Geburtstag, „Festschrift für Jobst Wellensiek zum 80. Geburtstag", hrsg. v. Michael Flitsch, 1. Aufl. München 2011, zit. *Bearbeiter* in: FS Wellensiek

Festschrift für *Karsten Schmidt* zum 70. Geburtstag, „Festschrift für Karsten Schmidt zum 70. Geburtstag", hrsg. v. Georg Bitter, Marcus Lutter, Hans-Joachim Priester, Wolfgang Schön, Peter Ulmer; Köln 2009, zit. *Bearbeiter* in: FS K. Schmidt

Festschrift für *Klaus Pannen* zum 65. Geburtstag, Hrsg. v. Godehard Kayser, Stefan Smid, Susanne Riedemann, „Nichts ist beständiger als der Wandel, Festschrift für Klaus Pannen zum 65. Geburtstag", München 2017, zit. *Bearbeiter* in: FS Pannen

Festschrift für *Walter Gerhardt* zum 70. Geburtstag, „Festschrift für Walter Gerhardt zum 70. Geburtstag am 18. Oktober 2004", hrsg. v. Gerhart Kreft; 1. Aufl. Köln 2004, zit. *Bearbeiter* in: FS Gerhardt

Festschrift für *Wolfgang Hefermehl* zum 70. Geburtstag, „Festschrift für Wolfgang Hefermehl zum 70. Geburtstag", hrsg. v. Robert Fischer, Ernst Gessler, Wolfgang Schilling, Rolf Serick, Peter Ulmer; 1. Aufl. München 1976, zit. *Bearbeiter* in: FS Hefermehl

Flöther, Lucas F., „Die aktuelle Reform des Insolvenzrechts durch das ESUG – Mehr Schein als Sein?" ZIP 2012, S. 1833–1842

Flöther, Lucas F., (Hrsg.); Handbuch zum Konzerninsolvenzrecht, 1. Aufl. München 2015, zit. *Bearbeiter* in: Flöther.

Flume, Werner, Hrsg. v. H. Albach, E. Helmstädter, H. Honsell, P. Lerche, D. Nörr; Enzyklopädie der Rechts- und Staatswissenschaft, Allgemeiner Teil des Bürgerlichen Rechts, Zweiter Band, Das Rechtsgeschäft, 4. Aufl. Berlin 1992

Flume, Werner, „Die abhängige Aktiengesellschaft und die Aktienrechtsreform" DB 1959, S. 190–196

Fragen des Deutschen und Europäischen Insolvenzrechts
Hrsg. v. Stefan Smid, Silke Wehdeking und Mark Zeuner, anlässlich des 10. Kieler Insolvenzsymposiums, Bd. 1, Frankfurt a. M. 2015, zit. *Bearbeiter* in: Fragen des Deutschen und Europäischen Insolvenzrechts

Frankfurter Kommentar zur Insolvenzordnung, Hrsg. v. Klaus Wimmer; Kommentar, Insolvenzordnung, 7. Aufl. Köln 2013, zit. FK-InsO/*Bearbeiter*

Freudenberg, Rainer, „Der Fortbestand des Beherrschungs- und Gewinnabführungsvertrages in der Insolvenz der Konzerngesellschaft" ZIP 2009, S. 2037–2047

Frind, Frank, „Die Praxis fragt, ESUG antwortet nicht"ZInsO 2011, S. 2249–2261

Frind, Frank, „Forum shopping – made in Germany?" ZInsO 2008, S. 261–264

Frind, Frank, „Gefahren und Probleme bei der insolvenzgesetzlichen Regelung der Insolvenz der Unternehmensgruppe“ ZInsO 2014, S. 927–933

Frind, Frank/Pannen, Klaus, „Einschränkung der Manipulation der insolvenzrechtlichen Zuständigkeit durch Sperrfristen – ein Ende des Forum shopping in Sicht?“ ZIP 2016, S. 398–409

Frind, Frank/Siemon, Klaus, „Der Konzern in der Insolvenz – Zur Überwindung des Dominoeffekts in der (internationalen) Konzerninsolvenz“NZI 2013, S. 1–11

Fritz, Daniel Friedemann/Bähr, Rainer M., „Die Europäische Verordnung über Insolvenzverfahren – Herausforderung an Gerichte und Insolvenzverwalter“ DZWiR 2001, S. 221–235

Gaul, Dieter, „Mitwirkungsrechte der Arbeitnehmer im Insolvenzverfahren“ KTS 1955, S. 180–185

Gedächtnisschrift für *Jürgen Sonnenschein*, „Gedächtnisschrift für Jürgen Sonnenschein“, hrsg. v. Joachim Jickeli, Peter Kreutz, Dieter Reuter, Berlin 2013, zit. *Bearbeiter* in: GS Sonnenschein

Geimer, Reinhold/Schütze, Rolf A., (Hrsg.), Internationaler Rechtsverkehr in Zivil- und Handelssachen – Loseblatt Handbuch mit Texten, Band 2, Kommentierungen und Länderberichten, München, Stand der 50. Ergänzungslieferung November 2015, zit. Geimer/Schütze/*Bearbeiter*

Global Principles for Cooperation in International Insolvency Cases, *„Transnational Insolvency: Global Principles for Cooperation in International Insolvency Cases“*, hrsg. v. American Law Institute, Philadelphia 2012, abrufbar unter: http://iiiglobal.org/component/jdownloads/finish/557/5932.htm, zit. ALI Global Principles

Gottwald, Peter, (Hrsg.); Insolvenzhandbuch, 5. Aufl. München 2015, zit. *Bearbeiter* in: Gottwald

Graeber, Thorsten, „Pragmatische Überlegungen zu Möglichkeiten eines Konzerninsolvenzverfahrens“ NZI 2007, S. 265–270

Graeber, Thorsten, „Die Aufgaben des Insolvenzverwalters im Spannungsfeld zwischen Delegationsbedürfnis und Höchstpersönlichkeit“ NZI 2003, S. 569–578

Gravenbrucher Kreis, „ESUG – Erfahrungen, Probleme, Änderungsnotwendigkeiten“ ZIP 2014, S. 1262–1265

Grell, Frank/Splittgerber, Daniel, „Gestaltungsmöglichkeiten bezüglich des Gerichtsstands bei der nationalen Konzerninsolvenz – Die örtliche Zuständigkeit des Insolvenzgerichts vor und nach Inkrafttreten des neuen deutschen Konzerninsolvenzrechts“ DB 2017, S. 1497–1501

Grub, Volker, „Überjustizialisierung und die Eigenverwaltung des Pleitiers“ WM 1994, S. 880–881

Grüner, Michael, „Haftung im qualifiziert faktischen (Gleichordnungs-)Konzern/Durchgriff bei qualifizierter Unterkapitalisierung“, Anmerkung zu OLG Dresden, Urt. v. 27.10.1999, ZGR 2000, S. 601–603

Hamburger Kommentar zum Insolvenzrecht, Hrsg. v. Andreas Schmidt, Kommentar: Insolvenzordnung, 3. Aufl. Münster 2009, zit. HK-InsO/*Bearbeiter*

Handbuch Restrukturierung in der Insolvenz, Hrsg. v. Bruno M. Kübler; Handbuch Restrukturierung in der Insolvenz – Eigenverwaltung und Insolvenzplan, 2. Aufl. Köln 2015, zit. *Bearbeiter* in: HRI

Handelsgesetzbuch Großkommentar, Hrsg. v. Claus-Wilhelm Canaris, Mathias Habersack, Carsten Schäfer; begr. v. Hermann Staub; 5. Aufl. Berlin, zit. *Bearbeiter* in: GroßkommHGB

Harder, Phillip-Boie/Lojowsky, Michael, „Der Diskussionsentwurf für ein Gesetz zur Erleichterung der Bewältigung von Konzerninsolvenzen – Verfahrensoptimierung zur Sanierung von Unternehmensverbänden?" NZI 2013, S. 327–332

Häsemeyer, Ludwig, (Hrsg.); „Insolvenzrecht", 4. Aufl. Köln 2007, zit. Häsemeyer

Häsemeyer, Ludwig, „Obstruktion gegen Sanierung und gesellschaftsrechtliche Treuepflichten" ZHR 160 (1996), S. 109–132

Haß/Huber/Gruber/Heiderhoff, Kommentar zur Verordnung (EG) Nr. 1346/2000 über Insolvenzverfahren (EuInsVO), 1. Aufl. München 2005; Sonderausgabe aus dem Loseblatt-Handbuch Geimer/Schütze (Hrsg.), Internationaler Rechtsverkehr in Zivil- und Handelssachen; zit. *Bearbeiter* in: Haß/Huber/Gruber/Heiderhoff

Heidelberger Kommentar zur Insolvenzordnung, Hrsg. v. Gerhard Kreft, Insolvenzordnung: Kommentar, 6. Aufl. Heidelberg 2012, zit. HK-InsO/*Bearbeiter*

Henkel, Joachim, „Der gesetzliche Richter", Diss. Göttingen 1968

Henssler, Martin/Strohn, Lutz, (Hrsg.); Gesellschaftsrecht, 2. Aufl. München 2014, zit. Henssler/Strohn/*Bearbeiter*

Herchen, Axel, „Aktuelle Entwicklungen im Recht der internationalen Zuständigkeit zur Eröffnung von Insolvenzverfahren: Der Mittelpunkt der (hauptsächlichen) Interessen im Mittelpunkt der Interessen" ZInsO 2004, S. 825–831

Herdegen, Matthias, (Hrsg.); Europarecht, erschienen in der Reihe: Grundrisse des Rechts, 16. Aufl. München 2014

Hirte, Heribert, „Vorschläge für die Kodifikation eines Konzerninsolvenzrechts" ZIP 2008, S. 444–449

Hirte, Heribert, „Towards a Framework for the Regulation of Corporate Groups' Insolvencies" ECFR 2008, S. 213–236.

Hofmann, Matthias, „Einsatz von Mitarbeitern durch den gerichtlich bestellten Insolvenzsachverständigen" ZIP 2006, S. 1080–1083

Hölters, Wolfgang, (Hrsg.), Kommentar: Aktiengesetz, 2. Aufl. München 2014, zit. Hölters/*Bearbeiter*

Holzer, Johannes, „Die Reform der InsVV – Ein Plädoyer für die Neustrukturierung des Vergütungsrechts im Insolvenzverfahren" NZI 2013, S. 1049–1055

Hölzle, Gerrit, „Der Insolvenzantrag als Sanierungsoption – auch gegen den Willen von Gesellschaftern?" ZIP 2013, S. 1846–1851

Hortig, Mario, Diss, „Kooperation von Insolvenzverwaltern", 1. Aufl. Baden-Baden 2008

Huber, Peter, „Das internationale Privat- und Verfahrensrecht der Europäischen Insolvenzverordnung" ZZP 114 (2001), S. 133–166

Hüffer, Uwe, (Hrsg.); Aktiengesetz: Kommentar, 11. Aufl. München 2014, zit. Hüffer/*Bearbeiter*

Huhn, Christoph, Diss., „Die Eigenverwaltung im Insolvenzverfahren", 1. Aufl. Köln 2003

INSOL Europe, INSOL Europe, Revision of the European Insolvency Regulation, zit. Proposal by INSOL Europe.

Jaeger, Ernst, (Hrsg.), Konkursordnung: Kommentar; Bd. 2, 2. Halbband, §§ 207–244, 8. Aufl. Berlin 1973, zit. Jaeger/*Bearbeiter*

Jaeger, Ernst, (Hrsg.), Konkursordnung: Kommentar; Bd. 2, 1. Halbband, §§ 71–206, 8. Aufl. Berlin 1973, zit. Jaeger/*Bearbeiter*

Jaeger, Ernst, (Hrsg.); Konkursordnung: Kommentar; Bd. 2, §§ 47–244, 6 u. 7. Aufl. Berlin 1936, zit. *Jaeger*, 6./7. Aufl.
Jaeger, Ernst/Henckel, Wolfram/Gerhardt, Walter, (Hrsg.), Insolvenzordnung: Großkommentar, Bd. 2, §§ 56–102, 1. Aufl., Berlin 2004, zit. Jaeger/*Bearbeiter*
Jaeger, Ernst/Henckel, Wolfram/Gerhardt, Walter, (Hrsg.), Insolvenzordnung: Großkommentar, Bd. 1, §§ 1–55, 1. Aufl., Berlin 2004, zit. Jaeger/*Bearbeiter*
Jaffé, Michael, „Die Eigenverwaltung im System des Restrukturierungsrechts" ZHR 175 (2011), S. 38–54
Jaffé, Michael/Friedrich, Andreas, „Verbesserung der Wettbewerbsfähigkeit des Insolvenzstandorts Deutschland" ZIP 2008, S. 1849–1858
Jarass, Hans D./Beljin, Saša, „Die Bedeutung von Vorrang und Durchführung des EG-Rechts für die nationale Rechtssetzung und Rechtsanwendung" NVwZ 2004, S. 1–11
Kaiser, Thomas, „Die Crux mit dem Going Concern – Einige Gedanken zu § 252 Abs. 1 Nr. 2 HGB" ZIP 2012, S. 2478–2489
Kammel, Volker, „Die Bestimmung der zuständigen Gerichte bei grenzüberschreitenden Konzerninsolvenzen" NZI 2006, S. 334–338
Kegel, Gerhard/Thieme, Jürgen, Hrsg. v. Max-Planck-Institut für ausländisches und internationales Privatrecht, Vorschläge und Gutachten zum Entwurf eines EG-Konkursübereinkommens, Tübingen 1988, zit. *Bearbeiter* in: Kegel/Thieme, Vorschläge und Gutachten
Keller, Ulrich, Hrsg.; Insolvenzrecht, München 2006, zit. *Keller*
Kindler, Peter, „Hauptfragen der Reform des Europäischen Internationalen Insolvenzrechts" KTS 2014, S. 25–44
Kindler, Peter/Sakka, Z. Samy, „Die Neufassung der Europäischen Insolvenzverordnung" EuZW 2015, S. 460–466
Knopf, Béla, „Erfordert die Fortführungsfinanzierung (doch) einen Umverteilungstatbestand im Insolvenzrecht?" ZInsO 2010, S. 1999–2008
Knopf, Béla/Mock, Sebastian
„Innerstaatliches Forum Shopping in der Konzerninsolvenz – Cologne Calling? ZInsO 2008, S. 252–261
Kögel, Andreas/Loose, Marko, „Die Befreiung des Insolvenzverwalters von § 181 BGB" ZInsO 2006, S. 17–23
Kölner Kommentar zum AktG, Hrsg. v. Wolfgang Zöllner, Ulrich Noack; Aktiengesetz: Kommentar, 3. Aufl. Köln 2004, zit. KK-AktG/*Bearbeiter*
Kölner Kommentar zum Rechnungslegungsrecht, Hrsg. v. Carsten Peter Claussen u. Gerhard Scherrer, Kommentar zu §§ 238–342e HGB, 1. Auflage Köln 2011, zit. KK-RechnungslegungsR/*Bearbeiter*
Kölner Schrift zur Insolvenzordnung, Hrsg. v. Arbeitskreis für Insolvenzwesen Köln e.V.; 3. Aufl. Münster 2009, zit. *Bearbeiter* in: Kölner Schrift zur Insolvenzordnung
Kort, Michael, „Die konzerngebundene GmbH in der Insolvenz" ZIP 1988, S. 681–689
Kranzusch, Peter, „Eigenverwaltung und Insolvenzpläne – zur Lage vor der Einführung des ESUG"
ZInsO 2012, S. 683–690
Kübler, Bruno M.,„Konzern und Insolvenz – Zur Durchsetzung konzernmäßiger Sanierungsziele an den Beispielfällen AEG und Korf" ZGR 1984, S. 560–593

Kübler, Bruno M./Prütting, Hanns/Bork, Reinhard, (Hrsg.); Insolvenzordnung: Kommentar, 63. Ergänzungslieferung Köln 2015, zit. KPB/*Bearbeiter*
Kuhn, Georg/Uhlenbruck, Wilhelm, (Hrsg.); Konkursordnung: Kommentar, 11. Aufl. München 1994
Küting, Peter, „Nachhaltige Präsenzmehrheiten als hinreichendes Kriterium zur Begründung eines Konzerntatbestands?" DB 2009, S. 73–78
Landfermann, Hans-Georg, „Das neue Unternehmenssanierungsgesetz (ESUG) – Überblick und Schwerpunkte – Teil I" WM 2012, S. 821–831
Lauterbach, Götz, „Eröffnung eines Hauptinsolvenzverfahrens in Deutschland trotz vorherigem Antrag in England" NZI 2004, S. 384–386
Leible, Stefan/Staudinger, Ansgar, „Die europäische Verordnung über Insolvenzverfahren" KTS 2000, S. 533–575
Leonhardt, Peter/Smid, Stefan/Zeuner, Mark, (Hrsg.), Insolvenzordnung: Kommentar, 3. Aufl. Stuttgart 2010, zit. LSZ/*Bearbeiter*
Leonhardt, Peter/Smid, Stefan/Zeuner, Mark, (Hrsg.), Internationales Insolvenzrecht: Kommentar, 2. Aufl. Stuttgart 2012, zit. L/S/Z/*Bearbeiter*
Leutheusser-Schnarrenberger, Sabine, Dritte Stufe der Insolvenzrechtsreform – Entwurf eines Gesetzes zur Erleichterung der Bewältigung von Konzerninsolvenzen" ZIP 2013, S. 97–102
Liersch, Oliver, „Deutsches Internationales Insolvenzrecht" NZI 2003, S. 302–311
LoPucki, Lynn M., „Courting Failure: Das Versagen der Kontrollinstanz in der Konzerninsolvenz – Zu den Auswirkungen eines Wahlgerichtsstands im US-Konzerninsolvenzrecht" ZInsO 2013, S. 420–428
Lüdenbach, Norbert/Freiberg, Jens, „Mutter-Tochter-Verhältnisse durch beherrschenden Einfluss nach dem BilMoG" BB 2009, S. 1230–1234
Ludwigs, Markus/Sikora, Patrick, „Der Vorrang des Unionsrechts unter Kontrollvorbehalt des BVerfG" EWS 2016, S. 121–131
Lutter, Marcus, „Der Konzern in der Insolvenz" ZfB, S. 1984, S. 781–788
Lutter, Marcus/Drygala, Tim, „Grenzen der Personalverflechtung und Haftung im Gleichordnungskonzern" ZGR 1995, S. 557–577
Lutter, Marcus/Timm Wolfram, „Konzernrechtlicher Präventionsschutz im GmbH-Recht" NJW 1982, S. 409–420
Luttermann, Claus, „Rechtsnatur und Praxis des Abfindungsanspruchs (§ 305 AktG) als gesetzliches Schuldverhältnis" NZG 2006, S. 816–819
Madaus, Stephan, „Koordination ohne Koordinationsverfahren? – Reformvorschläge aus Berlin und Brüssel zu Konzerninsolvenzen" ZRP 2014, S- 192–196
Mankowski, Peter, „Zuständigkeit des Insolvenzgerichts am Sitz der Konzernmutter bei Leitung der Verwaltung der Schuldnerin – Hettlage" NZI 2004, S. 450–452
Mankowski, Peter, „Lässt sich eine Konzerninsolvenz durch Insolvency Planning erreichen?" NZI 2008, S. 355–356
Mankowski, Peter, „Zusicherungen zur Vermeidung von Sekundärinsolvenzen unter Art. 36 EuInsVO – Synthetische Sekundärverfahren" NZI 2015, S. 961–971
Mankowski, Peter, „Der ordre public im europäischen und im deutschen Internationalen Insolvenzrecht" KTS 2011, S. 185–218

Mankowski, Peter, „Klärung von Grundfragen des europäischen Internationalen Insolvenzrechts durch die Eurofood Entscheidung? – Centre of main interests (COMI), Anerkennung, ordre public, vorläufige Insolvenzverwaltung" BB 2006, S. 1753–1759

Marbler, Michael/Oser, Peter
„Zur Konzernrechnungslegungspflicht der GmbH & Co. KG" DStR 2014, S. 2474 – 2480

Maunz, Theodor/Düring, Günter, Begr. v. Theodor Maunz u. Günter Düring, Hrsg. v. Roman Herzog, Matthias Herdegen, Rupert Scholz, Hans H. Klein; Grundgesetz: Kommentar, 78. Ergänzungslieferung 2015, zit. Maunz/Düring/*Bearbeiter*

Maurer, Hartmut, (Hrsg.), Allgemeines Verwaltungsrecht, 18. Aufl. München 2011

Meister, Burkhardt
„Der Ausgleichsanspruch nach § 302 Abs. 1 AktG bei Beherrschungs- und Gewinnabführungsverträgen als Kreditsicherheit" WM 1976, S. 1182–1192

Mertens, Hans-Joachim, „Empfiehlt sich die Einführung eines konzerngebundenen Reorganisationsverfahrens?" ZGR 1984, S. 543–559

Mertens, Hans-Joachim, „Empfiehlt sich die Einführung eines konzernbezogenen Reorganisationsverfahrens" ZGR 1984, S. 542–559

Meyer-Löwy, Bernd/Plank, Leo, „Entbehrlichkeit des Sekundärinsolvenzverfahrens bei flexibler Verteilung der Insolvenzmasse im Hauptinsolvenzverfahren?" NZI 2006, S. 622–624

Meyer-Löwy, Bernd/Poertzgen, Christoph, „Eigenverwaltung (§§ 270ff. InsO) löst Kompetenzkonflikt nach der EuInsVO – Zugleich Anmerkung zu AG Köln, Beschl. v. 23.01.2004 – 71 IN 01/04" ZInsO 2004, S. 195–198.

Michalski, Lutz, (Hrsg.), Kommentar zum Gesetz betreffend die Gesellschaften mit beschränkter Haftung (GmbH-Gesetz); 2. Aufl. München 2010, zit. Michalski/*Bearbeiter*

Micklitz, Hans-W./Rott, Peter
„Vergemeinschaftung des EuGVÜ in der Verordnung (EG) Nr. 44/2001" EuZW 2000, S. 325–333

Mock, Sebastian, „Das (geplante) neue europäische Insolvenzrecht nach dem Vorschlag der Kommission zur Reform der EuInsVO" GPR 2013, S. 156–166

Mönning, Rolf-Dieter, (Hrsg.); „Betriebsfortführung in der Insolvenz", 2. Aufl. Köln 2014, zit. *Mönning*

Münchener Kommentar zum Aktiengesetz, Hrsg. v. Wulf Goette, Mathias Habersack, Susanne Kalss, Aktiengesetzbuch: Kommentar, 3. Aufl. München 2008, zit. MünchKommAktG/*Bearbeiter*

Münchener Kommentar zum BGB, Band 11, Hrsg. v. Franz Jürgen Säcker, Roland Rixecker, Hartmut Oetker, Band 11, 6. Aufl. München 2015, zit. MünchKommBGB/*Bearbeiter*/Bd. 11

Münchener Kommentar zum BGB, Band 2, Hrsg. v. *Franz Jürgen Säcker, Roland Rixecker, Hartmut Oetker, Bettina Limperg*; Band 2, 7. Auflage München 2016, zit. MünchKommBGB/*Bearbeiter*/Bd. 2

Münchener Kommentar zum Bilanzrecht, Hrsg. v. Joachim Hennrichs, Detlef Kleindiek, Christoph Watrin; Bilanzrecht: Kommentar, 1. Aufl. München 2013, zit. MünchKommBilR/*Bearbeiter*

Münchener Kommentar zum GmbHG, Band 1, Hrsg. v. Holger Fleischer, Wulf Goette, GmbH-Gesetzbuch: Kommentar, Bd. 1, 2. Aufl. München 2015, zit. MünchKommGmbHG/*Bearbeiter*

Münchener Kommentar zum GmbHG, Band 3, Hrsg. v. Holger Fleischer, Wulf Goette, GmbH-Gesetzbuch: Kommentar, Bd. 3, 1. Aufl. München 2011, zit. MünchKommGmbHG/*Bearbeiter*

Münchener Kommentar zum HGB, Hrsg. v. Karsten Schmidt, Handelsgesetzbuch: Kommentar, Bd. 1–7, 3. Aufl. München 2013, zit. MünchKommHGB/*Bearbeiter*

Münchener Kommentar zur Insolvenzordnung, Hrsg. v. Hans-Peter Kirchhof, Horst Eidenmüller, Rolf Stürner; Insolvenzordnung: Kommentar, 3. Aufl. München 2013, zit. MünchKommInsO/*Bearbeiter*

Münchener Kommentar zur ZPO, Band 2, Hrsg. v. Wolfgang Krüger und Thomas Rauscher, Kommentar zur Zivilprozessordnung, Bd. 2, 4. Aufl. München 2012, zit. MünchKommZPO/*Bearbeiter*, Bd. 2

Münchener Kommentar zur ZPO, Band 3, Hrsg. v. Thomas Rauscher, Peter Wax und Joachim Wenzel; Kommentar zur Zivilprozessordnung, Bd. 3, 3. Aufl. München 2008, zit. MünchKommZPO/*Bearbeiter*, Bd. 3

Musielak, Hans-Joachim/Voit, Wolfgang, (Hrsg.), Kommentar zur Zivilprozessordnung mit Gerichtsverfassungsgesetz, 13. Aufl. München 2016, zit. Musielak/Voit/*Bearbeiter*

Nerlich, Jörg/Römermann, Volker, (Hrsg.), Insolvenzordnung: Kommentar, 28. Ergänzungslieferung, München 2015, zit. Nerlich/Römermann/*Bearbeiter*

Noack, Ulrich, „Gesellschaftsrecht“, InsO Sonderband 1, hrsg. v. Bruno M. Kübler u. Hanns Prütting, Köln 1999, zit. *Noack*

Oberhammer, Paul, „Europäisches Insolvenzrecht in praxi – Was bisher geschah“ ZInsO 2004, S. 761–773

Oetker, Hartmut, (Hrsg.), Handelsgesetzbuch: Kommentar, 4. Aufl. München 2015, zit. Oetker/*Bearbeiter*

Oetker, Hartmut, (Hrsg.); „Das Dauerschuldverhältnis und seine Beendigung: Bestandsaufnahme einer tradierten Figur der Schuldrechtsdogmatik“, Tübingen 1994, zit. *Oetker*

Ott, Wolfgang/Brauckmann, Dana, „Zuständigkeitsgerangel zwischen Gesellschaftsorganen und Insolvenzverwalter in der börsennotierten Aktiengesellschaft“ ZIP 2004, S. 2117–2123

Pannen, Klaus, (Hrsg.); „Europäische Insolvenzordnung“, EuInsVO: Kommentar, 1. Aufl. Berlin 2007, zit. Pannen/*Bearbeiter*

Pannen, Klaus, „Aspekte der europäischen Konzerninsolvenz“ ZInsO 2014, S. 222–229

Pannen, Klaus/Riedemann, Susanne, „Der Begriff des centre of main interests i.S. des Art. 3 I 1 EuInsVO im Spiegel aktueller Fälle aus der Rechtsprechung“ NZI 2004, S. 646–651

Paulus G. Christoph, „Das inländische Parallelverfahren nach der Europäischen Insolvenzordnung“ EWS 2002, S. 497–506

Paulus, Christoph G., „Überlegungen zu einem modernen Insolvenzrecht“ ZIP 2005, S. 1948–1955

Paulus, Christoph G., „Konturen eines modernen Insolvenzrechts – Überlappungen mit dem Gesellschaftsrecht“ DB 2008, S. 2523–2527

Paulus, Christoph G., (Hrsg.), EuInsVO: Kommentar, 4. Aufl., 2013

Paulus, Christoph G., „Wege zu einem Konzerninsolvenzrecht“ ZGR 2010, S. 270–294

Paulus, Christoph G., „Group Insolvencies – Some Thoughts About New Approaches“ Tex. Int. L.J. 42 (2007), S. 819–830

Paulus, Christoph G., „Die Insolvenz als Sanierungschance – ein Plädoyer" ZGR 2005, S. 309–326
Paulus, Christoph G., „Konzernrecht und Konkursanfechtung" ZIP 1996, S. 2141–2148
Paulus, Christoph G., „Die europäische Insolvenzordnung und der deutsche Insolvenzverwalter" NZI 2001, S. 505–515
Paulus, Christoph G., „Konzernrecht und Konkursanfechtung" ZIP 1996, S. 2141–2148
Paulus, Christoph G., (Hrsg.), Kommentar: Europäische Insolvenzverordnung; 4. Aufl. Frankfurt am Main 2013, zit. *Paulus*, Komm. zur EuInsVO
Pawelzik, Kai Udo/Theile, Carsten, „Konzernrechnungslegungspflicht und Ausweis der Anteile anderer Gesellschafter im Konzernabschluss der GmbH & Co. KG" DStR 2000, S. 2145–2152
Pawlowski, Martin, „Die zivilrechtliche Prozeßstandschaft" JuS 1990, S. 378–382
Peltzer, Martin, „Die Haftung der Konzernmutter für die Schulden ihrer Tochter, mit der sie durch Ergebnisabführungs- und/oder Beherrschungsvertrag verbunden ist, insbesondere im Falle der Insolvenz der Tochter" AG 1975, S. 309–313
Piepenbrock, Andreas, „Das Europäische Insolvenzrecht im Umbruch" KSzW 2015, S. 191–197
Piepenburg, Horst, „Faktisches Konzerninsolvenzrecht am Beispiel Babcock Borsig" NZI 2004, S. 231–238
Pleister, Christian/Sturm Michael, „Die Herausforderungen des neuen Konzerninsolvenzrechts" ZIP 2017, S. 2329–2338
Quelle-Gutachten, „Gutachten zur örtlichen Zuständigkeit des Insolvenzgerichts im Verfahren über das Vermögen der Quelle GmbH" ZInsO 2009, S. 2188–2196.
Rattunde, Rolf, Hrsg. vom Deutschen Steuerberaterinstitut e.V. (DStI); „Fachberater für Sanierung und Insolvenzverwaltung", 2. Aufl. Berlin 2012, zit. Rattunde/*Bearbeiter*
Rattunde, Rolf, „Sanierung von Großunternehmen durch Insolvenzpläne – Der Fall Herlitz" ZIP 2003, S. 596–600
Restrukturierung, Sanierung, Insolvenz, Hrsg. v. Andrea K. Buth u. Michael Hermanns; „Restrukturierung, Sanierung, Insolvenz", 4. Aufl. München 2014, zit. Bearbeiter in: RSI
Reuß, Philipp M., „Europäisches Insolvenzrecht 3.0 oder doch nur Version 1.1? – Der Vorschlag der Kommission vom 12.12.2012 zur Reform der Europäischen Insolvenzverordnung" EuZW 2013, S. 165–169
Rieble, Volker/Kolbe, Sebastian, „Konzernmitbestimmung in der Insolvenz" KTS 2009, S. 281–316
Rostegge, Jochen P., „Zuständigkeitsfragen bei der Insolvenz in- und ausländischer Konzerngesellschaften" ZIP 2008, S. 955–962
Rostegge, Jochen P., Hrsg. v. Ulrich Ehricke, Christoph Paulus; „Konzerninsolvenz – Die Verfahrensrechtliche Behandlung von verbundenen Unternehmen nach der Insolvenzordnung", Diss., 1. Aufl. Baden-Baden 2007
Roth, Günther H./Altmeppen, Holger, (Hrsg.), Gesetz betreffend die GmbH, Kommentar, 8. Aufl. München 2015, zit. Roth/Altmeppen/*Bearbeiter*
Rümker, Dietrich, „Probleme der Patronatserklärung in der Kreditsicherungspraxis" WM 1974, S. 990–999
Sabel, Oliver, „Hauptsitz als Niederlassung im Sinne der EuInsVO?" NZI 2004, S. 126–131
Sachs, Michael, (Hrsg.), Grundgesetz: Kommentar, 7. Aufl. München 2014, zit. Sachs/*Bearbeiter*

Saenger, Ingo/Inhester, Michael, (Hrsg.), Handkommentar zum GmbHG, 2. Aufl. Baden-Baden 2013, zit. Saenger/Inhester/*Bearbeiter*

Sämisch Henning/Adam Sven, „Gläubigerschutz in der Insolvenz von abhängigen Konzerngesellschaften“ ZInsO 2007, S. 520–527

Sangmeister, Bernd, Grundrechtsschutz durch Grundrechtsentziehung? – Besprechung der Plenarentscheidung des BVerfG vom 8.4.1997 NJW 1998, S. 721–730

Scheel, Hansjörg „Konzerninsolvenzrecht – Eine rechtsvergleichende Darstellung des US-amerikanischen und des deutschen Rechts“, Köln 1995

Schilken, Eberhard, „Gerichtsverfassungsrecht“, 4. Aufl. Köln 2007

Schimansky, Herbert/Bunte, Hermann-Josef/Lwowski, Hans-Jürgen (Hrsg.), Bankrechts-Handbuch, 4. Aufl. München 2011, zit. *Bearbeiter* in: Schimansky/Bunte/Lwowski

Schmidt, Karsten, „Flexibilität und Praktikabilität im Konzerninsolvenzrecht – Die Zuständigkeitsfrage am Beispiel“ ZIP 2012, S. 1053–1058

Schmidt, Karsten, „Konzern-Insolvenzrecht – Entwicklungsstand und Perspektiven“ KTS 2010, S. 1–37

Schmidt, Karsten, „Insolvenz und Insolvenzabwicklung bei der typischen GmbH & Co. KG“ GmbHR 2002, S. 1209–1217

Schmidt, Karsten, „Konsolidierte Insolvenzabwicklung? – Vergleichende Überlegungen über GmbH & Co.-Insolvenzen und Konzerninsolvenzen“ KTS 2011, S. 161–184

Schmidt, Karsten, „Die insolvenzrechtliche Verlustübernahmepflicht als gesetzliches Dauerschuldverhältnis“ ZGR 1983, S. 513–534

Schmidt, Karsten, „Wege zum Insolvenzrecht der Unternehmen – Befunde, Kritik, Perspektiven“, Beiträge zum Insolvenzrecht, hrsg. v. Manfred Balz, Bruno M. Kübler, Franz Merz, Wolfram Timm, Köln 1990, zit. *K. Schmidt*

Schmidt, Karsten, „Organverantwortlichkeit und Sanierung im Insolvenzrecht der Unternehmen“ ZIP 1980, S. 328–337

Schmidt, Karsten, „Die Handels-Personengesellschaft in Liquidation“ ZHR 153 (1989), S. 270–299

Schmidt, Karsten, (Hrsg.), „Gesellschaftsrecht“, 3. Aufl. Köln 1997, zit. *K. Schmidt,* Gesellschaftsrecht

Schmidt, Karsten, (Hrsg.), Insolvenzordnung: Kommentar, 19. Aufl. München 2016, zit. *Bearbeiter* in: K. Schmidt, Insolvenzordnung

Schmidt, Karsten/ Lutter, Marcus, (Hrsg.), Aktiengesetzt: Kommentar, 3. Aufl. Köln 2015, zit. Schmidt/Lutter/*Bearbeiter*

Schneider, Steffen/Höpfner, Alexander, „Die Sanierung von Konzernen durch Eigenverwaltung und Insolvenzplan“ BB 2012, S. 87–92

Schneider, Steffen/Höpfner, Alexander, „Die Sanierung von Konzernen durch Eigenverwaltung und Insolvenzplan – Insolvenzrechtliche und steuerrechtliche Aspekte nach heutiger Rechtslage und nach Reg-ESUG“ BB 2012, S. 87–92

Schroeder, Werner, „Die Auslegung des EU-Rechts“ JuS 2004, S. 180–186

Schulz, Patrick, „Bestimmung des COMI von Gesellschaften eines internationalen Reederei-Konzerns“ NZI 2015, S. 338–340

Schulz, Patrick, „Die Bestimmung des COMI nach Art. 3 EuInsVO bei Immobilien-SPV – Anmerkung zu High Court London, Entsch. vom 17. 1. 2017 – 2017 EWHC 25 (CH) (Re Frogmore Real Estate Partners)" NZI 2017, S. 142 – 144

Siemon, Klaus, „Das Distressed Debt Investing in der deutschen Insolvenz 2013" ZInsO 2013, S. 172 – 182.

Smid, Stefan, „Judikatur zum Internationalen Insolvenzrecht" DZWiR 2004, S. 397 – 412

Smid, Stefan, „Internationales Insolvenzrecht im Spiegel ausgewählter Verfahren und Entscheidungen" DZWiR 2006, S. 45 – 50

Smid, Stefan, Schriften zum deutschen, europäischen und internationalen Insolvenzrecht, Bd. 17, „Internationales Insolvenzrecht", hrsg. v. Stefan Smid, Mark Zeuner, Michael Schmidt, Berlin 2009, zit. *Smid*, Deutsches und Europäisches Internationales Insolvenzrecht

Smid, Stefan, (Hrsg.); Praxishandbuch Insolvenzrecht, 5. Aufl. Berlin 2007, zit. *Smid*

Smid, Stefan, „Zu einigen Fragen der Eigenverwaltung" DZWiR 2002, S. 493 – 500

Smid, Stefan, „Gerichtsverfassungsrechtliche Fragen zum künftigen Konzerninsolvenzrecht – Zugleich zur Auslegungsbedürftigkeit und Bestimmtheit geschäftsverteilungsplanrechtlicher Regelungen" ZInsO 2016, S. 1277 – 1285

Smid, Stefan, „Auswirkungen des europäischen internationalen Insolvenzrechts auf die Praxis der deutschen Insolvenzgerichte" InVO 2005, S. 437 – 442

Smid, Stefan/Rattunde, Rolf, (Hrsg.), Der Insolvenzplan, 2. Aufl. Stuttgart 2005, zit. *Smid/Rattunde*

Smid, Stefan/Rattunde, Rolf/Martini, Torsten, (Hrsg.), „Der Insolvenzplan – Handbuch für das Sanierungsverfahren gemäß §§ 217 bis 269 InsO mit praktischen Beispielen und Musterverfügungen", 4. Aufl. Stuttgart 2015, zit. *Smid/Rattunde/Martini*

Spickhoff, Andreas, „Insolvenzzweckwidrige Rechtshandlungen des Insolvenzverwalters – zugleich ein Beitrag zur Reichweite und Dogmatik der Grundsätze des Missbrauchs der Vertretungsmacht" KTS 2000, S. 15 – 36

Spindler, Gerald/Stilz, Eberhard, (Hrsg.); Aktiengesetz: Kommentar, 3. Aufl. München 2015, zit. Spindler/Stilz/*Bearbeiter*

Stein/Jonas, (Hrsg.), Kommentar zur Zivilprozessordnung, Bd. 6, 22. Aufl. Tübingen 2013, zit. Stein/Jonas/*Bearbeiter*

Stellungnahme des DAV zum InsO-E, Stellungnahme des Deutschen Anwaltvereins durch den Ausschuss Insolvenzrecht zum Gesetzentwurf der Bundesregierung zur Erleichterung der Bewältigung von Konzerninsolvenzen (BT-Drs. 18/407 vom 30. 01. 2014) aus Anlass der Öffentlichen Anhörung des Ausschusses für Recht und Verbraucherschutz des Deutschen Bundestages am 2. April 2014; Stellungnahme Nr. 19/2014; Stand 31. 03. 2014

Stellungnahme des DStV zum Disk-E, Stellungnahme des Deutschen Steuerberaterverbands e.V. zum Diskussionsentwurf eines Gesetzes zur Erleichterung der Bewältigung von Konzerninsolvenzen, Stand 20. 02. 2013

Stellungnahme zum Disk-E des BDI, Stellungnahme des Bundesverbands Deutscher Industrie e.V. zum Diskussionsentwurf eines Gesetzes zur Erleichterung der Bewältigung von Konzerninsolvenzen vom 15. 02. 2013, Dokumenten-Nr. D 0573 I/3 – 73 – 30 Stf

Stern, Klaus/Sachs, Michael
(Hrsg.), Europäische Grundrechte-Charta: Kommentar, 1. Aufl. München 2016, zit. Stern/Sachs/*Bearbeiter*

Stoll, Hans, Vorschläge und Gutachten zur Umsetzung des EU-Übereinkommens über Insolvenzverfahren im deutschen Recht, vorgelegt von Hans Stoll. Im Auftrag der Sonderkommission „Internationales Insolvenzrecht" des Deutschen Rates für Internationales Privatrecht, 1. Aufl. Tübingen 1997, zit. *Bearbeiter* in: Stoll.

Thole, Christoph, „Die Reform der Europäischen Insolvenzordnung – Zentrale Aspekte des Kommissionsvorschlags und offene Fragen" ZEuP 2014, S. 39–76

Thole, Christoph/Swierczok, Arthur, „Der Kommissionsvorschlag zur Reform der EuInsVO" ZIP 2013, S. 550–558

Treffer, Christian, „Auswirkungen der GmbH-Insolvenz auf das Binnenrecht der Gesellschaft" GmbHR 2002, S. 205–207

Uhlenbruck, Wilhelm, „Konzerninsolvenzrecht über einen Insolvenzplan?" NZI 1999, S. 41–44.

Uhlenbruck, Wilhelm, Hrsg. v. Wilhelm Uhlenbruck, Heribert Hirte, Heinz Vallender, Insolvenzordnung: Kommentar, 14. Auflage München 2015, zit. Uhlenbruck/*Bearbeiter*

Uhlenbruck, Wilhelm, „Konzerninsolvenzrecht über einen Insolvenzplan" NZI 1999, S. 41–44

UNCITRAL Legislative Guide on Insolvency Law Part 1, „UNCITRAL Legislative Guide on Insolvency Law Parts One and Two", hrsg. v. UNCITRAL, New York 2005, abrufbar unter: *http://www.uncitral.org/pdf/english/texts/insolven/05-80722_Ebook.pdf*, zit. UNCITRAL Pt.1

UNCITRAL Legislative Guide on Insolvency Law Part 2, „UNCITRAL Legislative Guide on Insolvency Law Parts One and Two", hrsg. v. UNCITRAL, New York 2005, abrufbar unter: *http://www.uncitral.org/pdf/english/texts/insolven/05-80722_Ebook.pdf*, zit. UNCITRAL Pt.2

UNCITRAL Legislative Guide on Insolvency Law Part 3, „UNCITRAL Legislative Guide on Insolvency Law Part Three", hrsg. v. UNCITRAL, New York 2012, abrufbar unter: *http://www.uncitral.org/pdf/english/texts/insolven/Leg-Guide-Insol-Part3-ebook-E.pdf*, zit. UNCITRAL Pt.3

UNCITRAL Legislative Guide on Insolvency Law Part 4, „UNCITRAL Legislative Guide on Insolvency Law Part Four", hrsg. v. UNCITRAL, New York 2013, abrufbar unter: *http://www.uncitral.org/pdf/english/texts/insolven/Leg-Guide-Insol-Part4-ebook-E.pdf*, zit. UNCITRAL Pt.4

UNCITRAL Model Law on Cross-Border Insolvency with Guide to Enactment and Interpretation, „UNCITRAL Model Law on Cross-Border Insolvency with Guide to Enactment and Interpretation" hrsg. v. UNCITRAL, New York 2014, abrufbar unter: *http://www.uncitral.org/pdf/english/texts/insolven/1997-Model-Law-Insol-2013-Guide-Enactment-e.pdf*, zit. UNCITRAL Model Law

Vallender, Heinz, „Aufgaben und Befugnisse des deutschen Insolvenzrichters in Verfahren nach der EuInsVO" KTS 2005, S. 283–329

Vallender, Heinz, „Einführung eines Gruppen-Gerichtsstands – ein sachgerechter Ansatz zur Bewältigung von Konzerninsolvenzen" Der Konzern 2013, S. 162–169

Vallender, Heinz, „Europaparlament gibt den Weg frei für eine neue Europäische Insolvenzordnung" ZInsO 2015, S. 1513–1521

Vallender, Heinz, „Der deutsche Motor stockt, aber Europa drückt aufs Gas – Europäisches Konzerninsolvenzrecht vor der Verabschiedung" ZInsO 2015, S. 57.63

Vallender, Heinz/Deyda, Stephan, „Brauchen wir einen Konzerninsolvenzgerichtsstand?" NZI 2009, S. 825–836

Vallens, Jean-Luc/Dammann, Reinhard, „Die Problematik der Behandlung von Konzerninsolvenzen nach der EuInsVO“ NZI 2006, S. 29–31
Verhoeven, Alexander, Hrsg. v. Reinhard Bork und Rolf Stürmer; „Die Konzerninsolvenz“, Köln 2011
Verhoeven, Alexander, „Konzerne in der Insolvenz nach dem Regierungsentwurf zur Erleichterung der Bewältigung von Konzerninsolvenzen (RegE) – Ende gut, alles gut ... und wenn es nicht gut ist, dann ist es noch nicht das Ende!“ ZInsO 2014, S. 217–222
Virgos, Miguel, „The 1995 european community convention on insolvency proceedings: an insider's view, Forum Internationale“, Den Haag 1998, zit. *Virgos*, Forum Internationale
Virgos, Miguel/Schmit, Etienne, „Report on the Convention on Insolvency Proceedings“ Veröffentlicht in Official Journal Nr. L 6500/96 Abrufbar unter iiiglobal.org, zit. *Virgos/Schmit*, Erläut.Ber.
von der Groeben, Hans/Schwarze, Jürgen/Hatje, Armin, (Hrsg.), „Europäisches Unionsrecht – Vertrag über die Europäische Union, Vertrag über die Arbeitsweise der Europäischen Union, Charta der Grundrechte der Europäischen Union“, 7. Auflage München 2015, zit. von der Groeben/Schwarze/Hatje/*Bearbeiter*
Vormstein, Frank, „Zuständigkeit bei Konzerninsolvenzen – Verfahrensablauf bei grenzüberschreitenden Konzerninsolvenzen unter besonderer Berücksichtigung der europäischen Insolvenzverordnung (EuInsVO)“, München 2005
Weber, Friedrich, „Die Funktionsteilung zwischen Konkursverwalter und Gesellschaftsorganen im Konkurs der Kapitalgesellschaft“ KTS 1970, S. 73–89
Wehdeking, Silke, Diss., „Masseverwaltung durch den insolventen Schuldner“, 1. Aufl. Berlin 2005
Wehdeking, Silke/Smid, Stefan, „Soll die Anordnung der Eigenverwaltung voraussetzen, dass der Schuldner dem Insolvenzgericht einen pre-packaged Insolvenzplan vorlegt?“ ZInsO 2010, S. 1713–1718
Wellensiek, Jobst, „Risiken von Beteiligungen in (durch) Insolvenzverfahren der Muttergesellschaften“ ZIP 1984, S. 541–545
Weller, Marc-Philippe, „GmbH-Bestattung im Ausland“ ZIP 2009, S. 2029–2037
Weller, Marc-Philippe, „Inländische Gläubigerinteressen bei internationalen Konzerninsolvenzen“ ZHR 169 (2005), S. 570–593.
Werner, Winfried, „Ausgewählte Fragen zum Aktienrecht“ AG 1972, S. 137–143
Werner, Winfried, „Der erste Kommentar zum neuen Aktiengesetz“ AG 1967, S. 122–127
Westphal, Lars/Goetker, Uwe/Wilkens, Jochen, (Hrsg.), „Grenzüberschreitende Insolvenzen“, Köln 2008
Wieczorek/Schütze, Hrsg. v. Rolf A. Schütze, Kommentar zur Zivilprozessordnung, §§ 511–545, 3. Aufl. Berlin 2004, zit. Wieczorek/Schütze/*Bearbeiter*
Wiedemann, Carolin, „Kriterien und maßgeblicher Zeitpunkt zur Bestimmung des COMI“ ZInsO 2007, S. 1009–1017
Wimmer, Klaus, „Anmerkungen zum Vorlagebeschluss des irischen Supreme Court in Sachen Parmalat“ ZInsO 2005, S. 119–127
Wimmer, Klaus, „Konzerninsolvenzen im Rahmen der EuInsVO – Ausblick auf die Schaffung eines deutschen Konzerninsolvenzrechts“ DB 2013, 1343–1350
Wimmer, Klaus, „Vom Diskussionsentwurf zum Regierungsentwurf eines Gesetzes zur Erleichterung der Bewältigung von Konzerninsolvenzen“ juris-PR-InsR 20/2013 Anm. 1

Würdinger, Hans, „Betrachtungen zur Regelung der Konzernverfassung im Entwurf eines Aktiengesetzes“ DB 1958, S. 1147–1452
Zeidler, Finn, „Ausgewählte Probleme des GmbH-Vertragskonzernrechts“ NZG 1999, S. 692–698

Index

https://doi.org/10.1515/9783110578775-016

Bei Fragen zur Produktsicherheit wenden Sie sich bitte an:
If you have any questions regarding product safety,
please contact:

Walter de Gruyter GmbH
Genthiner Straße 13
10785 Berlin
productsafety@degruyterbrill.com